普通高等教育电子科学与技术特色专业系列教材

现代电子材料与元器件

王 巍 冯世娟 罗 元 编著

科学出版社
北　京

内 容 简 介

本书较为系统地介绍了主要的电子信息功能材料的结构和组成、电子元器件的工作原理，以及这些器件在电子信息系统中的应用。全书共10章，分别是：绪论；晶体材料的结构；半导体材料与应用；化合物半导体基础；化合物半导体器件；光电子材料与器件；电介质材料；磁电子学材料与器件；电子陶瓷材料；纳米技术与纳米电子学。书中主要介绍电子元件常用材料的基础理论、基本参数与性能特点，器件的工作原理、基本组成、制作及应用情况。

本书可作为高等工科院校微电子学、电子科学与技术、电子信息科学与技术、光信息科学与技术专业的本科生教材，也可作为自动控制类、计算机类、通信类及相关材料类专业高年级本科生和研究生的教材及教学参考书，还可供从事电子材料与元件的生产、科研及产品研发的专业技术人员参考。

图书在版编目(CIP)数据

现代电子材料与元器件/王巍，冯世娟，罗元编著. —北京：科学出版社，2012.3

普通高等教育电子科学与技术特色专业系列教材
ISBN 978-7-03-033020-8

Ⅰ. ①现⋯ Ⅱ. ①王⋯ ②冯⋯ ③罗⋯ Ⅲ. ①电子材料-高等学校-教材 ②电子元件-高等学校-教材 ③电子器件-高等学校-教材 Ⅳ. ①TN04 ②TN6

中国版本图书馆CIP数据核字(2011)第261258号

责任编辑：潘斯斯　匡　敏／责任校对：刘小梅
责任印制：赵　博／封面设计：迷底书装

科学出版社 出版
北京东黄城根北街16号
邮政编码：100717
http://www.sciencep.com

中煤（北京）印务有限公司印刷
科学出版社发行　各地新华书店经销

*

2012年3月第 一 版　开本：787×1092 1/16
2025年1月第十二次印刷　印张：21
字数：540 000

定价：79.00元
（如有印装质量问题，我社负责调换）

《普通高等教育电子科学与技术特色专业系列教材》
编委会

顾 问
  姚建铨 中国科学院院士 天津大学
  蔡惟铮 国家级教学名师 哈尔滨工业大学

主 任
  吕志伟 教授 哈尔滨工业大学

副主任
  金亚秋 教授 复旦大学
  郝 跃 教授 西安电子科技大学
  严晓浪 教授 浙江大学
  胡华强 编审 科学出版社

委 员（按姓氏笔画排序）

王卫东	教授	中国科学技术大学	张 兴	教授	北京大学
王志华	教授	清华大学	张怀武	教授	电子科技大学
毛军发	教授	上海交通大学	张贵忠	教授	天津大学
文玉梅	教授	重庆大学	张雪英	教授	太原理工大学
匡 敏	副编审	科学出版社	陈弟虎	教授	中山大学
仲顺安	教授	北京理工大学	陈徐宗	教授	北京大学
任晓敏	教授	北京邮电大学	陈鹤鸣	教授	南京邮电大学
刘纯亮	教授	西安交通大学	欧阳征标	教授	深圳大学
杨冬晓	教授	浙江大学	都思丹	教授	南京大学
杨瑞霞	教授	河北工业大学	高 勇	教授	西安理工大学
时龙兴	教授	东南大学	郭树旭	教授	吉林大学
何伟明	教授	哈尔滨工业大学	黄卡玛	教授	四川大学
余 江	教授	云南大学	崔一平	教授	东南大学
邱 旭	教授	长春理工大学	逯贵祯	教授	中国传媒大学
邹雪城	教授	华中科技大学	曾 云	教授	湖南大学
应质峰	教授	复旦大学	谢 泉	教授	贵州大学
宋 梅	教授	北京邮电大学	蔡 敏	教授	华南理工大学

丛 书 序

材料、能源和信息是 21 世纪的三大支柱产业,电子科学与技术是电子工程和电子信息技术发展的基础学科。目前,许多发达国家,如美国、德国、日本、英国、法国等,都竞相将电子科学与技术相关领域纳入了国家发展计划。我国对微电子技术和光电子技术等方向的研究也给予了高度重视,在多项国家级战略性科技计划中,如"863 计划"、"973 计划"、国家科技攻关计划、国家重大科技专项等,都有大量立项。在近几年发布的国务院《2006—2020 年国家信息化发展战略》、《国家中长期科学和技术发展规划纲要(2006—2020 年)》中,对我国的集成电路(特别是中央处理器芯片)、新一代信息功能材料及器件、高清晰度大屏幕平板显示、激光技术等关键领域都提出了明确目标。

电子科学与技术主要研究制造电子、光电子的各种材料及元器件,以及集成电路、集成电子系统和光电子系统,并研究开发相应的设计和制造技术。它涵盖的学科范围很广,是多学科交叉的综合性学科。现在,教育部本科专业目录中,电子科学与技术专业涵盖了微电子技术、光电子技术、物理电子技术、电子材料与元器件及电磁场与微波等专业方向。随着学科的交叉发展和产业的整合,各专业方向已彼此渗透交融。如何拓宽专业方向如何体现专业特色是当前我国高校电子科学与技术专业在办学方面所迫切需要探讨的问题。教育部电子科学与技术专业教学指导分委员会起草的《普通高等学校电子科学与技术本科指导性专业规范》,对本专业的核心知识领域和知识单元的覆盖范围作了规定,旨在引导高等学校电子科学与技术专业在办学方向与人才培养方面探索新的模式,不断提高教学质量,增强高校教学的创新能力,更好地培养知识、能力、素质全面协调发展的,适合我国电子科学与技术各领域不同层次发展需求的有用人才。

教育部为了推进"质量工程",自 2007 年 10 月开始,先后三批遴选了国家级特色专业建设点。目前,有三十余个院系被批准为电子科学与技术国家级特色专业建设点。在教材建设方面,2008 年 10 月,教育部高教司在《关于加强"质量工程"本科特色专业建设的指导性意见》中指示:"教材建设要反映教学内容改革的成果,积极推进教材、教学参考资料和教学课件三位一体的立体化教材建设,选用高质量教材,编写新教材。"为了适应新形势下对电子科学与技术领域人才培养的需求,本届电子科学与技术教学指导分委员会经过广泛深入调研,依托电子科学与技术专业国家级、省级特色专业建设点,与科学出版社共同组织出版本套《普通高等教育电子科学与技术特色专业系列教材》,旨在贯彻专业规范和教学基本要求,总结和推广各特色专业建设点的教学经验和教学成果,以提高我国电子科学与技术专业本科教学的整体水平。

本套丛书在组织编写中,重点考虑了以下几方面的特色:

1. 体现专业特色,贯彻专业规范和教学基本要求。依托"国家级、省级特色专业建设点",汇总优秀教学成果,将特色专业建设的内容、国内外科研教学的成果、电子科学与技术方向的专业规范与教学基本要求结合起来,教材内容安排围绕专业规范,体现核心知识单元与知识点。

2. 按照分类指导原则,满足多层面的需求。针对同一类课程,根据不同的教学层次(普通院校、重点院校或研究型大学、应用型大学)和学时要求(多学时、少学时),涵盖不同范围的拓展知识单元,编写适合不同层次需求的教材。注重与先修课程、后续课程的有机衔接,每本教材在重视系统性和完整性的基础上,尽量减少内容重复。

3. 传承精品,吐故纳新。本套丛书吸纳了科学出版社 2004 年出版的《高等院校电子科学与技术专业系列教材》中受到高校师生欢迎的精品教材。在保证前一版教材准确诠释基本概念、基本理论的基础上,新一版教材更新内容,注重反映本学科领域的最新成果和发展方向,真正使教材能够达到培养"厚基础、宽口径、会设计、可操作、能发展"人才的目的。

4. 拓宽专业基础,面向工程应用加强实践环节。适当拓宽专业基础知识的范围,以增强学生的适应性;面向工程应用,突出工科特色,反映新技术、新工艺;注重实践环节的设置,以促进学生的实际动手能力和创新能力的培养。

5. 注重立体化建设。本套丛书除了主教材外,还将逐步配套学习辅导书、教师参考书和多媒体课件等,为任课教师提供丰富的配套教学资源,方便教师教学,同时帮助学生复习与自学,使教材更加易教易学。

本套丛书的编写汇聚了全国高校的优势资源,突出了多层次与适应性、综合性与多样性、前沿性与先进性、理论与实践的结合。在教材的组织和出版过程中得到了相关高校教务处及学院的帮助,在此表示衷心的感谢。

根据电子科学与技术专业发展战略的要求,我们将对本套丛书不断更新,以保持教材的先进性和适用性。热忱欢迎全同同行以及关注电子科学与技术领域教育及发展前景的广大有识之士对我们的工作提出宝贵意见和建议!

教育部高等学校电子科学与技术专业
教学指导分委员会主任
哈尔滨工业大学教授

前 言

进入21世纪后,随着以集成电路技术为基石的电子信息技术的加速发展,各类电子器件及系统都在朝着小型化、集成化的方向发展,而其中的集成化则不仅意味着要尽可能地实现系统中电路的单芯片集成,而且要实现将包括声、光、电、磁等物理量感知的传感器集成在系统中,实现多功能集成,最为典型的一个研究领域就是微电子机械系统(MEMS),因而带动了包括我们熟知的半导体材料与器件、电介质材料与器件、光电子材料与器件、磁功能材料与器件等电子信息功能材料与器件的深入研究和技术上突飞猛进的发展。目前电子信息材料与器件已经在电子信息产业中占据了主导性的地位,深刻影响到整个社会的经济发展及人们日常生活的方方面面。

以硅为代表的半导体材料与器件的发展,导致了集成电路技术的快速发展,使得人类社会进入了信息化社会,极大地提高了生产效率。按照摩尔定律,目前集成电路工艺技术已经进入了32nm和22nm的技术节点,为了保证半导体器件的可靠性,就需要引入一些新的介质材料,如采用高K介质作为绝缘栅,采用低K介质来取代传统的二氧化硅作为层间介质,采用金属铜取代金属铝作为金属连线等。随着集成电路尺寸进一步按比例缩小,就需要对器件的结构和所用的材料进行调整,如采用立体结构器件、碳纳米管晶体管、单电子晶体管和分子电子器件等。玻璃光纤和固体激光器的出现,使得光通信技术开始发展起来,而半导体激光器和探测器的出现,促进了光通信技术的快速发展。磁性材料则在信息存储、传感、光通信、微波通信等领域有着广泛的应用。总而言之,由于这些材料具有良好的声、光、电、磁、力性质及这些物理量之间的耦合效应,它们在电子信息产业中的广泛应用极大地促进了现代电子信息技术的进步。

本书内容广泛全面,基本涵盖了目前广泛使用的几大类主要的电子信息材料与器件。在章节组织和材料选取上,充分考虑到电子信息类学生学习知识的特点,以及与前面所学基础课程的衔接,理论程度适中,对问题的讨论能满足工程实践的需要,尽量避免复杂的数学物理推导过程,克服对某些非典型电子材料过于细节性的阐述。全书既简明扼要地介绍了电子信息材料与元器件的工作原理,又紧密联系工程应用实际,逻辑清晰、重点突出、知识面广,便于自学和参考。

本书由王巍、冯世娟、罗元编写。其中王巍编写了第1章、第4章、第5章、第7章~第9章;冯世娟编写了第2章、第3章和第10章;罗元编写了第6章。全书由王巍统稿。

本书可作为高等工科院校微电子学、电子科学与技术、电子信息科学与技术、光信息科学与技术专业的本科生教材,也可作为自动控制类、计算机类、通信类及相关材料类专业高年级本科生和研究生的教材及教学参考书,还可供从事电子材料与元件的生产、科研及产品研发的专业技术人员提供参考。

由于时间紧迫、作者水平有限,书中定有许多不当之处,敬请读者批评指正。

目 录

丛书序
前言
第1章 绪论 ·············· 1
　1.1 电子材料的发展历史 ········ 1
　1.2 电子材料的重要作用 ········ 4
　1.3 电子材料与器件的研究现状 ···· 4
　　1.3.1 硅基半导体材料 ········ 5
　　1.3.2 化合物半导体材料 ······ 6
　　1.3.3 半导体自旋电子学材料和
　　　　　器件 ················ 8
　　1.3.4 磁性纳米材料的应用 ···· 8
　　1.3.5 有机光电子材料 ········ 9
　1.4 电子材料的发展前景 ········ 9
第2章 晶体材料的结构 ········ 12
　2.1 晶体的主要特征 ············ 12
　　2.1.1 晶体的点阵结构 ········ 13
　　2.1.2 晶面和密勒指数 ········ 14
　　2.1.3 晶体的宏观对称性 ······ 15
　　2.1.4 晶体的微观对称性 ······ 17
　2.2 典型晶体的结构 ············ 18
　　2.2.1 密堆积与配位数 ········ 18
　　2.2.2 典型单质共价键晶体的
　　　　　结构 ················ 19
　　2.2.3 典型离子化合物晶体结构 ··· 19
　2.3 原子间的结合方式 ·········· 28
　　2.3.1 吸引力和排斥力 ········ 28
　　2.3.2 离子键 ················ 29
　　2.3.3 共价键 ················ 29
　　2.3.4 金属键 ················ 30
　　2.3.5 范德瓦耳斯力 ·········· 31
　2.4 晶体中的缺陷 ·············· 33
　　2.4.1 晶体中的微观缺陷 ······ 34
　　2.4.2 晶体中的宏观缺陷 ······ 37
　习题 ···························· 37

第3章 半导体材料与应用 ······ 38
　3.1 半导体材料的物理基础 ······ 38
　　3.1.1 本征半导体 ············ 38
　　3.1.2 半导体中的杂质 ········ 39
　　3.1.3 费米能级和载流子密度 ··· 40
　　3.1.4 电导与霍尔效应 ········ 41
　　3.1.5 非平衡载流子 ·········· 43
　3.2 半导体材料的性质 ·········· 45
　　3.2.1 光吸收与光电导 ········ 45
　　3.2.2 电容效应与击穿特性 ···· 46
　　3.2.3 压阻效应与磁阻效应 ···· 47
　　3.2.4 电阻率的温度特性 ······ 48
　3.3 半导体材料的分类 ·········· 48
　　3.3.1 元素半导体材料 ········ 49
　　3.3.2 化合物半导体材料 ······ 51
　　3.3.3 非晶态半导体 ·········· 53
　3.4 半导体材料的制备工艺方法 ··· 55
　　3.4.1 多晶制备工艺 ·········· 55
　　3.4.2 单晶制备工艺 ·········· 55
　　3.4.3 外延生长技术 ·········· 59
　3.5 半导体材料的应用 ·········· 65
　习题 ···························· 66
第4章 化合物半导体基础 ······ 67
　4.1 化合物半导体的能带结构 ···· 67
　　4.1.1 化合物半导体的周期性
　　　　　结构 ················ 67
　　4.1.2 半导体的能带理论 ······ 70
　　4.1.3 半导体的有效质量 ······ 72
　　4.1.4 GaAs的能带结构 ······ 75
　4.2 载流子的输运过程 ·········· 76
　　4.2.1 波尔兹曼输运方程 ······ 77
　　4.2.2 散射机制 ·············· 78
　　4.2.3 速度过冲 ·············· 80
　　4.2.4 载流子的弹道输运过程 ··· 83

4.3 二维电子气 ………………… 85
  4.3.1 二维电子气 ……………… 85
  4.3.2 二维电子气的能量状态 … 86
  4.3.3 二维电子气的光学特性 … 88
4.4 半导体异质结 ……………… 90
  4.4.1 异质结的能带突变 ……… 90
  4.4.2 热平衡时理想异质结的能带图 …………………… 95
  4.4.3 界面态对异质结能带的影响 ………………………… 97
  4.4.4 异质结的伏安特性 …… 100
4.5 半导体超晶格 …………… 103
  4.5.1 半导体超晶格的能带结构 …………………… 103
  4.5.2 组分半导体超晶格 …… 105
  4.5.3 掺杂超晶格 …………… 107
  4.5.4 应变超晶格 …………… 107
  4.5.5 非晶态超晶格 ………… 108
习题 ……………………………… 111

第5章 化合物半导体器件 …… 113
5.1 化合物半导体的物理性质 … 113
  5.1.1 化合物半导体 ………… 113
  5.1.2 化合物半导体的晶体结构 …………………… 114
  5.1.3 晶格常数 ……………… 115
  5.1.4 光学性质 ……………… 116
  5.1.5 电学特性 ……………… 117
5.2 金属半导体场效应晶体管器件 ……………………… 121
  5.2.1 GaAs MESFET 的基本结构 …………………… 122
  5.2.2 GaAs MESFET 的直流特性 …………………… 122
  5.2.3 GaAs MESFET 的微波特性 …………………… 124
5.3 异质结双极型晶体管 …… 126
  5.3.1 HBT 器件的基本结构 … 126
  5.3.2 HBT 器件的直流特性 … 127
  5.3.3 HBT 器件的高频特性 … 129
5.4 高电子迁移率晶体管 …… 131

  5.4.1 HEMT 器件的基本结构 … 131
  5.4.2 HEMT 器件的直流特性 … 132
  5.4.3 HEMT 器件的射频特性 … 132
  5.4.4 当代 HEMT 技术 ……… 135
5.5 半导体光源 ……………… 137
  5.5.1 激光二极管(LD) ……… 137
  5.5.2 发光二极管(LED) …… 140
  5.5.3 半导体激光器 ………… 144
5.6 半导体光电探测器 ……… 146
  5.6.1 光电导探测器的基本特性 … 146
  5.6.2 p-i-n 二极管 …………… 148
  5.6.3 APD(雪崩击穿二极管) … 149
  5.6.4 MSM(金属-半导体-金属)探测器 ………………… 150
习题 ……………………………… 151

第6章 光电子材料与器件 …… 153
6.1 概述 ……………………… 153
6.2 光纤 ……………………… 154
  6.2.1 光纤的结构 …………… 154
  6.2.2 光纤的种类 …………… 155
  6.2.3 光纤的制备 …………… 156
  6.2.4 光纤的应用 …………… 159
6.3 激光器及材料 …………… 162
  6.3.1 固体激光器的工作原理 … 162
  6.3.2 固体激光器基质材料 … 163
  6.3.3 固体激光器的激活离子 … 168
  6.3.4 几种常见的固体激光器 … 169
6.4 液晶显示材料与器件 …… 171
  6.4.1 液晶材料的物理性质 … 171
  6.4.2 液晶的分类及结构特点 … 175
  6.4.3 常用液晶显示器件 …… 177
  6.4.4 液晶显示技术的发展趋势 …………………… 182
习题 ……………………………… 184

第7章 电介质材料 …………… 185
7.1 概述 ……………………… 185
7.2 电介质在静电场中的极化 … 186
  7.2.1 电介质的极化现象 …… 186
  7.2.2 电介质的极化机制 …… 187
7.3 电介质的动态极化 ……… 195

7.3.1　电介质的极化过程……195
　　7.3.2　复数介电常量……196
　　7.3.3　介电损耗……197
　　7.3.4　极化弛豫与德拜方程……199
　　7.3.5　复数介电常量与频率和温度的关系……200
　　7.3.6　电介质的电导和击穿……203
7.4　晶体的压电性质……207
　　7.4.1　晶体的压电性……207
　　7.4.2　晶体的介电性质和弹性……208
　　7.4.3　晶体的机电耦合效应……209
7.5　晶体的铁电性质……211
　　7.5.1　自发极化与热释电效应……211
　　7.5.2　铁电体与电畴……212
　　7.5.3　电滞回线……213
7.6　电介质的光学性质……214
　　7.6.1　折射率与双折射……214
　　7.6.2　电光效应……215
　　7.6.3　弹光效应……215
　　7.6.4　声光效应……215
　　7.6.5　热光效应……216
7.7　钛酸钡的结构与性质……216
　　7.7.1　铁电材料的分类……216
　　7.7.2　钛酸钡的晶体结构……217
　　7.7.3　钛酸钡的铁电性质……219
7.8　电介质材料的典型应用……222
　　7.8.1　压电器件……222
　　7.8.2　热释电红外探测器……223
　　7.8.3　声光器件……225
习题……227

第8章　磁电子学材料与器件……228

8.1　原子磁矩……228
　　8.1.1　原子磁矩……228
　　8.1.2　多电子原子磁矩……230
　　8.1.3　原子磁矩计算……231
8.2　物质的磁化……231
　　8.2.1　磁偶极矩……231
　　8.2.2　磁化强度与磁极化强度……232
　　8.2.3　磁场强度与磁感应强度……232
　　8.2.4　磁导率与磁化率……232

8.3　磁性材料的分类……234
　　8.3.1　抗磁性……234
　　8.3.2　顺磁性……234
　　8.3.3　反铁磁性……234
　　8.3.4　铁磁性……235
　　8.3.5　亚铁磁性……235
8.4　铁磁交换作用……236
　　8.4.1　交换相互作用……236
　　8.4.2　饱和磁化与居里温度……237
8.5　磁畴……238
　　8.5.1　磁畴与畴壁……238
　　8.5.2　磁畴的形成……239
　　8.5.3　磁化曲线与磁滞回线……240
　　8.5.4　动态磁化……243
　　8.5.5　磁损耗……245
8.6　磁性材料的特性……247
　　8.6.1　磁各向异性……247
　　8.6.2　磁致伸缩……249
　　8.6.3　磁光效应……250
8.7　磁性材料……251
　　8.7.1　软磁材料……251
　　8.7.2　硬磁材料……252
　　8.7.3　矩磁材料……253
　　8.7.4　旋磁材料……254
　　8.7.5　非晶磁性材料……254
　　8.7.6　纳米晶磁性材料……255
8.8　磁性元器件……256
　　8.8.1　磁记录元件……256
　　8.8.2　磁光存储……257
　　8.8.3　微波器件……258
　　8.8.4　磁光器件……259
习题……260

第9章　电子陶瓷材料……261

9.1　概述……261
9.2　陶瓷材料的结构和性质……262
　　9.2.1　陶瓷材料的结构……262
　　9.2.2　陶瓷材料的性质……265
9.3　电子陶瓷的制备……266
9.4　敏感陶瓷……268
　　9.4.1　热敏陶瓷……268

  9.4.2 压敏陶瓷 …………………… 273
  9.4.3 气敏陶瓷 …………………… 274
  9.4.4 湿敏陶瓷 …………………… 276
 9.5 介电陶瓷 ………………………… 278
  9.5.1 压电陶瓷 …………………… 278
  9.5.2 铁电陶瓷 …………………… 282
  9.5.3 热释电陶瓷 ………………… 283
 9.6 铁氧体材料 ……………………… 285
  9.6.1 软磁铁氧体 ………………… 285
  9.6.2 硬磁铁氧体 ………………… 286
  9.6.3 旋磁铁氧体 ………………… 286
  9.6.4 矩磁铁氧体 ………………… 287
  9.6.5 压磁铁氧体 ………………… 287
 9.7 超导陶瓷 ………………………… 287
  9.7.1 超导现象 …………………… 288
  9.7.2 超导体的基本性质 ………… 289
  9.7.3 超导陶瓷的分类 …………… 290
  9.7.4 超导陶瓷的应用 …………… 291
 习题 ………………………………… 292

第 10 章 纳米技术与纳米电子学 …… 293
 10.1 概述 …………………………… 293
  10.1.1 纳米技术 ………………… 293
  10.1.2 纳米材料 ………………… 295
 10.2 纳米材料的基本效应 ………… 296
  10.2.1 表面效应 ………………… 296
  10.2.2 小尺寸效应 ……………… 296
  10.2.3 量子尺寸效应 …………… 298
  10.2.4 宏观量子隧道效应 ……… 300
  10.2.5 库仑堵塞效应 …………… 300
  10.2.6 介电限域效应 …………… 301
 10.3 纳米材料的制备和加工技术 … 302
  10.3.1 分子束外延(MBE) ……… 303
  10.3.2 化学气相淀积(CVD) …… 303
  10.3.3 自组装合成技术 ………… 304
  10.3.4 SPM 加工技术 …………… 304
  10.3.5 光刻技术 ………………… 305
 10.4 纳米电子学 …………………… 305
  10.4.1 从微电子到纳电子 ……… 305
  10.4.2 量子电导 ………………… 306
  10.4.3 电子的弹道输运 ………… 306
  10.4.4 量子相干效应 …………… 306
  10.4.5 量子霍尔效应 …………… 309
 10.5 纳米电子器件 ………………… 311
  10.5.1 共振隧穿器件 …………… 311
  10.5.2 单电子器件 ……………… 315
  10.5.3 纳米 CMOS 器件与
      电路 ……………………… 320
 10.6 纳米技术的发展 ……………… 322
 习题 ………………………………… 322

参考文献 …………………………… 323

第1章 绪 论

1.1 电子材料的发展历史

以电子学和光电子学为代表的信息产业已成为当今知识经济时代国民经济和社会发展的战略性基础产业和支柱产业,而电子功能材料与器件则是电子学和光电子学的重要物质基础与先导。电子信息材料是以电子或光子为载体,用于制造各种电子及光电子元器件、半导体集成电路、纳米电子器件、磁性元器件、电子陶瓷器件等的材料。电子信息材料是现代电子工业和科学技术发展的物质基础,同时又是一门多学科交叉的科学,涉及电子技术、光学、物理化学、固体物理学和工艺技术等多学科知识。电子信息材料的质量决定了光电子元器件和半导体集成电路的性能好坏,电子新材料的出现将促进新一代电子产品的诞生。电子信息材料作为现代信息产业的基石,支撑着包括通信技术、计算机技术、集成电路及自动化技术等众多信息技术的发展。因此,电子信息材料的发展一直受到人们的关注和重视。

20世纪是电子信息材料与器件飞速发展的时期。其中标志性的成果是1950年人们发明了基于半导体单晶硅材料的双极型晶体管,这一发明极大地促进了电子设备向小型化、轻量化、节能化方向发展,因此它渐渐代替了电子管(晶体管的耗能仅为电子管的百万分之一)。1958年集成电路的发明使得电子计算机进一步小型化,使人类进入了一个崭新的信息技术时代。制造集成电路的最主要材料之一是硅单晶,其特征是强度高、结晶性好、成本低,可以拉出大尺寸的硅单晶,自然界中储量丰富。晶体管的特殊能力取决于N型或P型导电的掺杂元素对半导体进行可控掺杂的能力,以及SiO_2介质的优良绝缘性能。实际上,SiO_2是硅的天然氧化物,通过氧化方法可在硅上生长一层质量很高的绝缘层。绝缘层与硅之间的界面上很少留下悬挂化学键和陷阱来俘获电荷。这种理想界面意味着在场效应晶体管隧道里,在绝缘栅之下能够精确而快速地控制电场。尽管电子和空穴穿过硅晶体管隧道区的速度较化合物半导体的理论速度慢,但它兼有优异的介电性能和近于理想的Si/SiO_2界面,这使硅材料成为集成电路中的首选材料。然而,为了在晶体管里传导电子,需要多层金属互连。这样,集成电路实际上是一种复合材料体系,它把半导的、绝缘的金属化合物集成在一起,执行复杂任务。所以,集成电路的制造过程是一个非常复杂的工艺过程。

随着半导体器件特征尺寸按等比例缩小,集成电路规模的不断增加,如图1.1所示,集成电路的设计面临着许多的新挑战。特别是当集成电路的特征尺寸进入纳米量级之后,如器件的量子效应、高速低功耗设计等问题,有许多有待通过材料的替代来解决。如高性能芯片中的金属连线已经开始用铜来取代铝,以提高速速降低连线电阻;在某些集成电路里开始出现了硅与锗的合金;出于对介电常量高于SiO_2的绝缘栅层的需要,人们正在对铪氧化物和各种硅酸盐进行研究。特征尺寸不断缩小的另一种结果是隔离不同材料的总界面面积在显著增加。因此,材料的化学兼容性和互扩散问题就更加严重,对材料的性能需要有更成熟的了解。

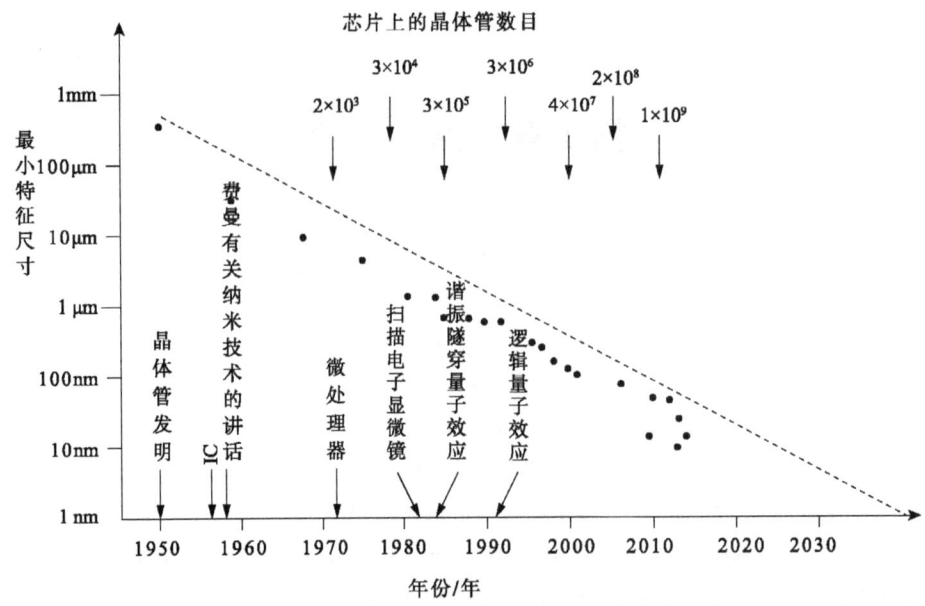

图 1.1 半导体芯片上晶体管数量及特征尺寸的变化趋势

随着半导体芯片在电子产品设计中的广泛应用,各种电子产品(如通信类电子产品、计算机类电子产品、消费类电子产品)的性能得到大幅提高,种类也呈现出爆发式增长的趋势。半导体芯片是 21 世纪信息技术的基石,例如,近几年在互联网技术基础之上兴起的物联网技术,其中最为关键的硬件组件,如电脑中的 CPU、各种类型的半导体存储芯片、RFID 射频识别芯片等构成了整个物联网的基础。可见集成电路技术的应用应用对社会经济发展有着巨大的推动作用。

随着硅基半导体技术的发展趋近于极限,人们已经开始着手研究未来可以取代现有集成电路的新技术。其中,基于碳纳米管(CNT)的电路是未来研究的一个非常重要的方向,碳纳米管可以具有金属特性,也可以具有半导体特性,这取决于碳纳米管碳链的空间螺旋。金属的碳纳米管在室温下具有迄今最高的电导率。半导体的碳纳米管已用来制造电性能良好的晶体管。然而,现在面临的主要问题是如何按要求的特殊性能合成纳米管,然后再加工制造成电路。目前碳纳米管的一些应用如图 1.2 所示。

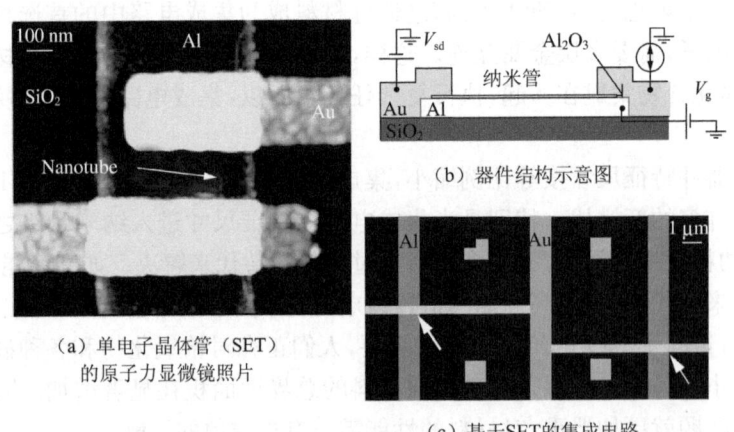

图 1.2 基于纳米管的单电子器件

电子材料和光电子材料在信息的获取、传输、存储、显示及处理和运算过程中发挥了重要的作用。以电子为媒介而传递信息,因为电子的传输速度受其质量(静止质量 $=9.1\times10^{-31}$ 千克)影响,有一定限度,所以,随着对信息传输容量和速度的要求不断提高,光子作为更高频率和速度的信息载体就被应用,从而又出现了与电子技术、微电子技术交叉发展的光电子技术。光子材料是指利用光子或光互相作用来实现信息产生、传输、存储、显示、探测及处理的材料,它包括激光晶体、红外材料、液晶、非线性光学材料、光子晶体及光纤材料等。

1960 年第一台红宝石激光器的出现,使光电子技术进入一个新领域。由于激光具有优良的方向性、相干性、单色性和储能性,激光器能产生高达 10^{12} 瓦的峰值功率,产生激光的基质晶体,以及对激光束进行调制的非线性光学材料所构成的系统在通信、光计算、激光医疗、激光印刷、激光影视、激光仪器、激光受控热核反应、激光分离同位素、激光制导等诸多方面有广泛的应用,因此,探索与发展新型光电子材料,制作高性能、小型化、集成化的光电子器件,已成为光电子科技领域的前沿。其中光电子信息材料是光电子技术的基础和先导,这里包括光源和信息获取材料、信息传输材料、信息存储材料以及信息处理和运算材料等,其中主要是各类光电子半导体材料、光纤和薄膜材料,各种液晶显示材料和电色材料、新型相变和光色存储材料、光子选通材料、光致折变材料、新型非线性光学晶体材料等。

固态激光器(包括固体激光器和半导体激光器)以其体积小、重量轻、可靠性好和寿命长等优点,成为新激光技术发展的热点。特别是半导体激光器,因其体积小、可靠性高、价格低、成本极微、光束质量好等优点,是目前使用最广的激光器。目前,日、美等国在研究如何增加波长范围,使得激光器的输出波长从近紫外直至蓝绿光的可见光谱。传统的 AlGaAs 半导体激光器材料,增加铝的浓度,可产生更短的波长输出,但氧化铝也限制了器件的寿命,目前采用分子束外延技术制造的 InGaAsP 半导体激光器,可发射 780~1000nm 范围内任何波长的激光。

光子晶体是 1991 年发现的新型光学材料,其概念来源于固体物理中周期结构思想及电动力学中的电磁场理论。光子晶体是一种介质或金属材料在空间呈周期性排列并能自由控制光的人造晶体。光子晶体内部的光学折射率呈周期性分布,由材料的折射率反差形成光子带隙。由于光子的波长与其能量成反比,这种具有周期性排列结构的电介质或金属将阻挡波长处于光子带隙内的光,而允许其他波长的光自由通过。可以通过掺杂来控制光子晶体能带的位置、宽度以及带隙中掺杂模式的形成。由此可见,光子晶体是以类似于半导体的方法来处理光子:半导体的晶体结构控制电荷流,禁止电子在规定的能量范围内通行;而对光子晶体来说,光的能量若与其能带相容则呈导通性,若不相容则呈绝缘性。光子晶体具有超透镜效应、超棱镜效应、复折射、绝缘性、弯曲性等特性。利用它的这些特性,可制作尺寸很小、功能很强的光子器件。利用它的光子带隙,可改善远距离光学信号的传送,从而提高互联网的信息处理速度。

随着现代科学技术的飞跃发展,电子材料的发展体现出如下的发展趋势。其一,功能材料与器件相结合,并趋于小型化与多功能化。特别是外延技术与超晶格理论的发展,使材料与器件的制备可以控制在原子尺度上,这将成为发展的重点。其二,电子材料低维化。低维材料具有体材料不具备的性质。例如,零维的纳米级金属颗粒是电的绝缘体及吸光的黑体,以纳米微粒制成的陶瓷具有较高的韧性和超塑性;纳米级金属铝的硬度为块体铝的 8 倍;作为一维材料的高强度有机纤维、光导纤维,作为二维材料的金刚石薄膜、超导薄膜等都已显示出广阔的应用前景。其三,新型信息功能材料不断涌现。这里主要是指半导体、激光、红外、光电子、液晶、敏感及磁性材料等,它们是发展信息产业的基础。

1.2 电子材料的重要作用

电子材料是电子信息产业的重要组成部分，是发展电子信息产业的基础与先导。电子材料作为基础性材料已渗透到国民经济和国防建设的各个领域，没有高质量的电子材料就不可能制造出高性能的电子元器件，也就没有先进的电子信息系统。电子信息材料及产品支撑着现代通信、计算机、信息网络技术、微机械智能系统、工业自动化和家电等现代高技术产业。电子信息材料产业的发展规模和技术水平，已经成为衡量一个国家经济发展、科技进步和国防实力的重要标志，在国民经济中具有重要战略地位，是科技创新和国际竞争最为激烈的材料领域。

随着电子学向光电子学、光子学迈进，微电子材料在未来10~15年仍是最基本的信息材料，光电子材料、光子材料将成为发展最快和最有前途的信息材料。由半导体材料及辅料、光电子材料和新型元器件用材料组成的三大系列，涵盖了现代信息新材料领域的主要方面。信息新材料作为现代信息产业的基石，支撑着通信、计算机、信息家电与网络技术的发展。虽然光电子技术发展非常快，但是以集成电路为主的电子和微电子技术仍然在目前信息技术中占相当大的比重，以硅材料为主体，化合物半导体材料及新一代高温半导体材料共同发展的局面在21世纪仍将成为集成电路产业发展的主流。

1.3 电子材料与器件的研究现状

随着信息载体从电子向光电子和光子的转换步伐的加快，半导体光电信息功能材料也已由体材料发展到薄层、超薄层微结构材料，并正向集材料、器件、电路为一体的功能系统集成芯片材料和纳米结构材料方向发展。材料生长制备的控制精度也将向单原子、单分子尺度发展。从材料体系上看，除硅和硅基材料作为当代微电子技术的基础在21世纪中叶之前不会改变外，化合物半导体微结构材料以其优异的光电性质在高速、低功耗、低噪声器件和电路，特别是光电子器件、光电集成和光子集成等方面发挥着越来越重要的作用；与此同时，近年来硅和GaAs、InP等Ⅲ-Ⅴ族化合物混合集成技术取得的重大进展，使人们看到了硅基混合光电集成的曙光。有机半导体发光材料以其低廉的成本和良好的柔性，已成为全色高亮度发光材料研发的另一个重要发展方向，预计会在新一代平板显示材料中占有一席之地。GaN基紫、蓝、绿异质结构发光材料和器件的研制成功，不仅将使光存储密度成倍增长，而更重要的是它将会引起照明光源的革命，经济效益巨大。航空、航天以及国防建设的要求推动了宽带隙、高温微电子材料和中远红外激光材料的发展。探索低维结构材料的量子效应及其在未来纳米电子学和纳米光子学方面的应用，特别是基于单光子光源的量子通信技术，基于固态量子比特的量子计算和无机/有机/生命体复合功能结构材料与器件发展应用，已成为材料科学目前最活跃的研究领域，并极有可能触发新的技术革命，从而彻底改变人类的生产和生活方式。另外，从半导体异质结构材料生长制备技术发展的角度看，已由晶格匹配、小失配材料体系向应变补偿和大失配异质结构材料体系发展。如何避免和消除大失配异质结构材料体系在界面处存在的大量位错和缺陷，这也是目前材料制备中迫切要解决的关键问题之一，它的解决将为材料科学工作者提供一个广阔的创新空间。下面从几个主要方面入手，简单介绍电子材料与器件的研究现状及应用。

1.3.1　硅基半导体材料

硅是当前微电子技术的基础材料,是制作高性能集成电路芯片的主要材料之一。从提高硅集成电路成品率、性能和降低成本来看,增大直拉硅单晶的直径,解决硅片直径增大导致的缺陷密度增加和均匀性变差等问题,仍是今后硅单晶研发的主要方向。预计到2015年,12英寸硅片将成为主流产品。随着极大规模硅ICs向更小线宽发展,更大直径的硅单晶(如18英寸等)研制也在筹划中。从进一步缩小器件的特征尺寸,提高硅集成电路的速度和集成度看,研制适合于硅深亚微米乃至纳米工艺所需的大直径硅外延片将会成为硅材料发展的另一个主要方向。

根据2007年版"国际半导体技术发展路线图"的预测,集成电路器件的特征线宽,2013年将进入32nm技术代,晶体管物理栅长将是13 nm,并于2016年进入到22nm技术代,晶体管物理栅长将是9 nm;到2022年,晶体管物理栅长将是4.5 nm。这时硅CMOS技术将接近或达到它的"极限",摩尔定律将受到物理(短沟场效应、绝缘氧化物量子隧穿效应、沟道掺杂原子统计涨落、功耗等)、技术(寄生电阻和电容、互连延迟、光刻技术等)和经济三方面(制造成本昂贵)的挑战。为克服上述器件物理和互连技术限制,人们一方面正在开发诸如高K栅介质、金属栅、双栅/多栅器件、应变沟道和高迁移率材料、铜互连技术(扩散阻挡层)、低介电常量材料、多壁纳米碳管通孔和三维铜互连等技术;另一方面,在电路设计与制造方面,采用硅基微/纳器件混合电路、光电混合集成和系统集成芯片(SoC)技术等,来进一步提高硅ICs的速度和功能。

然而,虽然采取上述措施可以延长摩尔定律的寿命,但硅微电子技术最终难以满足人类对信息量需求的日益增长。为此,人们正在积极探索基于全新原理的材料、器件和电路技术,如基于量子力学效应的纳米电子(光电子)技术、量子信息技术、光计算技术和分子电子学技术等。如基于石墨材料的硅基场效应晶体管的研究。石墨是一种严格意义上的二维材料,它是由单原子层的碳原子以蜂窝状结构排列而形成的有序结构,如图1.3所示。石墨是人类已知材料中最薄且最坚固的材料,具有优异的晶体特性和极佳的电学特性。由于石墨层中的电子-光子散射作用非常微弱,因此,即使是在室温的条件下,石墨中的电子迁移率仍高达$200\,000\,cm^2/V \cdot s$。并且其载流子饱和速率是硅材料的6～7倍。这些性能使得石墨层成为制作场效应晶体管的一种非常有前途的基础材料,用于制作工作在毫米波频段或更高频段的晶体管,其结构如图1.4所示。

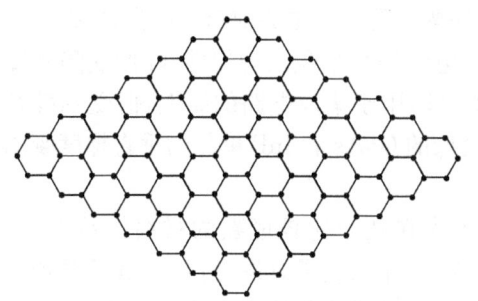

图1.3　石墨层的结构

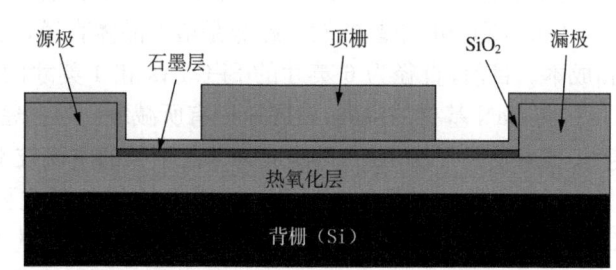

图1.4　基于双栅极的石墨场效应晶体管

硅基光、电器件集成一直是人们所追求的目标。但由于硅是间接带隙,如何提高硅基材料发光效率就成为一个亟待解决的问题。2001年科研人员将硼离子注入硅中,在硅中引入位错环。位错环形成的局域场调制硅的能带结构,使荷电载流子空间受限,从而使硅发光二极管器件的量子效率提高到0.1%。2002年研究人员将稀土金属离子,如铒、铈等,注入包含有直径为1～2nm的硅纳米晶的富硅二氧化硅中,由于量子受限效应,抑制了非辐射复合过程发生,创造了外量子效率高达10%的硅基发光管的世界纪录。

尽管 GaAs/Si 和 InP/Si 是实现光电子混合集成的理想材料体系，但由于晶格失配和热膨胀系数等不同造成的高密度失配位错而导致器件性能退化和失效，使其难以实用化。研制成功硅基 N-CdS/P-Si 纳米线电注入激光器，使人们看到了硅基光电集成的曙光。

2006年6月美国 Intel 公司成功研制出硅基混合锁模激光器，它是由 InP 和硅片构成，两者通过等离子体工艺键合在一起。光发射来自 InP，硅片作为波导，起着对光的反射和放大而产生激光发射作用；激光脉冲4ps，重复频率40GHz，信号由一根光纤输出，可用于 PC 机、服务器和数据中心等。近年来采用热压法，将 GaAs 和 InP 为代表的Ⅲ-Ⅴ族材料通过范德瓦力无损伤地与硅片键合在一起，从而使硅基光电混合集成的方案取得了进展。硅基有机/无机复合发光材料与器件研究近年来也取得了进展，外量子效率达到20%。

1.3.2 化合物半导体材料

与半导体硅相比，Ⅲ-Ⅴ族化合物半导体材料以其在高速、大功率、低功耗、低噪声系数等方面的优异光电性能，在射频及微波通信、光纤通信、太阳能电池和显示等方面得到了广泛的应用。GaAs、InP 和 GaN 及其微结构材料是目前最重要、应用最广泛的Ⅲ-Ⅴ族化合物半导体材料。

以 GaAs 和 InP 为基的晶格匹配和应变补偿的超晶格、量子阱材料已发展得相当成熟，并成功地用来制造超高速、超高频微电子器件和单片集成电路。目前，InP 基双异质结晶体管(HBT)和高电子迁移率晶体管(HEMT)的最高频率都已进入太赫兹；GaAs 基的微波单片集成电路(MMIC)已从军用高端产品发展到民用产品。

基于上述材料体系的光通信用 1.3μm 和 1.5μm 的量子阱激光器和探测器，红、黄、橙发光二极管和红光激光器以及大功率半导体量子阱激光器泵源已商品化，表面光发射器件已达到或接近达到实用化水平。目前，研制可工作在40Gbs/s 以上的 1.5μm 分布反馈(DFB)激光器，电吸收(EA)调制器单片集成 InP 基多量子阱材料和超高速驱动电路所需的低维结构材料是解决光纤通信瓶颈问题的关键。自从1994年美国贝尔实验室发明了基于量子阱子带跃迁和阱间共振隧穿的量子级联激光器(QCLs)以来，QCLs 在向大功率、高温和单模工作等研究方面取得了显著的进展。目前，量子级联激光器的工作波长已覆盖近红外到中、远红外波段（3.4～145mm）。采用量子级联激光器结构来实现太赫兹波段的激射是一个更为前沿的研究领域。

GaAs 和 InP 单晶的发展趋势是增大晶体直径，提高电学和光学微区均匀性，降低缺陷密度和成本。目前，直径为6英寸的 Si-GaAs 和4英寸的 InP 已用于集成电路的制造，但受到硅基 GeSi 和 GaN 基材的挑战，发展速度有所减缓。位错密度低的 GaAs 和 InP 单晶的垂直梯度凝固生长技术发展很快，很有可能成为单晶生长的主流技术。

目前半导体量子线、量子点材料生长与制备主要集中在几个比较成熟的材料体系上，如 GaAs、InP 基 In(Ga)As 量子线和量子点、GeSi/Si 量子点等，并在量子点发光器件、量子线场效应晶体管和单电子晶体管、存储器研制方面，特别是量子点激光器研制等方面取得了重大进展。小功率量子点激光器的阈值电流密度(J_{th})已降低到 16 A/cm^2，已远低于量子阱激光器的 J_{th}，并已进入实用化的研发阶段。基于量子点的单电子晶体管、量子点原胞自动机、单光子光源等新型器件原型已研制成功，为其在量子计算、量子通信等量子信息技术方面的应用打下了基础。

应变自组装量子点很容易被嵌入到合适的微腔中，可以实现定向、高效发射，甚至纠缠双光子发射，在研制单光子光源方面具有优势。寻找原子级无损伤加工方法和应变自组装可控生长技术，获得无缺陷的、空间高度有序和大小、形状均匀，密度可控的量子线和量子点材料是发展的大趋势。

宽带隙半导体材料是指禁带宽度大于 2.7 eV 的半导体材料,如Ⅲ族氮化物、碳化硅、氧化锌(ZnO)和金刚石等,特别是 GaN、SiC 和金刚石薄膜等,因具有高热导率、高电子饱和漂移速度和大临界击穿电压等特点,成为研制高频大功率、耐高温、抗辐照半导体微电子器件和电路的理想材料;在通信、汽车、航空、航天、石油开采以及国防等方面有着广泛的应用前景。另外,Ⅲ族氮化物、ZnO 基材料等也是优良的光电子材料,在短波长发光器件、太阳能光伏电池和紫外探测器等应用方面显示了广泛的应用前景。

功率达瓦级(最大为 5W)的 GaN 基蓝、紫光发光二极管的研制成功,使人们看到了固态白光照明的诱人前景;GaN 基激光器的研制也取得了进展,工作波长在 400~450 nm 之间,最大室温连续输出光功率已超过 0.5W。GaN 基高温、高功率、高频电子器件研制取得了重大进展,GaN 基 FET(功率场效应管)的最高工作频率(f_{max})已达 140 GHz,f_T=67 GHz(f_T截止频率),跨导为 260 mS/mm。GaN 基高频器件工作电流崩塌曾成为器件应用的瓶颈,2003 年美国 Cree 公司通过在器件栅极外加 1.1 μm 场片技术,基本上克服了上述问题,研制出的 GaN HEMT 的功率密度已达 33 W/mm,P_{AE}=54.8%,外加两层场片的器件达 40 W/mm,P_{AE}=60%;他们还指出采用 F 类放大可制造 P_{AE} 高达 95%以上的微波器件,显示了美好的潜在应用前景。日本 Fujitsu 研制出的 GaN HEMT 放大器输出功率达 174 W,电压为 63 V。

以 GaN 为代表的Ⅲ族氮化物由于缺乏同质衬底材料成为制约Ⅲ族氮化物应用的一个瓶颈问题。目前解决的办法有三个:一是制备块状 GaN 晶体;二是发展自支撑 GaN 衬底技术;三是发展柔性衬底技术。日本科学家利用"氨热法",在研制大尺寸 GaN 体单晶方面取得了突破进展。AlN 和自支撑 GaN 衬底以及 GaN 体单晶的研制成功,将对 GaN 基激光器和高温微电子器件和电路研制起到重要的推动作用。2008 年人们在非极性和半极性蓝宝石面上制备 GaN 基 LED 取得重大进展,研制成功高达 192lm/W 的 LED,为提高 GaN 基 LED 发光效率开辟了一个新的途径。Ⅲ族氮化物具有很强的压电效应,利用这种效应开展压电诱导能带工程研究和构建新型器件,是一个有待开展的重要研究方向。

以 Cree 公司为代表的体 SiC 单晶的研制业已取得突破性进展,2 英寸 4H 和 6H 的 SiC 单晶与外延片,以及 3 英寸的 4H-SiC 单晶已有商品出售;以 SiC 为 GaN 基材衬底的蓝绿光 LED 业已上市,加入以蓝宝石为衬底的 GaN 基发光器件的竞争。目前存在的主要问题是材料中的缺陷密度较高,价格昂贵。为满足 SiC 相关高温、高功率电子器件的研制的需求,将微管道(MP)密度降低到小于 0.5 MP/cm^2,将电子迁移率提高到 100cm^2/V·s 以上是非常必要的。

ZnO 与其他宽带隙半导体材料相比,具有高的激子束缚能(60meV),极好的抗辐照性能,低的外延生长温度和大尺寸衬底材料等一些独特的优点,有望用于 UV 发光二极管与低阈值激光器、UV 探测器和生物传感器以及抗辐照太空探测器等新型 ZnO 基光电器件的研制,受到国内外广泛的关注。目前已实现了室温 ZnO 基 LED 的蓝、紫色发光,并观察到来自 ZnO/BeZnO 和 ZnO/MgZnO 异质结构或量子阱结构的激光输出。ZnO 基材和器件应用存在的主要问题是高质量单晶薄膜制备,特别是稳定、高浓度的 P 型掺杂困难。高质量 ZnO 衬底材料和高质量 ZnO 单晶薄膜制备以及与其晶格匹配的合金势垒层材料(如 BeZnO 和 BeZnO)的制备等是 ZnO 基器件走向应用之前必须要解决的问题。

金刚石薄膜具有比其他宽带隙半导体更为优越的性能,是发展高温、大功率、高频电子器件最理想的材料。然而,长期以来大面积单晶金刚石薄膜的制备和 N 型掺杂的难题未能突破,致使它的器件应用停步不前。近年来该领域的研究有了长足进步,2002 年,Isberg 等利用微波等离子体辅助CVD技术,研制成功了高质量单晶金刚石薄膜。半导体金刚石单晶薄膜的研究也已取得进展,2003年法国、以色列和美国的科学家在同质外延掺硼的P型金刚石薄膜上,采用氘等离子体生长技术和后退火工艺,成功制备出N型高电导率金刚石薄膜(室温电子浓度 $7\times10^{16}\ \mathrm{cm}^{-3}$,电导率约 $2(\Omega\cdot\mathrm{cm})^{-1}$,迁移率 $180\ \mathrm{cm}^2/\mathrm{V\cdot s}$),为高温、高频和大功率半导体金刚石器件的研制打下了基础。2003年9月,日本电报和电话公司(NTT)与德国的Ulm大学合作,研制成功最高工作频率为81GHz的毫米波金刚石器件。2006年,NTT又在4英寸多晶金刚石上制作了氢表面沟道FET,器件漏极电流密度达到550mA/mm,单位增益截止频率为45GHz,功率增益最大频率为120GHz,频率为1GHz时的输出功率密度达到2.1W/mm。2007年Ulm大学Kohn的小组制备的肖特基二极管在300℃下仍维持 10^9 的整流比,并且在1000℃时(真空中)仍具有整流性能,且器件的反向击穿电场达2.5 MV/cm。日本的研究人员利用500nm左右的单晶金刚石同质外延薄膜,研制了深紫外光响应度大于1A/W,深紫外/太阳光抑制比达8个量级的深紫外探测器,并首次实现了金刚石对火焰的探测。总之,随着研究的不断深入,特别是新概念器件的提出,相信不久的将来,金刚石有望在功率器件和深紫外探测器件等方面得到实际应用。

1.3.3　半导体自旋电子学材料和器件

电子的自旋,如同它的电荷一样,是电子的另一个固有的属性。探索载流子的自旋运动规律,实现对其操纵、调控及其应用的科学称之为自旋电子学(Spintronics)。含有铁磁性材料的半导体要实现自旋极化的电子输运,关键在于自旋的有效注入、传输和探测。自旋极化的电子注入半导体中,并被人为操控,可以制成新型的自旋电子器件,用于数据的存储和运算是该领域的研究所追求的目标。由于在 $\mathrm{In}_{1-x}\mathrm{Mn}_x\mathrm{As}$ 和 $\mathrm{Ga}_{1-x}\mathrm{Mn}_x\mathrm{As}$ 磁性半导体中发现了低温铁磁性,特别是在 $\mathrm{Ti}_{1-x}\mathrm{Co}_x\mathrm{O}_2$,$\mathrm{Ga}_{1-x}\mathrm{Mn}_x\mathrm{N}$,$\mathrm{Ga}_{1-x}\mathrm{C}_x\mathrm{N}$,$\mathrm{Ti}_{1-x}\mathrm{Co}_x\mathrm{O}_2$,$\mathrm{Zn}_{1-x}\mathrm{Co}_x\mathrm{O}$,$\mathrm{ZnCrTe}$ 等磁性半导体中发现了居里点高于室温的铁磁性,引发了磁性半导体材料的研究热潮,然而由于对磁性的起源不明,研究进展缓慢。目前主要集中在对铁磁/半导体异质结界面的能带结构、自旋电子在异质结界面的散射、自旋注入、自旋电子在半导体中的输运和对注入自旋电子的探测以及新型自旋电子器件设计等方面。自旋相关器件的研发尚处于探索阶段。近年来,由于空间对称破缺(晶格或人工微结构空间反演不对称)引起的Rashba自旋轨道耦合以及逆自旋霍尔效应导致的涡旋电荷流的研究受到关注,研究成果有可能为相关自旋器件研制创造条件。

1.3.4　磁性纳米材料的应用

由于纳米磁性材料具有多种特别的纳米磁特性,可制成纳米磁膜(包括磁多层膜)、纳米磁线、纳米磁粉(包括磁粉块体)和磁性液体等多种形态的磁性材料,因而已在传统技术和高新技术、工农业生产和国防科研以及社会生活中获得了多方面的广泛而重要的应用。

1) 在磁记录方面的应用

在当代信息社会中,磁信息材料和技术的应用占有很大的比例,而纳米磁性材料更开创了重要的新应用。例如,电子计算机中的磁自旋随机存储器,磁电子学中的自旋阀磁读出头和自旋阀三极管等都是应用多层纳米磁膜研制成的。

2) 在纳米永磁材料方面的应用

对于永磁材料,要求磁性强,保持磁性的能力强,磁性稳定,即要求永磁材料具有高的最大磁能积 $[(B\cdot H)_{\max}]$、高的剩余磁通密度 (B_r) 和高的矫顽力 (H_c),同时要求这三个磁学量对温度等环境条件具有较高的稳定性。在实际情况中,要求$(B·H)_{max}$,B_r和H_c三者都较高是困难的,所以只能根据不同的需要来选择适当的永磁材料。目前永磁材料研究较多的是稀土永磁材料,一些稀土元素具有高的原子磁矩、高的磁晶各向异性、高的磁致伸缩系数、高的磁光效应及低的磁转变点(居里点)。由高的原子磁矩可以得到高的剩磁,由高的磁晶各向异性可以得到高的矫顽力。钴(Co)和铁(Fe)的居里点很高,分别为1131℃和770℃,选取适当的稀土元素和Co或Fe的金属间化合物,可制得永磁性能良好的永磁材料。纳米磁性材料的特点之一是在一定条件下可得到单磁畴结构,因而可显著提高永磁材料的矫顽力和永磁性能。纳米级的永磁材料磁性能更优越,其永磁性能可以随合金的组元、含量和制造工艺等有显著的变化。目前研究较多的主要有NdFeB系、FeCrCo系和Fe-Co系。这些合金加少量其他元素(如Ti、Cu、Co、W等)还可进一步改善其永磁性或加工性。

3) 在纳米软磁材料方面的应用

对于软磁材料,一般要求有高的起始磁导率和饱和磁化强度,低的矫顽力和磁损耗,宽频带等。研究表明,只要选择适当的化学组分和工艺条件,便可以分别制成性能优越的纳米永磁材料和纳米软磁材料。例如,采用射频溅射法制成的纳米晶磁膜,已被制成高起始磁导率、高饱和磁通密度、高居里温度的"三高"纳米软磁材料。近年来开发的纳米磁性材料正沿着高频、多功能的方向发展,其应用领域将遍及软磁材料应用的各方面,如功率变压器、高频变压器、扼流圈、可饱和电流器、互感器、磁屏蔽磁头等。新近发现的纳米微晶软磁材料在高频场中具有巨磁阻抗效应,又为它作为磁敏感元件的应用提供了广阔的前景。

1.3.5 有机光电子材料

有机发光材料以其低廉的成本和良好的柔性,在有机发光二极管显示器件(OLED/PLED),在白光照明,有机薄膜场效应晶体管(OTFET)器件、驱动及微电子技术,有机太阳能光伏电池,有机光电传感和有机激光等方面具有重要应用前景,而受到广泛重视。有机半导体发光材料是有机光电功能器件的核心。近年来有机半导体发光材料的发光效率及寿命已有了很大的提高。有机白光照明也取得了重要进展,有机发光管的发光效率已达到100 lm/W的水平,距离应用目标——164lm/W更近了一步。有机太阳能光伏电池是目前国际上研究的另一个热点,光电转换效率已达6%,并有较大提升的空间。

日本索尼公司演示的一款2.5英寸的全彩色顶面发光OLED显示器,由一个集成在柔性聚醚砜树脂(PES)衬底上的、透明的有源晶体管阵列驱动。显示器的分辨率和像素尺寸分别为80ppi和318μm^2,共有160×120×3个像素点,如图1.5所示。

1.4 电子材料的发展前景

(1) 集成电路和半导体器件用材料由单片集成向系统集成发展。微电子技术发展的主要途径是通过不断缩小器件的特征尺寸,增加芯片面积以提高集成度和信息处理速度,由单片集成向系统集成发展。

① Si、GaAs、InP等半导体单晶材料向着大尺寸、高均质、晶格高完整性方向发展。对单晶电阻率的均匀性、杂质含量、微缺陷、位错密度、芯片平整度、表面洁净度等都提出了更加苛刻的要求。

② 在以Si、GaAs为代表的第一代、第二代半导体材料继续发展的同时,加速发展第三代半

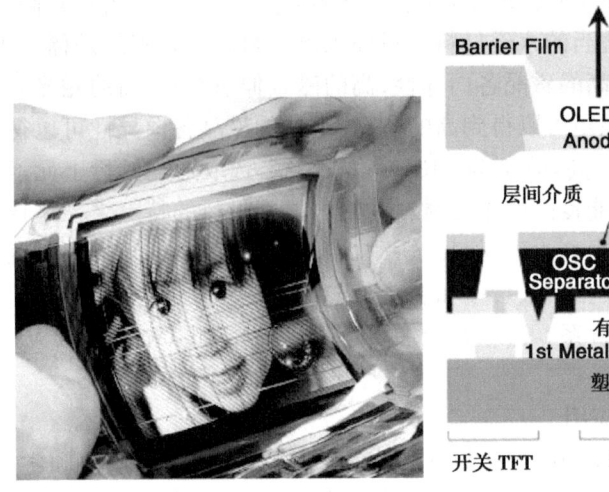
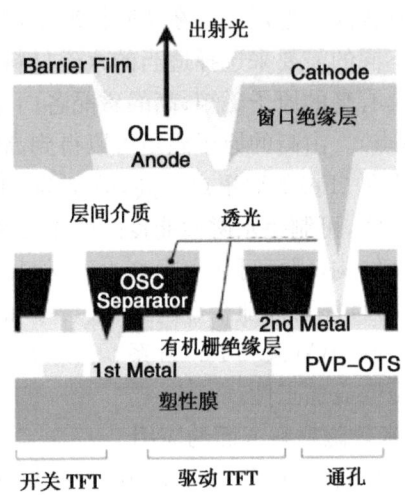

(a) 显示器实物　　　　　　　　(b) 有源矩阵OLED显示器截面结构

图1.5　有机晶体管驱动的OLED显示器

导体材料——宽禁带半导体材料SiC、GaN、ZnSe、金刚石材料和用SiGe/Si、SOI等新型硅基材料大幅度提高原有硅集成电路的性能是未来半导体材料的重要发展方向。

③ 继经典半导体的同质结、异质结之后,基于量子阱、量子线、量子点的器件设计、制造和集成技术在未来5～15年间,将在信息材料和元器件制造中占据主导地位,分子束外延MBE和金属有机化合物化学汽相外延MOCVD技术将得到进一步发展和更加广泛的应用。

(2) 光电子材料向纳米结构、非均值、非线性和非平衡态发展。光电集成将是21世纪光电子技术发展的一个重要方向。光电子材料是发展光电信息技术的先导和基础。材料尺度逐步低维化——由体材料向薄层、超薄层和纳米结构材料的方向发展,材料系统由均质到非均质,工作特性由线性向非线性,由平衡态向非平衡态发展是其最明显的特征。发展重点将主要集中在激光材料、红外探测器材料、液晶显示材料、高亮度发光二极管材料、光纤材料。

① 激光晶体材料。向着大尺寸、高功率、LD泵浦、宽带可调谐以及新波长、多功能应用方向发展。

② 红外探测器材料。大面积高均匀性HgCdTe外延薄膜及大尺寸ZnCdTe衬底材料仍是2010年前红外探测器所用的主要材料。

③ 液晶材料。研究发展超扭曲向列型STN和薄膜晶体管型TFT显示器所用混合液晶,提高性能,降低成本。

④ 高亮度发光二极管材料。继规模生产发红、橙、黄色的GaAs基、GaP基外延材料之后,拓宽发光波段,开发蓝光的GaN基、ZnSe基外延材料将成为研究热点。

⑤ 光纤材料。光纤材料总体发展趋势是向着不断扩展通信容量,降低损耗,增加传输距离,降低色散,提高带宽,抑制非线性效应,实现密集波分复用以及高灵敏度传感方向发展。光纤预制棒的生产制造由单一工艺LCVD、PCVD、OVD和VAD向着混合工艺方向发展,不断增大预制棒尺寸和单棒拉丝长度。

(3) 新型电子元器件用材料主要向小型化、片式化和复合化方向发展。磁性材料、电子陶瓷材料、压电材料、绿色电池和材料、高性能封装材料等将成为发展的重点。

① 磁性材料。从总体上说,永磁材料正在向着高磁能积、高矫顽力、高剩磁方向发展,NdFeB永磁合金最大磁能积已达52MGOe;软磁材料正在向着高饱和磁通密度、高磁导率、低磁

损耗、低矫顽力、高截止频率方向发展,正在开发的纳米微晶软磁合金磁导率高达 100 000H/m,饱和磁感应强度可达 1.3T。磁记录器的高密度、低噪声、小型化,要求磁粉的颗粒尺寸由微米向亚微米、纳米方向发展,且颗粒尺寸分布要尽可能窄。磁性材料进入纳米尺寸后会出现一些新的效应,可以极大地改变磁性材料的性质。另外,高分子磁性材料的发展也是磁性材料发展的一个新的趋势。

② 电子陶瓷材料。传统的陶瓷组件和复合元器件全面的片式化和小型化,可大幅度提高产品的性能,降低了制造成本。高比能、长寿命、小型化、轻型化、无毒污染的绿色电池的需求快速增长,需要大力发展高性能的镍氢电池、锂离子电池用的 MH 合金、$NiOH_2$ 以及 $LiCoO_2$、$LiMn_2O_4$ 和 MCMB 等电极材料。

③ 信息传感材料。信息传感材料包括多种半导体、功能陶瓷、功能高分子和光纤材料。设计、合成出具有新的物理、化学敏感功能,特别是具有生物和复合功能的新材料,进一步提高材料的敏感度和反应滞后及恢复速度,是信息传感材料的主要发展方向。

总而言之,电子材料的发展将带动整个电子产业的发展与革新,尤其是结合现代计算机分析检测技术,电子材料将向着大尺寸、高均匀性、晶格高完整性以及元器件向薄膜化、多功能化、片式化、超高集成度和低能耗方向发展。

第 2 章　晶体材料的结构

众所周知,物质的物理及化学性质是由其结构所确定的。固体物质按照其内部原子排列形式可分为单晶、多晶、液晶、非晶、准晶等多种类型。在这些类型的结构之中,最基本的结构是单晶。本章重点介绍各种典型晶体的结构和原子间的结合方式。

2.1　晶体的主要特征

晶体是结晶状态的固体,自然界中的许多固体物质是晶体物质,如结晶的食盐颗粒、钻石、蓝宝石等。但实验证明,无论晶体的外形如何,构成晶体的分子、原子或离子(称为粒子)在空间的排列都是周期性的。在研究晶体结构时,可以将粒子抽象成一个几何质点来处理。因此,晶体可以看成是由许多质点(严格地说是无穷多个质点)在三维空间作周期性排列所形成的固体物质,晶体中质点的排列是长程有序的。

尽管晶体在宏观上可表现出各种不同的特性,但其结构的周期性使它们都具有一些共同的特性,可概括为自范性、均匀性、对称性、各向异性和解理性等。

(1) 自范性。自范性也称自限性,这是晶体具有自发地形成封闭的几何多面体外形,并以此占有空间范围的性质。由于晶体在生长过程中自发地形成晶面,晶面相交成晶棱,晶棱汇聚成顶点,从而形成具有多面体的外形把它们自身封闭起来,与周围的介质分开。其对应的晶面(或晶棱)之间的夹角始终不会受外界的影响而发生改变。自范性是晶体内部粒子规则排列的反映。

(2) 均匀性。这是指晶体在它的各个不同部分上表现出相同性质的特性,也是晶体内部粒子规则排列的反映。由于晶体内部粒子具有周期性的规则排列,其中粒子性质和排列方式应该是和其他部分相同的,从而由此决定的各项宏观性质也应该是相同的。这就是晶体的均匀性。

(3) 对称性。晶体在某些特定方向上可以具有相同性质。如果在某几个特定的方向上,质点的性质和排列方式完全相同,晶体的性质也必然相同。这种相同性质在不同方向或位置上有规律地重复出现的现象就称为对称性。显然,这是晶体内部粒子规则排列的宏观反映。

(4) 各向异性。指晶体的性质因观测方向的不同表现出有所差异的现象。这是由于晶体结构中,各个方向上内部质点的性质和排列方式的不同而引起的。例如,铌酸锂单晶在不同的方向上,其温度系数、声传播速度、机电耦合系数等都不相同。

(5) 解理性。晶体常有沿一个或几个晶面劈裂,并形成光滑平面的性质,这就是晶体的解理性。劈裂的晶面称为解理面。这是由于这些晶面间的间距比较大,晶面间的相互作用力比较弱的缘故。

以上讨论的对象是单晶。而实际上很多常见的晶体是以多晶的形态出现的,多晶体是由若干个单晶体杂乱无章聚合形成的晶体,其中包含有大量取向不同的晶粒。除此之外,还有些物质,如玻璃、石蜡、沥青等,其内部结构呈现出短程有序排列而长程无序,这类物质称为非晶体或玻璃体。非晶、液晶的结构与晶体有很大的不同,在了解清楚晶体的内部结构之后,就很容易理解其他形态的固体结构了。下面详细讨论一下晶体的结构。

2.1.1 晶体的点阵结构

对于晶体而言,不论其外部形状和大小如何,其内部质点总是规则有序排列的,即晶体中质点的排列是按照一定的方式不断重复进行的。这种性质称为晶体结构的周期性。晶体中化学组成、空间结构、排列取向、周围环境均相同的基本单位称为基元。基元可以是单个原子,也可以是一组相同或不同的原子。如果将基元抽象理解为一个几何质点,则由这些质点的规则几何排列,就构成质点在三维空间的点阵结构,称为晶体的点阵结构。换而言之,晶体结构可以看成是由点阵结构加上基元构成的。点阵按其阵点分布的情况分为直线点阵(一维点阵)、平面点阵(二维点阵)和空间点阵(三维点阵),如图 2.1 表示出了由点阵结构加上基元构成二维晶格结构的示意图。

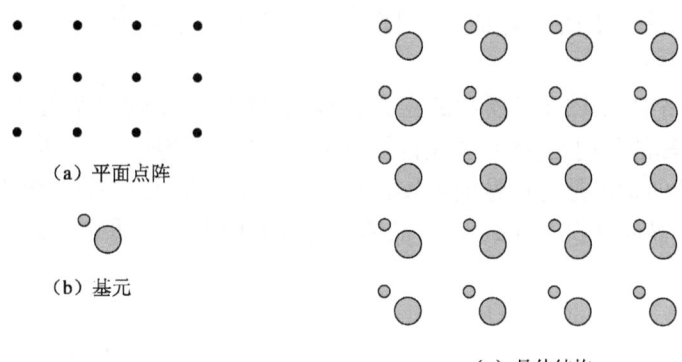

(a) 平面点阵
(b) 基元
(c) 晶体结构

图 2.1 晶体的构成

为了描述晶体的结构,没有必要给出晶体中所有原子的位置。如图 2.2 中给出了二维晶体中的部分晶格的排列。如果晶格中的平行四边形如 ABCD,沿其相邻的两个边不断重复运动,就可得到整个晶体的结构。因而这个平行四边形被称为单位晶胞。不过要注意到,单位晶胞不是唯一的,如平行四边形 $A'B'C'D'$ 或 PQRS 不断地重复就可得到晶体的整个结构。

单位晶胞就是晶体中体积最小的结构单元,单位晶胞在空间中的不断重复排列,就可构成整个晶体中的原子排列。如果只在晶胞的四个角上有原子存在,则单位晶胞被称为元胞或是简单晶胞。单位晶胞 $A'B'C'D'$ 和 ABCD 是元胞,但 PQRS 就不是元胞。

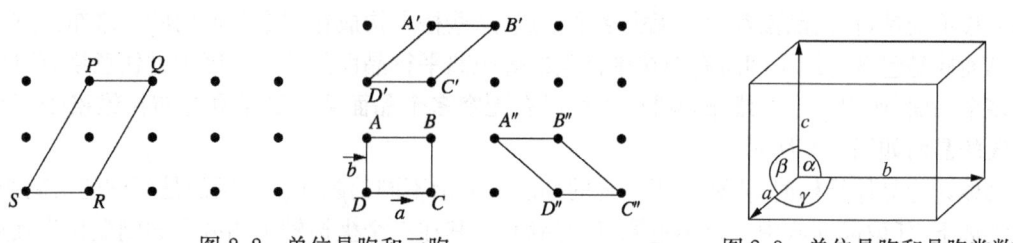

图 2.2 单位晶胞和元胞　　　　图 2.3 单位晶胞和晶胞常数

空间点阵是阵点在三维空间中的几何分布。在晶体中,所有的空间点阵都可以划出一个平行六面体单元,整个晶体可以看作是由这种单元在三维空间紧密堆积而成。图 2.3 中表示出了这样的平行六面体单元,即能反映晶体对称性的最小结构单元——晶胞。在图 2.3 中,边长 a、b、c 表示三个轴方向上的基矢(重复周期),α、β、γ 分别表示基矢间夹角。这六个参数是决定晶胞形状和大小的主要参数,称为晶胞常数或晶格常数。

2.1.2 晶面和密勒指数

晶体中基元的周期性排列,就可得到一个在空间中周期性、有规律无限分布的等同质点的集合。这个等同质点的集合称为布拉维格子。虽然实际晶体是有限的,但只要晶体足够大,绝大多数体内原子基本不受表面存在的影响,此时的假设是一个非常有用的理想化模型。

布拉维格子中的所有格点,可以看成分别在一系列互相平行的直线上,一族互相平行的直线可以把一个平面内所有格点包括其中,并且,通过任意一个格点可以有无穷多个直线,每条直线代表一个特定的方向,称为晶向。一组能表示晶向的数,称为晶向指数。一般用如下方法来表示:取晶向直线上的一个格点作为坐标原点,该直线上的另一个格点相对于该格点的位矢为 $R_l = l'_1 a_1 + l'_2 a_2 + l'_3 a_3$,将 l'_1、l'_2、l'_3 化为互质整数 l_1、l_2、l_3,记作 $[l_1 l_2 l_3]$,即为该晶向的晶向指数。遇到负数,将负号记在数的上面。例如 $-l_2$ 记作 $\bar{l_2}$。如图 2.4 所示,在二维系统中,OA 的晶向为 $[12]$,OB 的晶向为 $[31]$。

在简单立方晶格中,如图 2.5 所示的立方原胞,晶格中沿 X 轴的晶向是 $[100]$;面对角线的晶向是 $[110]$;沿 Z 轴的晶向是 $[001]$。其他晶向指数的确定方法均如上所示。如果要涉及负数指数,按照规定负数的指数是将负号记在数的上面。立方晶格的边共有六个不同的晶向,由于晶体的对称性,这六个晶向并没有什么区别,晶体在这些方向上的性质完全相同,则统称这些等效晶向为 <100>。

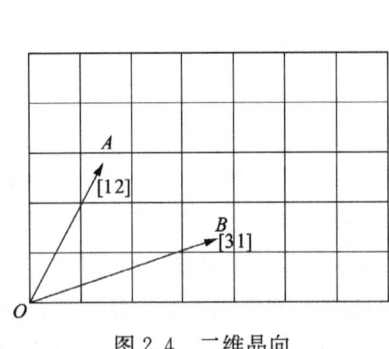

图 2.4 二维晶向

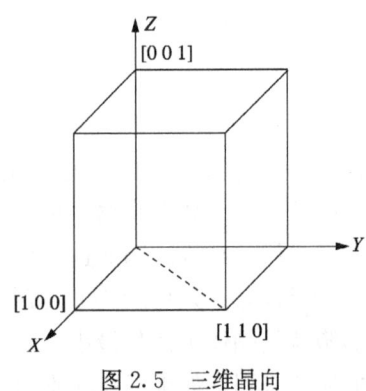

图 2.5 三维晶向

对于给定的布拉维格子,晶面是至少三个不同线的布拉维格点构成的平面。由于布拉维格子的平移不变性,任何晶面都包含无穷多个格点,这些格点构成在这个晶面内的二维布拉维格子里。晶面族是包含三维空间所有布拉维格点的等距离平行晶面的集合。因为过任意格点可以做无穷多个晶面,所以一个三维布拉维格子可以有无穷多个晶面族。简单立方布拉维格子三个不同方向的晶面如图 2.6 所示。

具体讨论晶体结构时,需要采用一定的办法来表示不同的晶面。常用的是所谓的密勒指数,其定义如下:任取晶面族中一个不过原点的晶面,将其在三个坐标轴上的截距的倒数化为互质整数,即得到了该晶面的密勒指数 h、k、l(三个互质的整数),该平面族就称为 (hkl) 晶面族。晶面法线方向的矢量代表着晶面的取向。图 2.6 画出了立方晶格中 (100)、(110) 和 (111) 晶面。可以证明,简单立方晶格中晶面的密勒指数和晶面法线的晶向指数是相同的,这给晶面指数的确定提供了一个简便的途径。例如,与立方晶格中 $[100]$、$[110]$ 和 $[111]$ 晶向垂直的晶面分别是 (100)、(110) 和 (111) 晶面,其他与立方晶格的边、面对角线和体对角线相垂直的晶面,显然是和以上的晶面等效的,统称为等效晶面,用花括号来表示,写成 $\{100\}$、$\{110\}$ 和 $\{111\}$ 等。

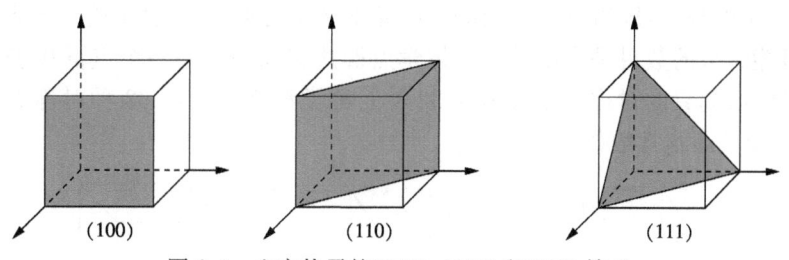

图 2.6 立方格子的(100)、(110)和(111)晶面

2.1.3 晶体的宏观对称性

晶体的理想外形及其在宏观观察中表现出来的对称性称为晶体的宏观对称性。晶体的宏观对称性是晶体微观对称性的外在表现形式。晶体的对称性包括宏观上的旋转对称性和微观上的平移对称性。由于晶体在宏观上有一定大小，排除了平移对称性，因而晶体的宏观对称性只有旋转对称性。而晶体在作旋转对称操作时，空间至少有一点保持不动，所以旋转对称操作一定是点对称操作，旋转对称性一定是点对称性。对称操作的对称元素除了对称点之外，还有对称轴、对称面等。

为了对点对称操作进行数学描述，需要引入一个坐标系作为参考系。通常采用的坐标系是晶体学惯用坐标系，即以惯用晶胞的轴矢为单位矢量，表示为 a,b,c，原点为 O。设有空间一点 $r=xa+yb+zc$，其点坐标可表为 (x,y,z)，经某个点对称操作后变到 r'，点坐标为 (x',y',z')，则这一对称操作可表示为

$$\begin{bmatrix} x' \\ y' \\ z' \end{bmatrix} = \begin{bmatrix} R_{11} & R_{12} & R_{13} \\ R_{21} & R_{22} & R_{23} \\ R_{31} & R_{32} & R_{33} \end{bmatrix} \begin{bmatrix} x \\ y \\ z \end{bmatrix}$$

或简写为

$$r' = R \cdot r$$

显然，选定坐标系之后，各种点对称操作的矩阵都可以具体写出来。点对称操作可分为两类。对于第一类点对称操作，总有一个不动的轴（旋转轴）作为它的对称元素。如果空间物体绕这个轴转动 $\alpha=360°/n$ 之后图形复原，则称此旋转对称轴为 n 次旋转对称轴，简称 n 次旋转轴，称 α 为基转角。

根据晶体对称轴定律，晶体只可能有 1、2、3、4、6 五种旋转轴。实际上，这五种旋转轴可以从空间点阵图像加以证明，因此有时将这一定律称为晶体对称轴定理。五种旋转轴的符号依次为 $1(C_1)$、$2(C_2)$、$3(C_3)$、$4(C_4)$、$6(C_6)$，括号前为国际符号，括号内为熊夫利斯符号。

第二类点对称操作是像转操作，这是旋转和反演相结合的操作，即晶体绕某一旋转轴进行 n 次旋转后，对中心定点进行倒反，与此相关联的对称元素称为像转对称轴，简称像转轴。晶体中的像转轴也只有五种，它们的符号依次为 $\bar{1}(S_2)$、$\bar{2}(S_1)$、$\bar{3}(S_6)$、$\bar{4}(S_4)$、$\bar{6}(S_3)$，括号前为国际符号，括号内为熊夫利斯符号。实际上，一次像转轴 $\bar{1}(S_2)$ 就是反演中心，有时表示为 i；二次像转轴 $\bar{2}(S_1)$ 就是反映面，有时表示为 m；而 $\bar{3}$ 和 $\bar{6}$ 是不独立的，它们可以分解为另外两个独立的对称操作：$\bar{3}=3+i,\bar{6}=3+m$。以上点对称操作共有 10 种，但其中独立的只有 8 种，即 1、2、3、4、6、i、m、$\bar{4}$。任何晶体所具有的对称操作都是由这 8 种点对称操作组合而成的。

点对称操作的集合构成群，称为点群。由于周期性制约和封闭的规则几何外形，对称元素的

组合必须遵循一定的规律,即组合后形成的对称元素必相交于一点,且不能有与点阵不相容的对称元素,因此可能组合的数目是有限的。晶体学点群共有 32 种,每一个点群代表着一种对称类型,任何一个晶体所具有的对称类型必为这 32 种对称类型之一。这 32 种对称类型分属于 7 种晶系。7 种晶系及其晶胞常数如图 2.7 所示。

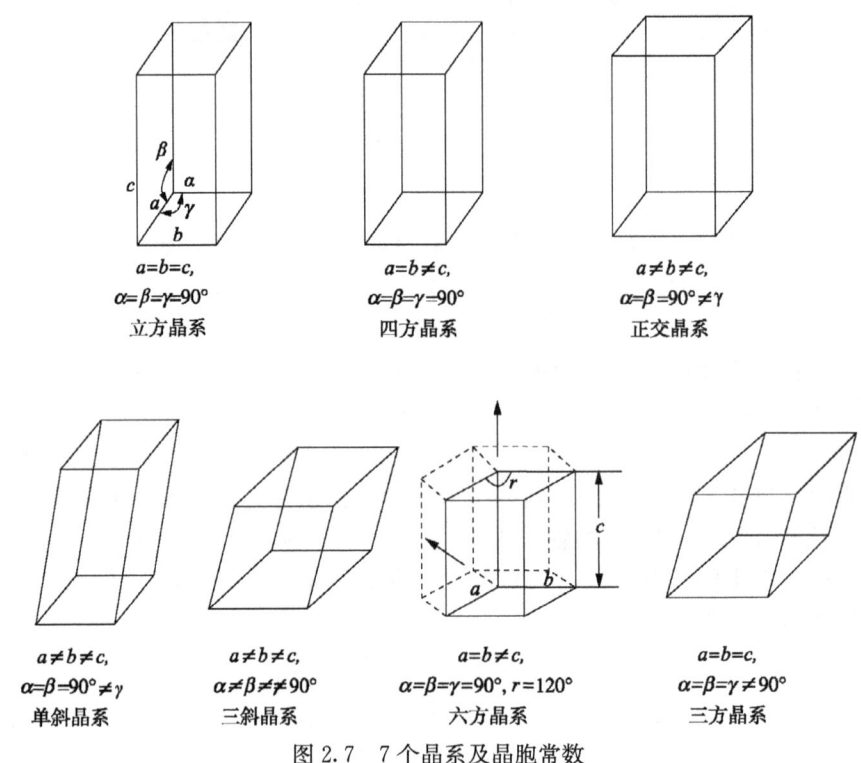

图 2.7 7 个晶系及晶胞常数

1855 年,法国结晶学家布拉维(Bravais)用数学方法证实,所有晶体的空间点阵,都是由 14 种具有特征的平行六面体单胞重复组成,这种单胞称为布拉维原胞,也称布拉维空间格子。图 2.8 为 14 种布拉维空间格子的示意图。其中六方晶系和三方晶系的单胞轴之间有相同的关系,因此,三方晶系也可以表示为六方晶系,晶胞常数与六方晶系相同。

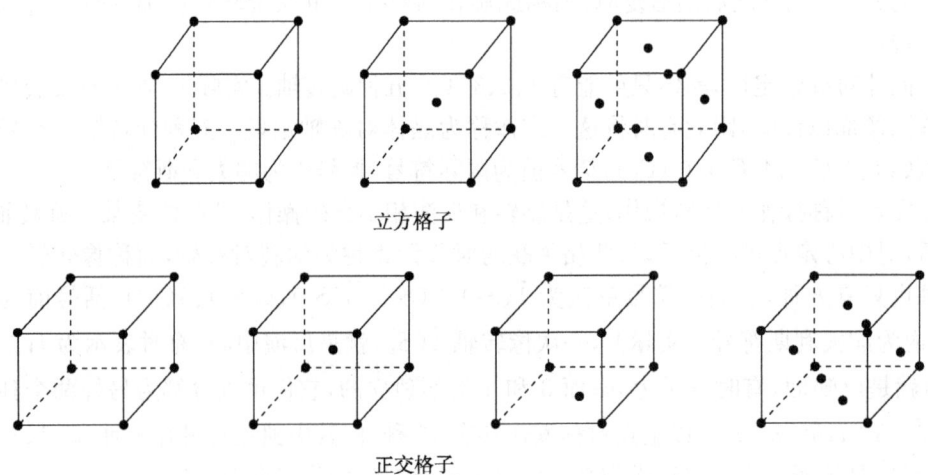

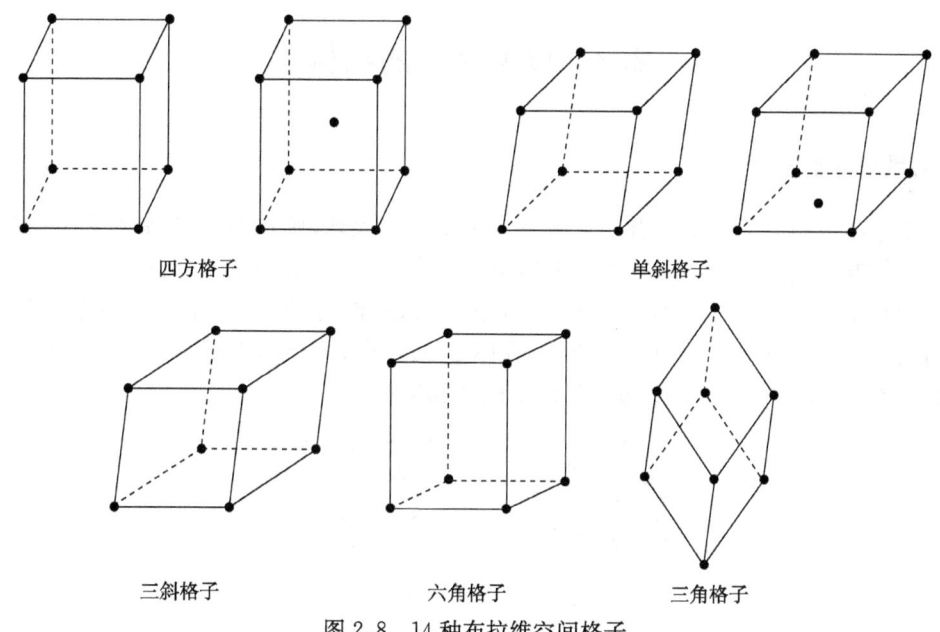

图 2.8 14 种布拉维空间格子

2.1.4 晶体的微观对称性

晶体结构是由其结构单位(晶胞)在三维空间中无限排列形成的。晶体的微观对称性还具有宏观对称性所不具备的一些特点。首先,在晶体结构中任何一个微观对称元素不仅具有方向性,而且具有严格的位置。完全相同的对称元素在空间按照晶体的空间点阵规律互相平行排列,数目无限。其次,在微观对称操作中,除了具有宏观对称操作中的旋转、反演等操作外,还有平移操作。平移操作与其他对称操作联合操作的结果,将产生无限图形所特有的新的微观对称元素——平移轴、螺旋轴和滑移面。其三,当平移距离为零时,微观对称元素为同类型的宏观对称元素。因此,晶体外形上的宏观对称元素在晶体结构的对称中必然存在。平移轴、螺旋轴和滑移面这些对称元素的定义如下:

(1) 平移轴。平移轴是一条假想的直线,晶体结构沿此直线移动一个或数个结点间距时、结构中每个质点都与完全相同的质点重合,整个结构自相重合。这个操作称为平移操作。

(2) 螺旋轴。螺旋轴是晶体结构中的一条假想的直线,晶体结构图绕此直线旋转一定角度后再沿此直线方向平移一定的距离时,结构中每个质点都与完全相同的质点重合,整个结构自相重合。这个对称操作作为旋转加平移的操作,与操作的顺序无关。螺旋轴如同宏观对称操作中的旋转轴一样,必须满足晶体的对称轴定理。

(3) 滑移面。滑移面是晶体结构中的一个假想的平面,晶体结构对此平面进行镜面操作,即再平行于此平面平移一定距离时,结构中每个质点均与完全相同的质点重合,整个结构自相重合。这个对称操作是反映加平移的操作,与操作的顺序无关。

微观对称性与宏观对称性的主要区别在于:①宏观对称性对称元素必须相交于一点,而微观对称性中的对称元素则没有这个限制,可以在三维空间无限分布;②宏观对称性中对称元素只考虑方向,微观对称性需要考虑对称元素的互相位置关系。

2.2 典型晶体的结构

2.2.1 密堆积与配位数

如果把晶体中的原子或离子看作具有一定刚度的等径球,则这些刚性等经球在三维空间可以按照不同的方式进行堆积。这些堆积中能最大限度占据空间的堆积方式称为密堆积。这种堆积方式应当是使其中的某一球体尽可能地与周围同样的球体接触的数目最多。我们先考虑在一个平面内的球体堆积方式。如图 2.9 所示,在图 2.9(a)中,一个刚性球体与周围四个球体相接触;在图 2.9(b)中,一个刚性球体与周围六个球体相接触。

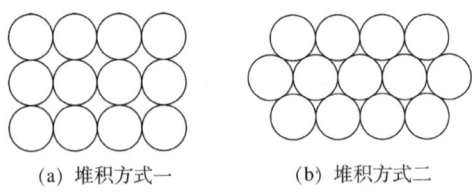

(a) 堆积方式一　　(b) 堆积方式二

图 2.9 刚性球体在平面内的密堆积方式

密堆积因其占用空间最小,最紧密,从而是最稳定的堆积方式。密堆积有两种,即六方密堆和面心立方密堆。六方密堆如图 2.10(a)所示,在平面上任一球均与相邻六球紧密相切为第一层;然后具有同样密排的第二层球位于第一层球之上,使其球心正好落在第一层中三球相切的三角形间隙之上(另一半三角间隙是空着的),即第二层每一球均与第一层中相邻三个球紧密相切;最后放上第三层密排的球,使其球心正好对准第一层,这样便构成如图 2.10(a)所示的…ABAB…型排列,中间一层的刚性球的数目为 7,上下两层的刚性球的数目为 3。和某一圆球相切的相邻空间圆球数,称为配位数。这样六方密堆中每个球都与相邻空间的 12 个球紧密相切,因而其配位数为 12。

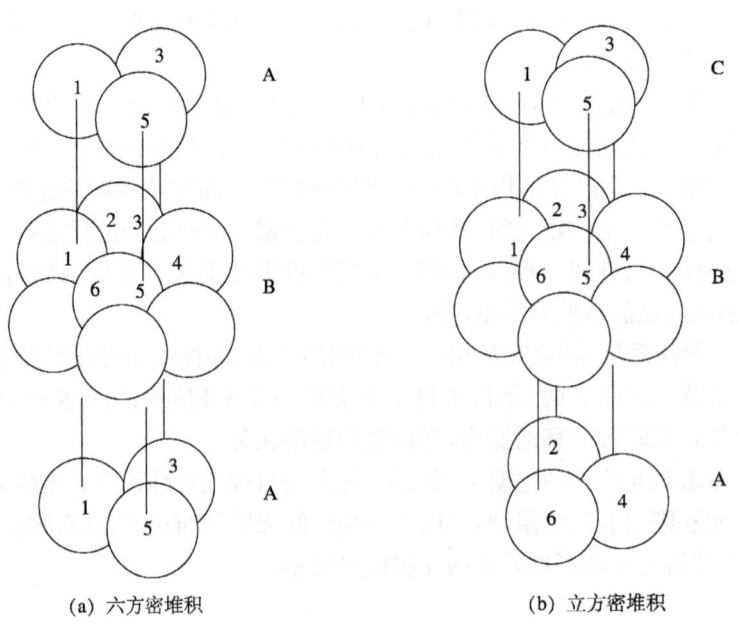

(a) 六方密堆积　　(b) 立方密堆积

图 2.10 等径球的密堆示意图

立方密堆的配位数与六方密堆相同,不同之处在于,立方密堆将六方密堆的第三层垂直提高为第四层,然后插入球心对准第一层中另三个三角形间隙的第三层,即图 2.10(b) 中的 C 层,而构成…ABC…排列,C 层中刚性球的排列方式与 A 层中的不同。

密堆度定义为堆积空间中被球体占用体积的百分数,以表示其密堆程度。利用简单几何关系可以得知,配位数为 12 的等径球六方密堆与立方密堆,均具有最高的密堆度,其空间占用率为 74.05%。此外,等径球如采取体心立方堆积或简立方堆积,则其配位数分别为 8 和 6,密堆度分为 68.02% 和 52.36%。可见,在等径球密堆积的情况下,配位数越大则排列越紧密,而等径球的最大配位数即为 12。

2.2.2 典型单质共价键晶体的结构

碳在元素周期表中是第Ⅳ主族元素,它的原子结构最外层有 4 个价电子,碳的一种同素异形体结构就是金刚石。金刚石具有面心立方结构,如图 2.11 所示,在一个单位晶胞中有 2 个原子。在金刚石晶体中,晶胞中的每一个原子都与相邻的 4 个原子构成四面体结构。金刚石的晶胞常数是 3.567Å。由于四面体结构非常稳固,因此金刚石结构具有强度大、硬度高等特点。

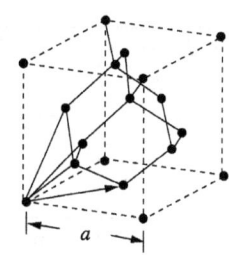

图 2.11 金刚石的晶格结构

硅在元素周期表中是第Ⅳ主族元素,它的原子结构最外层有 4 个价电子,所以硅在它的化合物中呈现正 4 价。硅晶体和锗晶体的结构均为金刚石结构,其中硅晶体的金刚石结构如图 2.12 所示。每个原子和邻近的 4 个原子以共价键相结合,组成一个正四面体,而且每个硅原子都可以看成位于四面体的中心,每两个相邻原子间的距离是 0.256nm。为方便起见,把硅的共价键结构由立体形式改画到平面图中,如图 2.13 所示。原子间的共价键用平行的两条线表示。

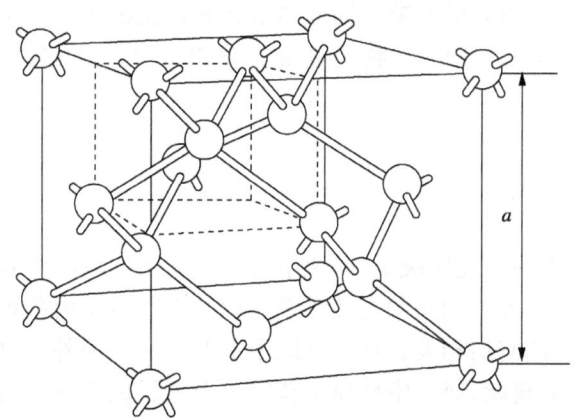

图 2.12 硅晶体的金刚石结构

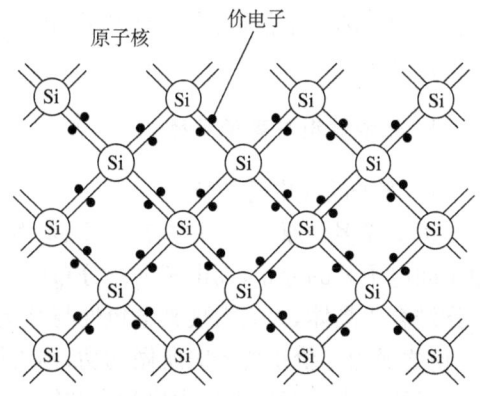

图 2.13 硅晶体共价键结构的平面示意图

2.2.3 典型离子化合物晶体结构

在离子化合物晶体结构中,参与密堆排列的是各种正、负离子。由于外层电子的得或失,而使正、负离子的半径差别较大。通常负离子半径要比正离子的大得多,如果还是把它看作刚性球的话,那就必须研究不等径球的密堆问题。常见的情况是负离子以某种形式堆积。正离子填充于其堆积间隙之中。显然,负离子与负离子之间的配位数越大,则其堆积密度越大,其堆积间隙越小,可容纳正离子的半径越小,且正离子近邻的配位负离子数也越少,反之则相反。例如,如果负离子为 12 配位的六方或立方密堆,则将构成四面体或八面体配位间隙,正离子的配位负离子数为 4 或 6,相切的正离子半径 r^+ 为负离子半径 r^- 的 0.225 倍或 0.414 倍。如果负离子为 8 或 6 配位的简立方或体心立方,则将构成八面体或六面(立方)体配位间隙,相应的配位负离子数 6 和 8,r^+/r^- 为 0.414 和 0.732。如果正离子的半径再加大至接近于 $r^+/r^- = 1$ 时,则正离子将和负离子一起形成六方密堆或立方密堆,配位负离子数为 12,配位多面体为十四面体(立方密堆)或二十面体(六方密堆)。如果 $r^+/r^- < 0.225$ 时,正离子只能填充于负离子构成的平面三角形间隙,配位负离子数为 3,负离子自身的平面配位数则为 6。上述情况均列于表 2.1 中。

表 2.1 不等径球的配位关系

负离子自身的配位数	负离子自身的堆积状态	负离子堆积构成的配位间隙	正离子的配位负离子数	正负离子最小半径比 r^+/r^-
6(平面)	平面三角形	金属平面三角形	3	0.155
12	六方或立方密堆	四面体(2/3)	4	0.225
		加八面体(1/3)	6	0.414
8	体心密堆	金属八面体	6	0.414
6	简立方密堆	金属六面体	8	0.732
		二十面体(六方)或十四面体(立方)	12	0.904

此处从不等径刚性球的简单几何排列出发,得到了表 2.1 所列的配位关系,对于实际晶体中的离子一般是符合的,因为只有按照这种排列,才能获得能量最低,最稳定的结构。但也有例外,主要原因是在晶体中离子通常都不具球形对称,也谈不上刚性。在离子晶体中,正、负离子的电子云分布,将受到键的类型、极化、晶格构型等多种因素的影响。因而本节首先讨论离子晶体中的化学键及离子半径,再介绍对离子晶体结构有重要作用的泡利规则,最后对典型的离子晶体结构进行分析。

1. 化学键型与离子半径

1) 离子晶体中键的特性

两个或多个原子之间的结合情况是由化学键的特性所决定的,化学键的性质主要取决于其原子间电子云的分布,而电子云的分布则可以通过有关元素的电负性来反映。因而对于由各种元素结合成晶体,人们发现其电负性与其键的特性密切相关。从中性原子中取出一个最外层电子,使之成为一价正离子时所做的功,称为第一电离能;而使中性原子获得一个电子成为一价负离子时所放出的能量则称为化学亲和能。两者都表征原子对电子的束缚能力,而电离能与亲和能之和则称为该元素的电负性。人们常常通过电负性的数值来比较不同原子束缚电子的能力,即得失电子的难易程度。原子的相对电负性是以锂的电负性定为 1 而得出的,它的相对电负性约为两处是金属与非金属的分界线。非金属的相对电负性一般都等于或大于 2,故较易获得电子而成为负离子。

电负性与化合物的键型有很大的关系。当电负性相差甚大的元素相化合时,元素间极易产生电子转移而形成正、负离子,故容易形成离子型化合物。当电负性相差较小时,则元素间较难发生电子的转移,靠电子云重叠产生的力而形成共价键结合。然而,当两类原子的电负性相差不大时,其实际化学键的情况要复杂得多。其价电子的密度并不是像典型共价键那样大小相等地分布于两不同原子周围；也不像典型离子键那样，在负离子周围价电子的浓度大大地超过正离子周围，往往是受到正离子电场的所谓极化作用，将似乎应在负离子周围对称分布的价电子密度更多地集中到正负两离子之间来，形成所谓中间型键。泡利企图用电负性的差值来估量化学键中离子键成分，如表 2.2，这对于理解中间型键的性质很有参考价值。

表 2.2　相对电负性差与化学能中离子键成分

相对电负性差值	0.2	0.4	0.6	0.8	1.0	1.2	1.4	1.6	1.8	2.0	2.2	2.4	2.6	2.8	3.0	3.2
离子键成分/%	1	4	9	15	22	30	39	47	55	63	70	76	82	86	89	92

2) 原子半径与离子半径

为了方便起见，在讨论物质结构时，习惯地将原子或离子看做一种刚性球并将球的半径作为原子或离子半径。然而根据量子力学所得到的结论，电子云是按特定几率分布在核周围的，即使是惰性气体或是具有与惰性气体相同外层结构的正、负离子，决定其外形的最外层电子云尽管具有球形对称的特性，但其波函数仍是按一定的几率分布于整个空间，并不存在从某一相当大的值突然减低到零的分界面，这似乎无法采用原子或离子半径这个概念。然而，各种原子或离子波函数的分布规律为：均在某一特定半径处具有极大值，且在极大值以外的空间随半径方向快速衰减。所以，即使按照量子力学的概念，也可以认为原子或离子中的电子还是被束缚在一定范围的。这样一来就与具有一定半径这一概念相接近了。原子或离子半径将随配位数增加而增加；离子半径将随价数增加接近到某一界限时，由于电子云之间有很大的相互推斥作用（其宏观表现为固态、液态物质的几乎不可压缩的特性），故可想象这些被视作球体的原子或离子是具有一定刚性的了。

电子衍射与 X 射线衍射的数据指出，同一元素在不同结构的物质中，其半径会由于键的类型和配位环境不同而不同。例如，金属键的半径比共价单键的大；共价键的半径将随单键、双键而下降。

离子半径的大小主要取决离子配位数、键的性质，以及原子中 d 层和 f 层电子的自旋状态等。按离子的折射率与离子的体积成反比的方法，可得出 16 种离子的半径，如 O^{2-} 的半径为 133 pm，F^- 的半径为 132 pm。哥希米德(Goldschmidt)以此两种离子的半径为参考依据，从各种相关晶体中离子接触距离推算出 80 多种离子半径，即所谓"哥希米德半径"。泡利认为同一电子构型的离子，其半径的大小与其作用于最外层电子上的有效核电荷成反比，等于核电荷 Ze 减去屏蔽效应值 Se。由此计算出一系列的离子半径，即所谓"泡利半径"。一般说来"哥希米德半径"与"泡利半径"是很接近的。

3) 泡利规则

泡利(Pauli)根据大量的晶体结构数据以及从点阵能公式所反映的晶体结合原理，归纳并推导出了有关离子化合物晶体结构的五个规则，即所谓"泡利规则"。虽然主要是针对离子晶体的，但对于其他类型的晶体或无机无定形体，也具有参考价值。

(1) 泡利第一规则。即所谓负离子配位多面体规则。规则指出，正离子周围必然形成一个负离子多面体，在此多面体中正、负离子的间距，由其半径之和决定；其配位负离子数，由半径比决定。

半径比与配位数的关系说明了这一规则有效性，正、负离子最小半径比，是指当半径比小于这一数值时该结构即将向配位数更低的结构过渡，否则不稳定。例如，当 r^+/r^- 在 0.732～

0.414之间时,一般可得稳定的八面体结构;但当 r^+/r^- 小于 0.414 时,则将转为四面体结构,否则不够稳定。

在多晶陶瓷中最常见的是氧化物,表 2.3 列出了各种正离子的氧离子配位数,它对电子陶瓷掺杂改性(即通过在陶瓷基体中添加不同的元素来提高陶瓷的性能)与结构分析很有参考价值。

表 2.3 各种正离子的氧离子配位数

氧离子配位数	正离子
3	B^{3+},C^{4+},N^{5+}
4	Be^{2+},B^{2+},Al^{3+},Si^{4+},P^{5+},S^{6+},Cl^{7+},V^{5+},Cr^{6+},Mn^{7+},Zn^{2+},Ga^{3+},Ge^{4+},As^{5+},Se^{6+}
6	Li^+,Mg^{2+},Al^{3+},Se^{3+},Ti^{4+},Cr^{3+},Mn^{2+},Fe^{2+},Fe^{3+},Co^{2+},Ni^{2+},Cu^{2+},Zn^{2+},Ga^{3+}
6~8	Nb^{5+},Ta^{5+},Sn^{4+}
8~12	Na^+,Ca^{2+},Sr^{2+},Y^{2+},Zr^{4+},Cd^{2+},Ba^{2+},Ce^{4+},Sm^{2+},Lu^{3+},Hf^{4+},Th^{4+},U^{4+} Na^+,K^+,Ca^{2+},Rb^+,SR^{2+},Cs^+,Ba^{2+},La^{3+},Ce^{3+},Sm^{3+},Pb^{2+}

(2) 泡利第二规则。又称为电价规则,是指在稳定的离子化合物之中,正、负离子的分布趋于均匀,总体呈电中性,且每一个负离子的电价数等于或近似地等于从邻近各正离子分配给该负离子的静电键强度的总和:

设某一正离子之电价数为 Z^-,其配位负离子数为 N,则此正离子分配到每一配位负离子的静电键强度为 $S=Z^+/N$。因此,泡利第二规则可以用下式表示为

$$Z^- = \sum S_i = \sum (Z^+/N)$$

式中,Z^- 为配位负离子的电价数。

此规则说明在高电价数低配位数的多面体中,负离子可获得较高的静电键强度,且负离子电价数可以由各类离子来满足。例如,$BaTiO_3$ 的基本结构可以看作是以顶点相连的三维八面体族,O^{2-} 可从每一个八面体中的 Ti^{4+} 处获得的静电键强度为

$$S_1 = \frac{4}{6} = \frac{2}{3}$$

每一 O^{2-} 从两个共角八曲体中获得的总静电键强度为

$$Z_1^- = 2 \times \frac{2}{3} = 1\frac{1}{3}$$

所缺 2/3 价应由和氧离子共同组成密堆的、氧配位数为 12 的十四面体中的份 Ba^{2+} 来支付,每一个 Ba^{2+} 分配到每个 O^{2-} 中之静电键强度为

$$S_2 = \frac{2}{12} = \frac{1}{6}$$

而每个氧离子附近均有 4 个这样的 Ba^{2+},故它从 Ba^{2+} 中获得的总静电键强度为

$$Z_2^- = 4 \times \frac{1}{6} = \frac{2}{3}$$

$$Z^- = Z_1^- + Z_2^- = \frac{4}{3} + \frac{2}{3} = 2$$

这正是氧离子的电价数。

(3) 泡利第三规则。即多面体组联规则。在离子晶体中,配位多面体之间共用棱边的数目越大,尤其是共用面的数目越大,则结构的稳定性越低。这个规则特别适用于高电价低配位数的

多面体之间。

具有低配位数的高价正离子，虽然其静电键强度可以计量地分配到各配位负离子之中，但不等于说其正离子电场已被负离子多面体所完全屏蔽。当这类多面体之间共用的棱边数增加时，则正离子间的距离偏小，即未屏蔽好的正离子电场之间的斥力加剧。当多个这类多面体均以共面的方式结合时，必将使整个结构的稳定性降低。例如，在 TiO_2 的 3 种同质异构体金红石、板钛矿、锐钛矿之中，其结构单元都是钛氧八面体，但其间共用的棱边数不同，相应分别为 2、3、4，故其稳定度也依次递减，以共用二棱边的金红石最为稳定。又如在 $BaTiO_3$ 中，虽然其铁氧八面体的 8 个面都和相邻的钡氧十二面体共用，但钡氧十二面体是低电价高配位数，而各八面体之间却只是顶角相连，且负离子配位多面体倾向于不共用棱，特别是不共用面，所以这种结构还是稳定的。

(4) 泡利第四规则。即高电价低配位数多面体远离法则。若在同一离子晶体中含有不止一种正离子时，高电价低配位数的正离子多面体具有尽可能相互远离的趋势。例如，$BaTiO_3$ 中，钛氧八面体之间只以顶角相连，而不共棱或共面。在镁铝尖晶石 $MgAl_2O_3$ 中，各个铝氧四面体之间是不相连接的。

(5) 泡利第五规则。即结构简单化法则。在离子晶体中，样式不同的结构单元数应尽量趋向最少。换句话说，同一类型的正离子，应当尽量具有相同的配位数。

2. 典型离子化合物的晶体结构

离子化合物在电子材料中主要以电子陶瓷的形态而被广泛应用。从其结构上来看，虽然有的化合物可能非常复杂，但可把这些化合物归纳为几种典型结构。从化合物的类型上来看，应用得最广泛的仍然是氧化物。从其所属的化学键的键型上来看，大多仍属于离子键。从其结构上来看，基本上可按氧离子密堆、正离子填充密堆间隙来考虑。随正离子半径大小、电价数及种类多少的不同，可构成不同的结构。下面将从结晶学的角度出发，将离子化合物分 AB，AB，A_2B_3，ABO_3，AB_2O_4 等典型结构加以叙述。

1) AB 型化合物的典型结构

在陶瓷中常见的此型化合物，主要是金属氧化物，如 BeO，CaO，CdO，FeO，VO，ZnO 等，也称为 MO 型化合物。在常见的 AB 型化合物中随着半径比 r^+/r^- 的变化，按矿物学的命名有下列四种结构，即所谓氯化铯型、岩盐型、闪锌矿型和纤锌矿型。图 2.14 给出了 AB 型化合物的四种典型结构。表 2.4 列出了这类化合物的结构分类、半径比的极限要求、化合物的实测结构，以及在相应配位数之下离子半径比。

(1) 氯化铯型晶格结构。金属离子与负离子配位数为 M：O＝8：8，正、负离子各自按简立方点阵排列，两者沿空间对角线方向相互移动 1/2 体对角线长套构而成，互为体心。氧化物未见有此结构，三种碱卤盐的半径比均符合稳定结构要求。

(2) 岩盐型晶格结构。配位数为 M：O＝6：6，正、负离子各自按面心立方点阵排列，两者沿棱边方向相互移动 1/2 棱长套构面成，互为八面体的体心。绝大多数二价氧化物均具有此种结构。表 2.4 列出 10 种具有这种结构的氧化物，即使是 BaO 和 SrO 其半径比超过了 0.732，它们也还是稳定的。因为泡利第一规则给出的只是最小半径比，小于最小半径比一般不稳定。离子化合物中，正离子略大于配位间隙，电子云有所重叠、渗透，一般还是稳定的。至于 LiI，显然半径小的 Li^+ 电场强度高，这是对半径很大的 I^- 离子极化的结果，LiI 中有相当大的共价键成分。

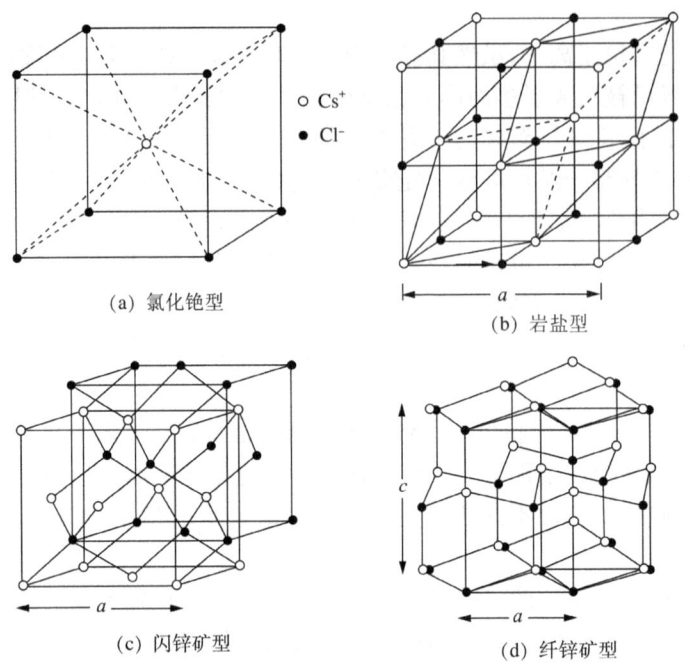

(a) 氯化铯型　　(b) 岩盐型　　(c) 闪锌矿型　　(d) 纤锌矿型

图 2.14　AB 型化合物的四种典型结构

表 2.4　若干 AB 型化合物的晶格结构与半径比

结构类型	氯化铯型	岩盐型	闪锌矿型	纤锌矿型
负离子密堆方式	简立方	立方密堆	立方密堆	六方密堆
M 和 O 的配位数	8:8	6:6	4:4	4:4
正离子所在配位间隙	全部立方体	全部八面体	1/2 四面体	1/2 四面体
半径比范围	0.93~0.732	0.732~0.414	0.414~0.155	0.414~0.155
实际化合物举例及其半径比	CsCl(0.91) CsBr(0.84) CsI(0.75)	KF(1.00), NaCl(0.54), LiI(0.35) SrTe(0.60), BaO(0.97), SrO(0.83) CdO(0.68), VO(0.56), Mg(0.50) NiO(0.50), CaO(0.41), FeO(0.56/0.44) MnO(0.59/0.48), CoO(0.53/0.49)	ZnS(0.48/0.40) SiC(0.58) BeO(0.20)	β-SiC(0.58) ZnO(0.43) BeO(0.20)

注：半径比有两个数字者，前者为高自旋值，后者为低自旋值。

(3) 闪锌矿型晶格结构。闪锌矿型晶格的配位数为 M:O=4:4，正、负离子各自按面心立方密堆排列。两者沿空间对角线方向相互移动 1/4 体对角线长套构面成，互为四面体的体心，各自只占其 1/2 的体心。具有这种结构的物质较少，常见的为 ZnS，β-SiC，GaAs，BeO 等，都具有明显的共价性。由于极化效应，在 BeO 氧四面体中的间隙已大为缩小，形成稳定结构，在 2500℃ 的高温下不熔化。

(4) 纤锌矿型晶格结构。纤锌矿型晶格配位数为 M:O=4:4，正、负离子各自按六方密堆排列，两者沿空间对角线方向互相移动 1/4 体对角线长套构而成，互为四面体的体心，各自只占有其中 1/2 体心。具有这类结构的常见电子陶瓷为 ZnS，AlN，BeO，ZnO 等。这类物质都毫无例外地具有较大程度的共价特性，这也是高电价低配位数多面体的共同特性。

2) AB$_2$型化合物的典型结构

在多晶陶瓷中常见的AB$_2$型化合物为4价金属氧化物,如ZrO$_2$,TiO$_2$,SnO$_2$,SiO$_2$。在AB$_2$型化合物中,随着半径比的改变,即正离子的变小,将具有下述三种典型结构。即萤石型、金红石型和β-白硅石型。三种典型结构如图2.15所示,图中大圆表示氟或氧离子,小圆表示钙、钛或硅离子。

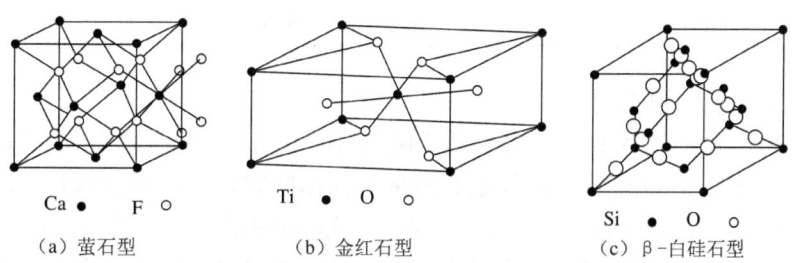

(a) 萤石型　　　　　(b) 金红石型　　　　　(c) β-白硅石型

图2.15　AB$_2$型化合物的三种典型结构

(1) 萤石型晶格结构。萤石型晶格结构的配位数为M：O＝8：4,正离子按面心立方密堆排列,两个负离子也按同样的面心立方点阵排列,但沿空间对角线方向,其中一组向正方向移动1/4体对角线长,另一组向反方向移动1/4体对角线长相互套构而成。空间结构中负离子的面心立方间隙的1/2为正离子所填充,或者说是负离子处于所有正离子的四面体间隙之中。在这种结构中,由于有1/2的简立方间隙未填,因而这种结构不够紧密。表2.5中的ZrO$_2$正是利用这种特点,其氧离子易于在晶格中扩散。ZrO$_2$可用以制作燃料电池或其他离子电导型的隔板。

(2) 金红石型晶格结构。金红石型晶格结构的配位数为M：O＝6：3,正离子按体心四方点阵排列,两个负离子也按体心四方点阵排列,这是因为正、负离子沿底面对角线方向分别移动$\pm\sqrt{2u}$面对角线长套构而成,其中$u=0.31$。这样一来,正离子恰好处于氧八面体之中心,相邻八面体之间也只共用两棱边。通过分析可知这种结构不够紧凑,正由于这样,在还原性环境下烧结具有金红石结构的TiO$_2$,CeO$_2$,或更高价离子掺杂所形成的过量正离子,往往会分布于晶格结构的间隙位置之中。

(3) β-白硅石型结构。β-白硅石型结构又称高温方石英结构,配位数为M：O＝4：2。这里可借助前述闪锌矿型结构来描述,即可看作闪锌矿型结构中两个原子的位置(即S与Zn位)全为这里的正离子(即Si^{4+})所占有。此外,在原有相邻两个原子连线(即S-Zn键)的中点,插入负离子(即O^{2-}),这样即构成了β-白硅石结构。电子陶瓷中的SiO$_2$和GeO$_2$属此类。

如表2.5可见,这类结构基本符合半径比规则,但由于极化或键的共价特性,负离子间隙都比刚性球几何模型中计算所得的小,但不见得正、负离子就不相切、不稳定。此外尚有一种所谓反萤石型结构化合物,其配位数为M：O＝4：8。属于这类的为一价金属氧化物,有Li$_2$O,Na$_2$O,K$_2$O,Rb$_2$O等。

表2.5　若干AB$_2$型化合物的晶格结构与离子半径比

结构类型	萤石型	金红石型	β-白硅石型
负离子密堆方式	简立方	畸变立方密堆	联角四面体
M和O的配位数	8：8	6：3	4：2
正离子所在配位间隙	1/2立方体	1/2八面体间隙	四面体间隙
半径比范围	0.93～0.732	0.732～0.414	0.414～0.225

续表

结构类型	萤石型	金红石型	β-白硅石型
实际化合物举例及其半径比	TbO_2(0.77), UO_2(0.72) CeO_2(0.70), PrO_2(0.72) PuO_2(0.70), ZrO_2(0.61) HfO_2(0.60), CaF_2(0.85)	PbO_2(0.65), SnO_2(0.49), NbO_2(0.49) OsO_2(0.45), IrO_2(0.45), RuO_2(0.44) TiO_2(0.44), VO_2(0.42), GeO_2(0.39) MnO_2(0.39), MnF_2(0.54)	SiO_2(0.19) GeO_2(0.29)

3) A_2B_3 型化合物的典型结构

在多晶陶瓷中,典型的 A_2B_3 型晶体结构为刚玉,即 Al_2O_3,其配位数为 M:O=6:4。按六方密堆排列,Al^{3+} 则处于 O_A 和 O_B 两层所构成的八面体间隙之中,即配位数为 6。根据泡利第二规则,每个 O^{2-} 只要和相邻的 4 个八面体中 Al^{3+} 成键,就可满足静电要求。但每个 O^{2-} 附近有 6 个八面体间隙,故其中必有 2 个八面体间隙是空着的。根据泡利第三和第四规则,Al^{3+} 之间应保持尽可能大的距离,以满足各八面体尽量少共面的要求。因此,Al^{3+} 必须在晶格空间作有规律的分布,即不论在 3 个平面方向或垂直方向上,均应按"…空—实—实—空—实—实…"方式排列。图 2.16 为六方密堆中相邻三层的八面体间隙,三层对准堆垛则构成为立体结构。可以想象,这种分布可以满足上述任何晶轴方向的 Al^{3+} 均是"两实一空"的排序。这种结构可以保证 α-Al^{3+} 具有高度稳定性,并使具有高硬度、高强度、高熔点、抗腐蚀等性能。常见的电子瓷料中,Cr_2O_3 也属于这种结构。

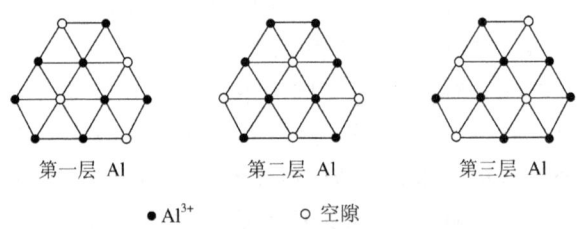

图 2.16 α-Al_2O_3 中相邻三层 Al^{3+} 的排列方式

4) ABO_3 型化合物的典型结构

ABO_3 型化合物有三种典型结构,即钙钛矿型、钛铁矿型和方解石型,其中钙钛矿型结构在电子陶瓷中具有特殊的重要地位,大多数铁电材料或压电材料都具有这种结构。

(1) 钙钛矿型结构。钙钛矿型结构的配位数为 A:B:O=12:6:6。在 ABO_3 型结构中,A 通常都是低电价,半径较大的离子,它和 O^{2-} 离子一起按面心立方密堆;B 通常为高电价,半径较小的离子,处于氧八面体的体心位置。从图 2.17 中可以明显地看出,B 离子(即 Ti^{4+} 离子)具有 6 个配位氧,A 离子(即 Ca^{2+} 离子)具有 12 个配位氧。所有八面体都是三维共角相连的,这是晶体具有铁电性的重要条件之一,典型代表有 $BaTiO_3$,$SrTiO_3$,$PbTiO_3$。

(2) 钛铁矿型晶格结构。钛铁矿型晶格结构的配位数为 A:B:O=6:6:4。这种结构和 α-Al_2O_3 一样,O^{2-} 按六方密堆排列,不同的是两个 Al^{3+} 为 Fe^{2+} 和 Ti^{4+} 所取代,或为其他 A^+,B^{5+} 所取代。这种取代是很有规律的,例如一层的 Al^{3+} 全为 Fe^{2+} 取代,另一层则全为 Ti^{4+} 所取代,两层交叠排列,属于这类的氧化物有 $FeTiO_3$,$NiTiO_3$,$CoTiO_3$,$MnTiO_3$,$MgTiO_3$ 等;或在同一层中 Li^+ 和 Nb^{5+} 有规则排列地取代 Al^{3+},属于这类的氧化物有 $LiNbO_3$,$LiTaO_3$ 等。

(3) 方解石型晶格结构。这种结构可看作是一沿体对角线方向压缩了的 NaCl 型结构,Ca^{2+} 居于 A 位,$(CO_3)^{2-}$ 居于 B 位,然后再沿 [110] 方向挤压而使面间角由 90°变 101°55′。属于这类

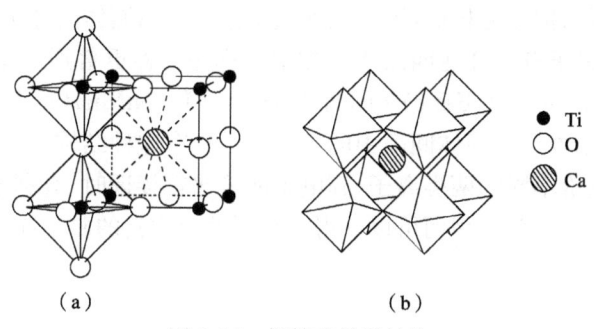

图 2.17 钙钛矿晶型结构

的主要是一些二价金属碳酸盐，如 $CaCO_3$，$MgCO_3$，$ZnCO_3$，$FeCO_3$，$MnCO_3$ 等。这些通常都属制备多晶电子陶瓷的原料，通过煅烧可生成活性较高的相应二价金属氧化物。

5) AB_2O_4 型化合物的典型结构

AB_2O_4 型化合物中最重要的是尖晶石型结构，自然界中有很多矿物是属这种结构的，在多晶电子陶瓷中占有重要地位的磁性瓷、半导体瓷，也具有这种结构。AB_2O_4 型化合物可分正尖晶石型与反尖晶石型两种结构。

(1) 正尖晶石型晶格结构。正尖晶石型晶格结构的配位数为 A:B:O=4:6:4。在尖晶石结构中 O^{2-} 按面心立方密堆排列，A、B 离子分别位于 O^{2-} 的四面体及八面体位中，图 2.18 表示出立方密堆中四面体及八面体位。A、B 离子和 O^{2-} 的相邻位置的离子排布如图 2.19。其中每个顶角均与相邻 3 个面心离子构成 1 个四面体位，故其中共有 8 个四面体位，中心分别位于 1/4 和 3/4 高度处。此外，6 个面心离子构成完整的八面体间隙，中心位于体心(即 1/2 高度处)；相邻两顶角离子又与相邻两面心离子构成了 1/4 个八面体。这种情况共有 12 处，中心均位于各棱边的一处，即在原胞高度的 0、1/2、1 处，故所示原胞中共有 4 个八面体间隙，此原胞中共含有 4 个 O^{2-}(8×1/8 个顶角氧+6×1/2 面心氧)。在尖晶石原胞中，共有 8 个分子(即 32 个 O)，8 个 A 和 16 个 B。其中 A 占据四面体位 8 个(只用去 1/8)；B 占据八面体位 16 个(用去其中 1/2)。具体排布可分为 M 和 N 两种不同的区来表示，两类区均共棱边但不共面。属于这类结构的有 $MgAl_2O_4$，$MnAl_2O_4$，$CdFe_2O_4$，$MgCrFe_2O_4$，$ZnCr_2O_4$。具有正尖晶石结构的物质大多是绝缘体。$MgAl_2O_4$ 是某些绝缘瓷的主晶相；有缺陷的 $MgAl_2O_4$ 和 $ZnCr_2O_4$ 多孔陶瓷在受潮的情况下，电阻大为下降，是良好的湿敏半导体陶瓷。

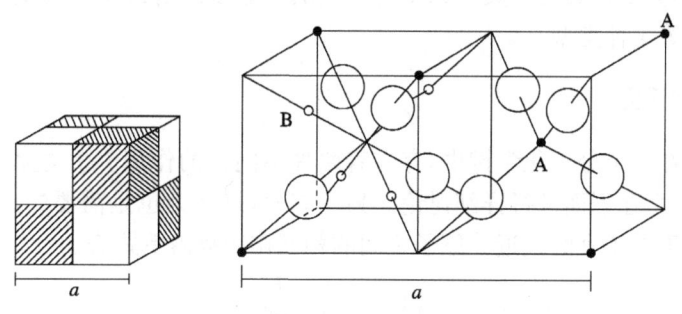

单位晶胞可分为 8 个区；其中有处于四面体位的阳离子 A，
八面体位的阳离子 B，及氧离子 O(用大圆圈表示)

图 2.18 尖晶石型结构

(2) 反尖晶石型晶格结构。反尖晶石型晶格结构的配位数为 B:(AB):O=4:6:4。反尖晶石结构与正尖晶石结构极为相似，不同之处只是原来在四面体间隙中的 A 离子和八面体中 B 离子换了位置，即 B 离子有 1/2 在四面体间隙中。这是一种更普通的结构，如 Fe(MgFe)O$_4$，Fe(TiFe)O$_4$，Fe(NiFe)O$_4$，Fe(FeFe)O$_4$（即 Fe$_3$O$_4$），Mn(NiMn)O$_4$，Mn(CuMn)O$_4$ 等。在上述分子式中，括号内表示处于八面体间隙中的正离子。具有这种结构的化合物中，晶格场相似的八面体间隙中存在着电价不同的两类离子，其电子能级比较接近时，有利于其电子按某种自旋方式排列，或有利于价电子的交换，因而可以获得一系列性能优良的磁性陶瓷和半导体陶瓷。

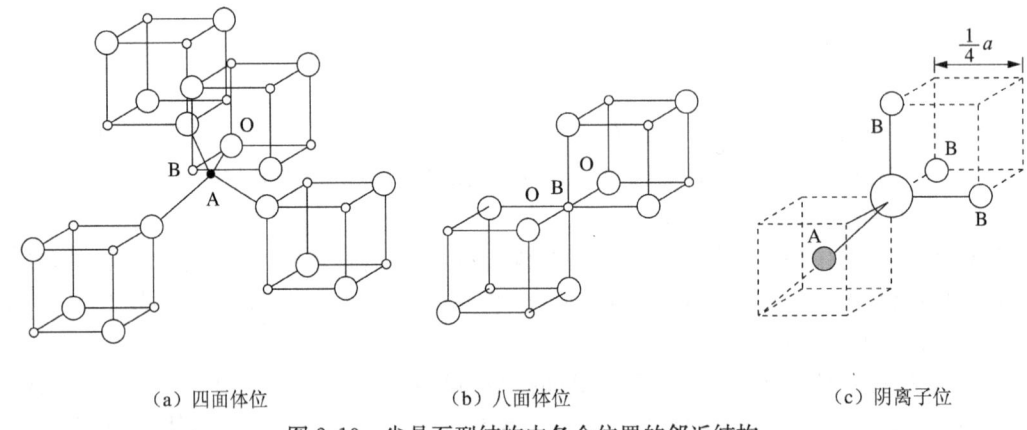

(a) 四面体位　　　　　(b) 八面体位　　　　　(c) 阴离子位

图 2.19　尖晶石型结构中各个位置的邻近结构

尖晶石采用哪种结构完全取决于一个与能量相关的 μ 参数。当 μ 参数大于 0.379 时，正尖晶石结构最稳定，反之，则是反尖晶石结构最稳定。上述正、反两种尖晶石结构都属基本的（或称正规的），此外还有其他派生形式，如半反尖晶石结构、六角密堆型尖晶石结构（即大半径正离子参加密堆的尖晶石）等更加复杂的形式。

2.3　原子间的结合方式

本节讨论原子间不同的结合方式，原子形成固体时结合方式的不同导致固体的宏观性能有很大的差异。原子之间的结合方式，又称为结合键，主要取决于各种原子的电子结构，尤其是取决于原子的最外层电子结构，处于内层的电子，或者是靠近原子核的电子，会受到原子核的强烈吸引，这些电子是不会受到其周围其他原子的影响的。原子结合键主要有离子键、共价键、金属键和范德瓦耳斯力等 4 种类型。

2.3.1　吸引力和排斥力

在形成固体或在一个分子化学键中，存在着两种不同力的作用。引力是形成任何键所必需的，各种类型的吸引力在下面进行详细讨论。另一方面，排斥力也是需要的，以便使得原子之间保持一定的距离而不至于靠的太近。原子之间的相互作用势由下式表示

$$\phi(r)=\frac{A}{r^n}-\frac{B}{r^m} \tag{2.3.1}$$

式中，$n>m$。这就是说，在短距离时，排斥势部分是主要的。这一相互作用势及相应的力的作用如图 2.20 所示。在短距离范围内存在的很强的排斥力的主要原因是泡利不相容原理。

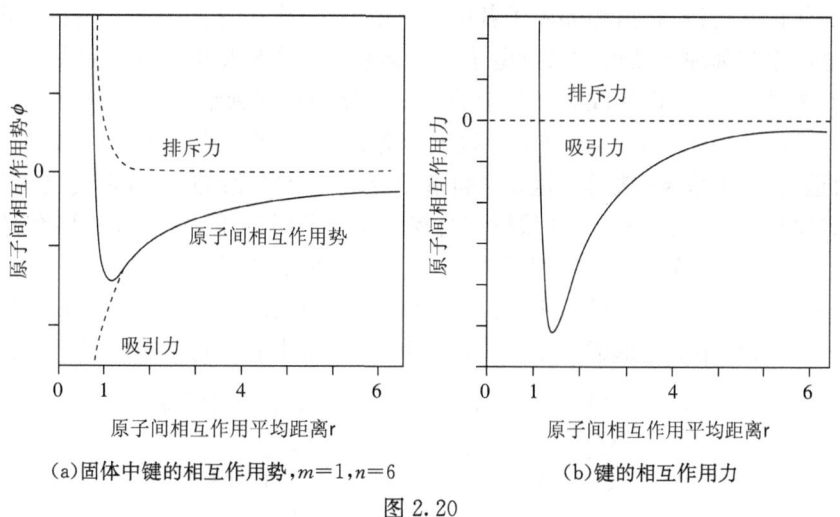

(a) 固体中键的相互作用势，$m=1,n=6$ (b) 键的相互作用力

图 2.20

2.3.2 离子键

当材料中有两种以上的原子存在时，一个原子会将价电子转移到另一个原子上，即电子由电正性的原子转移到电负性的原子上，这样两个原子的最外层轨道或是全充满的（或是全空的），但两个原子都获得了电荷而表现出离子的特点。贡献出价电子而带有净正电荷的原子称为阳离子，而接受电子而带负电荷的原子则称为阴离子。带不同电荷的离子相互之间相互吸引而形成了离子键。例如，氯化钠晶体（食盐颗粒）就是通过离子键结合形成的物质。在形成晶体时，正的钠离子和负的氯离子之间靠库仑引力作用而相互靠近。到靠近到一定程度时，由于相互间的吸引力和排斥力会达到平衡，就形成了稳定的离子晶体，如图 2.21 所示。

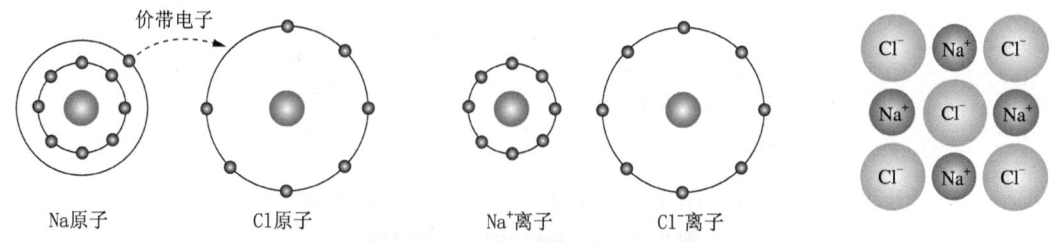

图 2.21 NaCl 离子键的形成过程示意图

离子晶体主要是依靠正负离子间的库仑引力而结合在一起，结构非常稳定。因而其具有导电性能差、膨胀系数小、熔点高、强度高等特点。且大部分离子晶体对可见光透明，在远红外区有特征吸收峰。离子晶格的导电性可用图 2.22 来进行说明，当在离子晶体上外加电压时，整个离子都必须移动以产生电流，但在低温时离子的移动很慢，因而其导电性能差。

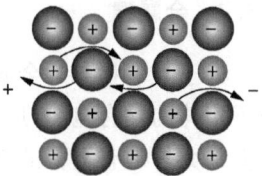

图 2.22 离子晶体的导电性

2.3.3 共价键

共价键是基于电子在不同原子间的共享。有些元素得失电子的能力大致相同。这些元素在不同条件下能以不同的结合方式与其他元素结合，这类元素自身之间相互结合时，则多以共价键

的方式结合。所谓共价键,是指相邻原子各给出一个电子,作为这两个原子的公共电子,又称为共价电子。这两个相邻原子便通过共价电子结合起来。一个典型的例子是碳原子,它可以形成金刚石或是石墨,同样也可以形成更加复杂的结构,如碳60或碳纳米管。金刚石中的共价键是2s轨道与3个2p轨道的线性组合,这就导致了所谓的 sp^3 轨道。在石墨中,碳原子上的2s轨道与2个2p轨道组合,形成 sp^2 轨道。这3个轨道均位于一个平面内且相互间的夹角为120°,另一个p轨道与该平面垂直。这一轨道的线性组合揭示了共价键的重要特性,及共价键是具有高度方向性的键,且十分的牢固。共价键最简单的一个例子是氢原子,两个氢原子通过共享2个电子,使得整个系统的能量处于最低水平,如图2.23所示。Ⅳ族元素,如Si和Ge都有4个价带电子,这些电子的相互作用就会形成4个共价键,每个共价键中有一对共享电子,如图2.24所示。

(a)价带电子　　　　　(b)共价键

图2.23　氢气中的共价键

由于共价键的结合力非常强,因而具有熔点高、导电性和导热性差、硬度高等特点。当电子发生跃迁时,要使共价键断开需要很高的能量,所以只有在很高的温度或电压下才能实现。但不同的共价键晶体之间的差别也很大。从导电性能上看,金刚石是一种良好的绝缘体,而硅和锗则是半导体,它们的电阻率随温度的升高而急剧下降。从熔点上看,硅的熔点是1693K,金刚石则是3280K。

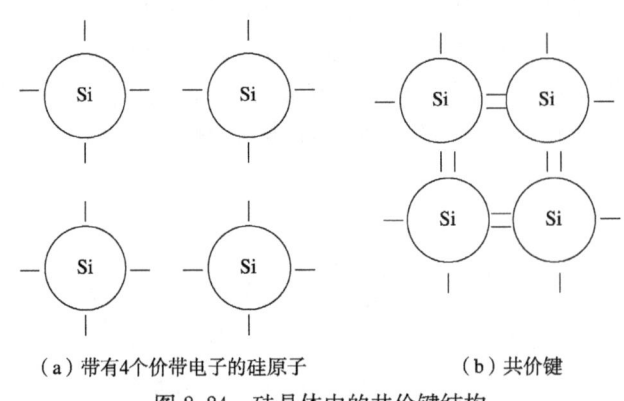

(a)带有4个价带电子的硅原子　　　　　(b)共价键

图2.24　硅晶体中的共价键结构

2.3.4　金属键

处于凝聚状态的金属原子具有许多的电正性的原子,会将它们的价电子贡献出来,作为整个原子集体的共有电子,形成环绕在原子周围的电子的海洋,如图2.25所示。换句话说,金属键本质上与共价键有类似的地方,只是此时其外层电子的共有程度远远大于共价键。这些共有化的电子也称为自由电子。自由电子组成所谓电子云或电子气。

由于失去的这些价电子不再固定于某一原子位置,所以金属键物质具有很好的导电性能。在外加电压作用下,这些价电子就会运动,并在闭合回路中形成电流。由于金属键的价键力很强,故而具有金属键的材料具有非常高的杨氏模量。所谓的延展性是指材料可以不断延伸而不至于断裂的性能。金属也有很好的延展性,这是由于金属键是没有方向性的。当然还有其他一些与微结构有关的重要原因可以解释为什么金属具有较低的强度和较高的延展性。一般而言,金属的熔点比较高。从光学性质上看,金属对可见光是很好的反射体,因而可以观察到金属光泽。由于其具有的电正性的特点,很多金属材料诸如铁很容易被腐蚀和氧化。很多的金属是热的良导体可被有效应用于许多的热传输应用领域。

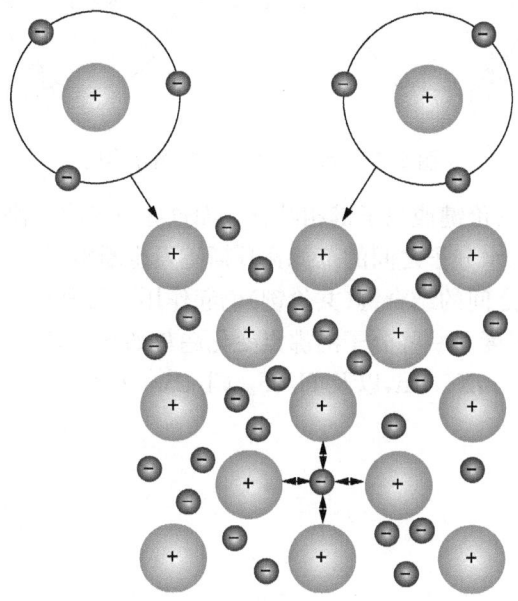

电正性的原子核吸引着环绕在周围的电负性的电子

图 2.25　金属键的形成示意图

2.3.5　范德瓦耳斯力

一些本身不易得失电子的中性原子或分子相互结合时,其内部的电子可能发生不均匀的重新分布。这种电荷不均匀性使一端呈现负电性,另一端呈现正电性,这种现象称为原子或分子的极化。被极化了的原子或分子之间,依靠正负极的相互作用而结合起来,就是所谓的极化键,又称为范德瓦耳斯(Van Der Waals)键。范德瓦耳斯键可分为三种,即诱导极化原子之间的相互作用力,称为伦敦力,如图 2.26;一个诱导原子或分子与一个永久极化分子间的相互作用,称为德拜力(Debye interaction);永久极化的分子间的相互作用力,称为 Keesom 定向相互作用,也称为氢键。

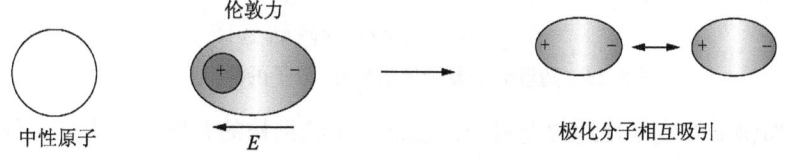

图 2.26　伦敦力相互作用示意图

当分子中的氢原子出现这种极化现象时,又可称为氢键。氢原子与非金属元素(如氟,氧,氮等)结合形成分子时,共价电子会更靠近带金属原子而偏离氢原子,从而使分子具有极性。氢原子呈正电性,非金属原子呈负电性。这样一个分子里氢原子与另一个分子里的非金属原子之间形成极化键(氢键)而相互连接起来。水分子之间的氢键相互作用如图 2.27 所示。

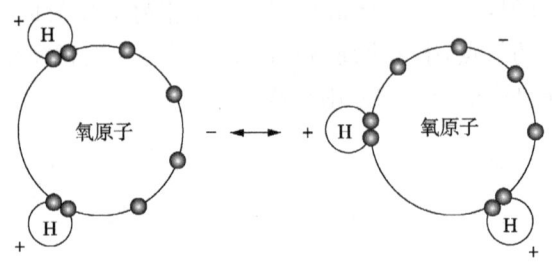

图 2.27　水分子中的氢键相互作用

分子中原子之间通过共价键或离子键相结合。而这些分子之间则还可以通过范德瓦耳斯键相结合。水加热到沸点时,水分子之间的范德瓦耳斯键发生断裂,从而使水变成水蒸气。此时水分子里的氢原子和氧原子之间的结合键(共价键)仍起作用。要破坏水分子里的氢原子和氧原子的结合键,则需要更高的温度。一些分子的沸点变化趋势如图 2.28,由图可看到,沸点按照次序稳步增加,如 He、Ne、Ar、Kr、Xe、Rn,以及 H_2、F_2、Cl_2、Br_2、I_2 等。

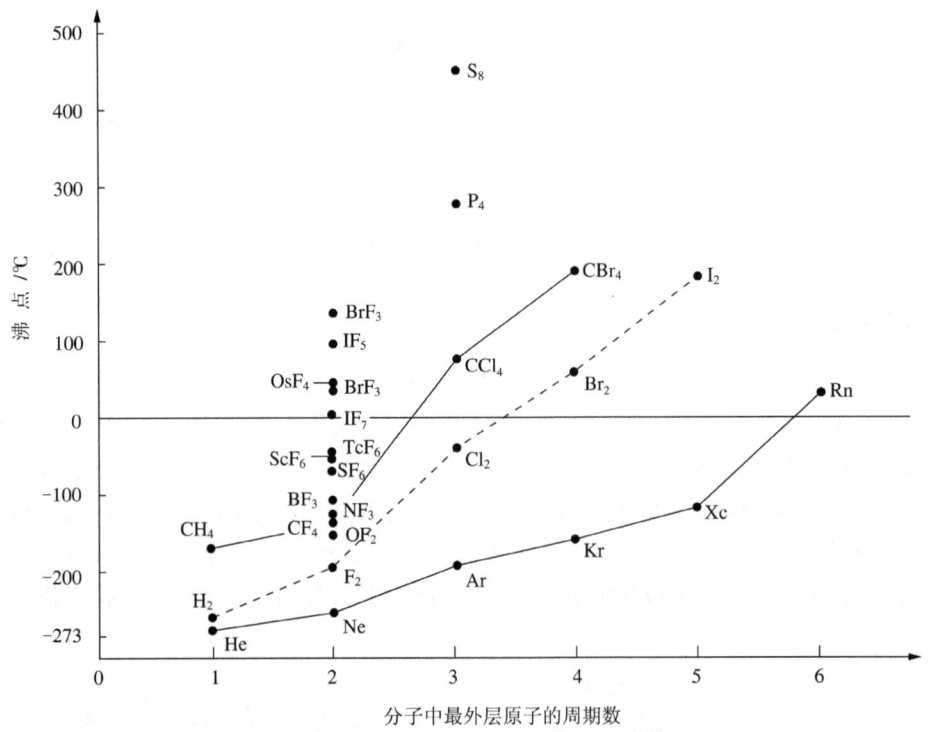

图 2.28　随着分子复杂度的增加,分子的沸点在上升

范德瓦耳斯键能够戏剧性地改变材料的性能。层状结构的石墨在层内是共价键与金属键之间的中间键型,而层与层之间却是范德瓦耳斯键,因而石墨具有非常良好的层间平滑移动性能。高分子材料内部通常是通过共价键结合在一起的,因而 PVC 塑料似乎应该是脆性的。但是这种材料中含有许多很长的链状的分子,尽管每个分子链的内部的原子是通过共价键结合的,但这些链状分子之间却是通过范德瓦耳斯键相互结合的。当范德瓦耳斯键发生断裂,链状分子之间就可以滑移,从而使 PVC 塑料发生变形,从而 PVC 塑料不再是脆性材料了,如图 2.29 所示。

原子之间的结合力可能有多种。由两种或多种金属原子组成的化合物(称为金属间化合物)可以包含金属键和离子键,尤其是这些原子的电负性差别较大的时候。例如,锂的电负性为

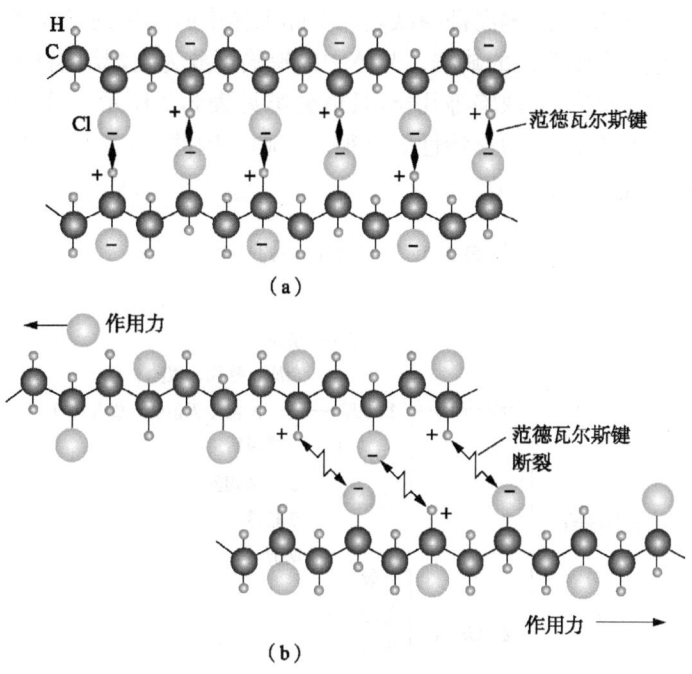

图 2.29 PVC 材料中的范德瓦耳斯力相互作用

1.0,而铝的电负性为 1.5,所以 LiAl 的结合键就包含金属键和离子键。而电负性同样为 1.5 的铝和钒,其金属间化合物 Al_3V 则主要是离子键。许多由金属元素和非金属元素组成的陶瓷或半导体则包含共价键和离子键。元素之间的电负性差别越大,所包含的离子键成分就越多。纯铁中的原子之间的结合也是由金属键和共价键混合组成的,所以纯铁中的原子不能实现最紧凑的排列方式。

上述 4 种结合键尽管各不相同,然而却有一个共同点,都起源于静电作用,即都包含引力和斥力。这种引力和斥力可以用如图 2.20 所示的原子间作用势函数的形式来表示。引力或斥力等于势能对原子间距的微分,而原子之间的平衡距离可以从引力和斥力的平衡点来求得,即等于势函数的最小值处。原子间作用势的最低能量表示结合能,即使该结合键发生断裂所需的能量。一般来说,结合能大的材料,其强度和熔点也高。离子键材料具有特别大的结合能,金属键材料的结合能则比较小。表 2.6 给出 4 种结合键的结合能的大概值。

表 2.6 4 种结合键的结合能

结合键类型	结合能/kJ·mol^{-1}
离子键	627~1546.6
共价键	522.5~1254
金属键	104.5~836
范德瓦耳斯力极化键	<41.8

2.4 晶体中的缺陷

理想的晶体结构应该是:晶格完美有序,正常格点均被相应的粒子占据,所有的填隙位置都是空的。因此凡是对上述定义的偏离都叫缺陷。实际工作中所遇到的绝大多数晶体都不是理想的晶体结构,而是具有这样或那样的缺陷。晶体中的缺陷可分为宏观缺陷和微观缺陷,其中微观缺陷又可分为点缺陷、线缺陷、面缺陷等几类,具体分类见表2.7所示。这些缺陷对电子材料的物理性质如电导特性、光学特性、力学特性等有很大影响。因此,研究晶体中的缺陷及其扩散行为是一个极其重要的问题。

表 2.7 晶体中缺陷的分类

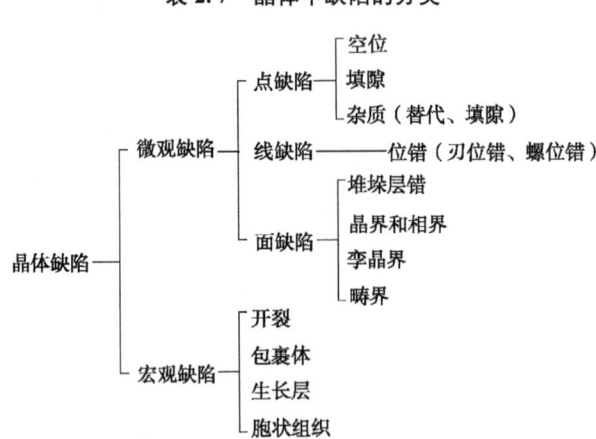

2.4.1 晶体中的微观缺陷

常见的微观缺陷有点缺陷、线缺陷、面缺陷等几类。这些缺陷表明实际晶体偏离了晶格结构中原子或离子的理想排列。在许多的应用中,这些缺陷的存在实际上是非常有用的。尽管在一些应用中,人们还是要试图去减小某种特定类型的缺陷。本节主要介绍缺陷的性质及各种缺陷的影响。

1. 点缺陷

点缺陷是晶体中完整原子或离子排列中的局部变形。尽管称这些缺陷为点缺陷,但这种缺陷也会影响到原子或离子周围几个原子范围的结构,这些缺陷如图2.30所示。实际晶体中的点缺陷的尺寸很小,可以和晶体的原胞相比拟,且能与晶格及周围建立平衡。不被占据的粒子格点形成空位,存在于填隙位置中的粒子形成填隙,杂质粒子也同样可以形成替代式杂质和填隙式杂质。所有的点缺陷都产生局部点阵畸变,其大小取决于晶体结构、母体粒子的大小、杂质粒子的大小和晶体键型。

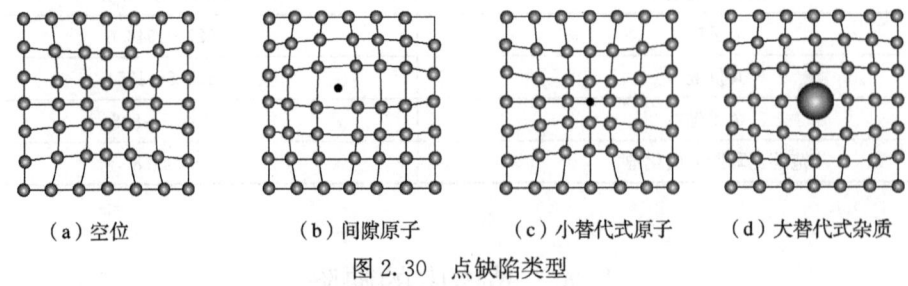

(a) 空位　　(b) 间隙原子　　(c) 小替代式原子　　(d) 大替代式杂质

图 2.30 点缺陷类型

点缺陷的特征是所有方向的尺寸都很小,也称为零维缺陷。晶体中点缺陷是指在一个或几个原子的微观区域内,原子的排列偏离理想周期结构面形成空位、填隙原子、杂质原子等的缺陷。

根据点缺陷的形成机理，晶体中的典型点缺陷可以分为热缺陷和杂质缺陷两种。

由于热涨落的原因所产生的空位和间隙原子的缺陷称为热缺陷。众所周知，晶体中的原子（或离子）在晶格平衡位置会产生热振动，这种粒子热振动的能量大小具有涨落（起伏）的特点。当能量大到某一程度时，原子脱离平衡格点位置，而跑到邻近的原子空隙中形成一个填隙原子，同时也在原来的格点位置形成一个空位。由于热涨落，这一填隙原子将会再获得足够的能量，或者返回原来的位置和空位复合；或者跳到较远的间隙中去。当空位和填隙原子相离足够远时，它们就可以比较长期地并存于晶体内部，形成所谓的热缺陷。常见的热缺陷有下面几种。

当原子或离子离开其原有的位置后，在原来的位置上就留下了一个空位。空位的存在意味着晶体的混乱度或是熵的增加，也就是说晶体材料的热力学稳定性在增加。所有的晶体材料都有空位缺陷。

当一个额外的原子或离子插入到晶格中在正常情况下没有晶格占据的位置，这种缺陷称为填隙缺陷，如图 2.30(b)所示。填隙的原子或离子的尺寸尽管要比占据正常晶格位置的原子或离子小很多，但也会比他们所占据的填隙位置的尺寸大很多。因而在填隙原子或离子周围的晶格区域会被压缩变形。

当正常晶格位置上的原子或离子被其他种类的原子或离子所取代时，所产生的缺陷称为替代式缺陷，如图 2.30(c)和图 2.30(d)所示。替代的原子或离子可能会比晶格结构中正常位置上的原子或离子的尺寸大或者小，因而，替代原子的尺寸会导致周围原子间的间距变小；如果其尺寸小，则使得周围的原子间距变大。无论哪种情形，替代式缺陷都改变了其周围的晶格中原子间的间距。一个典型的例子是在硅单晶中掺入磷(P)或者硼(B)。

当一个原子或离子脱离正常格点位置，跳入到填隙位置成为填隙原子或离子，如图 2.31(a)所示，形成的空位-填隙缺陷称为弗伦克尔(Frenkel)缺陷。弗伦克尔缺陷是一种热缺陷，其中空位和填隙原子的数目相等，在一定的温度下，弗伦克尔缺陷的产生和复合的过程达到平衡。

肖特基缺陷是离子晶体所独有的，通常在许多的陶瓷材料中出现。晶体的内部只有空位，这样的热缺陷称为肖特基(Schottky)缺陷。原子脱离格点后，并不在晶体内部构成填隙原子，而是跑到晶体表面上正常格点的位置，构成新的一层，如图 2.31(b)所示。在一定的温度下，晶体内部的空位和表面上的原子处于平衡。

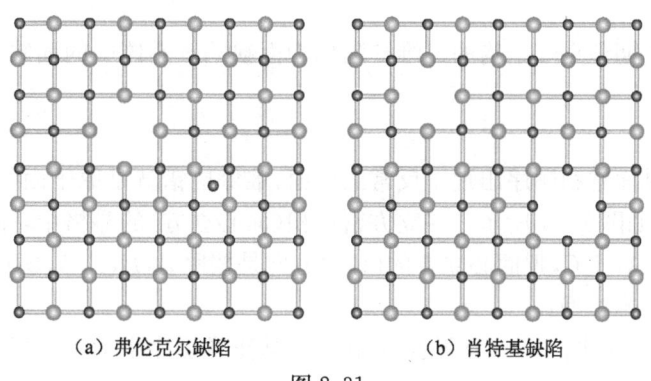

(a) 弗伦克尔缺陷　　(b) 肖特基缺陷

图 2.31

由上述晶体中的空位和间隙原子的形成机理可见，在一定的温度下，热缺陷的产生和复合过程相互平衡，缺陷将保持一定的平衡浓度。在通常情况下，由于形成填隙原子的缺陷时，必须使原子挤入到晶格的间隙位置，它所需的能量要比造成空位的能量大些，所以肖特基缺陷存在的可能性要比弗伦克尔缺陷的可能性大得多。上述热缺陷也称为本征缺陷。

2. 线缺陷

线缺陷主要表现为各种类型的位错(dislocation)。位错有两种基本类型,即刃位错和螺位错。刃位错可以想象为一层附加原子平面局部的插入到晶体中,附加平面的刃缘就是实际的位错,位错周围的区域存在着严重的畸变,邻近的点阵平面发生弯曲,如图2.32所示。当晶体的一部分相对于其余部分发生位移时,出现螺旋位错,如图2.33所示。刃位错和螺旋位错通常引起点阵畸变,位错附近有异常高的应力。在有的情形中,可能同时存在着这两种线缺陷。

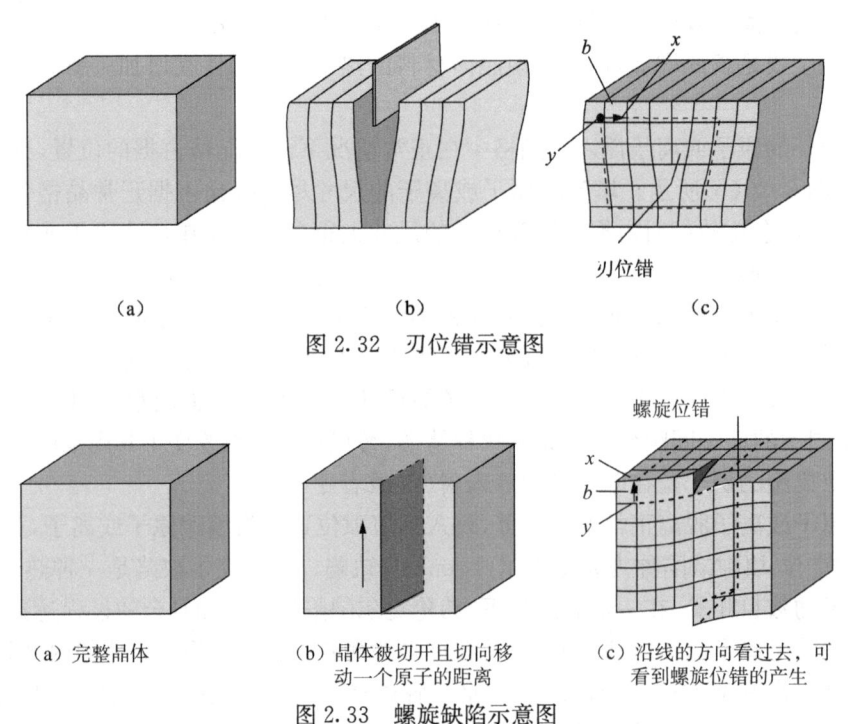

(a)　　　　　　　　(b)　　　　　　　　(c)

图2.32　刃位错示意图

(a) 完整晶体　　(b) 晶体被切开且切向移动一个原子的距离　　(c) 沿线的方向看过去,可看到螺旋位错的产生

图2.33　螺旋缺陷示意图

3. 面缺陷

晶体内部偏离周期性点阵结构的二维缺陷称为面缺陷。晶体中的面缺陷主要有堆垛层错、晶粒间界两种形式。

1) 堆垛层错

面缺陷出现在晶面堆积顺序出现了反常的层面,堆垛层错就是原子面的堆积顺序出现了反常所造成的面缺陷,如图2.34所示。在立方密堆积(面心立方)的晶格中,原子的堆积以三层为一组,各层分别记为A,B,C,则面心立方的(111)方向是按照A,B,C,A,B,C的顺序堆积的。堆垛层错主要有两种基本类型:

(1) 抽出型层错。如图2.34(a)所示,它相当于从正常层序中抽去一层,堆积的顺序变为…A,B,C,B,C,A,B,C…。

(2) 插入型层错。如图2.34(b)所示,它相当于在正常层序中插入了一层,堆积的顺序变为…A,B,A,C,A,B,C…。

2) 晶粒晶界

实际使用的固体材料大多是由许多取向不同的晶粒所构成的多晶体。各晶粒之间的堆积取

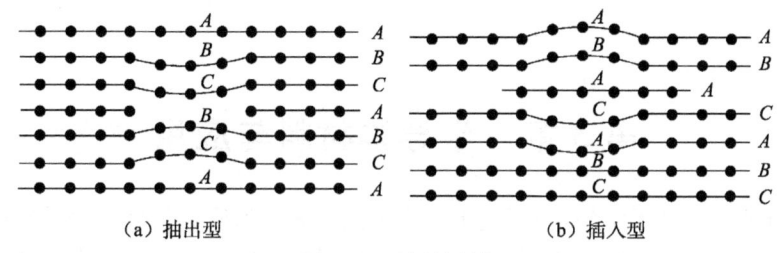

图 2.34　堆垛层错

向是完全没有规律的。晶粒之间的界面是缘于无序排列的过渡层,原子的排列会发生较大的畸变,厚度相当于几个晶格常数,这种面缺陷,称为晶粒间界,简称为晶界。

2.4.2　晶体中的宏观缺陷

实际生长出来的晶体往往都存在着一些更大尺寸的宏观缺陷,例如包裹体、裂纹、气孔等。

所谓包裹体是晶体生长过程中界面所捕获的夹杂物。按照被包裹的物质可以分为气相包裹体、液相包裹体和固相包裹体。其中气相和液相包裹体属于光学均质包裹体,多呈球形或椭球形,对光有较强的散射作用。固相包裹体多为微晶体,固态微晶包裹体多呈柱状、针状或一些不规则形状。当包裹体体积小到一定程度时,称为散射颗粒。它通常来源于晶体原料中某一过量组分形成的固体颗粒,也可能是晶体生长中坩埚材料带入的金属微粒或其他杂质颗粒。包裹体会严重影响晶体的质量,例如造成光的散射,在强光下引起发热、熔化、气化,或者产生应力集中而使晶体破裂。另一方面,由于包裹体的热膨胀系数一般与晶体不同,在晶体生长的冷却过程中产生体内压力,将导致大量位错的形成。

裂纹是晶体中常见的一种宏观缺陷,可分为原生裂纹和次生裂纹。原生裂纹是在晶体生长过程中形成的,往往有一定的方位,其成因可以是溶质供应不足、溶质的局部浓集、籽晶缺陷的延伸等。次生裂纹主要是由于杂质的凝聚或晶体在降温过程中局部应力集中造成的,这类开裂往往是不规则的。

与裂纹一样,气孔对晶体的力学性能有重要的影响。大多数材料的弹件模量和强度都会随着气孔率的增加而降低。这是由于气孔的存在不仅减小了材料的受力面积,而且在气孔附近会导致应力集中,从而削弱材料的负荷能力。

生长层也称生长条纹,是由温度波动或生长速率波动引起的。其形状与固液界面的形状吻合,在横截面内呈年轮状。生长层严重地破坏了晶体的均匀性。

采用熔融法生长晶体时,由于组分变化而产生的过冷现象称为组分过冷。组分过冷使晶体生长的平坦界面的稳定性遭到破坏,从面转变为胞状界面。胞状界面是由网状的沟槽分割开来的胞,沟槽中的杂质浓度较大,胞顶部杂质浓度较低,这种由浓集杂质划分出来的亚组织称胞状组织。在含有胞状组织的晶体中,杂质偏聚十分严重,明显地降低了晶体的质量。

习　题

2.1　晶体有哪些特性?什么是点阵结构?如何来表示不同结构的晶体?
2.2　晶体具有哪些宏观对称性?具有哪些微观对称性?这两者间有何联系?
2.3　晶体有哪几种价键结构?不同的价键结构在物理性质上有何区别?
2.4　晶体中有哪些缺陷?晶体中可能有哪两种点缺陷?各有何特点?
2.5　晶体中有哪些宏观缺陷?

第 3 章　半导体材料与应用

在前面的章节中已经了解到,根据能带理论可以将固体物质分为金属、半导体和绝缘体。一般情况下,金属是电的良导体,但不同金属之间的导电性也相差很大;而半导体和绝缘体的导电性较差。半导体与绝缘体之间的差异体现在禁带宽度上。在半导体中,最高已占据能态与最低未占据能态之间的带隙宽度会足够小,以至于在适当的温度条件下会发生载流子的热激发。半导体的禁带宽度一般为几个电子伏特,而绝缘体的禁带宽度则要大得多。

半导体材料是集成电路的基础,在信息的储存、传输、加工处理和显示方面都有重要应用,如半导体激光器、半导体光电探测器、半导体集成电路、半导体存储器和半导体显示器等。半导体材料的结构和性质决定了其应用的广度和深度。半导体的导电性受少量杂质的影响非常大,精确控制这些杂质的含量是制作半导体器件最基本的要求。本章先讨论本征半导体的性质,然后讨论掺杂半导体(非本征半导体)的性质,并在此基础上,讨论半导体材料的结构、制备工艺和应用情况。

3.1　半导体材料的物理基础

3.1.1　本征半导体

电子围绕着原子核运动,在同一轨道上的电子与原子核的距离和能量几乎是相等的。内层电子受原子核束缚最强,能量最小,离核最近。越是外层电子受束缚越弱,能量越高,离原子核越远。各层电子之间的能量差是量子化的,只有特定的能量值,不能任意连续变化。电子在原子中运动的量子态称为能级。当两个原子靠近时,原子上的电子会产生相互作用,相同层的电子可以相互转移,电子运动的波函数发生交叠。由于波函数相位差别而分裂成两个能级,这两个能级的间距随原子间距的减小而增加。由多个原子排列组成晶体,由于参与原子很多,电子为晶体所共有,分裂的能级很多,能级间的间隔很小,所以可近似看作连成一条具有一定宽度的能带。电子只能允许在特定能量的量子态之间转移,各层电子形成各自的能带。能带之间的间隙就是能隙,也叫禁带。

金属、半导体和绝缘体的能带模型如图 3.1 所示。如图 3.1(a)所示,在绝缘体中,电子恰好填满最低的一系列能带,再高的各个能带处于全空状态。由于价带不产生电流,所以尽管存在很多电子,但并不导电。在金属之类的导体和半导体中情况则有所不同,既有完全充满电子的一系列能带,又存在只部分填充电子的能带,可起导电的作用,即导带。

半导体具有一定的导电能力,根据能带理论,半导体和绝缘体都属于上述非导体的类型。半导体的导电性能往往是由于存在一定的杂质,对于能带填充情况有所改变,使导带中有少数电子或价带缺少了少数电子,从而产生一定的导电性。即使半导体中不存在任何杂质,也会由于热激发使少数电子从价带热激发到导带底,产生所谓的本征导电。激发电子的多少与禁带宽度密切相关。半导体和绝缘体的差别就在于半导体禁带较窄,因而具有不同程度的本征导电性。而绝缘体的禁带则较宽,激发电子导电需要较高的能量,以致没有可察觉的导电性。例如,金刚石禁带宽度约为 5.4eV,而硅和锗的禁带宽分别约为 1.2eV 和 0.7eV。因此,尽管它们具有相同的晶体结构和键型,但导电性质完全不同。金刚石为绝缘体,而一般温度下,硅和锗则为半导体。只有在 0K 时,硅和锗才会变为绝缘体,因为此时所有的价电子都充满着价带,施加电场也完全不能使价带内的电子向高能态跃迁。必须指出的是,价带一旦缺了少数电子就会产生一定导电性。

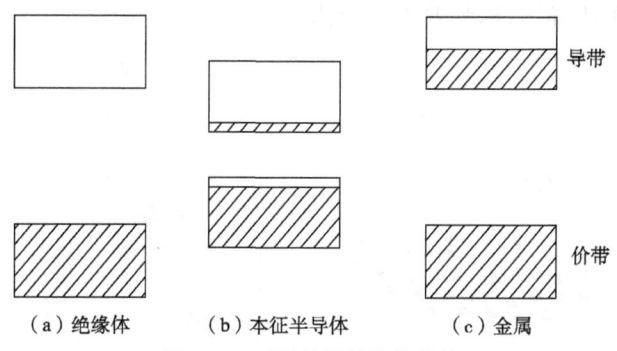

(a) 绝缘体　　(b) 本征半导体　　(c) 金属

图 3.1　不同材料的能带结构

半导体的基本能带特点是:价带基本填满(0K 时价带为满带),导带基本上全空,两者中间的禁带很窄,不需要太多的热、电、磁或其他形式的外加能量,就可使价电子激发到导带中去,在价带顶随之产生相对应的空穴。半导体的导电是依靠导带底的少量电子或者价带顶的少量空穴实现的。

3.1.2　半导体中的杂质

在实际的半导体材料中,除去与能带对应的共有化状态之外,还存在一定数量的束缚状态。它们是由杂质或者缺陷(空位、间隙原子、位错)引起的。也就是说,电子可以被适当的杂质或者缺陷所束缚,正如在一般情况下,电子被原子所束缚的情况一样,束缚电子也具有特定的能级,这种杂质能级处于禁带中,并对实际半导体的性能起决定性作用。根据对导电性的影响,杂质态可分为施主杂质和受主杂质,相应的两者所产生的额外能级分别为施主能级和受主能级。

1. N 型半导体

当杂质能级可提供电子时,如图 3.2(a)所示,电子由施主能级激发到导带远比由价带激发到导带容易。因此,以施主杂质掺杂为主的半导体,其导电性往往是由施主热激发到导带的电子所形成的。这种主要依靠电子导电的半导体,称为 N 型半导体。

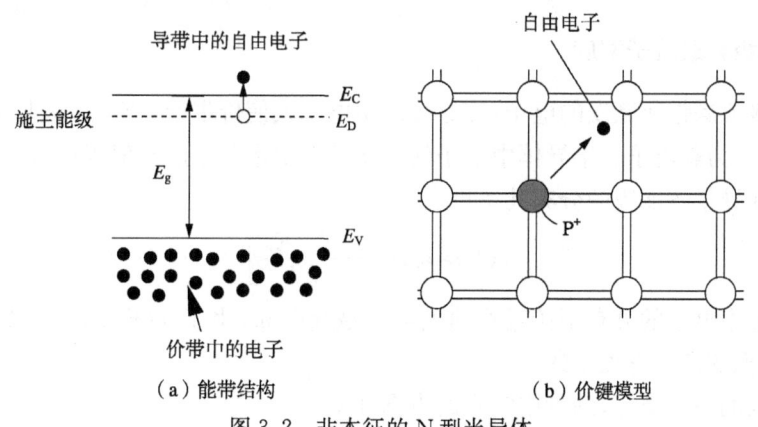

(a) 能带结构　　(b) 价键模型

图 3.2　非本征的 N 型半导体

2. P 型半导体

当杂质能级提供空穴时,如图 3.3 所示,电子由价带激发到受主能级比激发到导带容易得多。因此,主要含受主杂质的半导体,由于价带中有些电子激发到受主能级而产生许多空穴,这种主要依靠空穴导电的半导体,称为 P 型半导体。

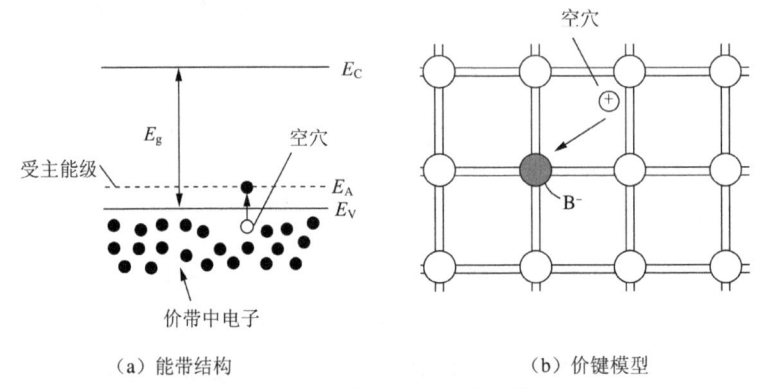

(a) 能带结构　　　　　　　(b) 价键模型

图 3.3　非本征的 P 型半导体

上面所提到的施主离子和受主离子,它们的束缚能很小,因此,对产生电子和空穴非常有效,它们往往是决定这些材料导电性的主要杂质。由于这类杂质的束缚能很小,所以施主(或受主)能级很靠近导带(或是价带),又称为浅能级杂质。

在半导体中有些杂质和缺陷会在带隙中引入较深的能级。图 3.4 所示为硅中由金原子所产生的深能级。金在导带下 0.45eV 处有一个受主能级,在价带上 0.35eV 处有一个施主能级。深能级杂质大多是多重能级。它反映出杂质可以有不同的荷电状态,在这两个能级中都没有电子填充的情况下,杂质元素金是带正电的,当受主能级上有一个电子而施主能级空着时,杂质元素金是电中性的;当金杂质施主能级与受主能级上都有一个电子的情况下,金杂质带负电。深能级杂质和缺陷在半导体中起着多方面的作用。例如,它可以是有效的复合中心,使得载流子的寿命大大降低;它可以成为非辐射复合中心,而影响发光效率;它可以作为补偿杂质,而大大提高材料的电阻率。

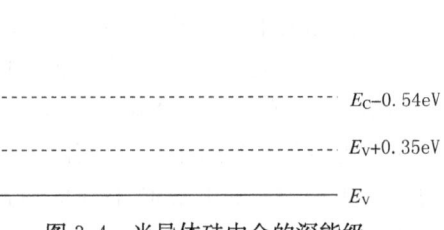

图 3.4　半导体硅中金的深能级

3.1.3　费米能级和载流子密度

由杂质能级或满带所激发的电子,使导带产生电子或使价带产生空穴,这些电子或空穴致使半导体导电,统称为载流子。半导体中电子的分布遵循费米分布的一般规律。

导带电子在导带各能级的分布几率可表示为

$$f(E) \approx \exp\left[-\frac{E-E_F}{kT}\right] \quad (3.1.1)$$

这表明导带中电子的分布很接近经典的波尔兹曼分布,由于 $f(E)$ 远小于 1,因而在导带中的能级,电子占据的几率是很小的。

满带中空穴的情况类似,满带中空穴的占据几率为

$$1-f(E)\approx\exp\left[\frac{-(E_F-E)}{kT}\right] \tag{3.1.2}$$

因为空穴所占据状态的 E 越低,表示的能量越高。所以上式说明,空穴分布几率随能量的增加按波尔兹曼统计的指数规律减小。

图 3.5 所示为分布函数曲线和能带的位置对比,说明了半导体中电子和空穴基本上服从波尔兹曼统计分布,导带能级和价带能级都远离费米能级 E_F,所以导带接近于空带,价带接近于充满(空穴很少)。

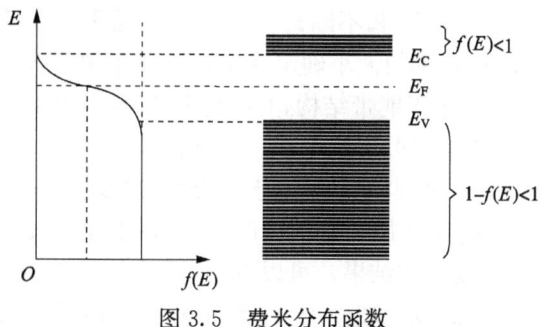

图 3.5 费米分布函数

当在元素半导体中掺入少量施主杂质时,在一定温度下,部分电子获得能量,杂质离化成自由电子或自由空穴。电子浓度表示成

$$n=N_C\exp\left[\frac{-(E_C-E_F)}{kT}\right] \tag{3.1.3}$$

式中,N_C 有效能级密度,E_C 为施主杂质能级(导带底能级),E_F 为费米能级,k 为波尔兹曼常数。

同理,价带顶空穴密度 p 为

$$p=N_V\exp\left[\frac{-(E_F-E_V)}{kT}\right] \tag{3.1.4}$$

式中,N_V 为价带的有效能级密度,E_V 为受主杂质能级(价带顶能级)。

从式(3.1.3)和式(3.1.4)可知,电子和空穴的密度分别决定于费米能级与导带底、费米能级与价带顶的距离。对于 N 型半导体,在杂质激发的范围,电子的数目远多于空穴,因此费米能级 E_F 应在禁带的上半部,接近导带。而在 P 型半导体中,空穴的数目远多于电子,E_F 将在禁带下部,接近于价带。

把导带中电子密度 n 与价带中的空穴密度 p 相乘,消去 E_F,得

$$np=N_V N_C\exp\left[\frac{-(E_C-E_V)}{kT}\right]=N_V N_C\exp\left(-\frac{E_g}{kT}\right) \tag{3.1.5}$$

因为每一种材料都有它确定的禁带宽度,所示电子和空穴密度的乘积对某一种材料只是温度的函数。式(3.1.5)表明,半导体中导带电子越多,则空穴越少;反之,空穴越多,则电子越少。例如,在 N 型半导体中,施主越多,电子越多,则空穴越少。

3.1.4 电导与霍尔效应

在一般情况下,半导体的导电特性服从欧姆定律,电流密度 j 与电场 E 成正比,即

$$j=\sigma E \tag{3.1.6}$$

半导体可以同时有电子和空穴,而且它们的浓度随样品的不同和温度的变化,可以有很大的变化。半导体的电导率与电子和空穴的数目之间存在如下关系

$$\sigma = nq\mu_n + pq\mu_p \tag{3.1.7}$$

式中，μ_n 和 μ_p 分别是电子和空穴的迁移率。将式(3.1.7)代入式(3.1.6)得

$$j = nq(\mu_n E) + pq(\mu_p E) \tag{3.1.8}$$

由此可以看到，μE 表示在电场作用下载流子沿电场方向漂移的平均速度；迁移率表示单位电场作用下载流子的平均漂移速度。在杂质激发的范围，主要是一种载流子导电，则有

$$\sigma = \begin{cases} nq\mu_n & (\text{N 型}) \\ pq\mu_p & (\text{P 型}) \end{cases} \tag{3.1.9}$$

由于载流子漂移运动是电场加速和不断碰撞（散射）的结果。迁移率一方面决定于有效质量，一方面决定于散射几率。迁移率的大小确定在实际工作中很重要。硅和锗的迁移率一般为 $0.1\ \text{m}^2/(\text{V}\cdot\text{s})$。有效质量则决定于能带结构，有些化合物半导体（如 GaAs）的电子有效质量只有电子质量的 1/100 左右，迁移率则可达几十 $\text{m}^2/(\text{V}\cdot\text{s})$。

散射可以是由晶格振动引起的，也可以是由于杂质引起的。在温度较高时，晶格振动是散射产生的主要原因，随温度的升高而增加。在低温时，杂质散射是主要的散射方式。图 3.6 为 N 型掺杂的硅样品电导率随温度变化的结果。可以看到，样品在温度较低时，随着温度升高电导率不断增加，这是由于杂质电离随温度升高而增大，因而电导率对数与温度的倒数之间存在线性关系。在高温时本征激发已成为主要影响因素，载流子只取决于材料的能带结构，此时电导率对数与温度的倒数之间也存在线性关系，但直线的斜率不同。而在中间温度范围，电导率随温度的升高而降低，这是由于此时杂质已经全部电离，因此载流子的数目不会增加，而晶格散射随温度升高而增加，从而使得迁移率下降。

由于电导率受多种因素的影响，其中电离的杂质浓度依赖于温度和杂质能级，所以半导体中杂质浓度可能与载流子浓度不同。为了直接测量载流子浓度和电导率，最直接的方法是利用霍尔效应。

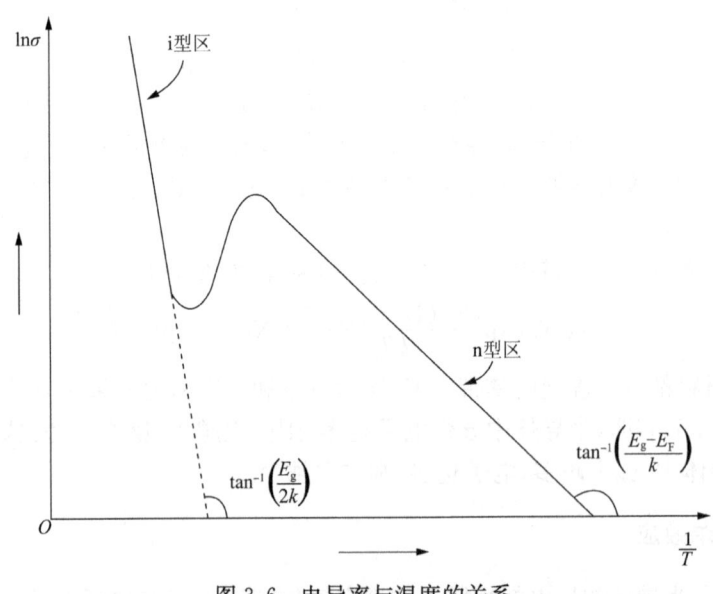

图 3.6 电导率与温度的关系

霍尔效应的实验装置示意图如图 3.7 所示。当半导体片放置在 x-y 平面内，电流沿 x 方向，磁场垂直于 x-y 平面。如果是空穴导电，那么它们沿电流方向运动的同时，也受到洛伦兹力（qv

×$\bm{B}$)的作用发生偏转,造成电荷的积累,从而导致一个与洛伦兹力方向相反的电场力。当两者相等时,霍尔系数为

$$R_H = \frac{1}{pq} \tag{3.1.10}$$

对于电子导电(N型半导体),霍尔系数为

$$R_H = \frac{1}{nq} \tag{3.1.11}$$

由霍尔系数可以直接测得载流子的浓度,而且,由它的符号可以确定是空穴导电还是电子导电。

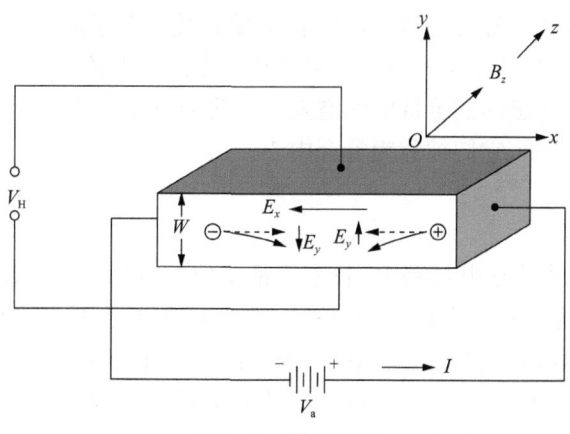

图 3.7 霍尔效应

3.1.5 非平衡载流子

半导体中有两种载流子:电子和空穴。N型半导体主要依靠电子导电,但同时还存在少量的空穴,在这种情况下,电子被称为多数载流子,空穴被称为少数载流子。而在P型半导体中,空穴是多数载流子,电子是少数载流子。在热平衡时,单位体积有一定数目的电子 n_0 和一定数目的空穴 p_0,它们由热平衡决定,要满足

$$n_0 = p_0 = \sqrt{N_V N_C} e^{-E_g/kT} \tag{3.1.12}$$

但在外界作用下,有可能使电子浓度和空穴浓度偏离平衡值。例如,在光照下,由价带激发电子至导带而产生电子空穴对,使电子密度增加 Δn,空穴密度增加 Δp,多余的载流子称为非平衡载流子。在通常情况下,由于电中性的原则,非平衡电子和非平衡空穴浓度应当相等,$\Delta n = \Delta p$,非平衡载流子在数目上对于多数载流子和少数载流子的影响显然是不同的。多数载流子的数量一般会很大,非平衡载流子通常不会对它的数目产生显著的影响。但对于少数载流子而言,其数量的变化将是十分显著的。因此,在讨论非平衡载流子时,最关心的是非平衡少数载流子。

1. 非平衡载流子的复合和寿命

非平衡载流子会自发地发生复合,导电电子由导带回落到价带,导致一对电子和空穴消失,这是一种由非平衡恢复到平衡的自发过程。所谓热平衡,实际上是电子-空穴不断产生和复合的动态平衡。当存在非平衡载流子时,这种动态平衡被破坏。在最简单的情形中,非平衡载流子复合以一个固定的概率发生,单位时间、单位体积复合的数目可以用复合率表示,即

$$\eta = \Delta n / \tau \tag{3.1.13}$$

若在恒定光照下保持一定的非平衡载流子浓度 Δn_0 和 Δp_0,那么在光照撤去后,非平衡载流子逐渐消失,有

$$\frac{\mathrm{d}\Delta n}{\mathrm{d}t}=\frac{\Delta n}{\tau} \tag{3.1.14}$$

求解上式得到

$$\Delta n = \Delta n_0 \exp(-1/\tau) \tag{3.1.15}$$

此式表明,当光照撤去后,非平衡载流子是随时间呈指数形式衰减。τ 描述了非平衡载流子平均存在时间,通常称为非平衡载流子寿命。对于光电导现象,τ 决定着在变化光强下,光电导反应的快慢。

实验证明,非平衡载流子寿命 τ 与材料所含杂质有关。对于同一材料,制备方法不同,τ 值可相差很大。这是由于电子从导带回落到价带往往主要通过杂质能级,电子先落入到一个空的杂质能级,然后再由杂质能级落到价带中的空穴。有些杂质在促进复合上特别有效,成为主要决定非平衡载流子寿命的杂质,它们被称为复合中心。

2. 非平衡载流子的扩散

在金属和一般半导体的导电过程中,载流子都是依靠电场的作用而形成电流,称为漂移电流。但半导体中的载流子还可以形成另外一种形式的电流,称为扩散电流。扩散电流是由于载流子的浓度分布不均匀而造成的扩散运动后所形成的。对于非平衡载流子而言,扩散往往是最主要的运动形式。在通常的情况下,少数载流子的数量极少,与多数载流子相比,漂移电流是微不足道的,但正是由于有非平衡载流子的存在,使得可以在不破坏电中性的情况下形成载流子浓度的变化,从而形成显著的扩散电流。

考虑一维稳定扩散的情况。以均匀光照射半导体表面,而且光在很薄的薄层内被吸收了。光产生的非平衡载流子通过扩散向体内运动,一边扩散,一边复合。在稳定光照下,将在半导体内建立起稳定的非平衡载流子分布。

扩散运动时微观粒子热运动的结果,它遵循一般的扩散规律,粒子的扩散流密度 F 可表示为

$$F = -D\frac{\mathrm{d}N}{\mathrm{d}x} \tag{3.1.16}$$

载流子扩散流密度正比于载流子浓度变化梯度,比例系数 D 称为扩散系数,负号表明扩散运动总是从浓度高的地方流到浓度低的地方。上式乘以载流子电荷,就是扩散电流密度。非平衡少数载流子边扩散边复合,形成稳定分布,其浓度分布满足连续方程

$$\frac{\mathrm{d}}{\mathrm{d}x}\left(-D\frac{\mathrm{d}N}{\mathrm{d}x}\right) - \frac{N}{\tau} = 0 \tag{3.1.17}$$

式中,第一项表示因扩散造成的积累,第二项表示因复合而造成的损失。其中 N 表示非平衡少数载流子浓度。方程的通解为

$$N = A\mathrm{e}^{-x/L} + B\mathrm{e}^{x/L} \tag{3.1.18}$$

式(3.1.18)中,$L = \sqrt{D\tau}$,如果考虑到边界条件,则可得到特定解

$$N(x) = N_0 \mathrm{e}^{-x/L} \tag{3.1.19}$$

上式表明,表面产生的非平衡少数载流子在扩散的过程中随距离增加而指数衰减,L 表示非平衡载流子深入样品的平均距离,称为扩散长度。扩散电流密度 j 可表示为

$$j = N_0 \frac{D}{L} \mathrm{e}^{-x/L} \tag{3.1.20}$$

3.2 半导体材料的性质

3.2.1 光吸收与光电导

光是一种电磁波,对于在沿某 x 方向传播的平面电磁波,其光强 I 是按照指数规律进行衰减的,即

$$I = I_0 \exp\left(-\frac{2\omega\varepsilon_r''}{c}x\right) \tag{3.2.1}$$

式中,ε_r'' 为光损耗系数,或称消光系数,表示电磁波能量衰减的大小。

在半导体中,光的衰减与光强成正比,因而可得到

$$I = I_0 \exp(-\alpha x) \tag{3.2.2}$$

式中,α 为光吸收系数。

比较式(3.2.1)和式(3.2.2),可得

$$\alpha = 2\omega\varepsilon_r''/c = 4\pi\varepsilon_r''/\lambda \tag{3.2.3}$$

由式(3.2.3)可看出,α 与 ε_r'' 成正比,与 λ 成反比。不同波长的光的吸收系数不同。当光在介质中传播的距离为 $1/\alpha$ 时,则光强衰减到原来的 $1/e$,于是可把 $1/\alpha$ 近似看成是光能够穿透样品的深度。可知,不同波长的光能够穿过样品的深度也是不同的,对于吸收很强的材料,光吸收实际上只发生在样品的表面层内。半导体材料通常对光的吸收很强,材料吸收光的辐射之后,使得电子由低能态跃迁到高能态。

半导体材料受到光照射时电导率变大的现象称为半导体的光电导效应。在无光照时半导体的电导率或暗电导率 σ_0 由式(3.1.7)给出,并可改写成

$$\sigma_0 = n_0 q\mu_n + p_0 q\mu_p \tag{3.2.4}$$

式中,n_0 和 p_0 分别为电子和空穴的热平衡浓度。在光照条件下,半导体中将产生光生电子和光生空穴。假设它们的浓度分别是,则此时载流子的总浓度将变为

$$n = n_0 + \Delta n \quad p = p_0 + \Delta p$$

将 n 和 p 的表达式代入到式(3.2.1),半导体的电导率为

$$\sigma = q(n_0 + \Delta n)\mu_n + q(p_0 + \Delta p)\mu_p = \sigma_0 + \Delta\sigma_{\text{ph}} \tag{3.2.5}$$

式中,

$$\Delta\sigma_{\text{ph}} = q\mu_n \Delta n + q\mu_p \Delta p \tag{3.2.6}$$

式中,$\Delta\sigma_{\text{ph}}$ 称为光电导。光电导有杂质光电导和本征光电导两大类。其中,本征光电导是由本征吸收引起的,相应长波限是

$$\lambda_0 = \frac{hc}{E_g} \approx \frac{1.24}{E_g} \tag{3.2.7}$$

式中,禁带宽度 E_g 的单位为 eV,波长的单位为 μm。

杂质光电导是由杂质吸收引起的,吸收波长取决于杂质的电离能 E_i,有

$$\lambda_i = \frac{hc}{E_i} \approx \frac{1.24}{E_i} \tag{3.2.8}$$

杂质吸收的吸收系数较本征吸收的吸收系数小,激发的光生载流子浓度也较小,故同一材料中本征光电导一般比杂质光电导大。此外,杂质吸收产生光生载流子、空穴,或是电子,而本征吸收则能产生电子空穴对。

光电导效应的强弱表示为

$$\frac{\Delta \sigma_{\text{ph}}}{\sigma_0} = \frac{\mu_n \Delta n + \mu_p \Delta p}{\mu_n n_0 + \mu_p p_0} \quad (3.2.9)$$

式中,比值越大,则光电导效应就越强,反之就越弱。降低工作温度,使得 n_0 和 p_0 浓度减小,是获得较强光电导效应的有效措施。

3.2.2 电容效应与击穿特性

1. 电容效应

半导体 PN 结具有电容效应,包括势垒电容和扩散电容两种。PN 结空间电荷区内存在不能移动的正的和负的电离杂质电荷,当外加偏压使势垒区电场变化时,必须改变势垒区宽度以改变空间电荷量,这种微分电容效应,称为势垒电容。如图 3.8 所示,当耗尽区加上反偏电压时,电压的改变将使电荷密度作相应变化。

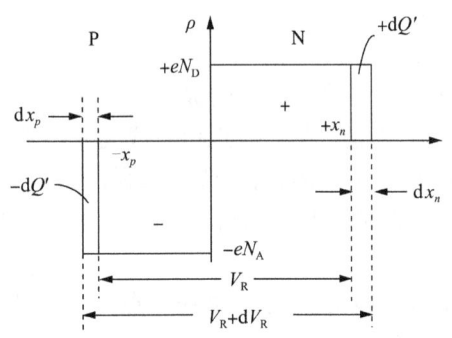

图 3.8 PN 结反偏电压的变化导致空间电荷区的变化

对于反偏 PN 结,空间电荷区的势垒电压为 $V_D + V_R$,此时单位面积的势垒电容可表示为

$$C_1 = \frac{dQ}{dV_R} = \left[\frac{q\varepsilon_s N_A N_D}{2(V_D + V_R)(N_A + N_D)}\right]^{1/2} \quad (3.2.10)$$

另一种 PN 结电容是扩散电容。PN 结在加正向偏压时,由于少子注入,在扩散区内有一定数量的少子和等量的多子积累,其浓度随外加电压而变化,这种电容效应称为扩散电容,它也是微分电容。反偏的 PN 结以势垒电容起主要作用,而对于正偏的 PN 结,扩散电容和势垒电容都起作用。

2. 击穿特性

PN 结上加反偏电压会形成很小的反向电流,但反偏电压不能无限制地增大,到某一临界值,反向电流将急剧增大,这种现象称为结的击穿,而这一外加电压,称为击穿电压。击穿并不等于器件的烧毁。若采用保护电阻或散热装置,使击穿电流控制在一定范围,PN 结击穿后可以重新恢复高阻状态。否则,使反向电流无限增长,将导致 PN 结将烧毁。

PN 结击穿机理基本上有隧道击穿和雪崩击穿两种。隧道击穿也称为齐纳击穿,它是高掺杂的 PN 结通过隧道效应发生 PN 结的击穿。由于掺杂浓度高,空间电荷区的宽度很窄,PN 结两侧的导带和价带在反偏时彼此靠得很近。根据量子力学隧道穿透效应(简称隧穿效应),P 侧价带内电子有可能直接进入 N 侧导带内,形成反向电流,如图 3.9(a)所示。隧穿几率随禁带宽度 E_g 增大而减小,因而由隧穿效应所决定的击穿电压具有负温度系数。

载流子在穿越空间电荷区的过程中,如果电场强度足够大,载流子能获得足够大能量,那么便能与空间电荷区内的晶格原子发生碰撞而产生许多电子-空穴对,而这些新产生的电子和空穴将在电场中作定向漂移,以产生更多的电子-空穴对,这样就会在原有反偏电流基础上叠加新产生的电流。大量电子和空穴的雪崩式的增加从而导致 PN 结的击穿,这种击穿机理的示意图如图 3.9(b)所示。这种类型的击穿称为雪崩击穿。对于大多数的 PN 结,其击穿机理属雪崩击穿。

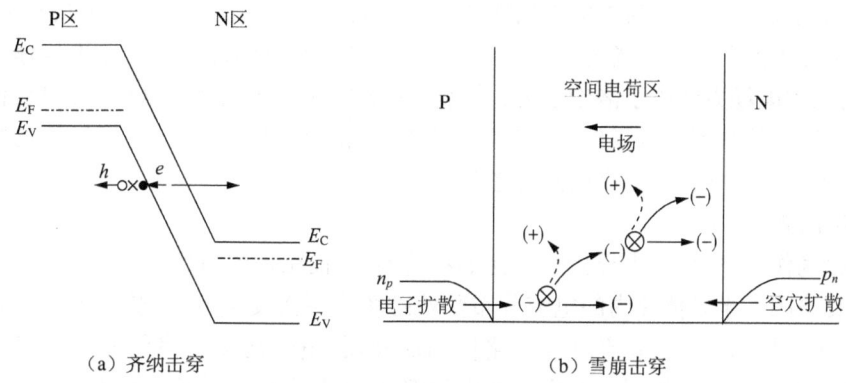

(a) 齐纳击穿　　　　　　(b) 雪崩击穿

图 3.9　PN 结的击穿机理

对大多数的 PN 结,雪崩击穿总发生在电场最强的区域,但极限电场并不是固定的。随温度的升高,载流子的平均自由程减小,需要更强的电场在较短距离内获得足够高的能量,以便产生电子-空穴对,因此雪崩击穿电压的温度系数是正的。

3.2.3　压阻效应与磁阻效应

1. 压阻效应

半导体材料在不受应力作用时,其电阻与电阻率 ρ 与长度 l 成正比,与截面积 S 成反比,有

$$R = \rho \frac{l}{S} \tag{3.2.11}$$

如果沿长度方向施加一个应力,产生的拉伸应变为 $\delta = \Delta l/l$,与此同时,截面 $S = a \times b$ 面积减小。令 $\nu = (\Delta a/a)/(\Delta l/l) = (\Delta b/b)/(\Delta l/l)$,称为泊松比。又由于应力引起能带的变化,能谷的能量移动,导致电阻率变化,于是有

$$\Delta R/R = \varepsilon(1+2\nu) + \Delta\rho/\rho \tag{3.2.12}$$

由式(3.2.12)可知,电阻的变化有两部分组成,前一项为纯几何效应;后一项代表的是物理效应,即压阻效应。对于金属,几何效应是主要的;对于半导体材料,物理效应是主要的。应力对半导体能带移动的影响在这里不作详述,读者可参见相关文献。

2. 磁阻效应

半导体材料受到与电流方向垂直的外加磁场作用时,不但具有霍尔效应,还会出现电流密度下降和电阻率增大的现象,这种外加磁场使电阻变化的现象称为磁阻效应。利用磁阻效应做成的磁敏感元件称为磁敏电阻。半导体的磁阻效应由两部分组成,一部分由材料的物理性质所决定,称为半导体材料的物理磁阻效应;只一部分由材料的几何形状所决定,称为材料的几何磁阻效应。

1)物理磁阻效应

设半导体薄片在外加磁感应强度为零时所具有的电阻率为 ρ_0,在外加磁感应强度为 B 时所具有的电阻率为 ρ_B。由于外加磁场的作用,半导体材料的电阻率变化为 $\Delta\rho = \rho_B - \rho_0$,称半导体的电阻率随外加磁感应强度而改变的现象为半导体的物理磁阻效应。

半导体的物理磁阻效应与材料中载流子的导电情况有关。实际上,半导体材料中载流子的速度分布是一种统计分布。那些以平均速度运动的载流子,所受到的洛伦兹力和霍尔电场力会达到平衡,载流子运动的方向为外加电场所指定的方向。但那些比平均速度大的载流子,它们所受到的洛伦兹力将大于霍尔电场力,并沿洛伦兹力指定的方向偏转。那些比平均速度小的载流子,所受到的霍尔电场力将小于洛伦兹力,并沿霍尔电场的方向偏转。这样的结果,使得沿外加电场指定方向运动的载流子数量减少,表现为材料的电阻率增大。这就是半导体的物理磁阻效应。显然,这种效应与材料所具有的几何形状是无关的。

2) 几何磁阻效应

在相同磁场作用下,由于半导体片几何形状的不同,而出现电阻值变化不同的现象称为几何磁阻效应。其原因是半导体片内的电流分布受外磁场作用而发生变化,长方形半导体片中的电流端,由于霍尔电场 E_H 受到电流电极短路作用而减弱,电子运动受洛伦兹力的影响而发生偏斜,则此处的电流方向发生偏斜。在半导体中间部分,霍尔电场 E_H 不受电流电极短路作用的影响,霍尔电场力作用及洛伦兹力作用达到平衡,运动方向不发生变化。但电场因受霍尔电场作用而发生偏斜,它与电流方向夹角也是霍尔角 θ。这样当半导体片长度减小,则不受影响的区域变小,霍尔电场 E_H 受电流电极短路作用更为显著。可以看出,长宽比越小,几何磁阻效应越强。

3.2.4 电阻率的温度特性

以施主掺杂的非本征半导体的电导率取决于电子的浓度和迁移率。半导体材料的电阻率可表示为

$$\rho = \frac{1}{qn(T)(\mu_e + \mu_h)} \tag{3.2.13}$$

式中,$n(T)$ 为电子浓度。当温度为电离区的最低温度时,电子浓度与温度的关系符合以下的指数规律

$$n = \left(\frac{N_C N_D}{2}\right)^{1/2} \exp\left[-\frac{(E_C - E_D)}{2kT}\right] \tag{3.2.14}$$

在非本征温度区,由于 $n = N_d$ 为常数,所以电阻率与温度的关系为 $\rho \propto T^{3/2}$;在本征温度区,则随着温度升高,电阻率下降。

3.3 半导体材料的分类

半导体是导电性能介于金属和绝缘体之间的一类物质。半导体材料种类繁多,从化学结构上分,可分为无机半导体和有机半导体。从组成成分上分,可分为元素半导体和化合物半导体。从晶态上可分为多晶、单晶、非晶等。从元素周期表上来看,元素半导体材料主要是位于周期表中的Ⅳ主族和邻近的主族,如表3.1所示;化合物半导体如表3.2所示。

表3.1 半导体元素在周期表中的位置

Ⅱ	Ⅲ	Ⅳ	Ⅴ	Ⅵ
	B	C	N	
	Al	Si	P	S
Zn	Ga	Ge	As	Se
Cd	In		Sb	Te

表 3.2 元素半导体与化合物半导体

元素半导体	Ⅳ-Ⅳ 化合物	Ⅲ-Ⅴ 化合物	Ⅱ-Ⅵ 化合物
Si	SiC	AlP	ZnS
Ge	SiGe	AlAs	ZnSe
		AlSb	ZnTe
		GaN	CdS
		GaP	CdSe
		GaAs	CdTe
		GaSb	
		InP	
		InAs	
		InSb	

3.3.1 元素半导体材料

虽然已确定元素周期表中有许多元素具有半导体的性质（其中包括硅、锗、硼、硒、碲、碳、碘 6 个元素以及磷、砷、锑、锡、硫的某些同素异形体），但迄今为止，已经得到广泛应用的也只有 Si、Ge、Se 三种半导体，而硅在半导体材料占有压倒性优势。目前，90% 以上的半导体器件和集成电路都是用 Si 来制作的。另外一种非常重要的硅半导体材料是多晶硅，它与单晶硅具有几乎相同的市场规模。

根据半导体材料的纯度和是否有掺杂元素，可将元素半导体材料划分为本征半导体和杂质半导体。

1) 本征半导体

非常纯且缺陷极少的半导体称为本征半导体。本征半导体中导电的电子-空穴对是由共价键破裂产生的。在 0K 时，本征半导体的价带被电子全部充满，而导带又全空，此时不存在任何自由载流子，半导体处于绝缘状态。一旦温度升高，由于热激发便会使价带中的电子越过禁带进入导带，产生一定导电性。可见，在本征半导体中，导电也是由热激发产生的，所以它也与空位密度和温度有关。实际上，本征半导体的导电性对温度非常敏感。在较低温度下，纯净的 Si 和 Ge 表现为绝缘体，一旦温度升高，电导率则迅速增高。利用半导体对温度的敏感性可制作出热敏感电阻。

2) 杂质半导体

绝对没有杂质的"本征"情况实际上是不存在的。对具体半导体器件而言，本征情况仅是一种参考标准，用以说明器件使用时的某些限制。

掺入高一价的元素，如 Si、Ge 中加入 P、Sb、Bi、As 等，造成半导体中的多数载流子是电子，这样的半导体是 N 型半导体。以 Si 为例，当其中掺入少量的 P 时，Si 中的 3s 和 3p 轨道中有 4 个电子，P 中的 3s 和 3p 轨道上有 5 个电子；当 P 代替了 Si 原子时，P 原子与 Si 原子的 4 个电子组成稳定的共价键，多余的 1 个电子可以成为自由电子。但是，由于失去电子的 P 原子为一个正电中心，可以束缚 1 个电子在它周围运动，形成一个量子态，由于 Si 的相对介电常量为 11.8，这一对正负电荷吸引的库仑力较小，束缚力较弱，电子比较容易摆脱束缚，成为自由电子。因此，在

Si 中掺 P 形成 N 型硅材料，即 N 型半导体。掺入少一价电子的元素，如 B、Al、In、Ga 等，造成半导体的载流子是空穴，这样的半导体就是 P 型半导体。

主要的元素半导体材料有硅、锗、硒和金刚石。下面分别进行简要介绍。

①硅是目前应用于半导体工业的主要材料，它储量丰富，禁带较宽，使用温度较高，其晶格结构与能带结构如图 3.10 所示。其中，具有高、中阻值的硅单晶主要用来制造整流二极管和晶闸管整流器，只有中阻值的 P 型单晶硅主要用于集成电路。为了提高集成电路生产效率、成品率、硅的利用率和降低成本，硅单晶直径越来越大，国外已有直径 350mm 的硅单晶生产技术，预计 2012 年硅单晶直径将达到 400～450mm。硅的外延片则是制作各种晶体管的主要材料。

②锗是开发较早的半导体材料，如采用锗单晶制造二极管和三极管的历史很悠久。但是锗器件的热稳定性不如硅，所以逐渐被单晶硅所取代。然而值得注意的是，锗具有较高的迁移率，适合制作高频器件和低噪音器件；同时锗又是非常好的红外材料和光导材料，目前在激光和红外技术领域中得到广泛应用。硅、锗的主要性质如表 3.3 所示。

③硒是一种黑色玻璃态半金属。硒有两种类型的结构，非晶态和结晶态。因工艺、聚集状态不同而分别呈现红色、深红色、褐色、黑色和玻璃态。结晶态硒又有单斜系 α-Se、β-Se 和六方晶系 γ-Se 几种不同的晶体结构。非晶态硒是棕色固体，接近绝缘体性质；结晶态硒具有金属光泽，对光很敏感，是一种半导体光电材料。硒主要应用于复印行业，硒产量的一半几乎都用于复印机光电转换元件硒鼓的制作上。

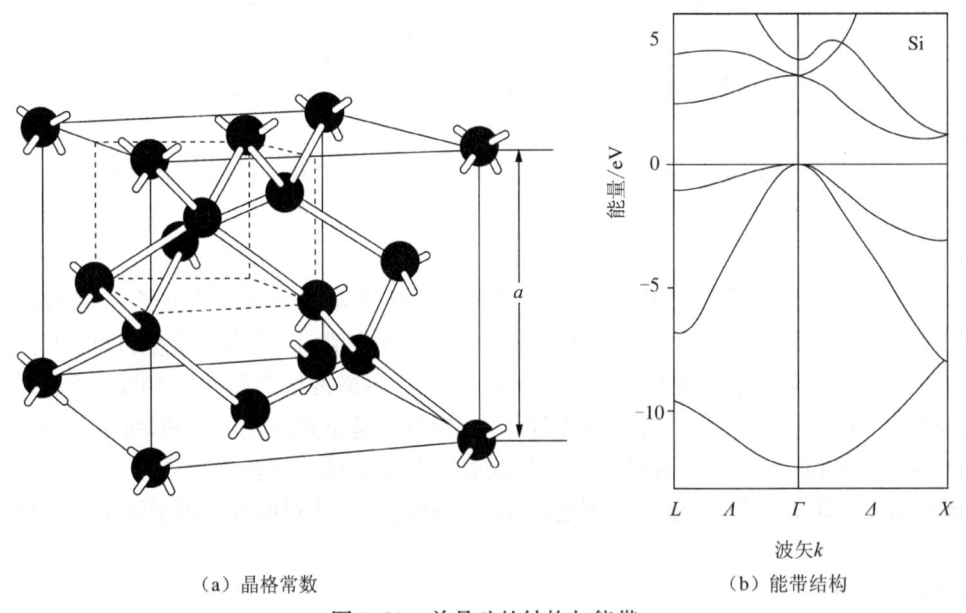

（a）晶格常数　　　　　　　　（b）能带结构

图 3.10　单晶硅的结构与能带

④金刚石是碳的同素异形体。天然金刚石晶体结构与硅相似。金刚石在光学、电学、物理、化学、机械等方面都具有优异的性能，有着广泛的运用。如在微电子领域中，可作为热沉用以提高芯片的散热效率，从而提高集成电路的集成密度。金刚石薄膜对远红外到紫外光之间的光的透射性非常好，可用于制造紫外探测器。由于其具有很宽的光谱透光性，使得它可以用于各种透镜的硬质保护膜和窗口材料。

表 3.3　Si、Ge 和 GaAs 的性质

性质	Ge	Si	GaAs
原子/分子密度/cm^{-3}	4.42×10^{22}	5.0×10^{22}	4.42×10^{22}
原子/分子量	72.60	28.09	144.63
密度/(g/cm^3)	5.3267	2.328	5.32
相对介电常量	16.0	11.8	13.1
电子扩散常数/(cm^3/s)	100	39	220
空穴扩散常数/(cm^3/s)	49	13	10
能隙 E_g/eV	0.67	1.12	1.42
折射率	4.0	3.4	3.3
晶格常数 a/Å	5.64613	5.43095	5.6533
热膨胀系数/(1/℃)	5.8×10^{-6}	2.6×10^{-6}	6.86×10^{-6}
熔点/℃	937	1415	1238
电子迁移率/(cm^2/V·s)	3900	1500	8500
空穴迁移率/(cm^2/V·s)	1900	500	400
比热/(J/g·℃)	0.61	0.7	0.35
热导率/(W/cm·℃)	0.6	1.5	0.46
热扩散率/(cm^2/s)	0.36	0.9	0.44

3.3.2　化合物半导体材料

化合物半导体的种类繁多，性质各异，因此可以满足不同要求，有广阔的应用前景。特别是当它们具备了硅、锗所没有的特性时，就显得更为突出。Ⅲ-Ⅴ族、Ⅱ-Ⅵ族、Ⅳ-Ⅳ族和氧化物半导体材料得到了优先发展。因为上述材料是以共价键结合为主，所以其各项半导体性能参数比Ⅵ族元素半导体有更大的选择余地。如要选用禁带宽度较大的材料，那么可用 BN、BP、ZnS 和 GaP 等；如要选择迁移率较大的材料，那么可用 InAs、InSb 和 GaAs 等。在发光、激光技术应用方面，一些Ⅲ-Ⅴ族的化合物已经得到了重要应用。表 3.4 列举一些化合物半导体的情况。

表 3.4　化合物半导体材料的分类

	类型	典型化合物半导体	备注
化合物半导体	二元化合物		
	Ⅲ-Ⅴ族	GaAs、InP	GaAs、GaP 已批量生产，InP、InSb 小批量生产
	Ⅱ-Ⅵ族	CdS	CdS、CdSe、CdTe 少量应用
	Ⅳ-Ⅳ族	SiC	仅此一种，尚未大量应用
	Ⅳ-Ⅵ族	PbTe	PbTe、PbS 少量应用
	Ⅴ-Ⅵ族	BiTe	在热电制冷方面大量应用
	Ⅲ-Ⅵ族	GaTe	尚未应用
	Ⅰ-Ⅶ族	CuI	尚未应用
	Ⅰ-Ⅵ族	Cu_2O	已在工业上获得应用
	Ⅱ-Ⅳ族	Mg_2Si	尚未应用

类型		典型化合物半导体	备注
化合物半导体	二元化合物固溶体	$Ga_{1-x}Al_xAs$	镓、铝、砷、碲、镉、汞已获重要应用
		$GaAs_{1-x}P_x$	镓砷磷已应用
		$In_{1-x}Cd_xAs_{1-y}P_y$	铟镓砷磷已获应用
	三元化合物 Ⅰ-Ⅲ-Ⅵ族	$CuInSe_2$	$CuInSe_2$已成为太阳能电池材料
	三元化合物 Ⅱ-Ⅳ-Ⅴ族	$CuSnAs_2$	研究不多
	三元化合物 Ⅰ-Ⅷ-Ⅵ族	$CuFeS_2$	研究不多
	多元化合物	$Cu_2FeSnSe_4$	研究不多

主要的化合物半导体材料有 GaAs、InP、SiGe 和 SiC 等，下面进行简要介绍。

(1)砷化镓(GaAs)单晶是目前应用最广泛的化合物半导体材料。其禁带宽度比 Si 的禁带宽度更大，故能在更高的温度和更大的反向电压下工作。大的反向电压可以防止器件在高电压条件下被击穿而烧毁，因而是一种制作大功率器件的良好材料。GaAs 的电子迁移率高，约为 Si 的 6 倍，可工作在更高的频率下，适于制作高速集成电路、微波集成电路和光集成电路，在光电器件、固体微波器件、发光二极管及电子计算机中得到广泛应用。

(2)磷化铟(InP)单晶是最重要的Ⅲ-Ⅴ族化合物半导体材料之一，是继 Si、GaAs 之后的新一代电子功能材料。几乎在与锗、硅等第一代元素半导体材料的发展和研究的同时，科学工作者对化合物半导体材料也开始了大量的探索工作。1952 年 Welker 等发现Ⅲ族和Ⅴ族元素形成的化合物也是半导体，而且某些化合物半导体如 GaAs、InP 等具有 Ge、Si 所不具备的优越特性(如电子迁移率高、禁带宽度大等)，可以在微波及光电器件领域有广泛的应用。InP 具有较高的载流子极限速度，与 GaAs 器件相比，InP 器件的工作频率更高，其电子的扩散速率与电子迁移率之比小于 GaAs，更有利于制作低噪声器件。InP 的热导率比 GaAs 大，有利于器件的散热，更适合于制作大功率器件。

InP 材料主要有两种应用：①光电器件，包括光源(LED、LD)和探测器(PD、APD)等，主要用于光纤通信系统；②电子器件，包括高速高频微波器件(MISFET、HEMT、HBT)和光电集成电路(OEIC)等。

(3)SiGe 材料具有载流子迁移率高、能带可调、禁带宽度可容易地通过改变 Ge 的含量加以精确调节等许多独特的物理性质，而且具有重要的应用价值，有"第二代硅微电子材料"之称。SiGe 的电子迁移率近似与空穴迁移率相等，而且都比 Si 的高。SiGe 的热导率是 GaAs 的 3 倍。在 20GHz 下工作的 SiGe 器件的功率，相当于 Si 器件的 10%～20%，这可增强线性度(使噪声降低，可靠性提高)。由于 Si 和 Ge 的电子亲和能很接近(分别是 4.00eV 和 4.05eV)，所以 Si/SiGe 异质结的能带突变量基本上是 ΔE_v，这对 NPN HBT 十分有利。当 Ge 含量达到 20%时，ΔE_v 将约为 200 meV (约为 8kT)。

SiGe 合金的本征跃迁发光波长范围是 $1.3\sim1.55\mu m$，这正是长距离光纤通信的理想波长窗口，但是 SiGe 合金是间接禁带半导体，不能直接用作发光材料，不过在 SiGe/Si 的应变超晶格中，由于能带交叠，故 SiGe 变成直接带隙半导体，从而可用于光电集成电路(OEIC)的制作。在 SiGe 中加入 C，可补偿晶格失配，能够改善 SiGe/Si 异质结的界面性能。同时，在 SiGe 中加入 C，可调节能带结构，造成异质结导带有较大的突变，以增强对电子的量子限制作用，提高载流子的辐射复合概率。

(4) 碳化硅(SiC)由于其独特的物理及电子特性,在一些应用上成为最佳的半导体材料,如短波长光电器件,耐高温、抗辐射和高频大功率器件。由于碳化硅的能级宽,其制成的电子器件可在极高温下工作。这一特性也使碳化硅可发射或检测短波长的光,用以制作蓝色发光二极管或几乎不受太阳光影响的紫外线探测器。碳化硅可以经受的电压或电场强度是硅或砷化镓的 8 倍,特别适用于制造高压大功率器件,如高压二极管、功率三极管、晶闸管以及大功率微波器件等。另外,该特性使得碳化硅器件能排列紧密,有利于提高电路的封装密度。

3.3.3 非晶态半导体

除了晶体半导体材料具有优良的半导体性质之外,很多非晶态材料也具有优良的半导体特性,这些材料称为非晶态半导体。非晶态物质是原子排列上的长程无序而短程有序的一种结构。目前主要的非晶态半导体有两大类:一类是四面体键非晶态半导体,如非晶 Si、Ge、GaAs 等;另一类是硫系玻璃,即含硫族元素非晶态半导体,如二元系(As-Se、As-S)和多元系(As-Se-Ge-Te)。

1. 非晶态半导体的电子结构

非晶态与晶态半导体具有类似的基本能带结构,也有导带、价带和禁带(见固体的能带)。材料的基本能带结构主要取决于原子附近的状况,可以用化学键模型作定性的解释。以四面体键的非晶 Ge、Si 为例,Ge、Si 中四个价电子经 sp^3 杂化,近邻原子的价电子之间形成共价键,其成键态对应于价带,反键态对应于导带。无论是 Ge、Si 的晶态还是非晶态,基本结合方式是相同的,只是在非晶态中键角和键长有一定程度的畸变,因而它们的基本能带结构是相类似的。然而,非晶态半导体中的电子态与晶态比较也有着本质的区别。晶态半导体的结构是周期有序的,或者说具有平移对称性,电子波函数是布洛赫函数,波矢 k 是与平移对称性相联系的量子数,非晶态半导体不存在有周期性。晶态半导体中电子的运动是比较自由的,电子运动的平均自由程远大于原子间距。非晶态半导体中结构缺陷的畸变使得电子的平均自由程大大减小,当平均自由程接近原子间距的数量级时,在晶态半导体中建立起来的电子漂移运动的概念就变得没有意义了。非晶态半导体能带边态密度的变化不像晶态那样陡,而是拖有不同程度的带尾(如图 3.11 所示)。非晶态半导体能带中的电子态分为两类:一类称为扩展态,另一类为局域态。处在扩展态的每个电子,为整个固体所共有。它在外场中运动类似于晶体中的电子。处在局域态的每个电子基本局限在某一区域,它的状态波函数只能在围绕某一点的一个不大尺度内显著不为零,它们需要靠声子的协助,进行跳跃式导电。在一个能带中,其中心部分为扩展态,其尾部分为局域态,它们之间有一分界处,这个分界处称为迁移率边。

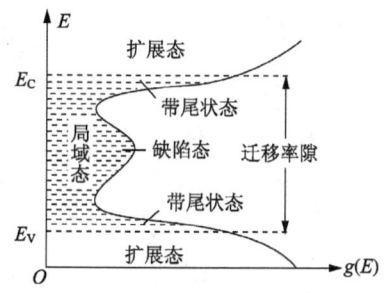

图 3.11 电子态密度与能量之间的关系

2. 非晶态半导体中的缺陷

非晶态半导体与晶态相比较,其中存在大量的缺陷。这些缺陷在禁带之中引入一系列局域能级,它们对非晶态半导体的电学和光学性质有着重要的影响。四面体键非晶态半导体和硫系玻璃,这两类非晶态半导体的缺陷有着显著的差别。

非晶硅中的缺陷主要是空位、微空洞。硅原子外层有四个价电子，正常情况应与近邻的四个硅原子形成四个共价键。存在空位和微空洞使得有些硅原子周围四个近邻原子不足，而产生一些悬挂键，在中性悬挂键上有一个未成键的电子。悬挂键还有两种可能的带电状态：释放未成键的电子成为正电中心，这是施主态；接受第二个电子成为负电中心，这是受主态。它们对应的能级在禁带之中，分别称为施主和受主能级。因为受主态表示悬挂键上有两个电子占据的情况，两个电子间的库仑排斥作用，使得受主能级位置高于施主能级，称为正相关能。因此在一般情况下，悬挂键保持只有一个电子占据的中性状态，在实验中可以观察到悬挂键上未配对电子的自旋共振。这些缺陷同时是有效的复合中心。为了提高非平衡载流子的寿命，也必须降低缺陷态密度。因此，控制非晶硅中的缺陷，成为目前材料制备中的关键问题之一。

在硫系非晶态半导体中，虽然电导率和光电导等参数测量表明，带隙中确实存在密度相当高的缺陷态，但却没有观察到电子自旋共振信号和跳跃导电。针对这表面上的反常现象，莫脱(Mott)等根据安德森(Anderson)的负相关能的设想，提出了 MDS 模型。当缺陷态上占据两个电子时，会引起点阵的畸变，如果由畸变所导致的能量降低超过电子间库仑排斥作用能，则表现出有负的相关能，这就意味着受主能级位于施主能级之下。用 D^+、D^0、D^- 分别代表缺陷上不占有、占有一个、占有两个电子的状态，负相关能意味着以下过程是放热的，即

$$2D^0 \rightarrow D^+ + D^-$$

因而，缺陷主要以 D^+、D^- 形式存在，不存在未配对电子，所以不会显示出电子的自旋共振现象和顺磁性。不少人对 D^+、D^0、D^- 缺陷的结构作了分析。以非晶态硒为例，硒有六个价电子，可以形成两个共价键，通常呈链状结构，另外有两个未成键的 p 电子称为孤对电子。在链的端点处相当于有一个中性悬挂键，这个悬挂键很可能发生畸变，与邻近的孤对电子成键并放出一个电子(形成 D^+)，放出的电子与另一悬挂键结合成一对孤对电子(形成 D^-)，如图 3.12 所示。因此，这种 D^+、D^- 又称为换价对。在库仑吸引的作用下，D^+、D^- 通常是成对地紧密靠在一起，形成紧密换价对。硫系玻璃中成键方式只要有很小变化就可以形成一组紧密换价对，如图 3.13 所示。它的键能很小，有自增强效应，因而这种缺陷的浓度通常是很高的。利用换价对模型可以解释硫系非晶态半导体的光致发光光谱、光致电子自旋共振等一系列实验现象。

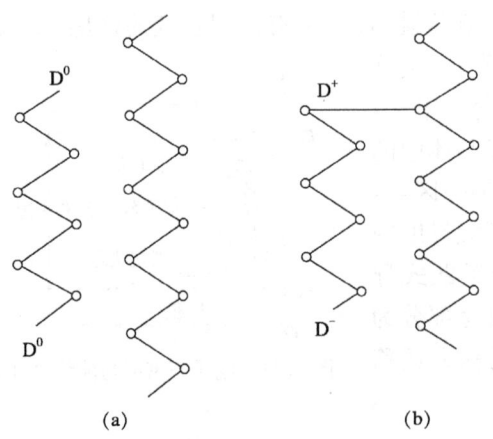

图 3.12 硫系玻璃的换价对

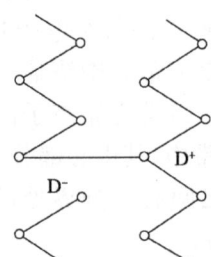

图 3.13 换价对的自增强效应

3. 非晶态半导体的应用

非晶态半导体在技术领域中的应用存在着很大的潜力，非晶硫早已广泛应用在复印技术中，

由 S.R. 奥夫辛斯基首创的 As-Te-Ge-Si 系玻璃半导体制作的电可擦写只读存储器已批量生产,利用光脉冲使碲微晶薄膜玻璃化这种性质制作的光存储器正在研制之中。对于非晶硅的应用,目前研究最多的是太阳能电池。非晶硅比晶体硅制备工艺简单,易于做成大面积。非晶硅对于太阳光的吸收效率高,器件只需大约 $1\mu m$ 厚的薄膜材料,因此可望做成一种廉价的太阳能电池,现已受到各国科学家的广泛重视。非晶硅场效应晶体管还可用于液晶显示和集成电路。

3.4 半导体材料的制备工艺方法

半导体材料制备方法因其类别、形式的差异而有很大不同,概括起来讲,可大致划分为多晶工艺、单晶工艺、薄膜工艺(外延工艺)。至于材料的其他工艺这里不作介绍。

3.4.1 多晶制备工艺

制备多晶半导体材料主要是通过对原材料进行化学处理、提纯后再经(化学气相沉积)还原(或合成)法以获得高纯度的多晶半导体。下面以 Si 为例介绍多晶的制备工艺过程。

多晶硅的制备已有数十年的历史,其中有 $SiCl_4$ 法,SiH_2Cl_2 法,SiH_4 法和 $SiHCl_3$ 法等。但前2种方法比较危险,易发生爆炸而被停用,第三种方法的成本高也已被弃用,目前主要采用的是 $SiHCl_3$ 还原法。采用硅石(主要成分为 SiO_2)为原料,首先加入木炭或焦炭在 2000℃ 的电弧炉中加热,通过还原反应制出化学纯度大于 98% 的初级 Si。其次,将初级 Si 用高纯盐酸溶解,以溶解其中所含的 Al、Fe 等杂质元系。然后,通过数百级的蒸馏提纯,以去除 Al、Fe 等的金属卤化物。最后,将生成的高纯度 $SiHCl_3$ 通入氢气中,通过与氢气的还原反应(化学气相沉积工艺),制备出高纯多晶硅,其工艺流程如图 3.14 所示。其中,电弧炉熔炼、化学处理和化学气相沉积所包含的化学反应分别为

$$SiO_2 + 2C \longrightarrow Si + 2CO$$
$$Si + 3HCl \longrightarrow SiHCl_3 + H_2$$
$$SiHCl_3 + H_2 \longrightarrow Si + 3HCl$$

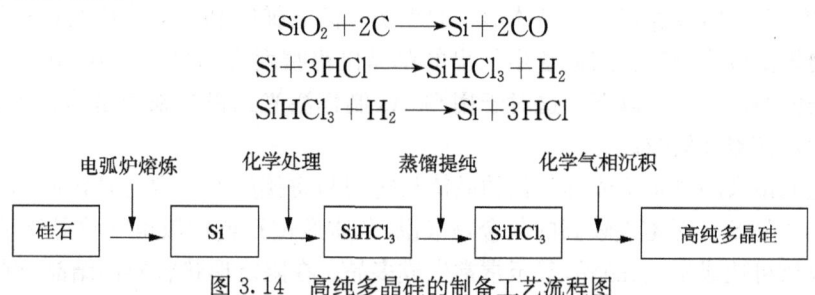

图 3.14 高纯多晶硅的制备工艺流程图

$SiHCl_3$ 法所制备的多晶硅价格较低,其沉积速率是 $SiCl_4$ 法的2倍,生产的安全性好。且多晶硅的纯度完全满足直拉法和区域熔炼法的要求。目前,$SiHCl_3$ 法已经发展到第三代技术,生产工艺已经完全实现了闭环,还原性气体实现了循环利用,生产效率进一步提高。

3.4.2 单晶制备工艺

单晶体的制备工艺很多,可分为熔体生长法、溶液生长法和气相生长法。而从生长方式来看,可分为水平生长、垂直生长和晶体的拉制等。下面就按后一种分类进行介绍。

1. 水平生长

本节所提到的水平生长法(HG)包括所有的水平结晶方法。图 3.15 所示为一种典型的水

平生长装置。通过控制舟中熔融半导体锭条的凝固进行单晶生长。锭条的成晶靠"自引晶"(self-seeding)或用单晶籽晶(生长开始时与熔体相接触)引晶,并通过锭条相对于炉子移动成晶,这一技术常常称作水平 Bridgman 技术。

用此法生长化合物半导体时必须精确控制热分布,一般采用把功率控制和相互独立的小加热器结合起来的办法进行单晶生长。炉子由多个可单独控制的绕组组成,以得到原来需使炉子移动所形成的热分布。HG 装置结构比较简单,易于实现自动化。它较适合于熔点约在 1250℃ 以下,熔化后蒸气压不超过 10^5 Pa 并可在透明石英管中进行生长的化合物。它可在同一装置中由元素合成化合物锭条,并对其进行区熔精炼,也可把锭条生长成单晶甚至区熔精炼为单晶而无需从装置中取出。

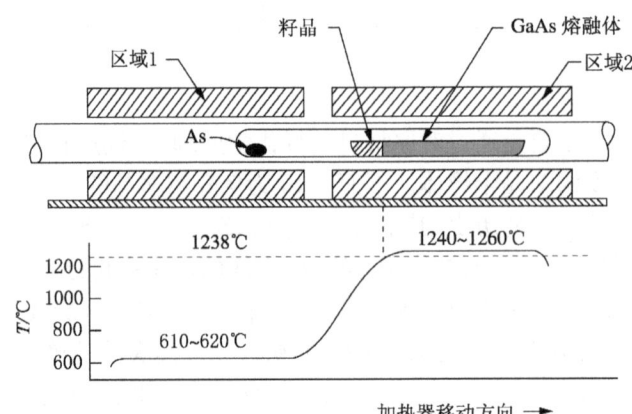

图 3.15 用于Ⅲ-Ⅴ族化合物半导体制备的常规水平生长装置图

HG 技术的一个重要优点是易于在固液界面形成低的温度梯度。而直拉工艺中则与此相反,需温度梯度相当高,以保持好对晶体形状的控制。低温梯度利于减小应力(它会在晶体中感生滑移),从而降低位错密度。用此法生长出的单晶位错密度大约可减少到 $10^2/cm^3$,为一般液封拉晶法生长材料的 1/100 以下。这对于用 GaAs 制作激光二极管来说是非常重要的,因为往往单个位错就可使器件失效。

水平工艺的最大问题是熔体和生长的晶体长时间与舟接触所导致的玷污问题。生长 GaAs 时最主要的杂质是 Si。对熔点较高的化合物来说,杂质通过石英扩散也导致晶体玷污。来自容器壁的杂散成核可造成孪生、晶界,甚至常常生成多晶。在限定形状容器内结晶,例如Ⅲ-Ⅴ族化合物在凝固时膨胀,一旦有地方粘连,则会产生内应力、滑移和位错。为了尽可能减少这一现象的产生,要尽量使用非封闭形状的舟,并使其内表面成为非润湿状态。

2. 垂直生长

垂直 Bridgman 技术原来是用于高纯光学单晶材料(如 CaF_2)制备的,后来这一工艺被完善和发展为垂直梯度凝固工艺(VGF),可用来生长 GaAs、InP 和 GaP 等化合物半导体。将该技术用于生长 GaAs 是为了适应集成电路工艺需要,制造出低成本、几何尺寸精确、电学均匀性良好的圆片。该技术的工艺过程相当简单,如图 3.16 所示。VGF 工艺早期被用于生长大直径的 CaP、InP 和 GaAs,不用 B_2O_3 覆盖。这类装置如图 3.16(a)所示。如果希望所生长 GaAs 晶体的生产重复性好的话,则需在 BN 坩埚中用 B_2O_3 覆盖,如图 3.16(b)所示。B_2O_3(现更常用于 InP)不仅是有效的覆盖剂,使系统更简单、更安全,而且可使 GaAs 熔体与容器壁不浸润,从而减小了孪晶发生的几率。

VGF 技术要求盛于管状垂直容器中的熔融材料由底部向上可控凝固。这一凝固过程一般利用各个独立可控的加热元件组成的炉子来完成。调整加热元件功率,以控制所需热场分布,使得固液界面平缓上升来实现锭条结晶。

这一技术能很自然地提供低的温度梯度,这有利于降低位错密度。另外,可以生长出符合直径要求、具有良好外形的锭条。如果生长界面平坦或略凸,则凝固时应力问题不严重。所产生的内应力可通过退火工艺来消除。主要问题是难以设计加热炉,需要很好地选择舟材料(一般用 BN),引晶条件不易确定,不易生成无孪生的[100]晶体。

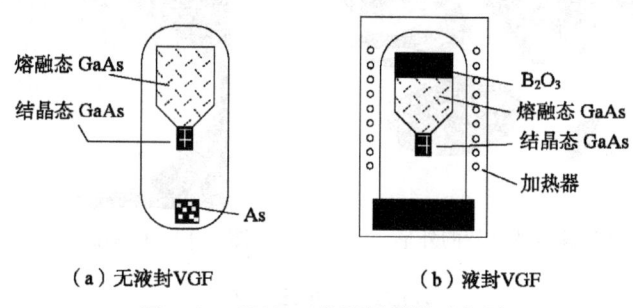

图 3.16　VGF 工艺所用坩埚示意图

3. 晶体拉制

1) CZ 法(Czochralski 法,又称提拉法)

半导体工艺所用硅单晶中大部分(80%～90%)是由 CZ 法制备的。事实上,用来制造集成电路的所有硅单晶都用这种方法制备。图 3.17 所示为采用 CZ 法制备单晶直拉炉示意图。

将直径为 5mm 左右的具有预定取向的籽晶浸入熔融液中,当充分熔接时便开始慢慢地提拉。最初,提拉速度为 4mm/min 左右,同时,利用颈缩法使直径收缩而不产生位错;接着在 1.5mm/min 的提拉速度下降温,形成肩部;在达到规定的直径时,以 1.0～1.4mm/min 的拉伸速度继续生长。此法生长晶体的长度在 500mm 以下。现在,定径部分的控制已经实现自动化,固液界面的弯月面移动用红外线监测,调整提拉速度的光检测法是现在最常用的方法。在提拉晶体的过程中,坩埚和籽晶还要做反向旋转,通常情况下坩埚的转速为 10r/min、籽晶的转速为 25r/min。上述拉晶过程中所采用的参数并不是固定不变的,应根据晶体的种类与尺寸要求在一定范围内调整。

此工艺的优点是能比较便宜地得到大口径单晶体。目前直径 300mm 的硅单晶已经大批量生产,直径 450mm 的硅单晶的制备技术

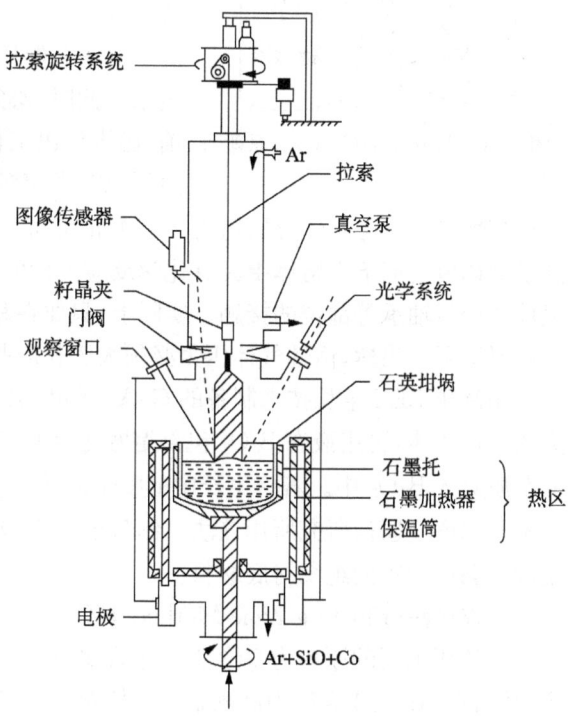

图 3.17　CZ 法所用的单晶直拉炉示意图

也已经成熟,实现了批量生产。图 3.18 所示为拉制的圆柱状单晶硅棒及切割抛光后的 Si 单晶片的外形,图 3.19 所示为在 Si 单晶片上制作出来的芯片阵列。

CZ 法的改进工艺有磁控拉晶法和液封拉晶法(LEC)。磁控拉晶给坩埚内熔体施加水平或垂直磁场,以抑制熔体对流,从而达到消除对流条纹缺陷的目的。例如,对 Si 单晶而言,在水平方向上施加的磁场强度达到 0.3T 时,可拉出氧原子密度达 $5×10^{17} cm^{-3}$ 且无对流条纹的单晶。

图 3.18 典型单晶硅棒及硅片的外形

图 3.19 硅单晶片上已经制成的芯片阵列

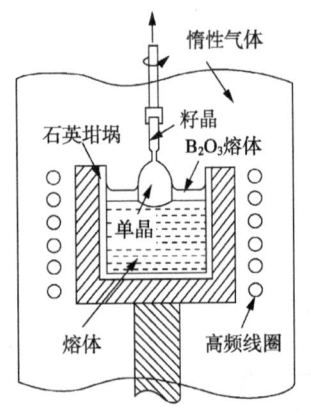

图 3.20 液封拉晶(LEC)法原理图

2)液封拉晶法(LEC)

LEC 法与普通提拉法的区别则在于,熔融液体的表面多了一层覆盖剂(一般用 B_2O_3),其原理图如图 3.20 所示。通过覆盖剂密封,可实现在高压下拉晶,是制备大分解压化合物半导体单晶的理想方法。对于分解压不超过约 0.2MPa 的化合物来说,可在 Ge 型拉晶室中用液体覆盖技术进行生长(即低压 LEC 法)。这种生长室可用石英外壳,该系统能用于生长 InAs 或 GaAs。

对于分解压更高(>0.2MPa)的化合物,可采用高压 LEC 技术。此时,必须用钢或其他金属压力室取代石英生长室。目前,已设计出工作压力达 20MPa 的压力室。利用这种钢压力室得以开发出独特的生长 GaP、InP 单晶的工艺(这两种化合物在其熔点时的分解压分别约为 2.7MPa 和 3.2MPa)。高压 LEC 工艺技术的成功之处在于限制了液体覆盖剂下方熔体中具有化学反应活性的砷和磷的挥发,避免了它们与生长室内壁、拉杆组件和密封轴承等部位的接触。实际上,只要在相当的温度下,压力室壁和拉杆密封面被惰性气体密封即可。当然,惰性气体压力必须大于相应晶体的分解压,以防止蒸气损失。

用高压 LEC 生长技术制备的 GaAs 单晶,其质量也会得到明显改善。例如,充入 6MPa 压力的惰性气体,再用液态 B_2O_3 包封熔融化合物表面。这既可以防止砷的挥发,又可将化合物中的杂质吸入 B_2O_3 中。若将生长中的整个晶体用 B_2O_3 包封,则可使单晶表面光滑,不产生位错。日本厚木电气通信研究所用该法已制备出位错密度为零的单晶体,其电阻率约为 $10^7 Ω·cm$,是集成电路用理想的绝缘衬底材料。

3)浮区法(Floating Zone Method,FZ)

此法所采用的原料为整形加工好的 50~100cm 长棒状多晶,上方固定,下方与籽晶接触固定,然后在 Ar 气或真空中高频熔化。棒料与籽晶相互反向旋转,与 CZ 法相同,颈缩达到无位错后,控制上部、下部相对速度,形成既定锥度后,整体以 2~3mm/min 的速度降落,使整个棒料形成单晶。此种方法最大特点是,在拉晶过程中不使用坩埚。因此排除了使用坩埚所带来的各种可能的污染,使晶体纯度很高,他主要用于制作纯度要求高、耐压大的分离器件。

(4)边缘定义薄膜法(Edge-defined Film Growth, EFG)。

为了得到带状硅单晶体,可采用控制比较容易,并可实现量产的 EFG 法,即边缘清晰的薄膜生长法。采用电阻或高频加热法在坩埚内熔化材料,熔融液体通过石墨铸模借助毛细管效应而上升。将籽晶放入熔融液中后,控制提拉速度与铸模顶部温度,使带状晶体逐渐扩展并在一定条件下生长成连续带状。

与生产棒状晶体的方法相比,EFG 法的优点是可以得到连续带状晶体,由于晶体本是片状,故几乎不需机械加工,加工损耗非常少。拉伸速度为 1~3cm/min 时,此法比 CZ 法快约 10 倍左右。

带状晶体的形状取决于铸模顶部的形状,现在可制备出宽 50mm,厚 0.5mm,长 1m 的带状晶体。需要解决的问题是研制与 Si 不发生反应的铸模,制备较宽的带状晶体,实现精确的热和机械控制等。

3.4.3 外延生长技术

外延生长技术最早在半导体领域中的应用可以追溯到 1960 年。在英文中,"外延"一词 epitaxy 是由希腊词"epi""taxio"引申而来的,是指在衬底上进行排列的意思。因此,外延的含义是指,在一定的条件下,某种物质的原子(或分子)在经过仔细加工的衬底(单晶)表面进行定向生长,形成有规则排列,最终得到与衬底具有相同晶格排列的过程。经过这样的生长过程,可以形成一种连续、平滑且与衬底的晶格结构有对应关系的单晶层,该单晶层称为外延层。生长外延层的过程称为外延生长。

外延层可以是同质外延层,即衬底和外延层的材料属于同一种材料,如在硅衬底上生长硅外延层;也可以是异质外延层,即衬底和外延层的材料属于不同材料,如在蓝宝石、硅衬底上生长砷化镓外延层,在砷化镓衬底上生长铝镓砷,在磷化铟衬底上生长铟镓砷磷等。另外,还有一类异质外延层,它们的特点是外延层与衬底之间存在着某些化学上的共性,如 GaP/GaAs,GaSb/GaAs,ZnSe/ZnTe 等。这类外延称为赝质外延或准异质外延。与真正的异质外延不同的是,外延层与衬底的化学组分有共性,即外延层与衬底的晶格结构一般是相同的,但其晶格失配的程度又与真正的异质外延处于同一数量级。

外延技术是制备半导体器件的重要技术。例如,硅片制造中为了提高硅片的品质,通常在硅片上外延一层纯净度更高的本征硅,或者在高掺杂硅衬底上生长外延层以防止器件出现闩锁(latch up)效应。在基于 SiGe 的 HBT 器件中,在基区掺入 Ge 组分,通过减小能带宽度,使基区少子从发射区到基区跨越的势垒高度降低,从而提高发射效率,因此可以在很大程度上提高电流放大系数。在满足一定的放大系数的前提下,基区可以进行重掺杂,并且可以将其宽度做的较薄,这样就减少了载流子的基区渡越时间,从而提高器件的截止频率。与此同时,采用应变硅(strain silicon)外延技术,即在晶格常数较大的 SiGe 层上面外延一层单晶硅,由于 Si 跟 SiGe 晶格常数失配而导致 Si 单晶层受到下面 SiGe 层的拉伸应力(tensile stress)而拉伸,使 Si 中电子的迁移率得到大幅提高。

外延工艺种类繁多,根据向衬底输送物质方法的不同,可分为固相外延、气相外延、液相外延和分子束外延等,表 3.5 列出了比较常用的外延材料及其外延工艺。

表 3.5 常见的外延材料及工艺

名称	衬底	外延层组成	外延工艺	外延介质
Si 同质外延	Si	Si	气相外延(VPE)	$SiCl_4+H_2$
				SiH_2Cl_2
				$SiHCl_3+H_2$
				SiH_4
Si 异质外延	蓝宝石或尖晶石	Si	气相外延(VPE)	SiH_4+H_2
			气相外延(VPE)	$AsCl_3+Ga+H_2(Ar)$
			MOCVD	$GaR_3{}^{2+}+AsH_3+H_2$
GaAs 同质外延	GaAs	GaAs	分子束外延(MBE)	Ga+As
			液相外延(LPE)	$Ga+GaAs+H_2$
GaAs 异质外延	GaAs	GaAlAs/GaAs/GaAlAs	液相外延(LPE)	$Ga+Al+GaAs+H_2$
		GaAsP	气相外延(VPE)	$Ga+AsH_3+PH_3+HCl+H_2$
GaP 同质外延	GaP	GaP(GaP:N)	液相外延(LPE)	$Ga+GaP+H_2+(NH_3)$
GaP 异质外延	GaP	GaAsP	液相外延(LPE)	$Ga+GaAs+GaP+NH_3$
超晶格	GaAs	GaAlAs/GaAs(周期)	分子束外延(MBE)	Ga、As、Al
			MOCVD	$GaR_3+AlR_3+AsH_3+H_2$
InP 同质外延	InP	InP	气相外延(VPE)	PCl_3+In+H_2
InP 异质外延	InP	InGaAsP	液相外延(LPE)	$In+InAs+GaAs+InP+H_2$
Si/GaAs 外延	Si	GaAs	分子束外延(MBE)	Ga、As
	Si	GaAs	MOCVD	$GaR_3+AsH_3+H_2$

注:R 为有机基 CH_3、C_2H_5、C_3H_7 等

1. 气相外延法

气相外延技术是最早应用于半导体领域,同时也是应用最为广泛的一种非常成熟的外延生长技术。这是由于这种技术无论是在化学体系的选择和工艺参数的控制,还是在工艺规模的大小方面,都具有很强的适应性。没有气相外延生长技术,就难以制造出各种精巧的半导体器件,很多半导体器件也不会具有现在这样好的性能。

一般是采用加热、等离子体和紫外线等方式,向化学反应提供能量,促使气态物质进行化学反应且形成稳定的固态薄膜的工艺过程称为化学气相沉积工艺。如果形成的固态薄膜是在衬底上进行连续平滑的延伸,且与衬底的晶格结构相同,则称这种沉积为气相外延生长技术。按照生长设备不同,可分为开管和闭管两种,这两种设备中化学反应动力学不同,因而控制方式也不尽相同。按照所沉积的材料,可分为硅气相外延和砷化镓气相外延。下面分别进行讨论。

1)硅气相外延

目前,半导体工业中所采用的实用化的硅外延生长工艺是:将硅衬底在还原性气氛或惰性气氛中加热,并输入硅源气体,使之反应,生成的硅原子沉积在衬底上,且生长出的硅单晶层与衬底具有相同的晶格取向。在硅外延生长过程中,需要控制的主要参数有三个:衬底温度、源气体流量和载气(H_2)流量。衬底温度的高低直接影响到外延层的晶体完整性和生长速度,源气体流量影响其生长速度,载气流量对外延层厚度的均匀性等有影响。

硅外延生长所使用的源气体或原料气体有四种,它们分别是 $SiCl_4$、$SiHCl_3$、SiH_2Cl_2 和 SiH_4。这些气体所对应的反应式、生长温度及所属反应类型见表 3.6。其中,前两种为氢还原法,是利用氢气分解产生的硅在基片上进行外延生长。由于高纯度 $SiCl_4$ 原料容易得到且价格便宜,所以现在大量生产,并广泛用于工业生产。后两种是利用热分解,与氢还原法相比,其生产温度低 100~200℃,因此基片的自掺杂较少,结晶性较好,并在工业上逐步得到重视。

表 3.6 气相外延法生长 Si 薄膜所用的原料气体、反应式、生长温度及反应类型

原料气体	反应式	生长温度/℃	反应类型
$SiCl_4$	$SiCl_4 + 2H \longrightarrow Si + 4HCl$	1150~1250	氢气还原法
$SiHCl_3$	$SiHCl_3 + H_2 \longrightarrow Si + 3HCl$	1100~1200	
SiH_2Cl_2	$SiH_2Cl_2 \longrightarrow Si + 2HCl$	1050~1150	直接热分解法
SiH_4	$SiH_4 \longrightarrow Si + 2H_2$	950~1050	

气相外延法用的生长装置形状典型的结构有卧式、立式(钟罩式)、圆筒(桶)式三种,如图 3.21 所示。卧式生长装置是从一个方向流入反应气体,利用石英管外部的高频线圈加热托盘进行外延生长,如图 3.21(a)所示。这种装置很早就用于工业上。这种生长方法的优点是结构最简单,处理容易,缺点是沿气体流动方向膜的均匀性较差。为了补救这种方式的不足,研制了钟罩式生长装置,气体从中央喷嘴进入,晶片对喷嘴作同心圆旋转(如图 3.21(b)),所以膜厚的均匀性较好,膜的缺陷也较少,已在工业上逐步得到应用。这两种装置一次可处理 3 英寸晶片 20 片。而圆筒式装置,是将晶片放置在台型多面体托盘广(如图 3.21(c)),处理晶片的能力成倍增加,满足了大量生产的需要。过去加热方式大多采用高频加热,但是由于这种加热方式通过托盘加热晶片,导致晶片与输运气体有浓度差,容易产生滑移位错,而且助长晶片翘曲等等。因此,可使用灯泡加热方式。这种靠辐射加热的方式,可保证较好的均匀性,可望减少缺陷,对大口径晶片的外延生长更为有效。

在此基础上又开发了低压外延法。在低压外延生长法中,由于反应管处于低压状态,故能促使沉淀在基片上的杂质扩散外逸,可减少自掺杂。此法由于气体的平均自由程较长,膜厚均匀性进一步得到改善,而且还可改善图形移动。此外,还有等离子体增强化学气相沉积技术(PECVD)。

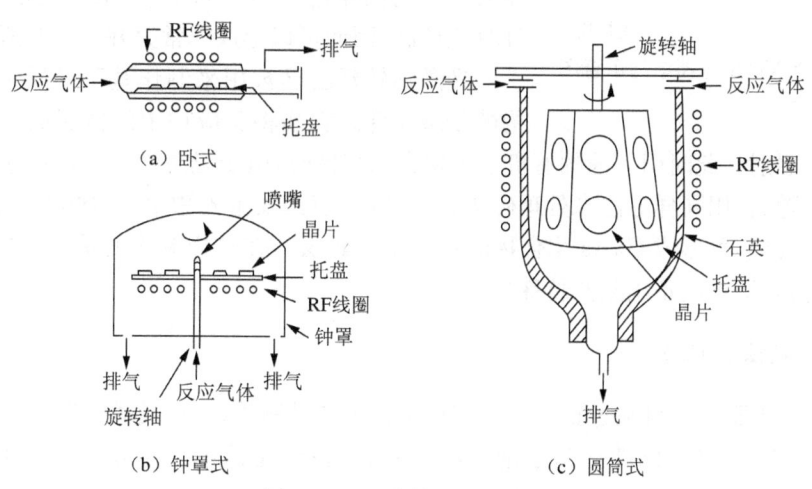

图 3.21 基本外延生长装置

目前使用最多的硅外延片,其中约有 35% 是外延生产的。硅外延有许多种类:有的在抛光片上直接外延、有的先作埋层再进行外延、有的是在绝缘材料(如蓝宝石、尖晶石)上进行外延。目前,由于集成电路集成度的提高,原来的 MOS、CMOS 器件也部分地用外延片制作。对外延片的质量要求主要有电阻率及其均匀性、厚度及其均匀性、位错和层错密度等。若用于制作集成电路,还要求过度层厚度、表面质量等。影响这些特性的原因很复杂,特别是生长装置、气体原料和生长条件的选择等是非常重要。

2) 砷化镓气相外延

随着砷化镓器件的发展,对于以砷化镓为代表的Ⅲ-Ⅴ族和Ⅱ-Ⅳ族半导体材料的制备工艺也得到迅速发展。从熔体中拉制出的体单晶材料,由于纯度低、缺陷多等原因,很少直接用来制作器件,而大多用来作为衬底材料。几乎所有的化合物半导体器件都是用外延层来制作的。目前,化合物半导体外延生长技术有很多种,如气相外延技术(VPE)、液相外延技术(LPE)和分子束外延(MBE)技术等。

对化合物半导体应用最广、实用性最强的是气相外延工艺。砷化镓气相外延又可分为氯化物法、氢化物法、金属有机化合物化学气相沉积法(MOCVD)和改进了的 MOCVD 法,即光激励外延法等多种。氯化物法和氢化物法较为相似。这里主要介绍氯化物法的特点。

氯化物气相外延生长有如下特点:①设备简单,操作方便;②外延层的厚度、电阻率等参数易于控制,均匀性好,并可生长多层结构;③生长温度低,玷污少,且具有正的电阻温度系数;④生长周期短,重复性好,效率高,易于大批量生长。但气相外延使用的源为气体或易挥发的液体,具有毒性和腐蚀性,因而要求整个系统具有良好的密封性能和耐腐蚀性。

MOCVD 工艺的应用也越来越广泛。其主要通过金属有机化合物在热分解瞬间实现与有关元素的化合,在衬底晶体上结晶并形成薄膜。目前。已有 $Ga(CH_3)_3$、$Ga(C_2H_5)_3$、AsH_3、$In(CH_3)_3$、$In(C_2H_5)_3$、PH_3、H_2S、$Zn(C_2H_5)_2$ 等金属有机化合物,利用这些金属有机物就可以生长出 GaAs、GaP、InP、GaInAs、AlGaAs、GaInAsP 等一系列高纯(或掺杂)外延片。目前最多的是在 InP 衬底上生长 GaInAsP,在 GaAs 衬底上生长 GaAs 外延片。

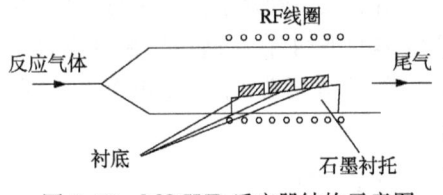

图 3.22 MOCVD 反应器结构示意图

图 3.22 所示为 MOCVD 反应器结构示意图。送入反应器的反应气体为三乙基镓(TEG)和砷烷,在一定温度(如 600℃)下发生热分解,产生的砷原子和镓原子可直接在衬底上沉积并化合形成 GaAs。由于流量、温度等都由计算机控制,因而可以形成非常完好的单晶薄膜。

光激励外延法已被用来制作基于异质结及超晶格结构的新型元件。它是将反应炉中的衬底加热到 400℃,并用水银灯进行照射。此时引入镓的有机金属化合物气体时,由于光激励反应,便可产生镓单分子固相外延层。随后,用同样方法来处理砷化合物气体,使其发生光激励,析出砷单分子层。利用这两者之间的反应,可形成 GaAs 化合物的单分子外延层。在这样制作的单分子层的每一层上叠积其他化合物,即可制备出某些特殊功能元件。

2. 液相外延法(LPE)

液相外延(LPE)是一种从过饱和合金液相中析出单晶物质,在单晶衬底表面外延生长,并形成外延层的工艺。例如,以砷化镓过饱和液为液相,在砷化镓单晶衬底上外延生长砷化镓外延层。

液相外延的出现,对于化合物半导体材料和器件的发展起了重要的推动作用。该技术已经广泛运用于包括 GaAs、GaAlAs、GaP、InP、GaInAsP 等化合物半导体单晶层的制备,用于制作包括微波器件、半导体激光器、太阳能电池、发光二极管、半导体光电探测器等在内的多种器件。

液相外延与其他外延技术相比,具有如下特点:①设备比较简单;②生长速率高,纯度高;③外延层的组分和厚度均可精确控制;④外延层的位错密度低;⑤掺杂剂选择范围广;⑥操作安全,与其他反应相比,其反应产物的危险性如化学毒性和强腐蚀性等都较小。液相外延的不足则主要体现在外延层的晶格常数与衬底的晶格常数相差不能大于1%,大于1%的外延层生长非常困难。此外,在大多数情况下,如果溶液中一个或几个组分的分凝系数与1相差较大时,除非外延层很薄,否则很难在生长方向上获得均匀掺杂的固溶体组分。

液相外延法,就是让外延设备在确定的温度下,使过饱和溶液与衬底充分接触一段时间后再进行固液分离。实现这种溶液与衬底之间接触后再分离的技术,就是外延生长技术。主要的外延生长技术有倾斜法、浸渍法和滑动舟法等。

1) 倾斜法

倾斜法是最初所使用的方法,其设备如图 3.23(a)所示。在一个可以在前后两个方向上倾斜的水平炉内,放置一个石英管,管内有一个生长舟。首先将石英管升高到预定的温度,将 GaAs 恰好全部溶解到 Ga 中,在该温度下形成饱和溶液。然后再将炉子倾斜,使得溶液将衬底覆盖住,并缓慢降温,进行外延生长。当达到所需的厚度后,再将炉子恢复到初始状态,溶液与衬底进行分离,生长终止。

倾斜法的缺点是,有时溶液与晶体的表面分离不完全,有部分溶液黏附在外延生长层的表面,且外延层的厚度和均匀性难以控制。

2) 浸渍法

为了改善溶液与衬底之间的接触,防止由于溶液内出现组分过冷而导致的生长不稳定的现象,就出现了浸渍法,如图 3.23(b)所示。生长时,将衬底夹降低,直至衬底浸没在溶液中。生长结束时,将衬底夹恢复到原来的最初状态,晶体终止生长。与倾斜法相同,浸渍法所使用的设备简单,易于操作。但这种方法依然存在外延层厚度不均匀的问题,因而又发展出了滑动舟法。

3) 滑动舟法

滑动舟法是目前液相外延所使用的主要方法,适用于单层、多层液相外延生长,其结构示意图如图 3.23(c)所示。其主要部分是一个石墨制作的多室滑动舟,一个通有保护气氛的透明石英管和一个水平电阻炉。水平电阻炉在生长过程中始终处于加热状态,并安装在可滑动的导轨上,以便于滑动舟的迅速加热和冷却。

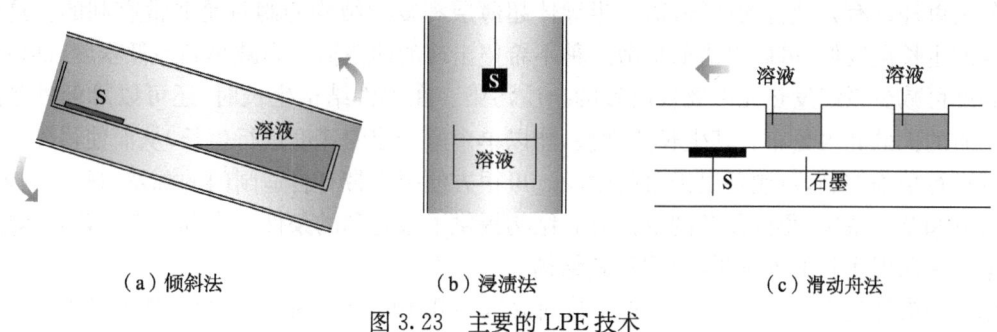

(a) 倾斜法　　　　　　　(b) 浸渍法　　　　　　　(c) 滑动舟法

图 3.23　主要的 LPE 技术

3. 分子束外延法（MBE）

分子束外延技术是一种可在原子尺度上精确控制外延层厚度、掺杂和界面平整度的半导体超薄层单晶薄膜制备技术，可用来制备一维、二维和零维纳米结构。它本质上是一种真空蒸发技术，其设备结构如图 3.24 所示。

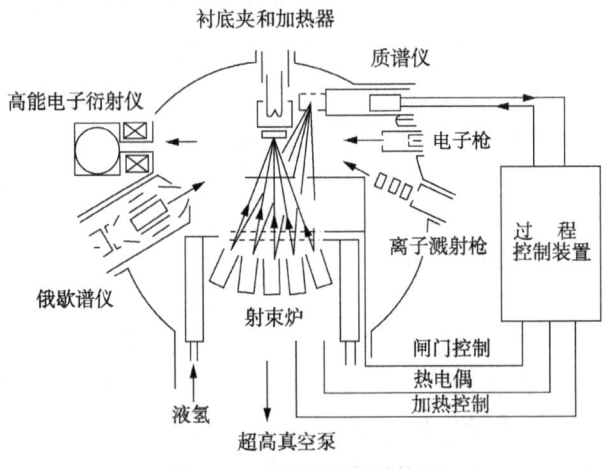

图 3.24 MBE 设备结构图

许多固态源材料可以通过加热而转化为气态，然后在真空中膨胀，再在衬底上冷凝，进行外延生长。然而，对于一般的真空蒸发，由于达不到半导体薄膜要求的高纯度，晶体的完整性和杂质控制也达不到要求，因而限制了这种简单的蒸发技术在半导体薄膜制备方面的应用。随着超高真空技术的发展，源控制技术和衬底表面洁净技术的改进，上述蒸发技术的缺点已基本上得到了克服，从而发展出了分子束外延生长这种新的薄膜生长技术。

分子束外延是利用处于超高真空系统中的分子束或原子束进行外延沉积的。这些射束通常是在源发射炉中加热产生的，由于炉中一直保持平衡状态，因而这些射束的组分和强度都不会发生改变，并可由化学热力学进行计算。从炉中所发射出来的射束由射束孔和阀门来控制，以直线路径射到衬底表面。通过动力学控制，实现在衬底上的冷凝和生长。也就是说，外延层随炉温、炉分压、炉和衬底的距离、相对分子质量、照射时间而改变。由于是在超高真空的环境中进行的，因而可以将与此相关的辅助设备都集成到外延生长系统中，这些设备包括质谱仪、俄歇谱仪、衍射仪、膜厚测试仪和离子轰击设备等。这些设备用来反馈控制薄膜生长条件。

分子束外延有其独特的优势，对于半导体超薄层和复杂结构的制备是非常有利的。这种外延技术的生长温度低，可以将诸如扩散这种不希望出现的热激活过程减小到最低程度，即较低的生长温度可减少系统发热元件放气所致的杂质污染。在器件结构生长时，还可以降低外延层组元和杂质的扩散和再分布。其生长速度慢，能以单个原子层的速度进行生长，从而使得外延层的厚度可进行精确控制，可制备出极薄的薄膜。可很方便引入带有合适闸门的源发射炉，为控制薄膜的组分和杂质浓度，得到复杂的剖面分布结构提供了很有利的条件。在分子束外延技术中，还可用电子束照射生长的外延层，以观察其结构。

用分子束外延生长 GaAs 层，最先是从衬底准备开始的，衬底的质量对于是否可以获得高质量的半导体薄膜起着至关重要的作用。用俄歇谱仪分析检测用常规办法处理的 GaAs 表面，常发现有碳和氧的玷污。在外延生长前，加热衬底可以很容易除去氧，但很难除去碳。进一步通过采用离子轰击的方法可以除去碳。因此,在开始外延生长时,首先要将 MBE 系统抽真空,并进行加热排气处理,然后稳定在各自操作温度条件下。当真空度达到要求之后,对衬底进行处理,保持在一定的生长温度条件下,便可进行外延生长了。如果要将 As 和 Ga 的到达速率比控制在 10:1,生长速率为 $1\sim2$Å/s,则 Ga 的炉温要控制在 950℃左右,As 的炉温要控制在 300℃左右。采用分开的 Ga 和 As 元素源生长 GaAs 是非常方便的,这种方式对两组分可分别通过控制速率进行单独控制。利用 GaAs 做 As 源,虽然较元素 As 更方便输运和处理,且能更好地控制 As 通量,但其缺点是 As 很快会耗尽。

MBE 法的不足之处是成本昂贵且不适用于同时多个衬底生长。生产廉价的器件(如 LED)或大面积器件(如太阳能电池)等最好采用其他的生长方法(如 CVD)。

3.5　半导体材料的应用

半导体材料在电子信息、能源和机械等诸多工业领域,都具有非常重要的应用,尤其是在新兴电子信息产业上,半导体材料的应用更加广泛,包罗了信息发送与接收、信息处理与加工、信息储存和显示等各个环节,成为电子信息产业的重要物质基础。例如,由 GaAs 半导体材料可制成绝大部分微波器件;半导体二极管和半导体激光器可作为光通信信号源;雪崩二极管是光纤通信用的接收器(通常为红外探测器);计算机的中央处理器(CPU)是由集成电路与分立元件组合或者由单片集成电路来制造的;随机存取存储器(RAM)是大规模集成电路(LSI)、超大规模集成电路(VLSI)和特大规模集成电路(ULSI)的主要产品形式;发光二极管(LED)则是半导体材料在信息显示领域应用最为广泛的器件。下面就简要介绍一下半导体材料在集成电路、光电子器件、微波器件、电声耦合器和传感器等器件上的应用情况。

在光纤通信系统中,信号源是发光二极管或半导体激光器,光纤通信用接收器(通常称红外探测器)是雪崩二极管(APD)。InGaAsP/InP 异质结激光器或发光二极管,其发光波长为 $1.3\mu m$,是石英光纤的一个低衰减窗口,因此特别适用于长距离光纤通信。与之相匹配的接收装置则使用锗雪崩二极管。InGaAsP 激光器的波长是 $1.55\mu m$,在这一波长下光能衰减最小,因而可实现更长距离的信息传送。制作半导体激光器的材料很多,有短波也有长波,它们必须具有直接跃迁型的能带结构。

目前在微波通信系统中,半导体器件的工作频率已完全覆盖了中波、短波、厘米波、毫米波无线电频段。作为接收装置上的器件已可完全实现固体化,即由半导体分立器件或集成电路来完成。它已广泛应用于雷达、广播、通信等方面。

Ⅲ-Ⅴ族化合物半导体,特别是 GaAs 具有电子迁移率大、禁带宽度大、相对介电常量小等特点,因而可以工作在高频段,承受较大的击穿电压,有利于制作微波器件。在微波通信中应用最多的是 GaAs 金属-半导体-场效应晶体管(MESFET),这一器件既可以做成变频器等小功率器件,也可以用作功率放大器等大功率器件。微波通信技术中常用的半导体微波器件主要有场效应晶体管、硅雪崩二极管、电调变容二极管、PIN 二极管、GaAs 变容管等。

信息显示也是化合物半导体材料的一个重要应用领域。光照到半导体表面时,如果光子能量较大,则半导体表面的电子受到激发就可能逸出体外,这种现象称为光电子发射。利用这个原理做成的阴极称为光电阴极。有光电子发射的阴极,通过电场加速并配以荧光成像,即可制成光转换器、微光管、光电倍增器、高灵敏电视摄像管、图像增加器等,现已进入实用化阶段,它们所采用的半导体材料多为 $Gs_{1-x}In_xAs$、$InP_{1-x}As_x$、$Ga_{1-x}In_xAs_{1-y}P_y$。

由于节能的需要,半导体照明技术得到了飞速发展,采用发光二极管来取代传统的白炽灯和日光灯管不但可以大量的节省宝贵的电能,而且可以减少物质消耗和对环境的破坏。LED照明技术不仅可以用在室内一般照明,还可以用于各种景观照明、电脑、手机及其他电子信息产品上的背光照明灯。LED照明所用的半导体材料有 GaAs、GaP、GaAlAs、GaAsP 等。例如,GaP 半导体,其禁带较宽,在掺入适当发光中心材料后,则可激发出红、绿、橙、黄四种颜色的光。

硅是重要的半导体太阳能电池材料,除此之外,其他许多半导体材料均可制作太阳能电池,但由于它们的禁带宽度不同,吸收太阳光的能量也有所差异。GaAs、AlSb、CdTe 制作的太阳能电池都可达到较高的转换效率,均达到 28% 以上。但是 AlSb 在潮湿的空气中很容易潮解成粉末;而 CdTe 晶体不易生长,难以制成大晶体。GaAs 以及它的固溶体是较理想的。虽然硅太阳能电池的转化效率略低,比如多晶硅为 17.7%、非晶硅为 12.7%(理论上为 24%)、单晶硅为 23.1%,但其材料价廉物美,是其他半导体材料所无法匹敌的。

习 题

3.1 掺杂对半导体性质有何影响?
3.2 什么是半导体的光电导现象?半导体的光电导受哪些因素的影响?
3.3 半导体 PN 结为什么会发生击穿现象?有哪几种击穿机理?分别在什么情况下发生?
3.4 半导体材料分为哪几种类型?化合物半导体 GaAs、InP、SiGe 和 SiC 各有何特点?
3.5 半导体的外延生长技术有哪几种?各有何特点?
3.6 半导体单晶制备工艺有哪几种?

第 4 章 化合物半导体基础

4.1 化合物半导体的能带结构

与元素半导体相比,化合物半导体材料具有许多优良的特性,可用于制备硅和锗等元素半导体所无法实现的发光器件和高频器件。半导体中的能带结构决定其独特的电学特性和光学特性。为了深刻理解化合物半导体的这些性质,就必须了解能带理论及半导体的能带结构,并在此基础上,再深入了解化合物半导体的特殊结构,如异质节和超晶格,从而为化合物半导体器件的学习打下基础。本章主要介绍化合物半导体材料的能带结构、化合物半导体器件中的瞬态输运过程、二维电子气以及半导体异质结和超晶格结构。

4.1.1 化合物半导体的周期性结构

1. 周期性波矢空间表示

晶体结构的周期性,即可以在坐标空间中进行分析讨论,由此引入坐标空间的布拉维格子概念,也可以在波矢空间(或 k 空间)加以讨论。如果把前面的布拉维格子称为正格子的话,那么后面的格子就是这个正格子所对应的倒格子。也就是说,可以利用两种类型的格子来描述同一种晶体结构的周期性。一种是正格子,它是晶体结构在坐标空间的数学表现形式;一种是倒格子,它是在波矢空间的数学表现形式。由坐标空间变换到波矢空间,对处理周期性结构中的波动方程、晶体结构分析等问题都是非常方便的。

假设布拉维格子的基矢为 a_1,a_2,a_3,由 $R_m=m_1a_1+m_2a_2+m_3a_3$ 决定的格子称为正格子。

$$a_ib_j=2\pi\delta_{ij}=\begin{cases}2\pi & i=j \\ 0 & i\neq j\end{cases} \quad i,j=1,2,3 \tag{4.1.1}$$

满足式(4.1.1)关系的 b_1,b_2,b_3,由 $K_h=h_1b_1+h_2b_2+h_3b_3(h_1,h_2,h_3)$ 决定的晶格称为倒格子。由式(4.1.1)可以看出,每个倒格子基矢与两个正格子基矢正交,例如 $b_1\perp a_2,a_3$。这样,b_1,b_2,b_3 可以表示为

$$b_1=2\pi\frac{a_2\times a_3}{a_1\cdot(a_2\times a_3)}$$
$$b_2=2\pi\frac{a_3\times a_1}{a_1\cdot(a_2\times a_3)} \tag{4.1.2}$$
$$b_3=2\pi\frac{a_1\times a_2}{a_1\cdot(a_2\times a_3)}$$

也可用式(4.1.2)表示的形式来定义为倒格子基矢。为了更方便地处理周期结构的波动方程,可以给出倒格子的另外一种表达形式。对于布拉维格子 $R_m=m_1a_1+m_2a_2+m_3a_3$ 和平面波 $e^{ik\cdot r}$,对于 k 空间的一般波矢 k,其平面波一般也不具有布拉维格子的周期性。只有适当地选择波矢,才能具有给定布拉维格子的周期性。具有给定布拉维格子周期性的那些平面波波矢 K_h

所代表的点的集合称为倒格子。即有 $e^{iK_h \cdot (R_m+r)} = e^{iK_h \cdot r}$ 或 $e^{iK_h \cdot R_m} = 1$。

由前面布拉维格子的定义，倒格子 $K_h = h_1 b_1 + h_2 b_2 + h_3 b_3$ 的倒格子也有可能是布拉维格子。只要按照如下的方式来构造 c_1, c_2, c_3，倒格子 $K_h = h_1 b_1 + h_2 b_2 + h_3 b_3$ 的倒格子就是原来的布拉维格子，令

$$c_1 = 2\pi \frac{b_2 \times b_3}{b_1 \cdot [b_2 \times b_3]} = \frac{2\pi}{\Omega^*}(b_2 \times b_3)$$

利用 $a \times (b \times c) = b(a \cdot c) - c(a \cdot b)$，可以推得

$$b_2 \times (a_1 \times a_2) = a_1(b_2 \cdot a_2) - a_2(b_2 \cdot a_1) = 2\pi a_1$$

$$b_2 \times b_3 = b_2 \times \frac{2\pi(a_1 \times a_2)}{a_1 \cdot (a_2 \times a_3)} = \frac{(2\pi)^2}{a_1 \cdot (a_2 \times a_3)} a_1 = \frac{(2\pi)^2}{\Omega} a_1$$

$$\Omega^* \Omega = b_1 \cdot (b_2 \times b_3)\Omega = b_1 \cdot \frac{a_1}{\Omega}(2\pi)^2 \Omega = (2\pi)^2(a_1 \cdot b_1) = (2\pi)^3$$

所以有

$$c_1 = \frac{2\pi}{\Omega^*} \cdot \frac{(2\pi)^2}{\Omega} a_1 = a_1$$

同样可得 $c_2 = a_2, c_3 = a_3$，由此可见，R_m 和 K_h 所代表的点的集合都是布拉维格子，且互为正、倒格子。上面的分析还表明，每个晶体结构有两个格子与它相联系。两个格子的长度量纲互为倒数。正格子与倒格子之间存在傅里叶变换关系。面心立方和体心立方格子的第一布里渊区可以通过如下的方式得到。

首先，确定面心立方和体心立方格子的基矢分别为：

f c c   b c c

$a_1 = \frac{a}{2}(j+k)$ $a_1 = \frac{a}{2}(-i+j+k)$

$a_2 = \frac{a}{2}(k+i)$ $a_2 = \frac{a}{2}(i-j+k)$

$a_3 = \frac{a}{2}(i+j)$ $a_3 = \frac{a}{2}(i+j-k)$

其次，利用倒格子矢量的定义可以求出面心和体心立方格子的倒格子分别为：

f c c 的倒格子基矢   b c c 的倒格子基矢

$b_1 = \frac{2\pi}{a}(-i+j+k)$ $b_1 = \frac{2\pi}{a}(j+k)$

$b_2 = \frac{2\pi}{a}(i-j+k)$ $b_2 = \frac{2\pi}{a}(k+j)$

$b_3 = \frac{2\pi}{a}(i+j-k)$ $b_3 = \frac{2\pi}{a}(i+j)$

比较上面两式可知，面心立方格子的倒格子是体心立方格子，体心立方格子的倒格子是面心立方格子，两者互为正、倒格子。通过倒格子矢量通式可以构造第一布里渊区。

对于面心立方格子得到的第一布里渊区，如图 4.1 所示的截角八面体（14 面体）。对于体心立方格子得到的第一布里渊区，如图所示的菱形 12 面体。应当强调，布里渊区是一个非常重要的概念，不管晶体是由哪些原子组成，只要布拉维格子相同，其倒格子就相同，布里渊区的形状也就一样。

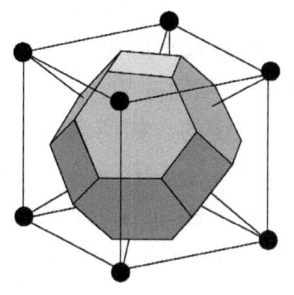 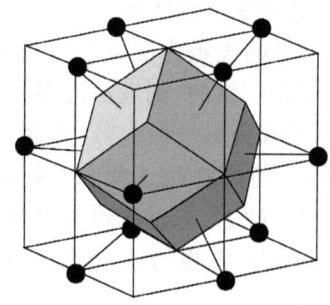

(a) 面心立方格子　　　　　　(b) 体心立方格子

图 4.1　倒格子的魏格纳-塞兹原胞(Wigner-Seitz cell)结构

布里渊区概念的直接应用的一个例子是，如果第一布里渊区是立方结构的且其边长为 $2\pi/a$，则其体积为

$$V = \left(\frac{2\pi}{a}\right)^3 \tag{4.1.3}$$

对于简单立方结构中的密勒指数晶面 $(m_1\ m_2\ m_3)$ 间距离，可由下式来表示

$$d = \frac{a}{\sqrt{m_1^2 + m_2^2 + m_3^2}} \tag{4.1.4}$$

其对应的倒格子空间的晶面距离为

$$|\overline{G}_{h_1,h_2,h_3}| = \frac{2\pi}{d_{h_1,h_2,h_3}} \tag{4.1.5}$$

2. 半导体晶体中电子状态的表示

半导体中电子的能带结构可用第一布里渊区的概念来描述。布里渊区中的每一个代表点即对应于一个 k。布里渊区恰好对应于倒格子空间中较对称的元胞，即倒格子空间中的魏格纳-赛兹元胞。倒格子空间，即 k 空间，与正格子空间共有相同的点群对称性(即晶系相同，但布拉维格子可以不同)。例如，面心立方晶格的倒格子是体心立方格子，简立方晶格的倒格子是简立方格子，体心立方晶格的倒格子是面心立方格子。图 4.2 给出了闪锌矿结构的布里渊区结构，其中的重要对称点和对称轴分别用大写的英文字母和大写的希腊字母表示。一般规律是：在布里渊区表面上的点和轴用英文字母表示，如 M, X, R 以及 $Z(X\text{-}M$ 轴)、$S(R\text{-}X$ 轴)、$T(R\text{-}M$ 轴)；在布里渊区内部的点和轴用希腊字母表示，如 Γ(中心)，Δ ($\Gamma\text{-}X$ 轴)，Λ ($\Gamma\text{-}R$ 轴) 和 Σ ($\Gamma\text{-}M$ 轴)。

布里渊区中每一点(k)所代表的电子状态具有一定的对称性，这种对称性分别用波矢群来描述。每个 k 所对应的波矢群是很多对称操作的集合。而对称操作在数学上分别用矩阵表示。表示一个波矢群的矩阵的集合（数学表示）可以有无穷多种。但最基本的数学表示（称为不可约表示）方法数是有限的。

例如，Γ 波矢群的不可约表示只有 10 个，即 $\Gamma_1, \Gamma_2, \Gamma_{12}, \Gamma_{15}'$, $\Gamma_{25}', \Gamma_1', \Gamma_2', \Gamma_{12}', \Gamma_5, \Gamma_{21}$。这就意味着，波矢为 Γ ($k=0$) 的电子只可能存在有 10 种类型的状态。又如，Δ 波矢群有 5 个不可约表示，即 $\Delta_1, \Delta_2, \Delta_1', \Delta_2', \Delta_5$，即波矢在 Δ 轴上的电子只可能有 5 种状态类型。

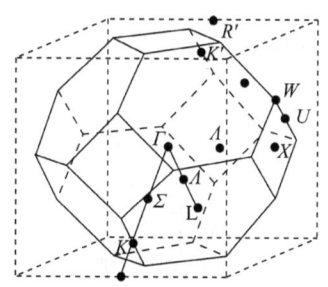

图 4.2　闪锌矿结构布里渊区的结构的重要对称点和对称轴

一个不可约表示在数学上表现形式,就是不同阶次的矩阵。例如 Δ_5, Γ_{12}, Γ'_{12} 的表示矩阵都是二阶的,则称这些不可约表示为二维不可约表示,它们所表示的电子状态即为二度简并。又如,Γ_{15}, Γ_{25}, Γ'_{15}, Γ'_{25} 都是三维的,则表示这些电子状态是三度简并的。

电子从一种状态过渡到另一种状态,其能量应当是连续的。如何表示电子从一种状态过渡到另一种状态,如从 Γ'_{25} 何过渡到 Δ 状态。就要求波矢 Γ'_{25} 与 Δ 中的某个态具有共同的数学表示。分析表明,三度简并的 Γ'_{25} 态过渡到 Δ 态时将一分为二:Δ'_2 和 Δ_5,即 $\Gamma'_{25} \rightarrow \Delta'_2 + \Delta_5$,这称为态的相容关系,即 Γ'_{25} 与 Δ'_2 相容,也与 Δ_5 相容。这种情况出现在 Ge、Si 价带顶附近的能带中。Γ-Δ 的其他态间的相容关系为:

$$\begin{aligned}
&\Gamma_1 \rightarrow \Delta_1, &&\Gamma_2 \rightarrow \Delta_2, &&\Gamma_{12} \rightarrow \Delta_1 + \Delta_2 \\
&\Gamma_{15} \rightarrow \Delta'_1 + \Delta_5, &&\Gamma'_1 \rightarrow \Delta'_1, &&\Gamma'_2 \rightarrow \Delta'_2 \\
&\Gamma'_{12} \rightarrow \Delta'_1 + \Delta'_2, &&\Gamma'_{15} \rightarrow \Delta_1 + \Delta_2, &&\Gamma'_{12} \rightarrow \Delta'_2 + \Delta_5
\end{aligned} \quad (4.1.6)$$

此外,若考虑到电子的自旋作用,每个波矢群的不可约表示数目还要增加一些。例如,Γ 波矢群,除了上述的 10 个不可约表示外,还需增加 6 个不可约表示:Γ_6^-, Γ_7^-, Γ_8^-, Γ_6^+, Γ_7^+, Γ_8^+。因此,立方晶体中的 $k=0$(Γ 点)的电子,若考虑到电子的自旋,则可以有 16 种不同类型的形状。

总之,半导体中电子的每一种状态都对应有相应的波函数和能量,且应该符合相应波矢群不可约表示所要求的对称性。也就是说,电子状态的分类是按照晶体对称性来划分的,把布里渊区中各个方向上的电子能量 E 和波矢 k 的关系画出来,就可得到所谓的能带图。

4.1.2 半导体的能带理论

当许多原子彼此之间的距离足够小的时候,就可以聚集在一起形成晶体。电子轨道发生重叠而形成能带,根据泡利不相容原理,其中每一个电子都具有不同的能级。这些能带结构可以通过在周期性势垒条件下求解薛定谔方程得到。求解薛定谔方程可以通过不同的方法得到,如原子轨道的线性组合、紧束缚近似、赝势法、k-p 扰动方法和正交平面波方法等。可以用电子能量与波矢 k 的函数关系来充分说明电子能量的分布。波矢空间的单位晶胞称为第一布里渊区。

布里渊区的结构可通过量子力学计算得到。一般而言,有两种方式来描述固体的性质。一种是不需要考虑固体中的周期性势垒,而只要考虑到材料的化学键即可。另一种方法是要考虑到在长程周期性势垒中电子的性质。能量间隙的存在及与此相关的其他性质,是考虑将电子由一个化学键中所移开所需能量的出发点。对晶体中能带的严格描述需要推导出 $E(k)$ 关系,这有助于了解清楚半导体中电子性质的重要特性。对于自由电子,$E(k)$ 关系由下式给出

$$E = \frac{\hbar^2 k^2}{2m} \quad (4.1.7)$$

式中

$$k = (2mE/\hbar^2)^{1/2} \quad (4.1.8)$$

对于一维的情形,则有

$$k_x = (2m/\hbar^2)^{1/2} E^{1/2} \quad (4.1.9)$$

式中 k_x 与能量 E 之间的关系就是一个抛物线形式,如图 4.3 所示。

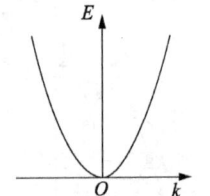

图 4.3 自由电子中,电子能量 E 与波矢 k 之间的关系

在晶格中运动的电子,电子的运动路径中所遇到的势阱的作用必须加以考虑,晶体中存在着周期性势能的作用,根据 Kronig-Penney 模型,求解薛定谔方程,便可得到如下方程

$$P\frac{\sin\alpha a}{\alpha a}+\cos\alpha a=\cos ka \tag{4.1.10}$$

式(4.1.10)将能量 E(通过 α)与波数 k 联系起来,上式中

$$\alpha=\frac{(2mE)^{1/2}}{\hbar} \tag{4.1.11}$$

P 为势垒强度

$$P=\frac{mV_0 ba}{\hbar^2} \tag{4.1.12}$$

对于晶体中的自由电子(例如,$P=0$),有

$$\alpha a=ka+2n\pi \tag{4.1.13}$$

将式(4.1.11)代入式(4.1.13),得

$$(2m/\hbar)^{1/2}E^{1/2}=k+2n\pi/a \tag{4.1.14}$$

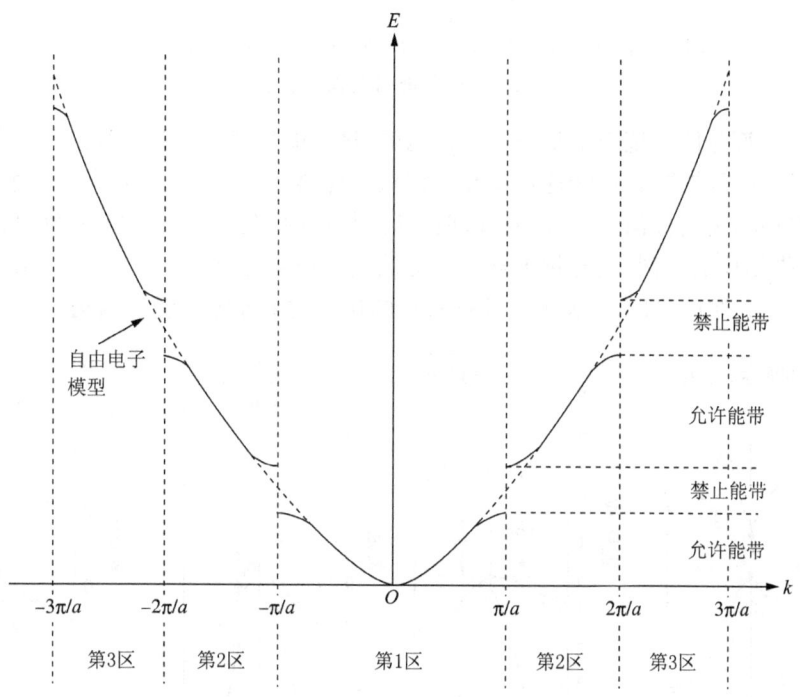

图 4.4 布里渊区的近似自由电子模型的延伸区域表示

这表明抛物线的重复周期是 $2n\pi/a$。换句话说,能量是波矢 k 的周期性函数,其周期为 $2\pi/a$。因而在图上我们可以看到能量的不连续性现象发生在允许能带的边界处,即 $\cos ka=\pm 1$,此时 $k=n\pi/a$($n=\pm 1,\pm 2,\pm 3\cdots$)。

由图 4.4 的布里渊区图,可以看到电子能量 $E(k)$ 与 k 的关系。在一个周期晶格内,电子的运动行为与自由电子类似,除了在 $k=n\pi/a$ 处。图 4.4 表示了每个 k 值对应的能量值,特别标注出了第 1 布里渊区、第 2 布里渊区和第 3 布里渊区。当然更简洁的表示是图 4.5 所表示的简化布里渊区图,图中只标出第 1 布里渊区的结构。

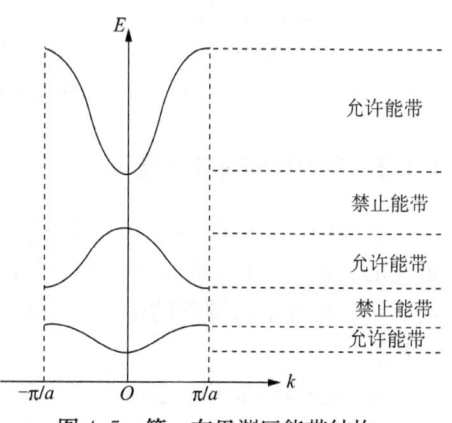

图 4.5 第一布里渊区能带结构

它是将图 4.4 中其他布里渊区的能带折叠回第 1 布里渊区所得到的。

这些 $E(k)$ 图以及其他电子能带术语,对于我们描述半导体材料的各种性质是非常重要的。至此,我们可以区分在电子能量在 k 空间和实际晶格空间中的区别了。电子能带既可以在 k 空间中,即布里渊区中表示,也可在实空间中,表示成空间坐标 r 的函数,如图 4.6 所示。

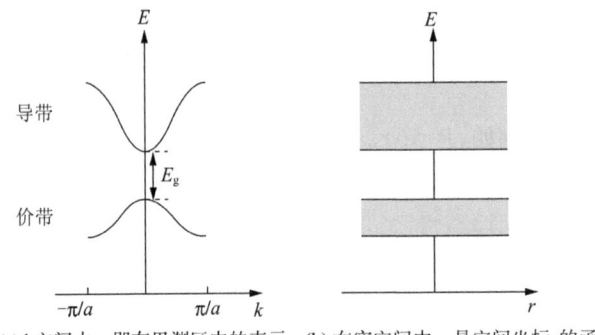

(a) k 空间中,即布里渊区中的表示 (b) 在实空间中,是空间坐标 r 的函数

图 4.6 电子能带结构示意图

在半导体中,部分能量范围是禁止电子占据的,这一能量范围称为带隙或是禁带。化合物半导体可以分为两大类结构,直接跃迁材料和间接跃迁材料。在直接跃迁材料中,由价带激发的电子直接跃迁到导带,无需任何声子参与;在间接跃迁材料中,在声子的参与下,跃迁的电子与空穴复合。根据能带结构的不同,化合物半导体也分为直接跃迁半导体(如 GaAs,InP 等)和间接跃迁半导体(如 AlAs 等)。图 4.7 表示了几种常见的化合物半导体的能带结构与禁带宽度值。

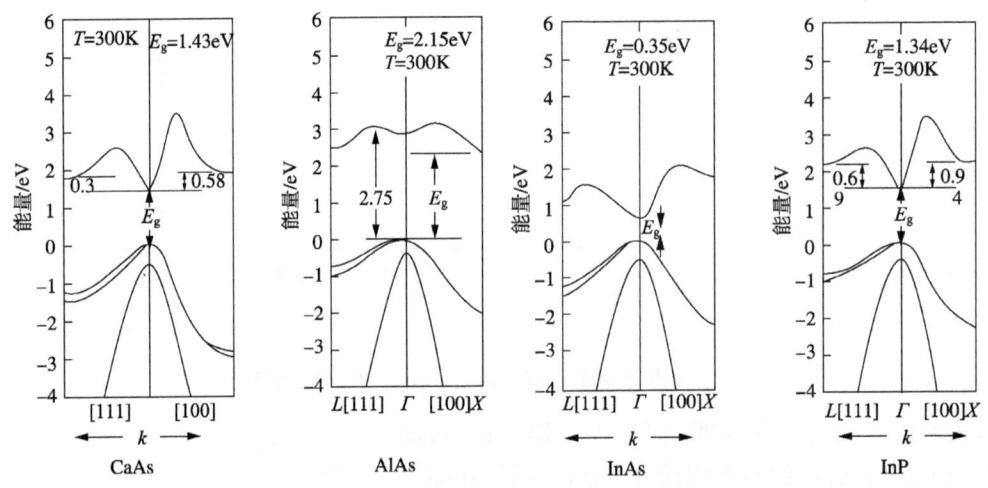

图 4.7 几种典型的化合物半导体的能带结构与禁带宽度值

4.1.3 半导体的有效质量

晶体中电子的能量形成能带,$E(k)$ 与 k 的关系如图 4.5,图 4.7 所示。但这些图中只给出了定性的关系,只有求出 $E(k)$ 函数,才能得出定量关系。对于半导体而言,起主要作用的常常是接近能带底部或能带顶部的电子。因此,只要了解到能带顶部或能带底部的 $E(k)$ 与 k 的关系就已经足够了。

用泰勒级数展开可求得极值点附近的 $E(k)$ 与 k 的关系。以一维的情况为例,假设能带底位于波矢 $k=0$ 处,将 $E(k)$ 在 $k=0$ 处进行泰勒级数展开,得到

$$E(k)=E(0)+\left(\frac{\mathrm{d}E}{\mathrm{d}k}\right)_{k=0}k+\frac{1}{2}\left(\frac{\mathrm{d}^2E}{\mathrm{d}k^2}\right)_{k=0}k^2+\cdots \quad (4.1.15)$$

由于 $k=0$ 时能量极小,所以有 $(\mathrm{d}E/\mathrm{d}k)_{k=0}=0$,故有

$$E(k)-E(0)=\frac{1}{2}\left(\frac{\mathrm{d}^2E}{\mathrm{d}k^2}\right)_{k=0}k^2 \quad (4.1.16)$$

式中,$E(0)$ 是导带底能量。对于给定的半导体材料,在导带中 $E(k)$ 的值应该是单值函数,所以可令式(4.1.16)右边为一常数值,得到

$$\left(\frac{\mathrm{d}^2E}{\mathrm{d}k^2}\right)_{k=0}k^2=\frac{1}{m^*} \quad (4.1.17)$$

故式(4.1.16)可改写成

$$E(k)-E(0)=\frac{h^2k^2}{2m_n^*} \quad (4.1.18)$$

式中,m_n^* 为导带底电子的有效质量,由于 $E(k)>E(0)$,所以能带底电子的有效质量为正值。

对于能带顶部的情形,也可采用同样的方法得到,设能带顶部位于 $k=0$ 处,则有

$$E(k)-E(0)=\frac{1}{2}\left(\frac{\mathrm{d}^2E}{\mathrm{d}k^2}\right)_{k=0}k^2 \quad (4.1.19)$$

由于在能带顶部附近,有 $E(k)<E(0)$,如果同样令式(4.1.19)右边为有效质量 m^* 的倒数,则有

$$\left(\frac{\mathrm{d}^2E}{\mathrm{d}k^2}\right)_{k=0}k^2=\frac{1}{m^*}$$

则能带顶部附近的 $E(k)$ 的表达式为

$$E(k)-E(0)=\frac{h^2k^2}{2m_n^*} \quad (4.1.20)$$

由式(4.1.18)和式(4.1.20)可以看到,引进有效质量后,如果能确定其大小,则可确定能带附近 $E(k)$ 与 k 的关系了。式(4.1.20)中,导带电子有效质量 m_c^* 可由下式来确定

$$\frac{1}{m_c^*}=\frac{1}{m}+\frac{2p_{cv}^2}{m^2}\frac{1}{3}\left(\frac{2}{E_g}+\frac{1}{E_g+\Delta}\right) \quad (4.1.21)$$

由式(4.1.21)可知,禁带宽度越小,则电子的有效质量也越小,如图4.8所示。半导体材料中有效电子质量,有效空穴质量及禁带宽度的值可参见表4.1。

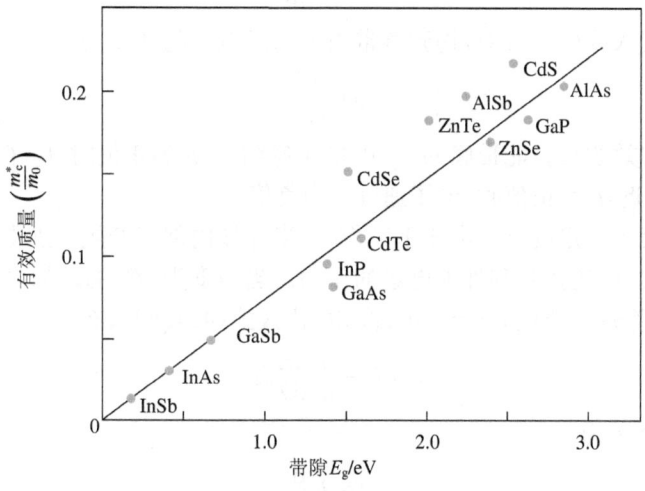

图4.8 半导体禁带宽度与电子有效质量的关系

表 4.1 一些半导体材料的性质

半导体	带隙/eV	相对介电常量	半导体	电子质量(m_0)	空穴质量(m_0)
C	5.5,I	5.57	AlAs	0.1	
Si	1.124,I	11.9	AlSb	0.12	$m_{dos}^*=0.98$
Ge	0.664,I	16.2	GaN	0.19	$m_{dos}^*=0.60$
SiC	2.416,I	9.72	GaP	0.82	$m_{dos}^*=0.60$
GaAs	1.424,D	13.18	GaAs	0.067	$m_{lh}^*=0.082$
AlAs	2.153,I	10.06			$m_{hh}^*=0.45$
InAs	0.354,D	15.15	GaSb	0.042	$m_{dos}^*=0.040$
GaP	2.272,I	11.11	Ge	$m_l=1.64$	$m_{lh}^*=0.044$
InP	1.344,D	12.56		$m_t=0.082$	$m_{hh}^*=0.28$
				$m_{dos}=0.56$	
InSb	0.230,D	16.8	InP	0.073	$m_{dos}^*=0.64$
CdTe	1.475,D	10.2	InAs	0.027	$m_{dos}^*=0.4$
AlN	6.2,D	9.14	InSb	0.13	$m_{dos}^*=0.4$
GaN	3.44,D	10.0	Si	$m_l=0.98$	$m_{lh}^*=0.16$
ZnSe	2.822,D	9.1		$m_t=0.19$	$m_{hh}^*=0.49$
ZnTe	2.394,D	8.7		$m_{dos}=1.08$	

根据有效质量的概念,还可以求出电子在周期性势场中的运动速度和加速度。根据量子力学概念,电子的运动可以看做是波包的运动,波包的群速是电子运动的平均速度。波包由许多频率相差不多的波组成,则波包的运动速度为

$$v=\frac{d\nu}{dk} \tag{4.1.22}$$

由波粒二象性得知,频率为 ν 的波,其粒子能量为 $h\nu$,故半导体中电子的速度与能量之间的关系为

$$v=\frac{1}{h}\frac{dE}{dk} \tag{4.1.23}$$

将式(4.1.18)代入式(4.1.23),得到能带极值附近电子的速度为

$$v=\frac{hk}{m^*} \tag{4.1.24}$$

式中,m^* 为电子的有效质量。能带底 $m^*>0$,能带底附近,k 为正值时,电子速度 v 为正值;能带顶 $m^*<0$,能带顶附近,k 为正值时,电子速度 v 为负值。

当半导体器件处于一定的外加电压下工作时,半导体内部就产生外加电场,这时电子除了受到周期性势场作用之外,还要受到外加电场的作用。当强度为 $|E|$ 的外加电场的作用下,电子受到电场力的作用,有能量的变化 $dE=fvdt$,将 dE 代入式(4.1.23),有

$$dE=\frac{f}{h}\frac{dE}{dk}dt \tag{4.1.25}$$

故可得到外加电场力 f 为

$$f=h\frac{dk}{dt} \tag{4.1.26}$$

式(4.1.26)说明,在外力 f 的作用下,电子的波矢不断改变。

4.1.4 GaAs 的能带结构

半导体材料的电学、光学及其他性质都与倒易空间或是 k 空间中波矢 **k** 相关联的非局域化电子的能量有关,可以用电子的动量 $p(p=mv=\hbar k)$ 来解释。这里我只讨论Ⅲ-Ⅴ族和Ⅱ-Ⅵ族化合物半导体的性质,这些半导体都具有立方晶格结构,因而三个晶格常数相等,即 $a=b=c$。在布里渊区的倒格子空间中,电子的运动可用坐标 k_x、k_y、k_z 分别表示,这些立方晶格结构的化合物半导体在布里渊区的结构如图 4.9 所示。布里渊区中高对称性的点用大写的希腊字母或罗马字母表示。

GaAs 的能带结构可以通过正交平面化波(OPW)方法来计算。采用该方法可以计算出金刚石结构的Ⅳ族元素和蓝宝石结构的Ⅲ-Ⅴ族化合物半导体的能带。在这些固体中,三个上层的价带在布里渊区的中心,即 $\Gamma(000)$ 处,有最大点;两个最上面的能带(重空穴和轻空穴)最大点处于简并。第三个能带发生自旋-轨道分裂,对于 GaAs,分裂能 $\Delta_{so}=341$ meV,比锗的分裂能大 18%。可以看到,能带中能量的高低与布里渊区中波矢 **k** 的位置有关,图 4.10 表示出了Ⅲ-Ⅴ族化合物半导体本征 GaAs 的能带结构。图中画出了布里渊区中能量与波矢 **k** 沿不同方向上的分布:沿 Δ 方向从中心点 Γ 到 X,沿 Λ 从 Γ 到 L,沿 Σ 从 Γ 到 K,以及从点 X 到 K 的路径。这些点和路径都在图 4.9 的布里渊区中表示了出来。从图 4.10 中可以看到,不同的能带在布里渊区的中心点 Γ 处都有主要的极大值点和极小值点。禁带宽度的最小值是从点 Γ_8 到点 Γ_6 的能量差,带隙宽度 $E_g=1.42$ eV。位于 Γ_8 点以下的能带构成了价带,而那些位于 Γ_6 点以上的能带则构成了导带。因此,Γ_8 点是价带中的能量的最大点,Γ_6 点是导带中能量的最小点。

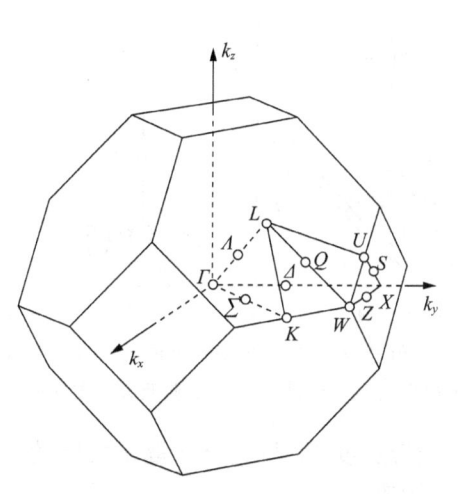

图中高对称点 Γ, K, L, U, W 和 X;
高对称性线为 $\Delta, \Lambda, \Sigma, Q, S$ 和 Z

图 4.9 GaAs 和闪锌矿结构半导体的布里渊区结构

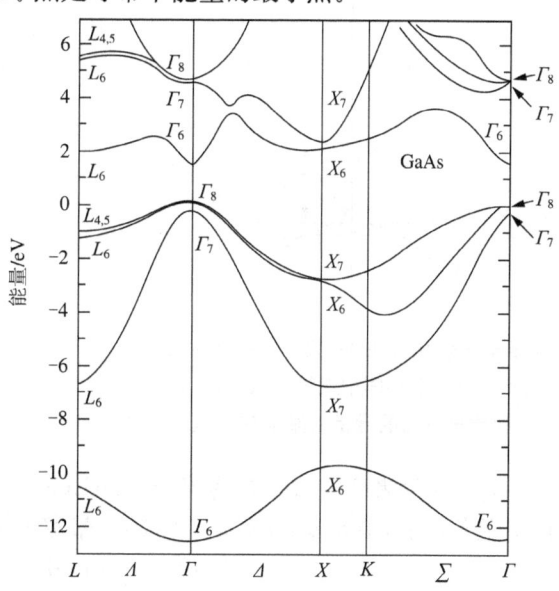

图 4.10 化合物半导体 GaAs 的能带结构

在绝对零度时,位于禁带以下的价带被电子完全占据,而位于禁带以上的导带则是全空,因此在绝对零度时,材料表现出绝缘体的性质。在室温条件下,由于禁带宽度足够小,因而价带电子可以通过热激发跃迁到导带,这些被激发到导带的相对比较少的电子导带中恰好位于导带底 Γ_6 附近的区域,这一区域被称为能谷。

GaAs 被称为直接带隙半导体,这是由于价带顶和导带底都同时位于布里渊区中同一个中

心点 Γ 处，如图 4.10 所示。位于价带中 Γ_8 点处的电子可以热激发到导带中的 Γ_6 点处，而不需要改变波矢 $\boldsymbol{k}$。化合物半导体 GaAs，GaSb，InP，InAs，InSb 和所有的 II-VI 族化合物半导体都是直接带隙半导体。而元素半导体，如 Si 和 Ge，以及部分化合物半导体，如 AlAs 等（如图 4.7），其价带顶在布里渊区中的位置和导带底的位置不同，因而这些半导体被称为间接带隙半导体。

图 4.11 给出了直接带隙半导体在中心点 Γ 处的能带图。在温度处于绝对温度以上时，能带可用抛物线近似。在费米能级以上位于 Γ_6 处的被电子占据导带能谷，被定义为最高占据态能量。激发的电子在价带顶留下了空态，这些空态的行为类似于电正性的"空穴"。这些空穴的能级处于能量 $-E'_F$ 之上。由于在本征半导体或是未掺杂半导体中，导带中的电子数量与价带中空穴的数量相等，对应于在 k 空间中这些电子和空穴所占据的体积相等。这些电子和空穴是组成电流的荷电载流子。

图 4.10 表示的是化合物半导体 GaAs 在 20eV 能量范围内的能带特征。然而，能带特征最重要的细节体现在几个电子伏特的能量范围内。GaAs 布里渊区的 E-k 关系就是一个很好的例子。从图 4.12 中可以看到，重空穴能带（V1）和轻空穴能带（V2）中的能量极大值点处于简并状态。GaAs 能带的另一个细部特征是，在布里渊区中三个本征能量极小值点的次序。能量的极小值随 Γ-L-X 方向逐渐增大。图 4.12 示出了极小值点 Γ_6，L_6 和 X_6 的次序。

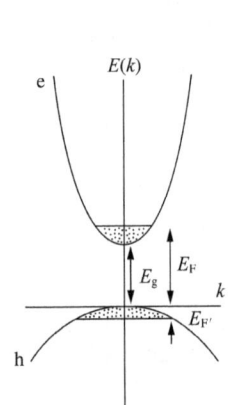

阴影部分表示价带中的空穴和导带中的电子
图 4.11 半导体中能量较低的价带和能量较高的导带的抛物线近似

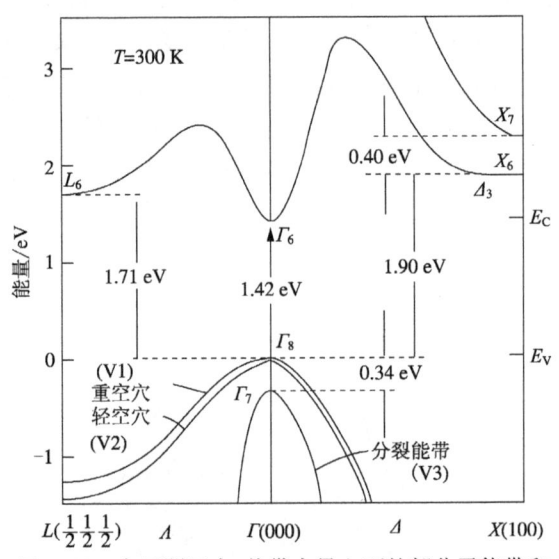

图 4.12 布里渊区中，价带中最上面的部分子能带和导带中最低的几个子能带的能量随波矢 $\boldsymbol{k}$ 变化的关系

有许多学者研究过化合物半导体 $Al_xGa_{1-x}As$ 的禁带宽度 E_g 与组分含量 x 之间的关系。在室温条件下，半导体 $Al_xGa_{1-x}As$ 的禁带宽度 E_g 可表示成

$$E_g^\Gamma(x) = 1.425 + 1.115x + 0.37x^2$$
$$E_g^X(x) = 1.911 + 0.005x + 0.37x^2$$
$$E_g^L(x) = 1.734 + 0.574x + 0.055x^2$$

上述公式表明，在组分含量 x 处于 $0.4 \leqslant x \leqslant 0.5$ 时，会发生 Γ-X 能带交叉。

4.2 载流子的输运过程

半导体器件中的载流子输运过程，由于载流子在空间和时间上的经常变化而变得非常复杂。

对于大尺寸器件,传统的低电场和高电场理论可以直接应用。这些器件可以用漂移-扩散方程进行分析,但考虑到迁移率与扩散系数随电场的变化的情况。然而,对于小尺寸的器件,由于载流子的分布不再是由局部电场所确定的,因而载流子的输运特性与大尺寸半导体中的情形有很大的不同。由于载流子输运在空间和时间上都是非局域化的,因此,传统的漂移-扩散方程不再适用于这种情形,但却出现了增强器件性能的新的可能性。

本节首先讨论载流子输运的基本方程,即波尔兹曼输运方程;其次讨论半导体内部各种散射对载流子输运的影响;最后讨论在电场快速变化的条件下,载流子输运的一些重要的性质。重点分析两种类型的瞬态输运过程,弹道输运和速度过冲。弹道输运表明电子在运动的过程中受到的散射影响最小;而速度过冲则表明电子漂移速度远大于其处于稳定态时的漂移速度值的载流子输运现象。

4.2.1 波尔兹曼输运方程

波尔兹曼方程(Boltzmann Transport Equation,简称BTE)是描述载流子输运的基本方程。它描述了在碰撞和电场的作用下所引起的载流子能量的变化。在碰撞和电场的作用下,电子能量分布随时间改变。假设在位置坐标为 r 处电子的动量为 p,在时刻为 t 时,在体积元中,电子分布函数或几率密度函数可表示为函数 $f(r,p,t)$。BTE方程可由守恒原理得出,函数 $f(r,p,t)$ 随时间的变化可由以下几部分之和构成:f 随空间位置的变化,f 随动量的变化,由于载流子产生-复合所导致的 f 随时间的变化。当该系统受到外力的作用导致位置和动量发生改变,对电子数函数 f 可表示为

$$\partial f/\partial t = -\nabla_r \cdot [(dr/dt)f] - \nabla_p \cdot [(dp/dt)f] + \partial f/\partial t|_{G-R} \quad (4.2.1)$$

BTE方程对于具有任意能带结构的一般非同质材料都是有效的。考虑到量子效应,则必须采用Wigner-Boltzmann方程。由于 $dr/dt=v$(速度),$dp/dt=F$(力),因而上式可写成

$$\begin{aligned} \partial f/\partial t &= -\nabla_r \cdot (vf) - \nabla_p \cdot (Ff) + \partial f/\partial t|_{G-R} \\ &= -v \cdot \nabla_r f - F \cdot \nabla_p f + \partial f/\partial t|_{G-R} \end{aligned} \quad (4.2.2)$$

半导体中载流子的产生与复合有两种不同的机理,第一种是正常的产生与复合,如在光照的情形下所产生的电子激发,这一项可用 $\partial f/\partial t|_n$ 来表示。另一种是由于自由载流子之间的碰撞,从而导致载流子由一种动量状态转移到另一种动量状态,这一项用 $\partial f/\partial t|_{coll}$ 表示。因此BTE方程变为

$$\partial f/\partial t = -v \cdot \nabla_r f - F \cdot \nabla_p f + \partial f/\partial t|_n + \partial f/\partial t|_{coll} \quad (4.2.3)$$

在稳定态时,由于 $\partial f/\partial t=0$ 及 $\partial f/\partial t|_n=0$。这是由于在稳定态时载流子的复合速率等于产生速率。这就导致了与时间无关的BTE方程

$$v \cdot \nabla_r f + F \cdot \nabla_p f = \partial f/\partial t|_{coll} \quad (4.2.4)$$

在一维情形下,与时间无关的BTE方程可简化成

$$\partial f/\partial t = -v \cdot \partial f/\partial r - F \cdot \partial f/\partial p + \partial f/\partial t|_{coll} \quad (4.2.5)$$

BTE方程是一个7维空间中 $f(r,p,t)$ 的积分-差分方程。在一般情形下,BTE方程只能用数值方法求解。对方程中的积分算子和差分算子离散化后进行数值计算是计算量非常大的。近年来已发展出了多种数值计算方法,如变分法、矩阵法、蒙特卡洛法和迭代法等。其中被广泛采用的数值方法是蒙特卡洛法。这一方法已被证明可以得到精确的计算结果,但其计算量依然是非常大的。并且,一旦高能载流子的分布是相关的,或者是在器件的某一特定的区域内载流子的浓度非常低,蒙特卡洛法所得到的结果会有很大的偏差。另一种方法是球状谐波函数法,其原理

是将在动量空间中的分布函数展开成一系列球状谐波函数,这种方法的计算量比蒙特卡洛法有显著减小。

4.2.2 散射机制

在周期性势场中,运动的载流子不会受到任何散射的作用,因而可以在外加电场中不断被加速,此时理想晶体可认为是电阻为零的理想导体。但在实际晶体中,由于杂质和缺陷的存在,使得晶体势场偏离周期性,从而使载流子受到散射。载流子的散射可用弛豫时间近似法来求解 BTE 方程,得到解析形式的解。假定能带结构为各向同性抛物线形,则可得到非简并半导体的弛豫时间与能量 E,有效质量 m^* 的关系,载流子迁移率与有效质量 m^*,温度 T 之间的函数关系。

$$\tau \propto E^\gamma (m^*)^l \tag{4.2.6}$$

$$\mu \propto (m^*)^n T^m \tag{4.2.7}$$

半导体中所有散射机制对载流子迁移率的影响可用梅森(Mathinessen)规则来确定:

$$\frac{1}{\mu} = \sum_i \frac{1}{\mu_i} \tag{4.2.8}$$

1. 杂质散射

无论是在半导体中有意添加的施主或受主杂质,还是无意混入的各种杂质原子,它们所产生的电势和组成晶体的母体原子所产生的电势是不同的,因而在杂质原子所在之处,就存在微扰电势。这种微扰电势在单电子薛定谔方程中的作用,就是在禁带中引进定域的杂质能级:施主能级、受主能级、载流子陷阱能级等。在温度很低时,施主能级是由电子所占据的,而受主能级是空的,即杂质原子基本上是电中性的。这种微扰势在跃迁理论中的解释是载流子和中性原子发生碰撞或散射。这种散射对迁移率的影响可用下式表示

$$\mu_n \propto \left(\frac{1}{N_n \varepsilon}\right)\left(\frac{m^*}{m_0}\right) \tag{4.2.9}$$

式中,N_n 是中性杂质浓度。

随着温度的升高,杂质原子发生电离,施主原子的价电子被激发到导带,受主原子接受价带电子,杂质本身分别变成正、负离子,因而载流子受到电离杂质的散射。当温度从很低开始上升时,这种散射的影响不断增强。然而由于电离杂质对高能电子的散射效果很低,当温度增高到某个值后,电离杂质的散射作用又开始下降。当化合物半导体中的杂质浓度还相当大时,在液氮甚至室温下,电离杂质散射往往还是材料中的主要散射机制。电离杂质散射对迁移率的影响可表示成

$$\mu_I \propto \varepsilon^2 (K_B T)^{3/2} N_i^{-1} z^{-2} (m^*)^{-1/2} \tag{4.2.10}$$

式中,N_i 是电离杂质浓度,z 是电离杂质有效电荷。

2. 晶体缺陷散射

晶体缺陷如空位、间隙原子等固有原子缺陷及位错。这些缺陷都是晶体中的散射中心。由于热运动而引起的空位、间隙原子等缺陷浓度一般也很低,通常也可忽略。但当化合物半导体偏离化学计量较大时,空位、间隙原子等会有较大的浓度,它们所导致的散射会逐渐增加。上面两种散射中心可通过工艺控制使其浓度降低,但由晶格振动引起晶体势畸变而产生的散射是无法

消除的。

3. 晶格散射

化合物半导体的元胞都含有两种以上的原子，因而晶格振动表现为声学波和光学波。量子力学计算结果表明，化合物半导体中有声学声子和光学声子两类。在化合物半导体中，声子和电子的散射有四种，其中声学声子和光学声子各有两种。

(1) 声学波形变势散射。由声学波晶格振动，引起晶体中原子间距离随时间的变化，这种变化又引起晶体中导带底和价带顶各处能量的不同。对于晶体中的载流子来说，导带底和价带顶的周期性变化，相当于存在一个附加势，这个附加势常称为形变势。形变势的大小正比于纵声学波振动引进的形变。由于形变势引起的载流子散射叫形变势散射。

$$\mu_{ac} \propto E_a^{-2}(K_B T)^{-3/2}(m^*)^{-5/2}C_H \tag{4.2.11}$$

式中，E_a 是声学波形变势常数，C_H 是混合物半导体材料的纵向弹性常数。

(2) 压电散射。声学波引起的第二种散射是压电散射。在含有离子性的化合物半导体中，由于声学波振动，通过压电效应引起晶体的极化，由极化产生的电势和载流子发生散射作用。这种压电势的大小取决于晶体的对称性，在低对称性的晶体中，压电势大。这种压电散射对于化合物半导体影响很大，特别是在低温条件下。由于纤锌矿结构的对称性比闪锌矿结构的对称性低，因而纤锌矿结构的化合物半导体中，压电散射更为重要。

$$\mu_{pz} \propto K_o^{-2}(K_B T)^{-1/2}(m^*)^{-3/2} \tag{4.2.12}$$

式中，K_o 是化合物半导体材料的压电耦合系数。

(3) 极性学声子散射。光学波引起的微扰势产生两种散射，极性光学声子散射和非极性光学声子散射。在含有离子性成分的Ⅲ-Ⅴ族、Ⅱ-Ⅵ族和Ⅳ-Ⅵ族化合物半导体中，纵光学波振动引起晶体的极化，这种极化产生的附加势引起载流子的散射，叫极性光学声子散射。在化合物半导体中，它通常是最重要的散射机制。

$$\mu_{po} = \frac{e}{2m^* \omega_o \alpha}[\exp(T_s/T)-1]\varphi \tag{4.2.13}$$

式中，α 是材料的极性常数，ω_o 是光学声子频率，T_s 是材料的特征温度(光学声子温度)，φ 是一个随温度变化的函数。

(4) 非极性光学声子散射。横光学波不会产生极化，但可以产生形变势，这种形变势与载流子散射的强弱和能带结构的对称性关系很密切。这种散射叫非极性光学声子散射，也叫光学形变势散射。对于能带极值在 Γ 点或 $\langle 100 \rangle$ 轴的半导体，这种散射很弱，对于能带极小值在 $\langle 111 \rangle$ 轴上的半导体，这种散射作用强。

$$\mu_{oc} \propto E_o^{-2}\rho(\hbar\omega_o)^{-1/2}(m^*)^{-5/2}f(\hbar\omega_o T/K_B) \tag{4.2.14}$$

式中，E_o 表示光学波形变势常数。

晶格散射除了分成上面的四种外，通常还根据散射前后的电子是否在布里渊区的同一能谷内，而分成谷内散射和谷间散射。根据电子和声子散射时要遵守能量守恒和动量守恒原理要求，可以证明：只将波矢小的声子能参加谷内散射，这样的声子又称为谷内声子。对于 Γ 能谷的化合物半导体，主要的晶格散射是谷内散射。能谷在 $\langle 100 \rangle$ 或 $\langle 111 \rangle$ 轴上的半导体，会发生谷间跃迁。电子和声子作用从一个能谷散射到另一个等效能谷。能参与谷间散射的声子称为谷间声子，它是大波矢的声子。还有一种谷间散射是从低能谷到高能谷的散射，它在高外场条件下是一种重要的散射。各种散射机制的分类如表 4.2 所示。

表 4.2 化合物半导体中的散射机制

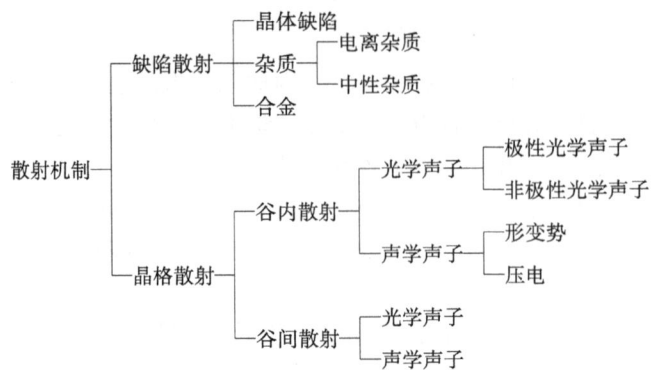

4.2.3 速度过冲

1. 速度过冲概念

在强电场作用下,半导体中载流子的瞬间漂移速度远超过其饱和速度值的现象,称为速度过冲。图 4.13 示出了 GaAs 中电子的漂移速度 v_d 与电场强度 E 的关系曲线。低电场时,欧姆定律成立(v_d 与 E 成正比);处于临界电场时,漂移速度 v_d 达到极大值;当电场强度大于临界电场时,漂移速度 v_d 由于热电子效应而偏离欧姆定律开始下降,并最终趋于一饱和值。GaAs 等直接跃迁化合物半导体出现负阻效应的原因是由于其双能谷的能带结构,处于 Γ 能谷的电子具有较小的有效质量,而处于较高能谷的电子具有较大的有效质量,因而在电场作用下,处于 Γ 能谷的电子具有较大的定向漂移速度,如图 4.13(a)所示,此时满足欧姆定律,直至达到极大值;随着场强进一步的增加,电子逐渐由低能谷跃迁到能量较高的能谷,如 X 能谷,导致处于 Γ 能谷的电子数减少,如图 4.13(b)所示,因此电子的定向漂移速度在达到极值点之后又逐渐减小,并最终趋于一个稳定值。其他半导体材料的定向漂移速度与电场的关系如图 4.14 所示,可以看出,尽管在低电场时,各种半导体材料的载流子定向漂移速度差异很大,如硅与 GaAs 的电子迁移率相差 5 倍,但在强电场的作用下,两者的差异就比较小了,大致都在 10^7 cm/s 量级。

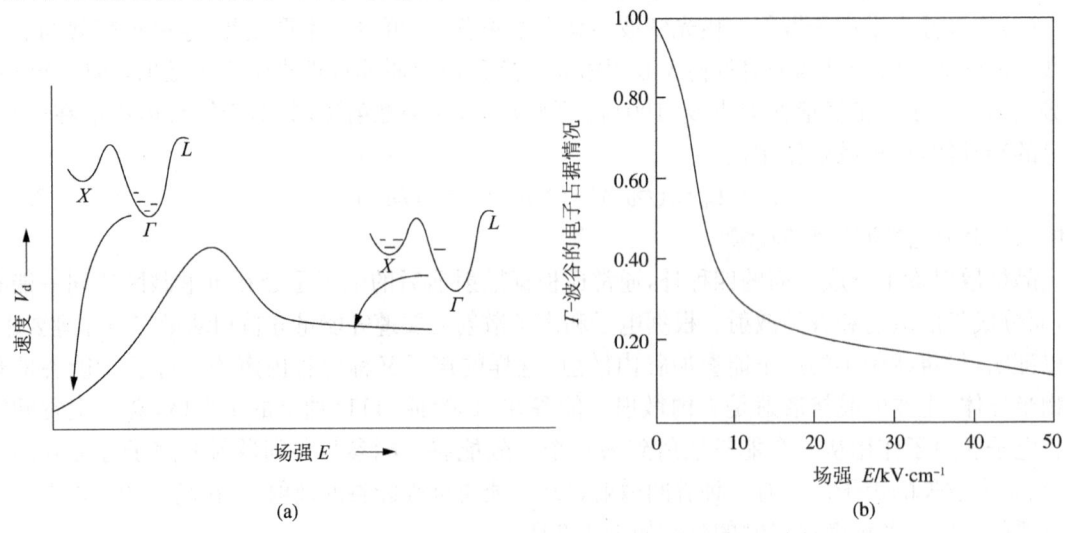

图 4.13 GaAs 中载流子漂移速度与电场之间的关系

为了讨论速度过冲现象,可引入动量弛豫时间 τ_m 来表征载流子遭受散射的情况。于是载流子的运动方程可表示为

$$\frac{\mathrm{d}v_d}{\mathrm{d}t}=\frac{qE}{m^*}-\frac{v_d}{\tau_m} \quad (4.2.15)$$

式中,m^* 是电子的有效质量,q 是电子电荷,t 是时间。

若 τ_m 与 E 无关,则有

$$v_d=\frac{q\tau_m}{m^*}E(1-\mathrm{e}^{-t/\tau_m}) \quad (4.2.16)$$

v_d 与 t 的关系如图 4.15 所示。当 t 远大于 τ_m 时,v_d 达到最大

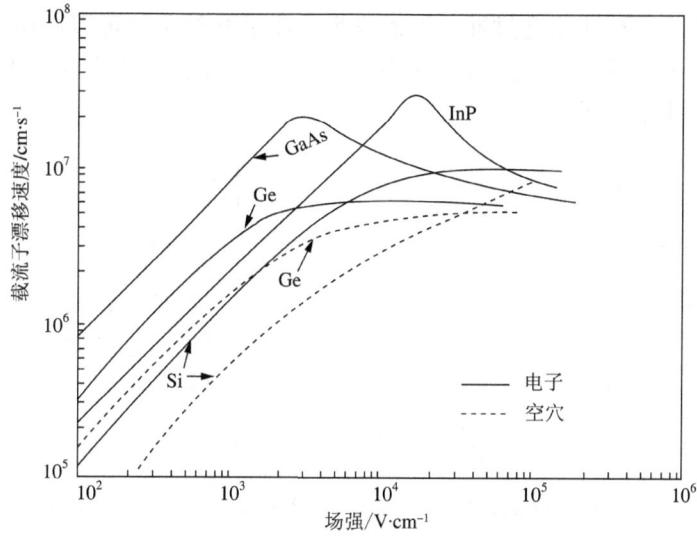

图 4.14 速度过冲的实验结果

$$v_{\mathrm{dmax}}=\frac{q\tau_m}{m^*}E \quad (4.2.17)$$

由于有,

$$\mu_q=\frac{q\tau_m}{m^*} \quad (4.2.18)$$

所以

$$\tau_m=\frac{m^*\mu_q}{q} \quad (4.2.19)$$

图 4.15 的结果反映了载流子瞬态的输运过程,然而最大的漂移速度 v_{dmax},即定态漂移速度,随电场强度的增大而增大,这与前面的图 4.13 中所观察到的实验结果不符。在图 4.13 中可以看到,稳态时漂移速度都将趋于一个饱和值,即使电场在不断增加,这是热电子效应作用的必然结果。

在强电场的作用下,电子温度升高而成为热电子,此时热电子与晶格的散射越发频繁,从而使得弛豫时间 τ_m 在不断减小,假设 τ_m 的减短符合指数衰减规律(从 τ_{m1} 衰减到 τ_{m0}),即

$$\tau_m=\tau_{m0}+(\tau_{m1}-\tau_{m0})\mathrm{e}^{-(t-\tau_{m0})/\tau_{m0}} \quad (4.2.20)$$

于是

$$v_d=\frac{q\tau_{m0}}{m^*}E(1-\mathrm{e}^{-t/\tau_m})+\frac{q(\tau_{m1}-\tau_{m0})}{m^*}E(1-\mathrm{e}^{-t/\tau_m})\mathrm{e}^{-(t-\tau_{m0})/\tau_{m0}} \quad (4.2.21)$$

当 $t \gg \tau_m$ 时，v_d 即趋于定态值，

$$v_d = (q\tau_{m0}/m^*)E \qquad (4.2.22)$$

此时，由于电场强度越大，τ_{m0} 就越小，而两者的乘积近乎为常数，故 v_d 与电场强度 E 的关系如图 4.16 所示。可见，这时的结果和前面看到的实验结果较为一致。

产生速度过冲这种瞬态效应的实质，可以认为是由于在强电场下，电子的动量弛豫时间 τ_m 很短所造成的。τ_m 很短就意味着当电子进入高电场区时，其波矢会立刻增大，也就是说，电子可立刻获得很高的定向漂移速度；而这时如果电子的能量 $(E \approx mv^2/2 + 3k_BT/2)$ 升高较慢（即能量弛豫时间较长），尚来不及被"加热"，则电子的平均热运动速度仍将停留在与晶格温度相适应的较低数值上，从而使得电子的平均自由时间 τ 较长。迁移率 $\mu = q\tau/m^*$ 较高，漂移速度 $v_d = \mu E$ 很高，可以超过定态 v_d 值，即速度过冲。因而发生速度过冲的条件可以归纳为以下三点原因：①电场很强；②$\tau_m \ll \tau_E$；③具有有效质量大的导带卫星能谷，其所具有的能量足够低，以至于在稳定态时，处于该能谷中的电子数较多。

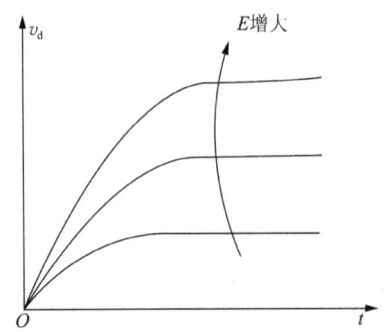

图 4.15 漂移速度 v_d 与时间 t 的关系

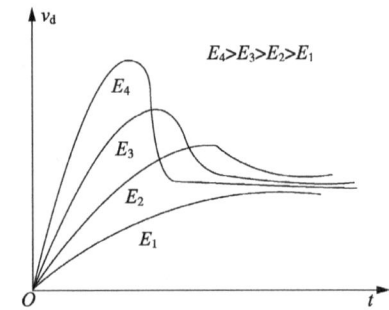

图 4.16 考虑热电子效应时，v_d 与时间 t 的关系

对于像 GaAs 和 InP 等之类的双能谷半导体，能量弛豫时间 τ_E 实际上应是载流子的能量上升时间加上载流子在谷间转移所需要的时间。一般是有 $\tau_m \ll \tau_E$，则在强电场下电子动量 m^*v 增加很快，但能量增加较慢，则这种动量很大的电子仍处于有效质量较小的主能谷中，从而迁移率较高。漂移速度可以大大越过定态漂移速度。在这类半导体中，子能谷有很小的动量弛豫时间，则速度过冲效应尤为显著，可以说，速度过冲效应是动量很大，而能量（或电子温度）较低的非热电子在强电场作用下的一种瞬态输运过程中的现象。当电子从低电场区进入高电场区的开始瞬间，也会有这种瞬态现象。

半导体中载流子的动量弛豫时间一般不同于能量弛豫时间，这是由于在同一温度下，动量弛豫和能量弛豫可以通过不同的散射机构来进行。例如，高掺杂半导体，在较低温度下，动量弛豫主要是通过电离杂质散射进行，但能量弛豫却只能通过各种声子散射进行。

在瞬态输运过程中，电子经过弛豫时间 τ_E 后，电子温度升高而成为热电子，则电子的平均热运动速度增大，使平均自由时间减小，迁移率下降，从而漂移速度也下降到与电场相应的定态值。τ_E 可以用实验测量，用远红外技术测得室温下 N 型 GaAs 中电子的 $\tau_E = 0.1 \sim 1.0$ ps，而硅材料中，电子的 $\tau_E = 0.1 \sim 0.6$ ps。

2. 速度过冲对器件的影响

在亚微米 FET 器件中，一旦存在很高的电场强度梯度，就必须考虑速度过冲对器件性能的影响。在瞬态输运过程中，电子速度能过冲或下冲到多大的值，以及能漂移多少距离，这些都是

直接关系到器件工作性能的重要问题。但由于瞬态过程的短暂,测量比较困难。在这方面已经有了大量的理论计算成果。因考虑的散射机制不同而不同,各种计算结果之间也略有差异。

由图 4.17 可见,对于 GaAs,要经过约 10^{-12} s 左右,漂移过约 0.5 μm 的距离后,电子速度才稳定到与电场相应的值,而且电子的速度可以过冲到其稳态值的数倍以上。而对于硅,过冲的速度和达到定态值前所经历的时间与漂移过的距离都小得多。对于亚微米 GaAs MESFET,尤其是当沟道长度小于 0.1 μm 时,速度过冲效应起着重要的作用。但对亚微米 Si MOSFET,则可以不必考虑速度过冲效应。实际上,对有源区长度为亚微米级的超高速器件,往往也必须考虑速度过冲效应。

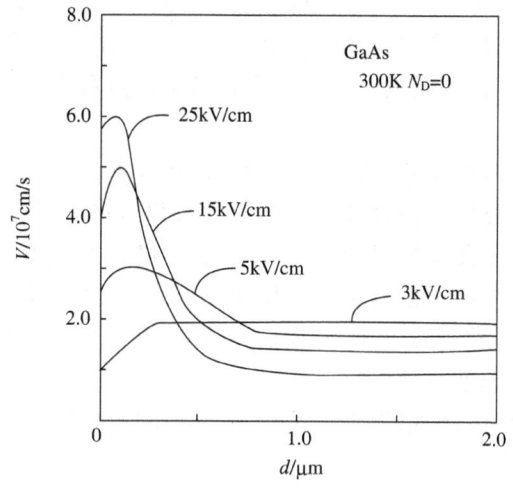

图 4.17　GaAs 材料中,漂移速度与距离的关系

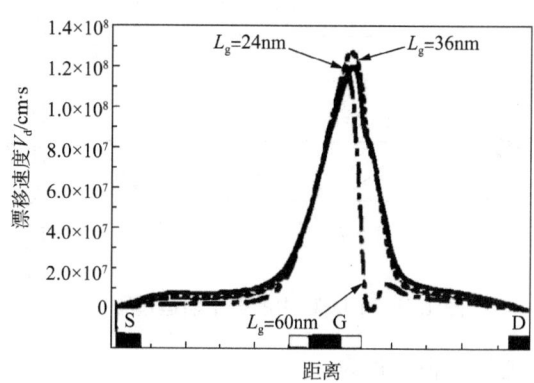

图 4.18　GaAs MESFET 器件中,沟道电子漂移速度的分布,L_g 为沟道长度

对不同材料的小尺寸器件,由载流子渡越高电场区的平均时间可以估算出漂移速度。结果表明,亚微米尺寸的 GaAs 和 InP 器件中,速度过冲效应是明显的;但对 Si 器件,即使有源区的尺寸小至 0.1 μm,也几乎不出现速度过冲效应。

图 4.18 示出了 GaAs MESFET 沟道中电子漂移速度的分布。可见在栅极下有明显的此区过冲效应,并且可以观察到沟道长度对速度过冲有一定的影响。

此外,不仅有源区长度很短的器件中瞬态输运过程对器件性能的影响很大,而且对工作频率很高(30GHz 以上)或开关时间很短(小于数皮秒)的器件,瞬态输运过程的影响也不可忽略,因为这时载流子的运动在平均自由程范围内,必须要考虑到电场变化的影响。

4.2.4　载流子的弹道输运过程

弹道输运是指在半导体材料中,电子运动过程中没有任何碰撞所导致的散射作用影响的瞬态输运过程,这与速度过冲必须考虑散射作用的情形不同。速度过冲是发生在器件的有源区尺寸大于或等于载流子的平均自由程 l 的条件下,而弹道输运则是发生在器件有源区尺寸小于 l 的情形下,此时载流子在输运过程中将不断被电场加速,而不必考虑散射的影响。在 2-DEG 这样一个二维体系中,载流子的几种主要的输运方式如图 4.19 所示,当沿电流方向的长度 L 和宽度 W 均大于电子的平均自由程 l 时,电子的输运为扩散输运;当 $W<l<L$ 时,电子的输运为准弹道输运;当 $W<l$、$L<l$ 时,电子的输运为弹道输运。载流子的迁移率可表示为

$$\mu = q\tau_m / m^* \tag{4.2.23}$$

式中，m^* 是有效质量（对 Si 中的电子，可用态密度有效质量 $m^* = (m_t^2 m_l)^{1/3} = 0.328 m_0$；这里 m_0 是自由电子质量），k 是 Boltzmann 常数，q 是电子电荷，T 是绝对温度，τ_m 是动量弛豫时间。

电子的平均自由程为

$$l = \tau_m v_{th} = \frac{\mu}{q}(3m^* kT)^{1/2} \tag{4.2.24}$$

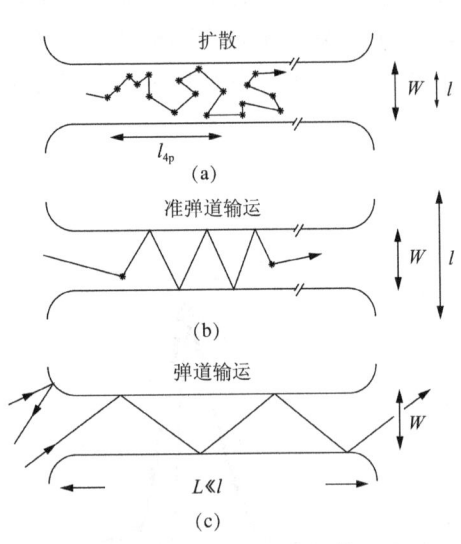

图 4.19　2-DEG 中的电子输运过程

式中，v_{th} 为热运动速度，k 是 Boltzmann 常数，T 是绝对温度。

在亚微米沟通长度的器件中，弹道输运过程是可能存在的。例如，对 GaAs 器件，当有源区长度接近于 $0.2\mu m$ 时，这时漂移速度可达到 10^8 cm/s。对 Si 器件，需要有源区长度更短才能认为是弹道输运过程起主要作用。

速度过冲和弹道输运都是载流子的瞬态输运过程。在速度过冲的初始阶段，总包含有弹道输运过程。在图 4.13 中曲线的起始阶段，漂移速度随时间线性增大，这表明载流子被电场自由加速，这正是弹道输运过程。此后漂移速度呈现出超过定态漂移速度的极大值，这才是速度过冲效应。

由半导体物理的知识可知，载流子的动量守恒和能量守恒方程为

$$\begin{cases} \dfrac{d}{dt}(m^* v_d) = qE - \dfrac{m^* v_d}{\tau_m} \\ \dfrac{d\overline{E}}{dt} = qEv_d - \dfrac{\overline{E} - E_0}{\tau_E} \end{cases} \tag{4.2.25}$$

式中，$E_0 = 3kT/2$ 为载流子的热运动能量；τ_m、τ_E 表示不同的散射机制，在稳定态时，由 $d(m^* v_d)/dt = 0$，$d\overline{E}/dt = 0$ 可得，τ_m、τ_E 与稳定态时的能量 E_s 的关系

$$\tau_m(E_s) = \frac{m^* v_s}{qE_s} \tag{4.2.26}$$

$$\tau_E(E_s) = \frac{E_s - E_0}{qE_s v_s}$$

从上面的动量守恒方程可知，弹道输运和速度过冲这两种瞬态输运过程，我们都可以根据前述的守恒方程 (4.2.25) 来加以说明。当 $t \ll \tau_m$ 时，可略去动量守恒方程中的散射项 $m^* v_d/\tau_m$，则有

$$\frac{d}{dt}(m^* v_d) = qE \tag{4.2.27}$$

对恒定电场和抛物线能谷，m^* 与 E 无关，对上式积分可得到 v_d 的表达式

$$v_d = \frac{qE}{m^*} \tau_m(E_i) \tag{4.2.28}$$

式中，电子所具有的初始能量为 E_i，从而 $v_d \propto t$，这就是弹道输运的特点。

当 $t \gg \tau_m$ 时，电子被加热到它们的最终的漂移能量 E_f，此时有 $E_f > E_i$。如果动量弛豫时间 τ_m 是能量 E 的单调递减函数，则有 $v_d > v_f$，速度过冲现象就产生了。同样，根据方程 (4.2.25)，

略去动量守恒方程中的惯性项 $d(m^* v_d)/dt$,则有

$$v_d = \frac{q\tau_m(E_f)}{m^*} E = \mu(\bar{E}_f) \cdot E \tag{4.2.29}$$

这表明漂移速度不仅与电场有关,而且也与载流子的最终被加热到的平均能量 $\bar{E}$ 有关;而 $\bar{E}$ 决定于能量守恒方程(直将由热能 E_0 逐步增加到定态能量 E_f)。对大多数半导体,μ 随 $\bar{E}$ 是减小的,但在刚加上强电场的开始阶段,$\bar{E}$ 接近于 E_0,则 μ 保持有远高于定态的值,从而 v_d 也远超过定态值,这就是速度过冲效应。

4.3 二维电子气

4.3.1 二维电子气

1971 年,Esaki 和 Tsu 首先发现了超晶格和调制掺杂的半导体异质结中的二维效应。二维电子气的存在为理论和实验所证实。当宽禁带半导体材料与窄禁带半导体材料接触形成异质结时,在界面处会产生强烈的能带弯曲,在窄带半导体一侧形成电子的势阱。如果宽禁带半导体掺有施主杂质,则施主杂质中的电子将穿过界面势垒,被捕获在界面势阱中,如果这个势阱区很薄,则势阱中的电子呈现二维体系特征。在宽禁带半导体和窄禁带半导体所构成的超晶格系统中,处于窄禁带半导体侧的导带或价带的势阱呈现一系列的子带,即电子所取的能量是量子状态的,因此这种势阱中的电子系统称为二维电子气(2-DEG)。这种势阱称为量子阱。AlGaAs-GaAs 异质结能带结构和电子分布如图 4.20 所示。

二维电子气的存在,使有关的材料和器件具有很多独特的性能,如高的电子迁移率、良好的光学性能、二维体系的电导特性等。半导体表面反型层中的电子气可以看成是典型的二维电子气,处于表面反型层势阱中的电子如同被封闭于势箱中的自由电子一样,电子的德布罗意波波长比势阱的宽度要大,在垂直于表面方向上的能量将发生量子化,即在垂直表面方向的运动丧失了自由度,只存在表面内两个方向的自由度。显然,2-DEG 的散射几率比一般可在三维

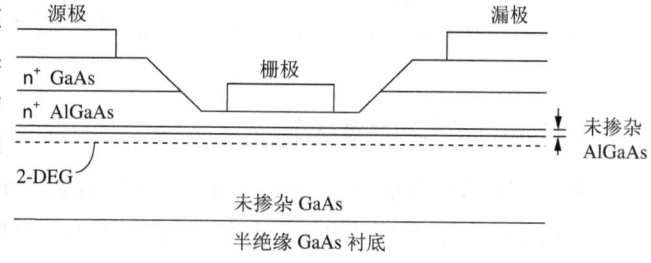

(a) GaAs MESFET 器件的剖面示意图

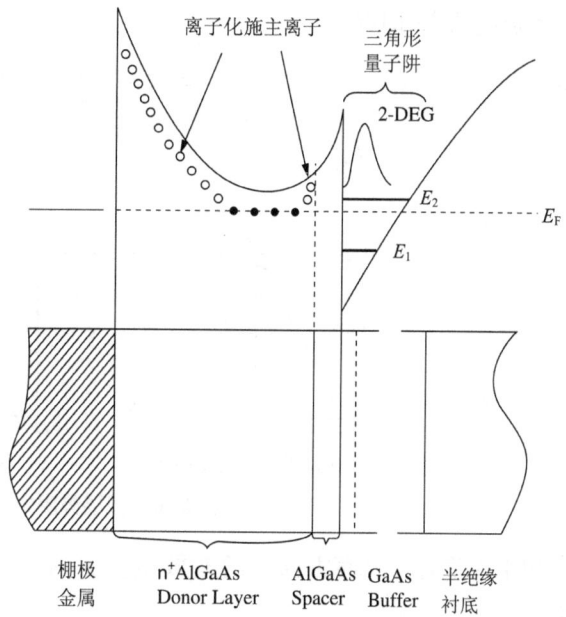

(b) 器件中 GaAs/AlGaAs 异质结中的 2-DEG

图 4.20 GaAs MESFET 器件中的 2-DEG 结构

方向自由运动的电子小很多,因此 2-DEG 的有效迁移率较高。

调制掺杂 GaAs/AlGaAs 异质结的势阱中存在有更为显著的 2-DEG,如图 4.20 所示。值得指出的是,在这种调制掺杂异质结中的 2-DEG 具有比一般 2-DEG 更高的迁移率。因为势阱处于本征半导体 GaAs 一侧,而势阱中的电子是来自于 N 型半导体 AlGaAs 一侧,因此电子与提供电子的杂质在空间上是分隔开的,2-DEG 原则上将不遭受电离杂质散射的影响,从而迁移率很高。

通常认为,低温下,二维电子气的电子迁移率主要受杂质散射限制。在一定温度下,声子散射起重要作用。此外,还有界面粗糙散射、子带间散射、压电散射、中性杂质散射等都影响 2-DEG 系统的迁移率。在改善制备工艺时,考虑上述有关因素的影响,将有利于迁移率的进一步提高。

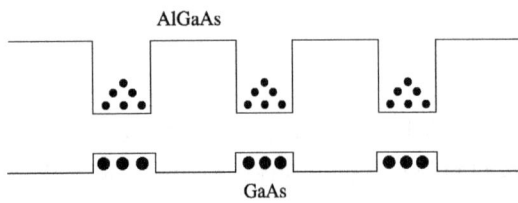

图 4.21 GaAs/AlGaAs 超晶格中 2-DEG 示意图

半导体超晶格,例如 GaAs/AlGaAs 系统,如果其中 GaAs 层较薄(<20nm),而 AlGaAs 层较厚,则电子基本上被封闭在禁带较窄的 GaAs 层内,成为 2-DEG,如图 4.21 所示。这时如果只是在 AlGaAs 层中掺杂,则在 GaAs 层中的 2-DEG 由于避开了电离杂质直接散射的影响,具有很高的电子迁移率。

4.3.2 二维电子气的能量状态

考虑半导体表面反型层中的 2-DEG。设垂直加在半导体表面(z 方向)上的电场 E 很强,表面反型层中的电子所引起的空间电荷可忽略,则由耗尽层引起的电势分布呈线性变化,构成三角形势阱,如图 4.22(a)所示。封闭于此三角形阱中的 2-DEG,其德布罗意波在 z 方向将形成驻波状态;若在 z 方向的德布罗意波长为 λ_0,则在三角形势阱中的状态只可能是阱宽等于 $\lambda_0/2$ 的整数倍的那些状态,即有

$$z_0 = n \times \frac{\lambda}{2}, \quad n=1,2,3\cdots \tag{4.3.1}$$

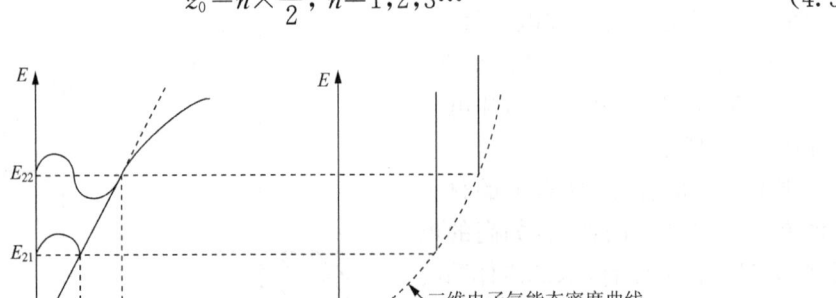

(a) 势阱中的波函数　　　　(b) 2-DEG 的能态密度

图 4.22 表面反型层势阱中的波函数和能态密度

如果在垂直于表面方向上的有效质量为 $m_\perp^*$,则以驻波状态存在的自由电子在 z 方向的能级。

$$E_{zn} = \frac{p_z^2}{2m_\perp^*} = qE_z z_n = \frac{1}{(2m_\perp^*)^{1/3}} (\pi h q E_z)^2 n^{2/3} \tag{4.3.2}$$

式中,E_z 是 z 方向的电场,且引用了 $p_z = h/\lambda_z$。可见,表面反型层中的 2-DEG 只可能取上式的

量子化数值,这种现象即称为表面量子化。以硅为例,取 $m_\perp^* = 0.25 m_0$、$E_z = 10^5 \text{V/cm}$,则 $E_{z1} = 300\text{K}$。这比室温下的热能(300K)要大得多,而且也比自由电子迁移率 μ_n 所决定的能量(约 $\hbar/\tau \sim \hbar q/m_\perp^* \mu_n$)要大得多,所以,即使是在室温下,硅的表面量子化也是不可忽视的。

2-DEG 的总能量 E,除了 E_{zn} 以外,还有 p_x 和 p_y 所决定的能量 $E_{x,y}$。由于在势阱内平行于表面的电子运动仍旧几乎是自由的。可用平面波近似地描述,则有

$$E_{x,y} = \frac{1}{2m_\parallel^*}(p_x^2 + p_y^2) \tag{4.3.3}$$

式中,$m_\parallel^*$ 是平行表面方向上的有效质量。因此 2-DEG 的全部允许态的能级由下式确定

$$E_n = E_{x,y} + E_{zn} \tag{4.3.4}$$

每一个量子数(n)即对应于 2-DEG 的一个能带,称为子能带;2-DEG 就处于各子能带中。值得注意,随着 z 方向表面电场的增大,量子能级的能量本征值 E_n 也将增大。

在二维 k 空间中,2-DEG 的状态密度为(设晶体表面积:$S = L_x L_y$)

$$N_2(k) = \frac{1}{\frac{2\pi}{L_x} \times \frac{2\pi}{L_y}} \times 2 = \frac{S}{2\pi^2} \tag{4.3.5}$$

从而对各子能带,2-DEG 在能量空间中的状态密度为

$$N_l(E) = \frac{d}{dE}\left(\frac{S}{2\pi^2} \times \pi k^2\right) = \frac{S m_\parallel^*}{\pi \hbar^2} (\text{eV}^{-1} \cdot \text{m}^{-2}) \tag{4.3.6}$$

式中,利用了 $E = \hbar^2 k^2 / m_\parallel^*$,可见 2-DEG 的能态密度是与能量无关的一个常数,这种关系表示在图 4.22(b)中。

电子在 2-DEG 量子化能带上的分布,可进行初步的估计。这些电子基本上都分布在能量最低两个子能带(E_1 和 E_2)上,在更高的能级如 E_3 上的电子往往只占到总电子数的千分之几至万分之几。如果电子浓度和温度适当,则所有 2-DEG 均有可能处于只包含有少数几个能级的基态的 E_1 子能带上。这种只是最低的二维子能带的绝大部分被电子所占据的情况,称为电的量子极限。

若只考虑 E_1 和 E_2 两个子能带,利用 Fermi-Dirac 分布可求得 2-DEG 的浓度

$$n_s = kT N_2(E) \ln\left[(1 + e^{(E_F - E_1)/kT})(1 + e^{(E_F - E_2)})\right] \tag{4.3.7}$$

式(4.3.7)表明,2-DEG 的浓度与 Fermi 能级的位置有很大关系。对图 4.22 系统中的 2-DEG,n_s 的数量为 $10^{11} \sim 10^{12} \text{cm}^{-2}$,$E_1$、$E_2$ 与 n_s 的关系近似为

$$E_1 \approx 2.5 \times 10^{-12} n_s^{2/3} \tag{4.3.8}$$

$$E_2 \approx 3.2 \times 10^{-12} n_s^{2/3} \tag{4.3.9}$$

式中,n_s 的单位为 cm^{-2},E_1 和 E_2 从势阱底(导带底)算起(单位为 eV)。对该系统的分析也指出,即使 n-AlGaAs 的掺杂浓度较低($N_b = 10^{17} \text{cm}^{-2}$),其中的 2-DEG 也将会明显地不遵从 Boltzman 统计。

对于封闭于超薄层 GaAs 中的 2-DEG,可看成是处于无限深的方势阱中,如果 GaAs 层的有效厚度(等于实际厚度加上波函数往势垒中渗进的深度)为 L_z,则 2-DEG 在 z 方向的量子化能量为

$$E_{zn} = \frac{h^2}{8m^* L_z^2} n^2, \quad n = 0, 1, 2 \cdots \tag{4.3.10}$$

当 $L_z = 10\text{nm}$ 时,$E_{z1} \approx 55\text{meV}$,这比室温(300K)下的热能 26meV 要大得多。可见,GaAs 超薄层中的 2-DEG 也是处于各二维子能带上的。

再来看看 2-DEG 在表面反型层中的空间分布。2-DEG 的波函数在有效质量近似下可表示为

$$\Psi(x,y,z)=\xi(z)\mathrm{e}^{\mathrm{i}(k_x x + k_y y)}\mathrm{e}^{\mathrm{i}\mathit{k}z} \tag{4.3.11}$$

对于同一个子能带的所有电子来说，与 z 有关的部分 $\xi(z)$ 相同。这时，空间电荷密度为

$$\rho(z)=-q\sum_n N_n \mid \xi(z)\mid^2 + N_D^+ - N_A^- \tag{4.3.12}$$

式中，N_n 是第 n 个子能带中的电子浓度，且对所有的子能带求和。从而 Poisson 方程可写出为

$$\frac{\mathrm{d}^2 V(z)}{\mathrm{d}z^2}=\frac{q}{\varepsilon\varepsilon_D}\Big(\sum_n N_n \mid \xi(z)\mid^2 + N_D^+ - N_A^-\Big) \tag{4.3.13}$$

求解此考虑了量子效应的 Poisson 方程，可得到相应的表面能带弯曲状况、表面容许能带及电荷分布。对 GaAs 等化合物半导体，由于其电子的有效质量较小，则这种量子效应将更加明显。

现已证明，在表面 $\xi(z)\to 0$ 处，即使在缺乏表面电荷的情况下，由于靠近表面的电子浓度减少而后在一个小范围内又有所增加，使得体内不完全是电中性的，从而形成一个产生局域能级的势阱。

应当指出，2-DEG 的量子效应是很重要的，并直接影响到它们在空间的分布状况。被封闭在 GaAs 薄层中的空穴，也与电子一样，同样也是处于一系列的二维子能带中。此外，除去表面反型层中的载流子需考虑量子效应外，表面积累层中的载流子，也同样要考虑其能量的量子化。最近有研究明确指出，表面量子化对衬底重掺杂的深亚微米的 MOSFET 的阈值电压和迁移率均有显著影响。

4.3.3　二维电子气的光学特性

处于超薄层或量子势阱中的 2-DEG，具有其特殊的能带结构，而在这种情况下，电子在不同能带之间的跃迁特性，导致其在光学性质上也有所不同。下面分别从电子在带间跃迁和二维子能带间的跃迁来分析。

1. 带间跃迁

对 GaAs/AlGaAs 体系（如图 4.19 和图 4.22），在 GaAs 超薄层中的电子和空穴，均将处于量子二维子能带 $E_n = E_{x,y}+E_{z1}$ 上，而电子的基态能级 E_1^e 在导带底以上 E_{z1}^e 处，空穴的基态能级别在价带顶以下以 E_{z1}^h 处。此时，如图 4.23 所示，与电子-空穴带间跃迁相关的"有效禁带宽度" E_g^* 将比体单晶中的禁带宽 E_g 要大，即有

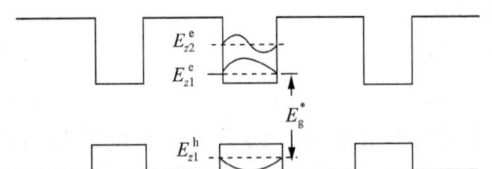

图 4.23　GaAs/AlGaAs 超晶格中 2-DEG 的量子能级

$$E_g^* = E_g + E_{z1}^e + E_{z1}^h \tag{4.3.14}$$

改变 GaAs 层的有效厚度 L_z，即可改变 E_{z1}^e 和 E_{z1}^h 的位置，从而可改变 E_g^*。

由于 E_g^* 比 E_g 大，所以在这种体系中，2-DEG 光吸收的本征吸收限将向高能一侧移动，如图 4.24 所示，而且在本征吸收限以上的高能量区域内出现许多吸收峰。这正好对应于 2-DEG 在激发态能级间的跃迁（图 4.24 中曲线上方的箭头是指"电子-重空穴"激子能级间的跃迁，曲线下方的箭头是指"电子-轻空穴"激子能级间的跃迁）。这里因为电子和空穴都处于同一层 GaAs

内,则二维激子的束缚能要比三维激子的大,所以即使在室温下,二维激子也是稳定的。

另外有一种超晶格,如 InAs-GaSb 体系超晶格,二维的电子和空穴分别封闭在不同的两层内;电子封闭在 InAs 层,空穴封闭在 GaSb 层,如图 4.25 所示。

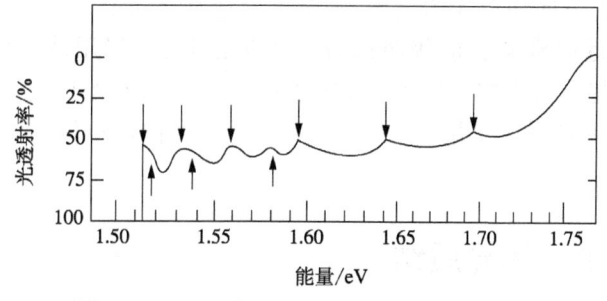
图 4.24 GaAs/AlGaAs 超晶格的光吸收特性

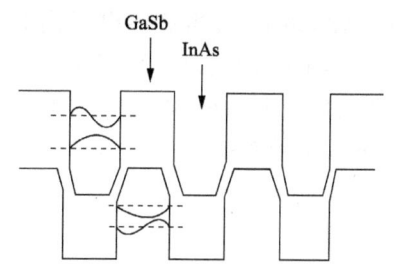
图 4.25 InAs/GaSb 超晶格中的 2-DEG

这时如果价带不连续性为
$$\Delta E_V = E_{V(\text{GaSb})} - E_{V(\text{InAs})} \tag{4.3.15}$$
则带间跃迁的有效禁带将成为
$$E_g^* = E_{g1} + (E_{z1}^e + E_{z1}^h) - \Delta E_V \tag{4.3.16}$$
式中,E_{g1} 是电子所在处 InAs 的禁带宽度,因此,若 $\Delta E_V > (E_{z1}^e + E_{z1}^h)$,则 $E_g^* < E_{g1}$。由于 E_{z1}^e 和 E_{z1}^h 与有效厚度($L_{z1} = L_{z2} \approx L_z$)有关,当 L_z 增加时,E_{z1}^e 和 E_{z1}^h 减小,这种关系已在实验上观察到了如图 4.26。如果设 $E_{g1} = 0.4\text{eV}$,$\Delta E_V = 0.54\text{eV}$,则当 $(E_{z1}^e + E_{z1}^h) < 0.14\text{eV}$ 时(相应 $L_z > 12\text{nm}$),E_g^* 将为负值,即超晶格成为半金属状态。对调变掺杂 NIPI 型 GaAs 超晶格,由于其中电子和空穴在空间上是分离的,故也观察到了禁带宽度的减小效应。

带间光吸收跃迁的逆过程就是带间复合光现象。在半导体激光器中,若有源区采用超薄膜多层结构,即量子势阱(QW)结构,就构成所谓量子阱激光器,如图 4.27 所示。考虑到 QW 中 2-DEG 的量子化能级 E_{z1}^e 和 E_{z1}^h,改变超薄层的厚度,即可改变有源区的有效禁带,从而可改变激光的波长。此外由于 2-DEG 的状态密度是阶梯式的(如图 4.22(b)),则 QW 激光器的振荡阈值与温度的关系小,而且阈值电流密度也比通常的双异质结(DH)激光器的要低,可低至 250A/cm^2。

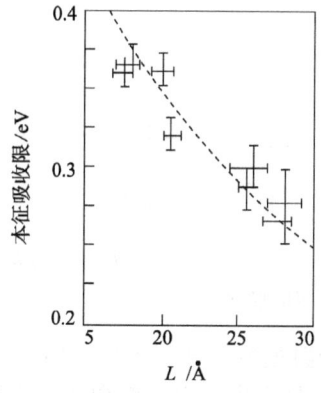
图 4.26 InAs/GaSb 超晶格的有效禁带宽度

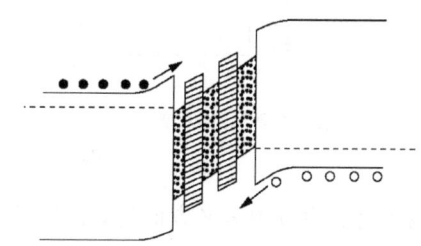
图 4.27 量子阱激光器工作原理图

2. 二维子能带间的跃迁

2-DEG 在导带内各量子能级之间的跃迁也反映在光吸收、发光、电子的 Raman 散射等很多方面特性。例如。Si-MOSFET 改变其栅电压(V_g)时,三角形沟道势阱中的量子能级间距(ΔE_g)将发生变化;在远红外波长的激光照射下,若改变栅电压(即调节 ΔE_z),当 ΔE_z 等于入射光能量时,将出现光吸收或光电导,由此可用来探测远红外光。

此外,对存在二维能带的体系,若沿界面方向加上强的电场,则电子能量升高而上升到较高的激发态能级上去;当这些电子由激发态返回到基态能级时即发射出远红外光,当用波长为 647.1nm 的光来激发 GaAs/AlGaAs 体系超晶格中的 2-DEG,并观测 Raman 散射的光时,就可以发现有两个 Raman 峰,这正好对应于 2-DEG 的两个量子能级的间距;利用这种现象可以确定出 2-DEG 量子能级。

4.4 半导体异质结

由于半导体外延技术的发展,人们可以将禁带宽度不同的两种半导体材料生长在同一块衬底上,且可以按照要求制成杂质突变的或缓变分布的 PN 结。这种由两种不同的半导体材料接触而组成的结称为半导体异质结。这种结构不仅改变了半导体的禁带宽度,其他如能带结构、载流子有效质量和迁移率等也发生了变化。这种性能上的改变,是半导体异质结在实际应用过程中的基础。现在,利用异质结已经制造出许多光电器件,如量子阱激光器、发光二极管和太阳能电池等各种类型的光电器件。本节主要讨论异质结的能带结构、界面态对能级结构的影响以及异质结的伏安特性。

4.4.1 异质结的能带突变

异质结的两边是不同纳半导体材料、则禁带宽度不同,从而在异质结处就存在有导带的突变量 ΔE_C 和价带的突变量 ΔE_V。这些能带突变量是表征异质结性质的重要物理量,对异质结的应用有着很重大的影响。为便于讨论,本节仅考虑本征异质结的情况,即不计及界面处能带弯曲的作用等。

图 4.28 示出了几种典型的能带突变形式。图 4.28(a)是两禁带交叉的情况,这时 $\Delta E_C = E_{C1} - E_{C2} > 0$,$\Delta E_V = E_{V2} - E_{V1} > 0$,$\Delta E_g = E_{g1} - E_{g2} = \Delta E_C + \Delta E_V$;图 4.28(b)是两禁带错开的情况,这时 $\Delta E_C < 0$,$\Delta E_V > 0$,同样 ΔE_g 是 ΔE_C 与 E_V 得代数和;图 4.28(c)是两禁带不交接的情况。

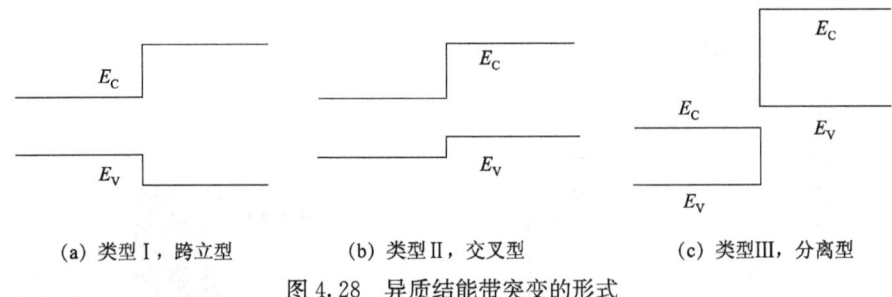

(a) 类型Ⅰ,跨立型　　(b) 类型Ⅱ,交叉型　　(c) 类型Ⅲ,分离型

图 4.28　异质结能带突变的形式

能带突变的应用是多方面的,图 4.29 给出了几个典型的例子:图 4.29(a)可用以产生热电子;图 4.29(b)是能使电子发生反射的势垒;图 4.29(c)是提供一定厚度和高度的势垒,当势垒很薄时,电子可以隧穿,当势垒较厚时,只有那些能量比势垒高度要大的电子才能越过;图 4.29(d)形成一定深度和宽度的势阱,将电子束缚于其中,当势阱宽度 L 小于电子的波长时,阱中的电子将处于一系列的量子化能级上(即是所谓量子势阱),有

$$E_n = \frac{\hbar^2}{2m^*}\left(\frac{n\pi}{L}\right)^2 \tag{4.4.1}$$

式中，m^* 是电子的有效质量。

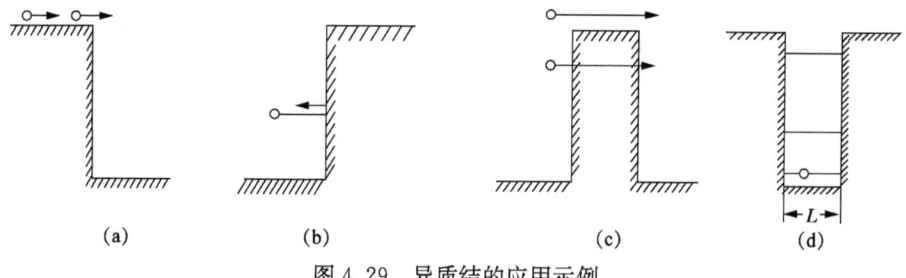

图 4.29 异质结的应用示例

1. 能带突变量的实验测量方法

若已知异质结两边材料的禁带宽度，并不能直接求得能带突变量 ΔE_C 和 ΔE_V。对 ΔE_C 和 ΔE_V 这两者，只要知道其中之一，就可以由关系 $\Delta E_g = \Delta E_C + \Delta E_V$ 而求得另一个。由实验来决定 ΔE_C 或 ΔE_V 的方法很多，下面简要介绍几种主要的方法。

(1) 跃迁光谱法。这是一种基本的测量方法，就是把异质结生长在两个宽禁带材料之间夹有一个极薄的窄禁带材料，如图 4.30 所示。量子阱中的电子产生光跃迁时，在吸收光谱或荧光光谱上会出现一系列反映能级的量子化的峰。当势阱中

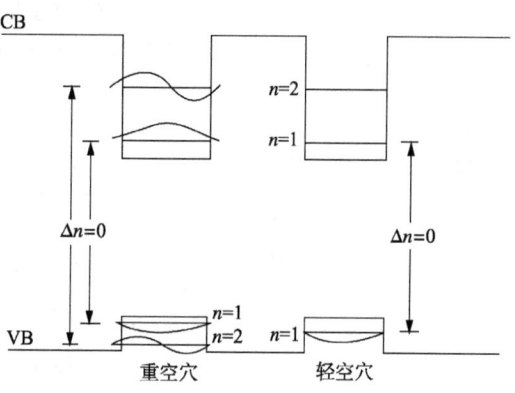

图 4.30 量子阱中的光跃迁示意图

的宽度和载流子的有效质量已知的时候，可以用和实验数据相拟合的办法求出相应势阱的深度，即导带的突变量 ΔE_C 和价带的突变量 ΔE_V。图 4.31 是 Dingle 做的一个非常著名的实验，他采用 GaAs-Al$_{0.2}$Ga$_{0.8}$As 量子阱，改变势阱宽度 L_z，在 2K 条件下得到了一系列激子吸收光谱的峰值，取 $m_e^*/m_0 = 0.0665$，$m_h^*/m_0 = 0.45$ 拟合实验点，图中实线为理论计算结果，得到 $\Delta E_C = 0.88\Delta E_g$，$\Delta E_V = 0.12\Delta E_g$。

(2) 电容-电压法。测出异质结的电容 C 与外加电压 V_a 的关系，然后作出 C^{-2} 与 V_a 的关系曲线，由此关系图上的直线进行外推，即可求得异质结的势垒高度，从而得到导带和价带的能量突变值。

对于 PN 型异质结，如图 4.32(a) 所示，有导带的不连续性
$$\Delta E_C = qV_{D2} + \delta_2 - (E_{g1} - qV_{D1} - \delta_1) = qV_D + \delta_2 - (E_{g1} - \delta_1) \tag{4.4.2}$$

对于 NN 型同型异质结，如图 4.32(b) 所示，有导带的不连续性
$$\Delta E_C = qV_{D2} + \delta_2 - (\delta_1 - qV_{D1}) = qV_D + \delta_2 - \delta_1 \tag{4.4.3}$$

如果界面两侧杂质全部电离，则有
$$\delta_i = kT\ln(N_C/V_{Di}) \tag{4.4.4}$$

式中，N_C 为等效导带密度
$$N_C = [2(2\pi m^* kT)^{3/2}]/h^3$$

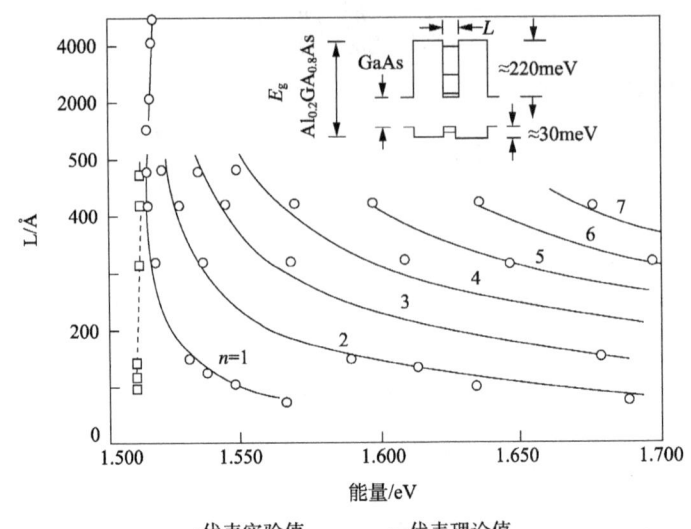

∘代表实验值　——代表理论值

图 4.31　GaAs-AlGaAs 量子阱中激子吸收峰

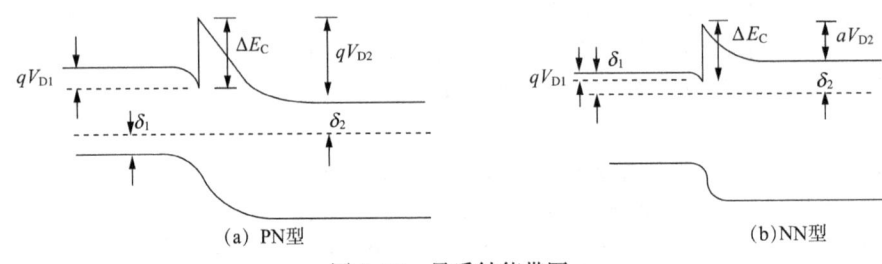

(a) PN型　　　　　　　　　　　　(b) NN型

图 4.32　异质结能带图

因此,有

$$\Delta E_C = qV_D + \delta_2 - \delta_1 = qV_D + kT\ln(N_{D1}N_{C2}/N_{D2}N_{C1}) \quad (4.4.5)$$

$$\Delta E_C = qV_D + kT\ln\left(\frac{N_{D1}}{N_{D2}}\right) + \frac{2}{3}kT\ln\left(\frac{m_2^*}{m_1^*}\right) \quad (4.4.6)$$

如果掺杂浓度已知,便可直接从势垒高度求出导带的不连续性。但同型异质结势垒高度较低,这种测量方法会引入较大的误差。Kroemer 提出了一种改进的 C-V 法,以测量整流效应较弱的异质结的能带不连续性。他认为,C-V 法测量得到的电子浓度不是真实的电子浓度

$$\frac{d}{dV}\frac{1}{C^2} = \frac{2}{q\varepsilon}\frac{1}{\hat{n}(x)} \quad (4.4.7)$$

式中,$\hat{n}(x)$ 为表观电子浓度,与真实的电子浓度分布相差较远。

异质结两边的静电势差为

$$V_D = \frac{q}{\varepsilon}\int_0^\infty [N_D(x) - \hat{n}(x)](x - x_i)dx \quad (4.4.8)$$

式中,x_i 为离异质结界面处的位置。图 3.23 是实验测量得到的 NN 型 GaAs-Al$_{0.3}$Ga$_{0.7}$As 异质结的表观载流子浓度(实线)。如果两边的掺杂浓度已知或由实验曲线直接定出,那么联立式(4.4.6)和式(4.4.8)可以计算出导带的 ΔE_C。

根据图 4.33 中的测量结果,就能求出 $\Delta E_C = 0.248\text{eV}$。图中虚线是掺杂浓度,点线是根据 ΔE_C 计算出来的表观载流子浓度分布。Kroemer 证明这种测量方法不会受到异质结界面渐变

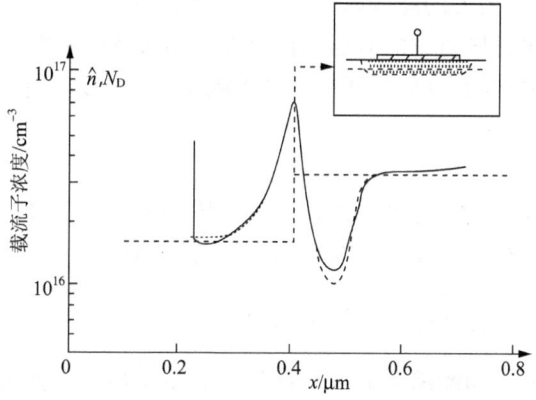

图 4.33 NN 型 GaAs-Al$_{0.3}$Ga$_{0.7}$As 异质结的表观载流子浓度分布

的影响。

(3)XPS 光电能谱法。用已知波长的 X 射线照射化合物半导体样片，由 GaAs 层中激发出来的光电子，可由所测量得到的光电子能量计算出如 Ga3d 等电子态的束缚能，进而求出 ΔE_V。在大多数情况下，用 XPS 测量得到的能带突变和异质结的两层薄膜的生长顺序有关，这表明，异质结在生长的过程中界面上的原子进行重新排列，而这种排列和生长顺序有关。XPS 是一种比较准确的测量能带突变的方法，其准确度可达 0.02eV。

2. 能带突变量的理论分析方法

为从理论上估算出异质结的能带突变量，已有不少人提出了各种各样的模型，有的从半经验概念出发，有的从最基本的原理出发，但由于能带突变量与异质结界面的很多因素有关，所以难于建立起统一的理论模型。

(1)Anderson 的电子亲和能法则。

该法则认为，在半导体异质结中，半导体材料的电子亲和势 χ 决定于材料本身的性质，与外界因素无关，因而当两种材料组合构成异质结时(如图 4.34)，它们导带底的能量差为

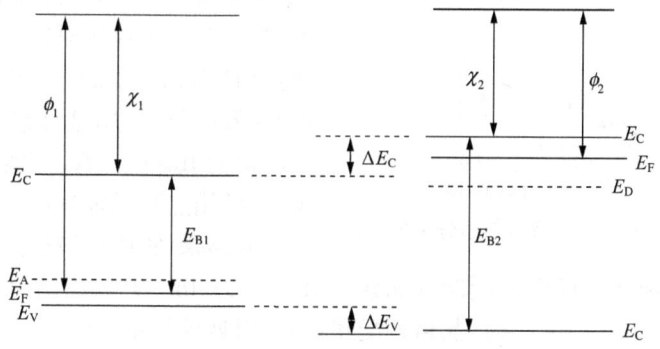

图 4.34 未接触时异质结的能带图

$$\Delta E_C = \chi_1 - \chi_2 \tag{4.4.9}$$

式中，χ_1 和 χ_2 分别是异质结两边材料的电子亲和能。ΔE_C 称为导带的不连续。按照这一规律，价带的不连续性 ΔE_C 可表示为

$$\Delta E_V = \Delta E_g - \Delta E_C = \Delta E_{g2} - \Delta E_{g1} - \Delta E_C \tag{4.4.10}$$

该法则可用作为粗略的估算。这是因为，要把一个电子从半导体中取出放到真空中去，除了

需要提供电子的静电势能那么大的能量以外,还需要提供因电子离开半导体而引起晶体周围环境的变化所需要的能量,况且异质结的界面处还存在有能带弯曲和电偶极子等的作用。此外,实验表明,异质结界面的晶向和状态(如原子的重构)要影响到 ΔE_C 的值,所以不能仅用电子亲和能表示。

(2) Harrison 模型。

Harrison 运用 LCAO 理论和赝势理论对一些异质结进行了计算,该模型认为 ΔE_V 等于异质结两边材料的价带顶能量 E_V 之差,而各个 E_V 可由紧束缚法计算

$$E_V = \left(\frac{E_p^c + E_p^a}{2}\right) - \sqrt{\left(\frac{E_p^c - E_p^a}{2}\right)^2 + V_{xx}^2} \tag{4.4.11}$$

式中,E_p^c 和 E_p^a 分别是阴离子和阳离子的 p 态能量,V_{xx} 是相邻原子 p 态间的矩阵元,即有

$$V_{xx} = 2.16\, \hbar^2 m_e^{-1} d^{-2} \tag{4.4.12}$$

式中,m_e 是电子的质量,d 是原子间耦合的距离,$\hbar$ 为狄拉克常数。d 可由晶格常数求出。对多元化合物半导体,还需要考虑不同原子在晶格位置的统计分布。对其他许多晶格匹配较好的异质结,如 InAs/GaSb、ZnSe/GaAs、ZnSe/Ge、GaAs/Ge,Harrison 模型所给出的结果都与实验结果相当一致。

对 AlAs/GaAs 异质结,Harrison 模型给出的 ΔE_V 近似为零,这是由于 AlAs 与 GaAs 的价带顶能量几乎相等的缘故。而从根本上来说,这可归结为这两种半导体的晶格常数近似相等,则相邻原子间的耦合距离近似相等,从而使得其矩阵元 V_{xx} 近似相等,结果造成它们的 E_V 值近似相同。然而这两种半导体的禁带宽度和熔点等均是大不相同的,所以实际上有效的 V_{xx} 应该不相等,即原子间的有效耦合距离应当不相等。这个有效耦合距离 d^* 可以这样求得:把 SbAs,AlAs,GaAs,InAs 在横坐标轴上按顺序排列,再在纵轴上标出各个半导体的 d 值,这应当得到一条直线,但 AlAs 的 d 除外;然后我们把 AlAs 的 d 值点也挪到直线上,这就得到了 d^*。对 AlAs,求得 $d^* = 2.226$Å。对 AlP,AlSb 等的 d^* 也可如此求得。在 Harrison 模型中采用 d^* 来代替原先的 d,即可得到与实验测量值较符合的 $\Delta E_V = 0.42$eV(对于 GaAs/AlAs 异质结)。用这种修正的 Harrison 模型所求得的 $In_xGa_{1-x}As$ 的能带极值与组分 x 的关系,已用点画线描在图 4.35 中了。可见,它与实验结果(实线)是较为一致的。

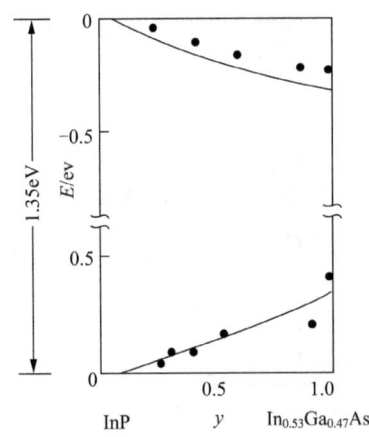

图 4.35 $In_{0.53}Ga_{0.47}As_{1-y}$ 能带极值与组分 y 的关系

应用修正的 Harrison 模型,可求出 $GaAs/(Al_xGa_{1-x})_yIn_{1-y}P$ 异质结的能带突变情况,如图 4.36 所示(在 $y=0.51$,$0<x<1$ 时,晶格匹配很好)。对四元混晶 $(Al_xGa_{1-x})_yIn_{1-y}P$ 的价带顶能量可给出为

$$E_V \approx E_{V\langle AlP\rangle} \cdot xy + E_{V\langle GaP\rangle} \cdot (1-x)y + E_{V\langle InP\rangle} \cdot (1-y) \tag{4.4.13}$$

(3) Langer 等的经验法则。

Langer 等注意到各种半导体中的过渡金属元素杂质能级的位置,提出了如下的经验法则:ΔE_V 等于异质结两边材料中同一种过渡金属杂质能级的位置之差。图 4.37 以 GaP 价带顶作为能量基准画出了一些过渡金属元素杂质的能级,同时也画出了 GaAs 和 InP 的价带顶和价带底

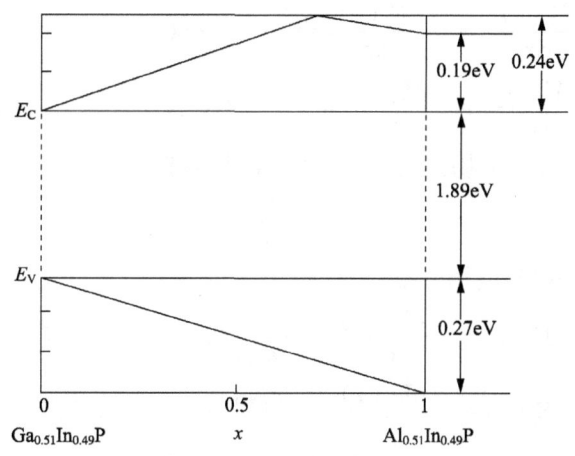

图 4.36 GaAs 晶格匹配的 $(Al_xGa_{1-x})_{0.51}In_{0.49}P$ 的能带极值与组分 x 的关系

能级(让其中过渡金属杂质能级的位置固定不变)。该图中的两价带顶能量之差即 ΔE_V。该法则适用于Ⅲ-Ⅴ和Ⅱ-Ⅵ族半导体异质结。例如,对 $GaAs/Al_xGa_{1-x}As$ 异质结,若以 Fe 能级作为参照能级的话,计算结果与实验结果符合很好。该经验法则的合理性就在于:半导体中过渡金属元素杂质的局域性较强,其能级与真空中电子能级之差基本上不随母体材料种类而变化。

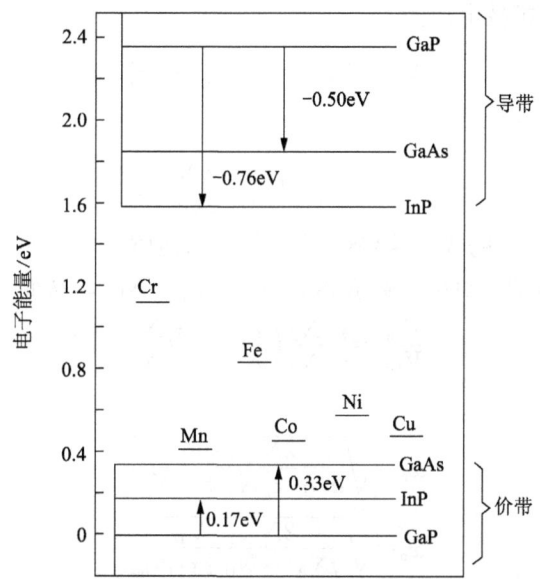

图 4.37 GaP 化合物半导体的过度金属受主能级

4.4.2 热平衡时理想异质结的能带图

当两种不同的半导体紧密接触而形成异质结时,为了体系达到平衡,必将发生电子的转移,直至体系中各处的 Fermi 能级完全一致时为止。与同质 PN 结的情况一样,电子的转移会导致界面附近能带发生弯曲。这里我们先来考虑理想异质结的情况,即忽略界面态的影响(当界面态密度低于 $10^{13} cm^{-2}$ 时,通常可忽略其影响)。

现在以 P-GaAs/N-AlGaAs 异质结为例来进行讨论。异质结中的电位分布 $V(x)$ 由空间电荷区中的 Poisson 方程得到

$$\frac{d^2 V_1(x)}{dx^2} = -\frac{dE_1(x)}{dx} = \frac{qN_A}{\varepsilon_1\varepsilon_0} \quad (\text{P 区}: -x_p \leqslant x \leqslant 0) \tag{4.4.14}$$

$$\frac{d^2 V_2(x)}{dx^2} = -\frac{dE_2(x)}{dx} = \frac{qN_D}{\varepsilon_1\varepsilon_0} \quad (\text{在 N 区}: 0 \leqslant x \leqslant x_n) \tag{4.4.15}$$

在 $x=-x_p$ 和 $x=x_n$ 时，电场强度为零，边界条件为有

$$E = -\frac{dV}{dx} = 0 \tag{4.4.16}$$

积分 Poisson 方程即得到电场分布为

$$E_1(x) = -\frac{dV_1(x)}{dx} = -\frac{qN_A}{\varepsilon_1\varepsilon_0}(x+x_p) \quad (\text{P 区}) \tag{4.4.17}$$

$$E_2(x) = -\frac{dV_2(x)}{dx} = -\frac{qN_D}{\varepsilon_2\varepsilon_0}(x_n-x) \quad (\text{N 区}) \tag{4.4.18}$$

由边界条件 $V_1(x)|_{x=-x_p}=0$，对电场强度进行积分，得到

$$V_1(x) = \frac{qN_A}{2\varepsilon_1\varepsilon_0}(x_p+x)^2 \tag{4.4.19}$$

类似地，由条件 $V_2(x)|_{x=x_n}=V_D$，对电场强度进行积分，得到

$$V_2(x) = V_D - \frac{qN_D}{2\varepsilon_2\varepsilon_0}(x_n-x)^2 \tag{4.4.20}$$

P 型空间电荷区中的扩散电位为

$$V_{Dp} = V_1(x=0) = \frac{qN_A}{2\varepsilon_1\varepsilon_0}x_p^2 \tag{4.4.21}$$

N 型区中的扩散电位为

$$V_{Dn} = V_D - V_{Dp} = \frac{qN_D}{2\varepsilon_2\varepsilon_0}x_n^2 \tag{4.4.22}$$

式中，V_{Dp} 和 V_{Dn} 的相对大小将决定于掺杂浓度和材料的性质。在 $x=0$ 处，电位移（$D=\varepsilon\varepsilon_0 E$）应当连续，并且，空间电荷区的正负电荷数应相等，有 $N_A x_p = N_D x_n$，从而

$$\frac{V_{Dn}}{V_{Dp}} = \frac{\varepsilon_1}{\varepsilon_2}\frac{N_D}{N_A}\left(\frac{x_n}{x_p}\right)^2 = \frac{\varepsilon_1 N_A}{\varepsilon_2 N_D} \tag{4.4.23}$$

相应也可以求得

$$x_n = \sqrt{\frac{2N_A\varepsilon_1\varepsilon_2 V_D}{qN_D(\varepsilon_2 N_D + \varepsilon_1 N_A)}} \tag{4.4.24}$$

$$x_p = \sqrt{\frac{2N_D\varepsilon_1\varepsilon_2 V_D}{qN_A(\varepsilon_2 N_D + \varepsilon_1 N_A)}} \tag{4.4.25}$$

热平衡下异质结的空间电荷区电荷可表示为

$$Q = \left(\frac{2q\varepsilon_1\varepsilon_2 N_A N_D}{\varepsilon_1 N_A + \varepsilon_2 N_D}V_D\right)^{1/2} \tag{4.4.26}$$

在外加偏压作用下，异质结的单位面积电容可表示为

$$C = \left|\frac{dQ}{dV_a}\right| = \left[\frac{q\varepsilon_1\varepsilon_2 N_A N_D}{2(\varepsilon_1 N_A + \varepsilon_2 N_D)(V_D - V_a)}\right]^{1/2} \tag{4.4.27}$$

由式(4.4.27)可以看出，$1/C^2$ 和 V_a 的关系为一直线，由直线的截距可以求得势垒高度 V_D。与同质结一样，如果两边掺杂浓度相差悬殊，则还可从直线的斜率求出杂质少的那边的掺杂浓度。

由 x_n，x_p 和 V_D 即可给出 V_{Dn} 和 V_{Dp}，从而可作出如图 4.38 所示的电位分布图。知道了电

位分布,就可以给出异质结的能带图,如图 4.39 所示。图 4.39(a)是两种半导体接触前的情况,这里能带的突变量 ΔE_C 和 ΔE_V 由上一节的讨论来决定,δ_1 和 δ_2 决定于掺杂情况。图 4.39(b)是这时的能带图,这时所产生的扩散电位可由掺杂和能带突变量求得

$$V_D = \frac{1}{q}(E_{F2} - E_{F1}) = \frac{1}{q}[(E_K 1 - \delta_1) + (\Delta E_C - \delta_2)]$$

(4.4.28)

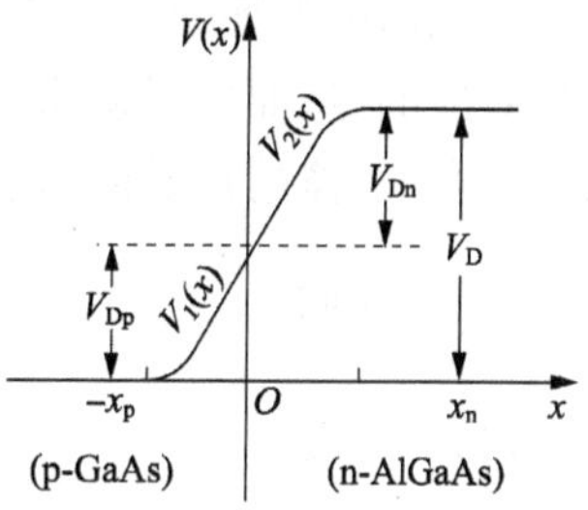

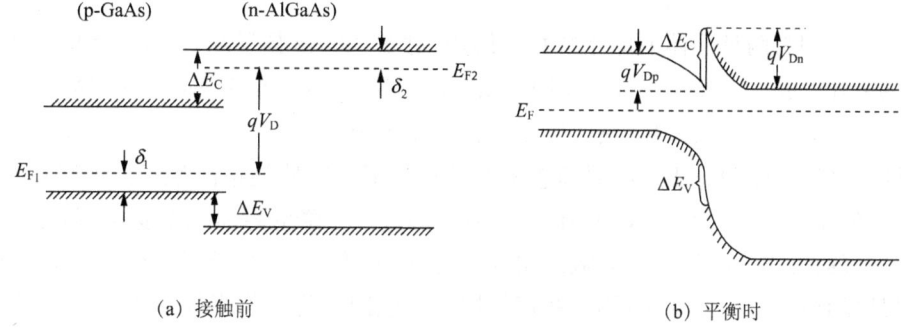

图 4.38 异质结中的电势分布

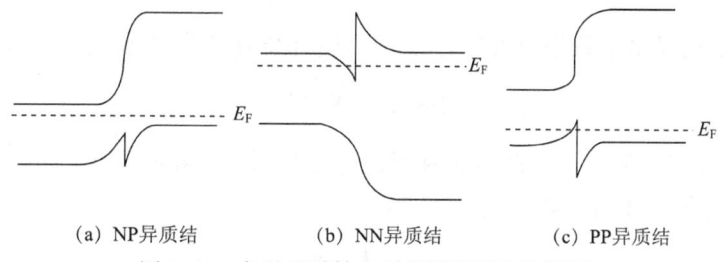

(a) 接触前　　　　　　　　(b) 平衡时

图 4.39 PN 型异质结的能带图

可见,PN 异质结的能带具有以下几个特点:①存在有能带的突变;②在界面附近可能有电子势垒(向上的尖峰);③也可能存在有电子势阱(向下的尖峰)。

以上讨论了 PN 异质结的能带图。若是 NP 异质结,则能带图应与图 4.39 的相反,如图 4.40(a)所示。若是同型异质结,则其能带将分别是图 4.40(b)和图 4.40(c)的形式。这些都是未考虑界面态影响时的理想异质结情况。

(a) NP异质结　　(b) NN异质结　　(c) PP异质结

图 4.40 各种异质结在理想情况下的能带图

总之,异质结中也存在有一定宽度的空间电荷区,其中能带图线的变化较复杂,可能同时存在有势垒和势阱。

4.4.3　界面态对异质结能带的影响

根据半导体异质结的界面情况,可将异质结分为三种,即:①晶格匹配突变异质结;②晶格不匹配突变异质结;③合金界面异质结。当两种半导体的晶格常数近似相等时,即可认为构成第一种异质结,这里所产生的界面能级很少,其影响可忽略。对晶格常数不等的两种半导体所构成的异质结,可以认为在界面处晶格失配所产生的附加能级均集中在界面上,而形成所谓界面态,这是第二种异质结。第三种异质结的界面认为是具有一定宽度的合金层,则界面的禁带宽度将缓慢变化,这时界面能级的影响也可以忽略。

异质结中的界面态主要是由于界面处的晶格失配所造成的。因此，可认为界面态是与悬挂键相对应的，从而可以粗略地估算出界面态密度 N_s。对金刚石结构和闪锌矿结构的半导体异质结，由两种晶体的价键面密度之差可求得如下结果

(100)界面　　　　$N_s = 4\left(\dfrac{1}{a_2^2} - \dfrac{1}{a_1^2}\right)$

(110)界面　　　　$N_s = 2\sqrt{2}\left(\dfrac{1}{a_2^2} - \dfrac{1}{a_1^2}\right)$

(111)界面　　　　$N_s = \dfrac{4}{\sqrt{3}}\left(\dfrac{1}{a_2^2} - \dfrac{1}{a_1^2}\right)$

式中，a_1 和 a_2 分别为两种晶体的晶格常数。例如，对 Si/GaAs 异质结，$N_{s(100)} = 9.7 \times 10^{12}\,\text{cm}^{-2}$、$N_{s(110)} = 6.9 \times 10^{12}\,\text{cm}^{-2}$、$N_{s(111)} = 5.6 \times 10^{12}\,\text{cm}^{-2}$；对 Ge/GaAs 和 GaAs/AlAs 异质结，$N_{s(100)} = 2.0 \times 10^{12}\,\text{cm}^{-2}$、$N_{s(110)} = 1.4 \times 10^{12}\,\text{cm}^{-2}$、$N_{s(111)} = 1.2 \times 10^{12}\,\text{cm}^{-2}$。

可以见到，(111)面的异质结的界面态密度最小。不过即使晶格匹配很好的异质结（如 Ga/GaAs），也存在有 $10^{12}\,\text{cm}^{-2}$ 数量级的界面态密度。为进一步降低界面态密度，有必要使其晶格匹配得更好，这可通过人为控制晶格常数来实现。对Ⅲ-Ⅴ族化合物半导体合金（混晶），其晶格常数一般近似地随组分做线性变化，因此我们可用三元或四元化合物半导体来制作出晶格匹配非常完美的异质结。

实际上，除了晶格失配产生界面态以外，由于两种材料的热膨胀情况不匹配，以致引起界面畸变也可产生界面态。异质结中的界面态往往处于禁带中，是一种深能级，对载流子起着无辐射复合中心的作用，可用界面复合速度 S 来表示其作用强弱

$$S = \int \sigma_n v_{\text{th}} N_s \mathrm{d}A \qquad (4.4.29)$$

式中，σ_n 是电子的俘获截面（对 Ge 和 Si，$\sigma_n \approx 10^{-14} \sim 10^{-15}\,\text{cm}^2$）；$v_{\text{th}}$ 是电子热运动速度，约为 $10\,\text{cm/s}$。

若异质结界面的晶格常数相对失配为 $\Delta a/a_0$，则有经验关系（单位为 cm/s）

$$S \approx 2 \times 10^7 \dfrac{\Delta a}{a_0} \qquad (4.4.30)$$

当体内复合（设相应的复合寿命为 τ）和界面态复合同时存在时，若异质结界面的厚度为 d，则载流子的有效复合寿命 τ_{eff} 可给出为

$$\tau_{\text{eff}} \approx \dfrac{1}{\tau_0} + \dfrac{2S}{d} \qquad (4.4.31)$$

应当指出，异质结的界面往往存在有所谓极化效应，即在界面两边的异种原子间发生有电荷的转移。例如，对(110)晶面的 Ge/GaAs 异质结，计算表明，界面上的 Ge-As 键中却含有 1.75 个电子，而 Ge-As 键中却含有 2.25 个电子。每个键中都不是 2 个电子。这种存在有极化效应的异质结界面称为极性界面。其他如 Ge/ZnSe(110)、GaAs/ZnSe(110)、AlAs/GaAs(110) 等均为极性界面，但是 Ge/GaAs(100) 和 AlAs/GaAs(100) 等却是非极性界面。界面的极性对界面态有一定的影响。对极性界面异质结，界面态往往出现在价带中，因此这时界面态对载流子的输运几乎没有影响。

异质结界面处的晶格失配或其他缺陷将产生界面能级。界面能级一般可分为两种类型：①施主能级，它电离后带正电；②受主能级，它电离后带负电。界面能级对能带的影响和界面态密度大小和界面态能级的性质有关。下面分三种情况讨论。

1. 界面态密度较小时

无论界面能级是类施主型或是类受主型,都不会影响异质结能带图的基本形状。如图 4.41 所示,假设界面态只存在于金相界面上无限小的区域内,界面上没有偶极层。空间电荷区两边的电荷分别为 Q_1、Q_2,界面态上的电荷为 Q_{IS},当外加偏置电压 V_a 时,两边的空间电荷满足

$$Q_2 = Q_1 + Q_{IS} \tag{4.4.32}$$

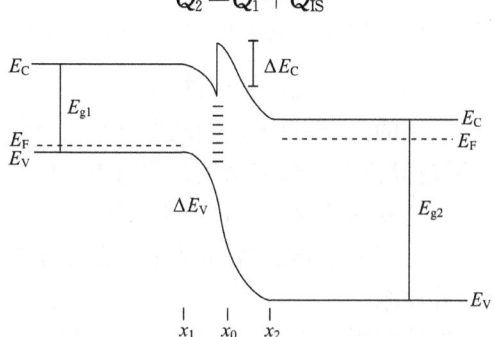

图4.41 有少量界面态时 PN 型异质结的能带图

上式表明,界面态电荷 Q_{IS} 是类受主型(与 Q_1 相同),与无 Q_{IS} 相比,Q_1 减小而 Q_2 增加。由于界面态电荷 Q_{IS} 会产生附加的界面态电容,从而对异质结的电容电压特性造成影响。经过理论推导,可得到 $1/C^2=0$ 处的表观势垒高度表达式为

$$V_{Di} = V_D - \frac{Q_{IS}^2}{2q(\varepsilon_1 N_A + \varepsilon_2 N_D)} \tag{4.4.33}$$

如果知道了两边的掺杂浓度,同时可以算出 V_D,从而测得的 V_{Di},由上式可求出界面态的电荷密度。

2. 界面态密度较大时

当界面态密度较大时,界面态能级上的电荷尽管还不能影响到两边能带弯曲的方向,但已能显著改变某一边空间电荷区的厚度和势垒高度。界面态能级的电离与否能改变载流子通过异质结的输运方式,造成 PN 结的开关特性。

3. 界面态密度很大时

在这种情况下,能带弯曲的方向要受到界面电荷的影响。如果界面上存在着大量的类受主能级,由于它们电离后带负电,异质结的能带图将如图 4.42 所示;如果界面上存在着大量的类施主能级,由于它们电离后带正电,对异质结的能带图的影响将如图 4.43 所示。

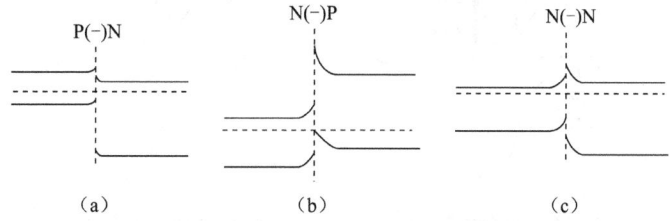

图4.42 界面有大量负电荷时,异质结能带图

对比图 4.42、图 4.43 和图 4.40 可以看到,考虑到界面态的影响之后,异质结的能带图有明

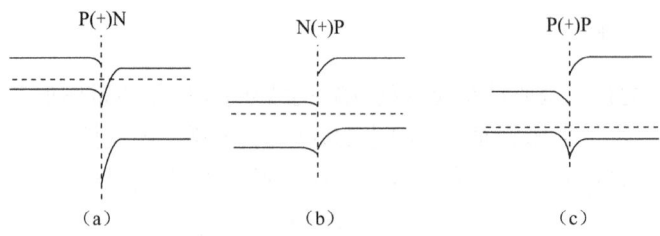

图 4.43 界面有大量正电荷时,异质结能带图

显的差异。并且由于界面态能级的不同,会造成界面势垒的不同。

超晶格可以看成是很多异质结的集合,只不过构成异质结的材料都是越薄层的。因此,在各超薄膜的弹性限度以内,可以通过晶格发生畸变来使异质结界面处的晶格匹配,从而可以不出现悬挂键,使界面态密度大大降低,这就能够获得很好的超晶格。这样利用晶格畸变而制作出的超晶格往往被称为应变层超晶格。对于一个异质结,如果有一边的层厚不太大,属于应变层,则这时也可获得界面态密度很低的异质结。

异质结的制作工艺对界面性能的影响也很大。Si/GaAs 异质结一般是比较难于制作的,因为 GaAs 与 Si 的晶格常数相差约 4%(分别 5.654Å 和 5.31Å),而且它们的热膨胀系数相差约 62%(分别是 $6.86×10^{-6}K^{-1}$ 和 $2.6×10^{-6}K^{-1}$)。所以有人在 Si 与 GaAs 之间采用一层晶格常数和热膨胀系数均与 CaAs 的相差不多的过渡层——$Ge_{1-x}Si_x$($0 \leq x \leq 1$)混晶层,这就可以获得较好的 Si/GaAs 异质结。在 Si 衬底上生长 GaAs 来制作异质结,通常都是用 MBE 或 MOCVD 技术进行的。虽然 Si 不能与含 Ga 的Ⅲ-Ⅴ族化合物发生反应。但元素 As 和 Ga 可分别与 Si 形成 As-Si 键和 Ga-Si 键,尽管 Ga-Si 键很弱,但 As-Si 键却很强,就可以把长成的 GaAs 层牢固地附着在 Si 衬底上。发展 Si/GaAs 异质结技术,对研究 Si 集成和 GaAs 集成兼容电路、光电集成电路和三维集成电路等都具有重要的意义。而且由于硅材料具有高热导率、良好的机械强度、高完整性及低廉的价格,故该技术可作为 GaAs 器件的大面积的优质衬底材料。

4.4.4 异质结的伏安特性

伏安特性由电流传输过程来决定。不同能带形式的异质结,其电流传输机理是不同的,因此将有不同形式的伏安特性。

由图 4.39 已知,在 PN 异质结中既有电子势垒,也有电子势阱。但势垒高度和势阱深度的大小不一样时,异质结的导电机理将有所不同,所以我们把这种异质结又区分为两种情况:负反向势垒和正反势垒,如图 4.44 所示。这里我们先来讨论负反向势垒 PN 异质结的导电情况。

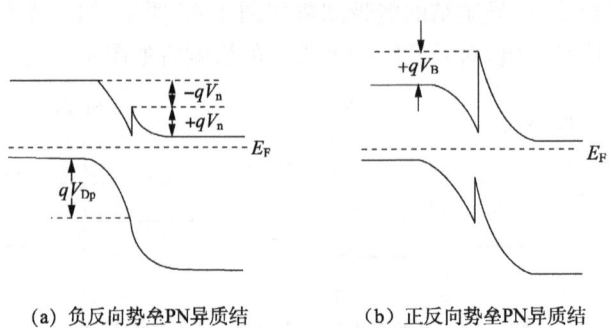

(a) 负反向势垒 PN 异质结   (b) 正反向势垒 PN 异质结

图 4.44 两类 PN 异质结的能带图

在异质结上外加电压时，势垒高度将发生下述变化

$$qV_D \to q(V_D-V)$$
$$qV_{Dn} \to q(V_{Dn}-V_n)$$
$$qV_{Dp} \to q(V_{Dp}-V_p)$$

这里 V_n 是外加在 N 型一边上的电压，V_p 在外加在 P 型一边上的电压，有 $V=V_n+V_p$。相应的，空间电荷区宽度和电容也将按以下关系发生变化：

$$x_n=\sqrt{\frac{2N_A\varepsilon_1\varepsilon_2(V_D-V)}{qN_D(\varepsilon_2 N_D+\varepsilon_1 N_A)}} \tag{4.4.34}$$

$$x_p=\sqrt{\frac{2N_D\varepsilon_1\varepsilon_2(V_D-V)}{qN_A(\varepsilon_2 N_D+\varepsilon_1 N_A)}} \tag{4.4.35}$$

$$C=\sqrt{\frac{qN_D N_A \varepsilon_1 \varepsilon_2}{2(\varepsilon_2 N_D+\varepsilon_1 N_A)(V_D-V)}} \tag{4.4.36}$$

外加电压的改变将引起通过异质结电流的变化，这种变化直接关系到异质结平衡时的能带情况。

如图 4.44(a)所示，P 区价带的空穴从左边往右边的 N 区起动时，将遇到较高的势垒(为 $qV_D+\Delta E_V$)。但右边 N 区导带中的电子往左边的 P 区运动时所遇到的势垒高度较低(为 $qV_D-\Delta E_C$)，而这时三角形势阱中的 2-DEG 又很少(因势阱浅)。所以通过这种异质结的电流将主要是右边 N 区导带中的电子往左边的 P 区输运所造成的。

如果电子越过较低的势垒后在 P 型一边的扩散过程是限制电流的主要因素，则可采用通常 PN 结的扩散理论来讨论伏安特性。这时电流密度 j 与外加电压 V 的关系即为

$$j=qn_{n0}\left(\frac{D_e}{\tau_e}\right)^{1/2} e^{(qV_D-\Delta E_C)/kT}(e^{qV/kT}-1) \tag{4.4.37}$$

式中，n_{n0} 是 N 型一边电子的平衡浓度，D_e 和 τ_e 分别是电子在 P 区的扩散系数和寿命，V_D 是异质结的扩散电位，ΔE_C 是导带突变，其余符号与惯用法相同。

如果扩散电流不是限制电流，则电子依靠热运动能量，通过热发射越过势垒的过程是限制电流的主要因素。可采用金属-半导体接触的二极管理论来进行讨论，也将得到与上式相同的结果。结果表明，负反向势垒 PN 异质结具有很好的整流特性，即单向导电性。

如图 4.44(b)所示，这里的三角形势阱中将存有大量的 2-DEG，需要考虑其对电流的贡献。这时 2-DEG 要往右边输运，需要克服高度为 qV_B 的势垒。而右边 N 型区导带中的电子要往左边输运，需要克服势垒高度为 qV_{Dn}。但左边的空穴要通过异质结所需越过的势垒却很高(为 $qV_{Dp}+qV_{Dn}-\Delta E_V$)。因此，通过这种异质结的电流将主要是方向相反的两个电子电流。

如果限制电子输运的主要是扩散过程，则可给出伏安特性关系为

$$j=qn_{n0}\left(\frac{D_n}{\tau_n}\right)^{1/2} e^{-qV_{Dn}/kT}\left(e^{qV_n/kT}-e^{qV_p/kT}\right) \tag{4.4.38}$$

如果限制电流的主要因素是热发射过程，则伏安特性表示式为

$$j=qn_{n0}\frac{v_{th}^2}{2}e^{qV_{Dn}/kT}\left(e^{qV_n/kT}-e^{qV_p/kT}\right) \tag{4.4.39}$$

可见，这种异质结几乎不存在有整流性能。

然而若考虑到界面态的作用时，这种正反向势垒 PN 异质结却可以具有一定的整流特性。这时的能带图如图 4.41(a)所示，基本上与图 4.44(b)类似。这时通过异质结的电流仍然主要是电子电流，空穴电流可以忽略。右边 N 区导带中的电子只要一越过界面上的势垒，即与来自左

边 P 区价带的空穴通过界面态而复合掉，从而形成一股复合电流，此电流可根据热发射理论给出为

$$j_1 \propto e^{-W/kT}(e^{qV_n/kT}-1) \tag{4.4.40}$$

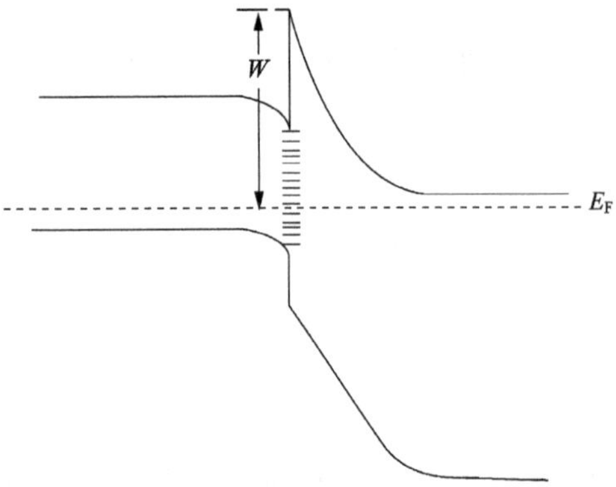

式中，W 是把所有界面态归并为一个能级所相应的能级深度（如图 4.45）。至于势阱中的 2-DEG，则很容易与界面态复合，将形成一股较大的复合电流 j_2。由于这两股电流都是通过界面态的复合电流，则通过异质结的总电流将由其中较小的 j_1 来决定，从而这时伏安特性为

$$j \propto e^{-W/kT}(e^{qV_n/kT}-1) \tag{4.4.41}$$

可见，由于界面态的复合作用，将使得正反向势垒 PN 结也具有一定的整流性能。

图 4.45　把界面态集中到一个能级示意图

上述是认为通过异质结的电流主要是扩散电流或者热发射电流，而给出电流与电压、电流与温度之间均为指数关系。但是对某些异质结（如 n-Ge/p-GaAs），通过实验发现，在较低正向电压时，电流与温度确有指数关系。但在较高正向电压时，电流与温度的关系不如指数关系那么强烈，这说明还存在有另外的导电机理。对此，有人提出了所谓"隧道-复合模型"，认为在较高的正向电压时，通过势垒的电流主要是隧道电流。即是电子以隧道效应穿过势垒后便与空穴在界面态上复合而形成的电流，这种电流与温度的关系不大。

其他类型的异质结，如图 4.40(b) 和图 4.40(c) 所示，其导电情况分别与 PN 和 NP 异质结的相似，不管载流子是以扩散、热发射或隧道效应方式通过势垒，均将给出指数式的伏安特性。需要指出的是：

① 通过异质结的电流主要是多数载流子电流。对 NN 来说，对电流有贡献的是右边导带中的电子和三角形势阱中的 2-DEG；对 PP 结，贡献给电流的是左边价带中的空穴和三角形势阱中的二维空穴。

② 是否具有整流特性。与前面讨论的情况类似，若异质结是负反向势垒形式的，则具有良好的整流性能；若是正反向势垒形式，则无整流特性。

③ 因为在窄能隙半导体一侧的表面处形成了积累大量多数自由载流子的三角形势阱，因此加在异质结上的电压将大多降落在宽能隙一边的半导体中，异质结的正向和反向导电，以宽带隙半导体为基准进行计算。

当需要考虑界面态的影响时，同型异质结的能带图如图 4.42(c) 和图 4.43(c) 所示。显然，通过这种异质结的电流也是多数载流子电流，而且这种异质结不会有良好的整流性能。这时对界面态的影响可以作如下考虑：由于界面态将促使载流子复合而使寿命降低，这就相当于在异质结界面处夹有一层金属层，因此从导电效果来看，整个异质结可用两个背靠背连接的肖特基二极管来等效，即双肖特基二极管模型。在这种模型下，就容易给出异质结的伏安特性。

设通过第一个肖特基二极管的电流 j_1 与加在其上的电压 V_1 之间的关系为

$$j_1 = j_{s1}(e^{qV_1/kT}-1) \tag{4.4.42}$$

通过第二个肖特基二极管的电流 j_2 与加在其上的电压 V_2 之间的关系为

$$j_2 = j_{s2}(e^{qV_2/kT}-1) \tag{4.4.43}$$

而通过异质结的总电流 j 和加在异质结上的总电压 V 应当满足 $j=j_1=j_2$ 和 $V=V_1+V_2$ 关

系，则由此求得

$$j = \frac{2j_1 j_2 \sinh(qV/2kT)}{j_1 e^{qV/2kT} + j_2 e^{qV/kT}} \tag{4.4.44}$$

式中，j_{s1} 和 j_{s2} 分别是两个肖特基二极管的反向饱和电流。实验表明，该结果与事实相符。但这里未能解决这种异质结所经常出现的软击穿现象。总之，由于异质结的能带较复杂，加之界面态的影响，所以异质结的伏安特性问题比较复杂，需要针对不同的导电机理进行具体的分析。

4.5 半导体超晶格

超晶格(Super Lattices)的概念最早是由美国 IBM 公司的江崎(L. Esaki)和朱兆祥(R. Tsu)于 1970 年提出来的。所谓超晶格，就是由几种成分不同或掺杂不同的超薄层周期性地堆叠起来而构成的一种特殊晶体，每层的厚度只有 1~10nm，超薄层堆叠的周期(称为超晶格周期)要小于电子的平均自由程。因此，超晶格材料不同于简单的多层结构材料或者复合材料。

对超晶格中的载流子而言，在原来的晶格周期性势场的基础之上，又附加了一个超晶格周期的势场，而超晶格周期是可以人为控制的，因此其中电子的波函数本身也可通过人工来加以控制。这是一般晶体所没有的一种新的性质。

从超薄层的制备技术来说，目前完全可以作出这样厚度的超薄层，而且超晶格薄膜厚度的精度可控制到一个原子层的厚度。最初研制的半导体超晶格是 GaAs-GaAlAs 体系，现在对其他 Ⅲ-Ⅴ族体系、Ⅱ-Ⅵ族体系、Ⅳ-Ⅵ族体系和 Ge-Si 体系等超晶格也进行着广泛的研究，并在超高速器件、微波器件和光电子器件等应用方面取得了显著的进展。

4.5.1 半导体超晶格的能带结构

超晶格材料是由两种半导体材料交替生长而形成的周期性结构，由于其周期 d 比普通晶体的晶格周期 a 大 1~2 个数量级，所以在倒格子空间中，其周期就比通常晶体小很多。一维正常晶体的布里渊区边界是其晶格常数 a 的倒数与 π 的乘积(π/a)，超晶格的周期为 d，由 π/d 决定的边界比 π/a 小很多。这样，原来的布里渊区就分成了许多小区，在每个小区中，超晶格电子的能量与波矢的关系是连续函数，组成一个能带，叫做亚带(或子带)。而在布里渊小区的边界上能量是不连续的，原来半导体导带就变成了许多亚带，称其为布里渊区的折叠，小区的数目等于 d/a，如图 4.46 所示。

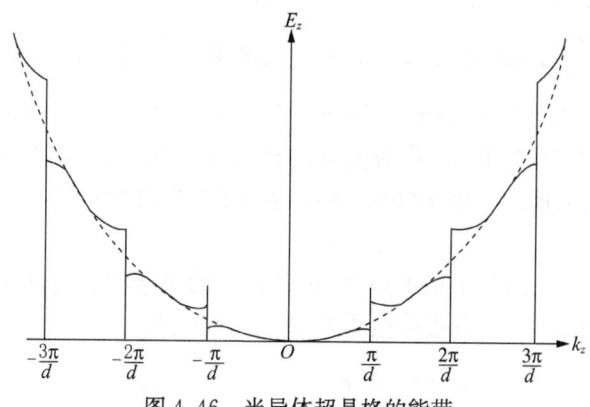

图 4.46 半导体超晶格的能带

图 4.46 示出了 E_z 与 k_z 的关系曲线。在 z 方向上的电子能量，由于超晶格势场的作用，将分裂为许多小的能带，在 $k_z=n\pi/d$ 处出现禁带（n 为零和正、负整数），容许能带宽度和禁带宽度均决定于势阱深度 U_0 和超晶格周期 d。由于 d 远大于原来晶格的周期，则电子的布里渊区很窄，从而超晶格的能带也很窄。

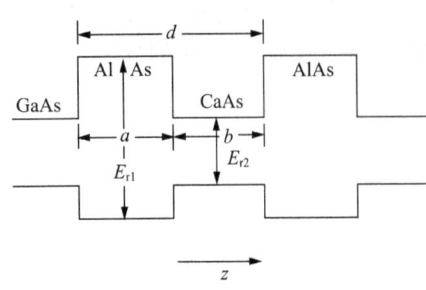

图 4.47 半导体超晶格中的电势分布

这里以图 4.47 所示的复合超晶格为例来讨论一下能带结构。在 z 方向上原来的晶格周期性势场的影响，可简单地用有效质量 m^* 来近似表示（设不同的晶体具有共同的 m^*）；而超晶格周期性势场的影响。由图可见，可近似用 Kronig-Penney 模型的势场来表示，从而，超晶格的能带可这样考虑，具有质量为 m^* 的电子在 Kronig-Penney 模型势场中运动，则 E_z 与 k_z 的关系为

$$\cos(\alpha a)\cdot\cos(\beta b)+\frac{\beta^2-\alpha^2}{2\alpha\beta}\sin(\alpha a)\cdot\sinh(\beta b)=\cos kd \quad (4.5.1)$$

式中 $\alpha=\sqrt{2m^*E_z}/\hbar$；$\beta=\sqrt{2m^*(U_0-E_z)}/\hbar$；$d=a+b$

为简单起见，下面讨论两种极端的情况。当电子在 z 方向上被超晶格势场束缚得较紧时，可采用紧束缚近似来讨论。而此时电子在平面方向上仍可认为是具有质量为 m^* 的自由电子，从而我们可以直接给出能带中电子的波函数为

$$\Psi_s(r)=Ce^{i(k_x x-k_y y)}\sum_n e^{ik_z(nd)}\Phi_s(z-nd) \quad (4.5.2)$$

相应的能量本征值为

$$E(k)=\frac{\hbar^2(k_x^2+k_y^2)}{2m^*}+\Delta_s\cos(k_z d)+E_{zs} \quad (4.5.3)$$

式 (4.5.2) 中，$\Phi_s(z-nd)$ 是势阱中的电子波函数，Δ_s 是第 s 能带的半宽，E_{zs} 是第 s 能带的中点值。E_{zs}、Δ_s 与 a、b、U_0 有关，其值往往由实验来决定。

如果电子在 z 方向上受超晶格势场的束缚很弱，近似为自由电子。于是可立即给出电子的波函数和能量本征值为

$$\Psi_s(r)=C_1 e^{i(k_x x+k_y y)}+C_2 e^{ik_z(nd)} \quad (4.5.4)$$

$$E(k)=\frac{\hbar(k_x^2+k_y^2)}{2m^*}+\frac{\hbar^2}{2m^*}(nk_L)^2\pm\sqrt{\left(\frac{\hbar^2}{m^*}\right)^2(nk_L)^2(k_z-nk_L)^2+\left(\frac{E_{gn}}{2}\right)^2} \quad (4.5.5)$$

式中，$k_L=\pi/d$，$E_{gn}=\left(\frac{2U_0}{n\pi}\right)\sin(nk_L d)$，当 $k>nk_L/2$ 时取"+"号，当 $k<nk_L/2$ 时，取"-"号。

上面在讨论超晶格的能带时，采用了 Kronig-Penney 模型。其适用条件之一就是要求电子的自由程 λ 远大于超晶格周期 d。但是对实际的超晶格，往往是 $\lambda\approx(3\sim5)d$，况且 λ 还与电子的能量 E 有关。所以上面所给出的 $E(k)$ 关系仅适用于某些能量的电子，实际超晶格的 $E(k)$ 关系还要复杂得多。

垂直于界面的 z 方向上出现了量子势阱，超晶格中的电子将被势阱束缚，但对于电子在 xy 平面的运动没有影响，于是，对于导带中电子的能量可表示成

$$E(k)=E(k_z)+\frac{\hbar^2}{2m^*}(k_x^2+k_y^2) \quad (4.5.6)$$

上式表明，在 xy 平面内，电子的动能是准连续的，而在垂直于界面的 z 方向，电子的能量取决于

附加的一维周期性势场。

如果原来晶体的晶格常数为 a,则周期性势场在 k 空间的表示为

$$E(k_z)=E\left(k_z+n\frac{2\pi}{a}\right) \tag{4.5.7}$$

类似地,在超晶格中,由于组分的周期性变化所引起的周期性势场为

$$E(k_z)=E\left(k_z+n\frac{2\pi}{d}\right) \tag{4.5.8}$$

由上述可见,超晶格不但具有明显的各向异性,而且其电子能带也具有严重的非抛物线性。具体的 E-k 关系取决于周期性势场的变化和超晶格常数 d。通过适当选择组成和改变薄膜层的厚度,便可改变 k_z 方向上的 E-k 关系。因此,超晶格中载流子的运输,在性质上将与普通晶体的不同。

在上面的讨论中,还没有考虑到构成超晶格的两种材料的一些差异,如固有能带带隙性质和有效质量的不同。如果在超晶格中掺有浅能级杂质,则杂质所提供的载流子将转移到能量更低的势阶层中,这会造成能带弯曲,从而超晶格中电势的分布将与图 4.47 的理想 Kronig-Penney 模型有所偏离。量子势阱结构的复合超晶格,其中各层的厚度都在 3nm(约相当于 10 个分子层)以上,用有效质量近似和 Kronig-Penney 模型能很好地进行描述。但是,如果超晶格中各层的厚度在 3nm 以下,则由于电子隧道效应,层之间的相互作用很强,这时就不能再像上面那样采用有效质量近似和 Kronig-Penney 模型来讨论能带结构了。这种由 3nm 以下的薄层所构成的超晶格,也常常被称为超薄层超晶格或者短周期超晶格。对超薄层超晶格,由于层间的相互作用,势阱中的量子能级将分裂为能带-子带。

实验表明,超薄层超晶格的能带与薄层厚度有关。图 4.48 示出了有效禁带宽度 E_g^* 与分子层数(即薄层厚度)n 的关系,图中分立的实心黑点是通过发光光谱实验求得的结果,虚线是由 Kronig-Penney 模型计算得到的结果。由该图见到,Kronig-Penney 模型不适宜于超薄层超晶格。

化合物半导体能谷的位置往往是人们很关心的一个问题。GaAs 和 AlAs 体单晶的能谷处在面心立方布里渊区的 Γ、X 和 L 点上。而 $(GaAs)_n/(AlAs)_n$ 超薄层超晶格的能谷位置随薄层厚度而发生变化。在 $n=2\sim10$ 时,带隙属于直接跃迁性质,在 $n=1$ 时属于间接跃迁性质,这与实验结果一致。但是,在 $n=1$ 时所观测到得 E_g 值,却比 $n=2$ 时的要大,接近合金的 E_g 值,造成这种理论与实验的差异的原因目前尚不清楚。

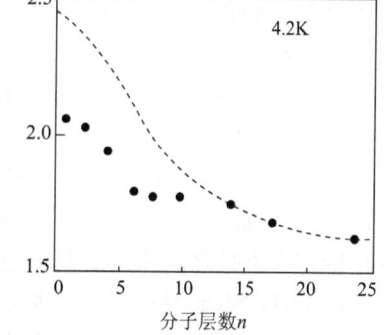

图 4.48 $(GaAs)_n/(AlAs)_n$ 体系超晶格的有效禁带宽度 E_g^* 与分子层数的关系

4.5.2 组分半导体超晶格

半导体超晶格按其结构型式大致可以分为两种,即组分超晶格(又称为复合超晶格)和掺杂超晶格。这里先讨论组分超晶格。组分超晶格也常分为两大类:第Ⅰ类组分超晶格和第Ⅱ类组分超晶格。

以 GaAs/GaAlAs 体系超晶格为例,研究第Ⅰ类组分超晶格的电子结构和性质。这类超晶格与体半导体材料电子结构的差别来自于与超晶格有关的周期势,如图 4.49 所示。E_g 和 d 分别代表两种半导体的能隙和薄膜层厚度。能隙差为

$$V_o=E_g^{\mathrm{II}}-E_g^{\mathrm{I}} \tag{4.5.9}$$

它分为两个部分,一部分为导带边的不连续性 V_{oc},另一部分是价带边的不连续性 V_{ov}。如果半导体Ⅰ周期性地夹在足够厚的半导体Ⅱ层中时,称为量子阱结构,亚带结构基本保持不变。如果构成势垒的半导体Ⅱ足够薄,使得相邻量子阱之间的波函数有相当大的重叠,则在 z 方向运动形成的带就具有显著的宽度。

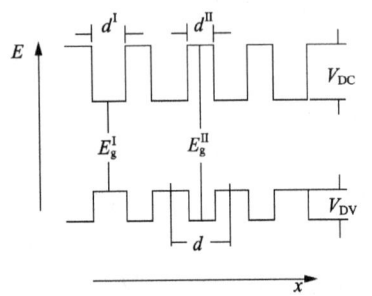

图 4.49 第Ⅰ类组分超晶格的实空间能带图

图 4.49 示出了超晶格可看成是由许多超薄异质结串联构成的,因此又称复合超晶格为异质结超晶格。这种超晶格中的电子和空穴都被封闭于各 GaAs 层内,而形成二维载流子气(2-DEG 和 2-DHG),因此可通过二维载流子气来研究超晶格。因薄层的厚度与电子的 de Broglie 波长相当,故超晶格中的二维载流子气均处于 GaAs 层(势阱)内的量子化能级上,因此也把这种超晶格称为量子势阱结构的超晶格。这种超晶格的有效禁带宽度 E_g^* 即决定于势阱中的最低量子能级,从而改变势阱宽度(即 GaAs 层的厚度)就可以改变 E_g^*(量子尺寸效应)。这种超晶格也常称为第一类超晶格。

HgTe/CdTe 体系超晶格属于第Ⅰ类超晶格。只有当超晶格周期小于某一定值时才具有半导体特性,否则为半金属,其有效禁带宽度也与层厚有关(主要由 HgTe 层厚决定)。而且其中电子的有效质量要比 HgCdTe 三元化合物中的大一个数量级(在相同禁带宽度下),同时可由 CdTe 层厚来改变。因此,HgTe/CdTe 超晶格用作红外探测时,可减小漏电流,从而可提高灵敏度。

如果超晶格的两个组分的导带不连续($V_{oc}=E_c^{Ⅱ}-E_c^{Ⅰ}$)和价带不连续($V_{ov}=E_v^{Ⅱ}-E_v^{Ⅰ}$)具有相同的符号,则称其为第Ⅱ类超晶格,如图 4.50 所示。图中Ⅰ为 InGaAs,Ⅱ为 SbGaAs,导带和价带波函数集中在不同的区域中。与第Ⅰ类超晶格相比,第Ⅱ类超晶格的重大差别在于,导带波函数只穿入由 SbGaAs 层形成的势垒中到一定的程度,电子主要被约束在 SbGaAs 层中;类似地,空穴主要被约束在 InGaAs 层中。由于电子状态和空穴状态在空间分离,减少了导带中的子带和价带中子带之间跃迁的偶极矩阵元。

InAs/GaSb 超晶格是第二类超晶格,如图 4.51 所示。在这种复合超晶格中,InAs 薄层是电子势阱,而 GaSb 薄层是空穴的势阱,电子与空穴分别被封闭于不同的薄层内,则载流子的复合寿命较长。但其中电子和空穴可并存同一能量范围中,形成电子-空穴系统。超晶格的有效禁带宽度也与薄层厚度有关。

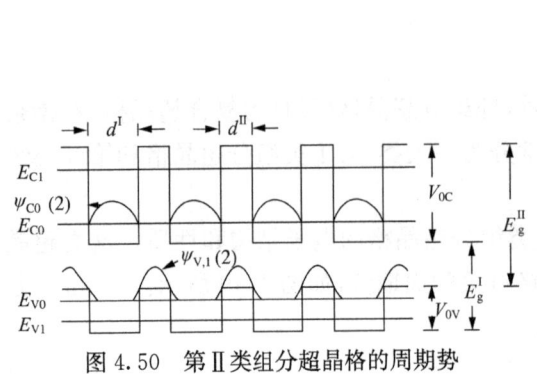

图 4.50 第Ⅱ类组分超晶格的周期势　　图 4.51 InAs/GaSb 体系复合超晶格的能带示意图

4.5.3 掺杂超晶格

这种超晶格是由同一种材料而不同掺杂型号的超薄层组合而成的,又叫做调制掺杂超晶格。图 4.52(a)示出了一个掺杂超晶格的例子,图 4.52(b)是其能带图。这种超晶格可看成是由许多超薄 PN 结串联构成的,因此也称为 PN 结超晶格。这时因超晶格周期比空间电荷区的宽度小得多,故所有 PN 结势垒区都是耗尽的。

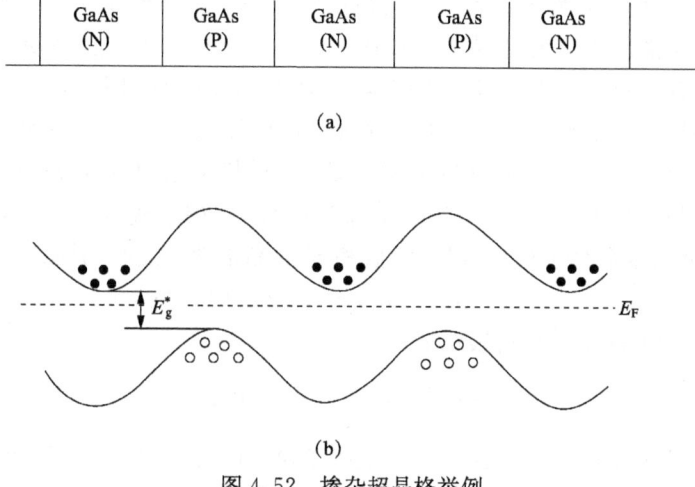

图 4.52 掺杂超晶格举例

掺杂超晶格的有效禁带宽度 E_g^* 与掺杂浓度有关,在较高掺杂浓度下有可能 $E_g^*=0$,即将转变为半金属。因其中电子和空穴均可认为是处于各阱中量子能级上的二维载流子气。因此,改变各层的厚度,也可以改变 E_g^* 的大小。通过计算得知,掺杂超晶格中的许多参数,如载流子浓度、有效带隙、复合寿命、吸收系数等都是可调节的量。

由图 4.52 可以看出,导带波函数主要集中在 N 区,价带波函数主要集中在 P 区,也就是说,电子和空穴的波函数在空间上相对移动了半个周期。这种超晶格的载流子寿命可超出已熟悉的半导体材料载流子寿命若干个数量级。这一特性完全是由于载流子浓度的可调性所引起的。在通常的半导体材料中,要获得相对大的非平衡载流子浓度,只能在极强的激发条件下才能实现,而在超晶格中,则只需要较低的电子空穴产生率或是非常小的注入电流,便能引起稳态载流子浓度与热平衡态偏离很远。处于 N 层中的电子和 P 层中的空穴的分离,除了导致载流子复合寿命增大之外,还会引起其他结果。

外界作用,例如光照,也可以改变 E_g^* 和其中载流子的寿命。因为光照产生了电子和空穴,将在局部形成一定的附加电场,此电场的方向正好与各个 PN 结势垒中的电场相反,因此将使各 PN 结势垒高度降低。通过电注入等外界作用控制注入超晶格中的载流子浓度,也可改变局部附加电场的大小,从而可控制各个 PN 结势垒的高度。PN 结势垒高度的变化即将引起 E_g^* 的变化和电子-空穴复合几率的变化。

4.5.4 应变超晶格

所谓应变层超晶格,就是利用晶格失配材料交替生长而成的超晶格。晶格失配分为三种类型:①结构类型失配,如 GaAs/Si 超晶格,GaAs 与 Si 的晶格常数几乎相等,但它们的结构不同,Si 是金刚石结构,GaAs 是闪锌矿结构;②晶格常数失配,构成超晶格的两种材料的晶格常数不同;③热膨胀系数失配,虽然晶格常数相同,但热膨胀系数不同,制成超晶格冷却到室温时,超晶格中也发生应变。目前研究较多的是 Ge/Si 应变层超晶格,我们将以此为例说明应变超晶格的结构、性质及应用。

超晶格一般是采用晶格常数近似相等或失配度小于 0.5% 的两种材料来制备,以便减少界面位错,GaAs/AlGaAs 超晶格便是这种情形。对于失配度大于 0.5% 的晶格失配体系,可引入晶格常数介于两种材料之间的合金层以改善晶格匹配状况,或通过控制各层厚度,使之小于某个所谓临界限度,靠两种材料弹性地调整原子间距以得到一个能使界面原子的排列近似匹配的晶格常数。这样的超晶格称为应变超晶格(SLS),Ge/Si 和 SiGe/Si 超晶格便是这种应变层超晶格。虽然 Ge 和 Si 有相同的晶体结构,接触界面化学性质稳定,两种材料不会发生显著互扩散,可形成突变界面,但 Ge 的晶格常数比 Si 的大 4%,所以 Ge 与 Si 之间是一晶格失配体系。当用纯 Ge 和 Si 为交替层形成超晶格时,必须使每一交替层的厚度很薄,做成超薄型或超短周期 Ge/Si 应变层超晶格。另一种方法是以 Ge_xSi_{1-x} 合金层代替 Ge 层形成 SiGe/Si 合金型应变超晶格。SiGe/Si 合金层的晶格常数介于 Ge 的晶格常数和 Si 的晶格常数之间,并随组分比 x 成线性变化

$$a = a_{Si} + (a_{Ge} - a_{Si})x = 5.431 + 0.226x \tag{4.5.10}$$

合金层同 Si 之间的晶格失配可表示成

$$\frac{\Delta a}{a_{Si}} = \frac{a - a_{Si}}{a_{Si}} = \frac{a_{Ge} - a_{Si}}{a_{Si}}x = 0.042x \tag{4.5.11}$$

将 Si 层掺杂成 P 型,可实现二维空穴气,能带的配置导致空穴转移到能量较高的 SiGe 或 Ge 的价带中。当 SiGe 或 Ge 层掺杂成 N 型时,电子的迁移率增加,电子转移到 Si 的导带最小处。到目前为止,最高的电子和空穴低温迁移率为 $5000 cm^2/V \cdot s$ 数量级,借助于 Shubnikov-De Haas 振荡和回旋共振(把磁场加到平行和垂直于层的方向)研究系统,观察到较强的磁量子振荡。不受应力的 SiGe 合金的带隙介于 Ge 的带隙(0.66eV)与 Si 的带隙(1.12eV)之间,并随 x 而变化。在应变超晶格中,GeSi 层受到应力,带隙值要发生变化。

理论计算表明,由于带隙宽度随 x 而变化,在适当的层厚和组分等参数调节下,可以使 SiGe/Si 或 Ge/Si 超晶格中的应变层由间接带隙型转变为直接带隙型或"准直接"带隙型。由于这一特性,这种超晶格可用于制作性能优良的光电器件。例如,SiGe/Si 应变层的带隙宽度,当 x 不太大时就可调节在 0.8~0.9eV,这正好相应于光纤通信中低损耗窗口 $1.3\mu m$ 和 $1.5\mu m$ 处。已应用这一特性制作出了波导型雪崩光电探测器。此外,利用 SiGe/Si 超晶格还可以制作异质结双极型晶体管(HBT)、调制掺杂场效应晶体管(MODFET)、PIN 二极管、长波长激光器、分频器等。所有这些器件的一个突出优点是它们都可以同硅工艺兼容,因而受到极大重视。

4.5.5 非晶态超晶格

美国 Exxon 公司和芝加哥大学的研究小组在 1983 年底相继宣布成功地获得了非晶态半导体超晶格多层薄膜,几乎与此同时,其他研究小组也陆续报道了由各种材料组成的非晶态半导体多层调制结构,尤其是研制成功了不同掺杂类型的 a-Si:H 层组成的多层薄膜结构。这些超晶格多层结构的界面起伏小于 5Å。而且也发现,在这些非晶态半导体超晶格多层薄膜中,有类似于晶态超晶格结构中量子尺寸效应所引起的一些独特的性能。例如,多层结构材料的光学和电学带隙变宽了,光电导得到增强,光致发光的峰值位置产生偏离,平行和垂直于多层结构的电导特性具有不对称性,在室温条件下观察到明显的持续光电导效应(Persistent Photoconductivity)。而晶态的 GaAs/AlGaAs 超晶格只有在低温下(<77K)才可观察到这种 PPC 效应。本节主要介

绍非晶态半导体超晶格结构中的光学性质、电学性质及 PPC 效应。

1. 光学特性

图 4.53 示出了 a-Si：H/a-SiN$_x$：H 非晶态超晶格结构的光吸收系数与光子能量之间的关系。其中，a-SiN$_x$：H 的厚度 $L_N=35$Å 保持不变，只改变 a-Si：H 的厚度，以观察其光吸收的变化情况。实验结果表明，只有当调制结构中 a-Si：H 的厚度小于 40Å 时，吸收系数才开始明显地向高能方向移动，这种明显的"蓝移现象"可归结于层的光能隙的增大。

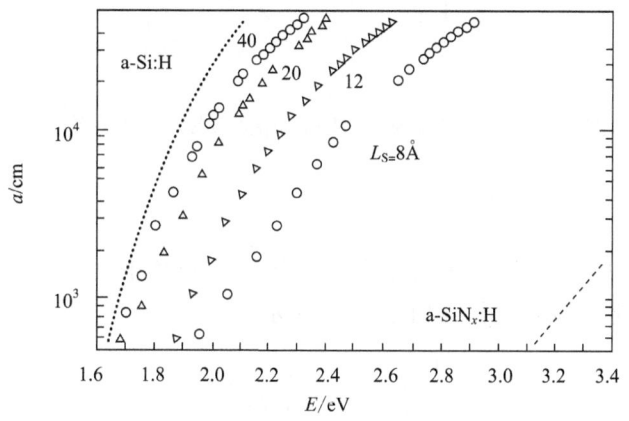

L_S 为 a-Si：H 势阱层的宽度

图 4.53　a-Si：H/a-SiN$_x$：H 超晶格的光吸收系数与光子能量之间的关系

这种光能隙的变化可用一维周期性势场中的自由电子和空穴的能带模型进行解释。能带模型中导带和价带的态密度分布如图 4.54(b) 所示，其中 $L_N=35$Å，而 L_S 分别等于 100Å 和 20Å，光吸收系数 α 可由价带和导带的态密度求积分得到。并假设光吸收过程中动量守恒定则的弛豫是恒定的。由光吸收系数 α 可利用下式求得光隙能，

$$(\alpha h\nu)^{1/2}=B(h\nu-E_{\text{opt}}) \tag{4.5.12}$$

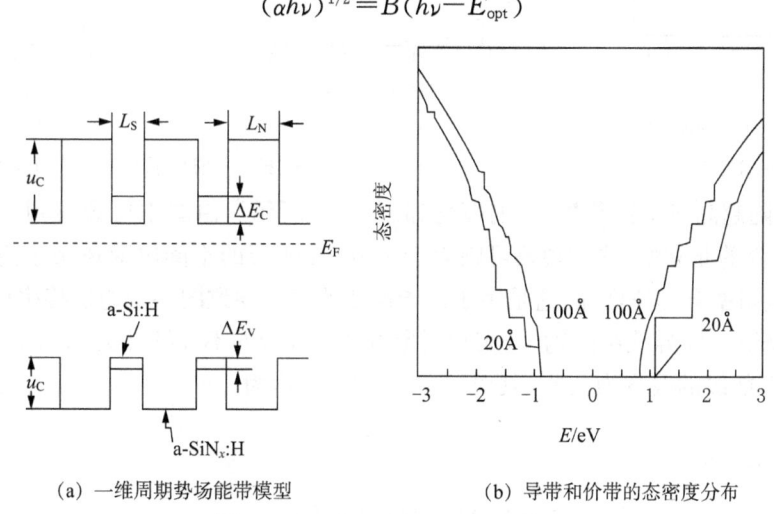

(a) 一维周期势场能带模型　　(b) 导带和价带的态密度分布

图 4.54　a-Si：H/a-SiN$_x$：H 超晶格

光吸收系数 α 除了可用计算得到之外，还可由实验测量得到。将 α 代入到上式，就可得到 E_{opt}。由图 4.55 可看到，随着 L_S 的减小，曲线的非线性现象就越发明显，这是由于超晶格势场

作用的结果。

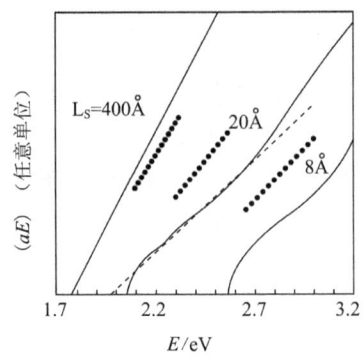

图 4.55 a-Si:H/a-SiN$_x$:H 超晶格的 $(\alpha E)^{1/2}$-E 关系曲线

2. 电学特性

在室温条件下,实验测量表明,平行于表面的电阻率 $\rho_{/\!/}$ 和垂直于表面的电阻率 $\rho_\perp$ 不相同,呈现出各向异性。电阻率的各向异性如图 4.56 所示。

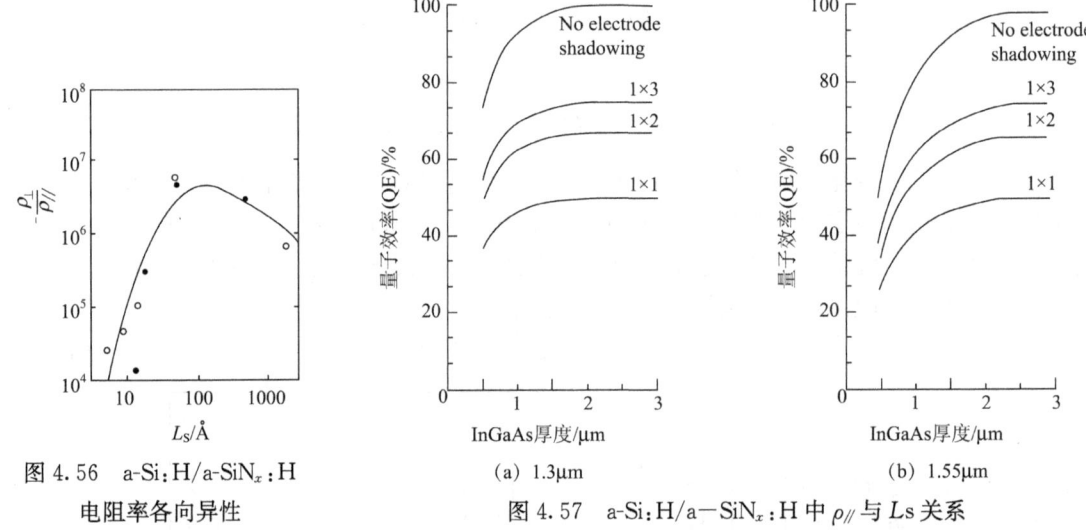

图 4.56 a-Si:H/a-SiN$_x$:H
电阻率各向异性

(a) 1.3μm (b) 1.55μm

图 4.57 a-Si:H/a−SiN$_x$:H 中 $\rho_{/\!/}$ 与 L_S 关系

电阻率 $\rho_{/\!/}$ 随超晶格结构参数 L_S 的变化如图 4.57 所示。由图中可观察到,L_S 较大的超晶格,其电阻率下降的非常快,这种现象可归因于 a-SiN$_x$:H 层的空间电荷掺杂效应引起的;当 L_S 小于 40Å 时,电阻率会迅速增加,这是由于量子尺寸效应所导致的导带边迁移率位移。

a-Si:H/a-SiN$_x$:H 异质结结构中,实验测量得到其导带的不连续性为 1.0eV,由此而形成的电子势阱中最低能级的改变为 ΔE_C,其对 $\rho_{/\!/}$ 的影响可表示为

$$\rho_{/\!/}=\rho_0\exp(\Delta E_C/k_B T) \tag{4.5.13}$$

式中,ΔE_C 的表达式为

$$\Delta E_C=\hbar^2/2m_C L_S^2 \tag{4.5.14}$$

对于 a-Si:H/a-SiN$_x$:H 超晶格结构,把 $\rho_{/\!/}$ 看成是各层薄膜电导的倒数,则有

$$\rho_{/\!/}=(L_S+L_N)(L_S/\rho_S+L_N/\rho_N)^{-1} \tag{4.5.15}$$

式中,ρ_S,ρ_N 分别代表 a-Si:H 和 a-SiN$_x$:H 层的电阻率。类似地有

$$\rho_\perp = [1/(L_S+L_N)](L_S\rho_S + L_N\rho_N) \tag{4.5.16}$$

假定 a-Si:H 层间电荷转移是由量子隧道效应引起的,作一级近似有 $\rho_N = \rho_S/t$,转移系数 t ($t\leqslant 1$)可由下式表示

$$t = \exp[-L_N\sqrt{2m_N(u_C-\Delta E_C)/\hbar^2}] \tag{4.5.17}$$

式中,m_N 为电子在 a-Si:H 中的有效质量,u_C 为导带边的不连续值,由此可得电阻率的不对称性为

$$\rho_{/\!/}/\rho_\perp = L_S L_N/[t(L_S+L_N)^2] \tag{4.5.18}$$

取 $m_N=0.1m$,$u_C=1.0\text{eV}$,$L_N=35\text{Å}$,由上式可计算得到 $\rho_\perp/\rho_{/\!/}$ 的理论值,该理论值与实验测量值大致相符,通过一维隧道模型的半定量分析表明,用量子阱解释超晶格结构的光学性质变化是可行的。

3\. 持续光电导效应(PPC 效应)

芝加哥大学的研究人员发现,在室温下掺杂调制 a-Si:H 薄膜的持续光电导效应。所谓持续光电导,是指半导体材料在低温光照条件下,其电子密度会随着光照时间而持续增加,而且当光照停止之后,电子密度仍会保持不变(在温度不升高的条件下),如图 4.58 所示。a-Si:H 样品首先在 450K 的温度条件下,在真空中经过 1 个小时的退火处理,然后再经过短时间的光照,例如几秒钟,则样品产生光电导;当停止光照后,样品的电导不会很快地恢复到原来的暗电导数值,由此而产生的剩余光电导能持续数小时或数日,这种现象称作持续光电导效应(PPC 效应)。图 4.58 中的多层结构样品由 11 层 n-a-Si:H 和 10 层 p-SiN$_x$:H 组成,每个子层的厚度均为 28nm。由图 4.58 可见,处于 A 态的样品经第一次短时间光照后,具有大的持续光电导,但随着重复光照次数的增加,持续光电导略有上升随后趋于饱和。

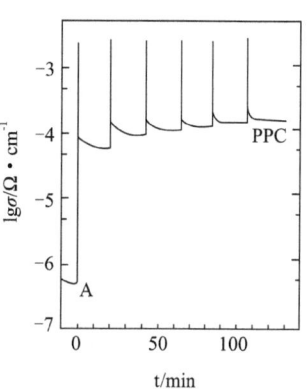

图 4.58 n-a-Si:H/p-a-Si:H 多层结构中的 PPC 效应

持续光电导效应可分为负持续光电导效应和正持续光电导效应。负持续光电导效应(NPPC)发生在更低的温度条件下,此时量子阱中的电子浓度在受到光照影响之后,不但没有增加反而在减小,减小量与光照时间成正比。造成此现象的原因是,在低温时,施主元素是处于离子化状态的,且施主能级高于费米能级,当光照时,一些量子阱中的导电电子越过势垒被游离的离子化的施主能级所捕获。在低温时被捕获的电子无法回到导电层中去,因此,量子阱中导电电子的密度便会减小。

持续光电导效应具有很长的复合寿命,它随时间成指数衰减($t^{-\alpha}$),α 的取值在 0.1~0.2 之间,定义衰减时间为光电流下降到一半时所需要的时间为

$$\tau_R = A\exp(E_R/k_B T) \tag{4.5.19}$$

式中,激活能 $E_R=0.5\text{eV}$,指数前因子 $A=3\times 10^{-5}\text{s}$。在室温条件下,停止光照 10 小时,PPC 效应的衰减时间为 0.4s。

习 题

4.1 半导体中载流子的输运过程受到哪些散射机制的影响?在低温及高温条件下,哪些散射机制起主要作用?

4.2 什么是速度过冲和弹道输运?两者有何区别?

4.3 什么是二维电子气？二维电子气中载流子的输运有何特点？
4.4 什么是半导体异质结？界面态对半导体异质结的能带结构及伏安特性有何影响？
4.5 什么是半导体超晶格？半导体超晶格有哪些类型？它们的能带结构有何特点？
4.6 什么是非晶态半导体超晶格？什么是PPC效应？

第5章 化合物半导体器件

化合物半导体是由各种物理性质各异的元素所构成的。因此,它们在许多领域都具有广泛的应用。不同的化合物半导体材料的物理性质,如禁带宽度、晶体结构、电子和空穴的迁移率、光学性质、热传导性等都有很大的不同。采用化合物半导体材料可以设计出各种半导体器件,例如,电子器件,其中包括基于异质结结构的异质结双极型晶体管(HBT)和高电子迁移率晶体管(HEMT)等;以及光子器件,其中包括量子阱激光器、光电探测器、激光二极管(LD)和发光二极管(LED)等。而这些器件是用元素半导体 Si 所无法实现的。因此有必要了解化合物半导体的材料特性和器件结构。

本章主要讨论化合物半导体材料的基本物理性质,化合物半导体器件(场效应晶体管、异质结双极型晶体管和高电子迁移率晶体管)的基本电学特性,化合物半导体光电器件(半导体光源和半导体光电探测器)的光电特性。

5.1 化合物半导体的物理性质

5.1.1 化合物半导体

在许多由两种以上的元素所构成的化合物中,其中一些化合物显示出半导体特性。一些典型的半导体如表 5.1 所示。根据 Wilson 模型,具有半导体特性的化合物应当具有如下特征:

①半导体的导电性是电子导电,而不是离子导电;
②导电性是温度的函数,随着温度的升高而增大;
③半导体的导电性在很大程度上取决于杂质的种类和浓度。

在元素半导体中,如 Si 和 Ge 由于具有 sp^3 杂化轨道而形成四面体型共价键。而化合物半导体中,不仅有共价键,还有离子键。这是由于化合物半导体是由电负性各异的不同种类的元素所构成的表 5.2 示出了根据泡利原理计算出来的各个元素的电负性。电负性表示的是原子吸引电子的能力大小。

表 5.1 各种半导体材料

元素半导体	Si, Ge
Ⅱ-Ⅵ化合物半导体	CdS, CdSe, CdTe, ZnS, ZnSe, ZnTe HgCdTe, CdZnTe
Ⅲ-Ⅴ化合物半导体	GaP, GaAs, GaSb, InP, InAs, InSb
Ⅳ-Ⅳ化合物半导体	PbS, PbSe, PbTe, PbSnTe, PbSnSe
Ⅳ-Ⅳ化合物半导体	SiC, SiGe
Ⅴ-Ⅵ化合物半导体	Bi_2Te_3
黄铜矿结构	$AgGaS_2$, $AgGaSe_2$, $CuInS_2$, $CuInSe_2$, $ZnGeP_2$, $CdGeP_2$

表 5.2 元素的电负性

Li	Be	B		C	N	O	F
1.0	1.5	2.0		2.5	3.0	3.5	4.0
Na	Mg	Al		Si	P	S	Cl
0.9	1.2	1.5		1.8	2.1	2.5	3.0
K	Ca	Sc	Ti～Ga	Ge	As	Se	Br
0.8	1.0	1.3	1.7±10.2	1.8	2.0	2.4	2.8
Rb	Sr	Y	Zr～In	Sn	Sb	Te	I
0.8	1.0	1.2	1.9±10.3	1.8	1.9	2.1	2.5
Cs	Ba	La～Lu	Hf～Tl	Pb	Bi	Po	At
0.7	0.9	1.1	1.9±0.4	1.8	1.9	2.0	2.2
Fr	Ra	Ac	Th				
0.7	0.9	1.1	1.3				

5.1.2 化合物半导体的晶体结构

晶体结构的基础知识在前面的章节中已经做了介绍。半导体材料的结构依赖于其成键的性质。半导体材料具有四面体价键结构，常见的化合物半导体材料可以有立方体晶体结构或是六边形晶体结构。

许多化合物半导体材料，如 GaAs,InP,GaP 和 CdTe 具有闪锌矿结构，如图 5.1(a)所示。这一结构与金刚石晶格结构非常相似，A 原子形成面心立方晶格，而 B 原子形成另一个面心立方晶格，并偏离了(1/4, 1/4, 1/4)。A 原子周围邻近的 4 个原子是 B 原子，同样，B 原子周围邻近的 4 个原子是 A 原子，每一个原子都会与其最邻近的原子形成四面体键。闪锌矿结构的变形是纤锌矿结构，其晶格结构如图 5.1(b)所示，化合物半导体材料如 GaN 和 ZnO 就具有这种晶格结构。

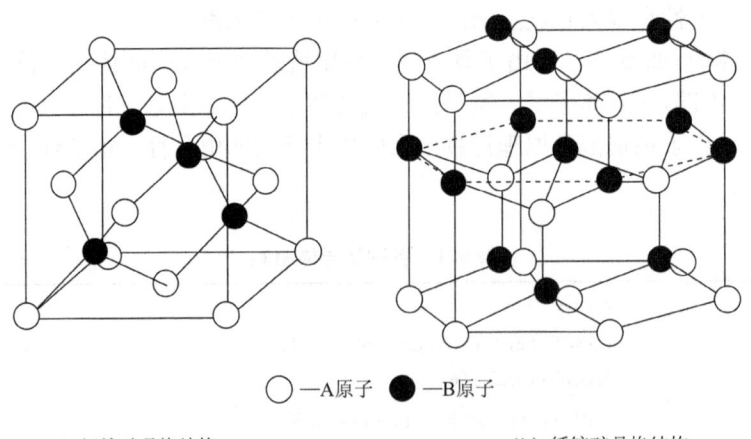

○—A原子 ●—B原子

(a) 闪锌矿晶格结构　　　　(b) 纤锌矿晶格结构

图 5.1 化合物半导体晶格结构

图 5.2 所示的是黄铜矿型晶格结构。在Ⅰ-Ⅲ-Ⅵ结构化合物半导体中，其阳离子的位置是由Ⅰ和Ⅲ主族元素交替占据，典型的半导体材料有硫化银（$AgGaS_2$）；在Ⅱ-Ⅳ-Ⅴ结构化合物半导体中，其阳离子的位置是由Ⅱ和Ⅳ主族元素交替占据，典型的半导体材料有 $CdGeAs_2$。

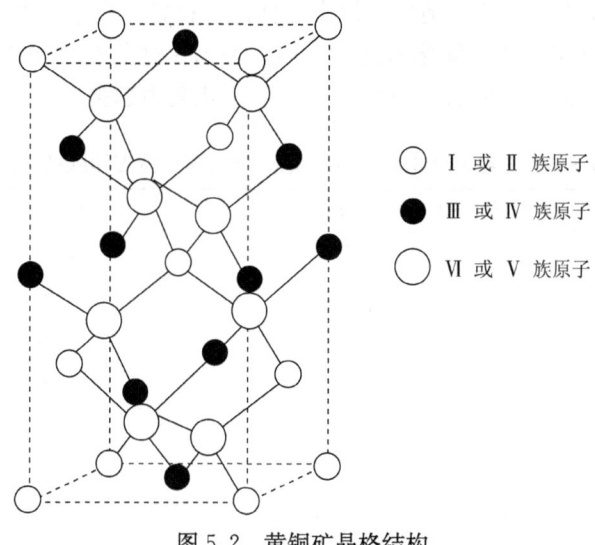

图5.2 黄铜矿晶格结构

5.1.3 晶格常数

当原子间的距离无限接近的时候就会形成晶体,此时电子轨道会发生重叠进而形成能级,电子所占据能级的位置可由泡利原理来确定。通过求解薛定谔方程便可得到原子轨道半径,在此基础上,可求得晶格结构的晶格常数。晶格常数的变化是有规律的,当化合物中原子的直径越来越小的时候,则晶格常数的值也是越来越小的;当化合物中原子的直径越来越大的时候,则晶格常数值也是越来越大。分子量与半导体材料的熔点之间的关系如图5.3(a)所示。当分子量变大时,半导体材料的熔点会降低,这是由于当分子量变大时,晶格常数变大从而导致连接原子间的价键引力变小。当分子间的摩尔质量比较接近时,半导体的熔点依照如下次序依次降低:Ⅱ-Ⅵ化合物半导体>Ⅲ-Ⅴ化合物半导体>Si,Ge。这是由于原子的离子化能力增强的时候,价键间的作用力也变大了。图5.3(b)表示出了禁带宽度与摩尔质量之间的关系。当键合能增大的时候,禁带宽度也随之变大。

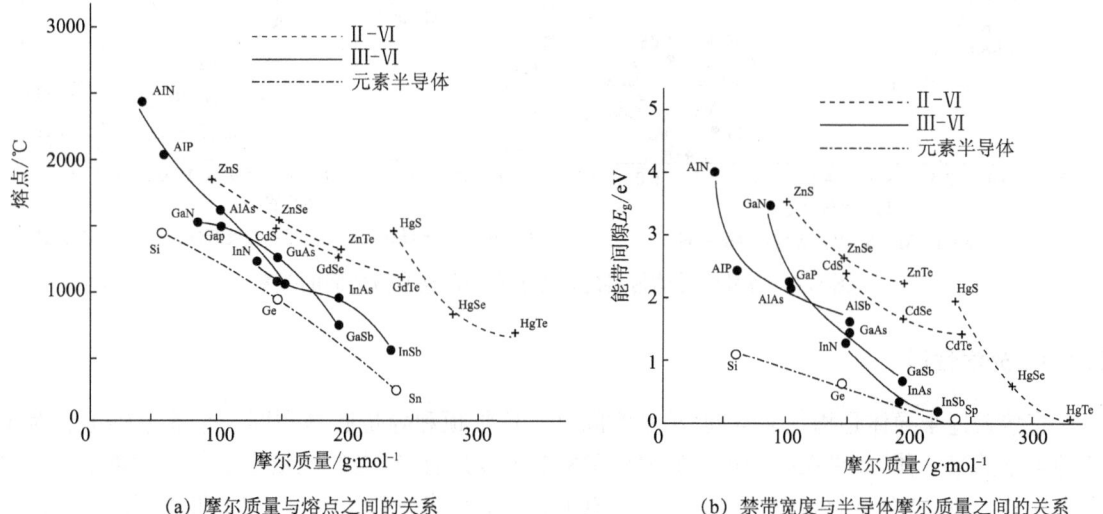

(a) 摩尔质量与熔点之间的关系　　　　(b) 禁带宽度与半导体摩尔质量之间的关系

图5.3 化合物半导体分子量大小对其性质的影响

图 5.4 示出了Ⅲ-Ⅴ族半导体及他们的混合晶体的晶格常数与禁带宽度之间的关系。图 5.4(b)还标注出了直接跃迁半导体和间接跃迁半导体。表 5.3 对主要的半导体材料的晶格常数、禁带宽度和跃迁类型都进行了归纳总结。可以看出，离子化能力越强，禁带宽度越大。

表 5.3 主要半导体及它们的晶格常数，禁带宽度和跃迁类型

	材料	晶体结构	晶格常数	禁带宽度	跃迁类型
Ⅳ	Si	金刚石	5.4309	1.107	间接跃迁
	Ge	金刚石	5.6575	0.66	间接跃迁
Ⅲ-Ⅴ	GaP	闪锌矿	5.451	2.261	间接跃迁
	GaAs	闪锌矿	5.645	1.435	直接跃迁
	GaSb	闪锌矿	6.095	0.72	直接跃迁
	InP	闪锌矿	5.869	1.351	直接跃迁
	InAs	闪锌矿	6.058	0.35	直接跃迁
	InSb	闪锌矿	6.479	0.180	直接跃迁
Ⅱ-Ⅵ	ZnS	闪锌矿	5.409	3.66	直接跃迁
	ZnSe	闪锌矿	5.668	2.67	直接跃迁
	ZnTe	闪锌矿	6.103	2.26	直接跃迁
	CdS	纤锌矿	$a=4.137, c=6.716$	2.38	直接跃迁
	CdSe	纤锌矿	$a=4.299, c=7.015$	1.74	直接跃迁
	CdTe	闪锌矿	6.481	1.44	直接跃迁

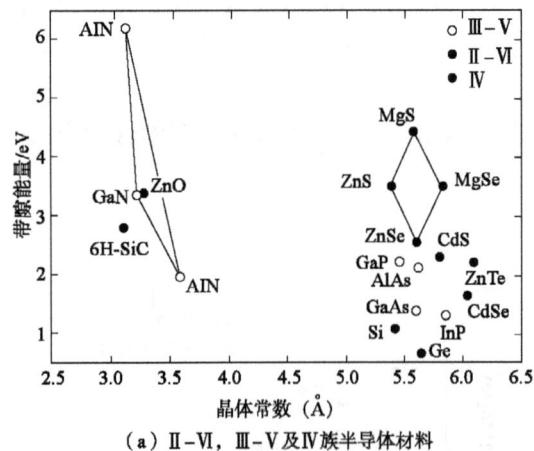
(a) Ⅱ-Ⅵ，Ⅲ-Ⅴ及Ⅳ族半导体材料

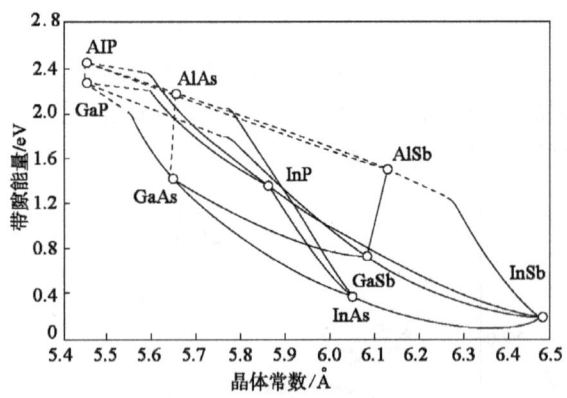
(b) Ⅲ-Ⅴ族半导体材料（实线：直线跃迁，点线：间接跃迁）

图 5.4 各种半导体材料的带隙能量与晶格常数之间的关系

5.1.4 光学性质

直接跃迁半导体是指在 k 空间（动量空间）中，价带顶和导带底是在同一个能量轴上。对于这种类型的半导体，如果在一个正向偏置的 PN 节中或是有光（光的能量高于禁带宽度 E_g）照射在半导体上时，就会有与禁带宽度 E_g 所对应的波长 λ_0 为光发射出来，λ_0 与禁带宽度的关系由式(5.1.1)给出。这种光的发射效率很高，如图 5.5 所示。

$$\lambda_0(\mu m) = 1.239/E_g(eV) \tag{5.1.1}$$

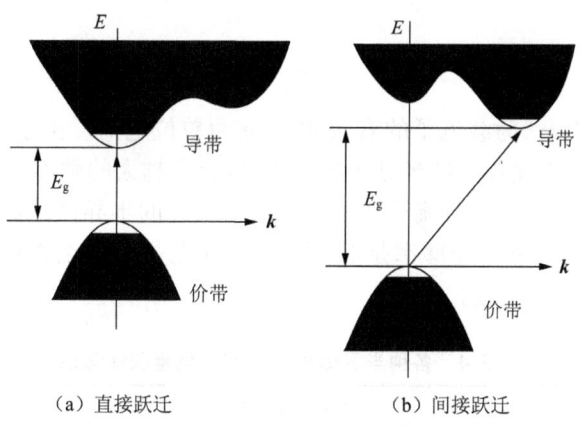

（a）直接跃迁　　　　　　（b）间接跃迁

图 5.5　直接跃迁和间接跃迁

而在间接跃迁半导体（如 Si、Ge 和 GaP）中，电子和空穴的波矢 k 不同，因此电子在跃迁时必须要改变动量。由于有这种变化，这种跃迁中所产生的大部分能量以热的形式（晶格振动-声子）散发掉了，光的发射效率很低。

人眼对光波的敏感程度如图 5.6 所示，可以看出，化合物半导体的发光范围覆盖了从极紫外到红外的光谱范围。应用化合物半导体的这种性质，可以制作出各种 LED 和 LD。

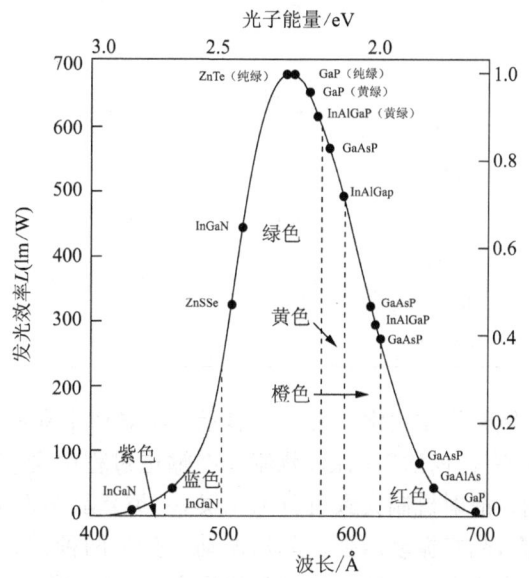

图 5.6　人眼对各种半导体材料所发射出不同波长光的敏感度

5.1.5　电学特性

半导体中载流子浓度取决于热平衡时电子的热激发，杂质的离子化及缺陷能级的离子化。在前面的章节中已经介绍了本征半导体及半导体掺杂等基本概念，本节重点讨论载流子的迁移率。

迁移率定义为载流子速度与电场强度 E 之间的比例常数，由式（5.1.2）表示

$$v = \mu E \tag{5.1.2}$$

在低电场强度的条件下,载流子迁移率为常数,称此时的迁移率为低场迁移率。低场迁移率由式(5.1.3)表示

$$\mu = \frac{q\tau}{m^*} \tag{5.1.3}$$

式中,τ 为动量弛豫时间,m^* 为载流子的有效质量,q 为单位电荷。由于有效质量与能带的弯曲程度有关,选择能带弯曲程度越小的半导体材料,就可得到越大的载流子迁移率。表5.4给出了各种化合物半导体的有效质量和载流子迁移率。直接跃迁的半导体的载流子迁移率比较大,例如,在室温条件下,GaAs 的电子迁移率是 Si 的 6 倍,这也是为什么常用 GaAs 做高频器件(如 MESFETs 和 HEMTs 等)的材料。

表5.4 各种半导体材料的有效质量和迁移率

	材料	有效质量			迁移率	
		m_e^*	m_{ph}^*	m_{pl}^*	μ_e	μ_h
Ⅳ	Si	0.26	0.55	0.24	1350	475
	Ge	0.56	0.37		3800	1900
Ⅲ-Ⅴ	GaP	0.12	0.86	0.14	200	120
	GaAs	0.065	0.45	0.082	8500	420
	GaSb	0.049	0.33	0.056	7700	1400
	InP	0.077	0.56	0.12	6060	150
	InAs	0.027	0.41	0.024	33000	460
	InSb	0.0135	0.438	0.016	78000	1700
Ⅱ-Ⅵ	ZnS	0.28	1.4		140	5
	ZnSe	0.17	~0.7		530	28
	ZnTe	0.122	0.42	0.17	340	110
	CdS	0.171	~5		350	15
	CdSe	0.112	>1.0		650	
	CdTe	0.0963	0.62		1050	80

动量弛豫时间由各种散射作用决定。表5.5表示了半导体中常见的散射机制。由于晶体中周期性势垒的存在,如果没有任何散射的话,载流子在输运过程中会获得最大迁移率。实际上,载流子会受到散射的影响。散射机制大致可分为两类,一类是晶格振动散射,另一类是杂质(或缺陷)散射。随着温度升高,晶格振动增强。晶格振动又分为两种模式,即低频时的声学波模式和高频时的光学波模式。当存在离子化而导致晶格形变时,就会形成偶极子,从而导致载流子由于偶极子的电场作用而遭受强烈的散射。

主要的三种晶格散射机制,它们的特征分别叙述如下。

(1)光学波光子散射。

受晶体离化能力的影响,存在有非极化光子散射和极化光子散射。对于元素半导体如 Si 和 Ge,其内部主要的化学键是共价键,极化光子散射根本就不存在。对于化合物半导体,在高温时非极化光子散射是主要的散射机制,受其影响迁移率可由式(5.1.4)表示

$$\mu = \left(\frac{m^*}{m_0}\right)^{-3/2} T^{1/2} \left[\exp\left(\frac{\theta}{T}\right) - 1\right] \tag{5.1.4}$$

式中,m^*为电子的有效质量,m_0为电子的静止质量,θ为时间常数。

(2)声学波光子散射。

非极化声学波光子散射被称为形变场散射。这是由于晶格波的形变导致能带边缘的变化及形变电势的产生。极化声学波散射被称为压电散射,主要存在于低温条件下的Ⅱ-Ⅵ族半导体材料中。

(3)杂质散射。

当杂质离子化之后,载流子会受到库仑电势的强烈散射。由于载流子的热运动速率是随温度的升高而增大的,因此,离子化杂质散射在高温时可以忽略不计。离子化杂质散射由式(5.1.5)表示

$$\mu=\left(\frac{m^*}{m_0}\right)^{-1/2}T^{3/2} \tag{5.1.5}$$

当缺陷被离子化的时候,其散射效应与杂质的散射相似。在杂质为电中性时,载流子只有在与杂质发生碰撞时才会发生散射。因此,散射作用非常小,且受温度影响。在这种情形下,迁移率可表示如下

$$\mu=\frac{T^{3/2}}{(m^*)^{1/2}N_I} \tag{5.1.6}$$

式中,N_I为总的杂质浓度。图 5.7 示出了 GaAs 的迁移率与温度的关系。由图可见,温度越高,非极性光子散射是主要的散射形式;在低温时,离子化的杂质散射占据主导地位。

如果考虑到所有的散射机制都在起作用,整个的弛豫时间可以表示成

$$\frac{1}{\tau}=\sum\frac{1}{\tau_i} \tag{5.1.7}$$

由于各个弛豫时间 τ_i 对应于不同的散射机制。因此总的迁移率可以表示成

$$\mu=\sum\frac{1}{\mu_i} \tag{5.1.8}$$

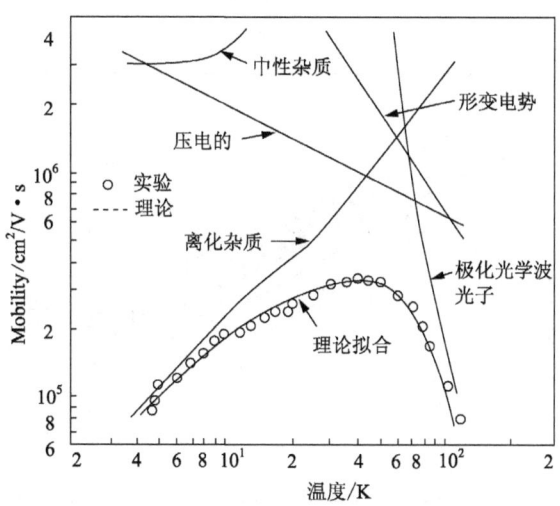

图 5.7 GaAs 各种散射机制下的迁移率

载流子浓度与迁移率之间的关系可以通过计算得到。图 5.8 给出的了 InP 的例子。当材料是导电材料时,大多数施主和受主都是离子化的。因而载流子的浓度近似等于 N_d-N_a。补偿比例因子 θ 定义为 N_a/N_d。当迁移率和载流子浓度是已知的情况下,N_d 和 N_a 可通过计算得到。

表 5.5 半导体中常见的散射机制

晶格散射	声学波光子	变形势垒散射
		压电散射
	光学波光子	极化光学散射
		非极化光学散射
杂质和缺陷散射	离子化杂质散射	
	中性杂质散射	
	缺陷散射	
	合金散射	

在室温条件下,杂质的影响也可以被忽略。图 5.8 中,如果杂质浓度超过 $1\times10^{17}\,\mathrm{cm}^{-3}$,电子迁移率会小于 $4000\,\mathrm{cm}^2/\mathrm{V}\cdot\mathrm{s}$。当杂质浓度超过 $1\times10^{17}\,\mathrm{cm}^{-3}$,在 77K 和室温条件下的电子迁移率接近常数。由补偿比例因子和载流子浓度,可以将施主和受主的浓度表示出来

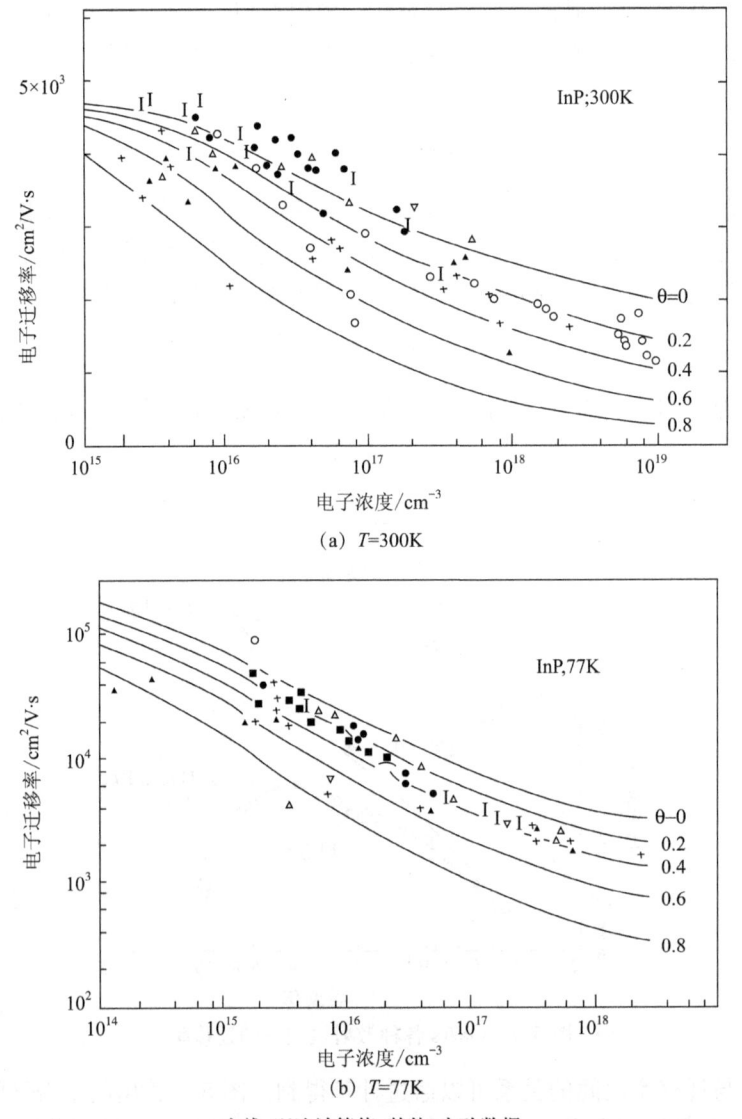

(a) $T=300\mathrm{K}$

(b) $T=77\mathrm{K}$

实线:理论计算值,其他:实验数据

图 5.8 具有不同补偿比的 N 型 InP 中,迁移率值与电子浓度之间的关系

$$N_d = \frac{n}{1-\theta} \tag{5.1.9}$$

$$N_a = \frac{\theta}{1-\theta} n \tag{5.1.10}$$

图 5.9 示出了Ⅲ-Ⅴ族化合物半导体与 Si 和 Ge 的电子迁移率的温度特性。对于 Si 和 Ge，由于它们的纯度在 $10^{12} \mathrm{cm}^{-3}$ 量级，因而即使在低温时都没有杂质散射，电子迁移率随温度的降低而增大；对于Ⅲ-Ⅴ族化合物半导体，电子迁移率在 100K 和室温附近有个峰值点，低于这个温度，迁移率降低。这是因为由杂质和缺陷所导致的电子散射占据主要地位。图 5.9(b)中空穴迁移率也有同样的趋势。

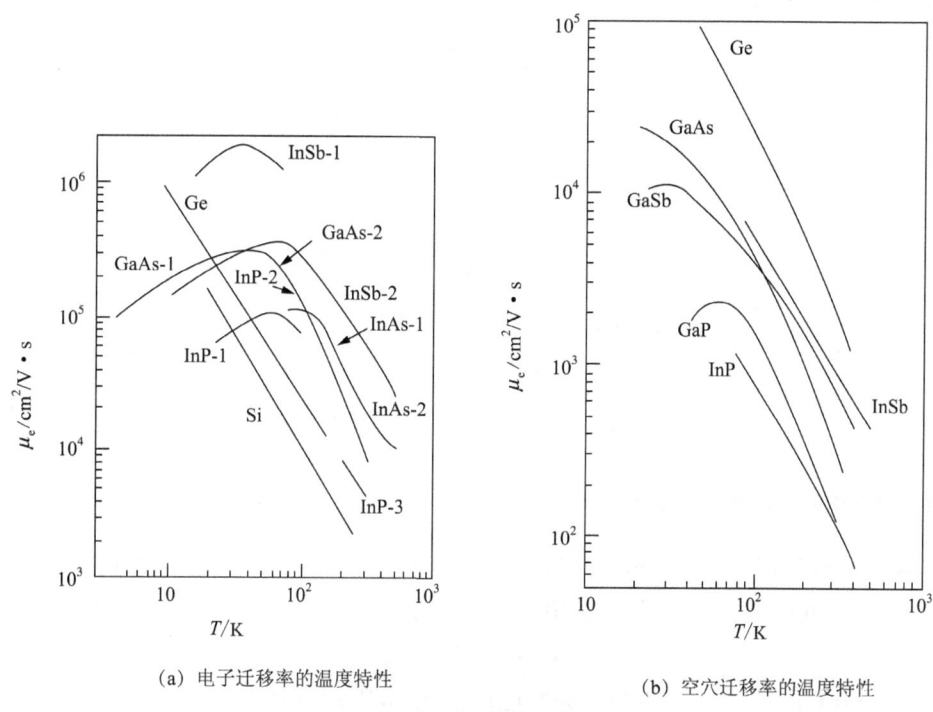

(a) 电子迁移率的温度特性　　(b) 空穴迁移率的温度特性

图 5.9　载流子迁移率的温度特性

5.2　金属半导体场效应晶体管器件

基于 GaAs 半导体的金属-半导体场效应晶体管(MESFET)的研究最早始于 60 年代。在 1971 年，Turner 等人研制出了栅极长度为 1um 的 GaAs FET，器件的最高频率达 50GHz。与硅基 MOSFET 器件性能相比，GaAs MESFET 器件的性能有了很显著的提高，这主要是材料的特性所造成的。首先，GaAs 的导带电子的迁移率是 Si 的 6 倍，峰值迁移速率是 Si 的 2 倍；其次，器件的有源层是生长在半绝缘的 GaAs 衬底上的，GaAs 的电阻率高达 $10^7 \Omega \cdot \mathrm{cm}$。而与此相对比，本征 Si 的典型电阻率为 $30\Omega \cdot \mathrm{cm}$。第一个性质导致了低的寄生电阻，较大的跨导，以及较短的电子渡越时间。第二个性质导致非常低的寄生电容。此外，GaAs 的少子寿命短得多，因而具有很好的抗辐照能力。由于以上特点，使得 GaAs MESFET 在微波低噪声放大器、功率放大器及微波开关等方面具有广泛的应用。

5.2.1 GaAs MESFET 的基本结构

图 5.10 表示的是 GaAs MESFET 的基本结构。它是在半绝缘的 GaAs 衬底上外延生长一层 GaAs 作为有源层，并在该层上生长一层金属形成肖特基势垒，再引出栅极(G)，并在栅极两侧形成欧姆接触作为源极(S)和漏极(D)。源漏之间的导电层构成了沟道，沟道电阻由栅源电压 V_{GS} 进行调节。半导体-金属栅极接触在 MESFET 沟道中产生了一个耗尽区，该耗尽区的厚度依赖于栅源电压 V_{GS}。

GaAs MESFET 可以是 N 沟道的，也可以是 P 沟道的；可以是耗尽型的，也可以是增强型的，总计有四种基本类型。

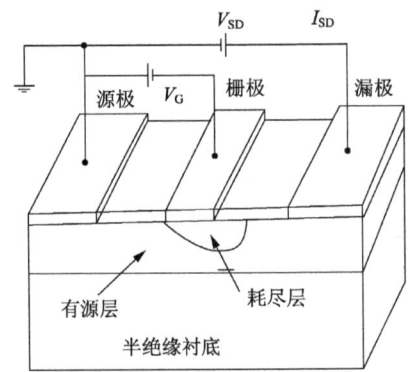

图 5.10 GaAs MESFET 的基本结构

5.2.2 GaAs MESFET 的直流特性

为了清楚了解 MESFET 器件的工作原理，考虑一个有源区为均匀掺杂的情形，器件结构如图 5.11 所示。当栅极电压为零时，阈值电压 V_T 可以表示成

$$V_T = -V_p + V_{bi} \tag{5.2.1}$$

式中，V_p 是夹断电压，V_{bi} 是内建电势。夹断电压由式(5.2.2)表示

$$V_p = \frac{qN_D A^2}{2\varepsilon} \tag{5.2.2}$$

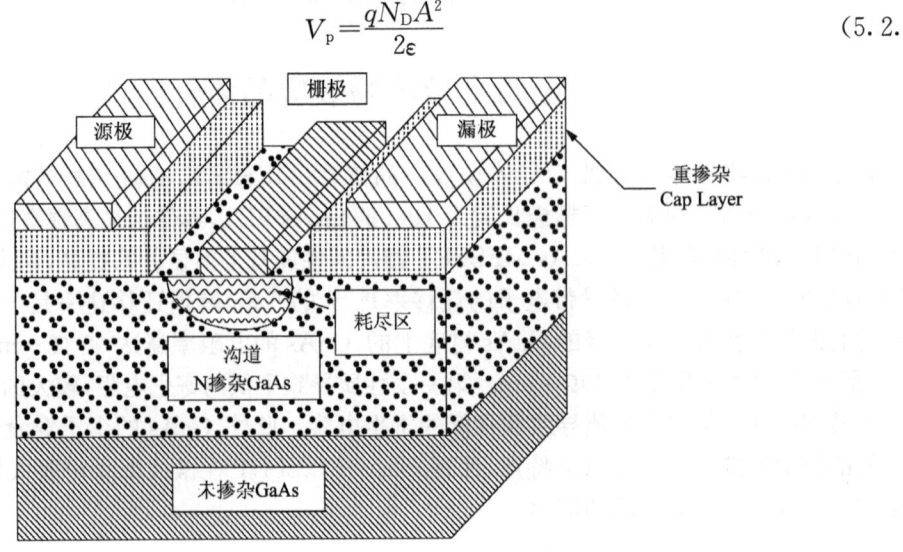

图 5.11 GaAs MESFET 器件的结构图

式中，N_D 是有效施主浓度，A 是沟道厚度。假定有效施主浓度与未耗尽区电子浓度 n_0 相等。

当 V_G 大于 V_T 时，在源极和漏极之间加上正的 V_{DS}，便可在沟道中产生电流。V_{DS} 较小时，沟道电阻可以看成是一个线性电阻，但随着电压的增加，电子漂移速度的增加不会与电压按照同样的比例增加。随着 V_{DS} 的进一步增加，由漏极到源极的电流将达到饱和。

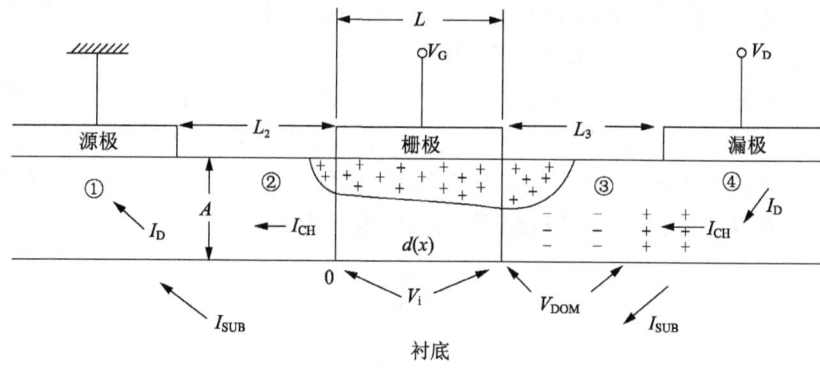

图 5.12 GaAs MESFET 器件沟道电流与沟道之间的关系

下面讨论基于肖特基模型的长沟道 FET 器件的电流电压特性。肖特基提出了采用梯度沟道近似，梯度沟道近似基于如下假设，即栅极节的偏压是位置的函数。沟道电势的增量 dV 为

$$dV = I_{ch} dR = \frac{I_{ch} dx}{q\mu N_D W [A - A_d(x)]} \tag{5.2.3}$$

式中，A 为有源层的厚度，$d(x)$ 是耗尽层的厚度，W 是栅极宽度。在距离 x 处的耗尽层厚度为

$$A_d(x) = \left\{ \frac{2\varepsilon}{qN_D} [V(x) + V_{bi} - V_G] \right\}^{1/2} \tag{5.2.4}$$

将 (5.14) 代入 (5.13)，并对 (5.13) 式进行积分，便可得到 FET 晶体管的基本方程

$$I_{ch} = g_0 \left\{ V_i - \frac{2}{3} \left[\frac{(V_i + V_{bi} - V_G)^{3/2} - (V_{bi} - V_G)^{3/2}}{V_p^{1/2}} \right] \right\} \tag{5.2.5}$$

式中，V_i 是栅极下沟道的电压降，g_0 由式 (5.2.6) 给出

$$g_0 = q\mu N_D \frac{WA}{L} \tag{5.2.6}$$

根据肖特基模型，饱和电流可由式 (5.2.7) 表示

$$(I_{ch})_{sat}^S = g_0 \left[\frac{1}{3} V_{po} + \frac{2}{3} \frac{(V_{bi} - V_G)^{3/2}}{V_p^{1/2}} - V_{bi} + V_G \right] \tag{5.2.7}$$

在线性区的跨导为

$$g_m = g_0 \left[\frac{(V_i + V_{bi} - V_G)^{1/2} - (V_{bi} - V_G)^{1/2}}{V_p^{1/2}} \right] \tag{5.2.8}$$

在饱和区，跨导为

$$g_m^S = g_0 \left\{ 1 - \left[\frac{(V_{bi} - V_G)}{V_p} \right]^{1/2} \right\} \tag{5.2.9}$$

根据肖特基模型，电流饱和发生在导电沟道在漏极一侧出现夹断时。此时电子速率一定得非常高以保证有限的沟道电流。实际上，在高电场条件下电子速率会达到饱和，从而导致电流饱和。电子迁移率对电场的依赖性对于理解 FET 器件的电流饱和是非常重要的。考虑到载流子速度饱和，沟道电流可表示成

$$I_{DS} = I_{DS}^S \frac{1}{[1 + (V_{DS}/E_c L_g)]} \tag{5.2.10}$$

式中，E_c 为电子速率饱和时的临界电场，L_g 为栅极长度。Curtice 提出了沟道电流的表达式

$$I_{DS} = \beta (V_{GS} - V_T)^2 (1 + \lambda V_{DS}) \tanh(\alpha V_{DS}) \quad (5.2.11)$$

式中，常数 λ 是一个经验常数。

当在栅极上加上负电压时，会导致相对漏极的一个高电场。因而，当栅极电压越来越负的时候就意味着漏极电压的降低，就会出现电流饱和。最终的结果是，$I_{DS}(V_{DS}, V_{GS})$ 特性曲线可以划分成两个区域，线性区和饱和区，如图 5.13 所示。

对于器件的跨导，我们可以进行更深入的讨论。图 5.14 表示出了实验测量得到的 GaAs MESFET 输出特性曲线。I_{DS} 的理论分析与实验结果主要差异在饱和区有一定的斜率。有几个因素对这一有限的输出跨导 g_{DS} 有影响。影响因素包括由沟道注入非掺杂的缓冲层的电荷，以及通过表面和沟道-衬底状态导电的机制等。g_{DS} 的定义为

$$g_{DS} = \left. \frac{\partial I_{DS}}{\partial V_{DS}} \right|_{V_{GS}=c} \quad (5.2.12)$$

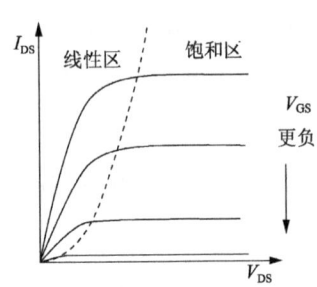

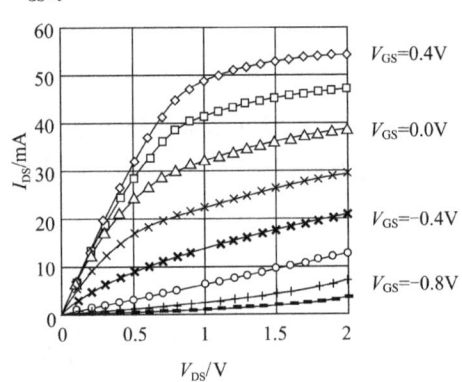

图 5.13 GaAs MESFET 器件的输出特性

图 5.14 GaAs MESFET 器件测试所得到的输出特性

GaAs MESFET 的增益隐含在跨导参数 g_m 之中，g_m 定义为在固定的漏极电压(V_{DS})下，沟道电流(I_{DS})被栅极电压(V_{GS})的调制作用

$$g_m = \left. \frac{\partial I_{DS}}{\partial V_{GS}} \right|_{V_{DS}=c} \quad (5.2.13)$$

根据定义，将漏极电流对 V_{GS} 求偏导，可得

$$g_m = \frac{\varepsilon \nu_{\text{eff}} W}{d} \quad (5.2.14)$$

式中，ν_{eff} 是沟道中载流子的运动速度。

提高跨导就必须要求沟道中载流子速度要很高。例如，外加一个大的负栅极电压，会导致耗尽层厚度的增加，从而使得跨导减小。而且，如果载流子的速度一定，通过增加沟道掺杂浓度的办法可以减小耗尽层的厚度，从而达到提高跨导的目的。但这样做的一个负面的作用是器件的击穿电压会受到影响。

电压增益 A_V 直接与功率增益相关，其定义为

$$g_m = \frac{\partial V_{DS}}{\partial V_{GS}} = \frac{g_m}{g_{DS}} \quad (5.2.15)$$

5.2.3 GaAs MESFET 的微波特性

在高频电路设计中，直流偏置条件仅在建立等效电路元件的时候是非常重要的。与直流偏

置无关的 MESFET 器件的等效电路才是设计工程师所关心的。图 5.15 表示出了 GaAs MSEFET 器件的横截面结构示意图,图中叠加了一个电学网络结构。图中的每一个元件都代表了器件中的特定区域的电学特性。例如,与栅极相关的合金电阻由集总元件 R_G 表示。图 5.16 表示了等效电路描述了在微波频段 MSEFET 器件物理结构的电学行为。

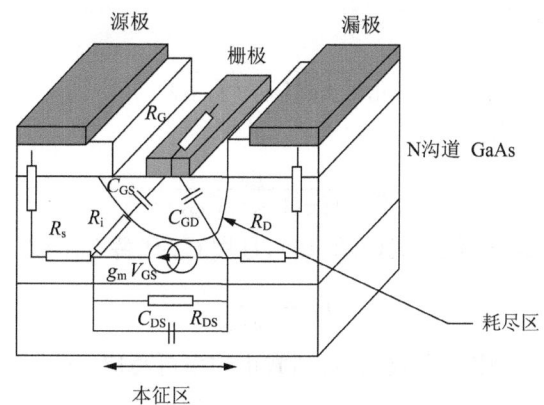

图 5.15　MESFET 器件及叠加的集总元件等效电路

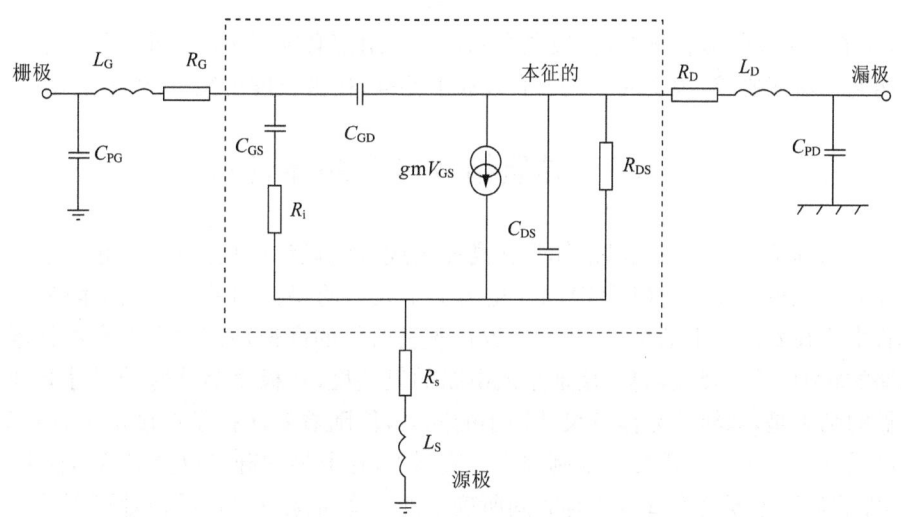

图 5.16　MESFET 器件集总元件等效电路

栅源电容 C_{GS} 表示的是在源极一侧的,位于栅极下面耗尽区的电荷。同样,C_{DS} 表示的是与在漏极一侧耗尽区电荷相关联的电容。由 C_{GS} 和 C_{DS} 组成了总的栅极电容,这一电容可由平板电容器结构来描述,因此可写成

$$C_g = \frac{\varepsilon W L_g}{d} \tag{5.2.16}$$

在集总模型等效电路模型中,可以将其中的元件划分成位于虚线框内的本征元件和非本征元件。栅极电阻 R_G 由栅极叉指的数目 m,栅极的截面积(L_G 乘以栅极高度 y),以及栅极的宽度 W 决定。多叉指栅极平行连接,导致栅极电阻减小 m^2 倍

$$R_g = \frac{\rho W}{3 m^2 y L_g} \tag{5.2.17}$$

式中,ρ 为金属珊极的电阻率。

RF 栅极电阻是分布式的,这导致了在式(5.2.17)的分母中出现了 3 这个因子。源极、栅极和漏极的寄生电感 L_S、L_G、L_D 由电极的焊盘引入。寄生几何电容 C_{pG} 和 C_{pD} 由电场在金属接触之间引起,是由器件的版图所决定的。

截止频率 f_T,是短路电流增益为 1 时的频率($i_{out}/i_{in}=i_D/i_G$)。由图 5.16 中本征部分的等效短路,当输出短路,$V_{out}=0$

$$\frac{i_D}{i_G} \approx \frac{g_m}{j\omega(C_{GS}+C_{GD})} \quad (5.2.18)$$

当 $f=f_T$,$i_D/i_G=1$ 时,有

$$f_T = \frac{g_m}{2\pi(C_{GS}+C_{GD})} \quad (5.2.19)$$

将式(5.2.14)、式(5.2.16)代入式(5.2.19),且用 C_G 代替 $C_{GS}+C_{GD}$,则截止频率可改写为

$$f_T = \frac{v_{eff}}{2\pi L_G} \quad (5.2.20)$$

考虑到图 5.16 中寄生电阻的等效电路,则截止频率可写成

$$f_T = \frac{g_m}{2\pi\left[(C_{GS}+C_{GD})\left(1+\frac{R_S+R_D}{R_{DS}}\right)+g_m C_{GD}(R_S+R_D)\right]} \quad (5.2.21)$$

因此,为了得到高的截止频率,栅极电容和寄生电阻都必须尽可能的小,而与此同时,跨导则必须尽可能大。这就要求:沟道的载流子有效速度要高;栅极长度要短;寄生电阻要小。

5.3 异质结双极型晶体管

尽管传统的硅基同质结双极型晶体管在高速集成电路设计中用途广泛,起到了不可或缺的作用。但异质结双极型晶体管(HBT)同样也吸引了人们的兴趣和关注。这是因为在同质结双极型晶体管中存在着设计上的折中,从而导致在改进器件的高速性能时存在有本征限制。为了减小门电路的转换时间、降低功耗、增加集成电路的复杂度,双极型晶体管的尺寸必须按比例缩小。这样做的结果是,双极型晶体管尺寸缩小的同时,伴随着基区掺杂浓度增加,而基区掺杂浓度是同质结设计中一个非常重要的限制因素。实际上,在典型的硅基双极型晶体管中,基区为中度掺杂,器件的延迟主要是由基区渡越时间所确定的。宽带隙发射极的设计可以放宽对基区掺杂浓度的限制,因为轻掺杂的发射极和重掺杂的基区可以保持足够的发射效率,同时采用具有低电阻的薄基区的结构。这种设计可以显著改进器件的性能。自从 1970 年开始,由于 MBE 和 MOVPE 技术的实用化,使得使用晶格匹配的Ⅲ-Ⅴ化合物半导体系统(如 AlGaAs/GaAs, InP/InGaAs, InAlAs/InGaAs)制作 HBT 晶体管成为可能。硅基的 HBT 技术也已经开出来了,可采用 SiGe、SiC 和氧掺杂的 Si 来构造发射极/基区异质结。

5.3.1 HBT 器件的基本结构

在 HBT 器件中,电流流向与表面及外延层垂直。因此,HBT 的速度主要是由外延层的厚度所决定的,而外延层的厚度则可以通过 MBE 或是 MOCVD 技术来精确控制。采用 AlGaAs/GaAs 材料体系的 HBT 在高速电路设计方面具有很好的前景。如果 GaAs 基区的掺杂浓度要比发射极高很多,采用宽禁带的 AlGaAs 材料作发射极,会使得载流子的注入效率接近 100%,这就为器件的设计提供了额外的设计自由度,有助于获得高速性能。最早人们制作的是

AlGaAs/GaAs 发射极朝上结构的 HBT(emitter-up HBT)。这种 HBT 器件在制作时依次生长发射极、基极和集电极,这些电极的欧姆接触是通过对其依次进行刻蚀得到。尽管采取该工艺可以获得质量很高的 HBT,但这种结构的 HBT 在与多层金属系统进行集成时会遇到很严重的形貌上的困难。因此,高集成度的 HBT 器件一般采用平面 HI²L 技术,在这种工艺中,采用发射极朝下(emitter-down)的结构,以及具有离子注入基极和非本征 P⁺ 基区。

由图 5.17(a)可见采用自对准工艺得到的 AlGaAs/GaAs HBT 器件的截面结构图,图 5.17(b)所表示的是由离子注入工艺得到的 AlGaAs/GaAs HBT。离子注入工艺的特点包括低的基区接触电阻、层结构组合的灵活性、CB 间电容低等。自对准工艺的特点是简单,快速,低温工艺,基区接触电阻非常高,电流增益比较低等。

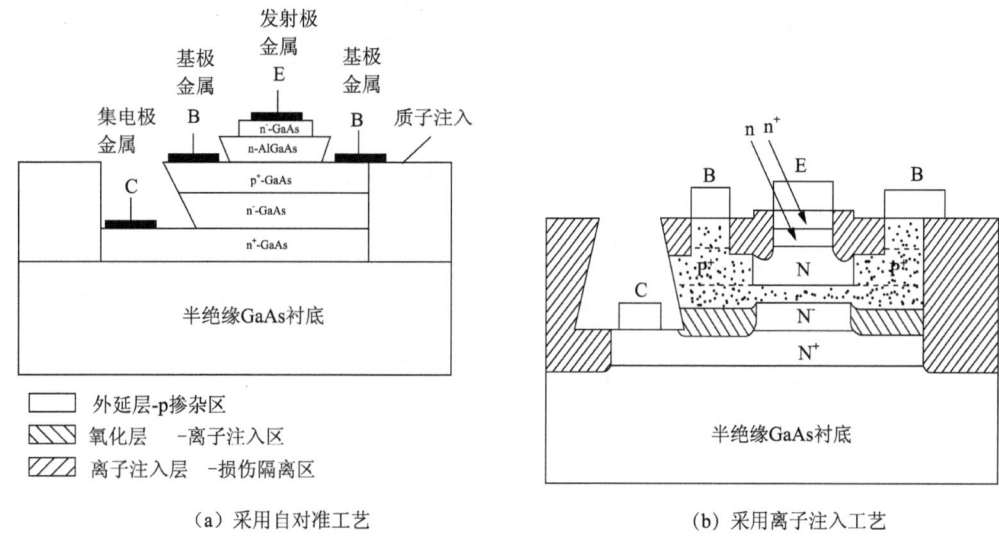

(a) 采用自对准工艺　　　　　　(b) 采用离子注入工艺

图 5.17　AlGaAs/GaAs n-p⁺-n-n⁺ HBT 剖面结构示意图

图 5.18 示出了突变发射结和缓变发射结 AlGaAs/GaAs HBT 的能带图。采用缓变发射结的优点包括:①减小发射结空间电荷区的载流子复合;②提高注入电子速率。其不足之处在于:①在抑制由基区注入发射区的空穴不是特别有效;②可能会有基区杂质的扩散。

5.3.2　HBT 器件的直流特性

对于图 5.18(b)中所示的缓变发射结 AlGaAs/GaAs HBT,由发射极注入基区的电子电流密度和空穴电流密度可以表示成

$$J_\mathrm{n}=q\left(\frac{D_\mathrm{n}}{W_\mathrm{B}}\right)[N_\mathrm{E}\exp(-\Delta E'_\mathrm{C}/k_\mathrm{B}T)] \tag{5.3.1}$$

$$J_\mathrm{p}=q\left(\frac{D_\mathrm{p}}{W_\mathrm{E}}\right)[N_\mathrm{B}\exp(-\Delta E'_\mathrm{V}/k_\mathrm{B}T)] \tag{5.3.2}$$

由式(5.3.1)和式(5.3.2)可以估算出如图 5.18 所示 HBT 的最大电流增益,即电子电流与空穴电流密度的比值

$$\beta_{\max}\approx\frac{J_\mathrm{n}}{J_\mathrm{p}}\approx\frac{N_\mathrm{E}\nu_\mathrm{nB}}{N_\mathrm{B}\nu_\mathrm{pE}}\exp[-(\Delta E'_\mathrm{C}-\Delta E'_\mathrm{V})/k_\mathrm{B}T]=\frac{N_\mathrm{E}\nu_\mathrm{nB}}{N_\mathrm{B}\nu_\mathrm{pE}}\exp(\Delta E_\mathrm{g}/k_\mathrm{B}T) \tag{5.3.3}$$

由式(5.3.3)可得,即使是在 N_E 远小于 N_B 的时候,也能获得很高的 $\beta_{\max}$ 值。当基极-发射极的掺杂浓度比例($N_\mathrm{B}/N_\mathrm{E}$)在 50~100 之间时,为了获得 $\beta>100$,则 $\Delta E'_\mathrm{V}-\Delta E'_\mathrm{C}=\Delta E_\mathrm{g}$ 应当等于或

大于0.24eV，这对应于宽禁带 $Al_{0.22}Ga_{0.78}As$（如AlAs的含量占22%）发射极。值得注意的是，$\Delta E'_v$ 是发射极价带的不连续性，β 随 $\Delta E'_v$ 呈指数增加。由于空穴势垒的降低而导致的 β_{max} 的降低或许部分可以基区电子速度增加来补偿。导带尖峰的平滑可以使得宽禁带发射极在接近异质结界面处的组分缓慢变化，如图5.18所示。

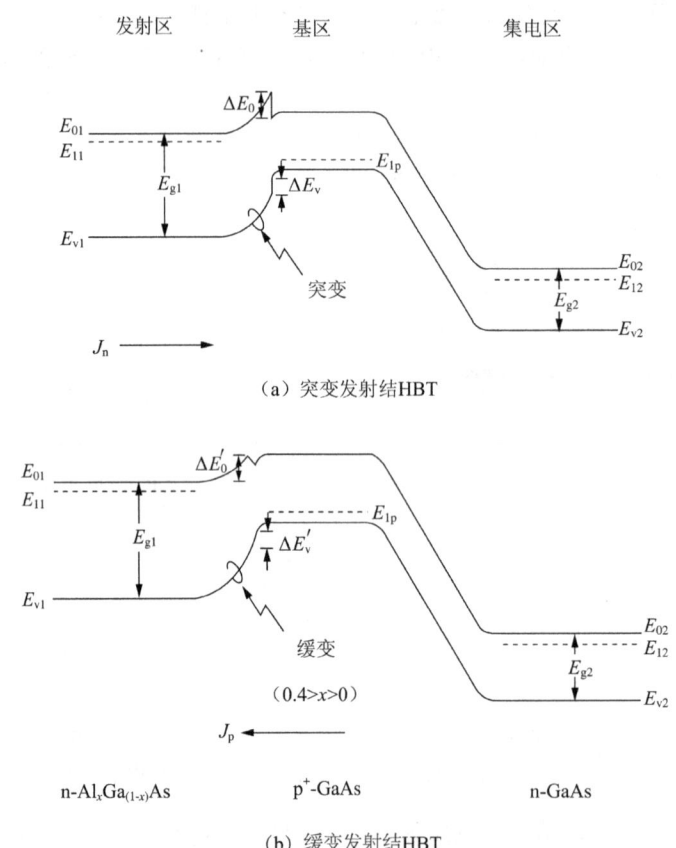

图5.18 AlGaAs/GaAs HBT的能带结构示意图

由于HBT的发射极注入效率很高，因此，电流增益基本上等于基区因子。对于 $n-p^+-n$ HBT，电流增益可写成

$$\beta \approx \frac{\tau_n}{\tau_B} \tag{5.3.4}$$

式中，τ_n 和 τ_B 分别代表基区电子寿命和基区渡越时间。对于均匀掺杂的基区，如果基区电子的输运过程是扩散控制的话，$\tau_B \approx W_B^2/2D$，而对于一个缓变组分的基区，电子的输运过程是由漂移控制的话，$\tau_B \approx W_B/\mu_n\varepsilon$。因此，为了获得高的电流增益，$\tau_B$ 就要求尽可能的小。发射结电容由式(5.3.5)给出

$$C_{TE} = A_E \sqrt{\frac{q\varepsilon N_E}{2(V_{bi}-V_{BE})}} \tag{5.3.5}$$

一般来说，单异质结AlGaAs/GaAs HBT的集电极电流和基极电流的表达式与硅基BJT器件的类似，但还是有一些明显的差异。如果集电极电流是受基区输运控制，则集电极电流密度可表示成

$$J_C = \frac{qD_n n_{ie}^2 \exp(qV_{BE}/k_B T)}{\int_0^{w_B} p(x)dx} \tag{5.3.6}$$

式中,分母中的积分代表的是基区单位面积内的杂质原子的数目,即我们熟知的 Gummel 数。所以 Gummel 数越小,则集电极电流就越大。小的 Gummel 数对应于窄的基区宽度。图 5.19 示出了集电极电流密度与集电极-发射极偏压之间的关系,这表明 HBT 晶体管的这一特性与硅基 BJT 晶体管的类似。

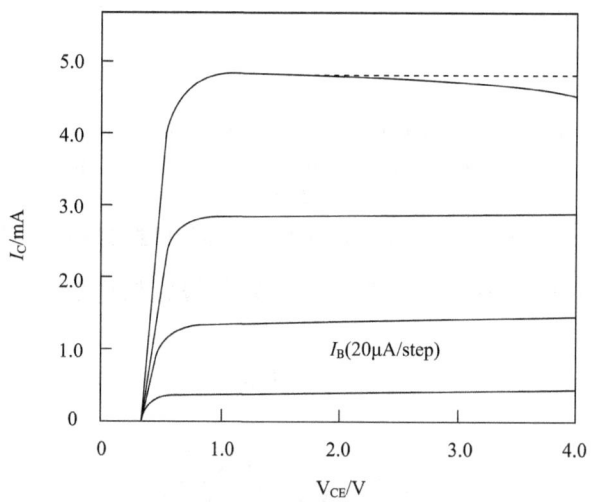

发射极面积为 $2\times 3.5\mu m^2$
图 5.19 AlGaAs/GaAs HBT 集电极电流与集电极-发射极偏压之间的关系

AlGaAs/GaAs HBT 中的基极电流远比硅基 BJT 器件的复杂。这主要是使用宽禁带的发射极和窄带基极。一般来说,AlGaAs 中深能级缺陷对于控制发射结的复合中心起到了非常重要的作用。例如,HBT 基区电流可能包含四项:①基区的复合电流;②发射结空间电荷区的复合电流;③发射区的复合电流;④环路电流。基极电流的一般表达式由下式给出

$$I_B \approx \exp(qV_{BE}/nk_B T) \tag{5.3.7}$$

式中,n 为二极管的理想化因子,其值在 1~2 之间。当基区电流主要是基区复合电流时,n 值接近于 1,电流增益 β 为常数。如果基区电流主要是发射结空间电荷区的复合电流时,此时 $n=2$,电流增益 β 随 I_C 的增加而增加,随温度的升高而减小。如果是以发射区的复合电流为主时,$n=1$,电流增益 β 随温度的升高而减小。一般而言,HBT 的电流增益与发射极的长度符合按比例缩小原则,而不是与发射区的面积。图 5.20 示出了电流增益与集电极电流之间的关系。结果表明,在集电极电流很大(如 $I_C \geqslant 10mA$)时,电流增益 β 大于 100。

5.3.3 HBT 器件的高频特性

截止频率 f_T 是一个非常重要的品质因子,用于评估 HBT 的高频性能。HBT 截止频率可用式(5.3.8)计算

$$\frac{1}{2\pi f_T} = \tau_E + \tau_C + \tau_B + \tau_{TC} \tag{5.3.8}$$

式中

$$\tau_E = r_e(C_{TE} + C_{DE}) \approx \frac{4k_B T}{qI_E} C_{TE}(0) \tag{5.3.9}$$

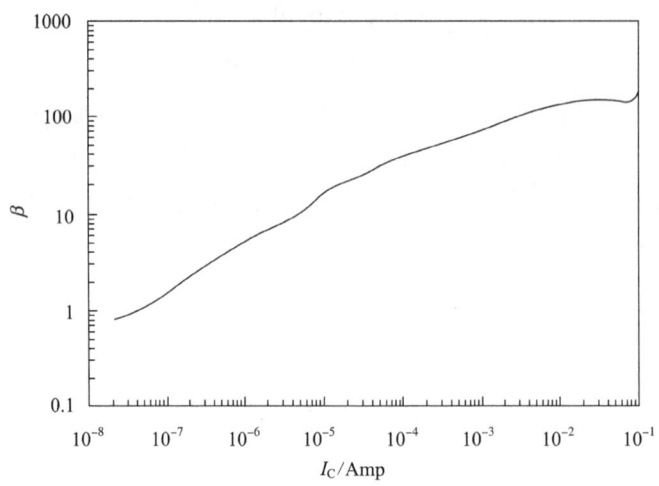

图 5.20 图 5.18 中 AlGaAs/GaAs HBT DC 电流增益与集电极电流的关系

是发射极电容充电时间,r_e 是发射结电阻,C_{DE} 是发射极扩散电容。集电极充放电时间由式(5.3.10)给出

$$\tau_C = r_{cc'} C_{TC} \qquad (5.3.10)$$

式中

$$C_{TC} = A_c \sqrt{\frac{q \varepsilon N_c}{2(V_{bi} + V_{CB})}} \qquad (5.3.11)$$

是集电极-基极耗尽层电容,$r_{cc'}$ 是集电极串联电阻。因此,减小 τ_C,集电区与集电极接触之间的掺杂浓度应当尽可能的大以减小该电阻。有效基区渡越时间为

$$\tau_B = \frac{W_B}{v_n} \approx \frac{W_B^2}{2 D_n} \qquad (5.3.12)$$

式中,D_n 是基区电子扩散常数。载流子渡越集电极-基极的时间 τ_{TC} 由下式给出

$$\tau_{TC} = \frac{x_c}{v_s} \qquad (5.3.13)$$

式中,x_c 是集电极-基极 PN 结的耗尽层宽度,v_s 是载流子渡越集电极-基极的饱和速率。最后,HBT 的功率增益可写成

$$G = \frac{f_T}{8 \pi f^2 r_{bb'} C_{TC}} \qquad (5.3.14)$$

由上式可以看到,HBT 的功率增益与其截至频率成正比,与基区寄生电阻和集电极-基极结电容成反比。很显然,GaAs 中高电子迁移率是 HBT 高频性能的基本保障,载流子迁移率的增加可以降低 τ_B 和 $r_{cc'}$,而这又反过来会使得截至频率提高和功率增益增加。当 AlGaAs/GaAs HBT 的发射极宽度为 1.2μm 时,器件的截止频率可高达 75GHz。

在许多实际的电路设计应用中,经常需要加载的负载电容,在这方面 BJT 晶体管的性能比 FET 晶体管要优越,这是由于双极型晶体管具有较大的电流驱动能力,高的跨导,阈值电压可控制得非常好。目前已研发出的 HBT 晶体管的主要特点是降低了基区电阻 $r_{bb'}$,基区电阻严重限制了双极型晶体管的高速性能。HBT 的最大振荡频率由式(5.3.15)给出

$$f_{max} = \frac{1}{4 \pi r_{bb'} C_{TC} \tau_{EC}} \qquad (5.3.15)$$

从式(5.3.15)中可看出,最大频率由基区电阻控制。集电结电容(C_{TC})可通过采用小的集电结面

积的方式来减小，τ_{EC} 是总的发射极到集电极延迟时间，由下式给出

$$\tau_{EC} = \tau_E + \tau_C + \tau_B + \tau_{TC} \tag{5.3.16}$$

除了基于 GaAs 材料的 HBT，还有其他几种新型的 HBT，如基于 Si/SiGe 的 HBT，基于 InP 的 HBT 器件等。这些器件的结构和性能与我们在这里所讨论的相类似，不同之处在于器件所用的材料不同，因而器件的参数和性能有所差异。

5.4 高电子迁移率晶体管

高电子迁移率晶体管（HEMT）也被称为半导体-绝缘体-半导体场效应晶体管（SISFET），或者 GaAs 栅极场效应晶体管。这些器件都是设计在Ⅲ-Ⅴ化合物半导体上的，具有高电子迁移率和电子传输速度，其沟道位于异质结的边界处，异质结两边的半导体具有不同的电子亲和势。因此，HEMT 具有高速和低噪声等优越性能，它在微波及射频电路设计中有着重要的应用，如可用来构造微波放大器等。第一种 HEMT 是调制掺杂场效应晶体管（MODFET），禁带宽度较宽的半导体（AlGaAs）进行掺杂，电子转移到窄带半导体（GaAs）而形成沟道。由于电子被限制在这一沟道中，与此对应的 GaAs 的有效质量较小，沟道中电子在垂直方向上的动量是量子化的，因此这种沟道被称为二维电子气（2-DEG）。

5.4.1 HEMT 器件的基本结构

HEMT 的工作原理与 MESFET 器件非常相似。它们之间的区别在于 HEMT 采用了一种垂直结构，采用不同材料来形成器件沟道，使得沟道电子与产生电子的施主杂质在空间上实现分离，这使得电子由于受到的离子化杂质散射作用减小而具有很高的电子迁移率。另外，在接近材料表面的一个势阱结构中会产生大量电子的聚集。在 HEMT 中，电流通过一个高迁移率沟道由源极流向漏极，使得器件在高频噪声特性和增益特性上与传统的 MESFET 器件相比有很大的改进。下面用 AlGaAs/GaAs HEMT 的例子来说明，AlGaAs/GaAs HEMT 的截面结构与能带结构如图 5.21 所示。

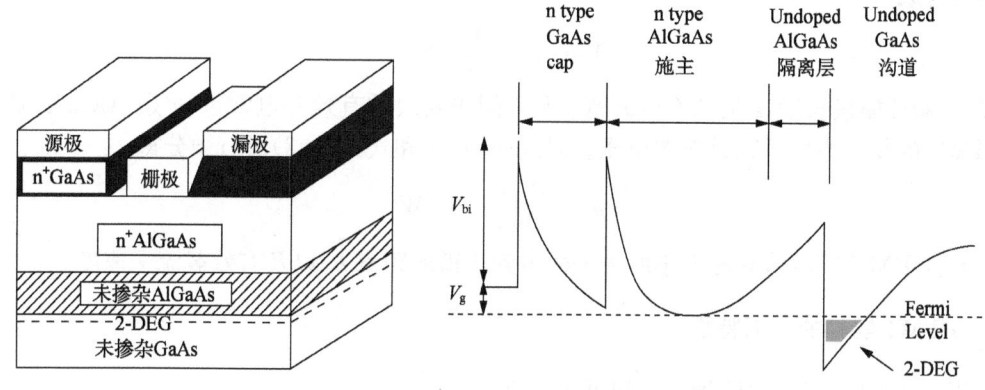

图 5.21 AlGaAs/GaAs HEMT 截面结构及能带结构

掺杂的 GaAs 覆盖层有利于形成器件的低电阻欧姆接触。N 掺杂 AlGaAs 层为沟道提供电子，而未掺杂的 AlGaAs 隔离层可在空间上将电子积累层与施主原子分开而达到提高沟道载流子迁移率的作用。这两层中金属 Al 的含量范围在 20%～30% 之间，含量的取值与其用途有关。Al 含量决定了在 AlGaAs/GaAs 界面处导带不连续性的大小，而这一能带的不连续性又会去控

制 GaAs 沟道中电子积累层中电子的浓度。Al 含量越高,沟道电子浓度越高。20%～30% 的 Al 含量范围兼顾了沟道电子浓度和迁移率。由于 AlGaAs 的禁带宽度比 GaAs 大,从而在掺杂的 AlGaAs 施主层中的电子很自然的积累在 AlGaAs/GaAs 界面处,使得未掺杂的 GaAs 沟道中形成高迁移率沟道。从能量上来看,这些电子也倾向于留在 GaAs 沟道层中。

值得注意的是,由电子积累层在未掺杂 GaAs 沟道中所形成的电场强度非常强,达到了 10^7 V/m 量级,因此,该电场就将电子限制在一个非常窄的近似三角形的凹槽中,离界面处的距离为 15～20nm。这一尺寸与电子的波长相当,就会导致在与界面垂直的方向上出现电子动量的量子化,于是电子就只能在二维空间中运动。正是因为这个原因,电子积累层通常被称为二维电子气(2-DEG)。

5.4.2 HEMT 器件的直流特性

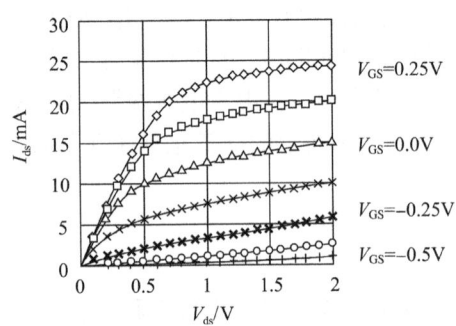

图 5.22 HEMT 器件的输出特性曲线

HEMT 器件的输出特性如图 5.22 所示,与 MESFET 器件输出曲线非常相似,同样也有线性区和饱和区。对于一个几何尺寸确定的器件,在比较低的漏源电压,器件进入饱和区后会出现"膝点"电压,这是由于高的电子迁移率。这一现象同样可以降低器件的接入电阻,改善外部跨导。在线性区,漏源电流可写成

$$I_{DS} = qn_{2D}\mu W \frac{V_{DS}}{s} \qquad (5.4.1)$$

式中,n_{2D} 是栅极下体沟道浓度,μ 是 2-DEG 迁移率,W 是器件宽度,s 是源漏接触的距离。

在饱和区,漏源电流可写成

$$I_{DS} = qn_{2D}\nu_{eff}W \qquad (5.4.2)$$

式中,ν_{eff} 为有效沟道速率。

上面所描述的简单的电荷控制模型,可用来推导出 HEMT 本征跨导的表达式。栅极下总的电荷可写成

$$WLqn_{2D} = \frac{WL\varepsilon}{h}V_{GS} \qquad (5.4.3)$$

式中,L 为器件栅极长度,ε 是 AlGaAs 施主及空间隔离层的有效介电常量,h 是 AlGaAs 施主及空间隔离层的复合厚度,V_{GS} 是栅源电压。对式(5.4.2)和式(5.4.3)进行微分得,

$$g_m = \frac{\partial I_{DS}}{\partial V_{GS}} = \frac{\varepsilon\nu_{eff}}{h}W \qquad (5.4.4)$$

因此,HEMT 器件跨导的大小取决于栅极到沟道的距离 h,以及有效载流子速度。

5.4.3 HEMT 器件的射频特性

运用等效电路模型,总的延迟时间可表示成

$$\tau_{total} = \frac{1}{2\pi f_T} \qquad (5.4.5)$$

式中,总延迟时间 τ_{total} 包括本征和寄生延迟之和,也可由下式表示

$$\tau_{total} = \tau_{pad} + \tau_{fringe} + \tau_{intrinsic} + \tau_{drain} \qquad (5.4.6)$$

焊盘延迟时间可表示成焊盘电容 C_{pad},非本征跨导 g_m 和栅极宽度 W 的函数

$$\tau_{\text{pad}} = \frac{C_{\text{pad}}}{g_{\text{m}}W} \tag{5.4.7}$$

焊盘电容可由 $1/f_T$ 与 $1/W$ 关系曲线中的斜率来估算，其典型值为 $10\text{fF}/50\times50\mu\text{m}$。对栅极周长小的离散元件，这一寄生参数是其频率的主要限制条件。图 5.23 表示出了归一化的栅极焊盘充电时间与非本征跨导的函数关系。由叉指电容引起的延迟时间可写成

$$\tau_{\text{fringe}} = \frac{C_{\text{fringe}}}{g_{\text{mo}}} \tag{5.4.8}$$

式中，g_{mo} 是本征跨导。这一电容大概为 0.18pF/mm。图 5.24 表示出了栅极叉指电容充电时间与本征跨导的函数关系，延迟的典型值是 0.1~0.2ps。

漏极延迟可解释成载流子穿越漏极耗尽区所产生的延迟，依赖于漏源电压，可以采用作图的方法得到这一延迟参数。将总延迟对漏源电压作图，且将图中的线性部分外延到与漏源偏压为零处，得到的外延值包括所有的本征和非本征延迟，不包括漏极延迟。由总延迟减去该值就是可信的漏极延迟时间。漏极延迟值在 0.1~0.5ps 之间，与栅极长度无关。

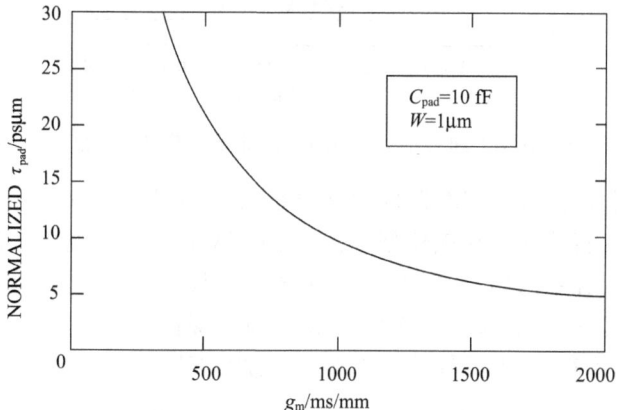

图 5.23 HEMT 器件中归一化栅极焊盘充电时间

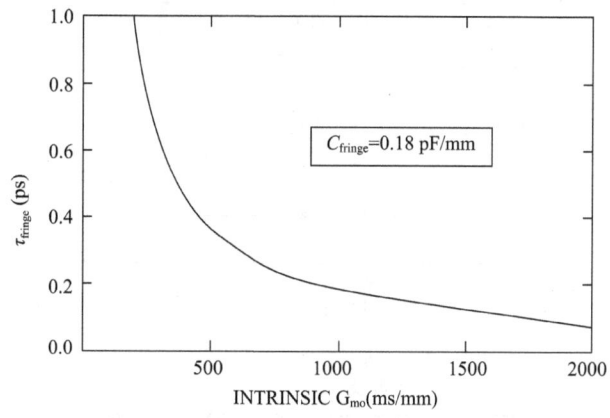

图 5.24 HEMT 器件中叉指电容充电时间

为了深入了解延迟特性，可将本征延迟分成两个部分，栅极下电子的瞬态延迟时间（t_{transit}）和沟道充电时间（t_{cc}）。为了得到这两个延迟时间，需要将本征延迟时间对电流密度的倒数（W/I_{DS}）作图。在这种情形下，瞬态延迟是 $W/I_{\text{DS}}=0$ 处的线性外延延迟时间，沟道充电延迟时间是本征延迟时间与瞬态延迟时间的差值。

沟道充电延迟时间再低漏极偏置条件下影响非常显著,如低噪声放大器。但在漏极电流大的应用下是可以忽略的。除此之外,所有的寄生延迟对漏极电流的变化都十分的敏感,在漏极电流较低时,都会随着电流的增加而增大。图 5.25 表示基于 InP 的 HEMT 器件与 GaAs 赝 HEMT 器件的非本征跨导与阈值电压的关系。

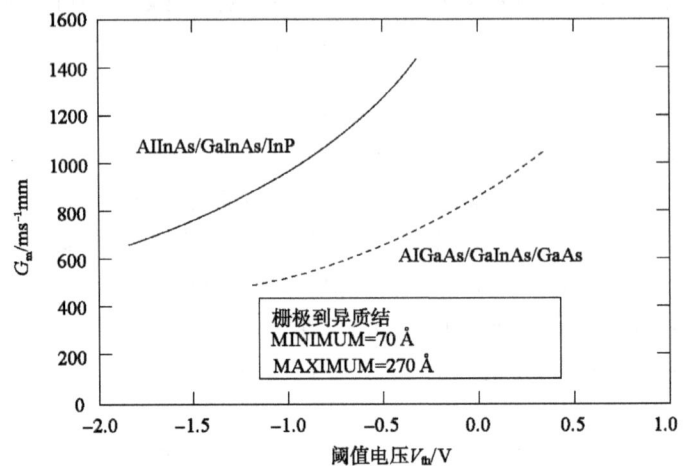

图 5.25 InP 基 HEMT 和 GaAs p-HEMT 的非本征跨导与阈值电压之间的关系

在毫米波波段,栅极-漏极电容对器件的噪声系数影响很大。1989 年 Pospieszalski 提出一个方法来对噪声系数进行建模。在该模型中,本征 HEMT 器件中栅极和漏极噪声都被假定成热源。如图 5.26 所示,在室温(T_a)时,本征 FET 器件的噪声源只有栅极到源极的电阻(r_{GS});在一定漏极温度(T_D),且 $T_D \gg T_a$ 时,噪声源可表示为漏极的电导。器件的噪声等效电路如图 5.27。在这种表示中,本征 FET 器件的四个噪声参数如下给出

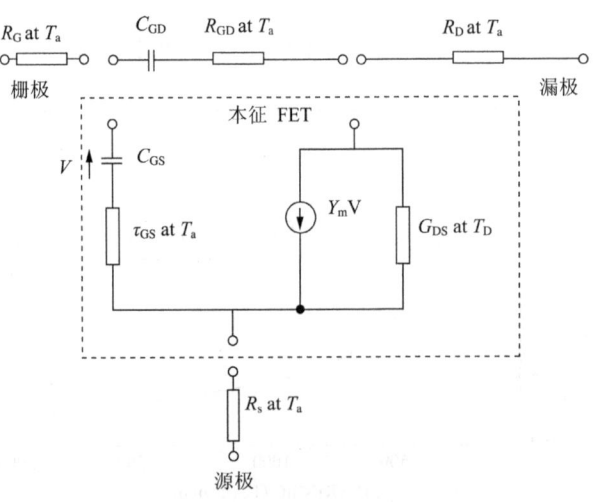

图 5.26 本征 HEMT 器件的等效电路图

$$f_T = \frac{g_m}{2\pi C_{GS}} \tag{5.4.9}$$

$$F_{min} = \sqrt{\left(\frac{f}{f_T}\right)^2 \frac{r_{GS} T_a}{g_{DS} T_D} + r_{GS}^2} \tag{5.4.10}$$

$$T_{\min}=2\left(\frac{f}{f_T}\right)\sqrt{g_{DS}r_{GS}T_aT_D+\left(\frac{f}{f_T}\right)^2(r_{GS}+g_{DS}+T_a)^2}+2\left(\frac{f}{f_T}\right)^2g_{DS}r_{GS}T_D \quad (5.4.11)$$

$$g_n=\left(\frac{f}{f_T}\right)^2\frac{g_{DS}T_D}{T_0} \quad (5.4.12)$$

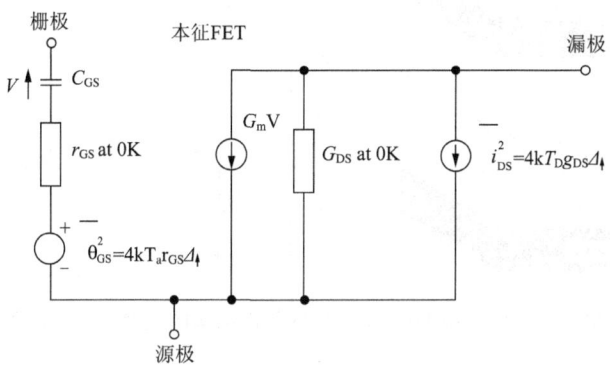

图 5.27 本征 HEMT 器件的噪声等效电路

5.4.4 当代 HEMT 技术

前面的章节中介绍了基于 AlGaAs/GaAs 结构 HEMT 器件的直流及高频特性。尽管这种结构的器件仍然在广泛使用。但在该结构的基础上也衍生出了一系列的具有更加复杂垂直结构的 HEMT 器件，每一种结构设计中都考虑到改进沟道迁移率和有效速率，进而减小器件的寄生电阻的同时提供增强的本征高频特性。这些技术包括赝 GaAs HEMT、双异质结 HEMT、晶格匹配及赝 InP HEMT 和变形 GaAs HEMT。

1. 赝 GaAs HEMT

GaAs 赝 HEMT(p-HEMT)是目前最为广泛使用的 HEMT 器件技术。这种器件的沟道是由 InGaAs 构成的，In 的含量占 20%～30%，如图 5.28 所示。这样设计的结果是，沟道的晶格常数比衬底层、覆盖层、AlGaAs 施主层和空间隔离层的晶格常数大，因而所形成的沟道是一个应变沟道。假如沟道足够薄，沟道层中的应变使得晶格发生变形与周边的晶格匹配而不会引入缺陷。另外，In 的掺入会导致沟道迁移率的增加，而且，通过观察其能带图，可以看到在 AlGaAs/InGaAs 界面处的能带的不连续性要比 AlGaAs/GaAs 界面处的大，这是由于 InGaAs 的禁带宽度比 GaAs 小的缘故。因而，p-HEMT 器件中沟道载流子浓度比 HEMT 器件的大，故具有更大的电流驱动能力，并且，沟道中的电子被限制在 InGaAs/GaAs 缓冲界面处。这样的设计使得电荷控制得到进一步改善，进而使输出电导减小，改善器件的夹断特性。该器件可用于手机和宽带无线通信系统设计。

2. 双异质结 GaAs HEMT

为了增强 HEMT 器件处理高功率的能力，可以在 HEMT 器件沟道下再引入一个掺杂层，如图 5.29 所示。从本质上看，这样设计可使得沟道中载流子的浓度增加一倍。这相当于在保持器件宽度不变的情况下，漏源电流变大了。此外，器件的接触电阻变小，会导致驱动器件进入饱和所需的漏极电压变小。由于这些原因，双异质结 HEMT 通常用于功率放大器设计。

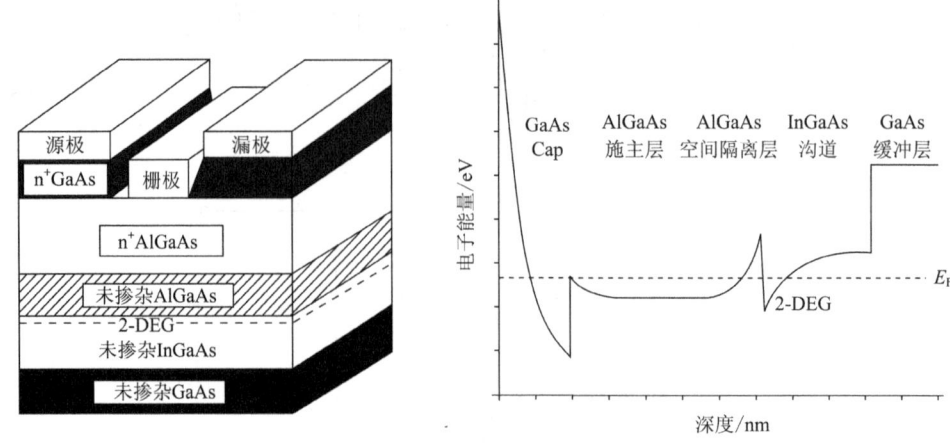

图 5.28 GaAsp-HEMT 器件的剖面结构图及对应的能带图

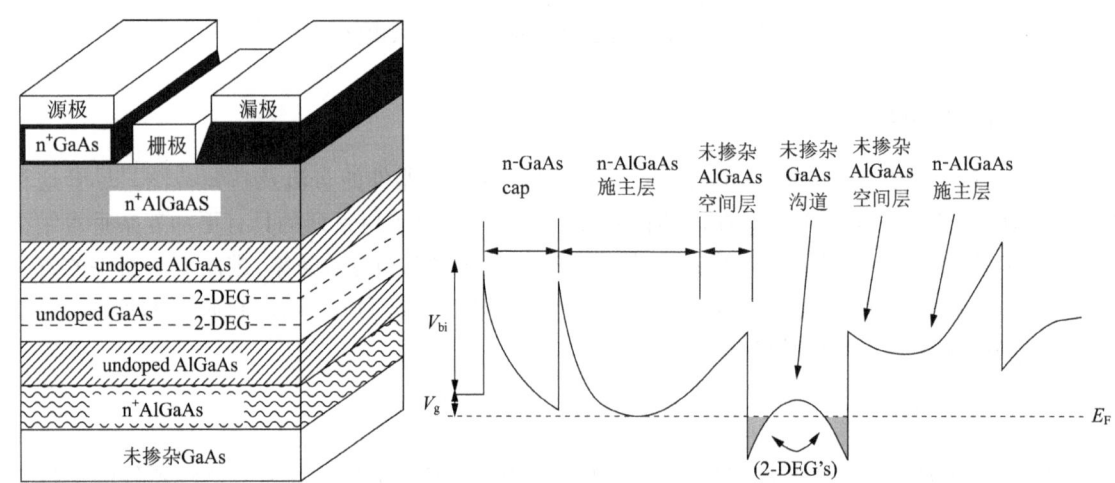

图 5.29 双异质结结构 GaAs p-HEMT 器件剖面结构示意图和它的能带图

3. 晶格匹配赝 InP HEMT

正如上面所提到的,在 HEMT 器件飞沟道层中添加 In 可以使得在空间隔离层/沟道界面处的导带偏移增大,这会导致器件沟道中体内电子浓度增加;并且,载流子的有效速率和迁移率均会随着 In 含量的增加而增加。因而,对于器件的高频应用,沟道中就需要比较大的 In 掺杂。令人遗憾的是,由于晶格失配的原因,直到现在才能在 GaAs 衬底上生长出高质量的 InGaAs 薄膜(In 的含量可高于 35%)。然而,InP 的晶格常数比 GaAs 大,因而可在 InP 衬底上制作出完全无应力的 HEMT 器件,沟道中 In 的含量可高达 53%。这种高 In 含量的器件称为晶格匹配 InP HEMT,与 GaAs pHEMT 相比,器件的跨导和截止频率等特性都得到了显著的改进。器件的不足之处在于,InGaAs 沟道层中的带隙宽度相对较小,这对器件的击穿电压不利,这种器件的结构如图 5.30 所示。

4. 形变 GaAs HEMT

尽管基于 InP 衬底的器件的高频性能非常优越,但这些器件也存在着一些不足之处。InP

衬底非常昂贵且易碎；InP 的机械性能使得其处理非常困难。而且，一般来说，InP 衬底的质量较差，晶片的缺陷密度和翘曲度都较差，这对器件的制作影响非常大。

由于这些原因，在 MMIC 的生产过程中，使用 GaAs 衬底具有很多优势。但如果器件和电路具有类似 InP 器件的性能则是非常令人期望的。直接在 GaAs 衬底上生长高含量 In 沟道层是不可能的，这主要是晶格失配现象非常严重。然而，在沟道层下面使用缓冲层，在缓冲层中 In 的含量缓慢变化，或是按照一系列阶梯变化，就可得到高质量的单晶高含量 In 的沟道层。由于沟道晶格常数和衬底晶格常数不同，基于这类层状结构的 HEMT 称为形变 HEMT。形变 GaAs HEMT 器件的剖面结构示意图如图 5.31 所示。

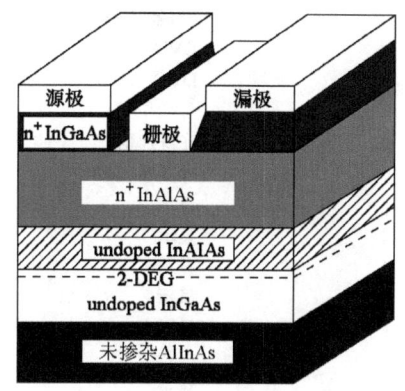

图 5.30　生长在 InP 衬底上的 InP HEMT 器件的剖面结构

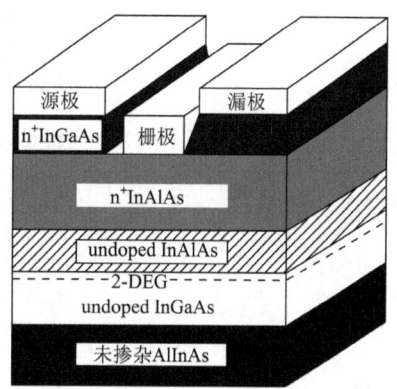

图 5.31　生长在 GaAs 衬底上的变形 GaAs HEMT 器件的剖面结构图

5.5　半导体光源

在前面的章节中，我们讨论了用于电信号放大及转换的晶体管的基本结构和性能。在本节中我们来讨论半导体光电器件，即半导体光源和半导体光电探测器。这些器件主要是用化合物半导体来制备的，这主要是基于以下两个方面的原因，一是大部分化合物半导体是直接跃迁半导体，其光电转化效率高；其次，化合物半导体材料禁带宽度有一个较大的变化范围。未来化合物半导体光子器件可用来构建光电集成电路和光学计算机。化合物半导体器件的应用范围如表 5.6 所示。

半导体光源是将输入的电能转化为光能的器件，其机理是电致发光，即在一定的偏置下，由通过器件的电流产生光的现象。LED（发光二极管）和 LD（激光二极管）均属于发光器件，即光源。下面分别讨论 LD 和 LED 的器件结构及其光电特性。

5.5.1　激光二极管(LD)

激光二极管(LD)是一种基于双异质结结构的二极管，在该二极管中，载流子被限制在一定的区域中，由于载流子的复合导致激光的受激发射。激光二极管是由 Baisov 于 1961 年首先提出的。Kroemer 提出了激光二极管的双异质结(DH)PN 结结构。

典型的基于 GaAs DH 结构的激光二极管如图 5.32(a)所示。载流子被限制在 n-GaAlAs 和 p-GaAlAs 之间，这是由于两者之间的带隙宽度不同所造成的。载流子在 GaAs 层中会发生有效的复合，如图 5.32(b)所示。所发出的光被限制在一个薄层中，这是由于各层的光学折射率不同所造成的，见图 5.32(c)。如图 5.33(a)所示，当电子与空穴复合时，会发生自发辐射。当光子被半导体结构吸收时,电子则被激发到导带,于是便产生了电子-空穴对,如图 5.33(b)所示。当这一激发到导带的电子发生自发复合,就会产生受激辐射产生激光,如图 5.33(c)所示。

表 5.6 化合物半导体的应用

器件	材料	应用
光子器件		
LD		
远红外 LD	PbSnTe/Pb/Te	气体分析
红外 LD	InGaAsP/InP	光纤通信
可见光 LD		
红外 LD	AlGaAs/GaAs	CD 播放器
	InGaAlP/GaAs	DVD
紫外 LD	InGaN/蓝宝石	DVD
LED		
红外 LED	InGaAsP/InP	光纤通信
	GaAlAs/GaAs	探测器,显示
红光 LED	AlGaAs/GaAs	显示
	GaAsP/GaAs	显示
	GaP(Zn, O)	显示
橙色 LED	GaAsP/GaP	显示
绿光 LED	GaP(N)	显示
	GaP	显示
蓝光 LED	InGaP/蓝宝石	显示
	ZnSe/GaAs	显示
	ZnSe/ZnSe	显示
白光 LED	InGaN/蓝宝石	显示,照明
	ZnSe/ZnSe	显示
紫外 LED	AlGaN/蓝宝石	杀菌,消毒
光电探测器		
远红外	HgCdTe/CdTe	夜视
中红外	InSb	热成像
红外	InGaAs/InP	光纤通信
可见光	AlGaAs/GaAs	光纤通信
电子器件		
MESFET	GaAs	手机
HEMT	AlGaAs/GaAs	手机
		卫星广播
	InGaAs/InP	防撞传感器
HBT	InGaAs/InP	手机
JFET	GaAs, InP	手机
耿氏二极管	GaAs, InP	防撞传感器
太阳能电池		
	GaAs 基	卫星
	CdTe 基	陆地太阳能发电
	InP 基	卫星
	黄铜矿基	陆地太阳能发电
辐照探测器		
	CdTe	医疗器件
	GaAs	天文仪
磁传感器		
霍尔传感器	InSb, InAs	摩托车速度仪
磁阻传感器	InSb	无接触传感器

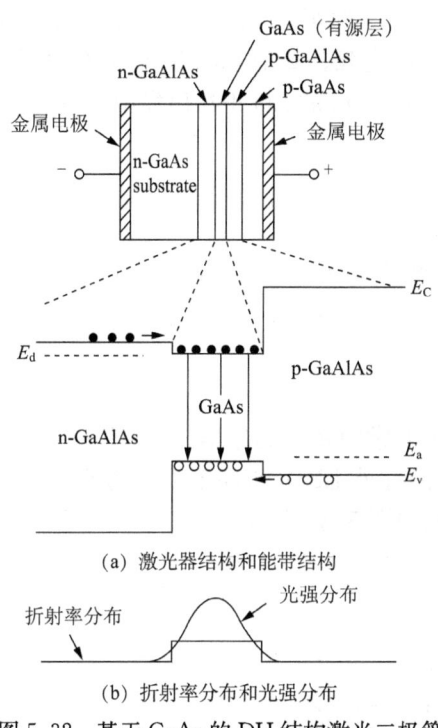
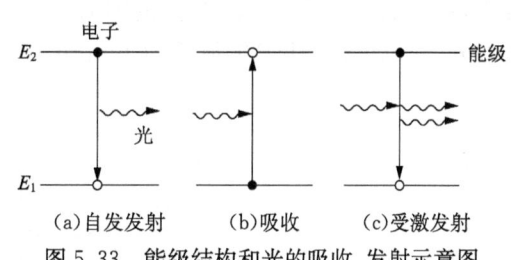

图 5.32 基于 GaAs 的 DH 结构激光二极管

图 5.33 能级结构和光的吸收、发射示意图

发生激光的光强是注入电流的函数,两者间的关系如图 5.34。当电流很小的时候,自发辐射是主要的发光模式,这种类型的发光常见于 LED 器件。当电流超过阈值电流时,就会产生激光。

根据波长的不同,可将激光二极管分为三种类型,红外 LD、可见光 LD、长波长 LD。在图 5.35 中,可看到各种材料可能的波长。对于这些 LD,导电的 GaAs、InP、GaSb 衬底被用于外延生长在表 5.6 中所总结的那些混合的化合物半导体材料。

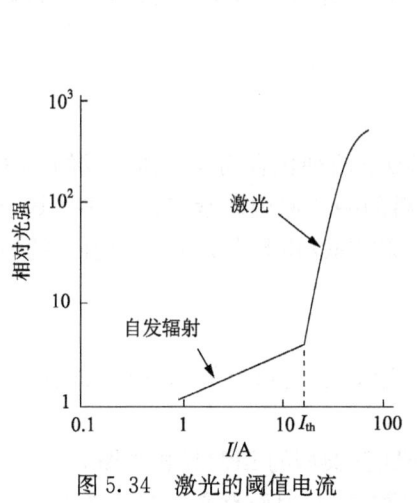

图 5.34 激光的阈值电流

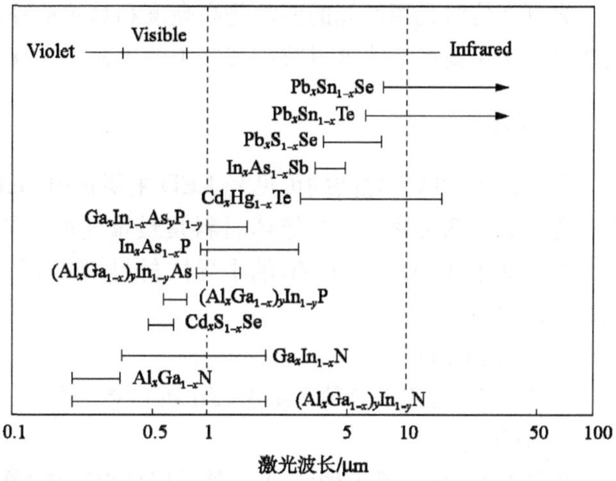

图 5.35 各种材料可能的激光波长

基于 InGaAsP/InP 的红外 LD 的波长范围是 $1.2 \sim 1.6 \mu m$,常用于长距光纤通信。基于 InGaAsP/GaAs 的红外 LD 的波长范围是 $0.7 \sim 0.8 \mu m$,主要用于 CD 播放机和激光打印机,部

分用于光纤通信。基于 GaAlAs/GaAs 和 InGaAlP/GaAs 的可见光 LD 的波长范围是 $0.5\sim 0.7\mu m$,是 CD、DVD 播放机,激光打印机和光盘存储器的光源。基于 InGaN/蓝宝石的更短波长的 LD 用于高密度 DVD 播放机的光源。波长范围在 $2\sim 10\mu m$ 的 LD 正在研发中,其目标是用于气体分析和大气污染监控。

5.5.2 发光二极管(LED)

从表 5.6 中可以看到,大多数正在研发的都是可见光 LED,其大多用于显示和各种功能照明,其中一些红外波段的 LED 也可用做光纤通信。

1. 红外 LED

玻璃光纤通信主要使用红外 LD 和探测器。对于非常短距离的通信,有必要采用低成本的发光器件,如基于 GaAs 的波长范围为 $0.8\sim 0.9\mu m$ 的红外 LED,和基于 InP 的波长为 $1.3\mu m$ 的红外 LED。基于 InP 的波长为 $1.3\mu m$ 的 LED 结构如图 5.36 所示。

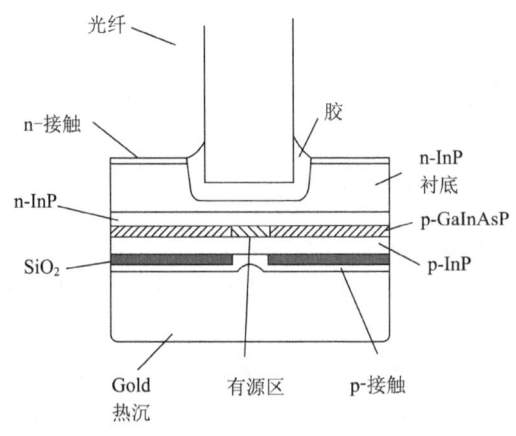

图 5.36 红外 InP 基 LED

光纤通信对光源性能的要求是高亮度和高响应速度。高亮度可采用 DH 结构来获得,高响应速度可采用高掺杂浓度以减小载流子的寿命来实现。

2. 可见光 LED

介于红光和绿光之间的可见光 LED 主要是由 GaP 和 GaAs 两种化合物半导体制成的。这也是为什么这两种化合物半导体材料是最重要的半导体材料的一个原因。紧接其后的是基于 GaN 的短波长 LED。基于 Zn 的半导体材料,如 ZnSe、ZnTe 和 ZnO 也是非常有应用前景的短波长 LED 材料。

(1)红光 LED。

红光 LED 可用于各种系统中,Zn 和 O 掺杂的 GaP 能发生红光,这归根于 Zn 和 O 的复合,如图 5.37(a)。

生长在 GaAs 衬底上的 GaAsP 外延层可用于制作红光 LED,其典型的 LED 结构如图 5.37(b)所示。由于衬底材料与外延层材料之间存在着很大的晶格常数失配,因而有必要在两者之间生长一层厚的组分缓变层。在 GaAs 衬底上生长 GaAlAs,常采用液相外延技术。典型的 LED 结构如图 5.37(c)所示。在 GaAlAs/GaAs 体系中,由于两者的晶格匹配良好,所以可以得到高质量的外延层。高效率的 LED 常采用 DH 结构。

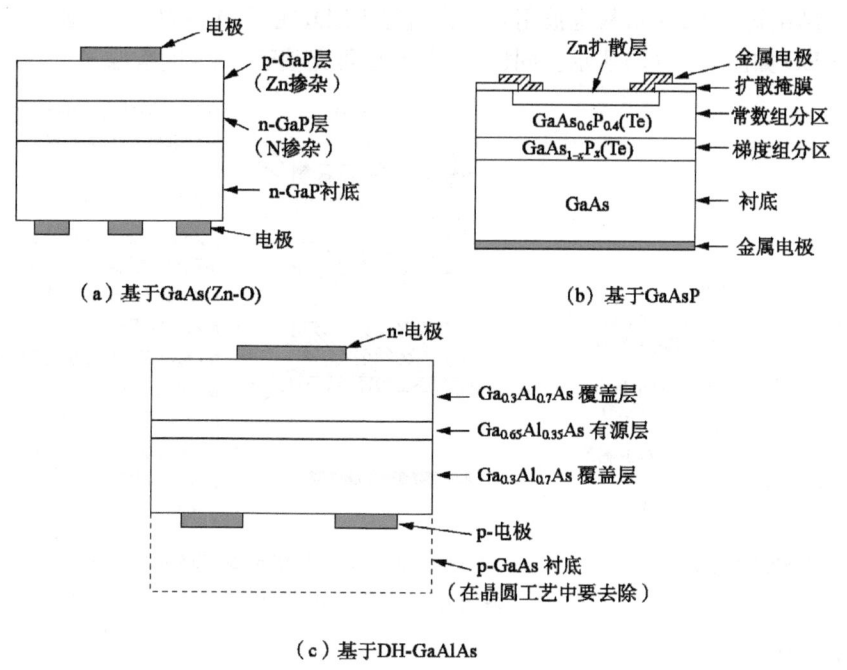

图 5.37 红光 LED

(2)黄光和橙色光 LED。

GaAsP 的禁带宽度可以通过调节组分来改变,其发射的波长范围可由红光变到黄光。在 GaP 衬底上外延生长所需组分的 GaAsP,就可制作出黄光和橙色光 LED,如图 5.38 所示。为了避免有源层与衬底材料之间的晶格失配,在这两层之间生长了组分缓变层(梯度组分层)。

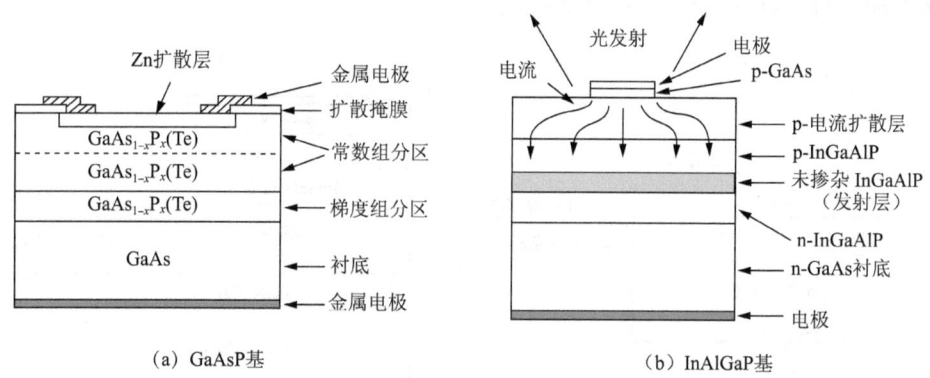

图 5.38 黄光和橙色光 LED

(3)绿光 LED。

GaP 的禁带宽度为 2.26eV,对应的波长为 555nm,为纯绿光。因此 GaP 被用来制作绿光 LED,典型结构如图 5.39 所示。当 N 原子掺入到 GaP 中,可以得到所谓的等电子能级,在 GaP 的价带与 N 能级之间实现直接跃迁。因此,N 掺杂的 GaP 具有很强的发光强度。由于 N 能级仅略微低于 GaP 的导带底,因而这种跃迁所发射出的光是黄绿光,比 GaP 所期望的光的波长略微长些。

人们现在在尝试采用 ZnTe 材料制作纯的绿光 LED。ZnTe 的禁带宽度也是 2.26eV。但

ZnTe 材料有两个问题需要解决,其一是高品质的材料不易得到;其二是由于存在自补偿问题而不能实现 PN 结结构。ZnSe 材料也被用来制作蓝绿 LED,在 GaAs 衬底上外延生长 ZnSe,基于这种结构的 LED 如图 5.39(b)所示。同样,也有人在研究基于 GaN 的蓝绿光 LED。

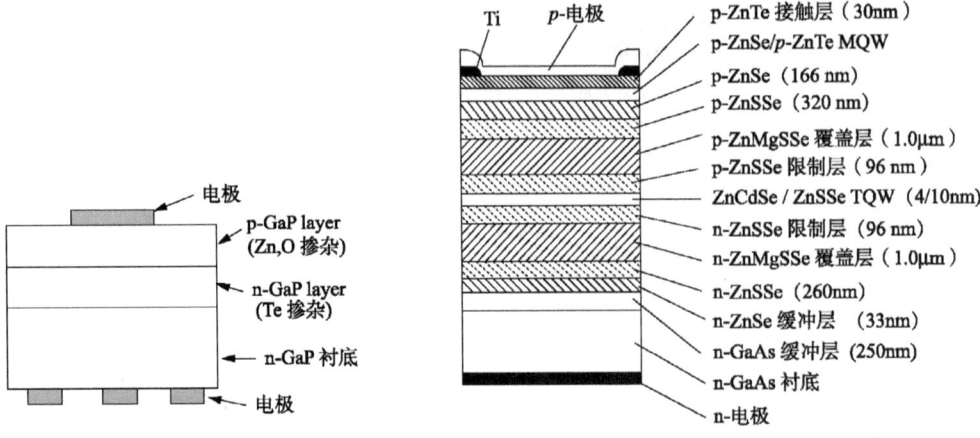

图 5.39 绿光 LED 器件结构剖面图

(4)蓝光 LED。

对于全色光显示,三原色:红、绿、蓝光是必须的。红光和绿光 LED 是已经存在的。然而蓝光 LED 这些年才实现。

基于 SiC 的蓝光 LED 的研究已经有了很长的时间。SiC 的禁带宽度为 2.93eV,可采用同相外延 PN 结来实现基于 SiC 蓝光 LED,器件结构如图 5.40(a)。在工业上已经实现的蓝光 LED 是用 MOCVD 技术在蓝宝石衬底上生长 InGaN,器件结构如图 5.40(b)。在这一系统中,尽管有大的晶格失配,但仍然可以获得非常高效率的蓝光。

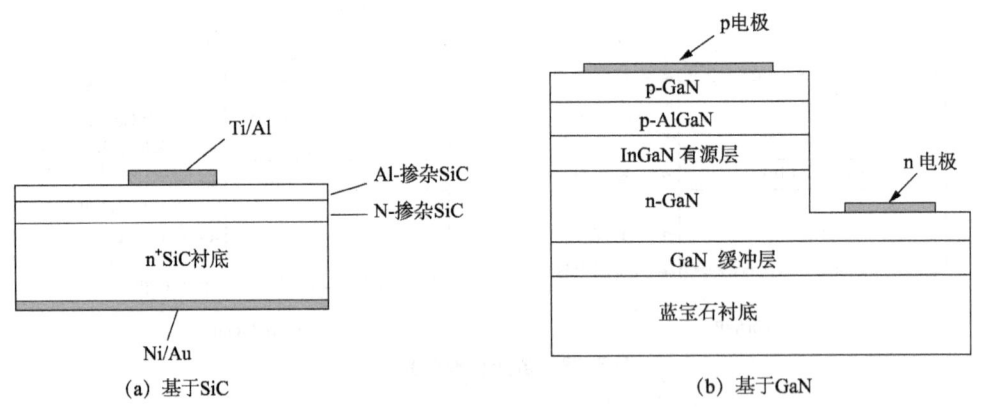

图 5.40 基于不同材料的蓝光 LED 结构示意图

(5)白光 LED。

白光 LED 是一种非常有前景的光子器件,它不仅可以用于手机屏的背光,小轿车的仪表盘显示,还可以用于照明,以取代现有的白炽灯和荧光灯。为了获得比现有光源更强的亮度,已经提出了各种类型结构的白光 LED,如图 5.41 所示。最简单的实现方式是采用三个 RGB LED,如图 5.41(a)所示,但其成本非常高昂。

第一个白光 LED 是采用蓝光 LED 激发黄磷来实现的,如图 5.41(b)所示。蓝光与黄光的结合便产生了白光。另外的结构是采用紫外 LED 去激发三色磷光,如图 5.41(c)所示。也有人提出采用无磷白光 LED 结构,如采用蓝光 ZnSe LED。在这种结构中,黄光从 ZnSe 衬底上激发出来,蓝光从 LED 结构激发出来,两者结合就会产生白光的输出。其他的结构还有基于量子点和稀土掺杂结构的(如图 5.41(d)所示)。

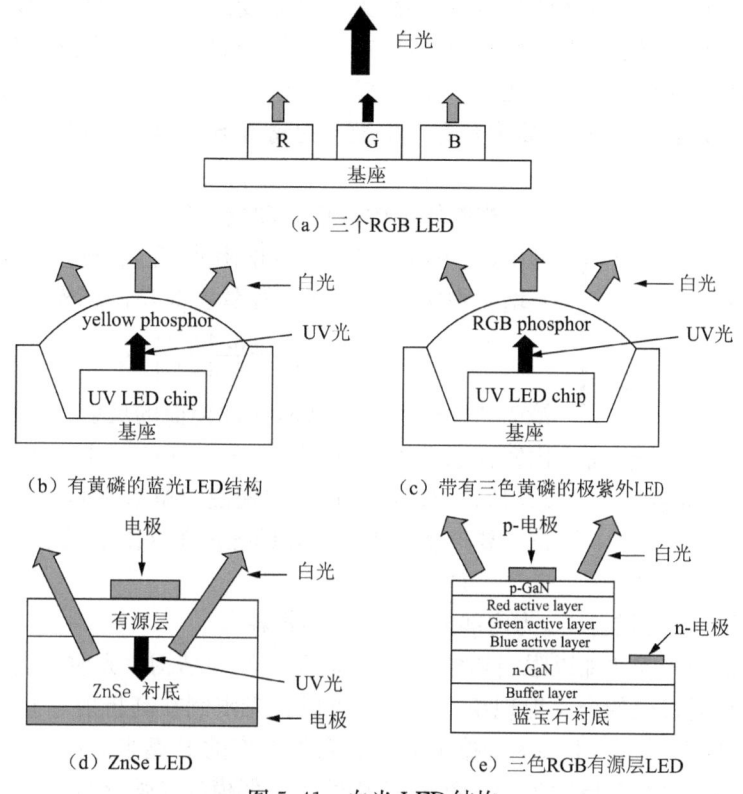

图 5.41　白光 LED 结构

3. 紫外 LED

紫外 LED 非常重要,它不仅可用于白光 LED 的光源,而且还有其他许多用途,诸如气体分解、除臭、验钞等。近紫外(NUV)LED 可用 InGaN 基材料作为发射层,而极紫外 LED 则可采用 Al(In)GaN 基材料作为发射层,如图 5.42 所示。

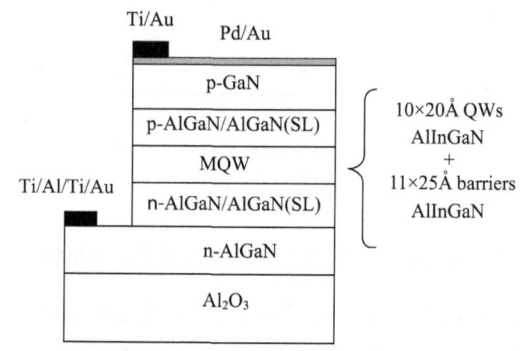

图 5.42　带有多量子阱(MQW)有源层的极紫外 LED 结构

5.5.3 半导体激光器

LED 是使用自发发射的光作为发射光,激光则是受激发射的光。激光器是一种光学振荡器,光学增益介质位于一个腔体之中;腔体中的光在腔体两端的镜面处不断的反射直到达到稳定状态,此时增益达到饱和。最简单的形式是采用 F-P 腔,在两个镜面之间是增益物质。

在这里我们主要讨论半导体激光器,这些激光器可以设计成高速和高频激光器。尽管固态激光器、光纤放大器和其他类型的激光器都可以产生非常短的脉冲,称为极快激光,它们的典型脉冲周期是 80MHz,少数可以达到几个 GHz 的频率。但这些激光器不能归为高速或高频激光器。对于半导体激光器,讨论的主要内容有产生激光的阈值条件,用于限制激光的波导结构及激光器的类型。

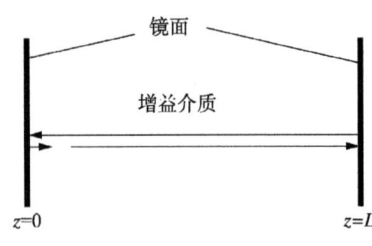

图 5.43 腔室中介于两端反射镜之间的增益物质示意图

当腔体中增益物质和反射镜面如图 5.43 所示。在这种情形中,光可以看做是一种电磁波,在两个镜面之间来回反射。对于增益物质 GaAs,其折射率是 3.45,每个镜面的反射系数是

$$r_{1,2} = \frac{3.45-1}{3.45+1} = 0.551$$

镜面的反射率是 0.303,因此镜面的反射损失项是 $1.194 \mathrm{cm}^{-1}$。内镜面损失项通常在 $10 \sim 20 \mathrm{cm}^{-1}$ 之间。因此,增益必须在 $11.194 \sim 21.194 \mathrm{cm}^{-1}$,以便使增益达到 1,但实际值要大于这个值。要产生激光所需要的振荡条件由下式给出

$$\Gamma g = \alpha_{\text{int}} + \alpha_{\text{mir}} \tag{5.5.1}$$

式中,Γ 为限制因子,g 为增益,α_{int} 为内部损耗,α_{mir} 镜面损耗。

上面所提到的激光需要加以限制和导波,这就需要光波导结构。光波导利用了光在不同折射率的介质中传播时发生的全反射现象。这样就可以将光限制在高折射率介质中,如图 5.44、图 5.45 所示。在图 5.45 中,上层为未掺杂的具有高折射率的 P 型半导体层,最下层的为 N 型半导体,中间层为导波层,其厚度为 D。图 5.45 中给出了偶模的光强分布。

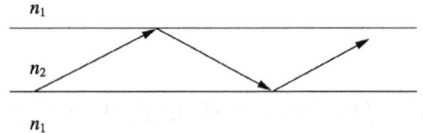

图 5.44 薄板波导为横向传播的光进行限制的示意图

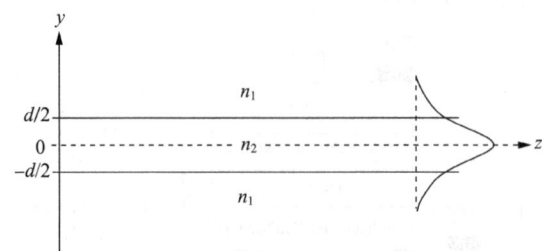

图 5.45 用于激光器的典型三层薄板对称波导结构示意图

在三层结构波导中传播的光的波动方程的解可以是偶次模和奇次模。偶次模如图 5.45 所示。半导体激光器可分为增益导引激光器和折射率引导激光器。在增益导引激光器中,传播模

式被限制在侧向传播,而水平方向的传播在设计中则不加考虑;在折射率引导激光器中,则模式的传播在横向的 2 个方向都被加以限制。一个非常普遍的导波结构是脊型激光器,这是一种弱折射率引导激光器。这三种结构的半导体激光器如图 5.46 所示。

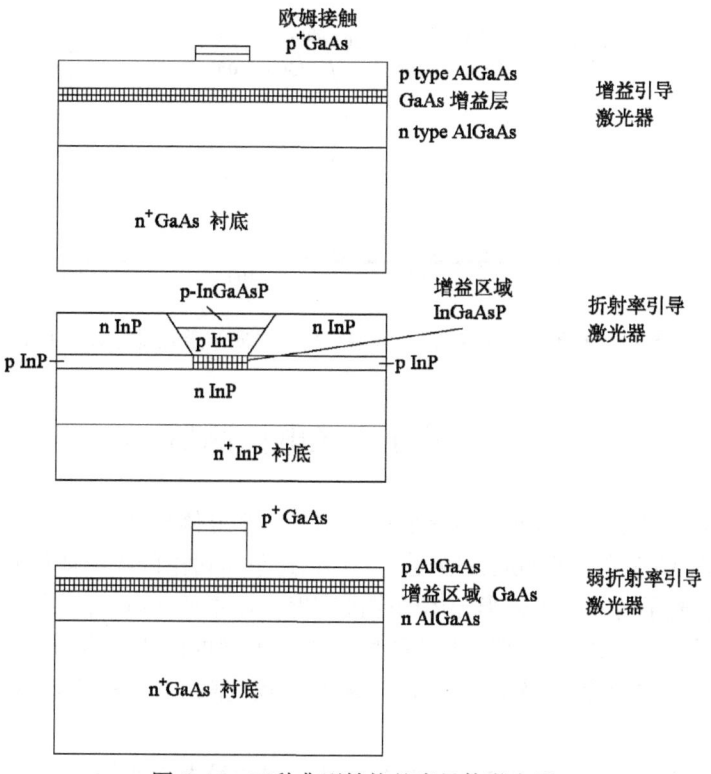

图 5.46　三种典型结构的半导体激光器

激光器的功率效率由式(5.5.2)给出

$$\eta_P = \frac{P_{\text{out}}}{VI} = \frac{h\nu}{qV} \frac{\alpha_{\text{mir}}}{(\alpha_{\text{mir}} + \alpha_{\text{int}})} \frac{(I - I_{\text{th}})}{I} \tag{5.5.2}$$

式中,V 是外加的偏压。

阈值电流密度的温度特性为

$$J_{\text{th}} = J_{\text{th}0} e^{T/T_0} \tag{5.5.3}$$

如图 5.47 所示的是一个典型的例子,在不同温度条件下的 L-I 曲线。在该图中插入的一个子图是阈值电流与温度变化之间的关系,由此图可得到 T_0。由图中可看到,随着温度的升高,阈值电流随之增加,这是由于非辐射的载流子复合不断增加的结果。

由激光器发射出来的激光照射在腔体两端的镜面上形成光强分布,这些光场的分布决定了激光的近场分布。通常在横向上的场的分布用高斯分布近似,而在侧向上的场分布用类似高斯分布来近似。这些高斯分布的乘积导致了镜面上电场的椭圆分布。激光光束远场分布可用近场分布的空间傅里叶变换得到。

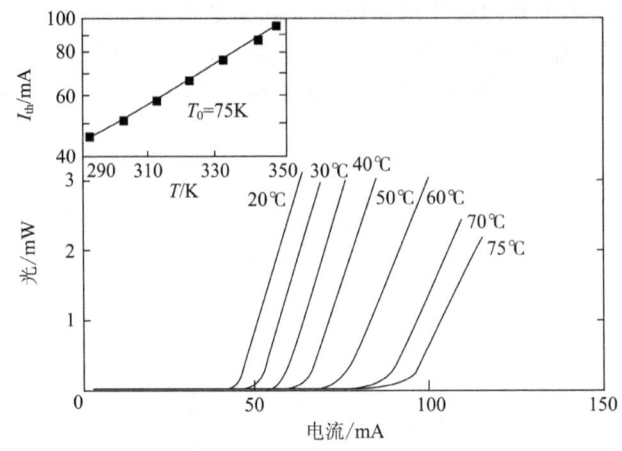

图 5.47 在不同温度条件下,埋层结构的异质结激光器的 L-I 曲线

5.6 半导体光电探测器

半导体光电探测器是一种将光信号转变成电信号的半导体器件。各种不同类型的探测器的性能由其量子效率、频率响应及响应灵敏度决定。在这里所讨论的半导体探测器是非本征型的,即半导体中所产生光子的能量接近半导体的带隙宽度。而本征光电探测器是用来检测能量小于禁带宽度的光,这依赖于深能级陷阱,或者是量子阱中不同的能级。本节讨论的探测器有光电导、结型器件(如 p-i-n 二极管)、MSM(金属-半导体-金属)型光电探测器和 APD(雪崩击穿二极管)。

在半导体光电探测器中,其所吸收的光子所具有的能量大于或等于 E_g,假定入射光功率为 P_{in},由入射光所产生的光电流为 I_p,则有

$$I_p = R P_{in} \tag{5.6.1}$$

式中,R 为光电探测器的敏感度。

探测器的量子效率 η 定义为一定数量的入射光子所产生的空穴-电子对的数量,由式(5.6.2)给出

$$\eta = \frac{I_p/q}{P_{in}/h\nu} = \frac{h\nu}{q} R \tag{5.6.2}$$

假定半导体的厚度是 W,吸收系数是 α,那么透过半导体的光功率由式(5.6.3)给出

$$P_{tr} = P_{in} e^{-\alpha W} \tag{5.6.3}$$

则半导体所吸收的光功率为

$$P_{abs} = P_{in} - P_{tr} = P_{in}(1 - e^{-\alpha W}) \tag{5.6.4}$$

由于每一个吸收的光子产生一个空穴-电子对,量子效率为

$$\eta = \frac{P_{abs}}{P_{in}} = 1 - e^{-\alpha W} \tag{5.6.5}$$

5.6.1 光电导探测器的基本特性

到入射光子的能量高于半导体禁带宽度,半导体电导率随之增加。被半导体所吸收的光会产生空穴-电子对,这会导致电导率的增加。在外加电场的作用下,所产生的空穴和电子在复合

前被分离,且在相应的电极上进行复合。电子的运动速度要比空穴快得多,为了保持点中性,更多的电子被注入,从而构成了其增益。

一个典型的光电导探测器是一个平板型结构,厚度为 a,宽度为 b,长度为 L,如图 5.48 所示。该结构的暗电流为

$$I = qab(n\mu_n + p\mu_p)\frac{V}{L} \tag{5.6.6}$$

假定暗电流 I 比较小,则由光照所引起的电流增加量为

$$\Delta I = qab(\Delta n\mu_n + \Delta p\mu_p)\frac{V}{L} \tag{5.6.7}$$

假定少数载流子时电子,则电子浓度随时间的变化为

$$\frac{d\Delta n}{dt} = \frac{\eta P}{h\nu abL} - \frac{\Delta n}{\tau} \tag{5.6.8}$$

式中,η 为量子效率,P 为入射功率。尽管所产生的电子与空穴数量相等,但电子仍是少数载流子。在稳定状态下,其随时间的变化为零,有

$$\Delta n = \frac{\eta P \tau}{h\nu abL} \tag{5.6.9}$$

由过剩电子所产生的电子电流由式(5.6.10)给出

$$\Delta I_n = q\Delta n\mu_n ab\frac{V}{L} = \frac{q\eta PG}{h\nu} \tag{5.6.10}$$

式中,G 为器件的增益,其定义为

$$G = \frac{\mu_n \tau V}{L^2} = \frac{\tau}{t_{\text{tr},n}} \tag{5.6.11}$$

电子渡越时间由式(5.6.12)给出

$$t_{\text{tr},n} = \frac{L}{v_n} = \frac{L}{\mu_n E} = \frac{L^2}{\mu_n V} \tag{5.6.12}$$

因此,光子导致的电流为

$$I_{\text{ph}} = \Delta I_n = \frac{\tau}{t_{\text{tr},n}}\frac{q\eta P}{h\nu} \tag{5.6.13}$$

如果电子浓度随时间的变化可表示为 $\exp(j\omega t)$,在小信号情形下,信号对时间的变化率,即信号的带宽与 $(1+j\omega\tau)$ 成反比,因而光功率由式(5.6.14)给出

$$P(\omega) = P_{\text{opt}} + P_1 e^{j\omega t} \tag{5.6.14}$$

则交流电流项为

$$\Delta I_{\text{ac}} = \frac{\tau}{t_{\text{tr},n}}\frac{q\eta P}{h\nu}\frac{1}{1+j\omega\tau} \tag{5.6.15}$$

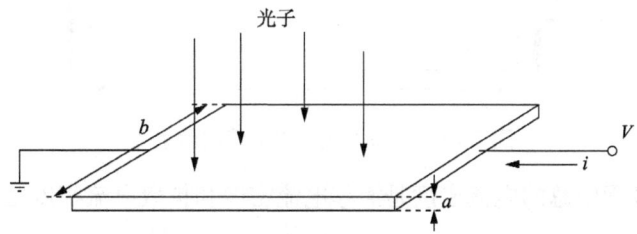

图 5.48 光电导薄板示意图(长度为 L,宽度为 b,厚度为 a)

5.6.2 p-i-n 二极管

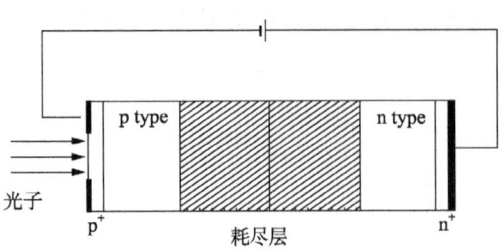

图 5.49 PN 结型光电二极管的结构示意图

对能量高于半导体禁带宽度的光子的探测要求这些光子可以被吸收,且可产生空穴-电子对,因而由这些光吸收可导致电流的产生。半导体反向偏置 PN 结的耗尽层可引起空穴和电子的分离。当光子进入该器件,则会产生空穴-电子对,如图 5.49 所示。光照射到顶部的接触区域后,通过耗尽层的两端,最后到达底部的接触区域。耗尽层的电场足够高以便可以分离空穴和电子,且把这些载流子送到各自主要载流子区域,电子漂移到 N 型区而空穴漂移到 P 型区,这是由于反向偏压作用的缘故。而少数载流子,如 P 型区的电子和 N 型区的空穴,在离耗尽层一个扩散长度的范围内,朝耗尽层扩散且被加速朝适当的多数载流子区域运动。这一扩散是慢过程,会降低二极管探测器的响应速度。

替换简单 PN 结结构的探测器的是 p-i-n 结构,区域 i 是指本征层,或是 p^- 层,或是 n^- 层。在这一器件中,在没有偏压或是负偏压的情况下,耗尽层会延伸到整个 i 区。通常顶部的 p^+ 层比较薄,以保证顶部接触层的吸收小到几乎可以忽略。大多数的吸收发生在 i 层或 n^- 层,如图 5.50 所示。

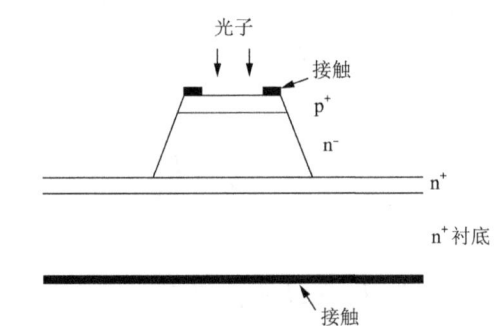

图 5.50 台阶结构的 PN 结光电二极管示意图,带有顶部环形接触

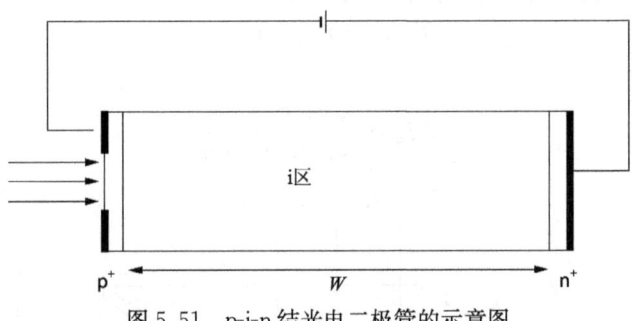

图 5.51 p-i-n 结光电二极管的示意图

p-i-n 结光电二极管中总的电流密度是漂移电流密度和扩散电流密度之和,故有

$$J_{\text{tot}} = q\varphi_0 \left(1 - \frac{e^{-\alpha W}}{1+\alpha L_p}\right) + q p_{n0} \frac{D_p}{L_p} \quad (5.6.16)$$

式中,p_{n0} 在 n^+ 区中很小,因而在光照的条件下,最后一项是小项通常可以忽略,电流与光通量成

正比。量子效率可由式(5.6.17)表示

$$\eta_{\text{ext}} = \frac{J_{\text{tot}}A/q}{P_{\text{opt}}/h\nu} = (1-R_r)\left(1-\frac{e^{-\alpha W}}{1+\alpha L_p}\right) \qquad (5.6.17)$$

式中，P_{opt}是吸收的光功率，R_r是反射率。为了得到高的量子效率，常采用增加一层防反射层使得二极管的反射率尽可能小，使得反射率$R_r \approx 0$。同样，$\alpha W \gg 1$ 使得η_{ext}接近1，但这是以牺牲渡越时间为代价得到的，因而频率响应很小。

5.6.3 APD(雪崩击穿二极管)

前面提到的p-i-n二极管没有增益，只是增益有所提高后性能有所改善。增加反向电压使之接近二极管的击穿电压，在本征层或n^-层的电场强度会很高，这会导致载流子在与晶格发生碰撞之前被电场加速到很高的速度，这种器件就称为雪崩击穿二极管(APD)。假如这一速度很高，则碰撞会是非弹性的，进而引起离子化，导致更多的电子和空穴产生。接着这些由碰撞所产生的电子和空穴与原来的电子一起继续被电场加速，会不断产生新的电子空穴对。这一过程的示意图如图5.52所示。在图中假定电子的离子化系数α_e与空穴的离子化系数α_h相同。这些离子化系数是电场强度的函数，随材料参数而改变。

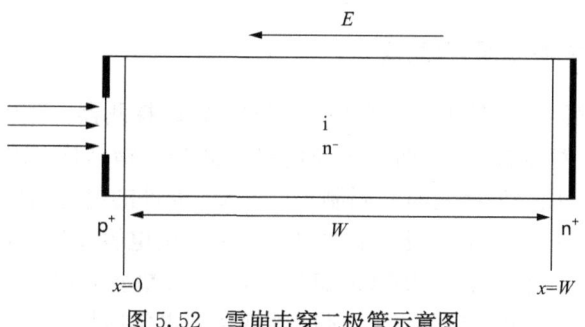

图5.52 雪崩击穿二极管示意图

对于硅，$\alpha_e > \alpha_h$。但在Ⅲ-Ⅴ材料中，GaAs、InP及其他材料，这两个系数几乎相同。载流子碰撞的增多导致电流的增加。离子化系数的表达式由式(5.6.18)给出

$$\alpha_{e,h} = \alpha_\infty \exp\left[-\left(\frac{b}{E}\right)^m\right] \qquad (5.6.18)$$

在GaAs中，$\alpha_\infty = 1.3 \times 10^6 \text{V} \cdot \text{cm}^{-1}$，$b = 2 \times 10^6 \text{V} \cdot \text{cm}^{-1}$，$m=2$。放大系数或因子$M$是输出电流密度与输入电流密度的比值，可分为电子项和空穴项。假定总电流密度为

$$J_{\text{tot}} = J_e(x) + J_h(x) \qquad (5.6.19)$$

式中，$J_e(x)$是电子电流密度，$J_h(x)$是空穴电流密度，J_{tot}在二极管的任何一个平面上都是常数。电子的放大因子的定义是

$$M_e = \frac{J_{e,\text{out}}}{J_{e,\text{in}}} = \frac{J_e(W)}{J_e(0)} = \frac{1}{1 - \int_0^W \alpha_e dx} \qquad (5.6.20)$$

发生雪崩击穿时，有

$$\int_0^W \alpha_e dx = 1 \qquad (5.6.21)$$

对于硅基APD，光子的吸收区就是其雪崩击穿区。而GaAs/AlGaAs APD可以产生近红外波长的激光(1300nm和1550nm波段)，可用于光通信，吸收层的材料是与InP晶格匹配的

InGaAs。这些 APD 的雪崩区常用 InP 进行隔离,这是由于在 InGaAs 层加上非常大的反向偏压时会产生很大的泄漏电流。通常也称这些 APD 为吸收与放大分离(SAM) APD,目前在这些波段常用的 APD 的结构如图 5.53 所示。

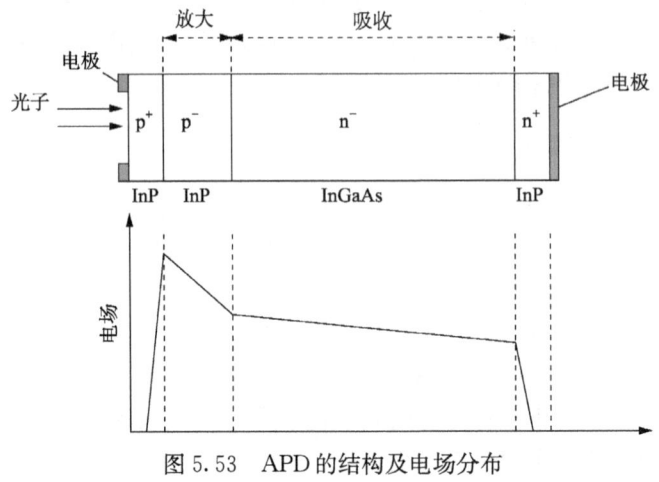

图 5.53 APD 的结构及电场分布

5.6.4 MSM(金属-半导体-金属)探测器

p-i-n 二极管的平面结构就是 MSM(金属-半导体-金属)探测器。其中,接触层是金属与未掺杂的半导体所形成的肖特基接触,在两个金属电极之间是叉指结构,为完全耗尽,如图 5.54 所示。叉指间的间隙要小,以保证渡越时间限制小。MSM 器件的电容由两部分构成:一是与叉指结构间隙相平行的电容;二是两个电极对地的电容。后一个电容要尽可能小,以便使器件的 RC 时间常数尽可能小。金属层构成了 MSM 的有源区,一个二极管外加正向偏压,另一个外加反向偏压。当有光照的时候,这些探测器会产生随时间变化的电学信号。

MSM 器件的响应速度非常快,但这些器件的灵敏度受叉指的阴影效应的影响。然而,量子效率随外加偏压的增加而提高,这意味着增益的增加是由于各层间界面处,电极界面处的缺陷密度变化所引起的。但通过对工艺的严格控制可以减小这种增益的影响,如图 5.55 所示。

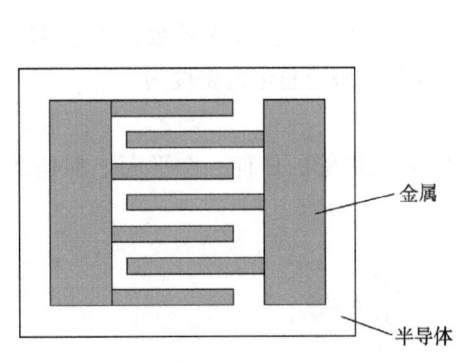

图 5.54 MSM 探测器的结构示意图,在薄的外延吸收层上制作肖特基二极管接触

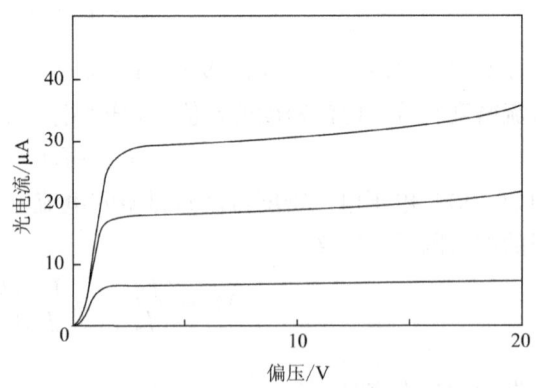

图 5.55 MSM 探测器的偏压与光电流之间的关系

在这里讨论工作在 $1.3\mu m$ 和 $1.55\mu m$ 波长的 MSM 探测器,该探测器是在 InP 衬底上采用 InGaAs 层制作的。InGaAs 层上的肖特基势垒高度为 0.2V,在反向偏压的作用下会出现泄漏

电流,因而需要在电极下增加一层晶格匹配的 InAlAs 层。InGaAs 层的厚度是 $1.3\mu m$,InAlAs 层的厚度是 80nm。由图 5.56 可以看到,叉指电容远小于 p-i-n 二极管的电容,故 MSM 探测器的 RC 时间常数非常小。

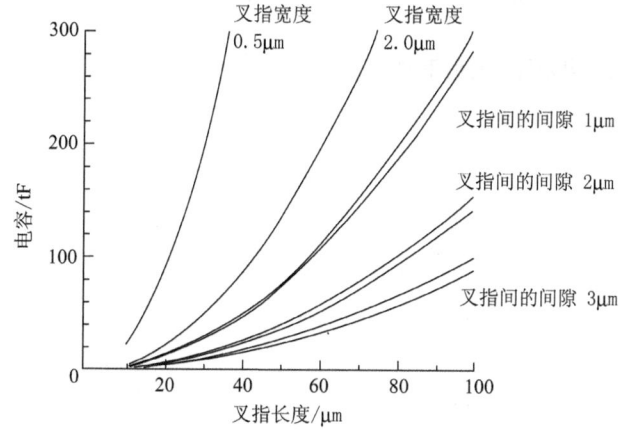

图 5.56 MSM 器件电容与叉指长度之间的关系

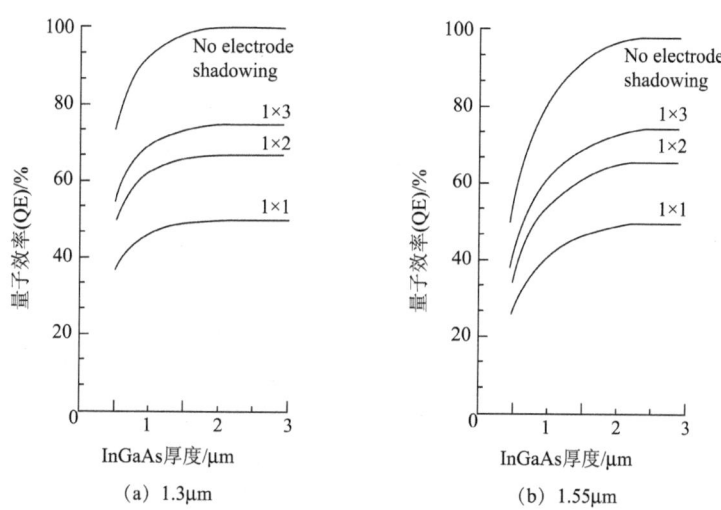

图 5.57 InGaAs MSM 器件的量子效率(QE),电极宽度为 μm,电极间的间隙分别为 $1,2,3\mu m$

电极宽度为 $1\mu m$,电极间的间隙为 $2\mu m$ 的 MSM 探测器的响应曲线如图 5.57 所示。在不同的入射光照射下,MSM 所探测到的光电流与偏压之间的关系。注意到响应曲线不是非常平缓而是在逐渐上升,这意味着器件有增益,有可能是由于光电导效应,也有可能是在高偏压作用下,在电极附近发生了雪崩击穿。MSM 器件的量子效率受电极阴影效应(Shadowing Effect)的影响。在没有阴影效应影响的情形下,电极宽度为 $1\mu m$,电极间的间隙为 $2\mu m$ 的 InGaAs MSM 探测器的量子效率可高达 70%。器件的带宽可达 20GHz。

习 题

5.1 什么是直接跃迁半导体,什么是间接跃迁半导体?化合物半导体都是直接跃迁半导体吗?为什么直接跃迁半导体的发光效率比较高?

5.2 化合物半导体的晶格结构与其带隙能量及熔点之间存在着何种联系?

5.3 半导体材料的迁移率会受到哪些散射作用机制的影响?这些作用机制在哪些条件下是主要的散射机制?

5.4 GaAs MESFET 器件的高频特性受哪些因素影响?如何提高器件的高频特性?

5.5 HBT 器件的发射极有哪几种结构?各有什么特点?与常规的 BJT 器件相比,其性能有哪些优越之处?

5.6 HEMT 器件的工作原理与 MESFET 器件有何不同?为何 HEMT 器件的高频性能比较好?有哪几种结构的 HEMT 器件?

5.7 LD 和 LED 器件所发射出来的光有何不同?

第6章 光电子材料与器件

6.1 概 述

随着社会的发展,社会的信息量和信息交流的迫切性急速增长,迅速提高信息的传输、存储和处理速度已成为信息社会发展的首要课题。光作为更高频率和速度的信息载体,正在得到日益广泛研究和应用。其中,光电子材料与器件起着非常重要的作用。

光电子材料是指应用于光电子技术领域,具有光学和光电功能、光电子材料特性的材料的总称。随着激光的出现,光通信、光存储、光信息处理等学科开始迅猛发展,特别是70年代低损耗光纤的研制成功,在通信行业引发了全新的技术革命,信息交流速度得以成倍增长。80年代光盘存储材料取得突破性进展,使光信息存储走入了千家万户,光电产业从此成为消费类电子产业的主要支柱。而光电材料是整个光电产业的基础和先导,就像集成电路产业对半导体材料的依赖一样。光电子材料主要分为光学功能材料、激光材料、发光材料、光电信息传输材料(主要是光导纤维)、光电存储材料、光电转换材料、光电显示材料和光电集成材料等。

其中,光学介质材料是以折射、反射或透射的方式改变光线的方向、强度和位相,使光线按预定的要求传输,或以吸收或透过一定波长范围的光线而改变光线的光谱成分。其主要性能参数有两个:光谱透过率和光学色散,即不同波长下的透过率和折射率。

如果与材料相互作用的光强很强,场强的高次项起作用,则光与材料的相互作用除产生通常的线性光学效应之外,还会产生各种非线性光学效应,例如,二阶非线性效应——旋光、法拉第效应、光整流效应、二次谐波产生等;三阶非线性效应——克尔效应、受激拉曼散射、受激布里渊散射等。这种除具有基本的线性光学性质外,还呈现出特有的非线性光学性质的材料称为非线性光学材料。非线性光学材料可分为电光材料、声光材料、磁光材料、光感应双折射材料和非线性光吸收材料。由于非线性光学材料能利用外加电、磁、力场或直接利用光波本身的电磁场对所通过光波的强度、频率和相位实现调制,因此可用作光电子技术中对光信号进行各种处理的器件原料。可见,具有开关、调制、隔离、偏转、变频等功能作用的光学功能材料主要是利用材料的非线性光学效应。

由光电材料制成的光电器件和产品正逐渐应用于信息产业的每一个重要环节,从信息的获取、处理、传输到信息的存储和显示,信息产业对信息相关产品的高速、大容量、高清晰、超薄和超轻的不断要求,推动着光电产业的持续高速发展。其中,光通信及其相关组件系统、光电显示和光电存储是目前光电产业最主要的三个应用领域。

在光通信产品与相关系统及其组件方面,目前主要发展的光电产品和系统包括新型的光纤光缆(氟化物玻璃光纤、掺铒光纤、塑料光纤等),10Gb/s以上的超高速、大容量SDH光传输系统,密集波分复用(DWDM)光纤通信系统,IP over DWDM系统,全光网络产品与系统,光有源器件(发送接收模块、光放大器、激光器、探测器等),光无源器件(主要包括光纤连接器、光纤耦合器、光滤波器、波分复用/解复用器、光栅、波导光开关、光衰减器和光隔离器等),光子集成(PIC)和光电集成(OEIC)器件和模块。

在光电显示领域,以液晶显示(LCD)为主流的平面显示器件产品已经基本取代了传统的

CRT(阴极射线管)显示器。在光电平面显示器件和产品中,液晶已经渗透到显示器件的每一个领域;等离子显示屏(PDP)也已经在42英寸以上的大尺寸彩电实现商品;被誉为梦幻显示的有机电致发光显示器件(OLED)也开始在手机、数码相机、PDA等小尺寸显示领域得到应用。GaN基蓝光发光二极管(LED)的研制成功和商用器件的面世,为LED产品的全彩显示和白光照明提供了可能,并在世界范围内掀起了一场研究热潮。

半导体激光器的成功开发,使CD-ROM、VCD和DVD为代表的数字光盘成为当今多媒体信息时代不可缺少的存储技术之一,已广泛应用于计算机存储、数字家电、广播电视、车载导航和电子出版等领域。光存储正沿着CD→VCD→DVD三维全息存储的方向发展。

6.2 光 纤

光纤通信技术已经成为现代通信技术中最重要的技术之一,是当今信息高速公路的基石,在现代信息社会发挥着越来越大的作用。光纤通信的发展是与其载体——光导纤维材料及光导纤维的研究密不可分的,它经历了四个重要阶段。第一个阶段是短波多模光纤时代,这一阶段主要采用短波长(0.85μm)多模光纤,传输速率为45Mbits/s;第二阶段为长波长多模光纤时代,多模光纤与长波长器件相结合,使传输速率和距离有很大提高;第三阶段为长波长单模光纤时代,80年代后半期,随着长波长器件与单模光纤的成功结合,典型的传输速率达到600Mbits/s,无中继距离达30km;第四阶段高速光传输时代,90年代随着低损耗的长波长(1.55μm)光纤在中、长距离光传输系统中的大量应用,构成了全光传输系统,干线光缆的传输速率提高到10~40Gbits/s以上。现在,随着光波通信理论的建立与完善以及新型光子器件和新型光纤材料研制开发的成功,光纤通信正在向着大规模实现全光通信网(AON)的时代迈进,并将使传输速率、传输距离和信息清晰度提高到更高的水平。

光导纤维除了用于通信之外,还在电子光学、光学仪器、医疗器件、传感器等诸多方面获得应用,并且应用领域还在拓展。本节主要介绍光纤的结构、种类、制备工艺及应用。

6.2.1 光纤的结构

光纤的基本结构一般是双层或多层的同心圆柱体。一般可以分为三部分:纤芯、包层和涂覆层。纤芯是由高透明度的材料制成的,一般为玻璃,位于光纤中心部分,其折射率较高;包层位于纤芯外面,其折射率略低于纤芯;最外面的是涂覆层。在涂覆层外往往还加有塑料外套。光纤的结构如图6.1所示。纤芯的折射率为n_1,直径为$2a$,包层的折射率为n_2,直径为$2b$,且$n_1 > n_2$,从而形成一种光波导效应,使大部分的光波被束缚在纤芯中传输,实现光信号的长距离传输。包层为光的传输提供反射面和光隔离,并起到一定机械保护的作用。纤芯直径约为8~100μm,包层外径为125μm。

由纤芯和包层组成的光纤称为裸光纤,如果直接使用这种光纤,由于裸露在环境中,容易受到外界温度、压力、水汽等的侵蚀;为了增强裸光纤的柔韧性、机械强度和老化特性,保护其不受水汽的侵蚀和机械擦伤,在包层外面增加了涂覆层。由于不同的导光要求,包层有的是单层,有的是多层。涂覆层一般分为一次涂覆层和二次涂覆层。二次涂覆层是在一次涂覆层的外面涂上热塑材料,又称套

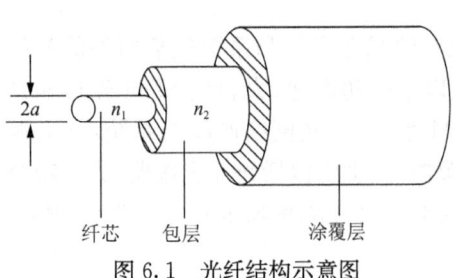

图6.1 光纤结构示意图

塑。光纤的套塑又分为紧套和松套两种。经过涂覆并经过检切合格的光纤称为缆芯。

6.2.2 光纤的种类

光纤的基本结构如图 6.1 所示，但根据折射率分布、材料成分、传播模式的不同，光纤可分为许多种，具体分法如表 6.1 所示。

表 6.1 光纤的分类

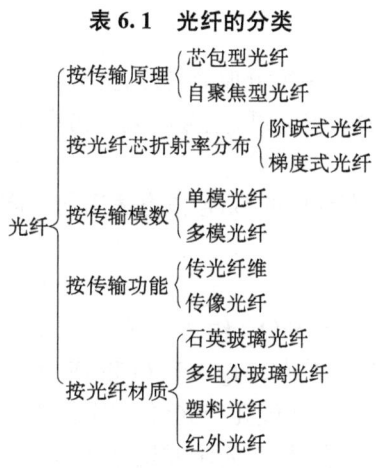

1. 按照折射率分布

按纤芯折射率的分布不同，常用通信光纤主要分为阶跃型光纤、梯度型光纤和单模光纤三种类型，光在其中传播及其折射率分布情况如图 6.2 所示。

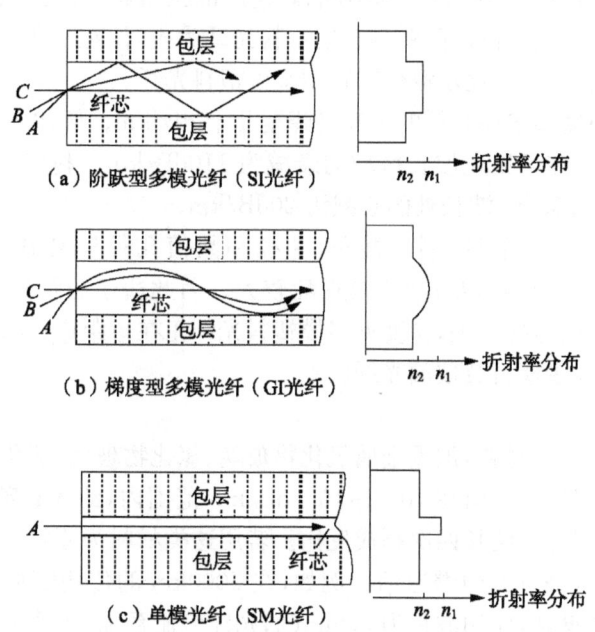

图 6.2 光纤的种类及折射率分布

阶跃型多模光纤和单模光纤的折射率分布都是突变的，纤芯折射率分布均匀，而且具有恒定值 n_1，而包层折射率则为小于 n_1 的常数 n_2。二者的区别仅在于，后者的芯径和折射率差都比前者小。设计时，适当地选取这两个参数，以使得光纤中只能传播最低模式的光，此即单模光纤。

其中，单模光纤按照零色散波长又可分为非色散位移光纤、色散位移光纤、截止波长位移光纤、非零色散位移光纤、色散平坦光纤和色散补偿光纤等六种。

梯度型光纤，其纤芯折射率是随着半径的增大而逐渐减小，而包层的折射率分布则是均匀的。由于其纤芯折射率分布是渐变的，近似于抛物线形，所以，其模色散很小，是一种低色散宽带多模光纤，也称为渐变型光纤，或非均匀光纤。

2. 按照光纤的材料来分

光纤从材质上可分为石英纤维、多组分玻璃光纤、全塑料光纤、塑料包层光纤和红外光纤等。红外光纤又包括卤化物光纤、硫属玻璃光纤、重金属氧化物光纤等。

(1) 石英玻璃光纤。

石英光纤的纤芯和包层都由高纯度的 SiO_2 掺有适当的杂质制成。这种光纤的损耗低，强度和可靠性较高，应用最为广泛。

(2) 多组分玻璃光纤。

多组分玻璃光纤的主要成分为 SiO_2，约占百分之几十，此外还有 B_2O_2、GeO_2、P_2O_5 和 As_2O_3 等玻璃形成体及 Na_2O、K_2O、CaO、MgO、BaO 和 PbO 等改性剂。其特点是熔点低，可用传统坩埚法拉丝，适于制作大芯径、大数值孔径光纤。因其损耗较大（4~7dB/km），通信上极少采用。但此类光纤易做到大的数值孔径，与光源或检测器的耦合效率高，可用于对损耗要求不太苛刻的传感器等领域。

(3) 塑料光纤。

全塑料光纤（聚合物光纤）即由聚甲基丙烯酸甲酯（PMMA）、聚苯乙烯（SP）、聚碳酸酯（PC）和氟化 PMMA 等高分子聚合物材料分别构成芯、包层的全塑料光纤。其纤芯按折射率分布有阶跃型和梯度型。当前应用中仍以阶跃型多模塑料光纤为主，但在短距离数据通信的计算机互联网中，梯度型多模塑料光纤将逐步取代阶跃型多模塑料光纤。

已制成阶跃型和梯度型多模光纤的损耗已降至几十 dB/km。例如，采用连续浇注工艺制造的阶跃型多模塑料光纤，在可见光波长区域的衰减为 110dB/km。利用界面凝胶工艺制造的梯度型多模塑料光纤，在 0.68nm 波长处的衰减为 20dB/km。

塑料光纤的主要优点是柔韧、制造简单、芯径和数值孔径较易做大（可分别达到 0.8~1.0mm 和 0.4~0.6mm）、耦合容易；缺点是损耗较大。因此适于短距离小容量通信系统应用。随着国际互联网和用户的迅猛发展，梯度型多模塑料光纤正在短距离、高速数据通信中发挥着重大作用，预计近期将取代多模石英玻璃光纤。

(4) 红外光纤。

非硅基质的中红外玻璃材料，加重金属氧化物玻璃、氯化物玻璃、硫化物玻璃以及单晶、多晶体等红外材料，其光学损耗本征值在 10^{-4}~10^{-2} dB/km 范围内，约为石英玻璃的十分之一至千分之一，这是由于散射损耗与波长四次幂成反比。若用这类材料为原料，则有可能获得超低损耗光纤，实现几千甚至上万公里无中继通信。例如，在 5000km 的传输距离上用波长 $1.5\mu m$ 的光纤传输系统，需 33 个中继站，而用波长为 $3.0\mu m$ 的光纤传输系统，几乎 1 个中继站就够了。

6.2.3 光纤的制备

光纤的制备一般主要包括原料的制备与提纯、预制棒或晶锭的制作与拉丝等工艺步骤。迄今为止，已研究开发出气相沉积和非气相沉积两大类技术以及十多种具体的光纤制备工艺方法，如表 6.2 所示。其中,气相和非气相两大类别主要是根据预制棒的工艺差别划分的,即前者靠气相沉积技术制备预制棒,而后者则采用非气相沉积技术制作预制棒、晶锭或在熔融态下直接拉丝。下面将分别就两类中的几种主要工艺方法予以介绍。

表 6.2 光纤的制备工艺

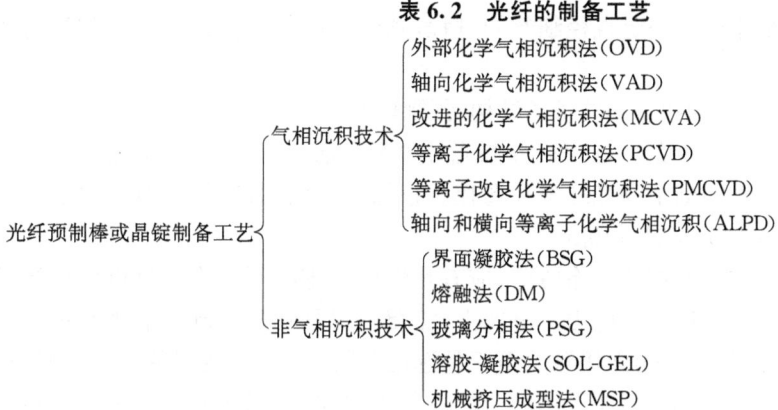

1. 气相沉积技术

该技术是当今普遍采用的光纤制备工艺。下面就在介绍原料制备与提纯的基础上,介绍预制棒的四种气相沉积工艺技术,并简要介绍一下拉丝等工艺步骤。

(1)原材料的制备及提纯。

气相技术制造石英光纤的原料为液态卤化物,即 $SiCl_4$、$GeCl_4$、SiF_4、$POCl_3$、BBr_3、$AlCl_3$ 和 BCl_3 等。因 $SiCl_4$ 是制作光纤的主要原料(约占光纤总重量的 85%～95%),所以这里仅以 $SiCl_4$ 为例介绍。

$SiCl_4$ 的制备可采用工业硅在高温下氯化物制得粗 $SiCl_4$,其化学反应式为

$$Si + 2Cl_2 \rightarrow SiCl_4$$

该反应为放热反应,炉内温度随着反应加剧而升高,所以要控制氮气的流量,防止反应温度过高而生成 Si_2Cl_6 和 Si_3Cl_8。反应生成的 $SiCl_4$ 蒸汽流入冷凝器,即可得到 $SiCl_4$ 液体原料。

用来制造光纤的原料纯度应达到 99.9999%。大部分的卤化物材料都达不到此要求,需进一步提纯。目前广泛采用的是精馏、吸附或精馏吸附混合提纯。精馏法对沸点与 $SiCl_4$ 相近的某些极性杂质效果欠佳。例如,$SiCl_4$ 中的 OH 和其他氢化物,则可利用其与 $SiCl_4$ 的化学键极性不同,选择适当的吸附剂进行提纯。利用精馏-吸附-精馏混合提纯法可使 $SiCl_4$ 纯度很高,其中金属杂质总含量为 5×10^{-9} 左右,氢化物 $SiHCl_3$ 的含量小于 0.2×10^{-6}。

(2)预制棒的制备。

将提纯后的卤化物、掺杂剂和氧气的气体温合物在气相氧化反应中实现化合,以产生氧化物的沉积。其中的气相掺杂剂的作用是引入控制石英玻璃折射率的组成相,主要包括 $GeCl_4$、$POCl_3$、BBr_3、$AlCl_3$ 和 BCl_3 等,生成的氧化物包括 GeO_2、B_2O_3、P_2O_5、TiO_2、Al_2O_3 等。

沉积一般是在一个基靶表面上或在一根空心石英玻璃管内,以一层一层堆积方式而叠高。因此,掺杂剂浓度可以逐渐地变化以得到梯度折射率分布或维持不变以得到阶跃式折射率分布。当选用基靶沉积时直接得到一根固体或预制棒,而选用空心管沉积时则必须将该管熔缩成一根供拉丝用的实心预制棒。

当今有许多不同的气相沉积法被成功地用来生产低损耗光纤,其中主要有四种气相沉积法,

即外部化学气相沉积法（OVD）、改进的化学气相沉积法（MCVA）、等离子化学气相沉积法（PCVD）和轴向化学气相沉积法（VAD）。实际中，希望沉积速度要快。另外，需设法增大预制棒的尺寸，以使得一根棒可拉出数百乃至上千公里以上的光纤。

(3) 拉丝。

拉丝即是从制得的预制棒拉出一定直径细丝的过程，其中关键是要保持芯包比和折射率分布不变。

预制棒送入高温炉内的速度取决于高温炉的结构、预制棒的直径和拉丝速度，一般为 0.002～0.03cm/s。通过改变光纤拉丝速度的方法可以控制光纤外径。通常，选用非接触法之一的激光散射法来对刚出高温炉的光纤即刻予以光纤外径遥控。根据测径仪的信号自动调整拉丝速度，以获得光纤设计要求的外径 $125\mu m$ 或 $140\mu m$。

离开测径仪后的光纤在进行保护塑料涂覆前，应有足够的冷却时间。涂覆可以保护光纤的机械强度并隔绝能够引起微变损耗的外应力。事实上，涂覆主要是对新拉制出的光纤进行完善的机械保护，涂覆后方可允许与其他表面接触。至于是选用单层还是双层保护涂层，要由制造者和光纤结构来决定。例如，选用双涂层，要采用两个分立的涂覆器，且固化阶段可分成两步先后进行涂覆和固化，或者双涂层一次性同时涂覆固化。涂覆应保证涂层和光纤的同心度。

2. 非气相沉积技术

利用气相技术可制备优质光纤，但是气相沉积技术也有不足之处，即原料昂贵、工艺复杂、玻璃组成范围窄等。为此，人们不断努力研究开发出了一些非气相沉积技术来制备光纤，如直接熔融法、界面凝胶法、浇铸法和挤压法等。

(1) 直接熔融法。

该法是用来制造 $Na_2O-MgO-SiO_2$、$Na_2O-Al_2O_3-SiO_2$ 和 $Na_2O-MgF_2-SiO_2$ 等氧化物系玻璃光纤的方法。它是将高折射率芯玻璃和低折射率包层玻璃分别置于加热的同轴双坩埚的内、外坩埚内。通过调整加热温度、拉丝速度和加料量等使光纤的芯包层从坩埚底部流出的玻璃液量达到平衡，从而制得芯包层折射率渐变或恒定的光纤。直接熔融法可拉制梯度光纤和阶跃光纤。目前已在短距离传输用的氧化物玻璃光纤制造方面获得了令人满意的结果。

(2) 界面凝胶法。

该法是利用高分子聚合中分子体积不同而发生的选择扩散性原理来制造梯度折射率分布的塑料光纤的方法。界面凝胶法用来制备梯度折射率塑料光纤，该光纤有芯径大（$980\mu m$）、连接容易、成本低等优点，被广泛用于传输距离小于 100m，带宽为几百 MHz/s 的高效数据传输。

(3) 浇铸法。

为防止红外玻璃拉丝时发生析晶和引起散射损耗的增加，常采用浇铸法来制造远距离传输用氟化物玻璃红外光纤预制棒。

这种方法主要用于制备在 $2\sim4\mu m$ 波长区域获得 $10^{-3}\sim10^{-2}$ dB/km 的极低损耗的氟化物玻璃红外光纤。现已制得了 ZBLAN(P)光纤（其纤芯玻璃成分为掺 Pr^{+3} 的 $AlF_3\text{-}NaF\text{-}LaF_3\text{-}BaF_2\text{-}ZrF_4$，包层玻璃成分为从 $AlF_3\text{-}NaF\text{-}LaF_3\text{-}BaF_2\text{-}ZrF_4$），其在 $2.35\mu m$ 波长处的最低衰减为 0.45dB/km。

(4) 挤出法。

该法是用来制造短距离传输用晶体光纤的方法。挤出法的工艺是先将混合组成的 $AgCl_xBr_{1-x}$（$0\leqslant x\leqslant1$，x 为混合组成中 AgCl 的分子份数）由熔体生长成大的晶体锭，然后将大晶体挤成大的晶锭,然后将大晶体挤成光纤的芯,在芯外挤上一晶体包层,这样就构成了多晶芯/包光纤。

这种多晶光纤主要用来进行激光的传输、热辐射切量、获取人体内窥热图像,或者插入液体、固体或气体来分析其组成与结构。

6.2.4 光纤的应用

1. 传输光纤

由于光纤是由纤芯和包层构成,而且其纤芯的折射率 n_1 高于包层的折射率 n_2,因此,当光入射到光纤的芯子之后,在纤芯与包层界面处满足全反射条件的光线,将在纤芯与包层之间形成全反射,于是光便在光纤中沿光纤的轴向向前传播,如图 6.3 所示。图中渐变光纤中的光,其传播途径呈曲线状的原因,是由于其纤芯的折射率呈渐变状,光在其中不断地产生折射,从而使光的途径变为曲线状。单模光纤中的光,其传播途径几乎是沿纤芯的轴心方向。

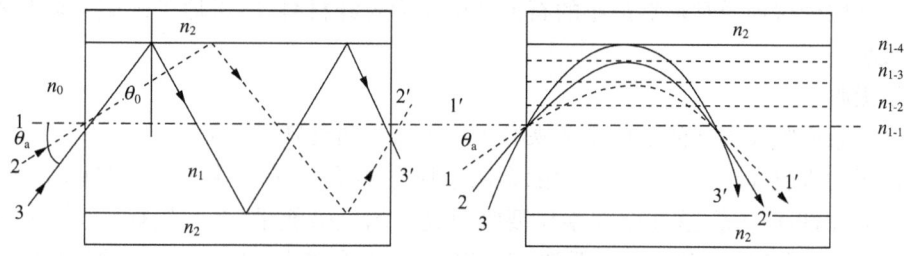

图 6.3 光纤中的子午线

光纤纤芯的折射率 n_1 和包层的折射率 n_2 的差值,决定了临界角的大小。差值越大,临界角越小,越容易实现全反射。但这个差值也不能太大,光纤通信用的多模光纤,其相对折射率差一般设计为 $\Delta=(n_1-n_2)/n_1=0.01$ 左右。

传输光纤主要用于光通信,这种传输方式对光纤性能有两个方面的要求:传输损耗要低,光纤色散要小。下面分别介绍光纤的传输损耗特性和色散特性。

(1)传输损耗特性。

光纤的传输特性之一是它的损耗特性。光纤的损耗特性以每公里对信号的衰减来描述,单位为 dB/km。光纤损耗的大小,不仅标志着光纤制作技术的水平,而且也决定光纤通信中继距离的长短。因此,讨论光纤的损耗特性,分析光纤产生损耗的原因并寻求减小光纤损耗的途径,非常必要。

光在光纤中传输时要衰减。这种衰减称为光纤的损耗。引起光纤损耗的原因很多,归纳起来大致可以分为两大类:吸收损耗和散射损耗,如表 6.3 所示。

表 6.3 光纤的损耗

损耗		
吸收	材料固有吸收	紫外吸收
		红外吸收
	原子缺陷吸收	
	杂质吸收	氢氧根离子吸收
		金属离子吸收
散射	瑞利散射	
	波导效应散射	
	非线性效应散射	

- 吸收损耗。

①材料固有吸收。

材料固有吸收包含紫外吸收损耗和红外吸收损耗。对于石英系光纤,当波长处于紫外区域时,石英材料对光能量产生强烈的吸收,一直将吸收峰拖到 $0.8\sim 1.6\mu m$ 的通信波段内。在组成光纤的原子中,一部分处于低能级的电子会吸收光能量而跃迁到高能级状态,从而造成了信号能量的损失。这种吸收称为紫外吸收损耗。

在红外波段内,石英材料的 Si—O 键因为振动而吸收能量,造成光纤的分子键振动,进而产生损耗,这种损耗称为红外吸收损耗。这种损耗值在 $9\mu m$ 附近变化非常大,可达到 10dB/km,构成了光纤通信波长的上限。红外吸收峰也拖到了通信波段内,不过与紫外吸收损耗相比,其影响要小得多,可以忽略不计。

②原子缺陷吸收。

原子缺陷吸收损耗,是指玻璃受到某种激励(如热激励或强辐射激励),所感生的一种损耗。由于目前已选取受这种激励影响最小的石英玻璃作为光纤材料,所以原子缺陷吸收损耗造成的影响已经很小。

③杂质吸收。

造成光纤杂质吸收损耗的杂质主要来源于金属离子和氢氧根离子。

金属离子的吸收损耗。光纤材料中的金属杂质主要是铁(Fe)、铜(Cu)、钒(V)、铬(Cr)、锰(Mn)、镍(Ni)和钴(Co)等,这些金属杂质要吸收光波的电磁能量,造成损耗。由于技术水平的不断提高,这些金属杂质的含量已降低到 10^{-8} 以下,从而金属离子吸收损耗的影响已不显著。

氢氧根离子(OH^-)的吸收损耗。光纤材料中氢氧根离子的存在,是造成光纤通信波长范围内吸收损耗的主要根源。在光纤制作工艺过程中,不可避免地有氢氧根离子的存在。由于氢氧根离子的存在,其振动就要吸收能量,从而造成损耗。氢氧根离子振动的基波位于 $2.73\mu m$ 处,这时吸收损耗最大。氢氧根离子振动的二次谐波分别出现在 $1.38\mu m$ 和 $0.95\mu m$ 波长处,三次谐波以上振动形成的吸收损耗很小,可忽略不计。OH^- 键的基本谐振波长为 $2.73\mu m$,与 Si—O 键的谐振波长互相影响,形成了一系列的吸收峰,其中影响比较大的波长主要有 $1.39\mu m$、$1.24\mu m$ 和 $0.95\mu m$ 等。正是这些吸收峰之间的低损耗区域形成了光纤通信的三个低损耗窗口($0.85\mu m$,$1.31\mu m$,$1.55\mu m$)。氢氧根离子吸收损耗谱是光纤损耗谱曲线的主要组成部分。光纤的损耗与波长间的关系如图 6.4 所示。

- 散射损耗

光纤的散射损耗主要包括三个方面,即瑞利散射损耗、波导效应散射损耗和非线性效应散射损耗。下面分别进行简要介绍。

①瑞利散射损耗。

瑞利散射损耗是本征散射损耗。它是由于光纤材料——石英玻璃的密度不均匀和折射率不均匀引起的,这种瑞利散射损耗与光波波长的四次方成反比。瑞利散射损耗对短波长 $0.85\mu m$ 有影响;但对波长 $1.3\mu m$ 以上波段,其影响很小,如图 6.4 所示。

②波导效应散射损耗。

它是由于波导结构不规则,从而导致高阶模的辐射形成损耗。在制作光纤时,在纤芯与包层界面处形成不规则结构。这种界面处结构的不规则产生高阶传输模和漏泄模从而形成辐射。辐射的一部分进入包层造成辐射损耗。

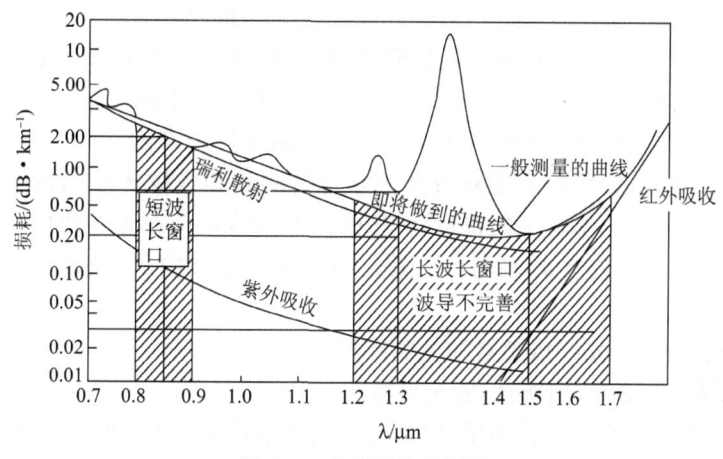

图 6.4　光纤的总损耗谱

③非线性效应散射损耗。

它主要由受激的喇曼散射和布里渊散射引起。由于这部分非线性效应散射损耗只有在强入射光功率激励下才表现出来,所以在光纤通信使用的弱入射光功率的情况下,这部分散射损耗的影响极微。

(2)光纤色散特性。

光纤的色散特性也是光纤的传输特性之一。研究光纤产生色散的原因、危害并减少光纤色散,对提高通信容量、增加中继通信距离具有重要意义。根据产生的原因,光纤的色散可分为三类。

· 模式色散。

光纤的模式色散,只存在于多模光纤中。由于多模光纤中存在许多传输模式,而每一种传输模式到达光纤终端的时间先后不同,造成光脉冲展宽,从而出现色散现象。这种由于传输模式引起的色散,称为模式色散。

· 材料色散。

光在光纤中的传播速度 $v=c/n_1(\lambda)$,其中 $n_1(\lambda)$ 是光纤芯的折射率。它是光波波长的函数,即同一材料对不同波长的折射率是不一样的。当含有不同波长的光脉冲(非单色光)通过光纤传输时,其传输的速度就不一样。这时,光脉冲要被展宽而出现色散。光纤材料引起的色散,称为材料色散。

· 波导色散。

这种色散又称为结构色散。它是由光纤的几何结构决定的色散,其中光纤的横截面尺寸起主要作用。光在光纤中通过芯与包层界面的全反射作用,被限制在纤芯中传输。由于波导结构不完整,例如,横向尺寸沿光纤轴的波动,除导致模式间的模变换外,还有可能引起一少部分频率高或波长短的光线进入包层。由于包层的折射率低于芯部的折射率,于是包层中光脉冲的传播速度要大于芯部中光脉冲的传播速度。这样,光脉冲就要被展宽形成色散。这种色散称为结构色散,或波导色散。

一般情况下,模式色散>材料色散>波导色散。由于单模光纤不存在模式色散,因而其色散要比多模光纤小很多。

2. 传感光纤

在低损光纤出现后,光纤在通信技术中用于长距离传输信息。但是光纤不仅可以作为光波的传输媒质,而且光波在光纤中传播时,表征光波的特征参量(振幅、相位、偏振态、波长等)会受到外界因素(如温度、压力、磁场、电场、位移、转动等)的作用而间接或直接地发生变化,从而可将光纤用做敏感元件来探测各种物理量。这就是光纤传感器的基本原理。

光纤传感器可以分为传感型与传光型两大型。利用外界物理因素改变光纤中光的强度(振幅)、相位、偏振态或波长(频率),从而对外界因素进行测量和数据传输的,称为传感型(或功能型)光纤传感器。它具有传、感合一的特点,信息的获取和传输都在光纤之中。另一类是光纤仅仅起传输光波的作用,必须在光纤端面加装其他敏感元件才能构成传感器,称为传光型光纤传感器。

与传统的传感器相比,光纤传感器的主要特点是:

(1) 抗电磁干扰,电绝缘,耐腐蚀,安全可靠。

由于光纤传感器是利用光波传输信息,而光纤又是电绝缘、耐腐蚀的传输媒质,因而不怕强电磁干扰,也不影响外界的电磁场,安全可靠。这使它在各种大型机电、石油化工、冶金高压、强电磁干扰、易燃、易爆、强腐蚀环境中能安全而有效地工作。

(2) 重量轻,体积小,外形可变。

光纤除具有重量轻、体积小的特点外,还有可挠的优点,因此利用光纤可制成外形各异、尺寸不同的各种光纤传感器。这有利于航空、航天以及狭窄空间的应用。

(3) 灵敏度高。

利用长光纤和光波干涉技术使不少光纤传感器的灵敏度优于一般的传感器。如测量水声、加速度、辐射、温度、磁场等物理量的光纤传感器。

(4) 对被测介质影响小,测量对象广泛。

目前已有性能不同的测量温度、压力、位移、速度、加速度、液面、流量、振动、水声、电流、电场、磁场、电压、杂质含量、液体浓度、核辐射等各种物理量、化学量的光纤传感器在现场使用。

(5) 便于复用、便于成网。

有利于与现有光通信技术组成遥测网和光纤传感网络。

(6) 成本低廉。

有些种类的光纤传感器的成本将大大低于现有同类传感器。

6.3 激光器及材料

由于激光具有亮度高,单色性、相干性、方向性好以及可调谐等优良特性,使它在空间科学、通信技术、电子工业、医学、化学反应等各个方面起着重要作用。例如,在激光通信方面,由于光导纤维抗干扰能力强、频带宽、损耗小、重量轻等优点,所以激光通信得到迅速推广应用。另外,在激光信息存储、激光打孔、激光焊接、激光切割等方面也均得到重要应用。

迄今为止,已产生激光的固体激光器材料有近百种之多,这些材料包括玻璃和晶体两大类。应用较多发展较快的是掺 Nd^{3+} 玻璃和掺 Nd^{3+} 钇铝石榴石晶体。70 年代至今,国外先后用钕玻璃制造了高功率激光器,输出脉冲功率达到 $10^{12}\sim 10^{14}$ W,用以研究激光等离子体和激光核聚变。掺钕的钇铝石榴石晶体则在中小型脉冲激光器、连续激光器方面得到广泛应用。

6.3.1 固体激光器的工作原理

固体激光器是研究最早的一类激光器,它以固体作为工作物质,包括绝缘晶体和玻璃两大类。工作物质是在基质材料中掺入激活离子(金属离子或稀土离子)而制成。基质为激活离子提供一个环境(亦即配位场),主要决定材料的光学、物化、机械和热学等性能;而工作物质的能级结构、荧光特性和激光性能则主要由激活离子和所处的配位场决定,后者既与激活离子有关,又与基质材料有关。

固体激光器的工作方式主要分为脉冲和连续(CW)两大类。固体激光器大多数采用光泵激发,能量转换环节多,因而器件的效率很低,只有 0.1%~2%。用连续光源泵浦的固体激光器,在稳态条件下能长期稳定地输出激光,目前 Nd^{3+}:YAG 激光器在水冷条件下可连续工作,单根 YAG 输出功率可达上百瓦,数根 YAG 串联输出功率达数千瓦。脉冲泵浦的固体激光器,其脉冲输出可按一定的重复频率输出。低重复频率,工作状态为每秒几次;高重复频率工作状态为每秒几十次到上百次。中小型器件一个激光脉冲的输出能量为焦耳、毫焦耳级,大型的可达万焦耳。调 Q 脉冲激光器的脉冲时间可压缩到纳秒,峰值功率可达千兆瓦级。

固体激光器的构成通常包括工作物质、谐振腔、泵浦光源这三个基本组成部分,此外还有聚光器、电源和冷却系统等几个部分。其基本结构的示意图如图 6.5 所示。

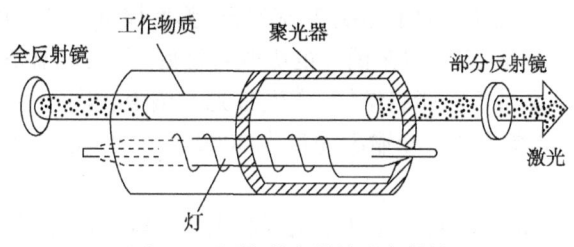

图 6.5 固体激光器的基本结构

6.3.2 固体激光器基质材料

激光器主要由工作物质(基质和激活离子)、激发源(泵浦)和谐振腔组成。工作物质就是指借助外来能源激励实现粒子数反转(即使其处于高能级的粒子数多于处于低能级的粒子数,是产生激光的关键),并产生受激辐射放大作用的物质系统,这个物质系统即为我们所要讨论的激光材料。激光器材料包括固体(晶体、玻璃)、气体(原子、分子、离子)、液体和半导体等。

固体工作物质是由实现粒子数反转的激活离子和为激活离子提供一个合适晶格场的基质组成。激活离子即为少量作为发光中心的掺杂离子,它主要有过渡金属离子如 Cr^{3+}、稀土离子 Nd^{3+} 和色心如碱金属卤化物中的阳离子-空位络合物-F 心三类。

由于固体激光工作物质具有激活离子密度大、振幅频率宽以及能产生窄谱线的光脉冲等优点,同时又具有良好的机械性能和化学稳定性,因此是应用最多的一类激光材料,它又可分为激光晶体和激光玻璃两大类。

用过渡金属离子(如 Cr^{3+})激活的三能级激光晶体,如 Cr^{3+}:Al_2O_3(红宝石晶体)

用稀土离子(如 Nd^{3+})激活的四能级体系 $\begin{cases} 氧化物激光晶体 \\ 氟化物激光晶体 \\ 复合石榴石激光晶体 \\ 激光玻璃(钕玻璃) \\ 色心激光晶体,如 LiF、KCl 等 \end{cases}$

1. 激光晶体

迄今为止,激光基质晶体已超过万种。这些晶体大致可分简单氧化物、复合氧化物、简单氟化物、复合氟化物和其他激光晶体五类。

(1)简单氧化物晶体。

氧化物晶体是使用最早、数量最多、应用最广的激光晶体工作物质。其中具有实用价值的有红宝石、掺钕钇铝石榴石、掺钕铝酸钇、掺铬铝酸铍等晶体。它们具有很好的物理化学性能,都能在室温下实现激光振荡,是高重复频率、连续或脉冲输出的大功率、大能量激光器理想的工作物质。

①红宝石晶体。

红宝石是世界上第一台固体激光器的工作物质。它是 α-Al_2O_3(刚玉)单晶为基质,掺入 0.05% 左右的铬离子(Cr^{3+})为激活离子的激光晶体,因其呈粉红色,故称红宝石。红宝石晶体的主要优点是:物化性能很好,材料坚硬、稳定、导热性好,抗破坏能力强,其抗张强度达到 416MPa,抗压强度在垂直于光轴方向上达到 1480MPa,弹性模量高达 398GPa。

从光谱和激光特性上看,红宝石对泵浦光的吸收特性好,可在室温条件下获得 0.6943μm 的可见激光振荡。主要缺点是属于三能级结构,产生激光的阈值较高。用作激光装置上的红宝石棒其直径为 2cm,长 1m,最高脉冲激光输出能量为 3000J。因此,它是脉冲式大功率激光器的良好材料。

另外,红宝石晶体的激光发射波长为可见光至红光的波段,这一波段的光,不但为人眼可见,而且对绝大多数的各种光敏材料和光电探测元件来说,都是易于探测和定量测量的。因此,红宝石激光器在激光器基本研究,强光(非线性)光学研究,激光光谱学研究,激光照相和全息技术,激光雷达与测距技术等方面都有广泛应用。

②钕-钇铝石榴石($Nd^{3+}:Y_3Al_5O_{12}$)

纯钇铝石榴石(YAG)为无色晶体,在其中掺入 Nd^{3+} 后的激光晶体呈粉紫色。与红宝石相比,它的荧光寿命较短,荧光谱线较窄,工作粒子在激光跃迁高能级上时不易大量积累,激光储能较低。以脉冲方式运转时,输出激光脉冲的能力和峰值功率都受到限制。因此,它一般不用作单次脉冲运转。但由于 $Nd^{3+}:YAG$ 晶体为四能级体系,其阈值较红宝石低,增益系数较大,YAG 的导热系数也较高,所以它更适合于重复脉冲运转。

目前,$Nd^{3+}:YAG$ 晶体是激光工作物质中最优秀的材料之一。石榴石激光器也是唯一能在常温下连续工作,并且有较大功率输出的固体激光器。作为连续波激光器,它的最大输出功率已经超过 1kW;如果重复频率为 5000Hz,其每次的输出功率均可大于 1kW;如果重复频率为 30Hz,则脉冲输出功率可达 10^5 kW。由于后者输出功率大,故应用更为广泛。它可在很多波段实现输出,如波长为 0.946μm、1.06μm 和 1.318μm 及可见光波段的 0.437μm、0.53μm 和 0.659μm。

③掺铬铝酸铍晶体($Cr^{3+}:BeAl_2O_4$)。

该晶体具有在室温下输出激光波长连续可调的特性。目前已实现的调谐范围为 701~794nm。它是第一个商品化的可调谐激光晶体。$Cr^{3+}:BeAl_2O_4$ 晶体不调谐时的振荡输出线宽为 3nm,调谐时线宽为 0.2~0.5nm,线宽明显变窄。专门建立的调谐激光器,输出线宽为 0.001nm。由于掺铬铝酸铍激光器能像 $Nd^{3+}:Y_3Al_5O_{12}$ 那样提供高的转换效率和平均功率,像红宝石那样提供高的峰值功率和输出可见光,像染料能调谐输出而使用却很简便,所以在材料处理、半导体器件退火、光谱学研究中作窄带光源、测距和目标指示等方面,均有重要应用价值。

④钕铌酸锂(Nd^{3+}:$LiNbO_3$)。

钕铌酸锂是一种既能产生激光,又具有非线性效应的晶体,因而很受重视。目前,主要是利用它的非线性效应作调制器。这类材料中还有 Tm^{3+}:$LiNbO_3$ 和 HO^{3+}:$LiNbO_3$。另外,钕铝酸钇晶体(Nd^{3+}:$YAlO_3$)因其能获得线性偏振激光和参量振荡,也很受重视。

(2)复合氧化物激光晶体。

该类晶体中掺入的激活离子处于不同性质的格位上,光谱线型属于非均匀加宽。能掺入较高浓度的稀土离子,故有较高的激光效率。但是它们的物理性质一般不简单。氧化物晶体的性能优良,难于制得高质量晶体,应用因而受到限制。

该类中有代表性的是硅氧磷灰石(SOAP),其通式为 $MeLn(SiO_4)_3O_9$,其中 Me 代表二价碱金属 Mg^{2+}、Ca^{2+}、Sr^{2+};Ln 为 3 价稀土离子 Y^{3+}、La^{3+}、Gd^{3+}。该材料储能容量大、强度高、热性能好、效率高。目前,已获得激光输出的有 Nd^{3+}:$SrLa_4(SiO_4)_3O$ 和 Ho^{3+}:$CaY_4(SiO_4)_3O$。

另外,Y_2O_3-$10x\%ThO_2$ 固溶体中掺入 $1\%Nd_2O_5$ 制成的透明陶瓷,具有 6 倍于钕玻璃激光的热超导率,由于杂质少,因此,作为长寿命固体激光而引人注目。这样的多晶陶瓷,所以能成为激光基质材料,是由于它高度透明化、均质化的缘故。用氙弧光灯照射上述组成的圆棒(直径约 25.4cm,长 508cm)时,就可得到波长 1.06~1.08μm、发光宽度 3.3nm 的激光。

(3)简单氟化物激光晶体。

这类晶体的特点是熔点低,容易生长成单晶。其中性能比较优良的有 CaF_2 和 $LiYF_4$。其中,CaF_2 晶体具有紫外线吸收截止波长短、损伤阈值高、非线性折射率小、热透镜效应小等特点。Nd^{3+}:YLF 的 1.053μm 激光与磷酸盐玻璃的激光增益中心相匹配,是激光振荡级的理想材料。

(4)复合氟化物激光晶体。

这是一类多组分氟化物固溶体。该类基质的特点是:基质中激活离子形成许多结构不同的激活中心。该类介质的吸收光谱上出现了宽而强的吸收带,大大提高了激励能的利用率;同时能掺入高浓度的激活离子而不易出现浓度淬灭,并有很宽的荧光线宽,一般在 100cm^{-1} 以上。但这类材料热学、力学性能欠佳,因而限制了它的应用。

(5)其他晶体。

除上述几类典型的激光晶体材料外,还有氟氧或硫氧阴离子的化合物、氯化物和溴化物等晶体也可作为激光器基质材料,如 La_2O_2S、$Ca_5(PO_4)_3F$ 和 $Ca_4La(PO_4)_3O$ 晶体。硫氧化镧(Nd^{3+}:La_2O_2S-LaOS)的特点是激光输出功率极高,它的连续激光输出效率比目前认为最好的 Nd^{3+}:YAG 还高 8~10 倍,很有发展前途。掺钕氟磷酸钙(Nd^{3+}:$Ca_3(PO_4)_3F$)的制备工艺成熟,容易获得晶体材料,而且其激光效率高、阈值低,已得到广泛重视。

2. 激光玻璃

玻璃是一种非晶态物质,非晶态与晶态的区别主要是原子结构是否短程有序。长程无序排列,即玻璃具有不规则的网络结构,有的地方存在断键,如图 6.6 所示。

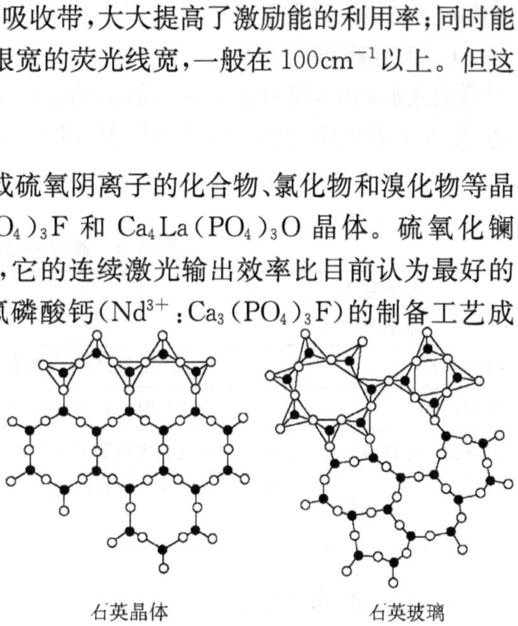

(1)激光玻璃和激光晶体的区别。

激光玻璃是基质玻璃和激活离子的组合体。

石英晶体   石英玻璃

(● Si ○ O)

图 6.6 石英晶体与石英玻璃结构

激光玻璃中,激活离子的行为与激光晶体中的行为不同。因为晶体基质对激活离子的作用主要取决于晶格场的作用,而玻璃基质对激活离子的作用主要决定于玻璃介质的极化作用,由此产生了光谱特性差异。在光谱学和热学性能上,激光玻璃与激光晶体之间存在以下区别。

①激活离子所受配位场的作用与晶体中的作用不一样,这会引起处于不同环境中的离子能级产生不同的移动,各离子谱线不同,故其出现的各个离子跃迁过程的总谱线,是一系列中心频率稍有差别的离子谱线的叠加,离子谱线的加宽也是非均匀性的。一般情况下,玻璃材料的储能比晶体材料好。

②在激光玻璃中,因激活离子与玻璃基质之间存在着离子键和一定的共价键作用,因此玻璃基质对激活离子的影响比晶体对激活离子的影响大得多。例如 Cr^{3+} 在 $\alpha\text{-}Al_2O_3$ 晶体中能产生特征荧光;而在玻璃中,由于基质的极化作用破坏了 Cr^{3+} 的 3d 能级跃迁过程,故不出现荧光,而只有稀土激活离子。由于 4f 层电子较好屏蔽,才能在玻璃基质中得到较窄荧光。

③激光玻璃的热学性能比激光晶体的差。一是热膨胀系数较大,例如玻璃的热膨胀系数约为 $10\times10^{-6}℃^{-1}$,而红宝石的膨胀系数为 $6\times10^{-6}℃^{-1}$,石榴石的膨胀系数为 $6.9\times10^{-6}℃^{-1}$。这会导致玻璃受热后畸变严重、热稳定性能差。另外,玻璃的热导率较小,其室温下的热导率仅为 $0.84W/(m·K)$,而红宝石的为 $32.2W/(m·K)$,石榴石的为 $12.6W/(m·K)$,这会降低散热冷却能力。

④玻璃是各向同性的,加工性能良好,能更均匀地掺入高浓度激活离子。因此,玻璃可以较容易制成具有较高光学质量的大尺寸材料或器件,而且性能可在很大范围内调整。激光晶体则由于制备工艺比较困难,不容易获得较大尺寸单晶,而晶体中的激活离子浓度不高。例如,在玻璃中,钠离子增加会降低熔点,铅玻璃的红外吸收极限波长比硅玻璃长,铅玻璃中含铅量越高,红外光的透射率越高。当然成分不同又各具特色,如 71%PbO+SiO_2 的最大透射率在 $0.8\sim2.7\mu m$ 波段;当 PbO 含量超过 71%时,在 $3.25\sim5\mu m$ 波段之间透射率有所增加,但在 $0.7\sim0.8\mu m$ 范围内,透射率下降。正由于玻璃的这些优点,目前发展很快。

(2)激光玻璃的分类。

激光玻璃中,最重要又用得最多的是钕玻璃。钕(Nd^{3+})几乎能在所有的无机玻璃中产生荧光,在许多玻璃中均能产生受激发射。但是,目前具有实用意义的玻璃基质只有少数几种,如表6.4所示。

表6.4 激光基质玻璃的主要系列及其特点

激光基质玻璃系列	主要特点
硅酸盐系	光学质量好,物化性能较稳定,制备工艺成熟等。应用于高能高功率输出激光器
磷酸盐系	受激发射截面大,非线性折射率低,热光系数小等优点,但制备工艺较难,光均匀性不好
硼酸盐与硼硅酸盐系	吸收系数和量子发射效率高,阈值能量低,但寿命短,主要用于重复高频激光器
氟磷酸盐与氟化物系	非线性折射率很低,并保持较高的受激发射截面积和较好的热光性能,但制造困难且抗激光破坏能力不强

(3)基质玻璃的应用。

激光玻璃具有光学质量高、体积大、发射谱线宽、抗激光破坏能力强、易加工、价格低廉等优点,作为过程激光器材料可获得高亮度、高方向性、高单色性和高相干性的激光输出。在农业、工业、自然科学和军事方面得到广泛应用。

①高功率激光装置上的应用。

钕玻璃高功率激光装置是研究激光核聚变的主要工具,对于新能源开发研究和等离子物理研究都有重大作用。

目前,在高功率激光装置上常用的激光玻璃主要有钡冕玻璃(如 $12.2K_2O$-$12.5BaO$-$0.2Sb_2O_5$-$75.1SiO_2$)和 Li-Mg-Al-硅酸盐玻璃(如 $7.4Li_2O$-$29.6MgO$-$5.7Al_2O_3$-$56.7SiO_2$)。采用规格为 500mm×1000mm×50mm 的椭圆形钕玻璃圆盘已制成激光放大器。这类钕玻璃激光器能产生能量达数 10kJ 的短脉冲(0.1～10ns),已用于激光核聚变。

②在钕玻璃激光器研制中的应用。

国内外用激光玻璃开展了激光谐振腔、多级放大器、热畸变、弥散、自聚焦及其补偿、激光与材料的相互作用、激光参量测量等基本实验工作。

③在中小型激光器上的应用。

用于测距和大地测量,测程为 20～2000m,精度为±1m,重复频率为 2 次/分钟的无标尺地形仪已投入使用。

磷酸盐玻璃激光打孔机(使用 N21 磷酸盐玻璃,棒尺寸为帕 ϕ8mm×200mm,重复频率为 1～2 次/秒,输出能量力 5J,发散角为 1～3mrad,效率约为 2.5%),打孔深度可达 17mm,广泛用于钻石、金属、玛瑙、光学玻璃、石英玻璃等材料的打孔。

中小型玻璃激光器在不锈钢、人造金刚石、超硬质合金材料、特种陶瓷、叠层云母片及碲镉汞晶体片等切割和打孔方向也已广泛使用。此外,激光玻璃还在激光微区分析仪、激光焊接机和激光医疗仪中得到应用。

3. 固体基质材料的基本要求

概括起来,对固体基质材料的要求主要包括晶体的光学、热学、力学性能和机械加工性等几个方面,主要包括以下四个方面:

其一,材料具有强的荧光辐射、高的量子效率、适当的荧光寿命和受激发射截面。这是获得较小光泵阈值能量和尽可能大的激光能量输出的需要。

因为激光材料的激活阈值随掺杂浓度的增加而降低,所以,实际中选择和制备激光材料时,应考虑材料的离子大小和电性中和问题,以最大限度地提高掺杂剂的浓度。这一方面要求晶态基质的晶格格点必须与激活离子的大小相当(在离子晶体中,离子半径之差大于 15% 就不能直接掺入 1% 以上的激活离子,但用稀土激活的晶体激活离子的掺入量可大于 1%);另一方面,掺杂剂价态与基质阳离子不同时,需要采取适当的电荷补偿技术以维持高掺杂下的电性中和,如 $CaWO_4$ 中如只掺入稀土取代 Ca^{2+},其溶解度很快达到极限,若再加入 Na^+ 维持电性中和。稀土的溶解度还能继续增加。

其二,材料应具有优良的静态光学均匀性。这就要求材料所含杂质颗粒、不熔物、气泡、条纹和应力等缺陷尽量少,以保证激光的方向性和激光效率。如激光晶体所用的氧化物纯度为 5～6 个"9"的水平,总杂质含量不能超过 $(1～10)×10^{-6}$。另外,要求材料在受热和外加电磁场作用下,保持其静态光学均匀性,即动态光学均匀性要好。

其三,要求激光材料的热膨胀系数小、强度高、热导率高、光照稳定性和化学稳定性要好,以使激光器工作稳定可靠。热膨胀系数小、强度高、热导率高是要保证其能够承受对突然爆发的泵浦能所带来的热冲击,这对确定运转方式如连续运转、高功率、高重复脉冲运转颇为关键;对于高强度的激光器,要求晶体热导率较高. 以满足经整个晶体泵浦源辐照后迅速散热之需。

其四,激光材料还应易于制备加工,能制很大尺寸光学均匀的样品。这是其获得实际应用的前提。

6.3.3 固体激光器的激活离子

众所周知,基质晶体的作用是为激活离子(发光中心)提供一个合适的晶格场,使它有可能发出所需要的辐射波长。而作为发光中心的少数掺杂离子称为激活离子,它可部分取代基质晶体中的某种离子。激光器的输出波长主要取决于激活离子内部的能级结构,但也随基质晶体、掺杂浓度和工作温度的不同而有所变化。

目前,已找到的激光晶体材料。其发光中心都在上述条件范围之内。可将已有的激活离子(发光中心)大致划分为如下四大类。

1. 过渡族金属激活离子

在这类金属离子中,3d 壳层的电子由于没有外层电子的屏蔽,而直接受基质晶体晶格场和外界场的影响。于是在晶体中,过渡金属离子的能级分布和性质就与自由离子的情况有显著的差别。具体体现在以下几个方面:

①受基质晶格场的影响。存在于不同结构类型的基质晶体中的离子,其光谱特性各不相同,如 Cr^{3+} 在 Al_2O_3 基质中,它的荧光寿命 10^{-3} s,而在 $LaAlO_3$ 基质中却为 $10^{-2}\sim 10^{-1}$ s。

②受相邻激活离子间的交换耦合作用的影响。淡红宝石中,当 Cr^{3+} 的浓度为 0.03%～0.07%(wt)时,它的发光属于三能级系统;而当 Cr^{3+} 的浓度>0.5%时,则属四能级发光系统。

③受温度的影响。浓度为 0.05% 的淡红宝石,在 77K 时,$^2E \rightarrow {}^4A_2$ 的荧光寿命为 4.3ms,而在 300K 时只有 3.0ms。

2. 三价稀土激活离子

其中有 15 种镧系元素,以及钪(Sc)和钇(Y)。这 17 种稀土元素的最外 2 层的电子结构相似,当它们与别的元素化合时,通常失去最外层的 s 电子和次外层的一个 d 电子,故它们的正常价态为 3 价。

现有的三价稀土离子激光器都是四能级系统。这类离子的特点是:跃迁谱线呈尖锐的线状谱;发光谱线较多,能量分散;跃迁强度取决于基质晶体的对称性;谱线的范围较广,从近紫外、可见光到近红外区。

3. 二价稀土激活离子

二价稀土激活离子有 Sm^{2+}、Er^{2+}、Tm^{2+}、Dy^{2+} 和 Eu^{2+} 等,二价稀土激活离子的 4f 壳层比三价离子多一个电子,从而降低了 5d 电子的能量,因此对应于 4f～5d 跃迁吸收带均处于可见区域内,这样的吸收带对于选择泵浦光源非常有利。由于 5d 能级易受周围离子配位场的影响,相对于 f-f 跃迁,其谱线宽度要宽;此外,二价稀土离子大多不太稳定,尤其是在高能辐射时易于变价或产生色心,最终导致激光输出特性变差。

4. 锕系激活离子

它包括元素周期表中原子序数从 90～101 的几个元素。由于这些元素大部分是人工放射性元素,不易制备,且放射性处理也很复杂,所以目前只有 U^{3+} 有所应用。

6.3.4 几种常见的固体激光器

1. 红宝石激光器

红宝石激光器的工作物质是红宝石晶体 $Al_2O_3:Cr^{3+}$。其中，Al_2O_3 是基质晶体，晶体内掺有 0.05wt% 的 Cr_2O_3，Cr^{3+} 取代基质晶体中的 Al^{3+} 而均匀分布于晶体中，其浓度约为 $1.58\times 10^{19} cm^{-3}$。红宝石晶体是负单轴晶体，对红光的折射率分别为 $n_o=1.764$，$n_e=1.757$。

红宝石晶体中，发光的激活粒子是三价铬离子 Cr^{3+}，其能级结构如图 6.7 所示。Cr^{3+} 的吸收带有两个，即 $^4T_1$ 和 $^4T_2$，中心波长分别为 $0.41\mu m$ 和 $0.56\mu m$，吸收带宽度约为 $0.1\mu m$。Cr^{3+} 在 $^4T_1$ 和 $^4T_2$ 能级上的寿命很短，因而迅速通过无辐射跃迁到 ^2E 能级，这是一个寿命较长的亚稳态能级，在这个能级上可以积聚较多的 Cr^{3+} 离子。当光泵足够强时，在能级 ^2E 与能级 $^4A_2$ 间可实现粒子数反转。两条荧光线 R_1 和 R_2 分别对应于 $\bar{E}\to {^4A_2}$ 和 $2\bar{A}\to {^4A_2}$ 两种能级跃迁。在室温下，R_1 和 R_2 的波长分别为 $0.6943\mu m$ 和 $0.6929\mu m$。在激励和激光振荡过程中，$2\bar{A}$ 和 $\bar{E}$ 能级上的粒子数分布由波尔兹曼分布确定，在 $T=300K$ 时

$$N_{2(2\bar{A})}/N_{2(\bar{E})}=0.87$$

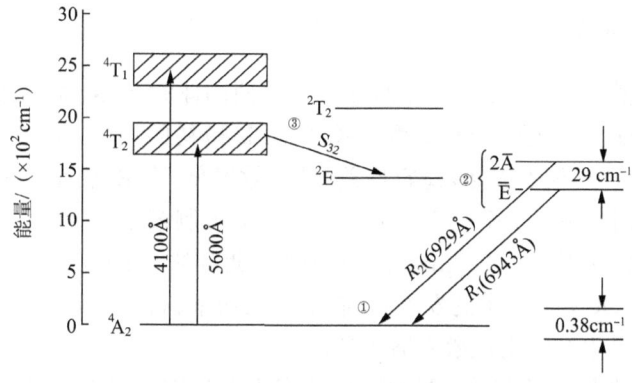

图 6.7 红宝石中 Cr^{3+} 能级图

因而在泵浦时，通常只有 R_1 线才能形成激光。红宝石激光器的激发波长 $\lambda=0.6943\mu m$。红宝石激光器是三能级系统，具有较高的泵浦能量阈值，所以通常以脉冲方式工作。调 Q 红宝石激光器输出巨脉冲峰值功率可达 $10\sim 59MW$，脉宽为 $10^{-20} ns$。锁模红宝石激光器输出超短脉冲的峰值功率可达 10 W 量级，脉宽 10ps。

2. $Nd^{3+}:YAG$ 激光器

YAG 是钇铝石榴石的英文缩写，化学式为 $Y_3Al_5O_{12}$，它是一种综合性能优良的激光基质。其中，$Nd^{3+}:YAG$ 是迄今使用最为广泛的激光晶体。它被称为掺钕钇铝石榴石，是在基质晶体 YAG 中掺入 Nd_2O_3（Nd^{3+} 作为激活离子）形成的。一般掺入 Nd^{3+} 的浓度为 1% 原子比。在室温条件下，$Nd^{3+}:YAG$ 的荧光发射波长以 $1.0641\mu m$ 最强。

$Nd^{3+}:YAG$ 是理想的四能级激光器，其能级结构如图 6.8 所示。处于能级的粒子可以像多个终端能级跃迁并产生辐射，室温下有三条荧光谱线，其中心波长和对应的能级跃迁及荧光分之比（每条谱线强度与总强度之比）为

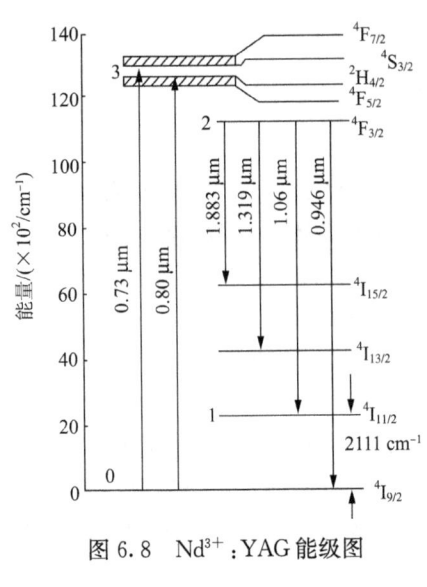

1.06μm ($^4F_{3/2} \to {}^4I_{11/2}$)　63%
1.319μm ($^4F_{3/2} \to {}^4I_{13/3}$)　12%
0.946μm ($^4F_{3/2} \to {}^4I_{9/2}$)　24%

由于 1.06μm 谱线的荧光强度比 1.319μm 谱线的荧光强度大，1.06μm 的谱线首先起振，从而抑制了 1.319μm 谱线。所以 Nd^{3+}:YAG 激光发射波长通常在 1.06μm，闪光泵浦的激光器效率为 1%～3%。

Nd^{3+}:YAG 的荧光线宽与温度有关，随温度增高，线宽增大。同时，荧光谱线的波长也与温度有关，随着温度升高，波长向长波方向移动。1.06μm 的跃迁截面 $\sigma = 8.8 \times 10^{-19} cm^2$，为红宝石 0.6943μm 跃迁截面的 35 倍，所以，Nd^{3+}:YAG 的振荡阈值低，较容易实现连续运转。目前，Nd^{3+}:YAG 连续激光器的最大输出功率已超过 1000W，每秒 5000 次重复频率激光器的输出峰值功率已达千瓦以上，

图 6.8　Nd^{3+}:YAG 能级图

每秒几十次重复频率的调 Q 激光器的峰值功率可达几百兆瓦。

3. 半导体激光泵浦的固体激光器

半导体激光二极管(LD)或二极管阵列(LDA)泵浦固体激光器(缩写为 DPL 或 LDPSSL)，是让 LD(或 LDA)的输出激光作为泵浦源。关于 DPL 最初的设想，早在 1964 年就提出来了。当时，作为泵浦源的 LD 还很不成熟，稳定性差，转换效率低，寿命比闪光灯短，而且还得用液氮冷却，因此未引起人们重视。1974 年 Keyes 和 Quist 研制成功世界上第一台用 LD 泵浦的 CaF_2:U^{3+} 固体激光器，获得了 2.613μm 的红外激光。近年来，由于分子束外延技术(MBE)和金属有机物气相淀积(MOCVD)技术的发展，研制出了大功率、高效率和长寿命的 LD。使得 DPL 走出研究室并成为批量生产的主流激光器产品之一。

目前 LD 已成功地泵浦了 Nd^{3+}:YAG、Nd^{3+}:YLF、Nd^{3+}:YVO、Nd^{3+}:$YALO_3$ 和钕玻璃。它们的吸收和激光发射的峰值波长如表 6.5。

表 6.5　DPL 工作物质的吸收和激光波长

工作物质	吸收峰值波长/nm		激光波长/μm
	范围	中心值	
Nd^{3+}:YAG	805～809	809	1.064, 0.946
Nd^{3+}:YLF	795～805		1.053
Nd^{3+}:YVO	800～820	较平坦	1.34
Nd^{3+}:$YALO_3$	800～820	810	1.34

采用波长与激光工作物质吸收波长相匹配的激光作激励光源无疑将大大提高激光器效率。例如：Nd^{3+}:YAG 中宽约 30nm 的 810nm 泵浦吸收带含有多条吸收谱线。若用波长为 809nm 的半导体激光二极管输出光泵浦，可以准确地对准此吸收带中带宽约 2nm 的 809nm 吸收谱线。半导体激光二极管激励的固体激光器的总效率可做到 7%～20%，远远高于放电灯激励的固体激光器。近年来，单个半导体激光器功率已超过 1W，半导体激光器阵列功率已达数百瓦。大功

率半导体激光器的出现促使半导体激光器激励的固体激光器迅速发展并获得广泛应用。

6.4 液晶显示材料与器件

显示技术是一种将反映客观外界事物的信息（光学信息、电学信息、声学信息、化学信息等）经过变换处理，以恰当形式（图像、图形、数码、字符等）表现出来，为人类提供视觉感受、分析、表达和处理信息的技术。显示技术中的关键是显示器件。而目前占据主流地位的是液晶显示器。液晶显示的特点与其结构有着密切的关系。

液晶是既具有液体的流动性，又具有晶体的各向异性（如光学各向异性），在一定温度范围内分子呈规则排列的有机化合物。其最早是奥地利植物学家莱尼茨尔（F. Reinitzer）于1888年发现的。他在测定有机物的熔点时，发现某些有机物（胆甾醇的苯甲酸酯和醋酸酯）熔化后又经历一个透明的呈白色浑浊液体状态，并发出多彩而美丽的珍珠光泽。只有继续加热到某一温度才会变成透明清亮的液体？这是人们对液晶认识的开始。次年，德国物理学家莱曼（O. Lehmann）使用附有加热装置的偏光显微镜对这些酯类化合物进行了观察，发现这些白而浑浊的液体外观上虽然属于液体？但却显示出各相异性晶体特有的双折射性。于是莱曼将其命名为"液态晶体"。1968年美国的Heilmeier发现其双折射的电光效应可以用于制作显示装置，即现在的液晶显示器LCD。20世纪90年代，液晶显示开始在笔记本电脑上广泛使用。

液晶显示材料最常见的用途是电子仪器仪表和计算机的显示面板。这种液态光电显示材料，利用液晶的电光效应把电信号转换成字符、图像等可见信号。液晶在正常情况下，其分子排列很有秩序，显得清澈透明，一旦加上直流电场后，分子的排列被打乱，一部分液晶变得不透明，颜色加深，因而能显示数字和图像。液晶的电光效应是指它的干涉、散射、衍射、旋光、吸收等受电场调制的光学现象。根据液晶会变色的特点，人们利用它来指示温度、报警毒气等。

液晶显示材料具有明显的优点：驱动电压低、功耗微小、可靠性高、显示信息量大、彩色显示、无闪烁、对人体无危害、生产过程自动化、成本低廉、可以制成各种规格和类型的液晶显示器，便于携带等。由于这些优点，用液晶材料制成的计算机终端和电视可以大幅度减小体积。液晶显示技术对显示显像产品结构产生了深刻影响，促进了微电子技术和光电信息技术的发展。

6.4.1 液晶材料的物理性质

液晶因其特殊的物理、化学、光学特性，目前被广泛应用在轻薄型的显示技术上。液晶相要具有特殊形状分子组合才会产生，它们既具有液体的流动性，又具有晶体的各向异性（如光学各向异性、介电各向异性、介磁各向异性等）。液晶的组成物质是一种有机化合物，也就是以碳为中心所构成的化合物。同时具有两种物质的液晶，是以分子间力量组合的，它们的特殊光学性质，又对电磁场敏感，极有实用价值。

液晶可定义为各向同性液体与完全有序晶体之间的一种中间态，既有液体的流动性，又有晶体的各向异性特征，是一种取向有序的流体。液晶是杆型分子、盘型分子等不具有球对称性的分子组成的部分有序物质。它不同于分子排列完全混乱的各向同性液体，也有别于分子排列完全有序的晶体。这种介于晶体与液体之间的分子排列以及分子本身的特殊形状与性质，导致了液晶呈现出液体与晶体的特性，甚至更加复杂的特性。一方面，液晶具有流体的流动特性；另一方面，液晶又呈现出晶体的空间各向异性，包括介电特性、磁极化、光折射率等的空间各向异性。液晶分子的部分有序排列还使得液晶具有类似晶体的，能承受扰乱这种秩序的切变应力。也就是说,液晶具有切变弹性模量。在实际应用中,液晶的流动性、介电与光学性能的各向异性以及液晶的弹性,都是很重要的,它们可控制液晶显示的参数。下面先对液晶的介电特性、光学性能、液晶的黏度等做一简单的介绍,然后再说明这些特性对于实际显示器件性能的影响。液晶材料有许多技术参数,包括光电参数与物性参数,主要有介电各向异性 $\Delta \varepsilon$、双折射率 Δn、体积黏度 η、弹性常数 K、相变温度 T_m, T_e 和液晶电阻率 ρ 等。

1. 液晶的介电各向异性

液晶介电各向异性(Dielectric Anisotropy)是决定液晶分子在电场中行为的主要参数,从分子极化度(α)分子中所含偶极矩以及它和分子长轴之间的夹角和方向的关系,可以导出对各向同性液体推广应用于各向异性的液晶物质的介电性质公式如下

$$\varepsilon_1 = 1 + 4\pi NhF\left\{\bar{\alpha} + \frac{2}{3}\Delta\alpha \cdot s + F\frac{\mu^2}{3kT}[1-(1-3\cos^2\beta) \cdot s]\right\} \quad (6.4.1)$$

$$\varepsilon_2 = 1 + 4\pi NhF\left\{\bar{\alpha} - \frac{1}{3}\Delta\alpha \cdot s + F\frac{\mu^2}{3kT}[1-\frac{1}{2}(1-3\cos^2\beta) \cdot s]\right\} \quad (6.4.2)$$

$$\Delta\varepsilon = \varepsilon_1 - \varepsilon_2 = 4\pi NhF\left\{\Delta\alpha - F\frac{\mu^2}{3kT}[(1-3\cos^2\beta) \cdot s]\right\} \cdot s \quad (6.4.3)$$

式中,ε_1 为平行于分子轴方向上的介电常量;ε_2 为垂直于分子轴方向上的介电常量;$\Delta\varepsilon$ 为介电各向异性参数;μ 为永久偶极矩;s 为有序参数;k 为波尔兹曼常量;T 为热力学温度(K);h,F 为惰性场因子;β 为永久偶极矩和分子长轴之间的夹角;N 为单位体积中的分子数(mol/cm³);$\bar{\alpha} = (\alpha_1 + 2\alpha_2)/3$,$\alpha_1$ 和 α_2 分别为沿分子轴和垂直分子轴向的极化度;$\Delta\alpha$ 为极化各向异性,$\Delta\alpha = \alpha_1 - \alpha_2$。

一般来说,当液晶分子结构中不含永久偶极矩时,那么在一定温度下,液晶介电各向异性主要决定于分子的极化率,其数值通常是比较小的,该类液晶的 ε_1、ε_2 和 $\Delta\varepsilon$ 值都比较小。沿分子轴向含有强偶极矩的液晶分子,具有比较大的介电各向异性。当液晶分子含有两个以上偶极矩时,其 $\Delta\varepsilon$ 决定子分子永久偶极矩的矢量和同向时,$\Delta\varepsilon$ 值增大,反向时,$\Delta\varepsilon$ 值减小。

液晶分子中偶极矩和分子长轴夹角 β 值的大小是决定液晶分子呈现正介电各向异性,还是负介电各向异性的关键数值。在垂直于分子轴向上引进强极性基团和分子轴形成约 60°的夹角,平行于分子轴的偶极矩对 $\Delta\varepsilon$ 的贡献几乎互相抵消,所以 $\Delta\varepsilon$ 较小。

在向列相液晶分子中,通常都含有容易极化变形的苯环,所以沿分子轴向的极化度大于垂直方向的极化度,因此 $\varepsilon_1 > \varepsilon_2$ 和 $\Delta\varepsilon > 0$。对于某些系列的液晶,其中 $\Delta\varepsilon > 0$,而且数值比较小,ε_1、ε_2 都随末端烷基或烷氧基链的增长而降低,随碳原子数增加,$\Delta\varepsilon$ 表现出交替升降的规律,即奇偶效应。

苯环含有共轭 π 电子体系,在外电场作用下,极易变形,若在分子结构中,用环己烷代替苯环,π 电子体系减少,极化度变弱,从而使 $\Delta\varepsilon$ 变小。

液晶分子在电场中的取向行为取决于液晶材料的介电各向异性值,当 $\Delta\varepsilon$ 为正值时,液晶分子沿电场方向取向;当 $\Delta\varepsilon$ 为负值时,液晶分子在电场中垂直于电场取向。所以,不同的显示途径,可选用不同的液晶材料。另一方面,介电常量与液晶显示的工作频率密切相关。

某些液晶混合物的介电各向异性参数 $\Delta\varepsilon$ 和各组成成分物质的介电各向异性参数 $\Delta\varepsilon_i$ 之间存在着线性相加的关系,即

$$\Delta\varepsilon = \sum_{i=1}^{n} x_i \Delta\varepsilon_i \quad (6.4.4)$$

式中,x_i 为混合物中各成分的摩尔分数;$\Delta\varepsilon_i$ 为混合物中第 i 种组分的介电各向异性参数值。

这个关系为调节液晶混合物的介电各向异性参数 $\Delta\varepsilon$ 值提供了计算基础。再应看到,影响液晶的介电各向异性参数的因素很多,比如说:中心基团和两侧芳环共轭的程度,以及构型差异等因素都会使液晶的介电各向异性有所不同。

2. 液晶的电导各向异性

一般致热液晶具有非离子的结构,所以它的电导率总是很低的($\sigma<10^{-11}\Omega\cdot cm$)。若分别以 $\sigma_\parallel$ 与 $\sigma_\perp$ 来表示平行于分子轴方向的电导率和垂直于分子轴方向的电导率,则液晶电导各向异性可以用 $\sigma_\parallel/\sigma_\perp$ 来描述。在向列相液晶中,$\sigma_\parallel/\sigma_\perp>1$,这反映了在向列相液晶中沿分子轴方向的运动比垂直于分子轴方向的运动要容易得多;而在近晶相液晶中,离子运动在分子层间隙比较容易,所以,$\sigma_\parallel/\sigma_\perp<1$。因此可以从液晶电导各向异性的变化分析液晶状态所经历的变化。

对于混合液晶体系,随着组成变化可发生一系列相态变化,通过测定混合物液晶的电导各向异性的变化,可确定所形成的诱导近晶相。当 $\sigma_\parallel/\sigma_\perp$ 的值从大于1变为小于1,也即从正电导各向异性转变为负电导各向异性,从而证实一定组成内,有近晶相产生。电导各向异性随温度的增加而迅速降低,至清亮点降为零,电导各向异性消失。

3. 液晶的黏度

向列相液晶的黏度(Viscosity)是相当复杂的,存在着各种不同的黏度。通常只用体积黏度描述。向列相液晶的黏度与活化能、温度的关系式为

$$\eta=\eta_0\exp(-E/kT) \tag{6.4.5}$$

式中,η_0 为比例常数;E 为活化能;T 为热力学温度;k 波尔兹曼常量。

液晶材料的黏滞系数不但随温度降低而增加,也与活化能相关。在相同温度下,低活化能的液晶材料具有低的黏滞系数;并且黏滞系数随温度的变化也小。从结构上来看,液晶分子的中心桥键、末端取代基的极性、极化度、分子中 π 电子体系,都明显地影响液晶的黏滞系数。随着端基碳链增长,分子间相互缠结程度和作用增加,导致黏滞系数增加,随着液晶分子中心基因性质的不同,黏滞系数有着明显的差异。

黏滞系数对液晶的应用有着很大的影响。向列相液晶的最大缺点是响应加速度不够快。响应时间与液晶的黏滞系数有直接的关系,黏度小,响应快。黏滞系数取决于分子的活化能、惯性动量、温度及分子间的吸引力。一般说来,分子长、胖及重的黏度就大。由于温度对分子运动速度影响很大,因而温度对黏度影响最大。通常,温度每增加 10℃,黏度就降低一半。

4. 液晶的光电效应

液晶的光电效应是指液晶在外电场作用下的分子的排列状态发生变化,从而引起液晶的光学性质也随之变化的一种光调制现象。因为液晶具有介电各向异性和电导各向异性,因此外加电场能使液晶分子排列发生变化、进行光调制,同时由于双折射性,可以显示出旋光性、光干涉和光散射等特殊的光学性质。液晶显示器件就是利用液晶的这一特性设计的。

(1)电场中液晶分子的取向。

液晶分子长轴排列平均取向的单位矢量 n 称为指向矢量,设 $\varepsilon_\parallel$ 和 $\varepsilon_\perp$ 分别为当电场与指向矢量平行和垂直时测得的液晶介电常量。定义介电各向异性 $\Delta\varepsilon$

$$\Delta\varepsilon=\varepsilon_\parallel-\varepsilon_\perp \tag{6.4.6}$$

将 $\Delta\varepsilon>0$ 的液晶称为 P 型液晶,它具有正的介电各向异性;$\Delta\varepsilon<0$ 的液晶称为 N 型液晶,它

具有负的介电各向异性。在外电场作用下,P型液晶分子长轴方向平行于外电场方向,N型液晶分子长轴方向垂直于外电场方向。目前的液晶显示器件主要使用P型液晶。

(2) 线偏振光在向列液晶中的传播。

沿着P型向列液晶长轴方向振动的光波有一个最大的折射率$n_{//}$,而对于垂直这个方向振动的光波有一个最小的折射率$n_\perp$。按照晶体光学理论,这种液晶为单轴的,分子的长轴方向就是光轴,寻常光折射率$n_o=n_\perp$,非寻常光折射率$n_e=n_{//}$,其折射率的各向异性Δn为

$$\Delta n = n_{//} - n_\perp = n_e - n_o \quad (6.4.7)$$

显示用的向列液晶一般呈正单轴晶体光学性质,它可以使入射光的偏振状态和方向发生改变。如图6.9所示,在$0 \leqslant z \leqslant z_0$的区域内,液晶沿着指向矢量$\boldsymbol{n}$的方向排列,偏振光振动方向与$\boldsymbol{n}$成$\theta$角,入射光在$z$、$y$方向上电矢量强度可用下式表示

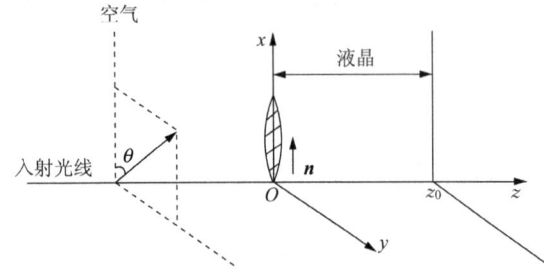

图6.9 线偏振光在向列液晶中的传播

$$E_x = E_0\cos\theta\cos(\omega t - k_{//}z) = a\cos(\omega t - k_{//}z) \quad (6.4.8)$$

$$\gamma = \frac{V_{sat}}{V_{th}} E_y = E_0\sin\theta\cos(\omega t - k_\perp z) = b\cos(\omega t - k_\perp z) \quad (6.4.9)$$

两光场位相差记为δ

$$\delta = \frac{\omega z}{c}(n_{//} - n_\perp) \quad (6.4.10)$$

则合成光场矢端方程为

$$\left(\frac{E_x}{a}\right)^2 + \left(\frac{E_y}{b}\right)^2 - 2E_xE_y\frac{\cos\delta}{ab} = \sin^2\delta \quad (6.4.11)$$

当$\theta=0$(或$\pi/2$时),$E_y=0$(或$E_x=0$),即偏振光的振动方向和状态没有改变,仍以线偏振光和原方向前进。

当$\theta=\pi/4$时,则上式变为

$$E_x^2 + E_y^2 - 2E_xE_y\cos\delta = \frac{E_0^2}{2}\sin^2\delta \quad (6.4.12)$$

随着光线沿z方向前进,偏振光相继成为椭圆、圆和线偏振光。同时改变了线偏振光的方向。

(3) 线偏振光在扭曲向列相液晶中的传播。

如图6.10所示,把液晶盒的两个内表面沿面排列处理,并使盒表面上的向列相液晶分子的方向互相垂直,液晶分子在两片玻璃之间呈90°扭曲,即构成扭曲向列液晶,光波波长$\lambda < P$(螺距)。当线偏振光垂直入射时,若偏振方向与上表面分子取向相同,则线偏振光偏振方向将随着分子轴旋转,并以平行于出口处分子轴的偏振方向射出;若入射偏振光的偏振方向与上表面分子取向垂直,则以垂直于出口处分子轴的偏振方向射出;当以其他方向的

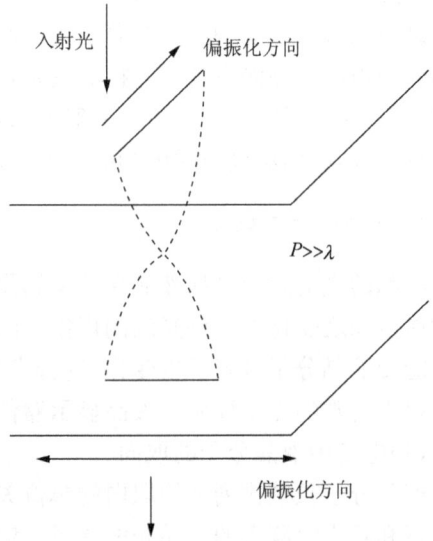

图6.10 线偏振光在扭曲向列液晶中的传播

线偏振光入射时，则根据平行分量和垂直分量的值相差 δ 的值，以椭圆、圆或直线等某种偏振光形式射出。

6.4.2 液晶的分类及结构特点

1. 液晶的分类

按分子量大小，液晶可分为低分子液晶与高分子液晶。一般将原子数目小于 1000 的液晶分子划入低分子液晶，大于 1000 的液晶分子归入高分子液晶。低分子液晶主要用于液晶显示；高分子液晶可应用于高强度高模量材料、分子增强复合材料、光学记录、储存和显示材料以及光导材料等。

按形成条件和组成，液晶可以分为两大类：热致液晶和溶致液晶。

热致液晶一般用于显示。热致液晶相变是由温度引起的，并且在一定温度范围内存在，一般是单一组分或均匀混合物。在化合物熔点以上的温度下稳定存在的热致液晶称为互变液晶。只在熔点以下的温度范围内稳定存在，且只能随着温度降低才能得到的液晶态，称为单变液晶。

溶致液晶是由浓度引起的，在一定浓度范围内存在，一般是由符合一定结构要求的化合物与溶剂组成的混合物。最常见的溶致液晶是由水和双亲分子所组成。所谓双亲性分子指分子结构中既含有亲水的极性基团，也含有不溶于水的非极性基团。溶致液晶在生物化学和生物物理学、仿生学等领域十分引人注目。可以说，多数生物体组织，例如脑、神经、肌肉、血液等与生命现象关系密切的主要组织，就是由溶致液晶结构构成的。

从分子排列有序性来分，液晶可分为向列相(Nematic)、近晶相(Smectic)、胆甾相(Cholesteric)。

从液晶分子的几何形状来分，液晶可分为棒状分子、碟状分子、条状分子等。

2. 液晶的结构特点

液晶的相结构是由分子排列、分子构型和分子间相互作用来描述的，从化学观点来看，完全不同类型的分子可以形成相似的相结构，液晶的相结构通常分以下几种：

(1) 向列相液晶。

向列相液晶(如图 6.11(a))是由棒状分子组成，近似于平行取向，具有一维取向有序，分子排列不分层，并能上下、左右、前后滑动。另外，向列相液晶有序度低，黏度较小。向列相液晶这种近似于平行取向使其产生较高的双折射性，即 $n_\parallel \neq n_\perp$，$n_\parallel$ 和 $n_\perp$ 分别表示平行和垂直于指向矢量 n 方向的折射率。向列相液晶的折射率差 $\Delta n = n_\parallel - n_\perp$，大多数情况下大于零。

(2) 近晶相液晶(S_A)。

近晶相液晶 A 相(如图 6.11(b))是由棒状(条状、碟状)分子组成的，分子可以排列成层，层内分子长轴相互平行，其方向可以垂直于层平面，也可以与层平面成倾斜排列。由于分子排列整齐，其规整性接近晶体，具有二维有序性，分子质心位置在层内无序，可以自由平移，从而具有流动性，但强度较大、分子在层内可以前、后、左、右滑动，但不能在上、下之间移动，因而具有高度的有序性。从而表现出高的有序性和黏度，同时，液晶相经常出现在较低温度区域内。在光学性质方面 S_A 相具有单轴晶体特征，光轴垂直于层平面。

(3) 胆甾相液晶。

胆甾相液晶(如图 6.11(c))分子呈扁平形状，分于排列成层，层内分子类似于向列相排列。分子长轴平行于层平面，不同层的分子长轴方向沿层的法线方向排列成螺旋结构。

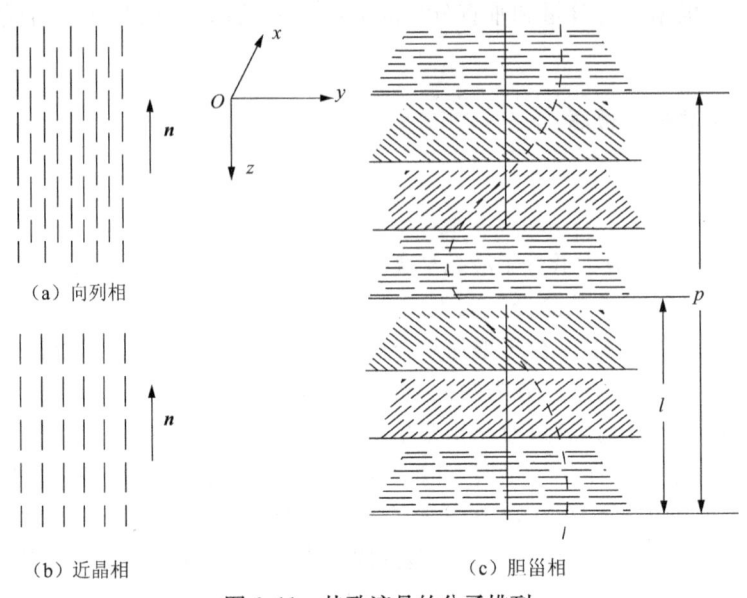

图 6.11 热致液晶的分子排列

因胆甾相液晶层内排列取向类似于向列相液晶,其差别仅仅在于胆甾相液晶层与层间有一旋转角度。因此在胆甾相液晶中加入消旋向列相液晶或非液晶手性化合物,能将胆甾相转变为向列相。将适当比例的左旋、右旋胆甾相混合,在某一温度区间内,由于左右旋的相互抵消变为向列相。电场、磁场也可使其转变为向列相液晶。反之,在向列相液晶中加入旋光性物质,会形成胆甾相。胆甾相液晶的双折射性为负,即 $\Delta n<0$。

3. 形成液晶的条件

一般认为要呈现液晶相,该化合物的分子结构必须满足下述要求:

①液晶分子的几何形状应是各向异性的,分子的长径比(L/D)必须大于 4。

②液晶分子长轴应不易弯曲,要有一定的刚性。因而常在分子的中央部分引进双键或三键,形成共轭体系,以得到刚性的线型结构或使分子保持反式构型,以获得线状结构。

③分子末端含有极性或可极化的基团。通过分子间电性力、色散力的作用,使分子保持取向有序。

分子结构没有满足上述条件之一就不能形成液晶。线性结构、反式结构利于形成液晶,而片状结构、顺式结构、空间位阻不利于形成液晶。对片状分子也有少数的化合物能形成液晶,如:

$$C_2H_5O-\bigcirc-N=N-\bigcirc-OOC-\bigcirc-OCH_3$$
$$\overset{|}{CH=N-\bigcirc\!\!\!\bigcirc}$$

$$C \xrightarrow{160℃} I$$
$$\searrow \quad \nearrow 107$$
$$N$$

分子末端无极性基团(如两端都是—C_nH_{2n+1} 基团)不利于形成液晶。由此,液晶大体上采用如下结构：

$$X-[\bigcirc]_n-M-[\bigcirc]_m-Y \quad n,m=1,2,\cdots$$

或

$$X-\bigcirc-M-[\bigcirc]_n-M'-\bigcirc-Y \quad n=1,2,\cdots$$

M,M′是连接芳环的中心桥键，它和两侧芳香环形成共轭体系（或部分参加共轭体系），X,Y是液晶分子末端基团。中心桥键是形成液晶分子的重要条件，但无中心桥键亦能构成液晶，如联苯液晶。分子末端基团是构成液晶不可缺少的部分，它是柔软易弯曲的基团。苯环亦可用其他脂环、杂环替代，形成各种各样的液晶物质。

6.4.3 常用液晶显示器件

常用的液晶显示器件种类繁多，但一般可以按照表6.6所示的方法进行归类。

表6.6 常用液晶显示器件的分类

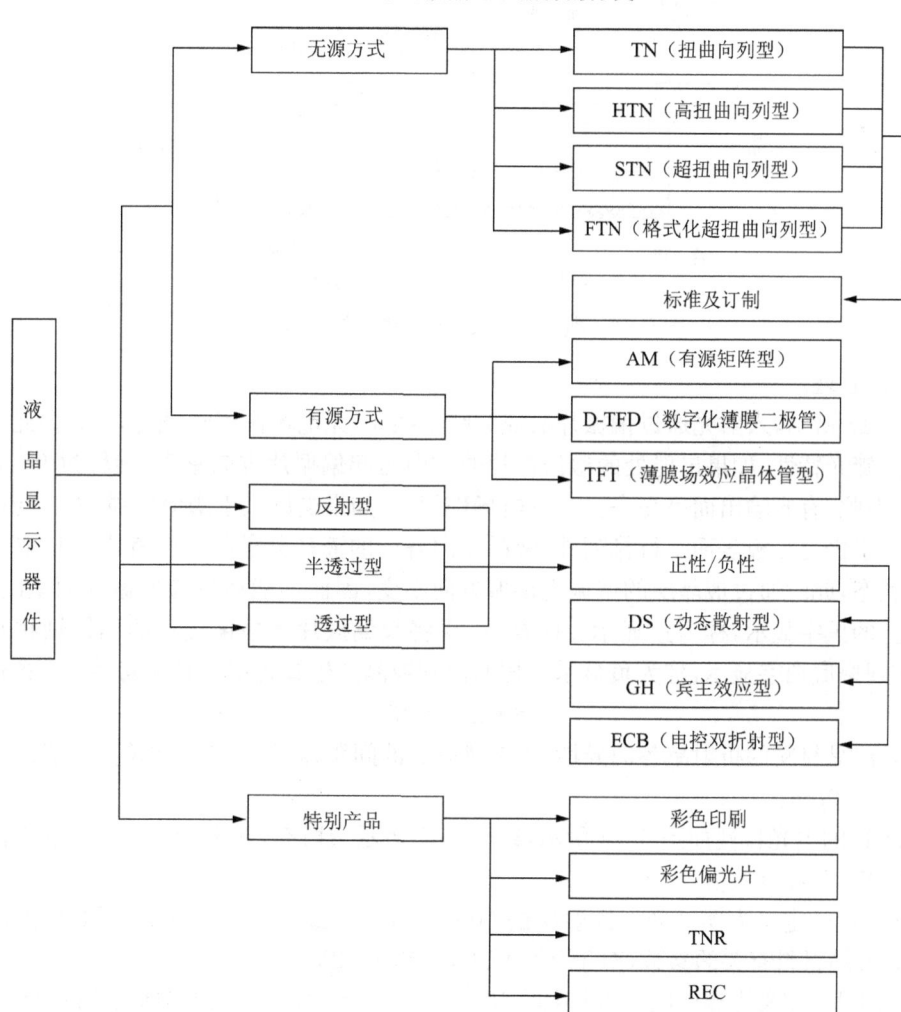

1. 扭曲向列(TN)型液晶显示器件

TN 型液晶显示器件是最常见的一种液晶显示器件。常见的手表、数字仪表、电子钟及大部分计算器所用的液晶显示器件都是 TN 型器件。TN 型液晶显示是液晶显示器件中最基本的，而之后其他种类的液晶显示器件是在 TN 型的基础进行改良的。图 6.12 为 TN 型液晶显示器件的构造。

扭曲向列型液晶盒的基本结构如图 6.12 所示，在两块带有氧化铟锡(ITO)透明导电电极的玻璃基板上涂有称为取向层的聚酰亚胺聚合物薄膜，用摩擦的方法在表面形成方向一致的微细沟槽，在保证两块基板上沟槽方向正交的条件下，将两块基板密封成间隙为几个微米的液晶盒，用真空压注法灌入正性向列液晶并加以密封，由于上下基板上取向槽方向正交，无电场作用时液晶分子从上到下扭曲 90°。在液晶盒玻璃基板外表面粘贴上线偏振片，使起偏振片的偏振轴与该基片上的摩擦方向一致或垂直，并使检偏振片与起偏振片的偏振轴相互正交或平行，就构成了最简单的扭曲向列液晶盒。

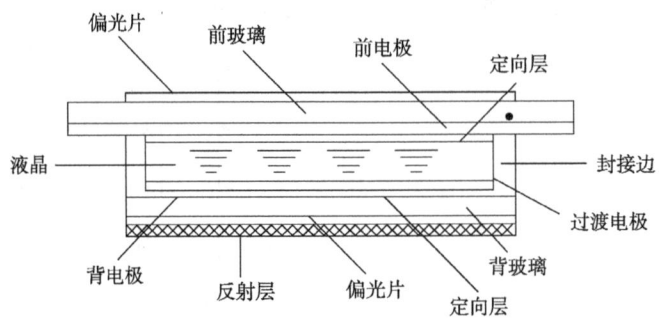

图 6.12 典型 TN 液晶显示器件结构示意图

(1) 工作原理。

如图 6.13 所示，入射光通过偏振片后成为线偏振光，无电场作用时，根据线偏振光在扭曲向列液晶中的旋光特性，如果出射处的检偏振片的方向与起偏振片方向垂直，旋转过 90°的偏振光可以通过，因此，有光输出而呈亮态。在有电场作用时，如果电场大于阈值场强，除了与内表面接触的液晶分子仍是沿板表面平行排列外，液晶盒内各层的液晶分子的长轴都沿电场取向而成垂直排列的状态，此时通过液晶层的偏振光偏振方向不变，因而不能通过检偏振片而呈暗态，即实现了白底上的黑字显示，称为正显示。同样，如果将起偏振片和检偏振片的偏振轴相互平行粘贴，则可实现黑底白字显示，称为负显示。扭曲向列液晶产生旋光特性必须满足以下条件

$$d \cdot \Delta n \geqslant \lambda/2 \tag{6.4.13}$$

式中，Δn 是液晶材料的折射率各向异性；d 是液晶盒的间距；λ 为入射光波长。一般的 TN-LCD 液晶盒取 $d=10\mu m$。

TN-LCD 的电光特性如图 6.14 所示，纵坐标 T 表示透射率，横坐标 V_{rms} 表示加在液晶盒上的电压均方根值，即有效值。

阈值电压 V_{th} 定义为器件最大透射率的 90%(常白型)或 10%(常黑型)所对应的电压有效值，V_{th} 是和液晶材料有关的参数，对于 TN-LCD，大约 1~2V。

饱和电压 V_{sat} 定义为器件最大透射率的 10%(常白型)或 90%(常黑型)所对应的电压有效值。

陡度 γ 定义为

$$\gamma = V_{sat}/V_{th} \tag{6.4.14}$$

由于 $V_{sat} > V_{th}$，所以 γ 是大于 1 的数值，极限值为 1。γ 值决定器件的多路驱动能力和灰度性能。陡度越大，多路驱动能力越强，但灰度性能下降，反之亦然。

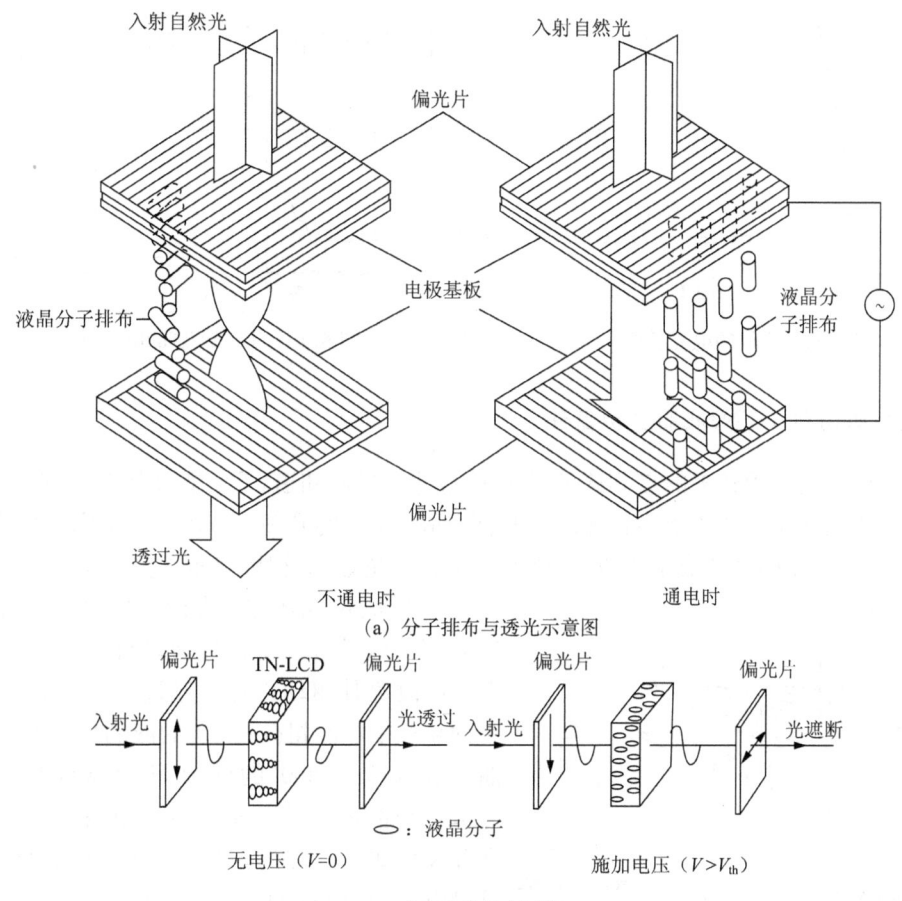

图 6.13 典型 TN 液晶显示器件显示原理

(2) TN-LCD 的电光效应。

扭曲向列液晶显示器件对外加电压有如图 6.15 所示的瞬态响应曲线，液晶的电光响应通常滞后几十毫秒，透光率并不和外电压同时增加，而要经过几个脉冲序列后才开始增加，并在经历一定序列脉冲后，达到最大值。停止施加外电压后，透光率也不是立即下降到零而是经过一定时间才达到较小值。

液晶器件电光效应的瞬态响应特性通常用三个常数表征：延迟时间 τ_d，定义为加上电压后进光率达到最大值 10% 时的时间；上升时间 τ_r，定义为透光率从 10% 增加到 90% 所用的时间；下降时间 τ_f，定义为透光率从 90% 下降到 10% 所用的时间。

三个常数与液晶材料弹性系数、黏滞系数、液晶盒温度和外加电压有关。室温时，TN 型器件的 τ_d 为数毫秒，τ_r 在 10~100ms 之间，τ_f 在 20~200ms 之间。由于液晶材料的黏滞系数随温度上升而减小，因此，上升时间和下降时间随环境湿度上升而减小。目前普通 TN-LCD 的响应时间在 80ms 左右。

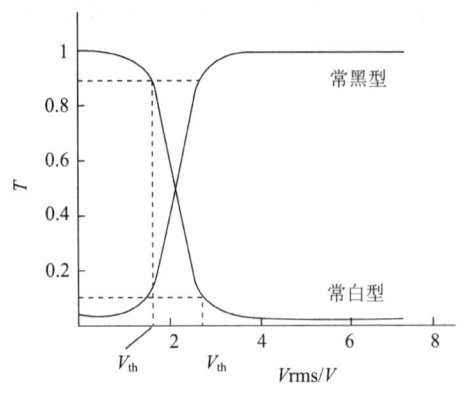

图 6.14 TN-LCD 的电光特性

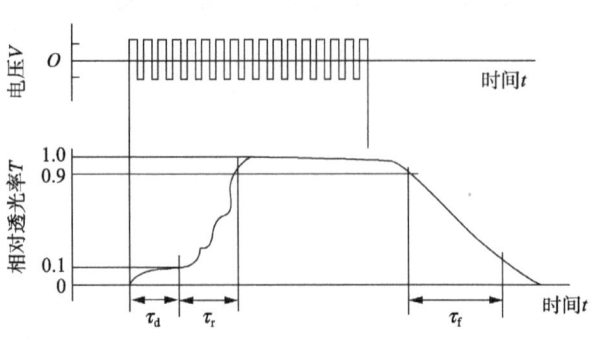

图 6.15 TN-LCD 的响应速度

2. 超扭曲向列(STN)液晶显示器件

这是一种目前应用较多的点阵式液晶显示器件。我们知道，TN 型及其他大部分类型的液晶显示器件的电光响应曲线都不够陡峭，随着驱动电压 V 的升高，电光响应缓慢增加，阈值特性很不明显，这给多路驱动造成了困难，使液晶在大信息量显示、视频显示上受到了限制。

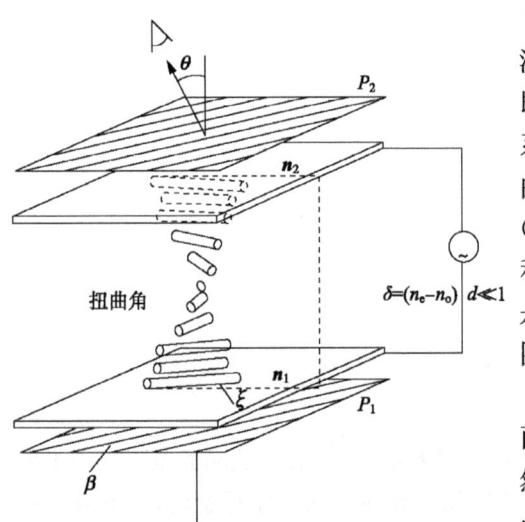

图 6.16 STN 型液晶显示器件原理图

20 世纪 80 年代初，人们发现，传统的扭曲向列液晶(TN)器件，只要将其液晶分子的扭曲角加大，即可以改善其驱动特性。经过努力，陆续开发出一系列超过了 TN 扭曲角 90°的液晶显示器件，这类扭曲角在 180°～360°的液晶显示器件称为超扭曲(STN)液晶显示器。STN 模式的液晶显示器基本和 TN 模式是一样的，只不过盒中液晶分子排列不是沿着 90°扭曲排列，而是 180°～360°扭曲排列，如图 6.16 所示。

向列型液晶夹在两片玻璃中间，这种玻璃的表面上先镀有一层透明而导电的薄膜作为电极之用。然后在有薄膜电极的玻璃上镀表面配向剂，以使液晶分子顺着一个特定且平行于玻璃表面的方向排列，利用电场可使液晶旋转，液晶的折射系数随液晶的方向而改变。STN 型液晶与 TN 型液晶的显示原理相同，只是它将入射光旋转 180°～270°，而不是 90°。而且，单纯的 TN 型液晶显示器本身只有明暗两种变化，而 STN 型液晶则以淡绿色和橘色为主。但如果在传统单色 STN 型液晶显示器中加上一彩色滤光片，并将单色显示矩阵中的每一像素分成三个子像素，分别通过彩色滤光片显示红、绿、蓝三原色，就可以显示出色彩了。

3. 薄膜晶体管(TFT)型液晶显示器件

由于 TN 型和 STN 型液晶的显示原理所限，如果它的显示部分越做越大，那么中心部分的电极反应时间可能就会比较长。但是对于像笔记本电脑这种需要大屏幕液晶显示器的设备来说，液晶反应时间太慢就会严重影响显示效果，因此，TFT 型液晶技术引起了人们的注意。并且,彩屏在手机中应用得越来越多,在新一代产品中很多都支持64万色显示,有的甚至支持1600万色显示,这时TFT型液晶的高对比度,色彩丰富的优势就更显得重要了。

STN型液晶属于反射式液晶显示器件,它的好处是功耗少,但在比较暗的环境中清晰度很差,所以不得不配备外部照明光源。而TFT型液晶采用背透与反射相结合的方式,在液晶的背部设置特殊光管。

TFT型液晶显示技术采用了主动式短阵的方式来驱动。方法是利用薄膜技术所做成的电晶体电极,利用扫描的方法主动地控制任意一个显示点的亮与暗。光源照射时先通过下偏光片向上进出,借助液晶分子传导光线。电极导通时,液晶分子就像TN型液晶的排列状态一样会发生改变,也通过遮光和透光来达到显示的目的。听起来这和TN型液晶的显示原理差不多,但不同的是,由于场效应晶体管具有电容效应,能够保持电位状态,已经透光的液晶分子会一直保持这种状态,直到场效应晶体管(FET)电极下一次再加电改变其排列方式为止。而TN型液晶就没有这个特性,液晶分子一旦没有外加电场,立刻就返回原来的状态;这是TFT型液晶和TN型液晶显示原理的最大不同。

TFT型液晶显示器件为每个像素都设有一个半导体开关,其加工工艺类似于大规模集成电路。由于每个像素都可以通过点脉冲直接控制,因而,每个节点都相对独立,并可以进行连续控制,这样的设计不仅提高了显示屏的反应速度,同时可以精确控制显示灰度,所以TFT型液晶的色彩更逼真。

4. 动态散射(DS)型液晶显示器件

DS-LCD是唯一的电流型液晶显示器件,而且是最早的实用化的液晶显示器件,DS型液晶显示器件也是由两片带透明导电电极图形的玻璃基板构成的一个液晶盒,只不过液晶盒中的液晶材料中掺入了一定比例的离子型有机电解质材料。因此,在不通电的情况下,液晶盒呈透明状,而通过一定频率交流电时,会随着电压的升高,在液晶层内形成一种因离子运动而产生的"威廉畴"。如果电压继续提高,最终会使液晶层内形成紊流和搅动。这种紊流、搅动使液晶层对光产生清冽的光散射作用,我们称这种现象为动态散射。图6.17为DS型液晶显示器件的工作原理示意图。

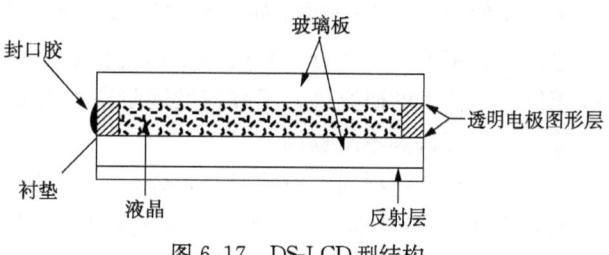

图6.17 DS-LCD型结构

DS型液晶显示器件不用偏振片,但电流较大。使用时,一般在背面铺以黑色衬底,并制作一块黑色反射遮光板。

DS型液晶显示器件的驱动电压由液晶掺杂后的电导率及液晶本身的介电性决定。其阈值电压V_{th}与驱动频率、介电弛豫时间等参数的关系如式(6.4.15)所示。

$$V_{th} = \frac{V_0^2[1+(2\pi f)^2\tau^2]}{g^2-[1+(2\pi f)^2\tau^2]} \tag{6.4.15}$$

式中,f为驱动频率;τ为介电弛豫时间;g为海尔夫利希参数。

DS型液晶显示器件的动态散射效应只有一定频率条件下才会发生。其临界频率f_e为

$$f_e = \frac{(g^2-1)^{\frac{1}{2}}}{2\pi\tau} \tag{6.4.16}$$

5. 宾主(GH)型液晶显示器件

GH 型液晶显示器件是最初引起人们重视并寄予厚望的一种液晶显示器件,但是由于本身的一些缺点,如对比度不高而工作电压偏高,故一直未能得到广泛应用。然而这种显示器件花样繁多,在一些特定条件下有其独特的优点,如可不要偏振片、能够显示多种单彩色等,因而还是有其利用价值的。特别值得注意的是,利用相变式宾主(PCGH)液晶材料研制的反射式显示器件,具有一定的发展前景。

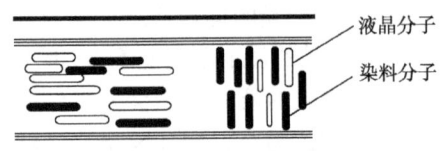

图 6.18 GH 型液晶显示器件原理图

GH 型液晶显示器件原理如图 6.18 所示。其基本原理是在液晶层的液晶材料中掺进一定量的二色性染料。由于二色性染料(如蒽醌类染料)在分子的长轴方向和短轴方向对光的吸收不一样,平时二色性染料混在液晶中,会"宾随主变"的与液晶分子呈同向有序排列,观察者看到的是吸光较多的短轴方向,因而色彩较重。若此时施加一定的电压,液晶分子变为沿电场方向呈垂直排列的状态,此时,观察者看到的是吸光较少的长轴方向,因而色彩很淡,浓淡对比,形成显示。

我们将占主体的液晶材料称为主体材料,将掺入的二色染料称为客体染料,宾主由此得名。GH 型液晶也可以再附加偏振片以提高对比度,它不能进行彩色显示,而且视角也远比 TN 型液晶显示器件大很多,是一种还未开发完善的液晶显示器件。

6.4.4 液晶显示技术的发展趋势

有机发光二极管(OLED)显示器已成为当今超薄、大面积平板显示器件研究的主要方向。1963 年,P. M. Kallmann 首次观察到了有机物的电致发光现象,并制备了简单的器件。1987 年,柯达公司的 W. C. Tang 博士研制成功了两层薄膜的有机小分子 OLED。同年,英国剑桥大学卡文迪许实验室证明了高分子有机聚合物也有电致发光效应,并于 1990 年制备出相应器件。从此 OLED 显示技术的研究进入了高速发展阶段。近年,OLED 器件发光亮度、发光效率、内量子效率等性能指标得到不断提高。

有机和聚合物材料的电致发光,从材料和器件结构方面尽管有许多不同之处,但其基本发光原理是共同的,即由透明电极 ITO(铟锡氧化物)注入空穴,由金属电极(通常为 Mg,Ag)注入电子,空穴和电子通过各自的输运层在发光层相遇并复合发光。由于发光区可以在输运层内,也可以制作独立的发光层,因此有机发光器件除电极层外可以是一层、二层或三层结构。图 6.19 给出了一种典型的 OLED 的结构。

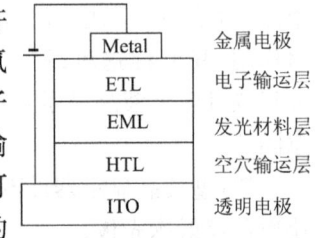

图 6.19 OLED 的基本结构

在 OLED 中,HTL 层、ETL 层所用的典型有机材料的结构如图 6.20 所示。在有机分子中,由于电子迁移率一般比空穴的迁移率低几个数量级,因而会在 EML 层及 ETL 层或是金属电极之间加入一层电子导电空穴阻挡层,如图 6.20(g)和图 6.20(h)。因而电子与空穴的复合就被限制在发光层,从而可以获得电致发光效率。

OLED 显示一般分为无源矩阵 OLED 和有源矩阵 OLED。

• 无源矩阵 OLED 显示器件结构简单,价格低廉,适于低信息量的显示应用,如字符、数字显示器,其有机层夹在两个互相垂直的电极层(阳极和阴极)之间,发光像素按矩阵排列,被扫描

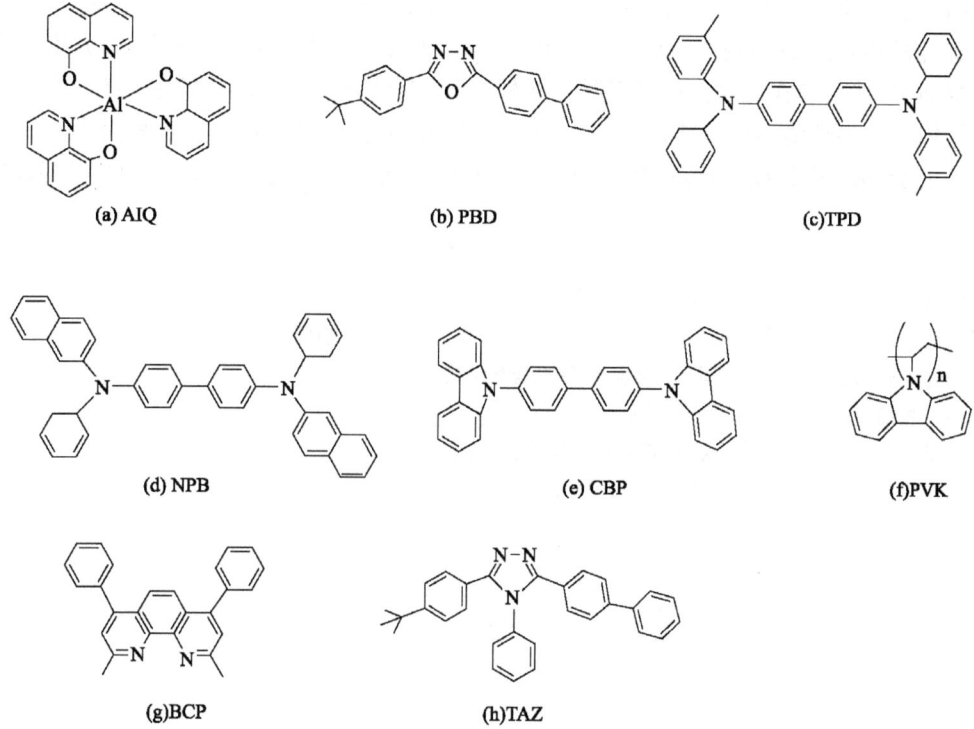

图 6.20 OLED 所用有机分子的结构
(a),(b)为电子输运材料;(c)～(f)为空穴输运材料;(g),(h)为空穴阻挡材料

的像素在相应的行、列驱动电压的驱动下,流过电流而发光。电极与发光层上、下分别由保护层与玻璃基板。

• 有源矩阵 OLED 显示器件有源矩阵 OLED 器件主要用于高分辨率、高信息量的显示器,如视频和图形显示等。其显示面板上增加了一层电子底板,每个像素通过在电子底板上相应的薄膜晶体管和电容器来进行独立寻址,因而当某一像素点发生故障时,只会引起该像素点变黑,而不会像传统的 LCD 显示器件那样,造成该点所在的行变成白色。另外,有源矩阵 OLED 器件采用恒定驱动电流,且多晶硅扫描电路都直接集成到底板上,这样减少了许多昂贵的、高密集的 IC 和与外围设备相接的接口电路。

OLED 在特性、结构和制作工艺上的优点,为用它构成平板显示器奠定了良好的基础,其特点主要表现在如下几个方面:

①工作电压低。OLED 的工作电压通常在十几伏,但通过特殊处理工艺制成 OLED 的工作电压更低。例如,经过对高分子聚合物聚对苯乙炔(PPV)进行化学处理后,用它做 OLED 的发光层,在 2～3V 电压下,能获得绿色和橙黄色发光。

②亮度高。与无机发光材料相比,通常有机材料都具有高效率的荧光。目前已经报道发射红、绿、蓝三基色的 OLED 的亮度均大于 $100cd/m^2$。最近日本的科学家报道利用金属螯化物制成的白色 OLED,在 8V 电压下亮度高达 $10190cd/m^2$,而通常的电视亮度为 $100cd/m^2$。

③全色彩化。由于有机材料具有广泛的可选择性,所以可以利用不同材料的本征发光来获得不同的颜色。同时还可以通过分子工程学设计、掺杂、辐照处理等获得各种颜色的发光,使某些从无机材料中较难获得的颜色(如蓝色)用有机材料很易得到。目前已证实,很多有机物 OLED 都可以发出红、绿、蓝三基色光。

④制作工艺简单。制作 OLED 可以通过简单的真空蒸发和甩膜技术实现。前者较适合于小分子有机材料 OLED 的制作,真空度为 $10^{-3} \sim 10^{-2}$ Pa;而后者主要用于聚合物,方法是将其溶在有机溶剂中,然后滴在衬底上进行甩膜。此外,由于有机分子间有较弱的范德瓦尔斯力,使有机分子晶体对外界环境不很敏感,对生产环境要求的相对降低,从而使生产过程简化,成本下降。

正是由于 OLED 的以上特点,使得用它制作彩色平板显示器成为其最主要的应用领域。

习　题

6.1　光纤的结构包括哪几个部分,各起什么作用?

6.2　对传输光纤有哪些基本要求?色散有哪几种?其影响大小如何?有哪几个低损窗口?

6.3　请简述固体激光器的工作原理,固体激光器的基本结构。

6.4　固体激光器有哪几种类型?其特点是什么?

6.5　什么是液晶?液晶有什么特点?液晶有哪几种类型?

6.6　请简述扭曲向列(TN)型液晶显示器的显示原理。

第7章 电介质材料

7.1 概　　述

由于电介质长期被用作绝缘材料,所以曾经被许多人误解为电介质就是绝缘体,对电介质的研究就是研究绝缘体的介电、损耗、电导和击穿强度这些参数。尽管绝缘性能是电介质材料的重要特性,但电介质还有许多更加重要的性能,如压电效应、热释电效应等。1880年,居里兄弟发现石英晶体在外加压力的作用下可以产生电极化现象,这便是压电效应。具有压电效应的晶体还有相应的逆效应。此外,任何电介质在足够强的电场的作用下,还会出现与电场强度平方成比例的另一种效应,称为电致伸缩效应。

1920年,瓦拉塞克(J. Valasek)发现在外电场的作用下,酒石酸钾钠晶体(即罗息盐)的极化强度随电场强度的变化类似于铁磁体中的磁滞回线,后来把具有这种性质的电介质称为铁电体(Ferroelectrics),相应的性质称为铁电性。1945年又发现钛酸钡晶体具有铁电性。电介质晶体按照以上所讨论的性质及相互之间的关系,可分为介电体、压电体、热释电体和铁电体,它们之间的相互关系如图7.1所示。

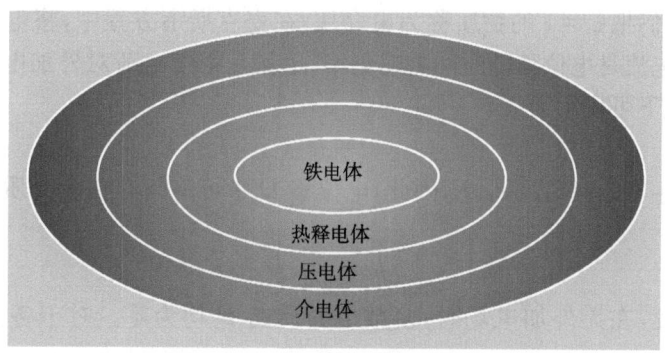

图7.1　电介质晶体的分类及相互关系

铁电晶体的许多非线性光学效应和电光效应在激光技术方面有着重要的用途,应用在光信息处理技术上的功能材料基本上都是电介质材料。铁电材料已得到了广泛运用,从卫星上的红外探测仪和红外成像仪、水声换能器、透明度可自动调节的玻璃,电视、手机等家电中所使用声表面波滤波器、激光倍频和调制器、光信息存储器等;具有压电性和热释电性的极驻体也已广泛运用于微型话筒的制作等。以上效应使得电介质可以将热学、力学、电学信号进行相互转换,因而是一种非常重要的电子信息功能材料。

本章主要介绍电介质晶体的静态极化和动态极化过程、电介质的压电性质、电介质的铁电性质、电介质的光学性质及压电材料在器件中的典型应用。

7.2 电介质在静电场中的极化

7.2.1 电介质的极化现象

极化是电介质在电场作用下所发生的物理过程的一种。导体中含有大量可自由移动的电荷,在外加电场的作用下,这些电荷沿电场力的方向作定向运动,形成传导电流。而在电介质中,原子、分子或离子中的正负电荷却以共价键或离子键的形式被相互强烈束缚着,通常称为束缚电荷。在电场的作用下,这些正负电荷只能在微观尺度上做相对位移而不能做定向移动。由于原子、分子或离子中的正负电荷的相对位移相反,在相距一定距离后,就会产生感应偶极矩。从宏观上来看,电介质会形成感应宏观偶极矩,进而形成了位移电流。如果组成介质的分子是极性的,则其本身就存在固有偶极矩。在无外加电场作用时,分子热运动使得偶极分子排列混乱,因而在各个方向上的分子偶极矩矢量和为零。而在外加电场作用下,偶极分子将沿电场方向偏转定向,这是整个电介质对外感生出宏观偶极矩。这种在外加电场作用下,在电介质内部感生偶极矩的现象称为电介质的极化。

电介质的极化能力的大小可以用介电常量来表示。介电常量表征了电位移 D 与外加电场 E 之间的关系,如下式所示

$$D = \varepsilon_r \varepsilon_0 E \tag{7.2.1}$$

式中,ε_r 为介电常量,ε_0 为真空介电常量。

一般情况下,人们把 $\varepsilon_r \neq 1$ 的物质称为电介质,在麦克斯韦方程中,将电流分为了传导电流和位移电流。位移电流是电位移随时间的变化率,也就是束缚电荷对外加电场的响应。对于传导电流,在线性近似下可表示为

$$j = \sigma E \tag{7.2.2}$$

注意到在真空中有 $\varepsilon_r = 1$,$D = \varepsilon_0 E$,因此,电位移 D 中可将因存在电介质的附加的贡献部分 P 分出来,

$$D = \varepsilon_0 E + P \tag{7.2.3}$$

式中,P 为极化强度,在无外加电场时,多数电介质的 P 均为零。对于各向同性的线性电介质,有

$$P = \chi \varepsilon_0 E \tag{7.2.4}$$

式中,χ 称为极化率,其与介电常量之间的关系如下

$$\varepsilon_r = 1 + \chi \tag{7.2.5}$$

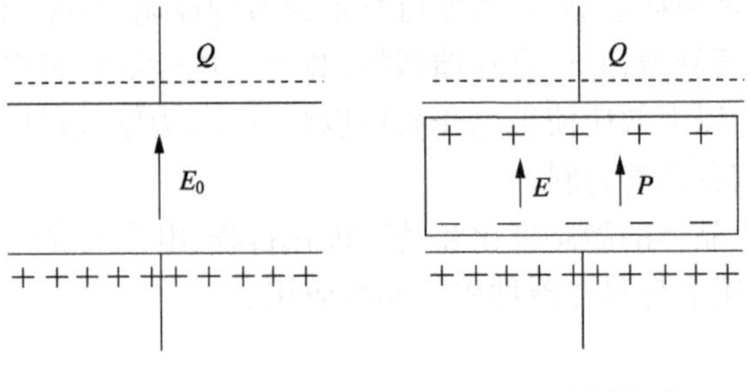

(a) 空气中的极化　　(b) 介质中的极化

图 7.2　电介质的极化

一般而言,电介质各处的正负束缚电荷的分布是宏观均匀的,这才能保证电介质在正常条件下宏观上表现为不带电荷。在外电场作用下,正负束缚电荷朝相反方向均匀地发生相对位移,此时,在电介质内部处处保持为电中性,而在垂直于电场 E 的表面就会出现过剩的电荷,如图 7.2(b)所示。由于在电极化作用下,正负电荷的位移方向相反,故电介质两个相对表面上出现的过剩束缚电荷的极性和各自相邻的电极上的自由电荷的极性相反;并且,束缚电荷的面密度相等。

电介质的种类非常多,从微观角度上看,电介质的结构可以是极性分子或原子、非极性的分子或原子、离子晶体、非均匀介质。但不管实际上发生的是何种极化,其结果都可归结为介质中偶极子的形成。既然是偶极子,就可以用偶极矩 μ 来表征其微观(分子或原子)的极化特性。对于一个微观分子而言,作用在其上的电场,除了有平均宏观电场之外,还要考虑到分子与其周围的其他分子间的相互作用。也就是说,实际作用在分子上的电场,是有效分子电场或称局部电场。一般分子偶极矩 μ 的大小取决于有效电场的大小,可表示为

$$\mu = \chi E_i \tag{7.2.6}$$

式中,χ 的物理含义是每单位电场强度的分子偶极矩。这是描述分子极化特性的一个重要的微观物理量。χ 越大,分子的极化能力越强。一般而言,分子总的极化率是各种极化机制所决定的极化率的总和

$$\chi = \chi_e + \chi_a + \chi_d + \chi_s \tag{7.2.7}$$

式中,χ_e 为电子位移极化率,χ_a 为离子位移极化率,χ_d 为转向极化率,χ_s 为空间电荷极化率。

电介质的宏观极化强度 P 可用单位体积电介质内沿电场方向的电偶极短矢量和来表示

$$P = \frac{\sum \mu_i}{\Delta V} = N\mu \tag{7.2.8}$$

式中,$\sum \mu_i$ 表示小体积元 ΔV 内沿电场方向感应偶极矩之和;N 为单位体积内的分子数。联立式(7.2.4)~式(7.2.6)及式(7.2.8),得到

$$P = \varepsilon_0(\varepsilon - 1)E = N\chi E_i \tag{7.2.9}$$

此式称为克劳修斯方程(Clausius equation)。由克劳修斯方程又可得到

$$\varepsilon = 1 + \frac{N\chi}{\varepsilon_0} \cdot \frac{E_i}{E} \tag{7.2.10}$$

式(7.2.10)具有明确的指导意义,具体分析如下:

在介质的实际应用中,通常希望具有大的介电常量值,要达到提高介电常量的目的,有三种途径。一是要提高 N 值,即提高电介质的密度或选用密度较大的电介质材料;二是要选取由分子极化率大的质粒所组成的电介质;三是要选取介质内部具有大的有效电场的介质材料。金红石(TiO_2)和钙钛矿型离子晶体具有高的介电常量就是因为它们的组成质粒 Ti^{4+} 和 O^{2-} 具有高的极化率。同时其内电场 E_i 较大。

在一般情况下,有效电场 E_i 总是大于平均宏观电场 E 的,其关系可以表示为:$E_i = E + \gamma P$(γ 为分子互作用因子),式(7.2.10)的右端第二项总为正值,因此,电介质的介电常量总是正的,其值大于1。

7.2.2 电介质的极化机制

上面简要介绍了电介质极化的宏观现象、表征电介质极化的宏观参数(介电常量),本小节从微观的角度研究、探讨电介质的极化机制,这将涉及电介质的结构和组成。对于不同结构和组成

的电介质,在电场的作用下表现出的极化形式各不相同,即使是同一介质,在电场的作用下也会同时存在几种不同的极化形式。下面我们对各种不同的极化形式分别进行介绍。

1. 电子位移极化

为了计算电子位移极化率,需要采用一定的模型。事实证明,恰当地采用简化的模型比采用复杂的方法更容易得到清晰的物理概念与可靠的结果。对电子极化来说,可任意选择"具有一个点状核的球状负电壳体"模型或"圆周轨道"模型或别的模型。

(1)球状原子模型。

考察一个由带正电的原子核和绕核运动的 Z 个电子所构成的原子体系。在无外加电场作用时,原子体系中的电子云负电中心和原子核的正电中心重合,因而没有偶极矩,如图 7.3(a)所示。外加电场之后,电子云会相对原子核逆电场方向移动,电子云重心与原子核重心分离而形成感应偶极矩。这种极化称为电子位移极化。

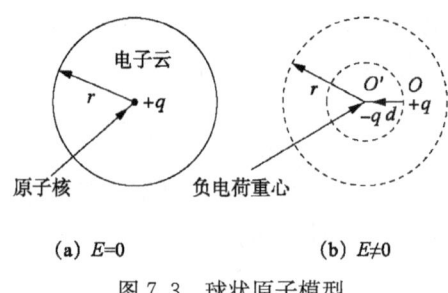

图 7.3 球状原子模型

在这一极化形式中,电场力使电子云重心与原子核分离,而原子核对电子云的库仑引力又有将正负电荷拉拢重合的趋势,当电场力和库仑引力达到平衡时,就形成了偶极矩,如图 7.3(b)所示。由于外加电场的作用而形成的偶极矩称为感应偶极矩。

电子位移极化率的计算可根据上述球状原子模型:在带正电荷的原子核周围,电子云均匀分布在半径为 r 的球内。假设在外加电场的作用下电子云的分布不变,电子云和原子核受到大小相等、方向相反的电场力 ZeE_e 的作用,使得电子云和原子核之间产生相对位移 d。根据高斯定理,电子云和原子核之间的库仑引力相当于以 O' 为中心,d 为半径的小球内的负电荷与以 O 点为中心的正电荷之间的引力。当电场力和库仑引力达到平衡时,有

$$ZeE_e=\frac{1}{4\pi\varepsilon_0}\frac{Ze\cdot Zed^3}{d^2\;r^3} \qquad(7.2.11)$$

根据偶极矩的定义,有

$$\mu=Zed=4\pi\varepsilon_0 r^3 E_e=\chi_e E_e \qquad(7.2.12)$$

所以

$$\chi_e=4\pi\varepsilon_0 r^3 \qquad(7.2.13)$$

只要知道原子半径 r,就能大致估算出该原子的电子位移极化率。原子半径的数量级为 10^{-10}m,电子位移极化率的数量级为 10^{-40}Fm^2,与实验数据没有多大差别。

(2)圆周轨道模型。

采用玻尔原子模型来计算电子位移极化率:一个点电荷 $-q$ 沿着围绕核的圆周轨道运行,在电场作用下,轨道沿电场反方向移动距离 d,如图 7.4 所示。

当电场力与恢复力达到平衡时，有

$$qE = Kd \tag{7.2.14}$$

式中，K 为弹性系数。所产生的感应偶极矩为

$$\mu = qd = \frac{q^2}{K}E \tag{7.2.15}$$

式中，比例系数即为极化率，故

$$\chi_e = \frac{q^2}{K} \tag{7.2.16}$$

只要能根据模型得到 K 值，便可求出极化率 χ。

由图 7.4 圆周轨道模型可知，恢复力的大小等于电子与原子核之间的库仑引力 F_0 在电场强度方向的投影分量，即

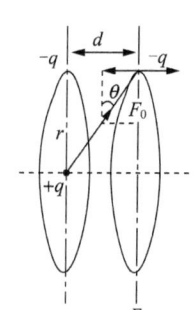

$$F = F_0 \sin\theta = \frac{q^2}{4\pi\varepsilon_0(r^2+d^2)} \cdot \frac{d}{(r^2+d^2)^{1/2}}$$

$$= \frac{q^2 d}{4\pi\varepsilon_0(r^2+d^2)^{3/2}} \tag{7.2.17}$$

式中，r 为圆周轨道半径。当 $d \ll r$ 时，上式变为

$$F = \frac{q^2}{4\pi\varepsilon_0 r^3} d \tag{7.2.18}$$

图 7.4　圆周轨道模型

联立式(7.2.14)和式(7.2.18)，可得

$$K = \frac{q^2}{4\pi\varepsilon_0 r^3} \tag{7.2.19}$$

将式(7.2.19)代入到式(7.2.16)中，得到

$$\chi_e = 4\pi\varepsilon_0 r^3 \tag{7.2.20}$$

由此可见，式(7.2.20)与式(7.2.13)完全一致，也就是说，采用圆周轨道模型与采用球状模型得出的结果完全一致。这是最简单的单原子时的情形。

当我们考察同类原子的一个集合体时，所有原子的电子轨道是随机取向的，电子轨道的平面并不都垂直于电场方向，在这种情形下，同类原子集合体在电场方向的平面感应偶极矩为

$$\langle \mu \rangle = \mu \langle \cos^2\theta \rangle \tag{7.2.21}$$

式中，$\langle \cos^2\theta \rangle$ 为各原子的感应偶极矩相对电场方向取向角余弦平方的平均值。

如果电场强度比较低，原子的电子轨道在空间是连续分布的，则 $\langle \cos^2\theta \rangle = 1/3$，因此式(7.2.21)可改写成

$$\langle \mu \rangle = \frac{1}{3}\mu = \frac{1}{3} 4\pi\varepsilon_0 r^3 E = VE \tag{7.2.22}$$

式中，V 为原子所占体积。因而，电子位移极化率可写成

$$\chi_e = \frac{1}{3} 4\pi\varepsilon_0 r^3 \tag{7.2.23}$$

如果电场强度足够高，使得所有原子的电子轨道平面都垂直于电场方向，则有

$$\langle \cos^2\theta \rangle = 1$$

$$\chi_e = 4\pi\varepsilon_0 r^3 \tag{7.2.24}$$

在恒定电场中，任何电介质都要发生电子位移极化，不管其物质组成如何，并且，电子位移极化与温度无关。温度的改变只影响电介质组成粒子的热运动，对原子或离子的半径影响不大。电子位移极化完成的时间非常短，在 $10^{-5} \sim 10^{-4}$ s 之间。

2. 离子位移极化

在离子晶体中,除存在电子位移极化之外,在电场作用下,还会发生正、负离子沿相反方向位移形成离子位移极化。我们把这种由于正、负离子发生相对位移而形成的极化,称之为离子位移极化。

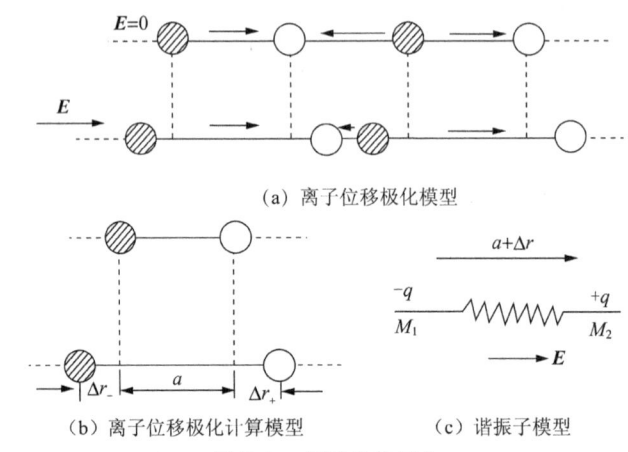

(a) 离子位移极化模型

(b) 离子位移极化计算模型　　(c) 谐振子模型

图 7.5　离子位移极化

如图 7.5(a)所示的是最简单的离子晶体 NaCl 的结构,以及离子在无电场及电场作用下所发生的相对位移情况。没有电场时,正、负离子对所形成的偶极矩相互抵消,极化强度为零;有外加电场时,所有的正离子(Na^+)顺电场方向移动,所有的负离子(Cl^-)则逆电场方向移动。结果正、负离子对形成的偶极矩不再相互抵消,极化强度不为零而呈现宏观电矩。

如图 7.5(b)所示,当位移 Δr 不很大时,可把正、负离子间的回复力看做是准弹性力。当电场力与弹性回复力相等时,正、负离子在新的位置上处于平衡态,此时有

$$qE_i = K\Delta r \tag{7.2.25}$$

式中,$\Delta r = \Delta r_+ + \Delta r_-$。正、负离子位移所形成的偶极矩 μ 为

$$\mu_a = q\Delta r = \chi_a E_i \tag{7.2.26}$$

因此有

$$\chi_a = \frac{q^2}{K} \tag{7.2.27}$$

要确定离子位移极化率 χ_a,只需求出正、负离子间准弹性系数 K,其中求 K 值有两种方法:

(1) 用谐振子模型求 K 值。

根据正、负离子对的固有谐振频率,用实验的方法来求 K 值。设正、负离子的质量分别为 m_1 和 m_2,其固有谐振频率为

$$\omega_0 = 2\pi f_0 = \sqrt{K/m} \tag{7.2.28}$$

式中,m 为离子对的折合质量,有

$$\frac{1}{m} = \frac{1}{m_1} + \frac{1}{m_2} \tag{7.2.29}$$

将式(7.2.29)代入到式(7.2.28),得到正、负离子间准弹性系数 K 的表达式为

$$K = 4\pi^2 f_0^2 \frac{m_1 m_2}{m_1 + m_2} \tag{7.2.30}$$

注意到
$$f_0 = \frac{C}{\lambda}, m_1 = \frac{M_1}{N_0}, m_1 = \frac{M_2}{N_0} \tag{7.2.31}$$

则正、负离子间准弹性系数 K

$$K = \frac{4\pi^2 C^2 M_1 M_2}{\lambda^2 (M_1 + M_2) N_0} \tag{7.2.32}$$

式中，C 为光速；λ 为吸收波波长，由离子对吸收光谱求出；M_1, M_2 分别为正、负离子的原子量；N_0 为阿伏伽德罗常数。将式(7.2.30)代入式(7.2.27)，可方便计算出离子位移极化率

$$\chi_a = \frac{q^2}{K} = \frac{N_0 q^2 \lambda^2 (M_1 + M_2)}{4\pi^2 C^2 M_1 M_2} \tag{7.2.33}$$

(2) 根据离子对相互作用能求 K 值。

假设 $u(r)$ 和 $u(r + \Delta r)$ 分别是正负离子发生位移前后的相互作用能，则有

$$u(r + \Delta r) - u(r) = \int_0^{\Delta r} K \Delta r \mathrm{d}\Delta r = \frac{1}{2} K (\Delta r)^2 \tag{7.2.34}$$

对于一定结构的离子晶体，其 r 和 $u(r)$ 都是常量，于是有

$$K = \frac{\partial^2 u(r + \Delta r)}{\partial (\Delta r)^2} \bigg|_{\Delta r \to 0} \tag{7.2.35}$$

在正负离子组成的系统中，即存在两个异性离子间的库仑引力势能 $-q^2/4\pi\varepsilon_0 r$，也存在正、负离子原子核周围电子云间的排斥能 $b/4\pi\varepsilon_0 r^n$，因此总的相互作用能为

$$u(r) = \frac{-q^2}{4\pi\varepsilon_0 r} + \frac{b}{4\pi\varepsilon_0 r^n} \tag{7.2.36}$$

式中，r 为两离子间的距离；b, n 是由实验确定的晶格参数。

离子间相互作用势能 $u(r)$ 随距离 r 的变化曲线如图 7.6 所示。当 $r = a$ 时，离子处于平衡状态，势能 $u(r)$ 具有最小值，即

$$\frac{\partial u(r)}{\partial r} \bigg|_{r=a} = 0 \tag{7.2.37}$$

由此可得

$$b = \frac{a^{n-1} q^2}{n} \tag{7.2.38}$$

将 b 代入式(7.2.36)，有

$$u(r) = \frac{-q^2}{4\pi\varepsilon_0 r} + \frac{q^2 a^{n-1}}{4\pi\varepsilon_0 n r^n} \tag{7.2.39}$$

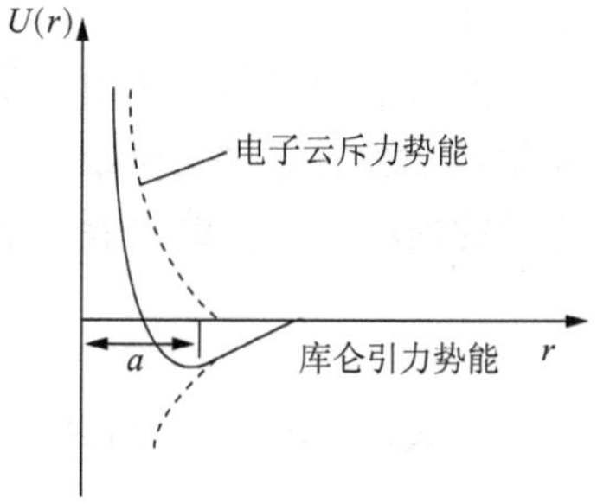

图 7.6 离子间相互作用势能

将式(7.2.39)代入式(7.2.35)，求得 K 为

$$K = \frac{(n-1) q^2}{4\pi\varepsilon_0 a^3} \tag{7.2.40}$$

于是离子极化率为

$$\chi_a = \frac{q^2}{K} = \frac{4\pi\varepsilon_0 a^3}{n-1} \tag{7.2.41}$$

由第 2 章可知，离子晶体内部离子处于密堆积状态，此时可近似认为正负离子间距离（晶格常数）a 等于正负离子半径之和，因此，上式可写成

$$\chi_a = \frac{q^2}{K} = \frac{4\pi\varepsilon_0 (r_+ + r_-)^3}{n-1} \tag{7.2.42}$$

以上是对一维情况下的两个异性离子组成的离子位移极化率的推导。三维晶体的离子位移

极化率的推导过程和方法与一维情况相同。有区别的是,在三维情形下,必须考虑晶体的结构,离子周围其他所有离子对其的作用。对于 NaCl 晶体,其离子位移极化率为

$$\chi_a = 4\pi\varepsilon_0 \frac{a^3}{0.58(n-1)} \quad (7.2.43)$$

式(7.2.43)与式(7.2.41)相近似,只是系数稍有区别。这是由于 NaCl 晶体中其他离子的影响。离子半径大约为 10^{-10} m,故离子位移极化率与电子位移极化率有相同的数量级,约为 10^{-40} Fm²。

离子位移极化只存在于离子键构成的电介质中,由于离子间距随温度变化不大,故离子位移极化率随温度升高会增加,但变化不大。离子位移极化建立所需的时间与离子晶格振动的周期具有相同的数量级,为 $10^{-13} \sim 10^{-12}$ s,比电子位移极化的速度慢 2~3 个数量级,但同电子位移极化一样,极化速度很快,在极化过程中没有能量的损耗。

3. 偶极子转向极化

极性电介质是由具有固有偶极矩的极性分子组成的。在无外电场作用条件下,由于热运动的影响,极性分子在各个方向的分布几率是相等的,整个电介质的宏观偶极矩为零。

在电场作用下,电介质发生极化,对极化的贡献除电子位移极化外,最主要的则是极性分子转向极化的贡献。当极性分子受到外电场作用时,每个偶极子都会发生转动,这样极性分子都会有沿电场方向排列的趋势。因为当偶极矩与外施电场方向相同时,偶极子的势能最小,其结果是从电介质整体来看,偶极矩不再等于零而出现沿外电场方向的宏观偶极矩,这样的极化现象就称为偶极转向极化。

热运动总是使偶极子的排布趋向混乱,阻碍偶极子转向而沿电场方向排列,因此偶极转向极化是一种与热运动有关的极化形式。只有在电场强度不断增强的条件下,偶极子沿电场方向的排列才会趋于整齐。

偶极子的转向极化由于受到电场力的作用,分子热运动会阻碍分子间的相互作用,因而这种极化建立所需的时间比较长,约为 $10^{-6} \sim 10^{-2}$ s 或更长,属于慢极化形式,极化过程中伴随着有能量的损耗。下面给出偶极子的转向极化率的表达式

$$\chi_a = \frac{\mu_0^2}{3kT} \quad (7.2.44)$$

由式(7.2.44)可见,转向极化率与温度有关,且与绝对温度 T 成反比。

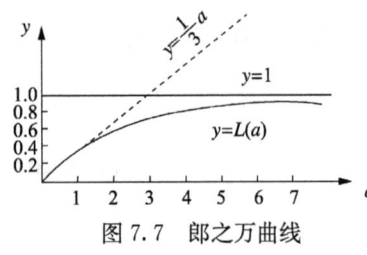

图 7.7 郎之万曲线

郎之万函数曲线如图 7.7 所示,当 $a \to \infty$,即 $\mu_0 E_i \gg kT$,$L(a) \to 1$,离子转向极化达到饱和,此时,所有偶极子均沿电场方向排列。一般来说,这种现象出现在分子电场很强的情况下。在饱和状态下,即使增大电场强度,由于极性分子已全部沿电场方向定向,因此偶极矩在电场方向保持为一常数,而不会有多大改变。这一结果表明:电场的定向作用远远超过分子热运动的无序化作用。

大量实验表明,在电场的作用下,具有偶极矩转向极化的介质,并不局限于极性气体和液体中,它也存在于不少的固体介质中(如有机介质、无机介质)。

4. 离子松弛极化

离子极化是介质中存在的某些联系较弱的带电质点(电子、离子和偶极子等),由于热运动的

存在而使这些松弛质点电矩分布混乱,而电场力的作用使这些质点按电场规律分布,在一定温度下,由于电场力的作用,电介质发生极化。由于质点需要克服一定的势垒才能移动,因而这种极化建立的时间较长(可达 $10^{-9}\sim10^{-2}$ s),并且需要吸收一定的能量,这种极化是一种不可逆的过程。并且,当外加电场频率较高时,极化方向的改变往往滞后于外电场的变化,因而这种极化形式称为离子松弛极化。

离子松弛极化是除偶极转向以外的又一种与热运动有关的极化形式,但是两者的极化机理是根本不同的。转向极化由介质中存在的极性分子或极性基团在电场作用下发生向电场方向的旋转而引起,而热离子极化则是介质中存在的某些联系较弱的离子,在电场的作用下发生沿电场方向的跃迁运动引起的。因此,离子极化只能在由离子组成的或含有离子杂质的介质中出现。在离子键结构的电介质中,处于晶格节点上的正负离子,离子之间的相互作用力很强,离子被牢固地束缚在晶格节点上,因而能量最低,最稳定。在电场的作用下,只会发生电子位移极化和离子位移极化,但当电介质中含有杂质或存在缺陷时,这些杂质原子或处于缺陷位置附近的离子相应的能量状态比较高,就变得不够稳定,容易被激活。

这些离子在晶体中受到相当高的势垒的限制,只能在缺陷区域附近振动。缺陷区域的势垒(即离子的激活能)远小于正常节点区的势垒,有 $U<U'$,如图 7.8 所示。

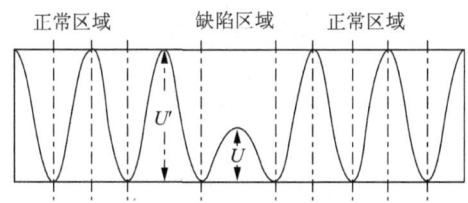

图 7.8　有缺陷存在时的离子体系势垒图

缺陷区域离子所具有的势垒高度和位置取决于缺陷的性质和数量。在电场力的作用下,这些离子的运动是有限的,与离子位移极化相比,其运动的距离要大很多,已经超出了离子的间距。

假设缺陷区域离子的势垒高度为 U,在该区域内,离子的势能在位置 A 和 B 处具有极小点,A 与 B 点之间的距离为 δ,如图 7.9 所示。显然,只有那些热运动能量(kT)大于或等于势垒 U 的离子,才有可能从平衡位置 A 越过势垒跃迁到平衡位置 B,或者相反。

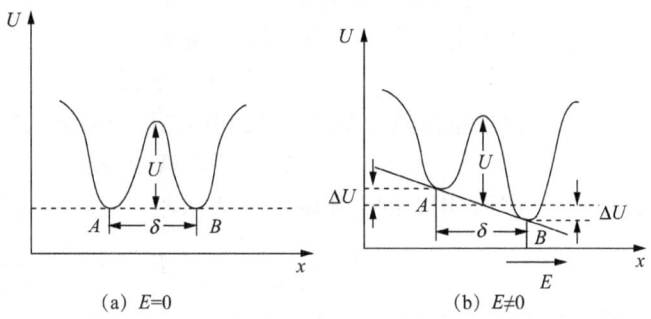

图 7.9　缺陷势垒分布

在某一时刻,位置 A 上的离子数减少 ΔN,则位置 B 上的离子数增加 ΔN。单位时间、单位体积内沿电场方向,由位置 A 向位置 B 跃迁的过剩离子数 ΔN 为

$$\Delta N=\frac{N}{6}\cdot\frac{\mathrm{e}^{\Delta U/kT}-\mathrm{e}^{-\Delta U/kT}}{\mathrm{e}^{\Delta U/kT}+\mathrm{e}^{-\Delta U/kT}}(1+\mathrm{e}^{-t/\tau}) \qquad(7.2.45)$$

式中,N 为单位体积中弱离子数;τ 为松弛时间,表示离子松弛极化建立的快慢。

离子的跃迁改变了晶体内部电荷的分布,也就意味着在电场方向上电偶极矩的变化,因此单位体积中电矩为

$$P=\Delta Nq\delta=\frac{Nq\delta}{6}\cdot\frac{\mathrm{e}^{\Delta U/kT}-\mathrm{e}^{-\Delta U/kT}}{\mathrm{e}^{\Delta U/kT}+\mathrm{e}^{-\Delta U/kT}}(1+\mathrm{e}^{-t/\tau}) \tag{7.2.46}$$

当外电场较弱时,$\Delta U \ll kT$,则有 $\mathrm{e}^{\pm\Delta U/kT}\approx 1\pm\Delta U/kT$,此时

$$\Delta N=\frac{N\Delta U}{6kT}(1+\mathrm{e}^{-t/\tau})=\frac{Nq\delta}{12kT}E(1+\mathrm{e}^{-t/\tau}) \tag{7.2.47}$$

$$P=\Delta Nq\delta=\frac{Nq^2\delta^2}{12kT}E(1+\mathrm{e}^{-t/\tau}) \tag{7.2.48}$$

$$\tau=\frac{1}{2\nu}\mathrm{e}^{U/kT} \tag{7.2.49}$$

由上式可知,松弛极化的建立需要一定的时间。才加上电场时,ΔN 和 P 均为零。加上电场之后,电介质中联系较弱的离子沿电场方向过剩跃迁,形成电偶极矩。松弛极化强度 P 按指数规律增加。对于固体电介质而言,势垒越低,则松弛时间就越短,极化建立的速度越快。当时间趋于无穷大时,极化才达到稳定,此时

$$\Delta N=\frac{Nq\delta}{12kT}E \tag{7.2.50}$$

$$P=\frac{Nq^2\delta^2}{12kT}E \tag{7.2.51}$$

$$\chi_d=\frac{Nq^2\delta^2}{12kT} \tag{7.2.52}$$

5. 空间电荷极化

空间电荷极化是不均匀电介质或者复合电介质在电场作用下的一种主要的极化形式。电介质中的自由载流子(正、负离子或电子)可以在缺陷及不同介质的界面上积累,使电介质中的电荷分布不均匀,产生宏观电矩。这种极化叫做空间电荷极化。以下用双层电介质为例进行分析。

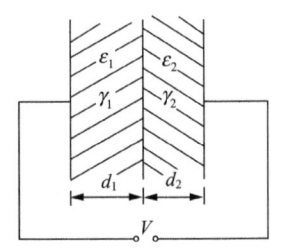

图 7.10 双层电介质电容器

设在均匀电场中有双层介质,如图 7.10 所示。第一层和第二层的厚度、介电常量和电导率分别为 d_1、ε_1 和 σ_1,d_2、ε_2 和 σ_2。双层介质的界面上电位移 D 必须连续,因而有

$$\varepsilon_1 E_1=\varepsilon_2 E_2 \tag{7.2.53}$$

总的电压降为 V,第一层和第二层介质上的电压分别为

$$V_1=E_1 d_1, V_2=E_2 d_2 \tag{7.2.54}$$

因而,用总的电压降 V 来表示各层中的电场强度为

$$E_1=\frac{\varepsilon_2 V}{\varepsilon_1 d_2+\varepsilon_2 d_1}, E_2=\frac{\varepsilon_1 V}{\varepsilon_1 d_2+\varepsilon_2 d_1} \tag{7.2.55}$$

当达到稳定态时,第一层和第二层的传导电流密度符合欧姆定律,有

$$j_1=\sigma_1 E_1, j_2=\sigma_2 E_2 \tag{7.2.56}$$

由于传导电流不同,在这两层介质的分界处开始积聚自由电荷,这些自由电荷在分层界面上的积聚,实际上就导致了电荷的重新排布,按照极化的概念,这种电荷的重新分布就会产生极化,这种极化就是空间电荷极化。当达到平衡时,有 $j_1=j_2$。此时,各层的电场强度分别为

$$E_1 = \frac{\sigma_2 V}{\sigma_1 d_2 + \sigma_2 d_1}, E_2 = \frac{\sigma_1 V}{\sigma_1 d_2 + \sigma_2 d_1} \tag{7.2.57}$$

在双层电介质界面上的电流密度必须连续,所以

$$J = \sigma_1 E_1 + \varepsilon_0 \varepsilon_1 \frac{dE_1}{dt} = \sigma_2 E_2 + \varepsilon_0 \varepsilon_2 \frac{dE_2}{dt} \tag{7.2.58}$$

当未达到平衡时,流经双层电介质界面处的电流密度为

$$j_1 - j_2 = \frac{\sigma_1 \varepsilon_2 - \sigma_2 \varepsilon_1}{\sigma_1 \varepsilon_2 + \sigma_2 \varepsilon_1} V e^{-t/\tau} \tag{7.2.59}$$

双层电介质界面处积聚的电荷密度为

$$\int_0^\infty (j_1 - j_2) dt = \frac{\sigma_1 \varepsilon_2 - \sigma_2 \varepsilon_1}{\sigma_1 \varepsilon_2 + \sigma_2 \varepsilon_1} \varepsilon_0 V \tag{7.2.60}$$

7.3 电介质的动态极化

7.3.1 电介质的极化过程

在恒定电场作用下,电介质的静态响应是介质响应的一个重要方面。但从实际应用及理论研究上看,在交变电场作用下,电介质的介质响应具有更重要和更普遍的意义。

上节已经指出,电介质极化的建立和消失都有一个响应过程,需要一定的时间。电介质的极化与时间有关。由于存在着系统惯性,在极化过程中,电介质的极化响应时间函数,即极化强度 $P(t)$ 与其输入函数,即电场 $E(t)$ 不一致,极化强度 $P(t)$ 的变化滞后于电场强度 $E(t)$ 的变化。

在变化电场作用下的极化响应大致有三种情况:如果电场的变化很慢,相对于极化建立的时间,像在静电场中的那样,则极化完全来得及响应,则不需要考虑响应过程,可以按照与在静电场中的情形进行分析;如果电场的变化很快,以至于极化完全跟不上,就没有极化的发生;如果电场的变化与极化建立的时间可以比拟,则极化对电场的响应受极化建立过程的影响很大,因此会产生比较复杂的介电现象。

通过对电介质极化机制的分析可知,不同的极化形式,其极化建立的时间各不相同。由于电子位移极化建立的时间极短,可以与可见光的频率相当,因此在远低于光频的情况下,电子位移极化可以看成是即时的。同样,离子位移极化也有类似的情况。因此,这两种位移极化通常被称为瞬时极化或快极化。而对于偶极矩取向极化及离子松弛极化等,因其建立的时间较长,故称之为慢极化或弛豫极化。如果电介质中同时存在这两类极化,则表征电介质极化强度的参数 P 可写成

$$P(t) = P_\infty(t) + P_r(t) \tag{7.3.1}$$

式中,$P_\infty(t)$ 为快极化或瞬间极化强度,$P_r(t)$ 为松弛极化强度。

极化建立的过程如图 7.11 所示。从图 7.11 中可看出,位移极化强度 $P_\infty(t)$ 是瞬间建立的,与时间无关。松弛极化强度 $P_r(t)$ 与时间的关系比较复杂。当介质中只有一种松弛极化时,松弛极化强度与时间的关系可近似表示为

$$P_r(t) = P_{rm}(t)(1 - e^{-t/\tau}) \tag{7.3.2}$$

式中,$P_{rm}(t)$ 为稳态时的松弛极化强度,τ 为松弛极化时间常数。

当极化强度达到稳态之后,移去电场,$P_r(t)$ 随时间的增加而成指数规律下降,可表示为

$$P_r(t) = P_{rm}(t) e^{-t/\tau} \tag{7.3.3}$$

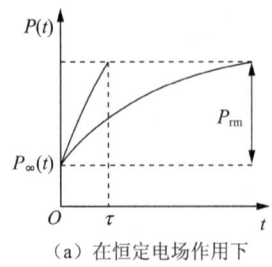 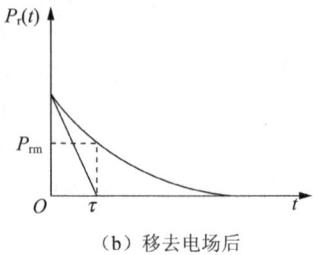

(a) 在恒定电场作用下　　　　　　(b) 移去电场后

图 7.11　电介质中极化强度的建立

当 $t=\tau$ 时，松弛极化强度降为稳态时的极化强度 P_{rm} 的 $1/e$ 倍。

极化强度与电场强度的关系可表示为

$$P_\infty(t)=\varepsilon_0(\varepsilon_\infty-1)E \tag{7.3.4}$$

$$P_r(t)=\varepsilon_0(\varepsilon_s-\varepsilon_\infty)E \tag{7.3.5}$$

$$P(t)=\varepsilon_0(\varepsilon_s-1)E \tag{7.3.6}$$

式中，ε_s 为静态介电常量，ε_∞ 为光频介电常量。

这是本节主要讨论的问题。对变化电场下的极化响应进行分析，可以看到该响应具有如下特性：介电常量随电场频率的改变而变化，且介电常量的温度关系与在恒定电场下的情形也不一样；在极化过程中，存在能量的损耗，损耗掉的那部分能量转化为热能，使电介质的温度升高，这种损耗称为极化损耗，极化损耗的大小与电场的频率有密切的关系。

7.3.2　复数介电常量

考虑一个平板电容器，如果在该电容器上加上一个交变电场，其电场强度为

$$E=E_0\exp(i\omega t) \tag{7.3.7}$$

同样，电位移也可表示成复数形式

$$D=D_0\exp(i\omega t) \tag{7.3.8}$$

当极化跟不上电场变化时，D 和 E 之间便会有一定的相位差，故此时的电位移 D 为

$$D=D_0\exp[i(\omega t-\delta)] \tag{7.3.9}$$

由于有 $D=\varepsilon E$，引入一个表征在交变电场下复电场 E 与复电位移 D 间关系的参数，复数介电常量，有

$$\varepsilon_r^*=\frac{D}{\varepsilon_0 E}=\frac{D_0}{\varepsilon_0 E_0}\exp(i\delta) \tag{7.3.10}$$

通常，复数介电常量 ε_r^* 可分为实部和虚部

$$\varepsilon_r^*=\varepsilon_r'-i\varepsilon_r'' \tag{7.3.11}$$

联立式(7.3.10)与式(7.3.11)，有

$$\varepsilon_r'=\frac{D_0}{\varepsilon_0 E_0}\cos\delta \tag{7.3.12}$$

$$\varepsilon_r''=\frac{D_0}{\varepsilon_0 E_0}\sin\delta \tag{7.3.13}$$

此时，电流密度可表示为

$$j=\varepsilon_0\varepsilon_r^*\frac{dE}{dt}=i\omega\varepsilon_0\varepsilon_r^* E=i\omega\varepsilon_0\varepsilon_r' E+\omega\varepsilon_0\varepsilon_r'' E=j_c+j_r \tag{7.3.14}$$

由上式可知，纯位移电流密度或无功电流密度 j_c 与复数介电常量的实部 ε_r' 成正比，因而 ε_r'

与介质的静态相对介电常量的物理意义相同;而有功电流密度 j_r 则与虚部 ε_r'' 成正比,表示介质中的能量损耗的大小。

在实际应用中,介质中的能量损耗称为介电损耗,由式(7.3.12)和式(7.3.13)得

$$\tan\delta = \frac{\varepsilon_r''}{\varepsilon_r'} \tag{7.3.15}$$

式中,$\tan\delta$ 被称为介质损耗角正切,常用来定量描述电介质的损耗。

7.3.3 介电损耗

电介质在外电场的作用下,将一部分电能转变成热能的物理过程,称为电介质的损耗,其结果是电介质发热,温度上升。电介质的损耗对其应用十分有害,它不仅会引起线路上的附加衰减,而且会使电路中的元器件发热,工作环境温度升高,可能破坏其正常工作的环境。一般来说,产生介质损耗的主要原因有如下几个方面:

1. 电导损耗

电介质不是理想的绝缘体,不可避免地存在一些弱联系的导电载流子。在电场的作用下,这些载流子做定向移动,在介质中形成传导电流。传导电流的大小由电介质本身的性质决定,这部分传导电流中的能量以热的形式损耗掉,称之为电导损耗。单位体积损耗功率 P 表示如下

$$P = \sigma E^2 \tag{7.3.16}$$

在交变电场作用下,如果介质电容器中只存在电导损耗,便可用一个理想电容器和一个电阻并联的等效电路来表示,如图 7.12 所示,流经电容器的电流为

$$I = I_C + I_R = (i\omega C + 1/R)V \tag{7.3.17}$$

电介质中的损耗功率为

$$P_R = I_R V = IV\sin\delta = IV\cos\varphi \tag{7.3.18}$$

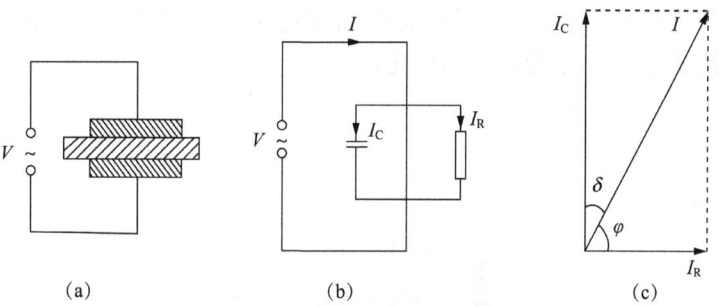

图 7.12 电容器存在电导损耗时的等效电路图及电流矢量图

从图 7.12(c)可知

$$I = \frac{I_C}{\cos\delta} = \frac{\omega CV}{\cos\delta} \tag{7.3.19}$$

联立式(7.3.19)和式(7.3.18),有介质损耗角正切 $\tan\delta$

$$\tan\delta = I_R/I_C = 1/\omega CV \tag{7.3.20}$$

介质损耗角正切 $\tan\delta$ 是有功分量与无功分量之比。

2. 松弛极化损耗

热离子松弛极化、偶极子转向极化等所需建立的时间比较长，为 $10^{-8} \sim 10^{-2}$ s 甚至更长。当外电场频率较低时，这类极化能跟得上交变电场周期性的变化，极化得以完成；但当外电场频率比较高，如高频或超高频，偶极子转向极化等就跟不上电场周期的变化，产生松弛现象，致使电介质的极化强度 P 滞后于外加电场强度 E，并且随着外电场频率的升高，电介质的介电系数 ε 下降；当外电场频率足够高，偶极子转向极化将完全跟不上电场周期性变化时，由这一极化形式提供的介电系数随频率的上升而下降至零，这时电介质的介电系数只由位移极化提供，而趋于光频介电系数，这一过程也消耗部分能量，而且在高频和超高频中，这类损耗将起主要作用，甚至比电导损耗还大，这种损耗就称为松弛极化损耗。

3. 谐振损耗（色散与吸收）

谐振损耗来源于原子、离子、电子在振动或转动时所产生的共振效应，这种效应发生在红外到紫外的光频范围。光是在真空或连续介质中传播的电磁波，电磁波在介质中传播的相速度及介质的折射率依赖于其频率，折射率随频率的变化形成色散现象。在原子、离子、电子振动或转动的固有频率附近，色散现象非常显著。根据电磁场理论，色散的存在同时伴随着能量的损耗，并同时存在着吸收。

由于原子的内电子壳层上的电子（内层电子）被原子核牢固地束缚着，虽然受外电场的影响很小，但是它们却能在高能（约 10^4 eV）、短波长（约 0.1 mm），对应于 X 射线范围的电磁场中产生共振。所以频率高于 X 射线的电磁场不可能在原子内激起任何振动，电介质材料不会产生极化现象，此频率下的电介质的介电系数等于真空的介电系数。

如果电磁场的频率低于内层电子的谐振频率，则内层电子可以随电磁场而振动，对材料的极化有贡献，相对介电系数大于1。

如果电磁场的频率低于外电子壳层的电子（外层电子）的谐振频率，其谐振频率范围为从紫外到近红外光谱范围，此类电子也将参与极化。

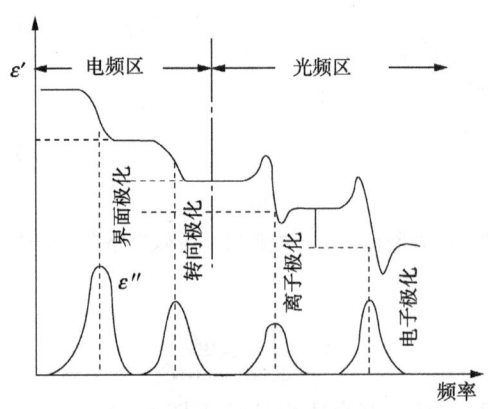

图 7.13 介电常量 ε' 及介电损耗 ε'' 随频率的变化

所以，在紫外到近红外区，只可能出现电子谐振极化，在远红外区则会出现原子或离子谐振极化，在光频范围内不可能出现偶极子转向极化和松弛极化。电介质的介电系数和损耗因数随频率变化的曲线如图 7.13 所示。随着电场频率的升高，电介质的介电系数会降低。这种介电系数随频率变化的现象称为色散现象。因极化机理的不同,色散发生的频率也不同。电子或原子(离子)的谐振极化在光频范围内的色散现象属于谐振色散,而偶极子转向极化和松弛极化在电频范围内的色散称为松弛色散。随着频率的升高,介电系数从低频侧的较大值向高频侧的较小值过渡。松弛色散中间频率不显出最大值,谐振色散则出现明显的峰值。

根据电磁场理论可以证明,色散现象的同时伴随着能量损耗。其损耗因数随频率的变化称为吸收,损耗因数随频率变化的曲线称为吸收曲线。在介电系数发生色散的频率范围,无论是电子、原子或离子极化,还是偶极子转向极化和松弛极化,其损耗因数都会明显地变大且出现峰值。

7.3.4 极化弛豫与德拜方程

电介质在不同的热平衡态之间存在过渡的问题称为弛豫过程,实际上,极性分子之间存在着极强的相互作用,极化过程中伴随分子之间复杂而混乱的相互作用或碰撞。当外加交变电场时,极化反复进行,极性分子好像受到某种摩擦作用,要从外电场中吸收能量,最后变成热能,这就是介电损耗。对交流极化所产生的极化弛豫现象和介电损耗的研究,不仅具有实用意义,还可得到体系中分子间相互作用的某些信息。

1. 极化弛豫现象

极化弛豫现象可以从一个简单的实验来观察。设由线性电介质构成的平板电容器,在某一时刻 t_1 加上一脉冲电压 V 时,便流过瞬时充电电流 i_∞,随后可以观察到随时间而逐渐减小的电流 $i_a(t)$ 继续流过,如图 7.14 所示,i_a 称为吸收电流。

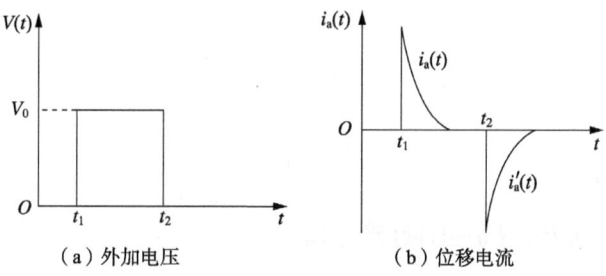

(a) 外加电压   (b) 位移电流

图 7.14 极化弛豫现象

如果在时刻 t_2 切断电源,并把电容器二极间短接,便有瞬间放电电流 i'_∞ 流过,且在此后还有一逐渐衰减的残余电流 $i'_a(t)$ 流过,对于线性电介质,有

$$i_\infty = i'_\infty, i_a = i'_a$$

由此可见,实际介质电容器和理想介质电容器不同,缓慢极化形成了滞后于电压并随时间衰减的吸收电流,这就是介质的弛豫现象。

2. 德拜方程

如果把上述实验现象中的瞬时充电电流 i_∞ 看成是对一个理想电容 C_∞ 充电形成的,而把吸收电流 i_a 及其伴随的弛豫现象,看成是对一个理想电容 C_a 和理想电阻 R_a 相串联的电路充电而形成的(其中,R_a 代表无放电过程的损耗),且假设介质中无漏导电流通过,就可得到该平板电容器的等效电路图 7.15。

在等效电路中,流经的充电电流密度为

$$j_\infty = \mathrm{i}\varepsilon_0 \varepsilon_\infty \omega E \tag{7.3.21}$$

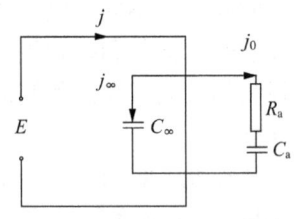

图 7.15 缓慢极化电容器的等效电路图

流经理想电容 C_a 和理想电阻 R_a 串联电路的吸收电流密度为

$$j_a = \frac{E}{\rho_a + 1/(i\omega\varepsilon_0\varepsilon_a)} = \frac{\rho_a\omega^2\varepsilon_0^2\varepsilon_a^2}{1+(\rho_a\omega\varepsilon_0\varepsilon_a)^2}E + \frac{\omega\varepsilon_0\varepsilon_a}{1+(\rho_a\omega\varepsilon_0\varepsilon_a)^2}E \tag{7.3.22}$$

式中，ρ_a 为理想电阻 R_a 的电阻率，$\rho_a = 1/\sigma$，令 $\tau = \varepsilon_0\varepsilon_a\rho_a$ 为时间常数，则上式可写成

$$j_a = \frac{\sigma\omega^2\tau^2}{1+\omega^2\tau^2}E + \frac{\sigma\omega\tau}{1+\omega^2\tau^2}E \tag{7.3.23}$$

流经电容器的总电流密度为 $j = j_a + j_\infty$，所以

$$j = \frac{\sigma\omega^2\tau^2}{1+\omega^2\tau^2}E + i\omega\left(\varepsilon_0\varepsilon_\infty + \frac{\sigma\tau}{1+\omega^2\tau^2}\right)E \tag{7.3.24}$$

比较式(7.3.24)与式(7.3.14)，得到

$$\varepsilon_0\varepsilon_r' = \varepsilon_0\varepsilon_\infty + \frac{\sigma\tau}{1+\omega^2\tau^2} \tag{7.3.25a}$$

$$\varepsilon_0\varepsilon_r'' = \frac{\sigma\omega\tau^2}{1+\omega^2\tau^2} \tag{7.3.25b}$$

根据条件，当 $\omega \to 0$ 时，$\varepsilon' \to \varepsilon_s$ 介质的静态介电常量，有

$$\sigma\tau = \varepsilon_0(\varepsilon_s - \varepsilon_\infty) \tag{7.3.26}$$

将式(7.3.26)代入到式(7.3.25)，得到

$$\varepsilon_r' = \varepsilon_\infty + \frac{\varepsilon_s - \varepsilon_\infty}{1+\omega^2\tau^2} \tag{7.3.27a}$$

$$\varepsilon_r'' = \frac{(\varepsilon_s - \varepsilon_\infty)\omega\tau}{1+\omega^2\tau^2} \tag{7.3.27b}$$

$$\tan\delta = \frac{\varepsilon_r''}{\varepsilon_r'} = \frac{(\varepsilon_s - \varepsilon_\infty)\omega\tau}{\varepsilon_s + \varepsilon_\infty(\omega\tau)^2} \tag{7.3.27c}$$

以上三式称为德拜方程，或是德拜弛豫方程。

7.3.5 复数介电常量与频率和温度的关系

1. 复数介电常量与频率的关系

由德拜方程可知，在一定的温度条件下，当 $\omega \to 0$ 时，$\varepsilon_r' = \varepsilon_s$，$\varepsilon_r'' = 0$，这是介质在恒定电场下的情形；当 $\omega \to \infty$ 时，$\varepsilon_r' = \varepsilon_\infty$，$\varepsilon_r'' = 0$，这是介质在光频下的情形。

当 ω 在 $0 \sim \infty$ 之间时，介电常量 ε_r' 随频率 ω 的增加而降低，从静态值降至光频值，如图 7.16 所示。损耗因子 ε_r'' 随频率的而出现极大值，极值条件为

$$\frac{d\varepsilon_r''}{d\omega} = 0 \tag{7.3.28}$$

由此计算得到的极值频率 ω_m 为

$$\omega_m = 1/\tau \tag{7.3.29}$$

当 $\omega = \omega_m = 1/\tau$ 时，德拜方程变为

$$\varepsilon_r' = \frac{\varepsilon_s + \varepsilon_\infty}{2} \tag{7.3.30a}$$

$$\varepsilon_r'' = \frac{\varepsilon_s - \varepsilon_\infty}{2} \quad (7.3.30b)$$

$$\tan\delta_m = \frac{\varepsilon_s - \varepsilon_\infty}{\varepsilon_s + \varepsilon_\infty} \quad (7.3.30c)$$

如图 7.16 所示,在 $\omega = 1/\tau$ 附件的频率范围内,ε_r' 和 ε_r'' 都发生了剧烈的变化,ε_r' 由 ε_s 过渡到 ε_∞,与此同时,ε_r'' 出现极大值。在这一频率区域,介电常量发生剧烈变化,同时出现极化的能量耗散,这种现象称为弥散现象,这一频率区域称为弥散区域,显然这是由于极化弛豫过程造成的。

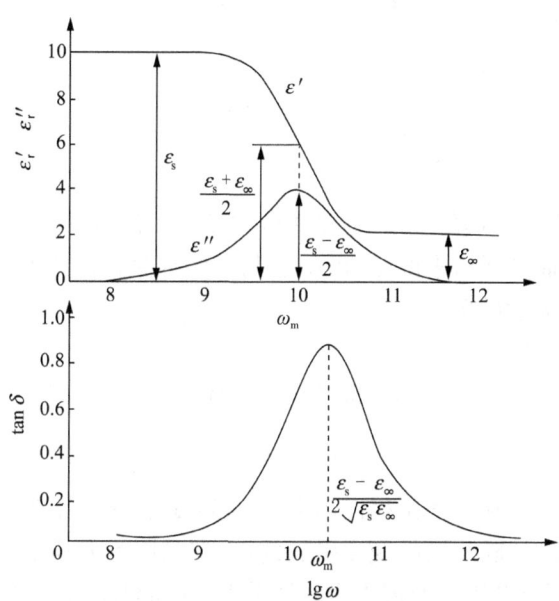

图 7.16 ε_r'、ε_r''、$\tan\delta$ 的频率特性曲线

为了比较不同试样在不同条件下的试验结果,常将式(7.3.27)加以变换,有

$$\frac{\varepsilon_r' - \varepsilon_\infty}{\varepsilon_s - \varepsilon_\infty} = \frac{1}{1 + \omega^2 \tau^2} \quad (7.3.31a)$$

$$\frac{\varepsilon_r''}{\varepsilon_s - \varepsilon_\infty} = \frac{\omega\tau}{1 + \omega^2 \tau^2} \quad (7.3.31b)$$

作 $(\varepsilon_r' - \varepsilon_\infty)/(\varepsilon_s - \varepsilon_\infty)$ 和 $\varepsilon_r''/(\varepsilon_s - \varepsilon_\infty)$ 与 $\lg\omega\tau$ 关系曲线,则消除了不同试样在不同条件下 ε_s 和 ε_∞ 的不同,得到如图 7.17 所示的介电常量与频率之间的关系曲线。

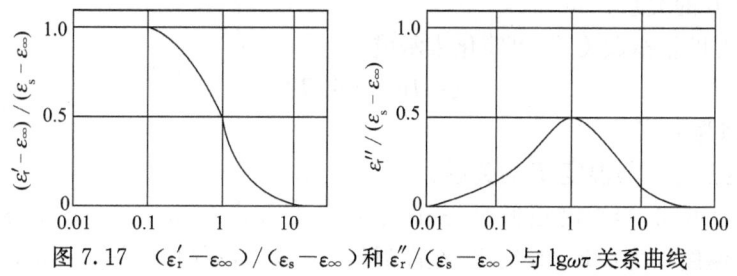

图 7.17 $(\varepsilon_r' - \varepsilon_\infty)/(\varepsilon_s - \varepsilon_\infty)$ 和 $\varepsilon_r''/(\varepsilon_s - \varepsilon_\infty)$ 与 $\lg\omega\tau$ 关系曲线

$\tan\delta$ 与频率的关系类似于 ε_r' 与频率的关系。在 $\tan\delta$ 与频率的关系中也出现极大值,按照其极值条件

$$\frac{d\tan\delta}{d\omega} = 0 \quad (7.3.32)$$

可得
$$\omega'_m = \frac{1}{\tau}\sqrt{\frac{\varepsilon_s}{\varepsilon_\infty}} \tag{7.3.33}$$

显然有 $\omega'_m > \omega_m$，因而 $\tan\delta$ 在频率较高时才达到极值。当 $\omega = \omega'_m$ 时，德拜方程可改写成

$$\varepsilon'_r = \frac{2\varepsilon_s\varepsilon_\infty}{\varepsilon_s + \varepsilon_\infty} \tag{7.3.34a}$$

$$\varepsilon''_r = \frac{\varepsilon_s - \varepsilon_\infty}{\varepsilon_s + \varepsilon_\infty}\sqrt{\varepsilon_s\varepsilon_\infty} \tag{7.3.34b}$$

$$\tan\delta_{\max} = \frac{\varepsilon_s - \varepsilon_\infty}{2\sqrt{\varepsilon_s\varepsilon_\infty}} \tag{7.3.34c}$$

2. 复数介电常量与温度的关系

复数介电常量与温度有密切的关系，但在式(7.3.27)中没有直接显示出来。实际上该式中的 τ 值与温度关系极大，而且严格来说，ε_s 和 ε_∞ 也与温度有关。在此可以通过 ε_s 和 ε_∞ 与温度的关系，来说明介电常量与温度的关系。

(1) ε_s、ε_∞ 与温度 T 的关系。

若设介质中的有效电场 $E_e \approx E$，则可得光频介电常量

$$\varepsilon_\infty = 1 + \frac{n_0}{\varepsilon_0}(\chi_e + \chi_i) \tag{7.3.35}$$

由于电子位移极化率 χ_e 和离子位移极化率 χ_i 与温度无关。因此 ε_∞ 随温度的变化，主要是单位体积内的极化粒子数 n_0 随温度的变化引起的，也即是因为介质的密度发生变化而引起的。由于材料密度在一定的温度范围内与温度呈线性关系，并随温度的变化不大，因此光频介电常量 ε_∞ 与温度也有类似的关系，随温度的上升呈线性下降。

静态介电常量可表示成

$$\varepsilon_0 = \varepsilon_\infty + \frac{P_r}{\varepsilon_0 E} \tag{7.3.36}$$

式中，弛豫极化强度 $P_r = n_0\chi_d E_e$，其中 χ_d 为偶极子取向极化等弛豫极化，且 $\chi_d = a'/T$，其中 a' 为常数，如果假定 $E_e \approx E$，则有

$$\varepsilon_0 \approx \varepsilon_\infty + a'\frac{n_0}{\varepsilon_0}\frac{1}{T} = \varepsilon_\infty + \frac{a}{T} \tag{7.3.37}$$

(2) τ 与温度 T 的关系。

弛豫时间与温度呈指数关系，可简化表示成

$$\tau = B\exp(A/T) \tag{7.3.38}$$

式中，A 和 B 近似为常数。

(3) 复数介电常量 ε''_r 与温度 T 的关系。

由式(7.3.31)可知，当温度很低时，τ 很大，$\omega\tau \geqslant 1$，$\omega\tau/(1+\omega^2\tau^2) \to 1/\omega\tau$，即有 ε''_r 与 τ 成反比。这表明 ε''_r 随温度增加而增加；反之，在高温区，$\omega\tau \leqslant 1$，$\omega\tau/(1+\omega^2\tau^2) \to \omega\tau$，这表明 ε''_r 随温度增加而减小；当 $\omega\tau = 1$ 时，出现极大值。极值点温度以 T_m 表示，T_m 可通过极值时对应的弛豫时间 τ_m 按照式(7.3.38)求得，τ_m 为

$$\tau_m = 1/\omega_m \tag{7.3.39}$$

ε''_r 的温度特性曲线如图7.18所示。

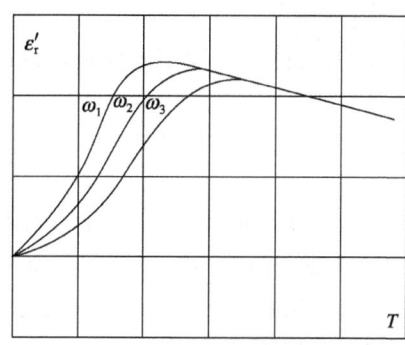 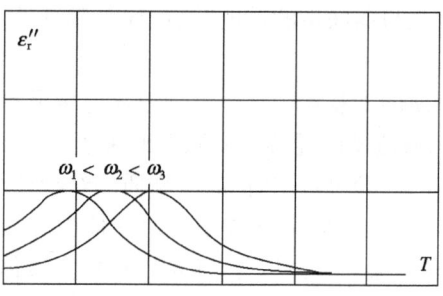

图 7.18 介电常量 ε_r'、ε_r'' 与温度的关系

tanδ 的温度特性类似于损耗因子 ε_r'' 的情况，但 tanδ 的极值温度比 ε_r'' 的极值温度低，这一点可由德拜方程，即式(7.3.27)中 tanδ 与 ωτ 的关系得到。若对 ωτ 求导，当

$$(\omega\tau)_m' = \sqrt{\varepsilon_s/\varepsilon_\infty} \tag{7.3.40}$$

时，tanδ 达到极大值，因此有

$$\tau_m' = \frac{1}{\omega}\sqrt{\frac{\varepsilon_s}{\varepsilon_\infty}} \tag{7.3.41}$$

由上式可看出，τ_m' 比 τ_m 要大，因此，相对应于 tanδ 的极值温度比复数介电常量的极值温度要低。

以上的温度特性曲线可作如下解释：在一定频率下，当温度很低时，极化粒子热运动能量很小，几乎处于"冻结"的状态，因此取向极化缓慢，时间很长，来不及随外加电场发生变化，弛豫极化难以建立，这时只有瞬时极化，所以介电常量 ε_r' 趋于光频介电常量 ε_∞，介质损耗 ε_r'' 和 tanδ 很小；当温度升高时，极化粒子的热运动能量加大，弛豫时间减小，可以与外加电场的周期相比拟，弛豫极化逐渐得以建立，ε_r' 相应增加。随着温度继续升高，弛豫时间很快降低，弛豫极化进一步建立，ε_r' 急剧增加，几乎趋近于静态介电常量 ε_s。在 ε_r' 剧烈变化的同时，伴随着能量损耗，并出现损耗极值；若温度再继续升高，则弛豫时间继续减少。弛豫极化完全来得及建立，趋近于静电场的情况，这时 ε_r' 趋于 ε_s，介质损耗 ε_r'' 和 tanδ 又恢复到很小的状态。

同样需要指出，在式(7.3.38)中，若频率发生变化，则 ε_r' 和 tanδ 的温度关系中，ε_r' 和 tanδ 要随频率的增加向高温方向移动；反之则向低温方向移动，如图 7.18 所示。这可解释如下：当频率发生改变时，若频率增高，则电场变化周期缩短，与之相比拟的弛豫时间 τ 也相应减少，因此出现了弛豫极化的温区，即 ε_r' 由 ε_∞ 增至 ε_s 的温区也随之向高温方向移动，出现 ε_r'' 和 tanδ 峰值的温度也相应升高。

7.3.6 电介质的电导和击穿

1. 电导类型

理想的电介质，在外电场作用下应该是没有传导电流的。但是任何实际的电介质，或多或少的具有一定数量弱联系的带电质点。在没有外电场作用时，这些弱联系的带电质点作不规则的热运动。加上外电场以后，弱联系的带电质点便会受到电场力的作用，在不规则的热运动上增加了沿外电场方向的定向漂移。正电荷顺电场方向移动，负电荷逆电场方向移动，形成贯穿介质的传导电流。这种弱联系的带电质点在电场作用下作定向漂移从而构成传导电流的过程，称为电介质的电导。

构成电介质传导电流的弱联系的带电质点称为导电载流子。由导电载流子的漂移构成的传导电流密度是与弱联系的带电质点(导电载流子)的浓度有关的。电导率的普遍表达式为

$$\sigma = Nq\mu \tag{7.3.42}$$

上式将电介质的宏观参数——电导率 σ 与微观参数——电介质单位体积内的载流子数目 N、载流子电荷 q、载流子的迁移率 μ 联系起来了。

由式(7.3.42)可看出,提高电介质的绝缘性能可以从两个方面着手:一是减少电介质单位体积的载流子数;一是降低迁移率。对固体电介质,要尽量减少杂质、热缺陷数目;对于液体电介质,除了要减少杂质含量以外,还可以从提高液体的黏度着手,载流子的移动就不那么容易了。

依导电载流子种类的不同形式,电介质的电导可以分为以下几种:

① 离子电导:其载流子是正、负离子(或离子空位),这是固体电介质中最主要的导电形式。

② 电子电导:其载流子是电子(或电子空穴),由于电介质内电子数极少,所以这种形式的电导表现得比较微弱,只有在一定的条件下才明显。例如含钛陶瓷以银作电极时,高温下会发生以下反应:

$$Ag + Ti^{4+} \rightarrow Ag^{+} + Ti^{3+}$$
$$Ti^{3+} \rightarrow Ti^{4+} + e$$

在电场的作用下,Ag^+ 离子顺电场方向移动,而电子逆电场方向移动。

③ 电泳电导:其载流子是带电的分子团,电流流经液体电介质时,就有电泳现象发生,工程上用的液体电介质中主要是这种形式的电导。分子团可以是老化了的粒子、悬浮状态的水珠或者杂质胶粒,在电场作用下进行漂移,形成电泳电导。

2. 固体介质电导

固体电介质的电导按导电载流子的不同类型可以分为两种:离子电导和电子电导。在弱电场中主要是离子电导,但是对于某些材料,如钛酸钡、钛酸钙和钛酸锶等钛酸盐类,在常温下除了离子电导以外还会呈现出电子电导的特征。

• 固体介质中的离子电导。

晶体电介质的导电离子来源有两种:本征(或固有)离子和弱联系离子。

(1) 本征离子电导。

离子晶体点阵上的基本质点(离子)在热的激励下,离开点阵形成导电载流子,构成离子电导。这种电导在高温时比较明显,因此,通常称为高温电导。

晶体中位于晶格点阵上的离子,被牢固地束缚在结点上作不停的热运动,这时并不参与导电。但在受到热激励以后,就有少数离子会离开原位成为填隙离子,并同时产生空位,从而构成离子电导和用于空位电导。

离子晶体中载流子的形成还与晶体中的热缺陷有关,热缺陷分为弗伦克尔缺陷和肖特基缺陷。肖特基缺陷往往是成对出现的,正离子空位与负离子空位数相等。但两者对电导的贡献是有区别的。一般情况下,尺寸较小的正离子迁移率较大,对电导的贡献是主要的,所以,导电载流子主要是正离子空位(等效带负电)。而结构松散的晶体,特别是当其中一种离子的尺寸较小时,主要形成弗伦克尔缺陷,尺寸较大的负离子一般难成为填隙离子。通常总是尺寸较小的正离子进入结点间并留下正离子空位,所以载流子主要是正填隙离子和正离子空位。当然也有例外的情况,若晶体中正离子尺寸很大,负离子尺寸很小,结构疏松,且温度较高时,负离子及负离子空位(等效带正电)也可能成为主要的导电载流子。

导电载流子在电场的作用下迁移的机理与热离子松弛类似。导电载流子处在一定的平衡位置做热振动,如果热振动的能量大于束缚它的势垒高度U_0,载流子将越过势垒的高度而移动。大约经过一段与分子尺寸大小相当的行程δ以后,又留在新的平衡位置上做热振动,并等待下次超过势垒的机会。在无外电场作用时,载流子在各个方向跃迁的几率相同,因此并不构成某一个方向的导电电流。加上外电场以后,正离子沿电场方向跃迁的势垒高度将下降ΔU,沿电场反方向跃迁的势垒高度将上升ΔU,如图 7.19 所示。因而,正离子沿电场方向将产生过剩的离子跃迁数 Δn,这将形成传导电流。

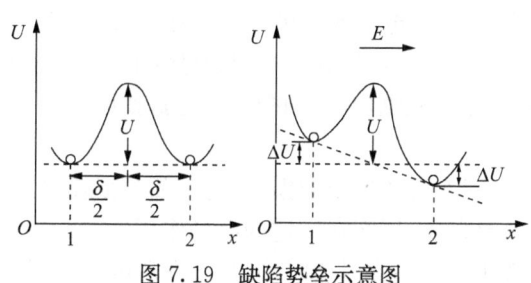

图 7.19　缺陷势垒示意图

(2)弱联系离子电导。

与晶格点阵联系较弱的离子活化而形成导电载流子,主要是杂质离子和晶体位错与宏观缺陷处的离子引起的电导,它往往决定了晶体的低温电导。晶体电介质中离子电导具有离子跃迁的特征,而且参与导电的也只是晶体中部分活化了的离子(或离子空位)。

在实际晶体中总会含有一些杂质,当外来杂质进入填隙位置时,它们在外电场作用下只要克服填隙位置间的势垒高度 U 即可,也就是说它们所需的活化能较小,在较低的温度下就能活化并参与导电,称为杂质离子电导。在离子晶体中还由于有晶格位错等因素的作用,使得晶格点阵上局部离子的活化能下降,这部分离子也易于活化而参与电导,是弱联系的本征离子所引起的。以上两种电导统称为弱联系离子电导。它们在非离子晶体中是电导的主要成分。在离子晶体中低温热缺陷数目很少的情况下,弱联系离子电导是低温电导的主要成分。

• 固体介质中的电子电导。

在半导体和电介质中,价电子将能带填满成满带,而导带还完全空着,满带与导带之间由禁带隔开。外电场的作用只能使电子从能带中的一个能级跃迁到另一个能级,不足以使它越过禁带到导带,故没有电流。

但在某一温度下,由于电子的热运动,可将一部分电子由满带激发到导带上去,同时出现空穴载流子。这样在外电场作用下,就使电介质晶体具有一定的电导。然而,在常温下激发到导带上去的电子是极其微弱的,特别是在固体电介质中,从满带激发到导带上去的电子微乎其微,可以忽略不计。

但是在实际晶体电介质中,由于杂质的存在,以及晶体中的缺陷、位错等,在禁带中将引入中间能级——杂质能级,它接近于导带。它们在热激发的作用下,容易产生导电的载流子。另外,当电子的能量低于阻碍它运动的势垒高度不很大,而势垒厚度又比较薄(约几十 nm)时,在强电场作用下,电子就可能由隧道效应而穿过势垒后到达导带,构成隧道电流。电介质中可能存在的几种隧道效应。在金属半导体接触中,金属电极中具有的大量电子,可能向电介质中发射(或注入),如热电子发射,也可以为电介质提供导电载流子。

但是在电场不太强时,以上各种结构提供的电子数量极少,固体电介质的电子电流是极其微弱的。随着外加电场的增加,由于存在杂质能级上的电子、隧道效应以及热电子发射等因素的作用,电子电流才相应的增加。所以,固体电介质中的电子电导比离子电导要复杂得多。对于过渡元素金属氧化物,通常它的活化能都比较小,载流子数目多,所以,在低温和室温下,电子电导常起主要作用,许多金属氧化物实际上是氧化物半导体的原因也在于此,这类金属化氧化物在传感器方面的应用就是很好的例子。

3. 固体介质的击穿

如果外加电场增加到相当强时,电介质的电导就不服从欧姆定律了。当电场继续增加到某一临界值时,电导率突然剧增,电介质丧失其固有的绝缘性能,变成导体,作为电介质的特性被破坏,这种现象称为电介质的击穿。根据电介质的绝缘性能破坏的原因,电介质击穿的形式分成三类:

热击穿:电介质在电场作用下要产生介质损耗,这一部分损耗以热的形式耗散掉。若这部分热量全部由电介质中散入周围介质,那么在一定的电场作用下,每一瞬间都保持电介质对外界介质的热平衡。当外加电场增加到某一临界值时,通过电介质的电流增加,电介质的发热量急剧增大。如果发热量大于电介质向外界散发的热量,则电介质的温度不断上升,温度的上升又导致电导率增加,流经电介质的电流亦增加,损耗加大,发热量更加大于散热量……如此恶性循环,直至电介质发生热破坏,使电介质丧失其原有的绝缘性能,这种击穿称为热击穿。由于电介质的热击穿在很大程度上取决于周围媒质的温度、散热条件等,因此,热击穿电压并不是电介质的一个固定不变的参数。

电击穿:在强电场作用下,电介质中除了离子电导以外,还有电子电导,结果电介质中的传导电流剧增,使电介质丧失了原有的绝缘性能。这种在电场直接作用下发生的电介质被破坏的现象称为电介质的电击穿。

电化学击穿:电介质在长期的使用过程中受电、光、热以及周围介质的影响,使电介质产生化学变化,电性能发生不可逆的破坏,最后被击穿。属于这一类的击穿在工程上被称为老化,也称为电化学击穿。这种形式的击穿在有机电介质中表现得更加明显,如有机电介质的变黏、变硬等都是化学变化的宏观表现。陶瓷固体介质比较稳定,这类变化不大。但是对于以银作电极的含钛陶瓷,如长期在直流电压下使用,也将产生不可逆的变化。下面具体分析热击穿和电击穿的相关理论。

(1)热击穿。

固体电介质的击穿是一个非常复杂的过程,它除了与固体电介质的结构和物质组成密切相关外,还与工作环境(媒质温度、电压的频率、加压的时间、器件和电极的结构形状等)有关。

瓦格纳于1922年最先应用数学方法建立热击穿理论。得到热击穿电压 V_m 为

$$V_m = d\sqrt{\frac{\beta \rho_0 \mathrm{e}^{-at_0}}{0.24s \cdot \mathrm{e} \cdot a}} \cdot \mathrm{e}^{-\frac{at_0}{2}} \tag{7.3.43}$$

式中,β 为散热系数。由上式可见,热击穿电压与温度的关系和电阻率与温度的关系相同,只是指数减半而已,且这一点已为实验所证实。至于热击穿电压与电介质的厚度成正比,实验并未证实。然而,瓦格纳热击穿理论的最大不足在于:其假设的通道的电导率要比周围的电介质的电导率大得多才能成立,然而,对于均匀的电介质来说,理论的假设不够充分;有关通道的本质、大小、电导率和散热系数的数量关系,用实验的方法难以获得。因此,瓦格纳热击穿理论只能定性地给热击穿一个概念。

(2)电击穿。

固体电介质的电击穿是击穿的另一种形式,主要是电子过程,它是在电场的直接作用下发生的。固体电介质的电击穿理论是建立在气体电介质的碰撞电离理论基础上的。所以,可以用气体中发生的电子碰撞游离来推断固体电介质的击穿场强。固体的密度大约为气体的2000倍,若气体电介质的电击穿场强是30 kV/cm,固体电介质的电击穿场强应为6000 kV/cm,即是$6×10^7$ V/cm。实际上,固体电介质的电击穿场强E_m在$10^6 \sim 10^7$ V/cm数量级范围,如果固体电介质电击穿中的电子过程与气体中的击穿结构不相似,是得不到这样近似的结果的。

在对固体薄膜的击穿强度的试验研究中发现,当电场强度一定时,电流I随薄膜厚度的增加而增大,电流强度I与$J=J_0 e^{ad}$相比较可以看出,实验的结果是与碰撞电离的理论相一致的。

可以说,固体电介质的电击穿是在强电场作用下导电的,电子从电场获得能量被加速,而又在与晶格碰撞中消耗能量。如果导电电子在自由行程中从电场获得的能量大于与晶格碰撞消耗的能量,它将可能积聚起碰撞电离所需的能量。这时,它与晶格原子或离子碰撞时,就能离解出新的电子,导致雪崩效应,使固体电介质发生电击穿。所以固体电介质发生电击穿的判断依据是,电子从电场获得的能量速率大于电子与晶格碰撞消耗的能量速率。

按照电击穿判断依据的不同,电击穿理论可以分为几种:如碰撞电离理论、雪崩击穿理论和静电电离理论等。

(3)电化学击穿。

在电场、温度等因素作用下,固体电介质发生缓慢的化学变化,性能逐渐劣化,其绝缘能力逐渐下降,最终丧失绝缘能力。电化学击穿过程包括两部分:因固体电介质发生化学变化而引起的电介质老化;与老化有关的击穿过程。由于化学变化通常导致介质损耗增加,因而电化学击穿的最终形式常是热击穿。

7.4 晶体的压电性质

7.4.1 晶体的压电性

对于晶体结构中不存在对称中心的异极晶体,加在晶体上的外力,除了使晶体发生形变外,还将改变晶体的极化状态,在晶体中诱发出电场或介电极化,这种由于机械力的作用而使电介质发生极化的现象称为正压电效应;反之,如果在这种晶体加上外电场,使得晶体产生电极化,则晶体的形状也会发生改变,产生应力或应变,这就是逆压电效应。这两种效应统称为压电效应。

晶体的压电效应可以用图7.20来解释。如图7.20(a)所示,当晶体没有受到外力作用时,晶体中的正负电荷中心重合,晶体对外不显极化,单位体积中的电矩即极化强度为零。但在外力作用下,晶体发生形变的同时,正负电荷中心发生分离,重心不在重合,这时单位体积内的电矩不再为零,故晶体对外显示出极性。在图7.20(b)中,由于晶体结构中对称中心的存在,无论有无外力的存在,晶体中的正负电荷重心总是重合在一起的,因而不会出现压电效应。因此,晶体结构中不存在对称中心是产生压电效应的必要条件。

晶体是否具有压电效应,取决于晶体结构的对称性。在晶体的32种点群中,具有对称中心的11个点群不具有压电效应。在21种不存在对称中心的点群中,除了432点群由于对称性很高导致其压电效应退化之外,其余20个点群都有可能产生压电效应。对于压电陶瓷、复合材料等,描述其对称性的7种居里点群中,有3种可能产生压电效应。

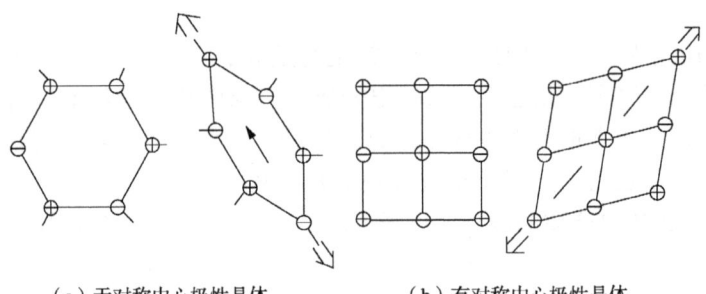

(a) 无对称中心极性晶体　　　(b) 有对称中心极性晶体

图 7.20　压电效应示意图

晶体的压电效应是由应变 S 和应力 T 等机械量与电场强度 E 和电位移 D(或极化强度 P)等电气量之间的耦合效应造成的。因而,压电效应是一种具有明显方向性的机电耦合效应,在讨论压电效应之前,有必要讨论晶体的介电性和弹性。

7.4.2　晶体的介电性质和弹性

1. 晶体的介电性质

晶体的介电性质可用电场强度 E 和电位移 D 来描述。压电晶体和压电陶瓷都是各向异性的。它们的电场强度 E 和电位移 D 都需要用矢量来表示。在直角坐标系中,E 和 D 沿三个轴的分量分别用 E_j 和 D_i 来表示,$i,j=1,2,3$ 表示轴向。故 E 和 D 间的关系需要用二阶介电常量张量来描述

$$\begin{bmatrix} D_1 \\ D_2 \\ D_3 \end{bmatrix} = \begin{bmatrix} \varepsilon_{11} & \varepsilon_{12} & \varepsilon_{13} \\ \varepsilon_{21} & \varepsilon_{22} & \varepsilon_{23} \\ \varepsilon_{31} & \varepsilon_{32} & \varepsilon_{33} \end{bmatrix} \begin{bmatrix} E_1 \\ E_2 \\ E_3 \end{bmatrix} \tag{7.4.1}$$

介电常量张量共有 9 个分量。不难证明,对于所有的晶体,均有 $\varepsilon_{12}=\varepsilon_{21}$,$\varepsilon_{23}=\varepsilon_{32}$,$\varepsilon_{31}=\varepsilon_{13}$。由此可见,完全各向异性体中,独立介电常量的分量只有 6 个。

介电常量是描述电介质介电性质的,或者说是反映介质极化性质的。描述各向同性介质的介电性质,只需要一个介电常量分量,而描述各向异性介质的介电常量,就需要 6 个独立的介电常量分量。由此可见,独立的介电常量分量的个数与电介质的对称性有关,七大晶系的介电常量矩阵可表示为

$$\text{三斜晶系} \qquad \varepsilon = \begin{bmatrix} \varepsilon_{11} & \varepsilon_{12} & \varepsilon_{13} \\ \varepsilon_{12} & \varepsilon_{22} & \varepsilon_{23} \\ \varepsilon_{13} & \varepsilon_{23} & \varepsilon_{33} \end{bmatrix}$$

$$\text{单斜晶系} \qquad \varepsilon = \begin{bmatrix} \varepsilon_{11} & 0 & \varepsilon_{13} \\ 0 & \varepsilon_{22} & 0 \\ \varepsilon_{13} & 0 & \varepsilon_{33} \end{bmatrix}$$

$$\text{正交晶系} \qquad \varepsilon = \begin{bmatrix} \varepsilon_{11} & 0 & 0 \\ 0 & \varepsilon_{22} & 0 \\ 0 & 0 & \varepsilon_{33} \end{bmatrix}$$

四方、三角和六角晶系　　　$\varepsilon = \begin{pmatrix} \varepsilon_{11} & 0 & 0 \\ 0 & \varepsilon_{11} & 0 \\ 0 & 0 & \varepsilon_{33} \end{pmatrix}$

立方晶系　　　$\varepsilon = \begin{pmatrix} \varepsilon_{11} & 0 & 0 \\ 0 & \varepsilon_{11} & 0 \\ 0 & 0 & \varepsilon_{11} \end{pmatrix}$

压电陶瓷的对称性与六角晶系的 6mm 晶体类似,因此其介电常量与六角晶系的一样。

2. 晶体的弹性

(1) 应力张量。

应力 T 是二阶对称张量,其分量 $T_{ij} = T_{ji}$,因而在 9 个分量中只有 6 个是独立的。6 个独立分量分为两类,一类是法向分量,如 T_{11}、T_{22}、T_{33};一类为切向分量,如 T_{12}、T_{23}、T_{31} 等。应力表示单位面积上受力的大小。

(2) 应变张量。

应变 S 同样也是二阶对称张量,其分量 $S_{ij} = S_{ji}$,因而在 9 个分量中也只有 6 个是独立的。6 个独立分量也分为两类,一类是法向应变,如 S_{11}、S_{22}、S_{33},表示在受力面的法向上单位长度所发生的形变。一类为切向应变,如 S_{12}、S_{23}、S_{31},表示在受力面的切向上单位长度所发生的形变。切应变相当于晶体切变角的正切值。

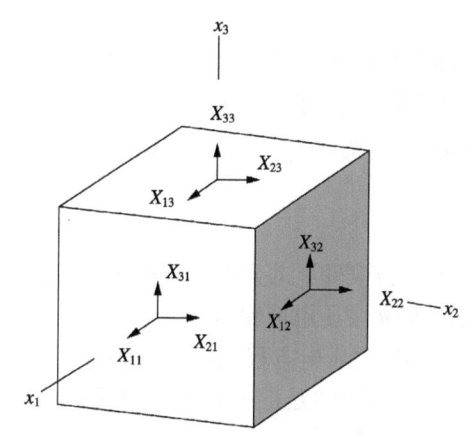

图 7.21　均匀受力物体中单位立方体上的力与受力面

(3) 弹性。

在弹性范围内,应力和应变可用胡克定律联系起来

$$S_{ij} = s_{ijkl} T_{kl} \tag{7.4.2}$$

或者

$$T_{ij} = c_{ijkl} S_{kl} \tag{7.4.3}$$

式中,s 为弹性柔顺系数,c 为弹性刚度系数。它们都是四阶张量,各有 81 个分量。但由于应力和应变都是对称张量,i 和 j,k 和 l 可互换位置。另外,弹性柔顺系数和弹性刚度系数也是对称的,ij 和 kl 的位置可互换。因此,s 和 c 都只有 21 个独立分量。

7.4.3　晶体的机电耦合效应

对于一个可极化、可产生形变的电介质,电学量之间存在直接的效应,如电场强度与电位移(或极化强度)。机械量之间也存在直接效应,如应力和应变间的联系。除此之外,还同时存在着机械量与电学量之间的相互耦合效应。这就是一次线性耦合效应——压电效应,以及二次的非线性耦合效应——电致伸缩效应。对于没有对称中心的晶体,起主要作用的是压电效应;对于具有对称中心的晶体,由于不存在压电效应,就要考虑电致伸缩效应。

1. 压电方程

按照自变量的不同,压电方程可分为以下四类。

(1)以应力 $T_\mu(\mu=1,2,\cdots,6)$ 和电场强度 $E_j(j=1,2,3)$ 作为自变量,压电方程为

$$D_i = \varepsilon_{ij}^T E_j + d_{i\mu} T_\mu \tag{7.4.4a}$$

$$S_\lambda = d_{j\lambda} E_j + s_{\lambda\mu}^E T_\mu \tag{7.4.4b}$$

式中,ε 称为自由介电常量,s 称为短路弹性柔顺系数,d 是压电应变系数。

(2)以应变 $S_\mu(\mu=1,2,\cdots,6)$ 和电场 $E_j(j=1,2,3)$ 作为自变量,压电方程为

$$D_i = \varepsilon_{ij}^s E_j + d_{i\mu} S_\mu \tag{7.4.5a}$$

$$T_\lambda = -e_{j\lambda} E_j + c_{\lambda\mu}^E S_\mu \tag{7.4.5b}$$

式中,ε 称为受夹介电常量,c 是恒电场下的弹性刚度系数,e 是压电应力系数,简称压电系数。

(3)以应力 $T_\mu(\mu=1,2,\cdots,6)$ 和电位移 $D_j(j=1,2,3)$ 作为自变量,压电方程为

$$E_i = \beta_{ij}^T D_j - g_{i\mu} T_\mu \tag{7.4.6a}$$

$$S_\lambda = g_{j\lambda} D_j + s_{\lambda\mu}^D T_\mu \tag{7.4.6b}$$

式中,β 是恒应力下的介电隔离率,简称自由介电隔离率;s 是恒位移下的弹性柔顺系数或开路弹性柔顺系数;g 为压电应力常数。

(4)以应变 $S_\mu(\mu=1,2,\cdots,6)$ 和电位移 $D_j(j=1,2,3)$ 作为自变量,压电方程为

$$E_i = \beta_{ij}^s E_j - h_{i\mu} S_\mu \tag{7.4.7a}$$

$$T_\lambda = -h_{j\lambda} D_j + c_{\lambda\mu}^D S_\mu \tag{7.4.7b}$$

式中,β 是恒应变下的介电隔离率或受夹介电隔离率;c 是恒位移下的弹性刚度系数或开路弹性刚度系数;h 为压电应变常数。

上述四类压电方程组,从不同的角度反映了在不同的边界条件下的压电效应。各组方程中的方程(a)描述的是正压电效应,方程(b)描述的是逆压电效应,所有的方程都是在等温条件下取得的。

2. 电致伸缩效应

电致伸缩效应是一种高阶机电耦合效应,因此要比线性压电效应弱。各种类型的固体电介质都有电致伸缩效应,把应变和极化强度联系起来,该效应通常表示为

$$x_{ij} = Q_{ijkl} P_k P_l \tag{7.4.8}$$

式中,P 为极化强度;Q 为电致伸缩常数,是一个四阶张量,共有 81 个分量,但其独立分量数只有 21 个。对于立方晶系和各向同性的陶瓷电介质,电致伸缩常数的非零独立分量数只有 3 个,分别是 $Q_{11}(=Q_{22}=Q_{33})$、$Q_{12}(=Q_{23}=Q_{13})$、$Q_{44}(=Q_{55}=Q_{66})$。

该效应也可表示成应变与外加电场强度之间的关系

$$x_{ij} = M_{ijkl} E_k E_l \tag{7.4.9}$$

式中,E 为外加在晶体上的电场,x 为应变,M 为电致伸缩常数。

压电效应和电致伸缩效应都是机电耦合效应,但它们对外加电场的响应特性却很不相同。由图 7.22 可见,压电效应是线性耦合效应,当外加电场反向时,材料产生的法向应变也同时反向。电致伸缩所产生的应变则与所加的电场方向无关,并

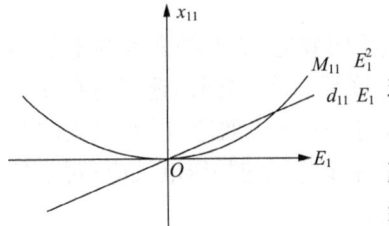

图 7.22 压电效应与电致伸缩效应

呈现抛物线平方关系。

3. 机电耦合系数

机电耦合系数 k 是衡量压电体的机械能-电能转换能力的一个重要参数,具有非常重要的实际意义。

如果在压电体上施加一个外力的作用,外力将使之变形,并通过正压电效应把输入的部分机械能转换为电能,其余部分则使压电体变形,以弹性能的方式存储在压电体中;反之,如果给压电体施加一个外加电压,外电场将使之极化,并通过逆压电效应将输入的一部分电能转换为机械能,其余部分则使压电体极化,以电能的方式存储在压电体中。机电耦合系数定义为

$$k^2 = \frac{\text{机电转换获得的能量}}{\text{输入的总能量}} \tag{7.4.10}$$

机电耦合系数 k 是一个小于 1 的因子。应当注意的是,不要把机电耦合系数看成是能量转换效率。这是因为在压电体中,没有被转换的那部分能量是以电能或是弹性势能的形式可逆的存储在压电体中。k^2 只是表示能量转换的有效程度。例如,一个 $k^2=0.5$ 的压电振子,在谐振时期能量转换效率可高达 90% 以上。

7.5 晶体的铁电性质

7.5.1 自发极化与热释电效应

许多电介质只有在电场的作用下才会发生极化。除去电场之后,极化强度迅速衰减到零。在液体和无定形固体中,即使分子本身的偶极矩很大,极性很强,但由于分子排列的混乱,当外电场为零时,介质对外表现出的宏观极化强度仍然为零。然而在晶体中,情况就变得不同了。如果晶胞本身的正、负电荷中心不重合,也就是说,晶胞具有一定的固有电偶极矩。那么由于晶体结构的周期性和重复性,晶胞的固有电矩便会沿同一方向整齐排列,使晶体处于高度的极化状态之下,由于这种极化状态是在外电场为零时自发建立起来的,因此成为自发极化。

在自然界中,自发极化并不罕见。事实上,在 21 种不存在对称中心的点群中,有 10 种含有单一对称轴的点群可能会产生自发极化。这 10 个点群是 1,m,mm2,2,3,3m,4,4mm,6,6mm。属于这 10 个点群的极性晶体,结构上的单一对称轴便成为极轴,但是否具有自发极化,还要看其组成单元本身(晶胞)是否带有极性。

具有自发极化的单晶是一个永久带电体,应该在晶体的内部和外部建立电场,电场强度取决于晶体的自发极化强度。但用实验的方法却很难发现晶体所带的电荷。这是由于自发极化所建立的电场吸引了晶体内部与外部空间的异号的自由电荷,在试样的表面形成了一个表面电荷层。结果自发极化所建立的表面束缚电荷被外来的表面自由电荷所屏蔽,束缚电荷建立的电场被抵消。但当温度发生改变时,由于离子键的键长和键角发生变化,自发极化强度 P 也将发生变化。这时,被自发极化束缚在表面的自由电荷层就要发生相应的调整,如将电荷释放出来,使得晶体显示出带电状态或在闭合电路中产生电流,这一现象就是热释电效应。具有自发极化的晶体称为热释电晶体。显而易见,应力也会改变晶体内的极化强度,因而热释电晶体总是具有压电效应。

当晶体的温度发生变化时,晶体的自发极化强度 P 也随着发生改变。晶体的热释电效应可

用以下关系给出

$$\Delta P = p \Delta T \tag{7.5.1}$$

式中,p 为热释电系数。由上述可知,热释电效应的首要条件是晶体具有自发极化;其次,要有温度的变化,热释电效应是反映了材料在温度变化条件下的性能。

具有热释电效应的晶体可分为两类:一类是具有自发极化,且自发极化不为外电场所转向的晶体;另一类是自发极化可为外电场所转向的晶体,即铁电体。这些铁电晶体中的大多数经过强直流电场的极化处理之后,能从各向同性变成各向异性,并具有剩余极化,就像单晶一样呈现热释电效应。在居里点附近,自发极化急剧下降,而远低于居里点时,自发极化随温度的变化就相对较小,即在居里点附近,热释电晶体具有较大的热释电效应。

7.5.2 铁电体与电畴

在电介质晶体中,有一类很重要的压电晶体,这类晶体由于正负电荷的分离,在没有外加电场时,在某一温度范围内可自发极化,且极化强度随外电场的反向而反向,这类晶体称为铁电体。

上节讨论了热释电晶体,其自发极化只能出现在晶体的某几个特定的晶向上,且其自发极化强度 P 很高,晶体已经处于高度极化状态。对于普通的线性电介质,即使加上接近电介质击穿电压的外电场,也很难达到这种高度的极化状态。因此,外电场很难使热释电体沿空间任意方向取向。但有少数的热释电体,其自发极化强度矢量却能在外电场的作用下,沿某几个特定的晶向重新定向。这种热释电体就是铁电体。铁电体是热释电体的一个亚类,自发极化能被外电场定向是其最重要的特性。总体而言,铁电体具有压电性和热释电性。

铁电体在晶体内部退极化电场的作用下,会分裂出一系列自发极化方向不同的小区域,使其各自所建立的退极化电场互相补偿,直至整个晶体对内、对外均不显示出电场为止。这些由自发极化方向相同的晶胞所构成的小区域称为电畴,相邻电畴的界面称为畴壁。

一般来说,如果铁电晶体的种类已经明确,则其畴壁的取向就可以确定。电畴壁的取向可由下列条件来确定:

① 晶体形变的连续性:电畴形成的结果使得沿畴壁而切割晶体所产生的两个表面是等同的。
② 自发极化分量的连续性:两个相邻电畴的自发极化在垂直于畴壁方向的分量相等。

如果条件①不满足,则电畴结构会在晶体中引起大的弹性形变。如果条件②不满足,则在畴壁上会出现表面电荷,从而增加静电能,在能量上变得不稳定。

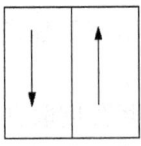
(a) 180°畴壁

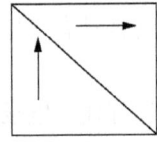
(b) 90°畴壁

图 7.23 电畴畴壁的取向

如图 7.23 所示,图 7.23(a)称为 180°畴壁,而图 7.23(b)称为 90°畴壁。现在以典型的铁电体 $BaTiO_3$(BT)为例,来说明电畴壁的取向。其在 5~120℃ 温度范围内属于四角晶系,为铁电相,满足上述 2 个条件的电畴结构有两种可能的情况,即图 7.23(a)和图 7.23(b)。

四角晶系的 BT 的电畴壁及 90°畴结构示意图如图 7.24 所示。由于在铁电体中电畴不能在空间任意取向,只能沿着晶体的某几个特定的晶向取向,故所允许的晶向取决于铁电体的对称性。对于 BT 而言,其在室温下为四方结构,4mm 点群。因而其电畴只有两大类:相邻电畴的自发极化方向反平行的 180°电畴和相互垂直的 90°电畴。反平行电畴之间的界面称为 180°畴壁,而相互垂直的电畴之间的界面则为 90°畴壁。

电畴壁的内部情况较为复杂,实验及理论分析表明,电畴壁很薄,只有几个晶胞的厚度。BT 晶体中的 180°畴壁大约只有 5~20Å,相当于 1~5 个晶胞的厚度。90°畴壁上的晶胞要发生反常

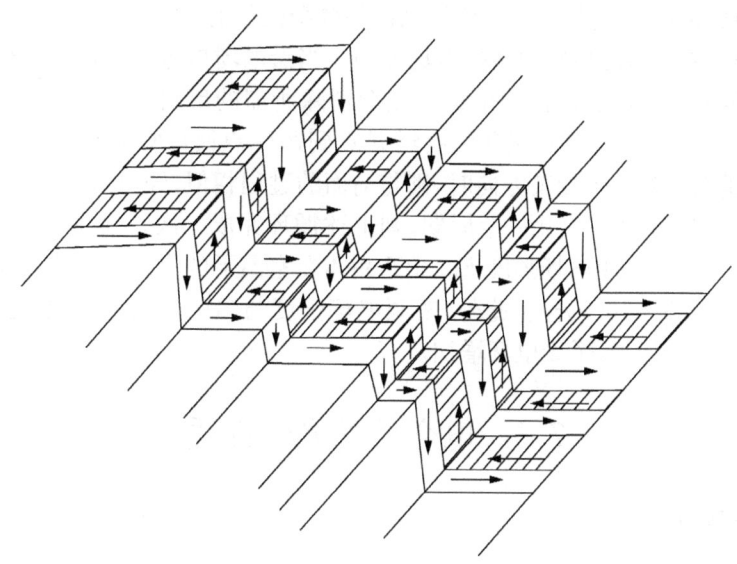

图 7.24 典型的铁电体 BaTiO$_3$(BT)的畴壁结构

的应变,其厚度稍大,大约有 50～100Å,相当于 10～20 个晶胞的厚度。一般认为,对畴壁能的主要贡献是来自相邻电畴的静电相互作用和弹性应变能。

7.5.3 电滞回线

电滞回线是电解质铁电性的一个最重要的特征。铁电体的自发极化在外电场作用下的重新定向并不是连续发生的,而是在外电场超过某一临界电场强度时发生的,这就使极化强度 P 滞后于外加电场 E。当电场发生周期性变化时,P 和 E 之间便形成了电滞回线关系。

图 7.25 为一个铁电体的典型电滞回线。假定铁电体在外电场为零时,晶体中的各个电畴相互补偿,晶体对外的宏观极化强度为零,其状态处在图中的 O 点。如果沿着晶体某一可能发生自发极化的方向加上电场,当电场超过电畴反转的临界电场时(图 7.25 中的 A 点),与外电场方向不一致的反平行畴与正交畴中便有许多新的电畴产生。随着新电畴的不断生长和 90°畴壁的侧向移动,与电场方向不一致的畴逐渐消失,沿着电场方向的电畴逐渐扩大,直到晶体中所有的电畴均转向外电场的方向,整个晶体变成一个单一的极化畴。这一过程相当于图中由 O 点经过 A 点到达 B 点。此时,所有电畴均沿着外电场取向,达到了饱和状态。

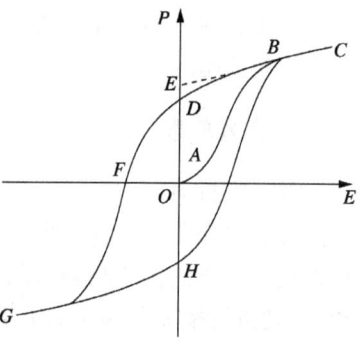

图 7.25 铁电体的电滞回线

当电场继续增加时,极化强度已经不可能由于畴的转向而大幅增加,只能像普通电介质一样,通过电子和离子的位移极化沿着直线 BC 稍稍增加。当电场强度达到 C 点时,相对应的极化强度 $P_\mathrm{m}=P_\mathrm{s}(OE)+\alpha E_\mathrm{m}$。其中 α 为晶体的电子、离子位移极化率。当到达 C 点后,减小外电场,极化强度沿着 CB 缓慢下降。当外电场下降到零时,极化强度并不沿着原路返回零点,而是大体保持着在强电场下的状态,并有少数嘴部稳定的区域分裂出反向电畴。极化强度沿着 CB 下降到 D 点,这时的剩余极化强度为 $P_\mathrm{r}(OD)$。剩余极化强度 P_r 比自发极化强度 P_s 小,这是由于分裂出来的少量反向畴使得整个晶体对外呈现的宏观平均极化强度减小了。而此时,在每个电畴内部,局部的极化强度仍然是 P_s。要把晶体的剩余极化消除,需加上反向电场,随着反向电场的增加,晶体中越来越多的畴转向新的电场方向。当沿电场与逆电场方向的电畴体积相等时,晶体的宏观极化强度为零,此时,把剩余极化完全消除所需的反向电场强度称为矫顽电场强度 $E_c(OF)$。电场继续在反向增加时,极化强度经 F 点到达 G 点使得所有电畴都在反方向上定向。

当反向电场重新下降并改变其方向时,则与前面的过程相似,经由 GH 返回到 C 点,完成整个电滞回线 $CDGHC$。电场每变化一个周期,则上述循环完成一次。描述电滞回线最重要的参数为自发极化强度 P_s 和矫顽电场强度 E_c。BT 晶体在室温下的自发极化强度 $P_s=0.26 \mathrm{C/m^2}$,矫顽电场强度 $E_c=1.5\times 10^5 \mathrm{V/m}$。此外,矫顽电场强度与温度和频率有关,通常,随着温度增加,矫顽电场下降,频率增加,矫顽电场增加。

7.6 电介质的光学性质

7.6.1 折射率与双折射

1. 折射率

对光透明的物质的折射率 n 等于光在真空中的速度 c 与光在介质中的速度 v 之比。

$$n=c/v \tag{7.6.1}$$

式中,$c=1/\sqrt{\varepsilon_0 \mu_0}$,$v=1/\sqrt{\varepsilon \mu}$,对于非磁性介质,有 $\mu=\mu_0$。因此,有

$$n=\sqrt{\varepsilon/\varepsilon_0}=\sqrt{\varepsilon_r} \tag{7.6.2}$$

式中,ε_r 是介质在光频下的相对介电常量。物质的折射率主要取决于介质中原子的极化率及其堆积密度。原子的高极化率和其紧密堆积结构都会导致物质的高极化率。许多电介质晶体的折射率都很高。

由于大部分的电介质的禁带宽度在 5eV 以上,因而在可见光频段,即波长为 400~800nm 的范围内是透明的。

2. 色散现象

晶体的折射率与光的频率(或波长)有关,这被称为色散现象。光是一种电磁波,色散现象是电磁波对电介质作用的结果。为了得到极化率和折射率与电磁波频率的关系,就需要找到在电场作用下电子的位移与频率的关系。可以将电子在电场力的作用下的运动看成是受迫简谐运动,得到折射率 n 与频率的关系

$$n(\omega)=1+\frac{n_0}{2\varepsilon_0}\cdot\frac{e^2}{m}\cdot\frac{\omega_0^2-\omega^2}{(\omega_0^2-\omega^2)+\gamma^2\omega^2} \tag{7.6.3}$$

由式可见,当 $\omega<\omega_0$ 时,$n(\omega)$ 随频率的增加而增加,这就是色散现象。实际电介质材料的色散现象很复杂,这主要是材料中引起色散现象的外层电子有很多种,其固有振动频率各不相同。

当外场频率远小于固有频率时,即 $\omega\ll\omega_0$,上式可简化为

$$n(\omega)=1+\frac{n_0}{2\varepsilon_0}\cdot\frac{e^2}{m} \tag{7.6.4}$$

当外场频率接近固有振动频率时,电子的振幅很大,以至于可以挣脱原子核对其的吸引力,从价带跃迁到导带。据此,温普尔提出,氧化物的折射率与其禁带宽度 E_g 有关

$$n\approx\sqrt{1+15/E_g} \tag{7.6.5}$$

式中,E_g 的单位为 eV。许多光电子材料都希望有高的折射率。从这一角度上看,禁带宽度小的半导体材料比较容易满足对折射率的要求。

3. 双折射

晶体的折射率 n 是各向异性的,并可用光率体来形象表示。由麦克斯韦理论可知,对应于同一波前法向方向,有两个面偏振的波在晶体中传播,这两个波的传播速度不同,把这两个波的 c/v 比值也不相同,这一现象被称为双折射。双折射可用这两个波的折射率之差来表示。

光在不同偏振面的折射率之间的关系,可用光率球来表示,其表示的是沿电位移 $\boldsymbol{D}$ 矢量方向上的折射率在空间的分布。由光率体中心向其表面作一径向矢量代表电位移的振动方向,而这一径向矢量的长度就代表了波的振动方向平行于该矢量时的折射率。如果 x_1,x_2 和 x_3 轴是晶体的介电常量张量的主轴,则光率体可由下式的折射率椭球方程表示

$$\frac{x_1^2}{n_1^2}+\frac{x_2^2}{n_2^2}+\frac{x_3^2}{n_3^2}=1 \tag{7.6.6}$$

7.6.2 电光效应

外加电场可使电介质的折射率或介电常量改变,从而使光的传播特性发生改变,这种现象称为电介质的电光效应。在一般情况下,电场 E_0 对晶体折射率的影响可用下式表示

$$n=n_0+aE_0+bE_0^2+\cdots \tag{7.6.7}$$

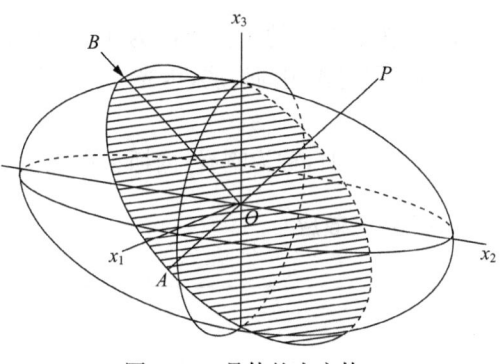

图 7.26 晶体的光率体

式中,由电场的一次线性项 aE_0 造成的折射率变化称为一次电光效应,或是普克尔(Pockels)效应。由二次项 bE_0^2 所造成的折射率变化称为二次电光效应,或是克尔(Kerr)效应。一次电光效应类似于压电效应,只能出现在没有对称中心的晶体中。而二次电光效应则存在于所有的电介质中。

7.6.3 弹光效应

弹性应变使得许多铁电体和非铁电体的折射率发生变化,这种现象称为弹光效应。如果晶体的弹性应变是由晶体内部通过压电效应产生的,或是从外部施加的声波造成的,则这一现象称为声光效应。

若沿晶体的主轴方向时间单轴应力 X,且光波的电位移矢量也沿晶体的主轴方向,则折射率与应力的关系为

$$n=n_0+a'X+b'X^2+\cdots \tag{7.6.8}$$

对于具有对称中心的晶体,电场反向时,晶体内部离子间的相对位置没有什么变化,晶体的折射率不发生变化,但应力反向,即由张应力变成压应力时,晶体内部离子的相对位置不同,从而晶体的折射率发生改变。因此,这些晶体尽管没有一次电光效应,却会产生一次弹光效应。

7.6.4 声光效应

声光效应是指声波与光波的相互作用,具体来说,就是光波被介质内的超声波衍射或散射的现象。当介质中存在弹性应变时,介质的光学性质就会发生改变,即介质的折射率发生改变,从

而影响到光在介质中的传播特性,这叫做弹光效应,也叫光弹效应。由于声波是弹性波,因此,声光效应是弹性效应的一种表现。

光在各向异性介质中传播,满足折射率椭球方程。当介质中存在声波时,内部的弹性形变导致折射率发生改变,折射率椭球方程修正为

$$\left[\left(\frac{1}{n^2}\right)_{ij}+\Delta\left(\frac{1}{n^2}\right)_{ij}\right]x_ix_j=1 \tag{7.6.9}$$

在线性近似条件下,$\Delta\left(\frac{1}{n^2}\right)_{ij}$ 与介质中的应变 u_{kl} 存在以下关系

$$\Delta\left(\frac{1}{n^2}\right)_{ij}=P_{ijkl}u_{kl} \tag{7.6.10}$$

式中,P_{ijkl} 是个对称的四阶张量,称为应变弹光系数。

由于声光介质的折射率周期性变化,对入射光波的相位做了调制。这样可以把有声波传播的介质视为一个位相光栅,光栅常数等于声波波长 Λ,衍射光线的性质与调制参量 ν 有关

$$\nu=k_0\delta nl \tag{7.6.11}$$

式中,k_0 为真空中的光波数,l 为相互作用长度。

按照相互作用的强弱,声光衍射可分为两类,定义一个无量纲的 Q

$$Q=K^2l/k \tag{7.6.12}$$

当 $Q\gg 1$ 时,称为喇曼-内斯型声光衍射;当 $Q\ll 1$ 时,称为布拉格型声光衍射。

7.6.5 热光效应

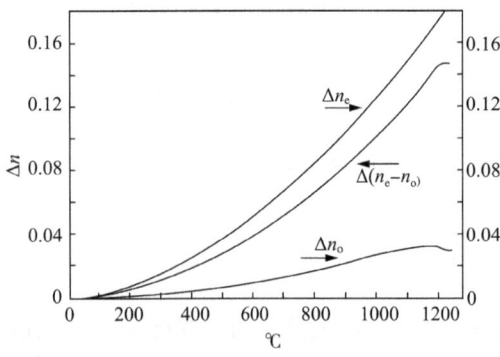

图 7.27 铌酸锂的折射率温度曲线

当介质中温度发生变化时,其光学参数折射率 n 和双折射 Δn 均发生很大的变化,这就是热光效应。实际上,弹性波在介质中传播时,由于热弹效应,介质会发热;电场引起的传导电流,也会通过发热使得介质温度上升。通常最强烈的热光效应出现在相变附近,如由铁电相转变为非铁电相。光学性质随温度的强烈变化常常仅发生在某一特定的温度范围内,且双折射的变化常常比折射率的变化大。

有些材料中,热光效应是由温度引起的光率体半轴长度的变化,而有些材料则是由于光率体的旋转。

7.7 钛酸钡的结构与性质

7.7.1 铁电材料的分类

自从在酒石酸钾钠晶体上发现铁电性质以来,铁电材料的发展极为迅速。目前发现具有铁电性的晶体材料已有千余种。铁电晶体材料分布很广,从化学结构角度来看,有酒石酸盐、磷酸盐、砷酸盐、硫酸盐、双氧化物等;从结晶学角度来看,铁电晶体顺电相的对称性包括了从立方晶系到单斜晶系的许多晶类。铁电晶体材料的居里温度范围从大约 -263 ℃(酒石酸铊锂)到 1500 ℃(钛酸澜)。自发极化的数量级约从 $10^{-7}\sim 10^{-4}$ C/cm^2。由于铁电材料分布非常广泛,因

而分类方法比较多,主要分类方法有以下几种:

(1)按照结晶化学分类。

铁电晶体材料根据其成分和结构的某种特征可分为两类:一类是含有氢键的晶体,如 TGS、KDP、KNT 等,这类晶体通常是从水溶液中生长出来的,又称软铁电体。另一类是双氧化物晶体,如 $KNbO_3$、$Cd_2Nb_2O_7$、$BaTiO_3$、$LiNbO_3$ 等。这类晶体在结构上常具有氧八面体结构基元,并在氧离子之间的空隙中填有阳离子。这种分类法便于从结构方面去研究铁电体。

(2)按照铁电体极化轴的多少分类。

按照这种方法,可将铁电晶体分为两类:一类是只含单一的极化轴的铁电晶体,如 KDP、KNT、硬硼钙石等。另一类是可沿几个晶轴方向极化的铁电晶体,这些晶轴在顺电相的晶体中是等同的,如 $KNbO_3$、$BaTiO_3$、铁电矾类等。这种分类法便于研究铁电畴。

(3)按照晶体在顺电相有无对称中心来分类。

按照这种方法,可将铁电晶体分为两类:一类是在顺电相时没有对称中心,即具有压电效应的晶体,如 KDP、KNT 型晶体。另一类是顺电相时有对称中心,即没有压电效应的晶体,如 $BaTiO_3$、TGS 及与之同型的晶体等。这种分类法适用于铁电相转变的热力学处理。

(4)按照顺电-铁电相转变的微观机制分类。

按照这种方法,可将铁电晶体分为两类:一类是位移型转变的铁电晶体,如 $BaTiO_3$ 等具有氧八面体结构的双氧化物。另一类是有序-无序型转变的铁电晶体,如 KDP、TGS 等含有氢键的化合物。一般来说,位移型转变多属于一级相变,而有序-无序型相变多属二级相变。这种分类法适于研究铁电体的相变特性。

铁电晶体材料之所以发展很快,种类繁多,是由铁电晶体本身的一些特点决定的。

首先,铁电晶体必然是热释电晶体、压电晶体和电介质晶体。具有铁电性的晶体在许多方面的应用,远比利用铁电现象本身广泛得多。一些性能优良的压电晶体(如 LN、LT、$BaTiO_3$)、非线性电光晶体(KDP 型晶体)和热释电晶体(如 TGS、BSN)等,大部分都是铁电体。在现代技术中十分有用的声-热-电-光-磁-力等交互效应,在铁电晶体中也都普遍存在,有的铁电晶体(如 LN)甚至几种效应都很突出,就不能不引起人们对铁电材料的巨大兴趣。

其次,对于铁电现象本身的研究,很有理论价值和实用前景。特别是对于铁电晶体的相变和临界现象的研究,已从传统的热力学唯象理论发展到晶格动力学理论(即软模理论)。目前虽然利用铁电本性还很少(如利用其高介电常量制作大容量的电容器等),但随着对铁电现象研究的深入,铁电性在信息存储、固体显示等方面都将显示出巨大的应用前景。

7.7.2 钛酸钡的晶体结构

钛酸钡是第一种被发现具有铁电特性的陶瓷材料。钛酸钡是钙钛矿($CaTiO_3$)的同构体,因而也被称为钙钛矿结构。一般的钙钛矿晶体结构为 ABO_3 型,该结构基于 AO_3 的立方密堆积结构。在 AO_3 中,A 离子周围有 12 个氧离子,而 B 离子则位于八面体位的间隙处,如图 7.28 所示。由图 7.28 所示的堆积结构可见,各个离子半径之间满足下列关系

$$R_A + R_O = 2(R_B + R_O) \tag{7.7.1}$$

对于许多其他具有钙钛矿型结构的化合物,由于 A 离子和 B 离子的大小有一些小的偏差,上述关系式不能严格成立,因而式(7.7.1)可改写为

$$R_A + R_O = 2t(R_B + R_O) \tag{7.7.2}$$

式中,t 称为容差因子,其典型值为 $0.95 < t < 1.06$,如在 $SrTiO_3$ 中,$t=1$。当 $t \neq 1$ 时,表明有效

的晶格畸变产生,使得晶格能最低。这一晶格畸变对晶体的介电特性有显著的影响。

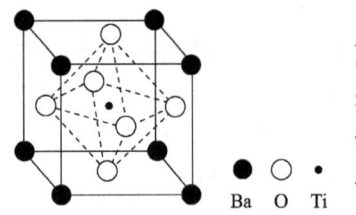

图 7.28 BaTiO₃ 的单位晶胞结构

在居里点以上(大概为 130℃),钛酸钡的单位晶胞结构为立方结构,如图 7.28 所示。在居里点温度以下,其单位晶胞结构发生轻微形变,成为四方晶系结构,此时,电偶极矩沿 c 轴方向。其他晶格形变发生在温度接近 0℃ 和 −80℃ 时。温度低于 0℃ 时,单位晶胞结构为正交晶系,极化轴与面对角线平行;温度低于 −80℃ 时,单位晶胞结构为三方晶系,极化轴与体对角线平行,如图 7.29 所示。

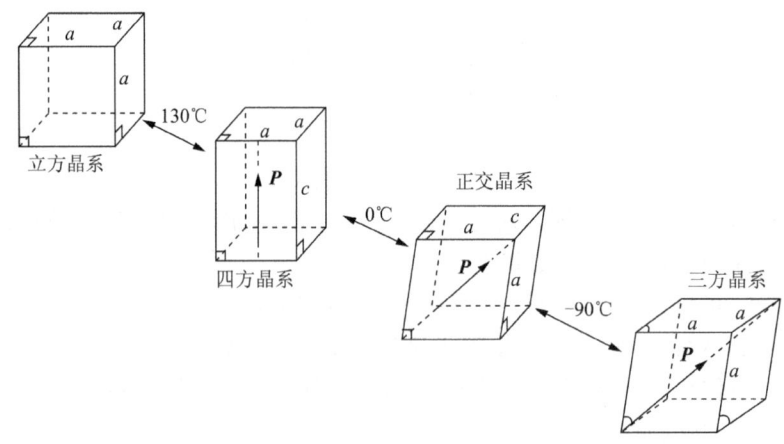

图 7.29 在不同温度条件下,钛酸钡晶体结构的变化

现在来考虑伴随着晶格结构由立方晶系转变为四方晶系时的离子位移情形,这有助于深入了解自发极化过程。X 射线研究表明,在四方晶系中,氧离子还是像在立方晶系中那样占据 4 个中心位置,而其他离子则会发生轻微的位移,如图 7.30 所示。很显然可以看到位于中间位置的 Ti^{4+} 离子会与其中的一个标记为 A 的氧离子接近,而位于 A 另一侧的 Ti^{4+} 离子则会远离该氧离子,以使得能量降低。因而按照能量最低原理的要求,同一个晶胞内的其他 Ti^{4+} 离子都会发生同样的位移。相邻晶胞之间的耦合使得 Ti^{4+} 离子都会发生在同一个方向。而与此相反的是,在正交晶系钙钛矿结构的 $PbTiO_3$ 中,相邻晶胞中的 Zr^{4+} 离子的位移方向相反,因而整个电偶极矩为零,这样的结构称为反铁电性结构。

铁电性质的出现是和晶格的畸变分不开的。自发极化伴随着机械应力的产生,引起结构的形变。当温度降低时,钛酸钡经历三个过渡,沿不同

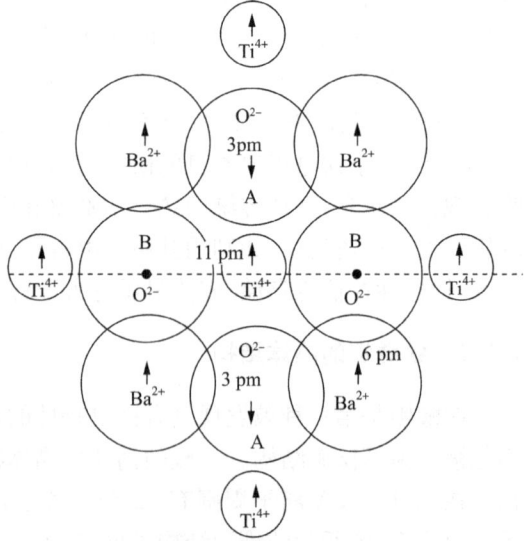

图 7.30 钛酸钡晶体中,立方晶系-四方晶系形变时的离子位移

的方向极化,晶格亦取不同的结构。图 7.31 表示在钛酸钡的 c 轴(极化轴)伸长,a 轴缩短的情况。没有内应力的钛酸钡单晶,在从立方对称的非铁电相转变为四方对称的铁电相时,有潜热伴随(即熵不连续),称为第一级相变。

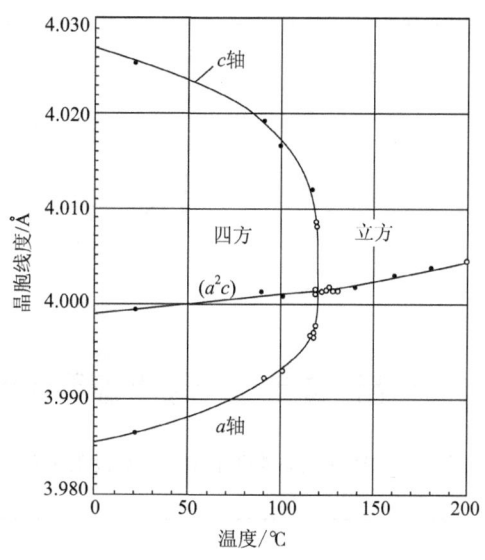

图 7.31 钛酸钡晶体晶轴长度的变化

7.7.3 钛酸钡的铁电性质

在温度不太高(低于 130℃)时,钛酸钡具有明显的铁电性质。在室温附近(20℃左右),它的介质常数可达 4000,单晶的电滞回线接近方形。钛酸钡具有较为独特的铁电性质。以下讨论结构对极化的影响,以及介电常量、饱和极化强度及电滞回线等铁电性质。

1. 晶体结构对极化的影响

在温度高于 130℃时,钛酸钡的结构具有立方对称性,此时并无铁电性;当温度降至 130℃时,其结构变为四方晶系,有三个互相垂直的对称轴 a、a、c。结构分析表明,c 轴略有伸长,$c/a=1.01$,此时它具有沿 c 轴自发极化的特性,因而呈现出明显的铁电性质。用很小的外电场加在单晶体 a 轴方向所测量的介电常量可达 6000,可是当外场沿 c 轴作用时,介电常量仅数百。这两种情况下所得到的介电常量相差很大表明,在外场作用下,离子容易沿垂直于极化轴的方向发生位移。当温度降至 0℃附近时,晶体结构则转变为正交晶系(三个互相垂直的 a、b、c 轴),晶体的对称性下降,此时它也具有铁电性质,自发极化沿原来立方体的[011]方向发生,亦即原来的两个 a 轴都变为极化轴了。如果温度继降至 -80℃附近,晶格结构变为三方晶系,对称性继续下降,此时晶体仍具有铁电性质,极化沿原来立方体的[111]方向,表示原来三个 a 轴都成为极化轴。

从上述分析可以看出,钛酸钡具有三个铁电相,分别对应三种不同的晶格结构,从而有三个过渡温度。在居里点(130℃)时的过渡常称为上过渡。温度越低,晶格的对称性越低,而极化轴的数目增加,这些极化轴都是原来立方结构时的晶轴(a 轴),它们在顺电相时是等价的。钛酸钡的介电常量及饱和自发极化强度与温度的关系,分别如图 7.32 和图 7.33 所示。图中在 0℃ 及 -80℃附近处,以向下的箭头表示温度降低时的情形,向上的箭头表示温度升高时的情形。由于温度变化的方向不同,在 0℃ 及 -80℃时,介电常量及自发极化强度的曲线在上升段和下降段并不重合,这表明相变过程中有"热滞"存在。由于四方结构的铁电性质主要体现在室温附近的范围内,这就使钛酸钡在这一温度范围内的铁电性质显得尤为重要。

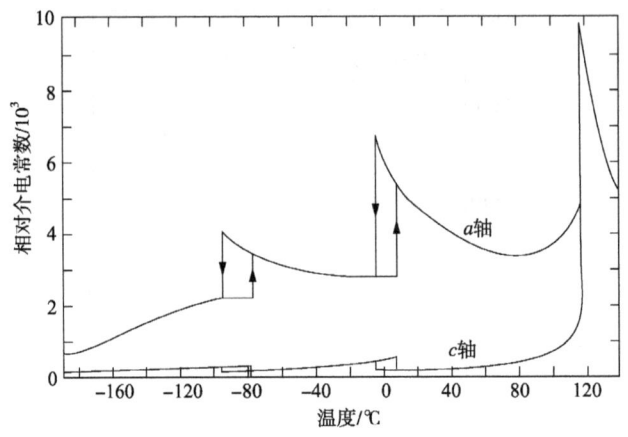

图7.32 钛酸钡晶体介电常量与温度的关系

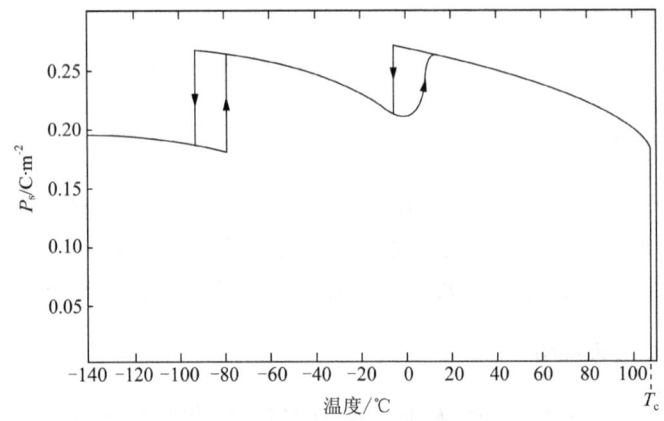

图7.33 钛酸钡晶体饱和极化强度与温度的关系

2. 铁电性质

铁电相结构的对称性,总比非铁电相低。在高于居里点时,钛酸钡的介电常量和温度的关系遵从居里-外斯定律

$$\varepsilon = \frac{1.7\times 10^5}{T-T_c} \tag{7.7.3}$$

值得注意的是,钛酸钡的介电常量 $c=1.7\times 10^5 K$,数值相当大。

晶体中自发极化的产生表现为出现明显的表面电荷密度和与之相伴的退极化场 E_D,如图 7.34(a)所示。在退极化电场作用下,与极化过程相联系的能量可以通过如下的方式达到最小,即晶体内部被分成若干与极化方向相反的区域,如图 7.34(b)所示。这些区域称为电畴。由于极化方向反平行,这些电畴的畴壁被称为 180°畴壁。在与某一极化方向平行的外电场的作用下,这种多电畴结构能转变成单电畴结构。晶体中应力的存在会导致 90°畴壁的出现,这样会使得晶体内部的应力最小。例如,当钛酸钡陶瓷的温度被冷却到居里温度以下时,某些晶粒会出现大的机械应力,从而导致 90°畴壁的出现。

通过对未极化的陶瓷样品进行打磨和刻蚀,可观察到清晰的钛酸钡的电畴结构,如图 7.35(a)所示。对于平行的极化电畴,其主要特征是极化方向有 90°的改变。简单电畴结构的示意图

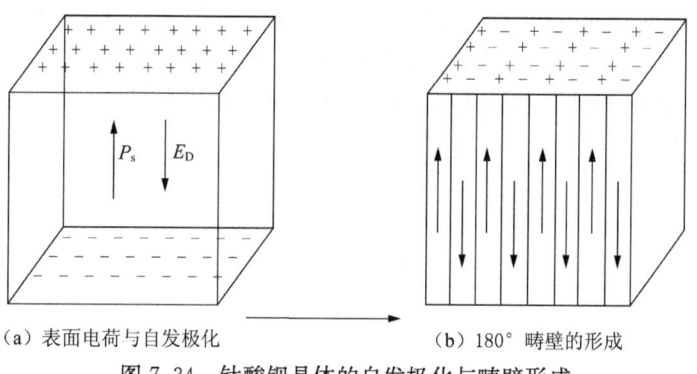

(a) 表面电荷与自发极化   (b) 180°畴壁的形成

图 7.34 钛酸钡晶体的自发极化与畴壁形成

见图 7.35(b)所示。畴壁的厚度大概在 10nm 数量级,且随温度和晶体纯度的不同而发生改变。畴壁的能量大概在 $10\text{mJ}\cdot\text{m}^{-2}$。

(a) 经抛光和刻蚀后的未极化钛酸钡陶瓷表面

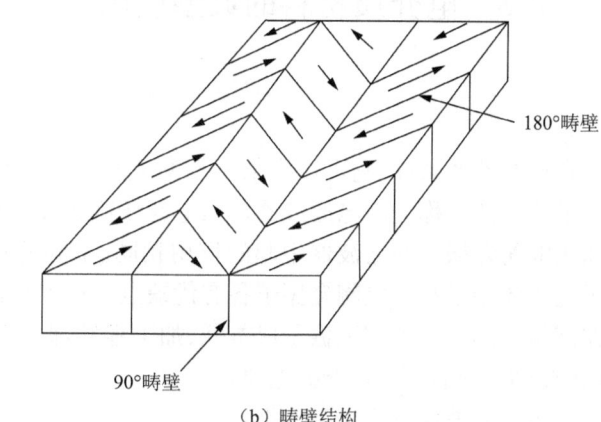

(b) 畴壁结构

图 7.35 钛酸钡陶瓷的畴壁结构

钛酸钡单晶中单电畴的电滞回线如图 7.36(a)所示。电滞回线中几乎垂直的部分的出现是由于自发极化时,极化方向相反的 180°畴壁的成核及生长所造成的。电滞回线中几乎平行的部分表示的是饱和状态,也就是说,晶体处于单电畴状态,在其极化方向上测得其介电常量为 160,如图 7.32 所示。在室温条件下,外加电场的频率为 50Hz 时,测得矫顽电场为 $0.1\text{MV}\cdot\text{m}^{-1}$,饱和极化强度为 $0.27\text{C}\cdot\text{m}^{-2}$。对于电场强度处于 $10\sim100\text{MV}\cdot\text{m}^{-1}$ 的范围内时,电滞回线呈现出窄椭圆形,即瑞利回线,其极化主轴平行于电滞回线中的水平部分。

陶瓷材料的电滞回线随其组成和结构的不同而有所改变,其典型的电滞回线如图 7.36(b) 所示。在单晶中,矫顽电场较小且剩余极化强度较高。但在钛酸钡陶瓷中,180°畴壁和 90°畴壁构型同时发生变化,且这些畴壁的变化受到陶瓷材料中缺陷和内部应力的阻碍,因而其矫顽电场较高且剩余极化强度较小。

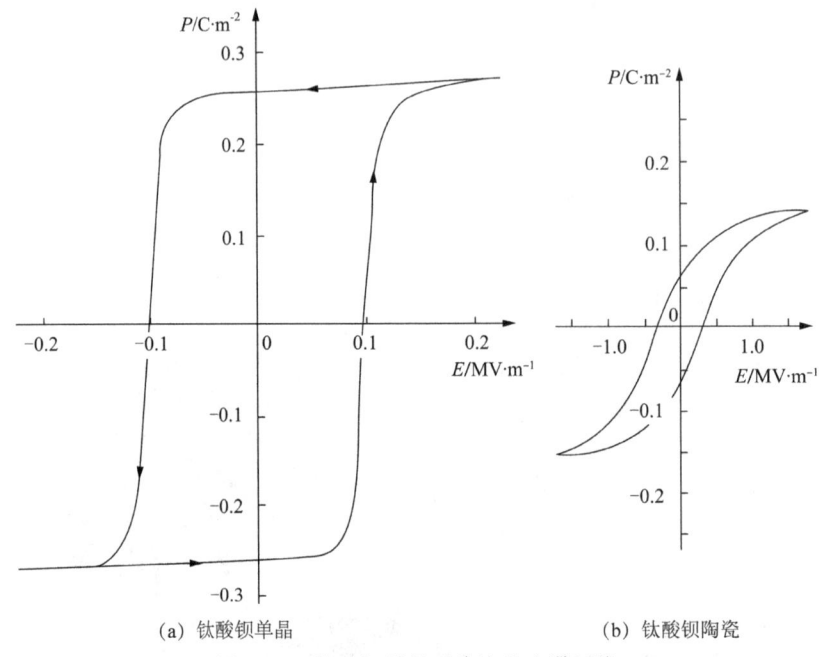

(a) 钛酸钡单晶　　　　　(b) 钛酸钡陶瓷

图 7.36　钛酸钡单晶及陶瓷的电滞回线

7.8　电介质材料的典型应用

7.8.1　压电器件

滤波器是一种对频率有选择性的器件,它可以将某一频率或某一频率范围内的信号分选出来或抑制掉。含有压电振子的滤波器称为压电滤波器。压电滤波器又分为晶体滤波器和陶瓷滤波器两大类。压电晶体和压电陶瓷振子在滤波器中起的作用相同,不同的只是晶体材料和陶瓷材料的特性有所差别。压电晶体振子和压电陶瓷振子各有优缺点。压电晶体振子损耗小、Q_m 的值高、稳定性好,可工作在高频范围。压电陶瓷振子成本低、加工容易,振子特性可通过调整材料配方进行调整,其稳定性和 Q 值也都优于 LC 谐振电路。

按结构和工作原理可将压电滤波器分为以下几类:

(1)利用二端振子组成的滤波器。

把压电振子当作一个二端元件使用,由振子或由振子与电感、电容综合构成滤波器。按电路结构,可以组成 L 型、T 型、π 型和桥型滤波器,如图 7.37 所示。

(2)机电耦合型滤波器。

机电耦合型的压电滤波器有多种形式。这类滤波器的特点是利用压电元件的换能作用、机械谐振以及声耦合来完成滤波作用。通常,滤波器含有两个以上的电极。在一对电极上加输入信号,通过声耦合和机电转换,然后在其他电极上取出输出信号。

(3) 能陷滤波器。

厚度伸缩或厚度切变时,电磁波在压电基片上传播时出现所谓能陷现象,据此现象可制成能陷模滤波器。在一个压电基片可制成单节或多节滤波器,这种滤波器又称单片滤波器。

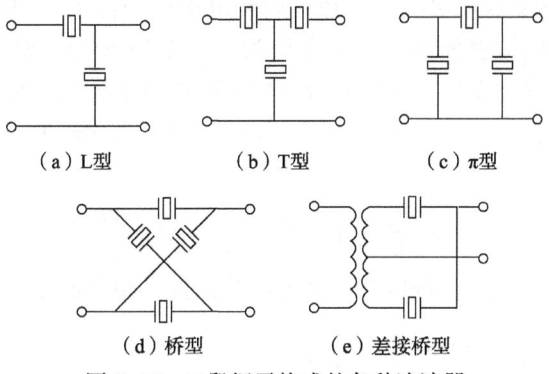

图 7.37　二段振子构成的各种滤波器

(4) 表面波滤波器。

在一个压电基片上,设置输入和输出叉指换能器,利用声表面波和叉指换能器的带通特性来完成对电信号的滤波作用,这种滤波器称为表面波滤波器。

L 型、π 型和 T 型滤波器称为梯形滤波器。在梯形滤波器中,L 型基本节,两个 L 型可以链接成一个 T 型或 π 型滤波器。用振子组成的 L 型滤波器和等效电路如图 7.38 所示。图 7.38 中 Z_1 是串臂振子,Z_2 是并臂振子,使串臂振子的谐振频率 f_{r1} 和并臂振子的反谐振频率 f_{a2} 相等,即可构成一个带通滤波器。滤波器的理想衰减特性如图 7.39 所示,f_{c1} 和 f_{c2} 是截止频率。衰减峰频率 $f_{\infty 1}=f_{a1}$,$f_{\infty 2}=f_{r2}$,滤波器的理想带宽为 $\Delta f=f_{c2}-f_{c1}$,阻带衰耗和串并臂振子的静电容比 C_{02}/C_{01} 有关,C_{02}/C_{01} 越大,则阻带的衰减就越大。

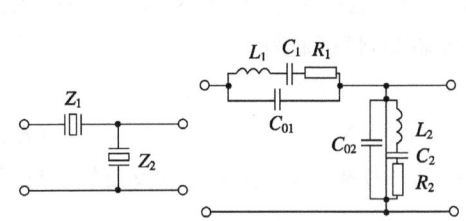

图 7.38　L 型滤波器及等效电路

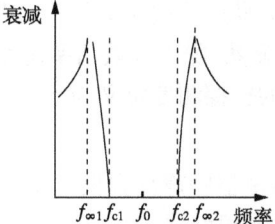

图 7.39　双振子 L 型滤波器理想衰减特性

压电滤波器种类多,其电气性能好、体积小、稳定性好,故广泛应用于有线和无线通信、卫星通信、雷达、电视、收录机、遥测、导航以及测量等方面。压电滤波器在电子器件及其设备中占有重要地位。

7.8.2　热释电红外探测器

红外探测器是用来探测物体红外辐射能量的一种器件,它可将外界辐射能量吸收后转变为易于测量的电信号或其他形式的量。根据其工作原理可分为光子探测器和热探测器两大类。热释电探测器属于后一类,它利用热释电效应探测红外辐射能量,在很宽的光谱范围内具有相同的响应,且这种响应只受探测敏感元件对红外辐射的吸收能力限制。通过使用适当的黑体涂层,可拓展敏感元件的光谱响应范围。

热释电红外探测器是由一块薄的热释电晶片和放大器构成的,如图 7.40 所示。热释电材料既是一个热传感器,也是一个电容性元件。热释电晶片的电极有面电极和边电极两种。在这两种结构中,热释电材料的极化轴均需垂直于电极表面。经调制的入射辐射可直接由晶片吸收,也可由涂黑了的电极及其他吸收层吸收。在热平衡和电平衡条件下,热释电介质表面的束缚电荷由杂散自由电荷所补偿,电极表面的总自由电荷为 $Q=AP_s$(A 为电极的表面面积)。探测器吸收辐射后,介质的温度将发生变化,从而引起晶体极化状态的改变。由于热释电效应,晶片两电极表面的表面电荷也随之发生改变,并在回路中出现正比于入射辐射功率的电输出信号(即热释电电流)

$$i=\frac{dQ}{dt}=A \cdot \frac{dP_s}{dT} \cdot \frac{dT}{dt}=Ap\frac{dT}{dt} \tag{7.8.1}$$

该电流在负载上产生电压信号,测量该电压就可推算出红外辐射的功率。

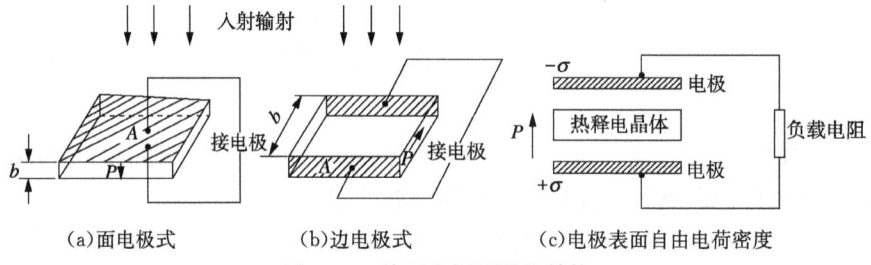

(a)面电极式　　(b)边电极式　　(c)电极表面自由电荷密度

图 7.40 热释电探测器的结构

热释电探测器的性能用电压响应率 R_v、噪声等效功率 NEP 和比探测率 D^* 描述。压电响应率定义为单位入射功率在传感器上产生的电压均方根值

$$R_v=V_0/P' \tag{7.8.2}$$

式中,P' 是入射功率的均方根值,V_0 是电压的均方根值。

探测器的噪声等效功率 NEP 定义为在指定的噪声带宽 Δf 下,信噪比 $S/N=1$ 时的入射功率 P' 的值。显然,噪声等效功率越小,探测器的灵敏度越高,性能越好。

探测器的比探测度定义为

$$D^*(T,f,\Delta f)=R_v\sqrt{A\Delta f}/N \tag{7.8.3}$$

式中,N 为探测器噪声均方根电压,f 为调制入射频率,Δf 为噪声带宽,A 为电极面积。D^* 值越大,探测器性能越好。

热释电材料性能的好坏,是决定热释电探测器的关键因素之一。通常采用以下两个参数来进行衡量热释电材料的性能。

探测度优值

$$\text{FOM}_m=\frac{p}{C_V(\varepsilon_r\tan\delta)} \tag{7.8.4}$$

式中,$\tan\delta$ 为材料的介电损耗,p 为热释电系数,C_V 为材料的体积比热,ε_r 为相对介电常量。

电压效应优值

$$\text{FOM}_m=\frac{p}{C_V\varepsilon_r} \tag{7.8.5}$$

由此可看出,在选择热释电探测器材料时,要求具有较大的热释电系数,较低的介电常量、介电损耗和体积比热。

与其他热探测器不同,热释电红外探测器是检测温度对时间的变化率而不是温度本身,因此其工作过程不需要建立热平衡,响应速度非常快。同时,热释电红外探测器只对斩波、脉冲或其他形式的调制辐射源进行响应,而不随时间变化的稳定的背景辐射可忽略。此外,与其他热探测器相比,热释电红外探测器的工作频率最宽,既可工作在数十赫兹的低频区,也可工作在数万赫兹的高频区。

热释电探测器在红外探测技术中有着广泛的应用。根据通常对象的不同,可分为辐射探测和光谱探测。利用探测器的红外热成像可实现景物红外图像的再现。热释电辐射计可安装在航天器上,用于测量大气的温度分布和水汽分布,确定地球表面的热辐射平衡特性。除此之外,它还可用于入侵者报警、火情报警、气体分析(如 CO_2 气体在 $4.3\mu m$ 处发生强烈的红外吸收)及污染检测等。

7.8.3 声光器件

所有的声光器件都是基于声光调制或声光偏转的原理。通过改变声波的功率使衍射光线强度改变,这是声光调制。如果在一定的声功率条件下改变声波的频率使衍射光线的方向发生改变,这就是声光偏转。

在弱声功率条件下,单位声功率密度 I_{ac} 所引起的衍射光强 I_D 为

$$\frac{I_D}{I_{ac}} \propto n^6 P^2 / \rho v^3 = M \tag{7.8.6}$$

式中,ρ 为声光材料密度;v 为声速;M 是表征声光材料物理特性的综合参数,称为声光优值。

1. 声光调制器

图 7.41 为拉曼-内斯型声光调制器的原理图。零级光被一挡板挡住。在调制参量 $v<2.4$ 时,调制是线性的。当然也可以用一带孔的光阑挡住衍射光而使用零级光。这种调制器的缺点是互作用长度 l 较小,$Q \leqslant 1$。对于玻璃材料,在 10MHz 时,$l=5$cm;在 50MHz 时,l 减小到仅有 2mm。这么狭窄的声柱使声光调制需要很大的功率。要实现较高频率和较高带宽的声光调制,需要布拉格型调制器。

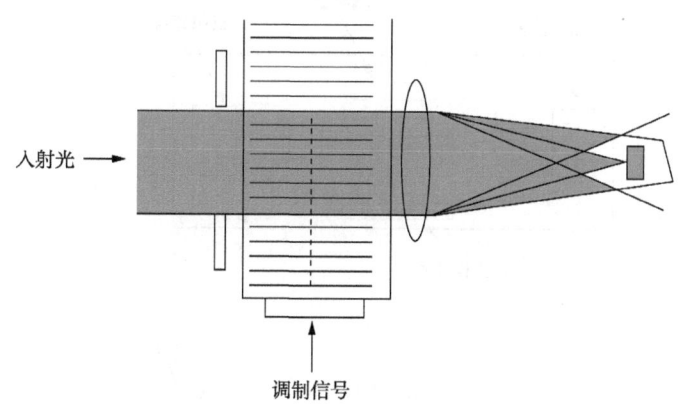

图 7.41　拉曼-内斯型声光调制器原理图

2. 声光偏转器

声光偏转器的工作原理与布拉格衍射器相同,差别在于这里是改变声调制信号的频率而不是声功率,如图 7.42 所示。当频率改变 Δf,偏转角的改变量为 $\Delta(2\theta_B)$:

$$\Delta(2\theta B)=\left\|\Delta\left(\frac{\lambda}{\Lambda}\right)\right\|=(\lambda/\nu_s)\Delta f \tag{7.8.7}$$

一束宽度为 d 的光束，经光栅衍射后的远场图案呈现出一衍射极大值分布，每个极大值的声宽度为

$$\delta\Phi=\lambda/d \tag{7.8.8}$$

因而在总的频率改变范围内，可定义一个可分辨点数目 N

$$N=\Delta(2\theta_B)/\delta\Phi=(d/\nu_s)\Delta f=\tau\Delta f \tag{7.8.9}$$

式中，τ 代表声波穿过光束的渡越时间。

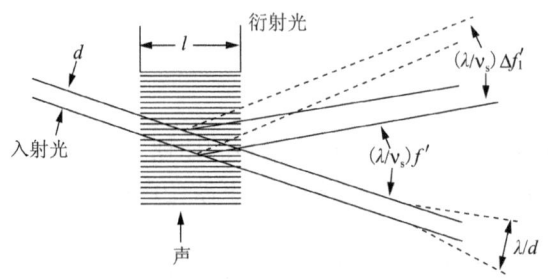

图 7.42　声光布拉格型偏转器

3. 光波导声光调制器

光波导上的瑞利表面声波与光波导也会发生相互作用。光波导声光偏转器的结构原理图如图 7.43 所示，在 $LiNbO_3$ 衬底上扩散一层 Ti 形成单模波导。通过棱镜可将波长为 633nm 的激光束耦合进波导形成束波导，或将束波导从波导中引出。在 $LiNbO_3$ 表面制作一个叉指换能器，以激发瑞利表面声波。由于光波导与瑞利表面声波只是在几个微米的深度内相互作用，因而这种光偏转器的效率要比体器件的高很多。如果换能器改用周期性结构，多个不同周期的斜阵列结构或相列结构，还可将带宽提高许多。

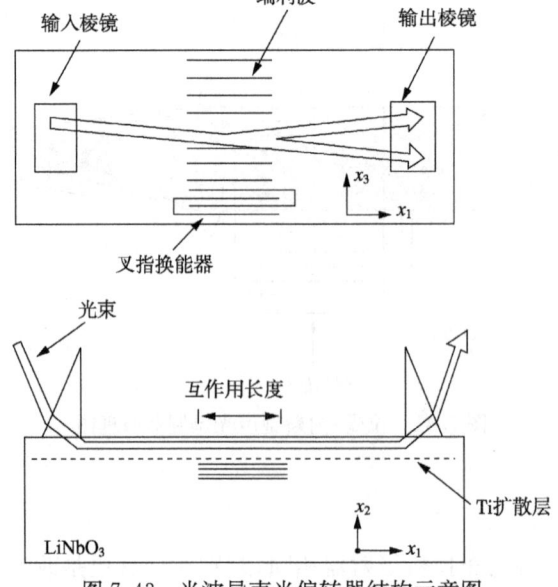

图 7.43　光波导声光偏转器结构示意图

习 题

7.1 什么是电介质的极化?表征极化的宏观参数有哪些?

7.2 列举介质的极化类型,说明在各种不同频率下可能发生的极化形式?

7.3 电介质的介电常量与极化率之间有何关系?介电常量如何随温度发生变化?

7.4 离子位移极化、热离子松弛极化、电子极化的区别是什么?

7.5 固体电介质的热击穿有哪些原因?固体电介质的电击穿与哪些因素有关?

7.6 固体电介质的电导主要有哪几种类型,其电导率与温度的关系如何?

7.7 在固体电介质上施加电场,其导电电流分为哪几种?分别由哪些因素决定?如何区分?说明电流与温度的关系。

7.8 什么是电畴?180°畴壁和90°畴壁的区别是什么?铁电体中电畴形成的原因是什么?如何得到单一的电畴?

7.9 电介质有哪些光学效应?

7.10 什么是热释电效应?有哪些应用?

第 8 章 磁电子学材料与器件

8.1 原子磁矩

物质是由原子组成的,而原子又是由电子和原子核组成。电子同时具有绕原子核的轨道运动和自转。前者叫做电子轨道运动;后者叫做电子自旋。电子轨道运动产生电子轨道磁矩,电子自旋产生电子自旋磁矩。原子核由于其自身的自转也具有核磁矩,但核磁矩非常小,只有电子磁矩的几千分子一,可略去不计,故原子的总磁矩是由电子轨道磁矩和电子自旋磁矩所构成,物质磁性起源于原子磁矩。本节以量子理论为基础来介绍原子磁矩,这是讨论材料磁性现象的理论基础。

8.1.1 原子磁矩

1. 电子轨道磁矩

电子的轨道运动相当于一个圆形电流,这个电流强度是

$$i = -e/T = -e\omega/2\pi \tag{8.1.1}$$

式中,T 是电子运动的周期。

根据磁矩定义,有电流产生的电子轨道磁矩大小为

$$\mu_l = |i \cdot A| = -\frac{e\omega}{2\pi}(\pi r^2) = -\frac{1}{2}e\omega r^2 \tag{8.1.2}$$

由于电子具有质量 m_e,其运动速率 v 为 $r\omega$,则电子的轨道运动具有轨道动量矩 p_l 大小为

$$p_l = (m_e v)r = m_e \omega r^2 \tag{8.1.3}$$

将式(8.1.3)代入式(8.1.2),可以得到

$$\boldsymbol{\mu}_l = -\frac{e}{2m_e}\boldsymbol{p}_l = -\gamma_l \boldsymbol{p}_l \tag{8.1.4}$$

式中,γ_l 称为轨道磁力比。

式(8.1.4)清楚地说明,电子绕原子核做轨道运动时,轨道磁矩 $\boldsymbol{\mu}_l$ 与动量矩 $\boldsymbol{p}_l$ 成正比,由于电子带负电荷,因而两者运动方向相反。

原子内的电子运动服从量子力学规律,电子轨道运动是量子化的,当电子运动状态的主量子数为 n 时,角动量由角量子数 l 来确定。式(8.1.4)中动量矩应由角动量来代替,角动量的绝对值为

$$p_l = \sqrt{l(l+1)}\hbar \tag{8.1.5}$$

式中,l 的可能值为 $l = 0, 1, 2, \cdots, n-1$;$\hbar = \frac{h}{2\pi}$,h 为普朗克常数。

在量子化情况下,式(8.1.4)仍然成立,于是对应的角动量的磁矩的绝对值是

$$\mu_l = \sqrt{l(l+1)}\frac{e}{2m_e}\hbar = \sqrt{l(l+1)}\mu_B \tag{8.1.6}$$

式中，μ_B 称为玻尔磁子，是电子磁矩的单位。当电子态处于 $l=0$，即 s 态时，$p_l=0$，$\mu_l=0$，这说明电子的角动量和轨道磁矩都等于零。

当在原子上施加一个外加磁场时，由于角动量和磁矩在空间都是量子化的，它们在外磁场方向的分量不连续，这些不连续的值取决于磁量子数 m_l，即有

$$(p_l)_H = m_l \hbar, \quad (\mu_l)_H = m_l \mu_B \tag{8.1.7}$$

由于 l 可取 $l=0,1,2,\cdots,n-1$，共 n 个可能值；而 $m_l=0,\pm1,\pm2,\cdots,\pm l$，共有 $(2l+1)$ 个可能值，所以，p_l 和 μ_l 在空间的取向可以有 $(2l+1)$ 个。图 8.1 给出了 $l=1,2,3$ 时角动量的空间量子化情况。

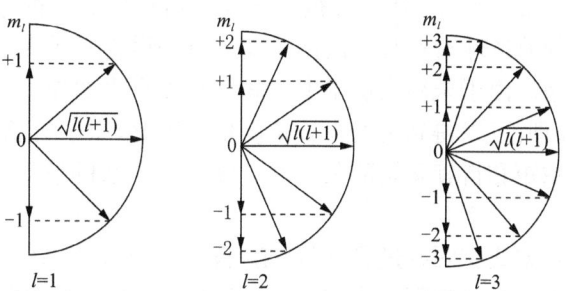

图 8.1 电子角动量的空间量子化

在填充满电子的次壳层中，各电子的轨道运动分别占了所有可能的方向，形成一个球体，由于球形体系对称，合成的总角动量等于零。因此在计算原子的轨道磁矩时，只考虑未填满的次壳层，即磁性电子壳层中的电子。

2. 电子自旋磁矩

原子磁矩的第二个来源是电子的自旋磁矩。电子自旋角动量取决于自旋量子数 s，自旋角动量的绝对值是

$$p_s = \sqrt{s(s+1)}\,\hbar \tag{8.1.8}$$

由于 s 的值只能等于 $1/2$，故 p_s 的本征值为 $(\sqrt{3}/2)\hbar$。类似于轨道角动量，自旋角动量在外磁场方向上的分量取决于自旋量子数 m_s，m_s 只可能等于 $\pm 1/2$，因而

$$(p_s)_H = m_s \hbar = \pm \frac{1}{2}\hbar \tag{8.1.9}$$

自旋磁矩 μ_s 在外磁场方向的投影，刚好等于一个玻尔磁子，但方向有正负两种，即

$$(\boldsymbol{\mu}_s)_H = \pm \boldsymbol{\mu}_B \tag{8.1.10}$$

这表明自旋磁矩在空间只有两个可能的量子化方向，如图 8.2 所示。

电子自旋磁矩与自旋角动量之间的关系可表示为

$$\boldsymbol{\mu}_s = -\frac{e}{m_e}\boldsymbol{p}_s = -\gamma_s \boldsymbol{p}_s \tag{8.1.11}$$

式中，γ_s 称为电子自旋磁力比。自旋磁矩的绝对值为 $\mu_s = 2\sqrt{s(s+1)}\mu_B$。

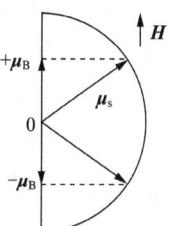

图 8.2 电子自旋磁矩的空间量子化

一个电子的总磁矩可以写成

$$\boldsymbol{\mu}=\boldsymbol{\mu}_l+\boldsymbol{\mu}_s=-\frac{e}{2m}(\boldsymbol{p}_l+2\boldsymbol{p}_s) \tag{8.1.12}$$

8.1.2 多电子原子磁矩

宏观物质都有或强或弱的磁性，随着物质种类、状态、形态和所处环境的不同，其磁特性也是多种多样的。由于构成宏观物质的化学元素有限，所以产生磁性的微观来源有其共同特性，因此有必要研究分子磁性和原子磁性。

将原子中各个电子的轨道磁矩和自旋磁矩的合磁矩，称为原子磁矩，宏观物质磁性是电子磁性的总和。对于多电子系统的原子，其内部被电子完全占据的壳层的总角动量和磁矩均为零。一般将它们同原子核一起看成球对称结构的离子实。只需讨论不满壳层中电子对磁矩的贡献，即未满壳层中电子的磁矩。由于未满壳层中电子间存在库仑力的作用，所以要将所有电子的角动量耦合成总角动量，同理，可以得到总的自旋角动量。因此，原子的总磁矩应当是原子中所有未填满壳层中电子轨道磁矩和自旋磁矩的矢量和。多电子体系的量子态可用 L、S、m_l、m_s 这些量子数来表示。

原子中的角动量耦合方式有两种途径：①轨道-自旋耦合(L-S)；②j-j 耦合。L-S 耦合发生在原子序数较小的原子中。在这类原子中，各个电子轨道角动量之间耦合以及自旋角动量之间的耦合都比较强。在元素周期表中原子序数 $Z \leqslant 32$ 的原子，都为 L-S 耦合。32~82 之间的原子，L-S 耦合逐步减弱，最后完全过渡到另一种耦合。j-j 耦合是首先由各处电子 s 和 l 的合成 j，然后再由各电子的 j 合成原子的总角量子数 J。对于原子序数 $Z > 82$ 的元素，电子本身的 S-L 耦合较强，这类原子的 J 都以 j-j 方式进行耦合。

原子的总角动量 $\boldsymbol{P}_J$ 可表示为

$$\boldsymbol{P}_J = \boldsymbol{P}_L + \boldsymbol{P}_S \tag{8.1.13}$$

式中，总角动量 $\boldsymbol{P}_J$，总的轨道角动量 $\boldsymbol{P}_L$，总的自旋角动量 $\boldsymbol{P}_S$ 的绝对值分别为

$$P_J = \sqrt{J(J+1)}\hbar \tag{8.1.14}$$

$$P_L = \sqrt{L(L+1)}\hbar \tag{8.1.15}$$

$$P_S = \sqrt{S(S+1)}\hbar \tag{8.1.16}$$

原子的总角量子数 J 由 S 和 L 合成，即

$$J = L + S \tag{8.1.17}$$

式中，总角量子数的取值为 $J=|L+S|,|L+S-1|,\cdots,|L-S|$。

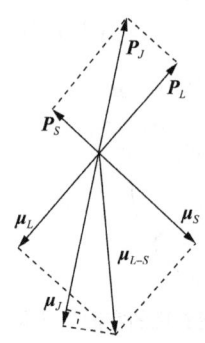

图 8.3 原子总磁矩

用矢量合成的方法，可获得原子的总角动量及总磁矩。由图 8.3 可以看出，矢量 $\boldsymbol{P}_L$ 和 $\boldsymbol{P}_S$，它们的大小由 $P_L=\sqrt{L(L+1)}\hbar$ 和 $P_S=\sqrt{S(S+1)}\hbar$ 所确定，再在 $\boldsymbol{P}_L$ 和 $\boldsymbol{P}_S$ 的反方向再分别作相对应的 $\boldsymbol{\mu}_L$ 和 $\boldsymbol{\mu}_S$，它们的大小由 $\mu_L = \sqrt{L(L+1)}\mu_B$ 和 $\mu_S = 2\sqrt{S(S+1)}\mu_B$ 决定。显然，由 $\boldsymbol{\mu}_L$ 和 $\boldsymbol{\mu}_S$ 的合成矢量 $\boldsymbol{\mu}_{L-S}$，不在 $\boldsymbol{P}_J$ 的轴线方向上。为了得到原子磁矩 $\boldsymbol{\mu}_J$ 的值，应该将 $\boldsymbol{\mu}_{L-S}$ 投影到 $\boldsymbol{P}_J$ 的轴线方向上，于是可得到 $\boldsymbol{\mu}_J$ 的大小

$$\mu_J = g\sqrt{J(J+1)}\mu_B \tag{8.1.18}$$

式中，g 为兰德因子，其表达式为

$$g = 1 + \frac{J(J+1)+S(S+1)-L(L+1)}{2J(J+1)} \tag{8.1.19}$$

兰德因子 g 的物理含义如下

当 $L=0$ 时，$J=S$，$g=2$，$\mu_J=2\sqrt{S(S+1)}\mu_B$ 均来源于自旋运动。

当 $S=0$ 时，$J=L$，$g=1$，$\mu_J=\sqrt{L(L+1)}\mu_B$ 均来源于轨道运动。

当 $1<g<2$ 时，原子磁矩由轨道磁矩与自旋磁矩共同贡献。

兰德因子 g 反映了原子轨道磁矩和自旋磁矩对总磁矩贡献的大小。实验表明，所有铁磁物质的磁矩主要由电子自旋所贡献的，而不是由电子轨道运动贡献。

原子的总磁矩在外磁场中的取向也是量子化的，它在磁场方向投影为

$$(\mu_J)_H = g_J m_J \mu_B \tag{8.1.20}$$

式中，$m_J=-J,-J+1,\cdots,J$，共 $(2J+1)$ 个可能值。

8.1.3 原子磁矩计算

理论上计算原子总磁矩，可用式(8.1.18)，但必须要知道 L、S 和 J 的值。当原子处于基态时，就只需知道基态时的 L、S 和 J 的值，这可用洪特规则来确定。洪特规则共有三条：

(1) 在泡利原理所容许的条件下，总自旋角动量量子数 S 取最大值，此时能量最低。

(2) 总轨道角动量量子数 L，在 S 取最大值的各个状态中，取泡利原理所容许的最大值。

(3) 如果壳层中的电子不到半满，则总角动量量子数 $J=|L-S|$；如超过半满，则有 $J=|L+S|$，如果刚好处于半满状态，则根据(1)，有 $L=0$，$J=S$。

下面以铁原子为例，来计算其原子磁矩。计算步骤如下：

① 确定铁原子的磁性电子壳层。铁的原子序数为 $Z=26$，其磁性壳层结构为 $3d^6$。

② 计算量子数 L,S,J。首先分析电子在轨道中的排布状态，6 个电子中，有 5 个处于自旋量子数为 $S=1/2$ 的 3d 轨道，1 个处于自旋量子数为 $S=-1/2$ 的 3d 轨道。因而

$S = 5 \times \dfrac{1}{2} - 1 \times \dfrac{1}{2} = 2$

$L = \sum m_l = 2+1+0+(-1)+(-2)+2 = 2$

$J = L+S = 4$

③ 计算兰德因子 g。将上述量子数代入式(8.1.19)，得 $g=1.5$。

④ 计算总磁矩。将 g 和 J 代入式(8.1.18)，得 $\mu_J=6.7\mu_B$。

8.2 物质的磁化

8.2.1 磁偶极矩

物质磁性中有许多基于磁偶极矩的概念。因而有必要了解磁偶极矩。设偶极子的两个大小相等而磁性相反的磁荷是 $+m$ 和 $-m$，它们之间的距离为 l。这时磁偶极子产生的磁偶极矩为

$$j_m = ml \tag{8.2.1}$$

显然，j_m 是一个从 $-m$ 指向 $+m$ 的矢量。

同样，磁偶极子还可以用一环形电流来描绘。如图 8.4(b)所示，设环形电流为 i，电流回路包围的面积为 A，矢量 $\boldsymbol{A}$ 垂直于回路表面并与电流 i 的方向组成一右手螺旋。此电流回路就相当于一个磁偶极子，并具有磁矩

$$\boldsymbol{\mu}_m = i \cdot \boldsymbol{A} \tag{8.2.2}$$

显然,$\boldsymbol{\mu}_m$ 是矢量,其方向与 $\boldsymbol{A}$ 方向一致。

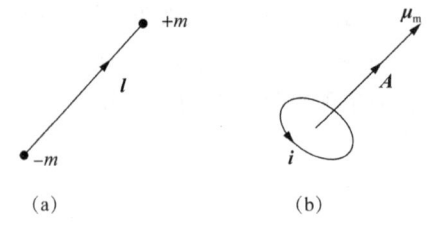

图 8.4 磁偶极子

磁矩的意义是表征磁偶极子磁性强弱和方向的一个物理量,它和磁偶极矩具有相同的物理意义,两者之间的关系由下式确定

$$j_m = \mu_0 \mu_m \tag{8.2.3}$$

8.2.2 磁化强度与磁极化强度

磁化强度是描述宏观磁性物质磁性强弱程度的物理量。如果在磁体内取一个宏观体积元 ΔV,在这个体积元内包含了大量的磁偶极矩 j_m 或磁矩 μ_m,定义单位体积磁体内具有的磁偶极矩矢量和为磁极化强度 J,单位体积磁体内具有的磁矩矢量和称为磁化强度 M,即

$$J = \frac{\sum j_m}{\Delta V} \tag{8.2.4}$$

或

$$M = \frac{\sum \mu_m}{\Delta V} \tag{8.2.5}$$

根据式(8.1.12),J 和 M 之间存在如下关系

$$J = \mu_0 M \tag{8.2.6}$$

式中,J 和 M 都是矢量,数值上两者相差 μ_0 倍,μ_0 是真空磁导率。在物理意义上,J 和 M 都是用来描述磁体被磁化的方向和强度。当磁化磁场很大时,磁化方向可以和磁场方向一致,但一般不一定一致。

8.2.3 磁场强度与磁感应强度

导体中的电流及永磁体都会产生磁场。磁场强度用 H 表示,磁感应强度用 B 来表示,这两个参数都可用来描述空间任一点的磁场参量。

磁场强度 H 定义为单位点磁荷在该处所受的磁场力的大小,其方向与正磁荷在该处所受磁场力的方向一致。磁感应强度 B 与磁场强度 H 之间的关系可用下式表示

$$\boldsymbol{B} = \mu_0 (\boldsymbol{H} + \boldsymbol{M}) \tag{8.2.7}$$

为了便于理解,我们可以认为磁感应强度 B 是由磁场强度 H 所引起的。同时,介质中的磁感应强度 B 还与介质的磁化强度 M 有关。而 H 则是由外加磁场所决定的。

8.2.4 磁导率与磁化率

设在介质中有一点,其磁场强度为 H,磁感应强度为 B,在此处的真空中的磁感应强度为 B_0,此时,定义将磁导率定义为单位磁场强度 H 所引起的磁感应强度 B 的变化为

$$\mu = B/H \tag{8.2.8}$$

上式表明,磁导率将磁场强度 **H** 磁感应强度 **B** 联系了起来,它表示的是一种磁介质的磁超导能力。而介质的相对磁导率 μ_r 则时磁介质存在时的磁导率相对于自由空间中磁导率的比值,其定义如下

$$\mu_r = \mu/\mu_0 \tag{8.2.9}$$

当磁体被置于外磁场中时,其磁化强度将发生变化,磁化强度 M 和磁场强度 H 的关系由下式表达

$$M = \chi H \quad \text{或} \quad \chi = M/H \tag{8.2.10}$$

式中,χ 称为磁体的磁化率。式(8.2.10)说明,磁化率是单位磁场强度在磁体中所感生的磁化强度,χ 是表征磁体磁化难易程度的一个参量。

将式(8.2.10)代入式(8.2.7),得到

$$B = \mu_0(H + \chi H) = \mu_0(1 + \chi)H \tag{8.2.11}$$

因此,相对磁导率为

$$\mu_r = (1 + \chi) \tag{8.2.12}$$

磁导率和磁化率都是磁体特性和技术上的重要磁性参量,表征磁体磁性、导磁性及磁化难易程度。χ 和 μ 只有当 **B**、**H** 和 **M** 三个矢量互相平行时才为标量。否则,它们均为张量。

此外,根据实际工程应用的要求,对应不同的磁化条件,磁导率有着不同的定义。常见的有:

(1) 初始磁导率 μ_i。

$$\mu_i = \frac{1}{\mu_0} \lim_{H \to 0} \frac{B}{H} \tag{8.2.13}$$

初始磁导率是磁中性状态下磁导率的极限值。对于弱磁场下使用的磁体,如后面讲到的软磁体,初始磁导率 μ_i 是一个重要参数。

(2) 最大磁导率 μ_{max}。

$$\mu_{max} = \frac{1}{\mu_0}\left(\frac{B}{H}\right)_{max} \tag{8.2.14}$$

最大磁导率表征单位磁场强度在磁体中感生出巨大磁感应的能力。

(3) 振幅磁导率 μ_a。

当磁体在交变磁场(无直流磁场存在)中被磁化时,在某一指定振幅的磁场下,磁感应强度和磁场强度之比即为振幅磁导率

$$\mu_a = \frac{1}{\mu_0}\frac{B_a}{H_a} \tag{8.2.15}$$

式中,μ_a 是磁场强度(或磁感应强度)振幅的函数,其最大值称为最大顺幅磁导率。B_a 和 H_a 分别代表一定振幅下的磁感应强度和磁场强度。

(4) 增量磁导率 μ_Δ。

设磁体受直流磁场 H_0 作用,当在 H_0 上再叠加一个较小的交变磁场时,磁体对于交变磁场的磁导率,即

$$\mu_\Delta = \frac{1}{\mu_0}\frac{\Delta B}{\Delta H} \tag{8.2.16}$$

式中,μ_Δ 定义为增量磁导率。为交变磁场强度的峰峰值,为相应的磁感应强度的峰峰值。

(5) 可逆磁导率 μ_{rev}。

当交变磁场强度趋于零时,增量磁导率的极限值定义为可逆磁导率,即

$$\mu_{rev} = \lim_{\Delta H \to 0} \mu_\Delta \tag{8.2.17}$$

不论哪种磁导率,它们的值都不是常数,而是磁场强度的函数。

8.3 磁性材料的分类

把物体置于外加磁场中,物体就磁化了,这种被磁化了的物体就称为磁性物体。磁性物体在性质上有很大的不同。因此,有必要把磁性体分类。从实用的观点,可以根据磁体的磁化率大小和符号来分。一般来说,磁性材料可分为五种不同类型:铁磁、亚铁磁、反铁磁、顺磁和抗磁。下面分别对这五种不同的磁性材料进行介绍。

8.3.1 抗磁性

某些物体当它们受到外磁场 H 作用后,感生出与 H 方向相反的磁化强度,故磁化率 $\chi<0$。这种磁性称为抗磁性,χ 不但小于零,而 χ 绝对数值也很小,一般为 10^{-5} 的数量级,χ 的性质和磁场、温度均无关。抗磁性物体有惰性气体、许多有机化合物、若干金属(如 Bi、Zn、Ag、Mg)、非金属(如 Si、P、S)等。抗磁性物体的磁化曲线为一直线,如图 8.5(a)所示。

当材料的组成原子具有封闭的亚壳层和壳层时,将总是呈现抗磁性。这意味着每个组成原子在没有施加外磁场时没有永久磁矩。共价晶体和许多离子晶体是典型的抗磁材料,因为其组成原子没有未填满的亚壳层。

8.3.2 顺磁性

许多物体在受到外磁场作用时,感生出与磁化磁场同方向的磁化强度,其磁化率 $\chi_P>0$,但数值很小,仅显示微弱磁性,这种磁性称为顺磁性,其磁化率与温度的关系如图 8.5(b)所示。顺磁性物质具有固有原子磁矩,但各原子磁矩的取向混乱,对外不显示宏观磁性。在磁化磁场作用下,原子磁矩转向磁场强度 H 方向,感生出与外磁场方间一致的磁化强度 M,所以,顺磁性物质磁化率 $\chi_P>0$,但它的数值很小,室温下,χ_P 为 $10^{-6}\sim10^{-3}$ 数量级。具有顺磁性的物体很多,典型的有稀土金属和铁族元素的盐类等。少数顺磁性物体的 $\chi_P>0$ 与温度 T 有密切关系,磁导率与温度的倒数之间存在着线性关系,即服从居里定律,

$$\chi_P=C/T \tag{8.3.1}$$

式中,C 为居里常数;T 为绝对温度。然而,更多的顺磁性物体的 χ_P 与温度 T 的关系,遵守居里-外斯定律。即

$$\chi_P=\frac{C}{T-T_P} \tag{8.3.2}$$

式中,T_P 为临界温度,称为顺磁居里温度。

8.3.3 反铁磁性

有一类物体,当温度达到某个临界值 T_N 以上,磁化率与温度的关系与正常顺磁性物体的相似,服从居里-外斯定律。但临界温度 T_P 常小于零。当 $T<T_N$ 时,磁化率不是继续增大,而是降低,并逐渐趋于定值。所以,这类物体的磁化率在温度等于 T_N 的地方存在极大值。显然 T_N 是个临界温度,它是奈尔发现的,被命名为奈尔温度。上述特性称为反铁磁性。反铁磁性物体有过渡族元素的盐类及化合物,如 Mn、CrO、CoO 等。反铁磁性物体在奈尔温度 T_N 下时,其内部磁矩反平行排列,每一个磁矩大小相等、方向相反,故在没有外场存在时,其总的净磁矩为零,因

而它的宏观磁性等于零,只有在很强的外磁场作用下才能显示出微弱的磁性。反磁性在低于奈尔温度 T_N 时存在,如图 8.5(d)所示。

反铁磁性物质磁化率 χ_{af} 和 T_N 的关系:

$T > T_N$ 时,$\chi_{af} = C/(T - T_P)$,$T_N < 0$;

$T < T_N$ 时,χ_{af} 不但不增加而且会降低,并逐渐趋于定值。

8.3.4 铁磁性

这种磁性物体和前述磁性物体大不相同,它们只要在很小的磁场作用下就能被磁化到饱和,不但磁化率 $\chi_f > 0$,而且其值大约为 $10 \sim 10^6$ 数量级,其磁化强度 ***M*** 与磁场强度 ***H*** 之间的关系是非线性的复杂函数关系;反复磁化时出现磁滞现象,物质内部的原子磁矩是按磁畴自发平行取向,上述类型的磁性称为铁磁性。具有铁磁性的元素不多,但具有铁磁性的合金和化合物却是各种各样。到目前为止,发现 11 个纯元素晶体具有铁磁性,它们是 3 个 3d 金属铁、钴、镍和 8 个 4f 金属钆、铽、镝、钬、铒、铥和面心立方的镨、钕。当铁磁性物体的温度比临界温度 T_C 高时,铁磁性将转变成顺磁性,并服从居里-外斯定律,即

$$\chi_f = \frac{C}{T - T_P} \tag{8.3.3}$$

式中,C 仍然是居里常数,T_P 是铁磁性物体的顺磁性居里温度。

铁磁性的磁化率曲线如图 8.5(c)所示。

8.3.5 亚铁磁性

除了上面四种磁性以外,另有一类物体,它们的宏观磁性与铁磁性相同,仅仅是磁化率 χ_m 的数量级稍低一些,大约为 $1 \sim 10^3$ 数量级。它们的内部磁结构与反铁磁性的相同,但相反排列的磁矩大小不等量。所以,亚铁磁性是未抵消的反铁磁性结构的铁磁性。众所周知的铁氧体,它是典型的亚铁磁性物体。亚铁磁性的磁化率曲线如图 8.5(e)所示。

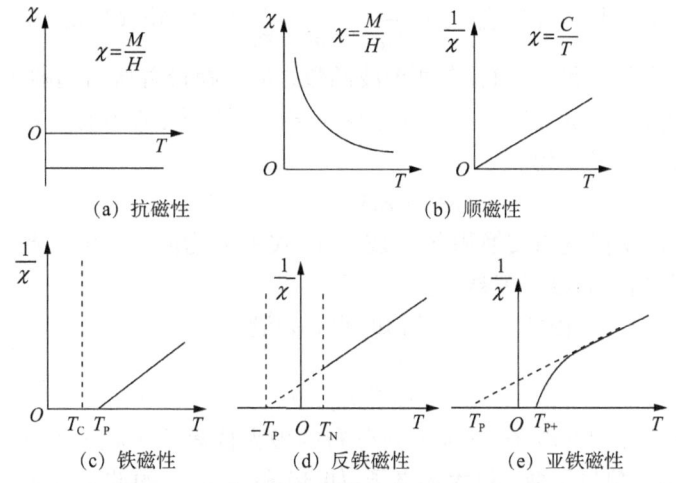

图 8.5 五种磁性物体的磁化率与温度的关系

综上所述,物质磁性可分为抗磁性、顺磁性、反铁磁性、铁磁性、亚铁磁性。其中铁磁性和亚铁性是强磁性,其余三种是弱磁性,一般将强磁性材料称为磁性材料。

8.4 铁磁交换作用

8.4.1 交换相互作用

在磁化的晶体中，所有原子的磁矩都沿相同的方向排列。铁原子的电子结构为[Ar]$3d^64s^2$。一个孤立的铁原子仅仅在 3d 轨道中有 4 个 3d 轨道没有被充满。根据洪特规则，电子将首先排列其自旋使得 5 个 3d 轨道中先安装向上的自旋方向排列 5 个电子，而后将最后 1 个电子安装自旋反平行的方向排列到 $m_l=-2$ 的轨道中，形成 4 个未成对电子。

图 8.6 孤立铁原子中有 4 个未成对的电子的自旋

洪特规则依赖于一个事实，即当自旋是相同的时候，按照泡利不相容原理的要求，电子必须占据具有不同 m_l 的轨道，因此具有不同的空间分布状态。不同的 m_l 导致电子间的库仑斥力更小。显然，电子间的相互作用能和磁力无关，但它与电子的自旋取向有关，当自旋相同时相互作用能更小。两个电子的自旋平行不是因为自旋磁矩间的直接磁相互作用，而是因为泡利不相容原理和静电相互作用能，它们一起构成了交换相互作用。

我们知道，在共价键中，当两个电子自旋反平行时，电子具有最低能量。但交换相互作用不能导致能量的降低。对于最简单的情形，即有两个原子构成的系统，其相互作用能取决于两个原子间的距离和电子的相关自旋。从量子力学的角度来看，交换相互作用能可表示成

$$E_{ex}=-2A\boldsymbol{S}_1\cdot\boldsymbol{S}_2 \tag{8.4.1}$$

式中，$\boldsymbol{S}_1$、$\boldsymbol{S}_2$ 为两个电子的自旋角动量；A 为交换积分，可表示为

$$A=\int\psi_a^*(1)\psi_b^*(2)\left(\frac{e^2}{r_{12}}-\frac{e^2}{r_{a2}}-\frac{e^2}{r_{b1}}\right)\psi_a(2)\psi_b(1)\mathrm{d}\tau_1\mathrm{d}\tau_2 \tag{8.4.2}$$

式中，A 表示电子在位置 1 和 2 之间、在两个波函数之间交换位置所引起的相互作用。当 $A>0$，自旋平行排列的状态，其能量最低。如果认为参与交换的电子限制在原子附近运动，即所谓的局域电子模型，可求得居里温度为

$$T_C=\mu_0ZAS(S+1)/3k_B \tag{8.4.3}$$

由上式可看出，居里温度与交换积分 A 成正比，式中 Z 为原子的配位数。A 越大，交换作用越强，分子场就越强，居里温度也就越高。

要满足交换积分 $A>0$，由式(8.4.2)可知，则必须满足

$$\frac{1}{r_{12}}>\frac{1}{r_{a2}}+\frac{1}{r_{b1}}$$

这就要求：①参与交换作用的电子，其电子云分布的极大值离原子核要远些，这样可使 r_{a2} 和 r_{b1} 比较大，而 r_{12} 比较小。角量子数 l 较大的电子，如 3d 和 4f 电子的波函数能满足这一条件，即铁族元素和稀土元素组成的物质有可能出现铁磁性；②邻近原子核的间距 r 同参与交换作用的电子壳层半径 r_d 的比值要合适。间距 r 太大，则电子云重叠很少，甚至不重叠，此时就不存在交换作用，此时表现出顺磁性；间距 r 太小，则交换积分 A 为负，表现为反铁磁性和亚铁磁性，如 Mn、Gr 等金属，但能够与其他元素构成合金而增大 r 与 r_d 的比值，因而在合金中被赋予了铁磁性。

交换积分与原子间距的关系如图 8.7 所示。

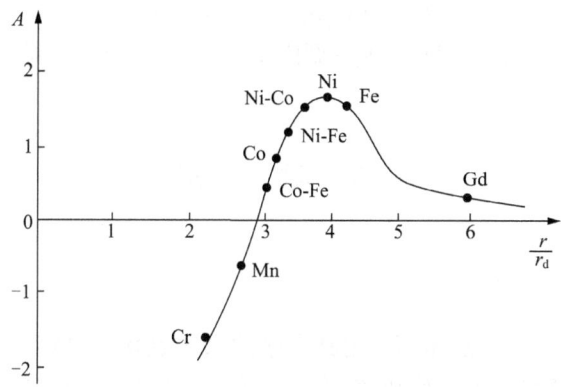

图 8.7 交换积分 A 与原子间距离的关系

铁磁性的另一来源是超交换作用，例如有些绝缘铁磁体（如 EuO、CrO_2）和反铁磁体（如 MnO、MnF_2），磁性离子被非磁性离子隔开，如图 8.8 所示。磁性离子和非磁性离子的电子分布有重叠，两磁性离子的电子通过非磁性离子的桥梁作用而进行交换，称超交换作用。

与超交换相似的是，铁磁性的另一来源是非直接交换作用。例如，f 壳层部分填满电子的稀土金属中，由于 f 电子波函数重叠很小，除磁性离子直接交换电子之外，局域的 f 电子还可通过两离子间的自由电子作桥梁而交换电子，称非直接交换，如图 8.9 所示。

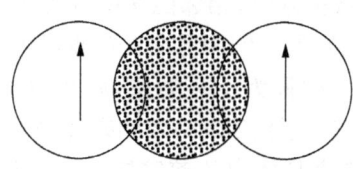
图 8.8 超交换作用图

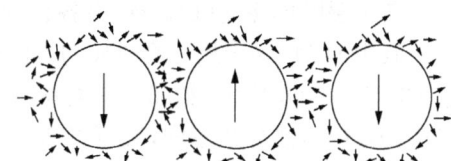
图 8.9 非直接交换作用图

8.4.2 饱和磁化与居里温度

铁磁体的技术参数可分为非结构参数（内禀磁参数），如饱和磁化强度 M_s、居里温度 T_C 等，结构敏感磁参数，如剩磁 B_r、矫顽力 H_c、磁能积等。前者主要由材料的化学组成和晶体结构来决定；后者除了与内禀参量有关之外，还与晶粒尺寸、晶粒取向、晶体缺陷、掺杂物等因素有关。

铁磁体中所有原子磁矩的排列尽可能一致时的最大磁化强度称为饱和磁化强度 M_s。饱和磁化强度取决于组成材料的磁性原子数、原子磁矩和温度。在低温区，符合布洛赫定律，有

$$M_s(T) = M_s(0)\left[1 - 0.1187 \cdot a\left(\frac{T}{T_C}\right)^{3/2}\right] \tag{8.4.4}$$

式中，a 为常数，随晶格结构而不相同，对于简单立方、体心立方和面心立方，a 值分别为 2，1 和 1/2。

随着温度升高，铁磁体中晶格的热振动加剧，晶格振动会随机扰动原子自旋，从而导致自旋排列不一致，严重破坏了原子自旋的排列。当温度升高到某一临界点时，晶体内部的晶格振动所需的热能足以克服交换作用势能，进而破坏自旋排列，铁磁体的特性就会消失，该临界温度点称为居里温度 T_C。在居里温度之上，铁磁性和亚铁磁性材料都会转变成顺磁性材料。因此，饱和磁化强度会由在绝对零度时的最大值降低到居里温度点时的零值。

由分子场理论可确定材料的居里温度为

$$T_C = Ng^2\mu_B^2 J(J+1)\lambda/3k_B \tag{8.4.5}$$

式中，N 为单位体积中的磁性原子数；g 为兰德因子；J 为原子角动量量子数；λ 为分子场系数，与交换积分成正比。

8.5 磁 畴

8.5.1 磁畴与畴壁

在没有外场作用时，一个铁磁体不一定具有净的永久磁化。当将一块磁化的铁加热到居里点以上后在没有外场的情况下进行冷却，它将失去磁性。这是由于在铁磁体的内部存在着许多小的区域，尽管每个小区域内的原子磁矩都整齐地列起来，但这些小区域的总磁矩可能会分别取不同的方向。因而从整体来看，所有区域的总的磁矩加起来为零，铁磁体的总磁化强度为零，对外并不显示磁性。我们将这些晶体内的区域称为磁畴，在该区域内所有自旋磁矩排列一致，并产生同一方向磁矩。磁畴的出现是作用于铁磁体内部各种作用力的综合作用的结果，此时系统总的能量最低。铁磁体内存在着五种相互作用的能量，即外磁场能量 E_H、退磁场能量 E_d、交换能 E_{ex}、磁晶各向异性能 E_K 和磁弹性能 E_δ。

在磁畴与磁畴之间有一过渡层称为畴壁。在 T_C 温度以下，大块铁磁体中会自发磁化，形成多畴结构分布。各个磁畴的磁化强度 M_s 沿各自的易磁化方向，相邻磁畴间为若干原子厚度的过渡层即畴壁。其中的 M_s 逐步从一侧磁畴的方向转动到另一侧的方向。根据畴壁两侧磁畴的 M_s 方向互成 180°、90°、109.47°和 70.53°等关系，将第一种称为 180°畴壁，后几种统称为 90°畴壁。根据畴壁中磁矩的过渡方式不同，又可将畴壁分为布洛赫(Bloch)壁和奈耳(Neel)壁。

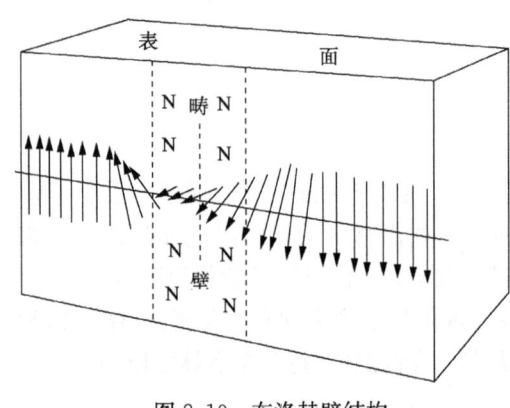

图 8.10 布洛赫壁结构

大块铁磁晶体内的畴壁属于布洛赫壁；在极薄的磁性薄膜中，存在不同于布洛赫壁的畴壁模型，就是奈尔壁。在布洛赫壁中，磁化矢量从一个畴内的方向过渡到相邻磁畴内的方向时，磁化始终保持平行于畴壁平面，因而在畴壁面上无自由磁极出现，这样就保证了畴壁上不会产生退磁场，也能保持畴壁能为极小。在晶体的上下表面却会出现磁极，由于是大块晶体，表面上的磁极所产生的退磁场能比较小，对晶体内部产生的影响可以忽略不计。布洛赫壁结构如图 8.10 所示。在极薄的磁性薄膜中，即在奈尔壁中，磁矩围绕薄膜平面的法线改变方向，并且是平行于薄膜表面逐渐过渡的，而不是像布洛赫壁那样，磁化在畴壁平面内旋转，如图 8.11 所示。这样在奈尔壁两侧表面上会出现磁极而产生退磁场。当奈尔壁的厚度 δ 薄膜的厚度 L 大很多时，退磁场能会比较小。

磁畴的形状、大小及它们之间的搭配方式，被称为磁畴结构。在材料内部出现磁畴结构主要是为了降低退磁能。而磁畴结构的形式以及其在外部因素(磁场、应力等)作用下的变化直接决定了铁磁材料技术性能的好坏。

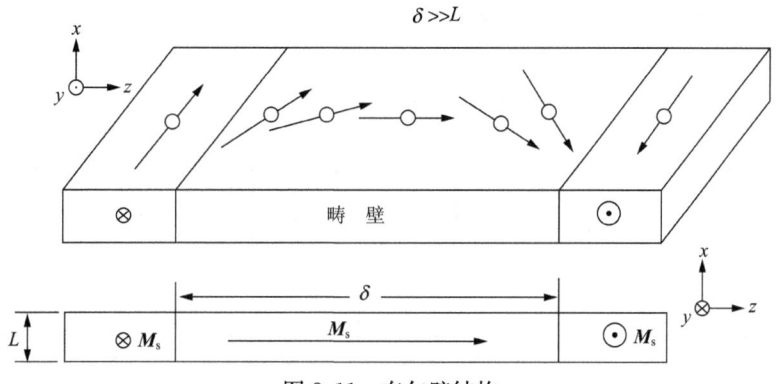

图 8.11　奈尔壁结构

8.5.2　磁畴的形成

磁畴的形成是上述铁磁体各种能量都要取最小值,相互矛盾和相互平衡的结果。以圆片形铁磁单晶体为例进行说明,如图 8.12 所示。如只考虑交换能 E_{ex},自旋磁矩平行排列,整个圆片形成单一的磁畴;由于退磁能的要求,M_s 取在圆片平面上,如图 8.12(a)。但圆片的端部形成自由磁极,产生退磁能,为降低退磁能,自旋最好排列成圆圈状,形成封闭磁路,如图 8.12(b)中所示。但这却增加了 E_{ex},如果考虑到磁晶各向异性能,M_s 的取向可能有两种方式,即如图 8.12(c)和 8.12(d)中所示的磁畴。磁畴分得越多,表面磁极产生的退磁能就越小,最后形成封闭磁畴,如图 8.12(f)所示的情形。考虑到磁致伸缩,图 8.12(d)实际上很难存在,一般应变为图 8.12(e)。

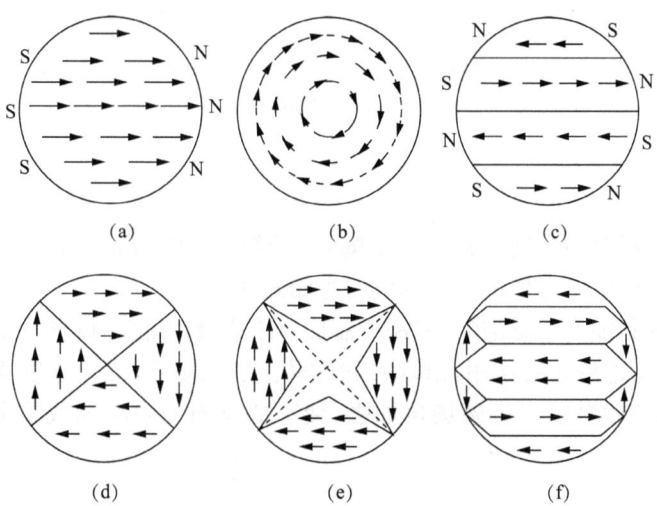

图 8.12　圆片形铁磁单晶中各种磁畴结构

图 8.13 是单轴晶体的磁畴形成示意图。图 8.13(a)中整个晶体均匀磁化,此时退磁场能最大。于是,晶体内形成两个和四个磁化方向相反的磁畴,退磁场能稍有降低,如图 8.13(b)和图 8.13(c)所示。当晶体内含有 n 个磁畴时,如图 8.13(d),晶体内的退磁场能仅为均匀磁化时的 $1/n$。

1. 单畴颗粒

有些磁性物质由很小的颗粒组成,如果颗粒足够小,整个颗粒可以在一个方向自发磁化到饱和,成为单个磁畴,称为单畴颗粒,它们将以图 8.14 所示的磁畴结构存在。图 8.14(a)主要考虑

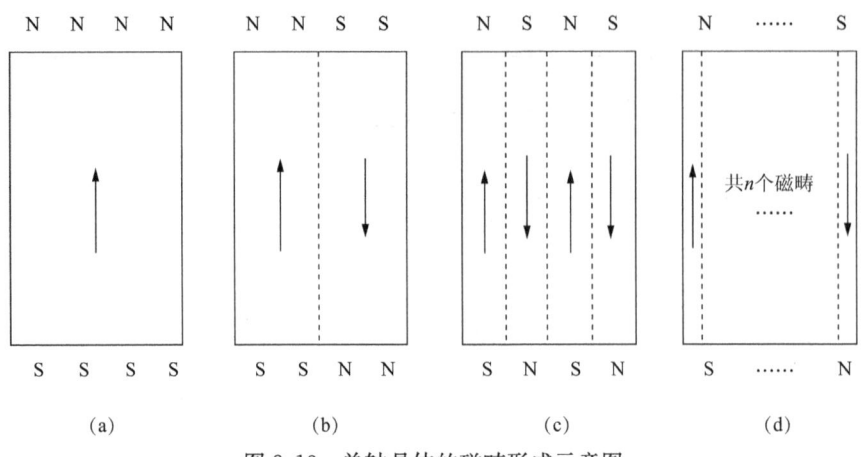

图 8.13 单轴晶体的磁畴形成示意图

退磁能的单畴结构,图 8.14(b) 主要考虑畴壁能的封闭畴结构。设粒子的半径为 R,则当 R 增大时,退磁能的增加超过畴壁能的增加,对划分磁畴有利;当 R 减小时,面积能比体积能减小得慢,使形成磁畴出现的磁畴壁能很大,此时以单畴存在有利。

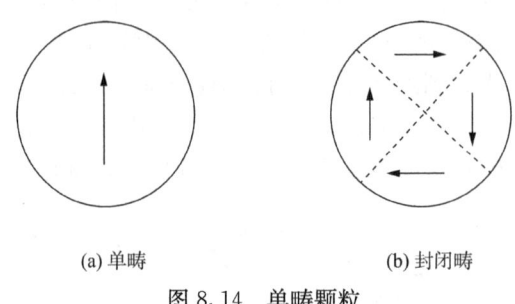

图 8.14 单畴颗粒

2. 磁泡畴

磁泡是薄膜磁性材料中出现的圆柱形磁畴,直径约 $1\sim100\mu m$,显微镜中看到它很像气泡。由于它体积小,能高速转移,可作电子计算机的存储元件。

单轴各向异性材料能产生磁泡畴,但需要制成薄膜或薄片,使易磁化的轴垂直于表面。当未加外磁场时,薄片由于退磁能的作用,出现带状磁畴。加磁场后,磁化强度 M_s 取向与磁场同方向的磁畴变宽,反向的磁畴变窄。磁场再加强,变窄的反向的磁畴缩成了分立的柱形畴,如图 8.15 所示。

8.5.3 磁化曲线与磁滞回线

1. 磁化曲线

当铁磁体处于磁中性状态时,由于不同磁化方向磁畴的杂乱无章排序,使得在比磁畴尺寸大得多的区域内,其宏观磁化强度为零。磁性材料在受外磁场作用时,向着外磁场方向发生磁畴转动或畴壁位移,原有的磁畴消失,新的磁畴产生。随着磁场的增大,最终所有磁畴都取外磁场方向,磁体被磁化到饱和。这种磁性材料由磁中性状态到磁饱和状态的过程,称为磁化过程;反之,从磁饱和状态回到退磁状态的过程,称为反磁化过程。

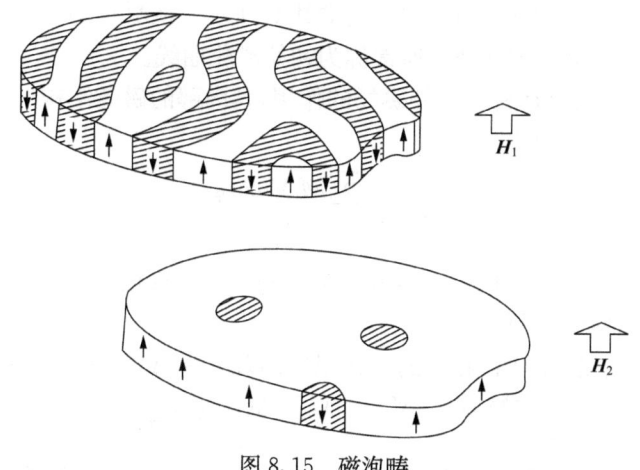

图 8.15 磁泡畴

将完全无磁状态的铁磁体进行磁化,磁场强度从零逐渐增加,可得到磁感应强度 B 与磁场强度 H 之间的关系,用 $B\text{-}H$ 曲线表示,该曲线被称为磁化曲线,如图 8.16(c)曲线 c 所示。没有磁化的磁介质中的磁畴完全是杂乱无章的,因而对外界不表现出宏观磁性,如图 8.16(a)所示。当铁磁介质置于磁场中,当外磁场较弱时,随着磁场强度的增加,与外磁场方向相差不大的部分磁畴逐渐转向外磁场方向,如图 8.16(b)所示。磁感应强度随外磁场增加而增加,如图 8.16(e)中 oa 段所示。如将外磁场强度 H 逐渐减少到零时,磁感应强度 B 仍能沿 ao 到零,即磁畴发生了弹性转动,故这段磁化是可逆的。

当从 a 点继续增大磁场时,与外磁场方向相近的磁畴已经趋向于外磁场方向,那些与磁场方向相差较大的磁畴克服摩擦,也开始转向外磁场方向,如图 8.16(c)所示,因此磁感应强度 B 随 H 增大而急剧上升,见磁化曲线的 ab 段。该段曲线呈现阶梯状,说明磁化过程是跳跃式进行的。如果此时减少外磁场,磁感应强度 B 将不再沿 ba 段回到零,此过程是不可逆的。

磁化曲线到达 b 点后,大部分磁畴已趋向于外磁场,从此再增加磁场强度,可转动的磁畴也越来越少了,故 B 值的增加速度变缓,这段磁化曲线附近称为磁化曲线膝部。从 b 点进一步增大磁场强度,只有很少的磁畴可以转向,如图 8.16(d)所示,因此磁化曲线缓慢上升,直至到达 c 点。此时材料磁性能进入所谓饱和状态,随磁场强度 H 增加,B 增加的很少,该段磁化曲线称为饱和段,这段磁化过程也是不可逆的。

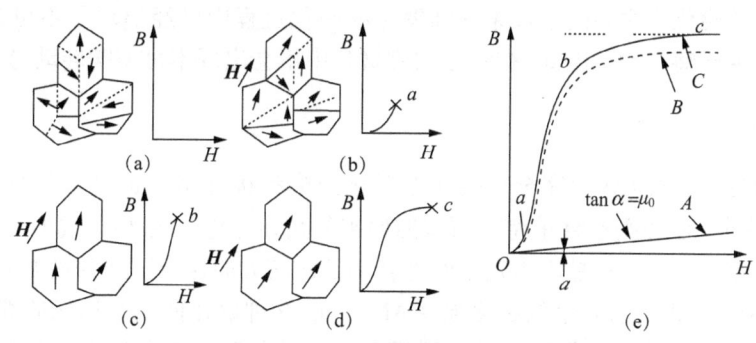

图 8.16 铁磁体的磁化特性

当磁场强度很大时,磁化强度达到最大值,即达到饱和状态,如图 8.16(e)中的曲线 B 所示,而空间的磁感应强度不会饱和,仍继续增加,如图 8.16(e)中的曲线 A 所示。合成磁化曲线随磁

场强度 H 增大,仍稍有增加,如图 8.16(e)中的曲线 C 所示。从材料的零磁化状态磁化到饱和的磁化曲线,即图 8.16(e)中的曲线 C 段,通常称为初始磁化曲线。

磁性材料的磁化,实质上是材料受外磁场的作用,其内部的磁畴结构发生变化。沿外磁场强度 H 方向上的磁化强度 M_H 可以表示为

$$M_H = \frac{\sum_i M_s V_i \cos\varphi_i}{V_0} \tag{8.5.1}$$

式中,V_i 为材料内第 i 个磁畴的体积;φ_i 为第 i 个磁畴的自发磁化强度 M_s 与外磁场强度 H 方向间的夹角;V_0 为块体材料的体积。

当外磁场强度 H 改变 ΔH 时,相应的磁化强度的改变为 ΔM_H。则由式(8.5.1)可得

$$\Delta M_H = \sum_i \left[\frac{M_s \cos\varphi_i \Delta V_i}{V_0} + \frac{M_s V_i \Delta(\cos\varphi_i)}{V_0} + \frac{V_i \cos\varphi_i \Delta M_s}{V_0} \right] \tag{8.5.2}$$

式中,等式右边第一项表示各个磁畴内的 M_s 的大小和取向 φ_i 都不改变,仅仅磁畴体积发生了改变,从而导致的磁化。在这个过程中,接近于外磁场强度 H 方向的磁畴体变大,而与外磁场强度 H 反向的磁畴体积缩小。磁畴体积发生变化,相当于磁畴间的畴壁发生位移,所以被称为畴壁位移磁化过程。第二项表示各个磁畴内 M_s 的大小和磁畴体积 V_i 均不变,仅仅磁畴中 M_s 与 H 间的夹角 φ_i 发生了改变,即磁畴的 M_s 相对于 H 发生了转动,从而导致了磁化,称为磁畴的转动磁化过程。第三项表示 V_i 和 φ_i 均不变,只有磁畴内本身的自发磁化强度 M_s 的大小发生了改变,从而导致了磁化,称为顺磁磁化过程,顺磁磁化过程对磁化的贡献很小,只能在外磁场强度很强时才会显现出来。它实际上是强外磁场一定程度上克服原子磁矩的热扰动导致磁化强度的增加。于是得出,磁化过程的磁化机制有三种:①磁畴壁的位移磁化过程;②磁畴转动磁化过程;③顺磁磁化过程。上述三种磁化机制对铁磁体的磁化贡献表示为

$$\Delta M_H = \Delta M_{位移} + \Delta M_{转动} + \Delta M_{顺磁} \tag{8.5.3}$$

技术磁化过程只包括畴壁位移磁化过程和磁畴转动磁化过程,可表示为

$$\Delta M_H = \Delta M_{位移} + \Delta M_{转动} \tag{8.5.4}$$

大多数铁磁体磁化曲线的变化通常可以分为四个阶段:①弱磁场范围内的可逆畴壁位移;②中等磁场范围内的不可逆畴壁位移;③较强磁场范围内的可逆磁畴转动;④强磁场下的不可逆磁畴转动。

对于一种磁性材料而言,其磁化过程以其中一种或几种磁化机制为主。对于软磁材料,其磁化过程以畴壁位移磁化为主,并且,如果在畴壁位移磁化过程中已经出现了不可逆畴壁位移,则不会再出现不可逆磁畴转动。因此,在一般软磁材料中不会出现不可逆畴转动磁化过程。

2. 磁滞回线

将铁磁体沿磁化曲线 OS 由完全无磁状态磁化到饱和状态 M_s,如图 8.17 所示。此时如将外磁场强度 H 减小,磁化强度 M 值将不再按照原来的初始磁化曲线(OS)减小,而是更加缓慢地沿较高的磁化强度 M 减小,这是因为发生刚性转动的磁畴方向保留了外磁场方向。即使外磁场强度等于零时,$M \neq 0$,即尚有剩余的磁化强度 M_r 存在,这种磁化曲线与退磁曲线不重合的性质称为磁化的不可逆性。磁化强度 M 的改变滞后于磁场强度 H 的现象称为磁滞现象。

如要使 M 减小,必须加一个原来磁场方向相反的磁场强度 $-H$,当这个反向磁场强度增加到 $-H_c$ 时,才能使铁磁体中 $M=0$。但这并不意味着铁磁体恢复了杂乱无章的状态,而是一部分磁畴仍保留原磁化磁场方向,而另一部则在反向磁场作用下改变为外磁场方向,两部分相等时,

总的磁化强度值为零。

如果再继续增大反向磁场强度，铁磁体中反转的磁畴增多，反向磁化强度增加，随着 $-H$ 的增加，反向的 M 也会增加。当反向磁场强度增加到 $-H_s$ 时，则 $M=-M_s$，达到了反向饱和。如果 $-H=0$，则 $M=-M_r$。要使 M 为零，必须加正向磁场 H_c。如磁场强度 H 再增大到 H_s 时，M 达到最大值 M_s，铁磁体又达到了正向饱和。这样磁场强度变化一个周期，相应的，磁化强度也变化一个周期，并形成一个对原点 O 对称的封闭的曲线，称为饱和磁滞回线。

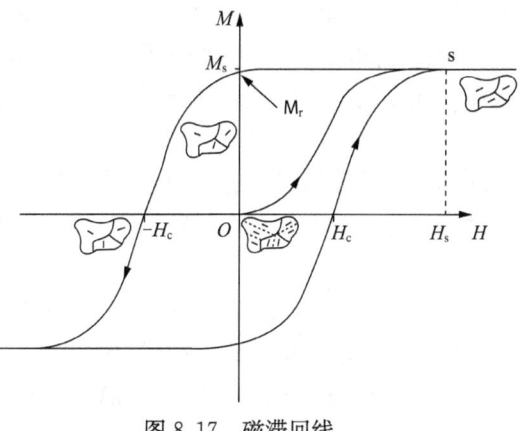

图 8.17　磁滞回线

在饱和磁滞回线上可确定的特征参数有：

(1) 饱和磁化强度 M_s。

在指定温度下，用足够大的磁场将铁磁体磁化，磁化曲线达到接近水平时，磁化强度不再随磁场增大而明显增加时对应的 M 值。

(2) 剩余磁化强度 M_r。

铁磁体磁化到饱和后，再将磁场强度下降到零时，铁磁体中残留的磁化强度，称为剩余磁化强度，简称剩磁。用 M_r 表示。

(3) 矫顽力 H_c。

铁磁体磁化到饱和后，由于磁滞现象，要使铁磁体中的 M 为零，需要加一定的反向磁场强度 $-H$，此磁场强度称为矫顽力 H_c。

如果用小于 H_s 的不同的磁场强度磁化铁磁材料时，此时 M 与 H 的关系是在饱和磁滞回线内的一族磁滞回线。各磁滞回线上的剩磁磁化强度和矫顽磁力将小于饱和时的值。如果要使具有磁性的材料恢复到去磁状态，要用一个高频磁场对材料磁化，并逐渐将磁场强度 H 减少到 0，或将材料加到居里温度以上即可去磁。

如果磁滞回线很宽，即 H_c 很高，需要很大的磁场强度才能将磁材料磁化到饱和，同时需要很大的反向磁场强度才能使材料的磁化强度下降到零，也就是说这类材料磁化困难，去磁也困难，称这类材料为硬磁材料。另一类材料在较弱外磁场作用下，磁化强度达到很高的数值，同时很低的矫顽磁力，既容易磁化，又很容易退磁，称这类材料为软磁材料。所谓软磁，不是材料的质地柔软，而只是容易磁化而已。实际上，软磁材料都是硬度大且难加工的材料。如铁氧体材料，既硬又脆，是开关电源中主要应用的软磁材料。

8.5.4　动态磁化

前面讨论的磁化过程，是在磁场恒定的情况下，铁磁体从一个稳定磁化状态转变到新的平衡状态。不考虑建立新的平衡过程的时间问题，因此称为静态磁化。在静态磁化中也会因不可逆磁化出现磁滞现象，但其每个磁化状态都处于亚稳定状态，并且磁化状态不随时间改变。许多磁性材料，如硅钢片、Ni-Zn 铁氧体等，需要在交变磁场中使用，因此需要考虑磁化特性随时间变化的问题。可由动态磁滞回线来考察铁磁体的动态磁化过程。

铁磁体在周期性变化的交变磁场中时，其磁化强度也周期性地反复变化，构成动态磁滞回线。动态磁滞回线和静态磁场中的磁滞回线既有相似之处，也有一定的差别。在相同的磁场强度范围内,动态磁滞回线的面积比静态磁滞回线要大一些。这是因为磁滞回线的面积等于磁化一周所损耗的能量。在静态磁场下,材料内的损耗仅为磁滞损耗;而在交变磁场下,材料内除了磁滞损耗以外,还存在涡流损耗和剩余损耗等。

在频率不变的情况下,改变交变磁场的磁化强度大小对磁性材料进行磁化,可以得到一系列不同的动态磁滞回线。这些动态磁滞回线的顶点(B_m,H_m)连线称为动态磁化曲线。根据定义,在动态磁化曲线上任一点的磁感应强度 B_m 和磁场强度 H_m 的比值,为振幅磁导率,即 $\mu_a = B_m/(\mu_0 H_m)$。

图 8.18 为在交变磁场下用铁磁示波器测得的铁磁体动态磁滞回线和动态磁化曲线。其中,最大的回线为动态饱和磁滞回线,B_s 和 H_s 则为饱和状态下饱和磁感应强度和相应的磁场强度,B_r 和 H_c 分别为剩余磁感应强度和矫顽力。

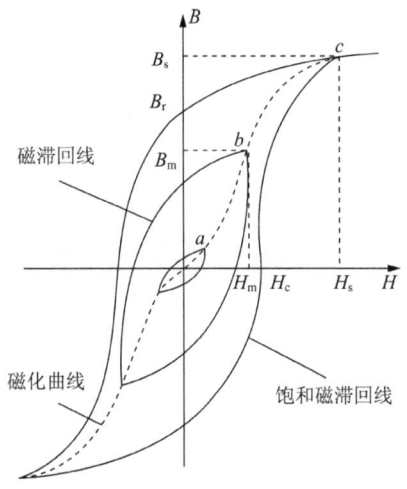

图 8.18 动态磁滞回线和动态磁化曲线

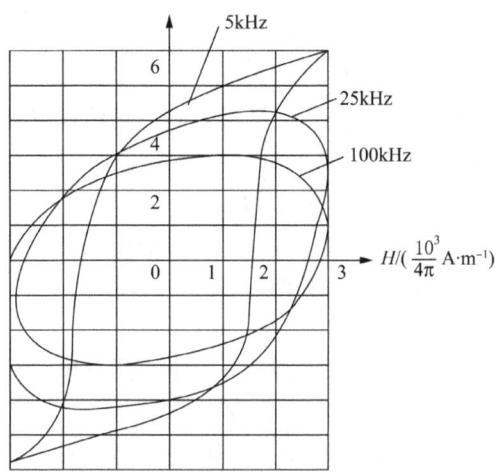

图 8.19 钼-坡莫合金的磁滞回线

动态磁滞回线的形状与交变磁场的峰值 H_m 以及频率有关。当交变磁场的磁场强度减小或交变磁场的频率增加时,动态磁滞回线的形状将逐渐趋近于椭圆。图 8.19 是厚度为 $50\mu m$ 的钼-坡莫合金片在三种不同频率下的动态磁滞回线。可以看出,随着频率的增大,动态磁滞回线逐渐变为椭圆形状。对于通常使用的弱场高频条件,可以采用椭圆形状来近似地表示铁磁材料的动态磁滞回线,如图 8.20 所示。假定交变磁场 H 呈正弦周期性变化,则相应的磁感应强度 B 也呈正弦周期性变化,但在时间上 B 要落后 H 一个相位角 δ。它们的数学表达式为

$$H = H_m \sin\omega t \tag{8.5.5}$$
$$B = B_m \sin(\omega t - \delta) \tag{8.5.6}$$

上述磁化落后磁场变化的现象,称为磁化的时间效应。磁化的时间效应表现为以下几种不同的现象:

(1)磁滞现象。由于不可逆磁化,在静态磁化过程中也存在磁滞现象,但磁化不随时间变化。交变磁场中的磁化是动态过程,有时间效应。

(2)涡流效应。动态磁化过程中,铁磁材料内部会形成涡流。涡流的产生将抵抗磁感应强度的变化,从而使磁化产生时间滞后效应。

(3)磁导率的频散和吸收现象。在交变磁场中,铁磁材料内的畴壁位移或磁畴转动受到各种不同性质的阻尼作用,导致材料的复数磁导率随磁场频率变化,称之为频散和吸收现象。

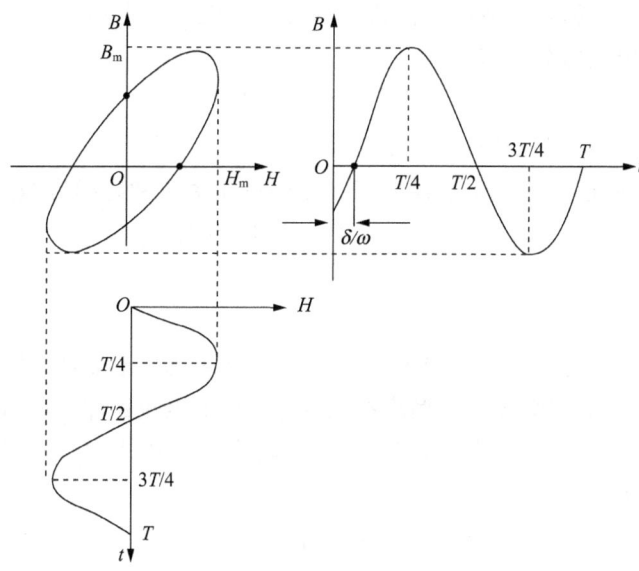

图 8.20 椭圆动态磁滞回线和铁磁体中相应 B-t、H-t 曲线

(4)磁后效。当外加磁场 H 发生突变时,相应的磁感应强度 B 的变化需经过一定的时间才能稳定下来。这种现象是由于磁化过程本身或热起伏的影响,引起材料内部磁结构或晶体结构的变化,称为磁后效。

对铁磁性材料施加 $H=H_1$ 的磁场,对应地材料的磁化强度为 $M=M_1$。在 $t=t_1$ 时刻,突然将磁场变化到 $H=H_2$,这时磁化强度也随即产生变化 M_2,并在一段时间内有个追加的变化 $M_i(t)$,如图 8.21 所示。$M_i(t)$ 表示为

$$M_i(t)=M_{i0}(1-e^{-t/\tau}) \tag{8.5.7}$$

式中,M_{i0} 表示从 $t=0$ 到 $t\to\infty$ 的磁化强度变化,τ 为单一弛豫时间。

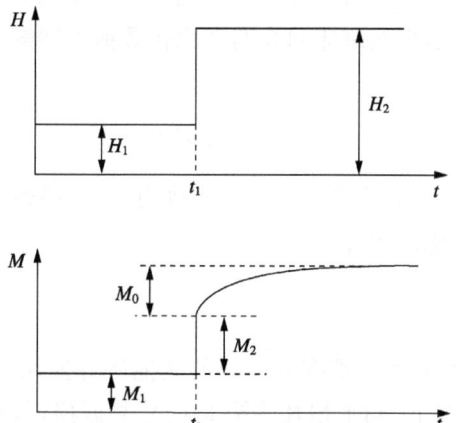

图 8.21 磁场随时间的改变及相应的磁化强度的改变

在交变磁场中,以上四种现象都将引起铁磁材料的能量损耗。

8.5.5 磁损耗

铁磁体在交变磁场进行交流磁化过程中,因损耗能量而发热,称为磁损耗。磁损耗包括三个

方面:涡流损耗、磁滞损耗和剩余损耗。材料总的磁损耗就等于上述三种损耗之和。现用 P 来表示单位体积总的磁损耗功率,则有

$$P = P_h + P_e + P_c \tag{8.5.8}$$

式中,P_h 为磁滞损耗;P_e 为涡流损耗;P_c 为残留损耗。

材料的总损耗 P 即决定于材料,也决定于交变磁场频率 f 和磁感应强度 B_m。因此,在讨论磁性材料损耗大小的指标时,应注明其工作频率 f 和磁感应强度 B_m。

1. 涡流损耗

涡流是指处在迅速变化的磁场中的导体,其内部会产生感生电流,因其电流呈闭合旋涡状而得名。交变磁场频率越高,涡流越大。涡流不能像导线中的电流那样输送出去,仅仅能使磁芯发热造成能量损耗,即涡流损耗。若材料厚度为 d,电阻率为 ρ,引入常数 a,则一个周期内材料的涡流损耗 P_e 可表示为

$$P_e = afd^2 B_m^2 / \rho T \tag{8.5.9}$$

可以看出,涡流损耗 P_e 与交变磁场频率 f 成正比,与厚度 d 的平方成正比,与电阻率 ρ 成反比。

根据式(8.5.5),随着工作频率的增加,材料的涡流损耗也将增大。通常可采用以下两种方法来降低材料的涡流损耗。一是降低材料的厚度 d,在工业生产中,通常将铁磁材料轧成薄片叠起来使用,使涡流损耗大大降低。另外一种方法是提高材料的电阻率 ρ。对于金属磁性材料来说,电阻率一般都比较低,涡流损耗很大。通常采用添加合金元素的方法提高电阻率,如在铁中加入少量硅,在增加了磁导率、降低矫顽力的同时也提高了材料的电阻率。铁氧体材料具有很高的电阻率,在高频磁场中涡流损耗很小,因此在高频技术领域获得了广泛的应用。

2. 磁滞损耗

在交变磁场中对磁性材料进行磁化,由于磁滞现象而产生的功率损耗称为磁滞损耗。如果在磁化过程中只存在磁滞损耗,那么磁滞回线的面积在数值上就等于每磁化一周的磁滞损耗的数值,即

$$P_a = \oint H dB \tag{8.5.10}$$

降低磁滞损耗的最好方法是减小铁磁材料的矫顽力 H_c。矫顽力 H_c 降低使磁滞回线变窄,所围的面积减小,从而降低了磁滞损耗。

3. 剩余损耗

剩余损耗是指除了涡流损耗和磁滞损耗以外的其他所有损耗。在低频弱场中,剩余损耗主要是磁后效损耗。在高频情况下,剩余损耗主要是尺寸共振损耗、畴壁共振损耗和自然共振损耗。尽管引起剩余损耗的因素有很多种,但均可以用磁化弛豫过程解释。金属磁性材料主要应用于低频范围,其剩余损耗主要来自于杂质原子的扩散弛豫过程。在低频中应用的铁氧体材料的损耗主要来自于电子的扩散弛豫过程。在高频范围中应用的铁氧体的损耗机理变得比较复杂,并且其剩余损耗也不再是常数。

为了降低材料的剩余损耗,可以从下面两个方面入手:①减少扩散离子浓度,从而抑制离子扩散过程;②控制成分和制备工艺,使之在应用频率和工作温度范围内避开损耗最大值。

8.6 磁性材料的特性

8.6.1 磁各向异性

磁各向异性是磁性材料具有的基本现象,在磁特性研究和磁性材料的技术应用上起着重要作用。

晶体的原子中,一方面电子受空间周期变化的不均匀静电场的作用、另一方面邻近原子间电子轨道还有交换作用,通过电子轨道的交叠,晶体的磁化强度受到空间点阵的影响。由于自旋-轨道相互作用,电荷分布为旋转椭球形,而不是球形,非对称性与自旋方向有密切联系,所以自旋方向相对于晶轴的转动将使交换能改变,同时也使得原子电荷分布的静电相互作用能改变,这两种效应都会导致磁各向异性。

磁各向异性主要是由自旋-轨道耦合,导致磁化强度从优于特定晶轴取向。基特(Kitter)曾用图 8.22 表示排列在一条直线上原子在两种不同磁化方向的情况。图 8.22(a)表示磁化垂直于原子排成的直线,邻近原子的电子运动区有重叠,因此彼此的交换作用强;图 8.22(b)表示磁化沿着直线方向,邻近原子间电子运动区重叠极少,因而交换作用很弱,这就造成了晶体的磁各向异性。

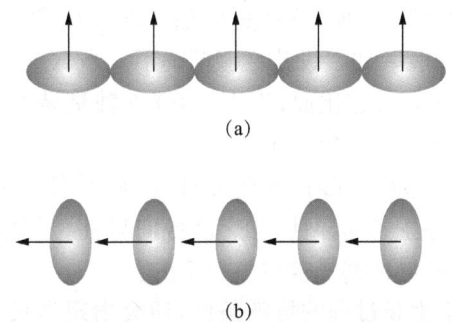

图 8.22 不同磁化方向导致的自旋轨道耦合情况

我们发现,在对铁磁单晶体进行磁化时,沿不同晶向的磁化曲线不同,如图 8.23 所示。沿铁的<100>、镍的<111>方向极易磁化,在很小的磁场下即可达到磁饱和,故它们是易磁化方向。而沿铁的<111>、镍的<100>方向磁化时,则需要非常强的磁场才能达到磁饱和,它们是难磁化方向。像这种在单晶体的不同晶向上,磁性能不同的性质,称为磁性的各向异性。

铁磁体的磁化需消耗一定的能量,它在数量上等于图 8.24 中阴影部分的面积,称为磁化能。沿不同方向的磁化能不同,反映了磁化强度矢量 M_s 在不同取向的能量不向,M_s 沿易磁化轴时所需能量最低(通常就取此能量为基准),沿难磁化轴时所需能量最高。磁化强度分量沿不同晶轴方向的能量差代表了磁晶各向异性能,用 E_K 表示。对于立方晶系,设 α_1、α_2、α_3 分别是磁化强度与三个晶轴的方向余弦,则有

$$E_K = K_1(\alpha_1^2\alpha_2^2 + \alpha_2^2\alpha_3^2 + \alpha_3^2\alpha_1^2) + K_2(\alpha_1^2\alpha_2^2\alpha_3^2) + \cdots \tag{8.6.1}$$

式中,K_1、K_2 为常数,称为各向异性常数,在室温时,铁的典型值为 $K_1 = 48.1 \times 10^3 \text{J} \cdot \text{m}^{-3}$ 和 $K_2 = 12 \times 10^3 \text{J} \cdot \text{m}^{-3}$。

对于单轴各向异性,如在六角晶系中,易磁化方向与 c 轴重合,c 轴方向(正和负)的各向异

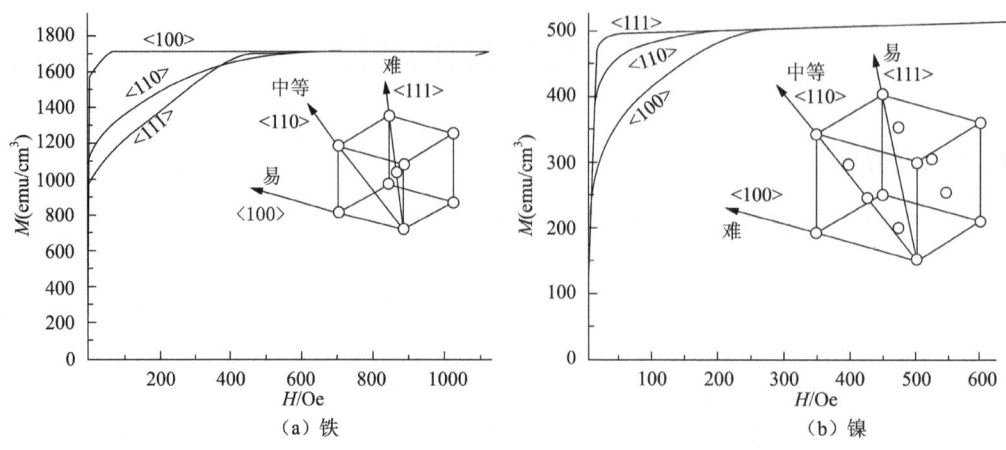

图 8.23 单晶的磁化曲线（1emu/cm³ = 10³ A/m）

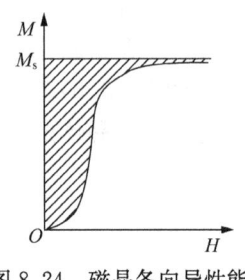

图 8.24 磁晶各向异性能

性能量最小。六角对称磁晶各向异性是单轴磁晶各向异性。令磁化强度矢量与 c 轴的夹角为 θ，在 c 面内的 a 轴测得磁化强度矢量的方位角为 φ，则六角对称单轴磁晶各向异性能量密度为

$$F_{Ku} = K_{u1}\sin^2\theta + K_{u2}\sin^4\theta + K_{u3}\sin^6\theta + K_{u4}\sin^6\theta\cos^6\varphi + \cdots \tag{8.6.2}$$

式中，$K_{u1} \sim K_{u4}$ 分别是单轴各向异性常数，其值随磁体及温度不同而异，一般取到二级就足够精确了。当 $K_{u1} > 0$，c 轴是易磁化轴；当 $K_{u1} < 0$，c 面是易磁化面；当 $K_{u4} > 0$，b 轴是易磁化轴；当 $K_{u4} < 0$，a 轴是易磁化轴。$K_{u1} \sim K_{u4}$ 的数值一般在 $10^3 \sim 10^5 \mathrm{J \cdot m^3}$。

磁各向异性，按其来源可分为：①形状各向异性；②磁晶各向异性；③生长感生各向异性；④应力感生各向异性；⑤磁场感生各向异性；⑥交换各向异性。其中，只有磁晶各向异性是磁性晶体中固有的，其他各种磁各向异性都是被感生出来的。

例如，在磁性薄膜中，由于生长过程的特殊条件，便会出现生长感生各向异性。在大多数情况下，薄膜中沿着生长方向产生磁性离子有序取向，形成单轴生长感生各向异性。图 8.25 表示出了由助熔法生长的 $Gd_{2.32}Tb_{0.59}Eu_{0.09}Fe_5O_{12}$ 石榴石薄片和外延生长法生长的 $Y_{2.85}La_{0.15}Fe_{3.8}Ga_{1.2}O_2$ 石榴石膜的磁畴图形。

(a) 助熔法生长的 $Gd_{2.32}Tb_{0.59}Eu_{0.09}Fe_5O_{12}$　　(b) 外延生长法生长的 $Y_{2.85}La_{0.15}Fe_{3.8}Ga_{1.2}O_2$

图 8.25 生长感生各向异性对磁膜磁畴的影响

任何一种形状的磁体,在它的表面上要引起一定的磁极分布,形成退磁场和杂散场,即使不加外磁场,退磁场和杂散场也会影响磁畴方向的分布。形状各向异性对形成磁畴组态起着决定性的作用。

磁晶各向异性与形状各向异性不同,它是磁性材料的内禀特性。以自旋-轨道耦合为基础,而轨道运动与晶格的对称性强烈相关,所以,磁晶各向异性使磁化强度取决于特定的晶轴取向,其能量在对称操作时保持不变。因此,磁晶各向异性可以直接反映出退磁状态下的磁畴图形。在这个意义上,磁畴组态可以说是磁各向异性的反映。

磁各向异性常数的大小关系到磁化的难易,对于高磁导率的软磁材料,就要求其 K_1 的绝对值要小;而对于需要高矫顽力的硬磁材料,就要求 K_1 具有较大的值。

8.6.2 磁致伸缩

铁磁体在磁场中被磁化时,其形状和尺寸都会发生变化,这种现象称为磁致伸缩效应。

磁致伸缩效应是由原子磁矩有序排列时,电子间的相互作用导致原子间距的自发调整而引起的。材料的晶体点阵结构不同,磁化时原子间距的变化情况也不一样,故有不同的磁致伸缩性能。也可认为材料的磁致伸缩效应是其内部各个磁畴形变的外观表现。单晶体既有磁致伸缩效应,也有磁各向异性。

磁致伸缩来源于磁-弹性耦合,使磁性材料伴随磁化方向改变而发生长度和体积的变化。磁致伸缩常数是正或负将依赖于电子组态和电子间的相互作用,在含有强自旋轨道耦合情况,可能产生大的磁致伸缩效应,稀土石榴石就是如此。

磁致伸缩的大小可用磁致伸缩系数 λ 表示

$$\lambda = \Delta L / L \tag{8.6.3}$$

式中,L 为铁磁体的原长;ΔL 为磁化引起的长度变化量。当 $\lambda > 0$ 时,表示沿磁场方向的长度伸长,为正磁致伸缩;当 $\lambda < 0$ 时,表示沿磁场方向的长度缩短,为负磁致伸缩。铁磁体均有磁致伸缩效应,但不同的铁磁体其磁致伸缩系数不同,一般在 $10^{-6} \sim 10^{-3}$ 之间。图 8.26 给出了几种磁性材料的磁致伸缩系数随外场变化的情况。由图 8.26 可见,随着外磁场的增强,磁致伸缩系数会不断发生变化,直至最终稳定在某一个值上,此时磁致伸缩达到了饱和,$\lambda = \lambda_s$ 称为饱和磁致伸缩系数,对不同的材料而言是一个特征参数。

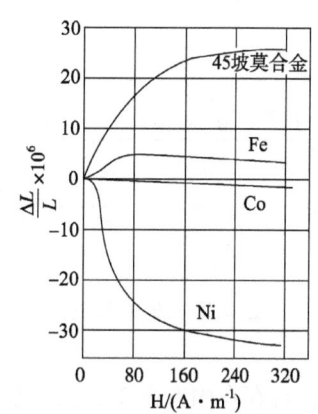

图 8.26 几种材料的磁致伸缩系数

单晶材料的磁致伸缩也有各向异性。图 8.27 所示的铁、镍单晶沿不同晶向的磁致伸缩系数。可以看出,铁在不同晶向上的磁致伸缩系数相差很大。多晶铁磁体的磁致伸缩没有各向异性。

材料在磁化时既然要发生磁致伸缩,一旦这种形变受到限制,则会在材料内部产生拉(或压)应力,因而存在一种弹性能,称磁弹性能。物体内部缺陷、杂质等都可能增加其磁弹性能。对于多晶体,磁弹性能为

$$E_\sigma = \frac{3}{2} \lambda_s \sigma \sin^2 \theta \tag{8.6.4}$$

式中,σ 是材料所受应力;θ 是磁化方向与应力方向的夹角;E_σ 是单位体积的磁弹性能。由式

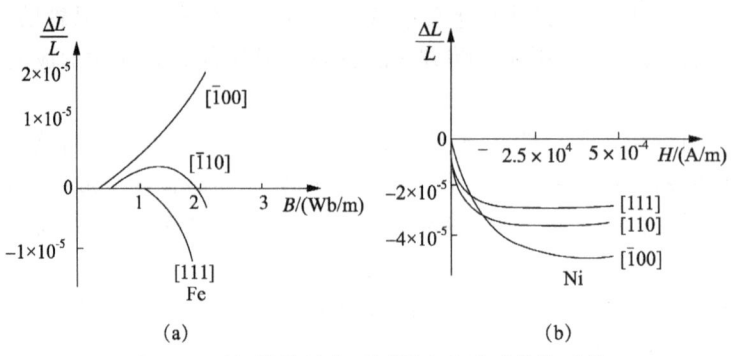

图 8.27 铁、镍单晶在不同晶向的磁致伸缩系数

(8.6.4)可见,应力也会使材料发生各向异性,称应力各向异性。它也像磁各向异性那样影响着材料的磁化,因而与材料的磁性能密切相关。要得到高磁导率的软磁材料,就必须使其具有低的 K 值和饱和磁致伸缩系数值,硬磁材料则相反。

8.6.3 磁光效应

当光透过铁磁体或被磁体表面反射,由于铁磁体存在自发磁化强度,使光的传输特性发生变化,产生新的各种光学各向异性现象,统称为磁光效应。

磁光效应一般包括:①磁光法拉第效应;②科顿-穆顿效应;③磁圆振、磁线振二向色性;④塞曼效应;⑤磁激发光散射;⑥磁光克尔效应等。我们着重讨论磁光法拉第效应和磁光克尔效应的物理原理。

1. 磁光法拉第效应

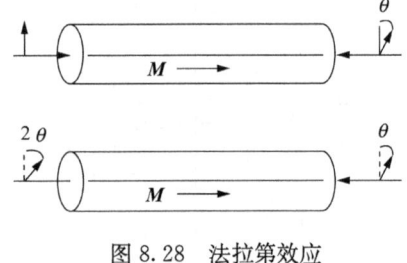

图 8.28 法拉第效应

磁场能使磁光晶体时会产生光学各向异性的性质。当光束通过过于磁场中的磁光晶体时,其偏振面会发生偏转,这种现象称为法拉第效应,如图 8.28 所示。当外加磁场方向与光在晶体中的传播方向平行时,经过一段距离之后,在晶体的出射面会出现偏振光的偏振面会旋转一个角度 θ。当这束出射光遇到反射镜面发生反射,反射光重新进入磁光晶体后,再次在磁场的作用下发生偏转,最终偏振光的偏振面偏振的角度为 2θ。产生法拉第效应的原因是构成晶体的分子有各向异性的性质,且存在固有磁矩。在不加外磁场时,各分子排列杂乱无章使晶体在宏观上表现为各向同性,有外磁场时,分子的磁矩受到磁场力的作用,各分子对外磁场有一致的取向,从而在宏观上有了各向异性的性质,对外表现出宏观磁性。

考察在静磁场 B 和光波的振荡电场 E 作用下束缚电荷的运动方程,有

$$m\frac{d^2\boldsymbol{r}}{dt^2}+k\boldsymbol{r}=-q\boldsymbol{E}-q\left(\frac{d\boldsymbol{r}}{dt}\right)\times\boldsymbol{B} \tag{8.6.5}$$

式中,r 为电子离开平衡位置的位移,k 为弹性系数。电子的离开平衡位置的运动可认为是一种简谐运动。考虑到介质的极化强度 P 可表示为 $\boldsymbol{P}=-Nq\boldsymbol{r}$,上式可改写成

$$(m\omega^2+k)\boldsymbol{P}=Nq^2\boldsymbol{E}+i\omega q\boldsymbol{P}\times\boldsymbol{B} \tag{8.6.6}$$

考虑到介质极化强度与介质的极化率张量 χ 之间的关系,对上式进行求解,得到右旋和左旋

圆偏振光的折射率分别为

$$n_{右}=(n_0^2+\chi_{12})^{1/2}\approx n_0+\frac{\chi_{12}}{2n_0}$$

$$n_{左}=(n_0^2-\chi_{12})^{1/2}\approx n_0-\frac{\chi_{12}}{2n_0} \tag{8.6.7}$$

当线偏振光沿着磁化强度矢量方向传播时,由于左、右圆偏振光在铁磁体中的折射率不同,从而导致磁光法拉第效应。其原因是由于极化率分量 $\chi_{12}\neq 0$,而正是由于外磁场的存在,才导致该极化率分量不为零。

在晶体中传播的距离为 L 时,左旋和右旋偏振光合成矢量的偏转角可表示为

$$\theta=\frac{\pi N q^3 L}{n_0\lambda m^2\varepsilon_0}\frac{\omega B}{(\omega_0^2-\omega^2)^2}=V\boldsymbol{B}\cdot\boldsymbol{L} \tag{8.6.8}$$

式中,V 是磁光系数,又称为韦尔德(Verdet)常数,它与频率、温度等因素有关。

2. 磁光克尔效应

当线偏振光被磁化了的铁磁体表面反射,且磁化方向垂直于反射面时,反射光将是椭圆偏振的,并且以椭圆长轴为标志的偏振面相对于入射线偏振光的偏振面旋转了一个角度,如图8.29(a)所示,这就是磁光克尔效应。

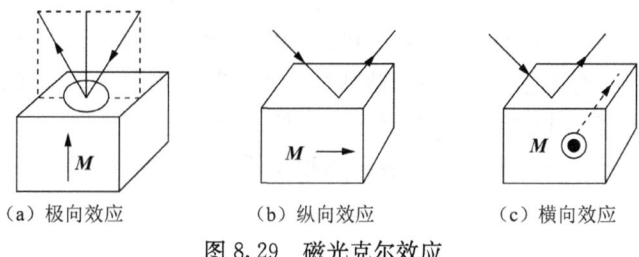

（a）极向效应　（b）纵向效应　（c）横向效应

图 8.29　磁光克尔效应

如图 8.29 表示的那样,磁光克尔效应分为三种组态:①极向磁光克尔效应;②纵向磁光克尔效应;③横向磁光克尔效应。

8.7　磁性材料

前面讨论过五种磁性,其中抗磁性、顺磁性和反铁磁性都是弱磁性,一般在工程技术上很少使用。另外两种,铁磁性和亚铁磁性都是强磁性,在实际上广泛应用,具有这两种磁性的材料通常叫做磁性材料。按其被利用的基本性能,磁性材料还可以分为软磁、硬磁、旋磁、矩磁、压磁五类。各类磁性材料的特点与应用。除以上五类外,还有许多特殊的磁性材料。如恒磁导率材料、磁性半导体材料、磁泡材料、磁光材料等,种类繁多。本节主要介绍上述提到了五类磁性材料的基本性质。

8.7.1　软磁材料

软磁材料是指那些具有低矫顽力和高磁导率的一类磁性材料。一般在交流磁化状态下使用,所以还要求有较低的功率损耗。这种材料从组成分,可分为两大类,第一类是软磁合金,它们用作各种电磁铁的极头、极靴、磁导体、磁屏蔽、电机的定子和转子、变压器及继电器的铁芯,也可

用于作各种通信、传感、记录等应用中的磁性元件;第二类是软磁铁氧体,它们是非金属,是由铁的氧化物组成,电阻率很高,适合用于在高频范围内工作的各种软磁元件。从应用领域来分,可分为用于能量转换的软磁材料及用于信息处理的软磁材料。如在电力工业中,从电能的产生、传输到应用,涉及发电机、变压器和电动机,软磁材料都起着能量转换的作用;在电子信息工业中,通信电路中所使用的滤波器和电感器、自动控制用的继电器、录放磁头、磁芯存储器和磁鼓、各种铁氧体微波器件等。

在不同的应用中,对软磁材料的要求是不同的,因此发展出多种软磁材料。就金属软磁材料而言,传统的材料主要有工业纯铁、Fe-Co 合金、Fe-Ni 合金等,它们都是晶态合金。近年来又发展出非晶态软磁合金及纳米晶软磁合金,它们组成了软磁合金中的两类新材料。就铁氧体软磁材料而言,主要有尖晶石型铁氧体,其中包括 Mn-Zn 及 Ni-Zn 铁氧体,它们是软磁铁氧体的典型材料。

1. 主要的金属软磁材料

(1)工用纯铁和硅钢。属于高饱和材料,电阻率小。主要用于制造电磁铁的铁芯和磁极、继电器和扬声器磁路、电话中的振动膜等。

(2)镍铁合金。含 30%～90% 镍的镍铁合金通常称为坡莫合金,具有高磁导率、铁损低、饱和磁感应强度低的特点,加入 Mo、Cr、Cu、V 等元素可改善其磁性能。镍铁合金广泛应用于计算机、仪器仪表、控制系统中,用作变压器、微电机、继电器、磁调制器等。

(3)非晶软磁合金。有铁基、铁镍基和钴基合金等。其特点是工艺简单、成分范围大、磁性能均匀和磁各向同性,磁滞回线的形状可由磁场热处理进行控制。

(4)纳米晶软磁合金。具有高的起始磁导率和较低的矫顽力。

2. 铁氧体软磁

铁氧体软磁具有强的磁性耦合、高电阻率、低矫顽力和低损耗,适合在高频和超高频下工作;缺点是饱和磁化强度较低,不适合在低频高功率下工作。

软磁铁氧体主要有尖晶石结构铁氧体和石榴石结构铁氧体。石榴石结构铁氧体适合于在 1～5GHz 的高频下工作。软磁铁氧体广泛用于通信、广播、电视等无线电技术中,如录音、录像磁头、变压器、磁芯等。如果在非磁件基片上外延生长石榴石结构的铁氧体单晶薄膜,可用作磁泡存储材料。

8.7.2 硬磁材料

与软磁材料不同,硬磁材料要求剩磁高、磁导率高、矫顽力高和功率高。后者表示退磁时所需的能量,和磁滞回线的面积有关,通常以 $B \cdot H$ 乘积的最大值来度量。按矫顽力大小,通常把矫顽力在 0.4kA/m 以下的磁性材料称为软磁材料,矫顽力在 0.4～20kA/m 的磁性材料称为半永磁材料,矫顽力在 20kA/m 以上的材料称为永磁材料。

硬磁材料品种较多,可根据不同的标准进行分类。按强磁来源不同,可分为金属硬磁材料和铁氧体硬磁材料两大类;按制造工艺分为铸造硬磁,可加工硬磁、烧结硬磁、黏结硬磁;按磁硬化机理分为淬火硬化型,时效析出硬化型,有序硬化型和单畴微粉型硬磁合金;按化学成分可分为碳钢、钨钢、铬钢、钴钢、锰钢、铁钴钢、铁钴钼、铁钴钨、铁镍钴、铝镍钴、钴铂、铁钴钒、钕铁等。

1. 硬磁合金

(1)铝镍钴系合金。这类合金广泛用于发动机、电动机、继电器、磁电机等电机器件上。
(2)铁铬钴系合金。这类合金适合做成丝、带等各种形状的硬磁器件。
(3)稀土永磁合金。是硬磁材料中性能最好的一类,可分为稀土钴系和稀土铁系硬磁合金。

2. 硬磁铁氧体

硬磁铁氧体分为钡铁氧体和锶铁氧体硬磁材料,它们都是六角晶系磁铅石型铁氧体。这类材料的剩磁和最大磁积能不高,但具有高的磁晶各向异性系数,低的饱和磁化强度和较高的矫顽力。

8.7.3 矩磁材料

矩磁铁氧体是指具有矩形磁滞回线的铁氧体,其主要用于计算机、自动控制与远程控制设备中,作为逻辑单元、开关元件、记忆元件(存储器)、磁放大器的磁光存储器和磁声存储器等。图 8.30 表示了比较典型的矩形滋滞回线。可用剩磁比 B_r/B_m 来表征回线的矩形程度。另外,也可用 $B_{-H_m/2}/B_m$(或简写为 $B_{-1/2}/B_m$)来描述回线的矩形度,其中 $B_{-1/2}$ 表示静磁场达到 H_m 一半时的 B 值。可以看出,前者是描述Ⅰ、Ⅲ象限的矩形程度,后者是描述Ⅰ、Ⅳ象限的矩形程度。因为 B_r/B_m 是开关元件中重要的参数,因此又称为开关矩形比;$B_{-1/2}/B_m$ 是记忆元件中是重要的参数,故也可称为记忆矩形比。利用 $+B_r$ 和 $-B_r$ 的剩磁状态,可使磁芯作为记忆元件、开关元件或逻辑元件。如以 $+B_r$ 代表"1",$-B_r$ 代表"0",就可得到电子计算机中的二进制逻辑元件。对磁芯输入信号,从其感应电流上升到最大值的 10% 时算起,到感应电流又下降到最大值的 10% 时的时间间隔定义为开关时间 t_s。它与外磁场 H_a 之间的关系如下

$$(H_a - H_c)t_s = S_w$$

式中,S_w 称为开关常数。对于常用的矩磁铁氧体材料,S_w 为 $2.4 \times 10^{-5} \sim 12 \times 10^{-5}$ c/m。

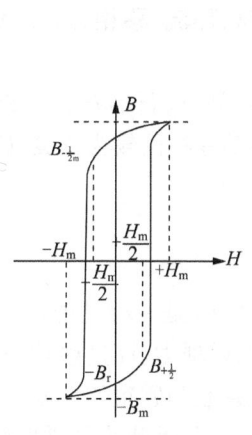
图 8.30 开关系数

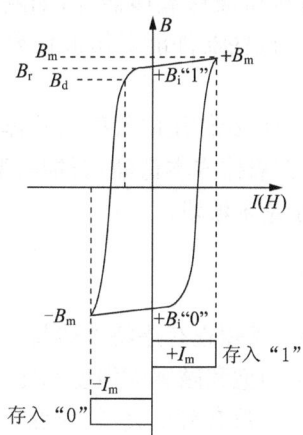
图 8.31 磁心存储器原理

磁心存储器的工作原理如下。

利用矩磁材料具有矩磁磁滞回线的特性,与饱和磁感应强度 B_m 大小相近的两种剩磁状态 $+B_r$ 和 $-B_r$ 分别代表"1"和"0",如图 8.31 所示。当输入一个 $+I_m$ 电流脉冲时,相当于磁心受

到 $+H_m$ 磁场的激励而被磁化到 $+B_m$。脉冲过后，磁心保留 $+B_r$ 状态，表示存入信号"1"。反之，输入 $-I_m$ 电流脉冲时，磁心保留 $-B_r$ 状态，表示存入信号"0"。在读出信息时，可通入 $-I_m$ 电流脉冲，如果原来存入的信号是"0"，则磁感应强度的变化由 $-B_r \to -B_m$，变化很小，感应电压也很小，相当于没有信号电压输出，表示输出为零。而原有信号为"1"时，则磁感应强度由 $B_r \to -B_m$，变化很大，故有明显的电压信号输出。这样，根据磁感应电压的大小，就可判断磁心所存储的信息。

在实际应用中，对矩磁铁氧体材料有以下一些主要的要求：①剩磁比要高，特殊情况下还要求 $B_{-1/2}/B_m$ 要高；②矫顽力要小；③开关系数要小；④损耗低；⑤对温度、振动等外界因素的时间稳定性要好。

铁氧体材料形成矩形磁滞回线的条件是结晶各向异性和应力各向异性。一般密度高、晶粒均匀、结晶各向异性较大的尖晶石型铁氧体都可制成磁性能较好的矩磁材料。

8.7.4 旋磁材料

若沿某一方向(如 x 方向)加一交变磁场，磁性材料不仅在 x 方向产生磁化，也会在 y、z 方向也产生磁化，即不仅产生 x 方向的磁感应强度 B_x，而且也产生 y、z 方向磁感应强度 B_y、B_z，磁导率呈现出张量特性，这种性质称为旋磁性，具有旋磁性的铁氧体称为旋磁铁氧体。由于所加的交变磁场一般处在微波频段，故又称为微波铁氧体。

如果在与交变磁场垂直的方向或成一角度的方向上加上一个恒磁场或变化缓慢的磁场，那么旋磁材料的磁导率张量的各个分量值的大小将受到所施加磁场的影响，通过改变恒磁场的方向与量值来改变材料磁导率张量各个分量的大小，也就改变其旋磁性。铁氧体的电阻率高，可在几万兆赫下应用，因而在微波范围几乎都采用铁氧体材料。

旋磁铁氧体器件已经使用在测量、雷达、通信、电视、人造卫星、导弹系统等各个方面。频率范围覆盖了从毫米波到厘米波的范围，且种类繁多。铁氧体在微波段有三种特殊性质，即铁磁共振效应、极化(偏振)面旋转效应(法拉第旋转效应)以及当高频场增大时的非线性效应等。利用这些效应可以制成各种微波铁氧体器件，如隔离器、移相器、环行器、旋磁滤波器、振荡器、倍频器、法拉第旋转器等。这些器件能对微波信号起到隔离、环流、移相、限频、滤波、延迟及放大等作用。

目前在微波领域内广泛使用的旋磁铁氧体材料有尖晶石、石榴石和磁铅石型三种晶格结构类型。一般尖晶石型铁氧体成本低廉，石榴石型铁氧体某些特性较为优良，磁铅石型铁氧体具有高的各向异性，适用于毫米波段。

8.7.5 非晶磁性材料

非晶磁性材料由于其短程有序特性造就了优良的性能，是一种性能优良的软磁材料。作为软磁材料，希望它有高的饱和磁感应强度和磁导率、低的矫顽力，而这些软磁性能，又和材料的磁晶各向异性、磁致伸缩系数有密切关系。磁晶各向异性系数和磁致伸缩系数越小，组织结构越均匀，材料的软磁性能就越好。非晶态磁性合金没有长程有序，因此非晶磁性材料的磁晶各向异性为零，而且非晶磁性材料组织结构均匀，不存在阻碍畴壁运动的晶界或析出物，这样，非晶结构决定了其具有良好的软磁性能。但是非晶磁性材料的磁致伸缩系数不为零，因为磁致伸缩起源于短程相互作用。所以，非晶磁性材料的软磁特性主要取决于磁致伸缩系数的大小。磁致伸缩系数近似等于零时，可得到高磁导率、低矫顽力的非晶软磁材料。

除此之外，非晶态合金的电阻率较高，比晶态合金大3倍以上，因此涡流损耗低，频率特性好，可应用于较高的频率范围。非晶态的结构均匀，各向同性特点也决定了非晶材料具有高强度，一定的韧性，并具有很强的抗腐蚀性等特点。

非晶磁性材料的性能优良，且制造工艺又较简单，与晶态磁性材料相比，具有很大的优势。主要的非晶磁性材料有两类：第一类是含有金属的过渡合金，由于其结构是长程无序的，因而其组成连续可变，又不存在宏观磁晶各向异性，只要能把磁致伸缩系数降到零，就可得到许多种高饱和磁感应强度 B_s、高磁导率、低矫顽力 H_c 的非晶软磁材料；第二种是过渡族与稀土族金属所组成的合金，一般用 RT 表示。如 GdCo、CdCoMo 薄膜，由于具有单轴各向异性，磁化强度垂直于膜面，矫顽力比较小，可作磁泡材料使用。CdFe、TbFe 等材料的矫顽力可从中等大小变化到很大。采用热磁写入法，可作为大容量磁记录介质使用。

非晶磁性材料除了上面提到的特性之外，还可通过材料成分、工艺等调节，以达到控制或改变磁滞回线的形状，适应各种场合的需要。这类材料可用作磁头、磁屏蔽、变压器、转换器、传感器、漏电保护器、磁开关以及其他磁性元件，非晶磁性材料的不足之处是起始磁导率低、居里温度不高，由于处于亚稳态，所以稳定性也还是个问题。

8.7.6 纳米晶磁性材料

纳米晶磁性材料是指某一维度处于纳米量级的磁性材料。这类材料由于尺寸效应，与相应的块状材料在声、电、光、热方面和磁性有本质的区别。在一般的晶态软磁合金中，随着晶粒尺寸增大，材料的矫顽力将下降，磁导率增大，材料的软磁性能变好。但是纳米晶软磁材料和上述规律不符合。当合金的晶粒尺寸为 100nm 左右时，材料具有非常优秀的软磁性能，而一旦晶粒长大，其软磁性能急剧恶化。一般认为每个纳米晶虽然有磁晶各向异性，但是其能量和一般晶粒相比较小，同时它受到邻近间的晶粒的交换作用以及静磁耦合作用，使宏观的有效磁晶各向异性近似为零，因此纳米晶软磁合金具有很好的软磁性能。

从结构特征上看，目前的纳米磁性材料大体可分为以下三类。

(1)纳米相材料。具有尺度为纳米级的相单元，如纳米晶软磁材料、纳米晶复合永磁材料等。

(2)纳米粒子。具有纳米级尺度的粉体材料，如纳米微磁粉等。

(3)纳米薄膜材料。具有纳米级尺度的多层膜、颗粒膜材料等，如纳米巨磁阻材料、纳米软磁颗粒膜等。

纳米晶软磁材料，凭借其内部纳米晶相与非晶相双相超微细组织结构所具有的铁磁交换耦合作用，具有集高饱和磁感应强度、高磁导率、低损耗于一体的软磁性能。这类材料在性能兼有与铁基非晶合金相当的高饱和磁感应强度，与钴基非晶合金相近的高磁导率和低损耗，成本仅为钴基非晶合金的 1/3，综合软磁性能十分优越，在替代常规材料的部分用途及在其他软磁材料无法胜任的工作场合中都具有独特的优势。在电子、电力电子技术领域的高频大功率逆变焊机、大功率开关稳压电源、漏电保护器、尖峰抑制器、电子整流器、电磁兼容器件及高精度电流互感器等中得到了广泛的应用。

在外磁场作用下物质的电阻发生变化，称为磁电阻效应。正常磁电阻普遍存在于许多金属中，其来源于磁场对电子的洛伦兹力，该力会导致载流子运动发生偏转或产生螺旋运动，因而使电阻发生改变，但变化率很小，一般不超过 2%～3%。1988 年，Baibich 首先在由 Fe、Cr 交替沉积而形成的多层膜(Fe-Cr)中发现了超过 50% 的磁电阻变化率，且为负值，各向同性。由于这个结果远远超过了多层膜中 Fe 层 MR 的总和，所以这种现象称为巨磁电阻(GMR)效应。巨磁电阻材料在高密度读出磁头、磁传感器、磁阻式随机存储器等方面有广阔应用前景。现在所研究的巨磁电阻材料大多是属于纳米多层膜系统，可以大致分成纳米铁磁金属多层膜、纳米金属磁性颗粒膜、纳米 GMR 自旋阀多层膜和隧道效应膜四个不同的种类。

8.8　磁性元器件

在电子、电工中广泛使用磁性元器件，如电感变压器、电磁铁和继电器，大都利用磁化曲线的线性部分和初始磁导率。利用铁磁体的矩形磁滞回线特性可制作用于计算机的存储器件以及磁盘、磁鼓和磁记录等器件。利用铁氧体的旋磁性和铁磁共振制成微波非互易器件，如隔离器、衰减器、环行器等，在雷达、通信等领域有独特的应用。此外，在测量仪表上广泛应用磁性传感器。下面就几种主要的磁性元器件作些介绍。

8.8.1　磁记录元件

磁记录的功能是将一切能转变为电信号的信息（如声音、图像、数据和文字等），通过电磁转换记录和存储在磁记录介质上，并且该信息可以随时重放。

磁记录就是利用了永磁体所具有的剩余磁化强度大，且其剩磁的大小由其磁滞回线决定的特点。磁记录介质实际上就是由具有这种磁化特征的、体积很小的永磁体构成，通过磁头与磁记录介质之间的相对运动，就可以按照记录信号，以相应的磁化矢量的取向把信号记录下来。下面就以常用的磁带录音机的工作过程为例，说明磁记录的基本过程。

图 8.32(a)给出了磁带录音机的走带系统简图。驱动器 E 控制着磁带始终以恒定线速度转动。在 A 与 E 之间，磁带转动要经过三个电磁转换器件 B、C 和 D，B 是抹音磁头，起消除磁带磁性的作用；C 是录音磁头，它的作用是使磁带沿着带长的方向磁化；C 是放音磁头，其作用是检测磁带中的磁化强度。图 8.32(b)为录音磁头的放大图，可以看出它实际上是带有微小气隙的电磁铁，气隙的典型宽度为 1.5μm，约为磁带表面磁性层厚度的 1/3。录音磁头通常由坡莫合金片组成，或者为块状铁氧体软磁材料制成。图 8.32(c)中更加清晰地给出了气隙附近磁带的磁化状态。

在记录信号时，录音磁头线圈上产生一个的信号电流将磁铁磁化，在气隙处产生溢出磁场，当磁带转动通过磁头气隙时，气隙处的溢出场将磁带磁化。磁带转动离开气隙后，磁化部分残留剩磁，该剩磁即为记录信号。

将上述记录了信号的磁介质以相同的速度通过放音磁头，则从介质表面发散的磁通将进入放音磁头磁芯，从而在磁头线圈中产生感应电压，该电压正比于磁通的变化率。虽然线圈中的感应电压不可能是记录信号的精确重复，但是经过适当的电路处理以后，就能重现记录信号。

在记录与重放过程之间，磁带上所记录的信号通常有个存储过程。在存放过程中，不允许外加的杂散磁场超过用于记录的磁场的强度，否则磁带中所记录的信息将出现错误。当不再需要这些信号时，抹音磁头可以产生一个大于记录磁场强度的磁场，就可以抹除原先记录的信息，抹除之后，记录介质又可准备记录新的信息。

利用磁记录方法可以记录模拟信号，也可以记录数字信号。在音频模拟记录过程中，为了保证良好的线性特性而采用交流偏置磁场。作为偏置用的高频电流与待记的信号电流同时输入音频磁头线圈中，以便使记录介质工作在线性区间。在数字式磁记录中，磁介质的磁化强度分别沿着正方向和负方向取向，与数字编码"1"和"0"相对应，构成了数字记录信号。虽然模拟式磁记录和数字式磁记录由于应用场合的不同,在记录前和记录后对信号的加工会有很大不同。但是,由介质上的记录磁迹所构成的磁化强度的空间变化所代表的记录信号的时间变化规律这一磁记录的基本过程,是不会改变的。由于错误检出技术及校正电路的进一步完善,从原理上来说,所有的磁记录都可以用数字式磁记录方式来实现。目前以 CD、MP3、DVD、VCD 等为代表的数字式音频和视频记录正在取代以盒式磁带、录像带等为代表的模拟式记录。

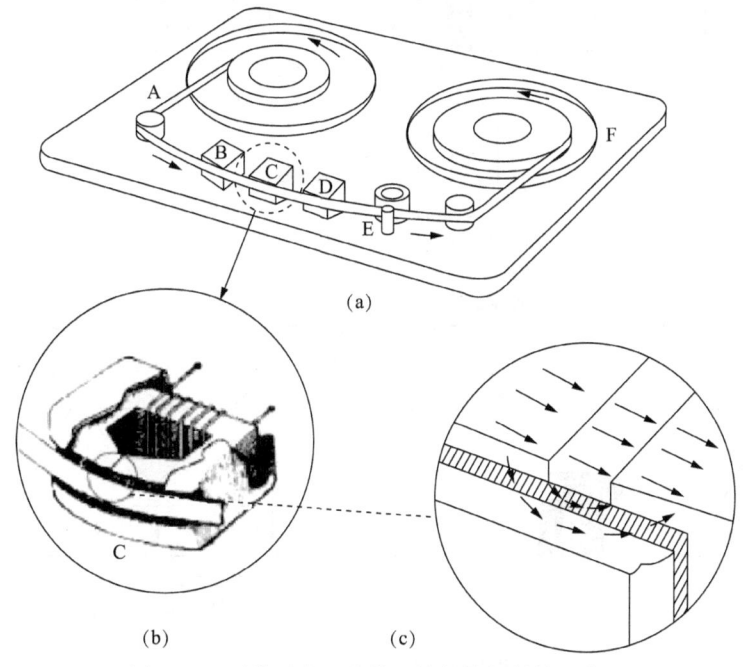

图 8.32 磁带录音机走带系统与内部结构示意图

8.8.2 磁光存储

磁光存储是数字数据存储技术中很有效的技术手段之一。磁光盘上具有很多同圆心的磁轨,每个磁轨上又可划分成若干个的片段或单元,典型情况下,每个单元存储大小为 512 或 1024 比特的一个数据块,因而具有海量存储的特点。图 8.33 表示出了磁光热磁写入、读出原理示意图。

热磁写入原理如图 8.33 所示,又分居里温度写入和补偿温度写入两种方式。磁光薄膜采用的是具有单轴各向异性的铁磁性或亚铁磁性薄膜,且其易磁化方向垂直于薄膜表面,并初始磁化到饱和状态。用居里温度写入还是用补偿温度写入,要取决于磁光膜的加热温度是超过居里温度还是低于居里温度。外加偏磁场使磁光膜在室温 T_0 磁化到饱和,然后在剩磁状态下用激光束照射,磁光膜的局部温度上升,当温度 $T>T_C$ 时,局部温度上升的微区转变为顺磁区。$M_s=0$,当除去激光后,微区的温度开始下降。当温度 $T<T_C$ 后,磁化强度开始增大。在周围的退磁场 H_d 和外加偏磁场 H_b 作用下,磁化方向和原来的相比较,实现了反转。如将 H_b 增大并反向,就可以擦除已写入的信息。

补偿温度 T_{comp} 写入是利用在 T_{comp} 附近磁膜的矫顽力 H_c 有急剧变化的特性来实现的。H_c 在 T_{comp} 附近急剧增大,而远离 T_{comp},则 H_c 迅速减小,这样一种热磁性质是构成补偿温度写入的基础。亚铁磁性的磁光膜的矫顽力与 K_u/M 成比例,在补偿温度处,$M_s=0$,$H_c=\infty$;但是,在补

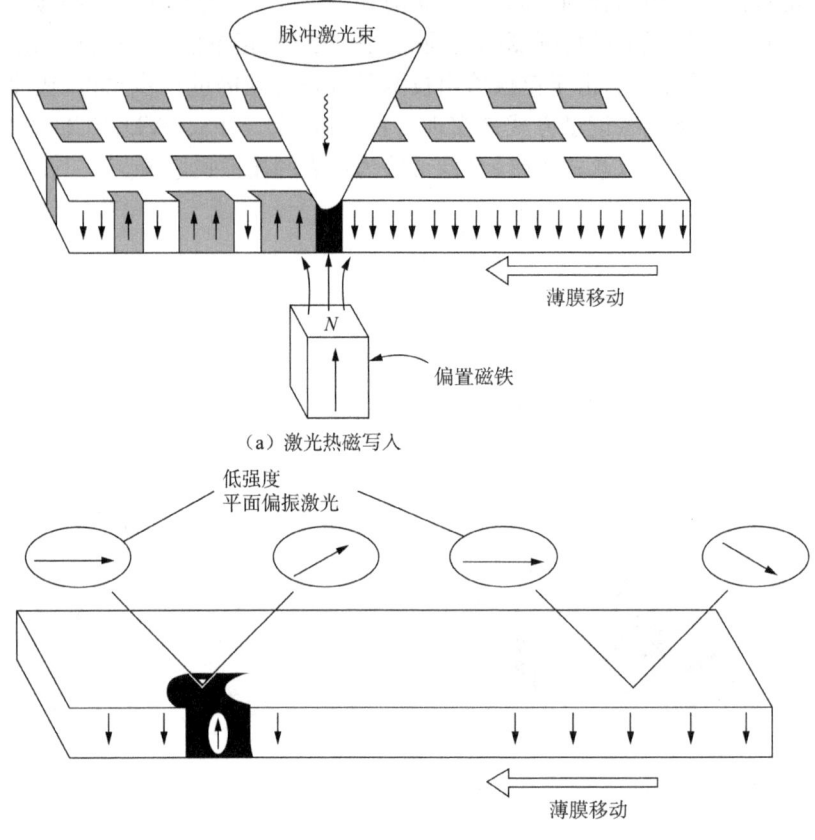

(a) 激光热磁写入

(b) 利用磁光克尔效应的读出

图 8.33 磁光写入、读出原理示意图

偿温度处磁性上还是有序的,并且由于 H_c 很大而处于稳定状态。当用激光束加热时,受热区的 H_c 就显著下降,以至于在周围退磁场和偏磁场的作用下,磁畴发生反转。

读出原理是利用透射的磁光法拉第效应或反射的极向磁光克尔效应。当偏振光透过磁性薄膜,产生磁光法拉第旋转;若偏振光从磁件薄膜表面反射,产生磁光克尔旋转。无论是法拉第旋转还是克尔旋转,它们的旋转方向完全取决于偏振光传播方向平行或反平行于磁化强度方向,平行时取正,反平行时取负(如图 8.33(b))。根据旋转的正负方向,通过光电检测器鉴别出这两种状态,从而读出二进制信息的"1"或"0"。

磁光存储兼有磁存储和光存储两者的优点,具有可擦写、高密度、非接触、随机存取和不易变的特点。基本方式是用激光束照射磁性薄膜,实现热磁记录和擦除信息,应用磁光法拉第或克尔效应读出信息。

8.8.3 微波器件

微波铁氧体器件,包括环行器、隔离器、开关、移相器等多晶铁氧体器件和钇铁石榴石(YIG)单晶调谐滤波器、振荡器、倍频器、谐波发生器等单晶铁氧体器件,是另一类重要的微波器件。这类器件也需要永磁体提供偏置磁场,它们对永磁材料的温度稳定性要求很高,一般都采用铝镍钴合金。但随着微波器件的小型化及工作频带的展宽,迫切要求使用磁能积高的永磁材料。稀土永磁体便是被优先考虑的对象。目前,国外的多晶体铁氧体器件(环行器等)已有部分使用

Sm-Co(钐-钴)永磁合金;在10cm以上的同轴环行器中用烧结稀土钴磁体;在5cm波段的同轴器件中,多采用烧结稀土钴永磁体,对于高频频段的波导隔离器(如2cm高功率隔离器)亦可用烧结稀土钴永磁体。稀土永磁振荡器,唯一不足的是稀土元素的温度系数比铝镍钴大,在高频段工作时会导致温升而产生较大的频率漂移。为此,必须使用低温度系数的钐-钴系合金,或采取温度补偿措施。

与微波铁氧体相类似的光通信用非互易铁氧体器件-磁光隔离器,目前已被广泛运用。这类器件也必须使用高性能的永磁体作为外偏磁场,现主要使用钐-钴系合金。将来钕-铁-硼永磁体的温度系数得到大的改善,也可以得到应用。

在雷达系统中,微波铁氧体控制器件的用途虽广,但就器件的性质来说,主要是控制微波信号的幅度和相位,在控制幅度方面有开关和可变衰减器,在控制相位方面有移相器,从幅度和相位的控制还可以构成极化控制和频率控制。铁氧体控制器的优点是能承受较高功率,具有优良的电气性能,如损耗小、驻波小、频带宽,并且特别适用于厘米波波长较短的一端和毫米波段。缺点是驱动功率较大,湿度性能较差。

8.8.4 磁光器件

1. 磁光调制器

磁光调制与电光调制、声光调制一样,也是把要传递的信息参数转换成光载波的强度(振幅)等参数随时间的变化。所不同的是,磁光调制是将电信号先转换成与之对应的交变磁场,由磁光效应改变在介质中传输的光波的偏振态,从而达到改变光强度等参量的目的。磁光体调制器的组成如图8.34所示。

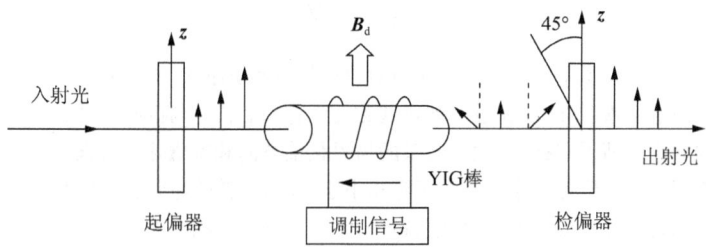

图8.34 磁光体调制器的组成

工作物质(YIG或掺Ga的YIG棒)置于沿z轴方向的光路上,它的两端放置了起偏器和检偏器,高频螺旋形线圈环绕在YIG棒上,受驱动电源的控制,用以提供平行于z轴的信号磁场。为了获得线性调制,在垂直于光传播的方向上施加一恒定磁场B_d,其强度足以使YIG晶体饱和磁化。工作时,高频信号电流通过线圈就会感生出平行于光传播方向的磁场,入射光通过YIG晶体时,由于法拉第旋转效应,其偏振面发生旋转,旋转角正比于磁场强度B。因此,只要用调制信号控制磁场强度的变化,就会使光的偏振面发生相应的变化。但这里因加有恒定磁场B_d,且与通光方向垂直,故旋转角与B_d成反比,于是

$$\theta = \theta_1 \frac{B_0 \sin\omega_m t}{B_d} L$$

式中,θ_0为单位长度饱和法拉第旋转角;$B_0 \sin\omega_m t$为调制磁场。

2. 磁光隔离器

磁光隔离器件也是利用法拉第旋光效应制成的光学非互易器件。隔离器原理如图 8.35 所示。其核心是一个磁光 45°旋转器(也称为法拉第盒),图中两个偏振器的偏振方向的夹角为 45°,调节外加磁场的大小及 YIG 晶体长度,使得进入晶体的线偏振光,通过晶体后出射的线偏振光的偏振方向旋转了 45°,正好与检偏器的偏转方向一致而无阻挡地向前传输。如果光在前进的方向上受到某一平面反射,而重新沿相反方向通过检偏器而进入晶体时,由于磁致旋光只与磁场方向有关,因此,在磁场方向没有变化的情况下,光在晶体上的旋转方向是在原入射光经过晶体旋转 45°的基础上,再旋转 45°,然后从晶体射出,由于此时的线偏振光的方向已与入射光的偏振方向垂直,因此,无法通过起偏器而被阻挡,从而实现了光的隔离。

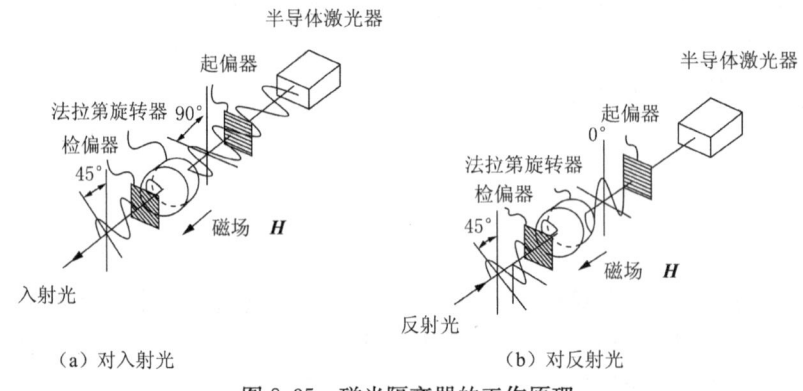

图 8.35 磁光隔离器的工作原理

习 题

8.1 什么是原子磁矩?什么是电子磁矩?这些磁矩对物质的磁性贡献大小如何?

8.2 什么是抗磁性、顺磁性、铁磁性、反铁磁性和亚铁磁性?它们的特点与区别是什么?

8.3 什么是磁晶各向异性?请说明铁、镍立方晶系的易磁化轴方向和难磁化轴方向?

8.4 什么是磁致伸缩现象?磁致伸缩系数 λ 大于零和小于零时,材料的易磁化方向与应力 σ 的关系如何?

8.5 什么是磁畴?磁畴是怎样形成的?在磁性材料中,常见的磁畴结构有哪些?

8.6 在技术磁化过程中,随着外加磁场的增加,材料中磁畴和磁矩是如何变化的。

8.7 简要说明磁滞回线的形成过程。并解释饱和磁感应强度、剩余磁感应强度及剩磁比的物理意义。

第9章 电子陶瓷材料

9.1 概　　述

　　陶瓷一词来源于希腊文 keramos,意思是制陶工人的黏土或是由黏土加热而成的器物。陶器是由黏土和其他一些含硅的高岭土在 200~900℃ 的温度范围内烧制而成的。由一般陶瓷到电子陶瓷元件的飞跃极大地拓展了陶瓷的内涵,以至于今天陶瓷一词可用来涵盖了所有的无机非金属材料。

　　陶瓷是指采用制粉、成型、烧结及表面处理后得到的无机非金属材料的总称。而电子材料则是指用于电子技术中的各种功能陶瓷材料。电子陶瓷具有优越的电学性质、力学性质、光学性质和热学性质,特别是具有机械强度高、耐高温、耐高湿、抗辐射,介电常量的范围较宽,介电特性优良,机电耦合系数高,电击穿特性好和绝缘电阻高,以及老化性能良好等特点,是以电、磁、光、热和力学等性能及其相互转换为主要特征的,在电子、通信、自动控制、计算机、激光、医疗、机械、汽车、航空航天、核技术和生物技术等众多高技术领域中得到广泛应用的关键材料。陶瓷材料在电子工业中最重要的应用是利用了其暴露在极端条件下的稳定性和高阻特性。除此之外,电子陶瓷材料的性质复杂多变,有着很广泛的应用。例如,在极端寒冷的气候条件下,在高湿、高温条件下用来检测有毒或是可燃烧的组分。

　　电子陶瓷材料不足之处主要表现在韧性较差,抗冲击强度低,而且比重大,这不利于电子元器件及设备的轻量化。此外,其延展性差,难以制成薄膜。这些不足之处在一定程度上使其应用受到限制。不过,随着陶瓷生产工艺不断改进,这些电子陶瓷材料上的不足之处也逐渐在得到克服。

　　电子陶瓷材料的功能和性质与其制备工艺有极大关系,而原料化学纯度和一致性也有影响。例如,气敏和湿敏多孔陶瓷,既要控制其化学组成,又要控制其物理状态,控制其粉料细度和烧结工艺,以达到控制气孔率和孔径尺寸等特征。要制得高致密度的陶瓷,除添加某些添加物控制晶粒生长外,尚需采用特殊的烧结方法,如真空烧结、气氛烧结、热压烧结、微波烧结等。厚膜和薄膜器件的制备则需要丝网印刷、流延以及蒸发、溅射、沉积等工艺。

　　陶瓷材料的组成晶相在结构、组成及完整性方面有很大的差异,同时,在大小尺寸、外形结构和内部应力等方面也是各不相同。除此之外,晶相间的界面的存在,会导致组分和附加电学特性上的差异。因此,准确预测陶瓷材料的行为特征是一件非常困难,甚至是一件不可能的事情。然而对陶瓷材料中主要的单晶组分性质的研究有助于了解陶瓷材料的行为。随着技术的发展,陆续出现了包括铁电陶瓷材料及导电陶瓷材料等新的类型。本章主要介绍电子陶瓷的结构与性质、制备工艺、几种主要的电子陶瓷,如敏感陶瓷、介电陶瓷、铁氧体材料、超导陶瓷等的性质及其应用。

9.2 陶瓷材料的结构和性质

9.2.1 陶瓷材料的结构

陶瓷材料是一种同时含有金属与非金属元素的复杂化合物或固溶体,它们之间的价键结构为离子键或是共价键。典型的陶瓷材料坚硬、脆,且熔点很高,化学稳定性与热稳定性好,抗压强度很高。但它们的导电性与导热性很差。以下概要介绍结晶陶瓷、非晶陶瓷和玻璃陶瓷的结构。

1. 结晶陶瓷

几乎所有的陶瓷材料,即使是玻璃,其组织内的键长至少都有一种短程有序的排列。基于这些短程有序结构,可以分辨出一些陶瓷材料内部所具有的简单晶体结构。原子或是离子的具体排列取决于何种晶格位置被填入,以及该位置被填充的比例。

氯化铯型:氯化铯(cesium chloride)型结构是立方晶格间隙位置被阴离子所填入的简单立方结构,离子半径比显示氯化铯的配位数为8,如图9.1(a)所示。

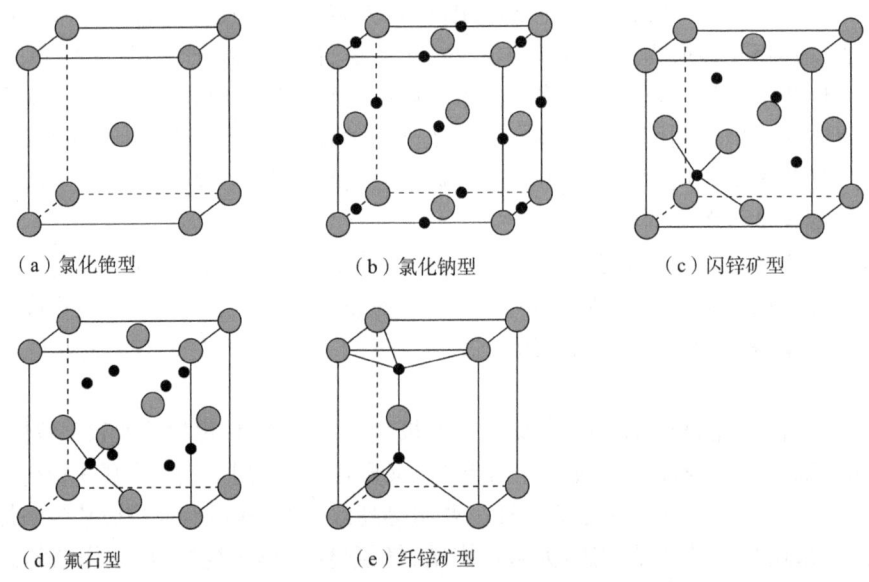

(a) 氯化铯型　　(b) 氯化钠型　　(c) 闪锌矿型

(d) 氟石型　　(e) 纤锌矿型

图9.1　陶瓷材料的典型晶体结构

氯化钠型:氯化钠(sodium chloride)为面心立方(FCC)结构,其中阳离子位于正常的FCC格子点,而阴离子则占据全部的八面体位置。因此,单位晶胞内共有4个阴离子和4个阳离子。这种特殊排列可以确保钠离子和氯离子的配位数均为6,且可保持电荷平衡,如图9.1(b)所示。

闪锌矿型:闪锌矿(zinc blende)为FCC结构,其中4个阳离子位于正常FCC结构的格子点,而4个阴离子则占据8个四面体位置的一半。由离子半径比预测出配位数为4的离子有这种结构,如图9.1(c)所示。

氟石型:氟石(fluorite)结构为FCC型,其中阴离子填满全部的四面体位置,因此单位晶胞中有4个阳离子和8个阴离子,这种陶瓷材料的化学表达式为AX_2,如氟化钙(CaF_2),钙离子的配位数为8,氟离子的配位数为4,如图9.1(d)所示。

纤锌矿型:当离子位于密排六方(HCP)结构的间隙位置时,可形成一系列不同的晶体结构。

在纤锌矿结构(wurtzite)中,半数的四面体位置为阴离子所占据。当 HCP 单位晶胞的其他晶格的间隙位也被占据时,便可产生其他 HCP 晶胞为基础的结构,如图 9.1(e)所示。

2. 非晶陶瓷

非晶陶瓷,顾名思义就是短程无序的陶瓷材料。其中,最重要的非晶陶瓷材料是玻璃。玻璃是一种未经结晶便硬化,且质地坚硬的固体材料。玻璃的某些特性与过冷液体相似。玻璃体结构的产生,是由氧化硅四面体与其他离子群结合而形成的非晶态的网状结构固体,如图 9.2 所示。玻璃体和结晶体均有短程有序,但只有结晶体有长程有序排列。在极微细小的颗粒中,如凝胶体中,也可找到非晶态结构,只是在这种结构当中颗粒的尺寸可能只有 10nm 或更小。

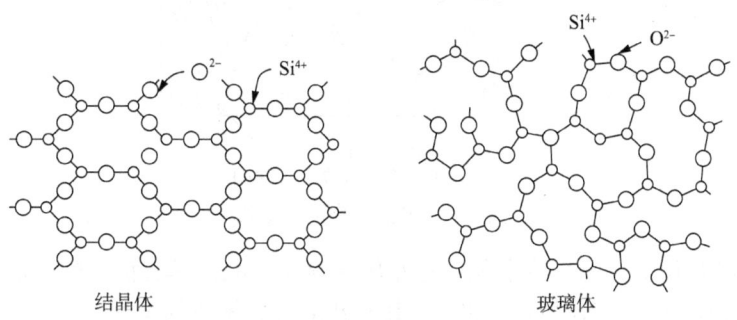

图 9.2 结晶态与玻璃体硅酸盐结构的比较

3. 玻璃陶瓷

玻璃陶瓷主要有硅酸盐玻璃和非硅酸盐玻璃。硅酸盐玻璃是应用最为广泛的玻璃,它是由纯的 SiO_2 构成的,熔点很高,并且在加热或是冷却期间的尺寸变化很小。然而,一般的硅酸盐玻璃中还含有额外的氧化物,这些氧化物作为玻璃的形成剂、中间剂和修饰剂。非硅酸盐玻璃一般是指由 BeF_2、GeO_2、磷化铝及磷化硼构成的玻璃,这些玻璃也具有四面体形的短程结构。然而,硼酸盐(B_2O_3)玻璃是由三角形单元(非四面体)结合而成。一些玻璃是由硅酸盐与硼酸盐结合而成,如 Pyrex 玻璃。

4. 陶瓷的微观结构

结晶陶瓷形成了多晶陶瓷微结构,因而陶瓷可以看成是一个复杂的多晶多相系统,一般由结晶相、玻璃相、气相及晶界等部分构成的,如图 9.3 所示。这些相的特征、组成、相对含量及其分布情况,决定着电子陶瓷磁力的声、光、电、磁等总体性质。

(1) 晶相。

陶瓷中的晶相,通常指那些大小不同、形状各异、取向随机的晶粒。晶粒的直径通常为几微米至几十微米,它可以是同一种化合物或一种晶系,如刚玉;也可以是同质异相体,如滑石瓷等中的原顽辉石和斜顽辉石结构等;或是异相体,如一般黏土瓷等。对于同一种晶相,其晶粒内部的点阵结构是相同的。陶瓷中若存在两种以上组成和结构不同的晶粒时,则称其为多晶相陶瓷。其中,相对含量多的晶相称为主晶相,其他的称为副晶相。

陶瓷中主晶相的性能基本上决定了材料的性能,陶瓷的介电性、铁电性、电磁特性、电子及离子导电性、热导性等基本上都取决于晶相的性质。要获得性能良好的陶瓷,就必须选择适当的主晶相。此外,还应考虑晶粒的大小、均匀程度、晶粒取向、晶界形成以及杂质分布等情况。

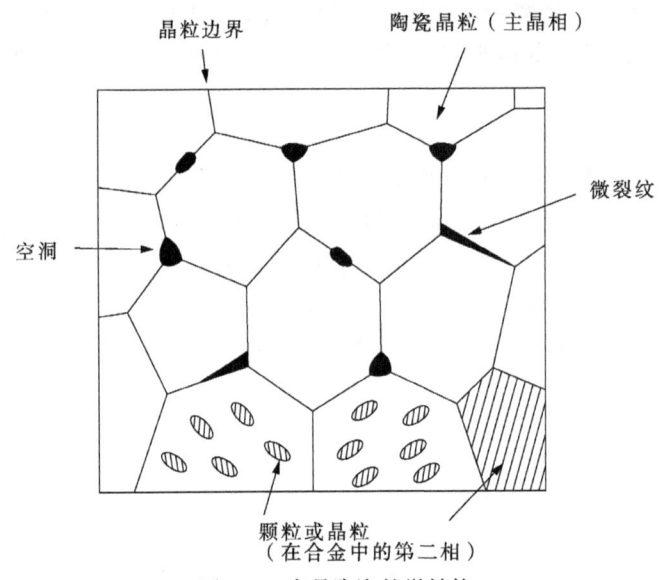

图 9.3 多晶陶瓷的微结构

电子陶瓷大都选用氧化物作主晶相。这是因为氧化物晶体具有优良的介电性能。其机械强度、热稳定性和化学稳定性都比较高。此外,由于氧化物晶体中的金属离子的可置换性大,因此常可通过在陶瓷中加入各种添加剂的方法,用其他的异质离子置换氧化物中的金属离子,从而将陶瓷的主晶相转变成各种类型的固溶体。这样就可以在一定范围内控制电子陶瓷的各种性质,使其符合各种应用的要求。

(2) 玻璃相。

陶瓷中的玻璃相是一种低熔点物质,分布在晶粒的周围,其作用是填充晶粒间的间隙,将晶粒紧密连接成一整体,起到降低胚体烧结温度,阻止或延缓晶型转变,在一定条件下可抑制晶粒长大。

陶瓷中玻璃相的含量差别很大,有的可高达的 50%～60%,也有的含量很低,甚至不含玻璃相,如高氧化铝陶瓷。玻璃相的来源是原料中的黏土类可塑性原料、助熔剂和混入的杂质等。玻璃相的含量与性质对陶瓷主晶相的形成、晶粒的均匀程度以及晶粒的大小都有较大的影响。

(3) 晶界。

所谓晶粒边界,是指两个晶粒之间的过渡区。这个过渡区可以是组成不同、结晶不同的相界,也可以是两晶粒间存在的第二相。

晶界上通常富集着大量的位错、热缺陷与杂质缺陷。这些缺陷对陶瓷材料的力学性能和电学性质有重大影响。此外,对于大多数氧化物系的电子陶瓷来说,晶界上总存在着一定数量的正电荷或负电荷,因而在界面上会出现一定高度的势垒,这对陶瓷材料的介电性能会有一定的影响。

(4) 气相。

陶瓷中的气相一般分布于晶界、重结晶晶体和玻璃相内。由于玻璃相不可能完全填充各个晶粒的空隙,并且坯料中有些成分的分解会释放出气体,黏合剂挥发时也有气体产生,这些气体排除的不彻底,就会造成气相中的两类气孔,开口气孔和闭口气孔。无论哪一种气孔都严重地影响陶瓷材料的电学性能、力学性能和热学性能,对于透明陶瓷还将影响其光学性能。除了多孔陶瓷之外,我们希望陶瓷中的气相含量越少越好。

总之,陶瓷的微观结构决定了材料的一系列力学性能和电学性能。晶粒组成的一致性好,微细晶粒的均匀分布以及致密的烧结体,可使陶瓷的机械强度和介电性能达到预期的效果。

9.2.2 陶瓷材料的性质

当晶体中的某些原子失去电子,而另外的原子获得电子时,就会形成离子键。如氯化钠晶体。包含离子键的晶体中,晶体结构是由满足电中性所需要的原子数和离子相对大小为基础所形成的最佳堆积结构来决定的。离子大小通常用离子半径来表示。离子半径会随着配位数的不同而改变。配位数定义为阳离子(或阴离子)周围的阴离子(或阳离子)数目。离子的相对大小决定了配位数。图 9.4 给出了稳定与不稳定堆积结构。

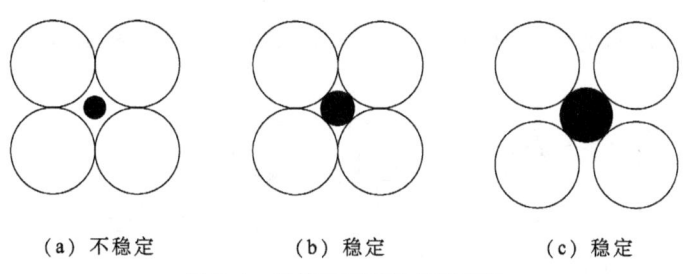

(a) 不稳定　　　　(b) 稳定　　　　(c) 稳定

图 9.4　晶体堆积结构的稳定性

大部分的离子结构为紧密堆积。由于 s 层电子云具有球形分布的特点,因而纯的离子键无方向性。电负性是原子吸引电子能力的大小。化合物中原子间的电负性相差越大,则离子化的程度就越高。根据泡利所得到的经验图可估计化合物的离子性,如图 9.5 所示。

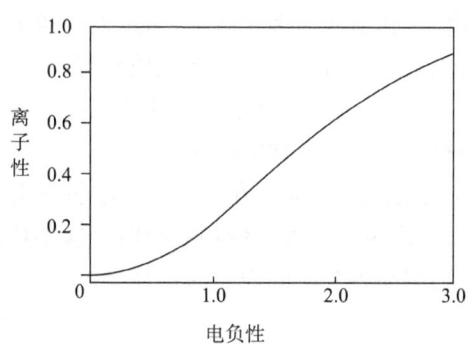

图 9.5　离子结构的电负性与离子性之间的关系

ⅠA 族和ⅥA 族所形成的化合物的离子性最强,但其强度、熔点和硬度都很低。高价金属离子,如 Mg^{2+}、Al^{3+}、Zr^{4+} 等,其离子键强度大,因而具有较高的强度、熔点和硬度。总而言之,由于离子键的存在而导致的陶瓷材料具有可见光可以完全透过,可吸收红外光,低温时导电性较低,高温时具有离子导电性等特性。

当陶瓷材料的价键结构为共价键时,一般具有硬度大,熔点高的特点。但由于共价键具有方向性,从而导致物质无法紧密堆积,对陶瓷材料的密度和热膨胀会有明显的影响。紧密堆积的物质具有较高的热膨胀系数,而在共价键结构的陶瓷材料中,个别原子的部分热膨胀会被结构中的空隙所吸收,因而一般均具有较低的热膨胀系数。

许多陶瓷材料同时具有离子键和共价键。如石膏($CaSO_4$),Ca^{2+} 离子和硫酸根离子(SO_4^{2-})以离子键连接,而在 SO_4^{2-} 离子中,硫元素与氧元素是以共价键的方式连接的。许多的硅酸盐物质都具有类似的混合键结构。这些硅酸盐结构均以 SiO_4^{2-} 四面体结构为基础,以不同的方式将这些四面体连接起来。如图 9.6 所示,有链状、环状和层状结构,在正硅酸盐中,SiO_4^{2-} 四面体间互不相干,在活性硅酸盐中,$Si_2O_7^{6-}$ 离子由两个共用一角的四面体所组成;在变性硅酸盐 SiO_3^{2-} —$(SiO_3^{2-})_n^{2n-}$ 中,四面体的两个角被共用而形成链状或是环状结构;层状结构 $(Si_2O_5)_n^{2n-}$ 中,四面体中有 3 个角被共用。

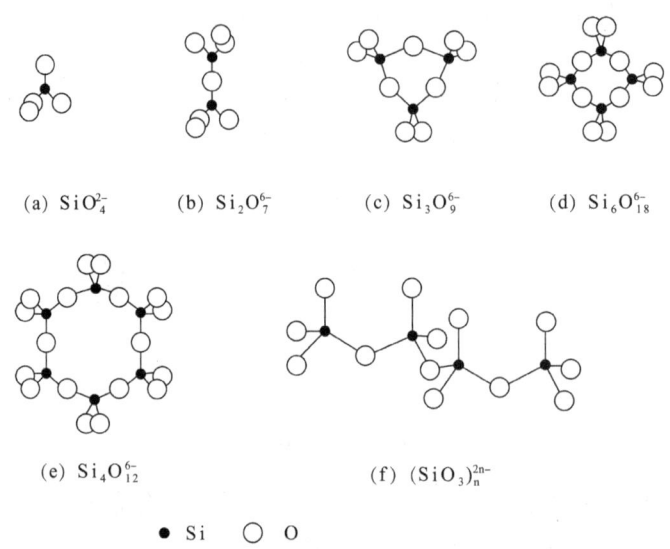

(a) SiO_4^{2-} (b) $Si_2O_7^{6-}$ (c) $Si_3O_9^{6-}$ (d) $Si_6O_{18}^{6-}$

(e) $Si_4O_{12}^{6-}$ (f) $(SiO_3)_n^{2n-}$

● Si ○ O

图 9.6 硅酸盐结构中的 SiO_4^{2-} 四面体结构

总之,陶瓷是由晶粒、晶界、气孔组成的多相系统,通过人为掺杂,造成晶粒表面的组分偏离,在晶粒表层产生固溶、偏析及晶格缺陷;在晶界(包括同质粒界,异质粒界及粒间组)处产生异质相的析出、杂质的聚集、晶格缺陷及晶格各向异性等。这些晶粒边界层的组成、结构变化,显著改变了晶界的电性能,从而导致整个陶瓷电气性能的显著变化。人们可以从宏观上调节化学组分、气孔率(从致密到多孔质);从微观上控制微区组分(主要是晶界组分)和微观结构(晶粒、晶界等)。通过上述各种因素的组合,产生一系列特殊功能材料。这些功能材料的应用特性虽然与晶粒本身性质有关,但更主要是利用晶界及陶瓷表面的特性,这是单晶体所不及的。

9.3 电子陶瓷的制备

电子陶瓷材料的制备工艺过程对材料性能有直接的影响。材料的固有性能由化合物组成所决定,化合物的性能是固有的,当其组成固定时,几乎不受外来影响。但陶瓷材料的组成在很大程度上是不固定的,通过不同的工艺路线改变显微结构会使材料的性能发生很大的变化。为了获得性能优良的材料,必须采用适当的工艺过程来实现。

电子陶瓷材料通常的工艺流程如下。

(1) 制粉。由起始原料制成符合要求(化学组分、相组分、纯度、颗粒度、流动性等)的粉体。粉体制备方法可以用使颗粒细化的机械粉碎法,也可用颗粒在介质中成核生长的化学方法制备。化学法可根据化学反应的相态不同分为液相法、气相法和固相法等。如果制成的粉体不符合设计和后续工艺的要求,则需要对粉体进行调整。如果粉体的细度不够或含有较大团聚体时,则需要对粉体进行研磨进一步粉碎;如果含有不希望有的杂质时,则可用洗涤(水洗或酸洗)的方法加以改善。粉体调整还包括为适合成型而添加有机添加剂、湿度调整、造粒、泥料（塑性物料）和浆料调整、混练等。用于压制法成型（干压、等静压）的粉体造粒可以改善其流动性和模具填充性，并使之具有一定的湿度和添加剂含量。

（2）成型。成型是将一个分散体系（粉体、塑性物料和浆料）转变成具有一定几何形状、体积和强度的坯体。如上所述，不同形态的物料适合不同的成型方法。

（3）烧结。烧结是指在一定温度、压力下使坯体发生显微结构变化并使其体积收缩、密度升高的过程。最常用的方法为常压烧结法。使用压力的烧结方法分为热压法或热等静压法。烧结是陶瓷材料制造的关键步骤。通过烧结，材料不仅变得致密，而且能获得强度等力学性能和其他各种各样的功能。

坯体烧结前要进行相应的处理。由于坯体中含有一定量的有机添加剂和溶剂，因此烧结前一般要经干燥和有机添加剂的烧失处理。干燥必须在较低温度下以较慢速度进行，以免速度过快造成坯体的开裂。有机物烧失处理一般选择在有机构分解或氧化温度以上。但温度不能过高，避免烧失过快引入缺陷。一般的烧失选择氧化气氛以尽量减少碳的残余。在某些情况下，要先在非氧化气氛中分解后再在氧化气氛中脱碳，这样可防止直接氧化时气体产生得过多过快。

（4）表面金属化。烧结后的陶瓷常需要在表面黏附一层金属薄膜方能使用。目前的陶瓷材料表面金属化的方法主要有被银法、电镀浸锡法等。

图9.7所示为工艺过程和性能之间的关系。由图可知，为了达到电子陶瓷材料诸多性能指标的要求，在电子陶瓷生产过程中，必须严格控制原料性能和工艺过程。为获得某一特殊的性能，电子陶瓷材料一般以某一组分为主成分，并在此基础上加入次要成分，以及微量成分。电子陶瓷的制备一般包括粉体制备、成型、烧结和表面金属化等3～4个主要过程，其工艺特殊性主要体现在：第一，电子陶瓷的工艺中不使用天然原料及工业原料，而是使用人工合成的陶瓷粉体，合

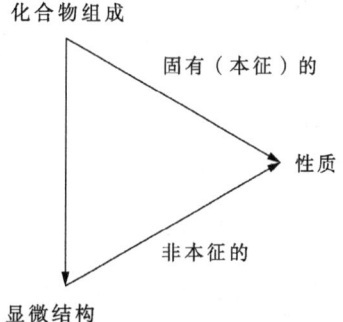

图9.7 陶瓷工艺过程与其性能之间的关系示意图

成粉体的原料是具有较高纯度的化学试剂和化学原料。第二，陶瓷烧结过程中的相态主要是固相或只有固相。由于这两个工艺上的特殊性，使得电子陶瓷的制备工艺过程的重要性显得十分突出。这种重要性体现如下：

① 粉体特性对烧结时的致密化和显微结构的形成影响巨大。除粉体的化学组成和相组成外，粉体颗粒尺寸、分布、团聚性质和成型性质均会影响烧结过程的致密化和显微结构发展，如晶粒生长、缺陷形成等。

② 显微结构的好坏直接影响材料的各项性能。显微结构中的各要素及其性质对材料的力学、电学、光学等性能均产生极大影响。

由此可见，陶瓷材料的制备工艺对性能的影响巨大，所以对陶瓷工艺的研究十分重要和迫切。同时，由于陶瓷工艺过程，特别是烧结过程的复杂性，人们对这一工艺过程缺乏深入的了解，所以直至今日，陶瓷材料的制备有时仍有赖于经验。

9.4 敏感陶瓷

所谓敏感陶瓷,主要是指导电性介于导体和绝缘体之间的半导体陶瓷材料,其电导率往往与温度、湿度、光照、磁场、电场、气体环境等物理因素有关,利用这种电导率容易受到外界物理条件影响的特性,可以用来制作各种陶瓷敏感元件或传感器。本节主要讨论最典型的热敏、压敏、气敏及湿敏陶瓷材料的基本性能及应用。

敏感陶瓷绝大部分是由各种氧化物组成的。由于这些氧化物多数具有比较宽的禁带(通常大于 3eV),在常温下它们都是绝缘体,要使它们变为半导体,需要在这些氧化物的禁带中形成附加能级——施主能级或受主能级。一般来说,这些施主能级多数靠近导带底,而受主能级多数靠近价带顶,即它们的电离能比较小,在室温下就可以受到热激发产生导电载流子,从而形成半导体。形成附加能级主要有两个途径:不含杂质的氧化物主要通过偏离化学计量比来形成附加能级,而含杂质的氧化物附加能级的形成还与杂质缺陷有关。

9.4.1 热敏陶瓷

热敏陶瓷材料是指电阻随温度变化而发生明显改变的陶瓷材料,按电阻率随温度变化的规律可分为:正温度系数(PTC)热敏陶瓷,其电阻率随温度升高而增大;负温度系数(NTC)热敏陶瓷,其电阻率随温度的升高而减小;以及临界温度系数(CTR)热敏陶瓷,其电阻率在特定的温度范围内急剧减小。这几种热敏陶瓷的电阻率随温度变化的曲线如图 9.8 所示。

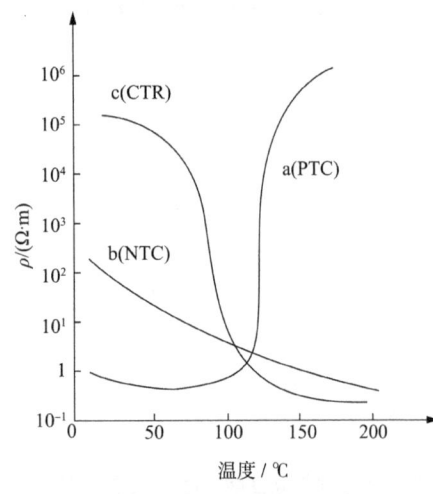

图 9.8 热敏陶瓷电阻率随温度的变化

1. PTC 热敏陶瓷

1950 年海曼(Haay man)等人发现半导体陶瓷材料的电阻值具有很大的正温度系数,即存在 PTC 效应。PTC 陶瓷在温度低于居里点时为良导体,电阻率约为 $10\sim 10^2\Omega cm$,温度高于居里点时电阻值急剧升高,升高范围可达 $3\sim 8$ 个数量级。不同用途的 PTC 陶瓷元件的工作温度也不同。掺入不同的杂质,可使 PTC 陶瓷材料的居里点按要求发生移动,从而满足不同的需求。例如,$BaTiO_3$ 陶瓷的居里点为 120℃;若用 Sr 置换 Ba 或用 Sn 或 Zr 置换 Ti,可使 $BaTiO_3$ 陶瓷居里点向低温方向移动。其中,用 Sr 置换 Ba,形成 $(Ba_2Sr)TiO_3$,Sr 的移动率为 3.7℃/mol%,而 Sn 和 Zr 的移动率分别为 8℃/mol% 和 5.3℃/mol%。若用适量的 Pb 置换 Ba,形成 $(Ba_2Pb)TiO_3$,则可使居里点向高温方向移动,Pb 的移动率为 4℃/mol%,如图 9.9 所示。

$BaTiO_3$ 系 PTC 热敏陶瓷由于其特殊的电阻-温度特性(阻温特性),而具有特殊的电压-电流特性(伏安特性)和电流-时间特性。这些特性是其广泛应用的基础,下面作简单介绍。

(1) 阻温特性。

阻温特性是指在一定的电压下,PTC 元件的零功率电阻值与电阻体温度之间的关系。零功率电阻值是指在某一规定的温度下测量得到的热敏电阻的电阻值,测量时应保证该电阻的功耗较低,使其本身的功耗引起的电阻值的变化可以忽略。

典型的 PTC 元件的阻温特性如图 9.10 所示。图中 R_{min} 表示最小电阻值，即阻温特性曲线上的电阻最小值，其相应的温度为 T_a；T_b 为开关温度，对应的电阻值 R_b 为开关电阻值。开关温度指电阻产生阶跃增大时的温度，工程上一般规定把电阻值增大到最小电阻值 R_{min} 的两倍时的温度称为开关温度；R_p 为平衡点电阻，它是指在 298K（25℃）静止的空气中，对 PTC 元件施加最大工作电压 U_{max}（指热敏电阻能够长期稳定工作在开关状态下的最大电压）时，电阻体的温度平衡时所具有的电阻值。此时对应的温度为平衡点温度 T_p。

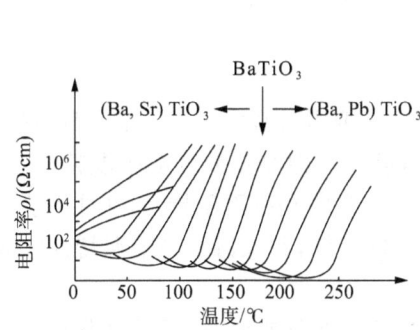

图 9.9　掺杂对 $BaTiO_3$ 陶瓷热敏陶瓷居里温度的影响

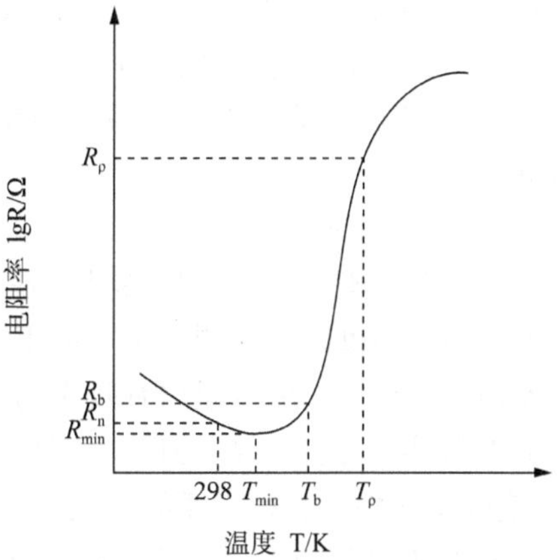

图 9.10　PTC 热敏电阻的电阻-温度特性曲线

利用阻温特性曲线，可求得电阻温度系数。电阻温度系数定义为

$$a_T = \frac{1}{R_T}\frac{dR_T}{dT} \tag{9.4.1}$$

在阻温特性曲线上，正系数部分的电阻温度系数定义为过 T_b 和 T_p 两点割线的斜率。在单对数坐标系中割线可用直线方程表示

$$\lg R = BT + C \tag{9.4.2}$$

式中，C 为材料常数。求得电阻温度系数的表达式为

$$a_T = \frac{B}{\lg e} = \frac{\lg R_p - \lg R_b}{T_p - T_b} = 2.303\frac{\lg R_p - \lg R_b}{T_p - T_b} \tag{9.4.3}$$

在实际测量中，一般在 1.5V 的低电压下测得的零功率阻温特性曲线上，取 $R_b = 2R_{min}$，并对应地找出开关温度 T_p，T_b 则为 $T_b + 50K$（或 25K），并找出对应的电阻值 T_p。

（2）电压-电流特性。

PTC 热敏电阻的电压-电流特性，即伏安特性是热敏电阻的基本而又重要的特性之一。静态伏安特性，是指在室温下静止空气中，试样两端的电压与其稳态电流的关系。静态伏安特性反映的是热敏电阻在工作状态下的电压-电流特性。典型的 PTC 热敏电阻的静态伏安特性如图 9.11 所示。

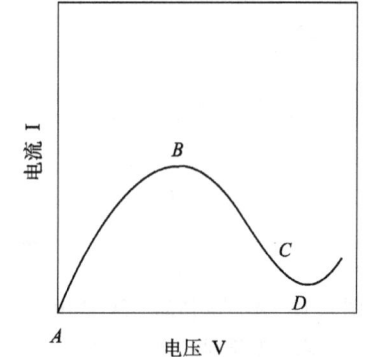

图 9.11　PTC 热敏电阻的静态伏安特性

从图 9.11 中可知，曲线由 AB、BC、CD 三段构成。在 AB 段，由于样品两端的电压较低，元件自热温升不高，电阻值基本不变，电流-电压关系基本符合欧姆定律。过 B 点后，因电阻体的自热，电阻增大而电流减小。在 C 段

(开关温度附近),电阻体的功耗 $P=IU$ 近似为一定值。当电压升至 C 点后,电压效应影响增大,电阻值增大减缓,致使电流值逐渐趋于平缓,电阻体功耗也随之有所增加。电压值超过 D 点时,试样进入负电阻温度系数区域,电流开始回升。从上面的分析可以看出,静态伏安特性的 BC 段,由于电阻体的耗散功率一定,因而 PTC 陶瓷电阻有所谓热自控的功能。所以,PTC 陶瓷热敏电阻器在实际应用时,工作点应选在 BC 段。

静态伏安特性的测量,与环境温度有很大关系。环境温度升高,电阻体向外耗散的热量减少,转变点将向低功耗方向移动。因此,测量静态伏安特性应尽量保持环境温度不变,且电流值应在电阻体温度平衡时读取。静态伏安特性与耗散系数、居里温度、常温电阻有关。一般情况下,转变点对应的电流值随耗散系数的增大而上升、随居里温度的升高而上升、随常温电阻的增大而下降。

(3) 电流-时间特性。

PTC 热敏电阻的电流-时间特性,是 PTC 热敏电阻的主要电参数之一。一般 PTC 热敏电阻的主要电参数均可以通过测量零功率阻温特性曲线计算获得。但测量元件的阻温特性,不仅工作量大,而且 PTC 热敏电阻均有较大的电压效应,因而仅测量零功率阻温特性,往往不能反映热敏电阻工作时的真实情况。因此研究热敏电阻的电流-时间特性,并探讨其与阻温特性之间的关系,在实际工作中具有很重要的意义。

PTC 热敏电阻的阻温特性在居里点以上电阻值发生阶跃变化的部分,可近似表示为

$$R = R_0 \exp(BT) \tag{9.4.4}$$

式中,R_0 为常数,B 为阻温特性曲线在居里点以上电阻值发生阶跃变化段的斜率,即 B 为热敏电阻的材料常数。通过掺杂和改变组成可改变 B 值。

假定在 T_0 时刻电阻器两端加上电压 V_0,则 PTC 电阻器中流经的电流可表示成

$$I = \frac{V_0}{R_0} \exp\left[\left(-\frac{V_0^2}{CR_0} - T_0\right)B\right] = I_0 \exp(-kt) \tag{9.4.5}$$

式中,C 为热容,T_0 为室温。I_0 和 k 表达如下

$$I_0 = \frac{V_0}{R_0} \exp(-BT_0), \quad k = \frac{BV_0^2}{CR_0} \tag{9.4.6}$$

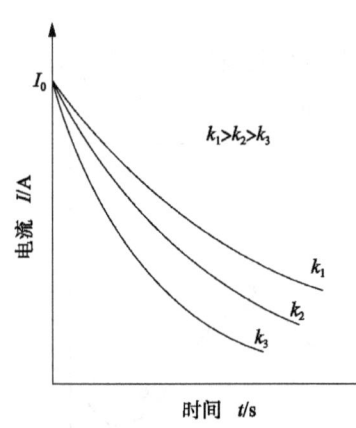

图 9.12 不同 k 值的 PTC 热敏电阻的电流-时间特性曲线

显然,起始电流不仅与外电压 V_0、常温电阻 R_0 及常数 B 有关,还与环境温度有关。由式(9.4.5)可以看出,电流随时间呈指数形式衰减,衰减的速度与 k 有关。k 称为衰减系数,其值越大则衰减越快,如图 9.12。

由于 $a_T = B/\lg e$ (a_T 为 PTC 热敏电阻的电阻温度系数),所以

$$k = a_T \frac{V_0^2}{CR_0} \lg e \tag{9.4.7}$$

由式(9.4.7)可知,在 V_0 一定的情况下,衰减系数 k 与电阻温度系数 a_T 成正比。k 值还与外加电压有关,外加电压越高,电流衰减越快。同时 k 值还与热敏电阻器的热容有关,即和元件的形状、大小有关系。因此用 k 值来描述热敏电阻的动态特性比用温度系数更接近实际情况。在 PTC 陶瓷元件的实际生产和应用中常常用到衰减系数 k 值。

PTC 热敏陶瓷由于其特殊的阻温特性、伏安特性和电流时间特性,无论在工业电子设备,还是在家用电器产品中,都得到了广泛的应用。PTC 陶瓷元件不仅成本低、可靠性高,而且安全、节电。

2. NTC 热敏陶瓷

负温度系数热敏陶瓷泛指具有负温度系数(Negative Temperature Coefficient of Resistance, NTC)的陶瓷材料。1932 年德国首先用氧化铀制备出了 NTC 热敏电阻,随后以氧化铜、硫化银、钛酸镁等原料的半导体热敏电阻相继问世。然而这类材料的稳定性差,容易氧化,需在保护气氛中使用。20 世纪 40 年贝尔实验室发现一些过渡金属如 Mu、Co、Cu 等的氧化物按一定比例混合后,能获得具有温度系数较大、性能稳定、一致性好的陶瓷热敏电阻。50 年代初,基于 Al、Mg 等金属氧化物和某些稀土元素金属氧化物的高温(300℃以上)热敏电阻相继被研制出来。后来由于空间低温技术的需要,又研制出以过渡金属氧化物为主的低温热敏陶瓷电阻。60 年代,又发现了以 VO_2 为主要材料的临界温度陶瓷热敏电阻(Critical Temperature Resistor, CTR)。1965 年,日立公司利用以 VO_2 为基础加入 Mg、Ca、Ba、Pb 和 P、B、Si 的氧化物组成了二元系或三元系氧化物负温度系数热敏陶瓷。70 年代,日本又研制了具有特殊性能的负温度系数热敏陶瓷,这种线性阻温特性的半导体热敏电阻应用于温度测量,比非线性热敏电阻更为方便,具有很大的发展前景。

NTC 热敏电阻的基本特征参数有标准阻值 R25、热敏常数 B、电阻的温度系数 α、耗散系数 H 和老化值等。经常用到的有标准阻值和热敏常数。

标准阻值是指热敏陶瓷在 25℃时的阻值,即在 25℃时,电阻值的变化不超过 0.1% 时所测得的电阻值。NTC 热敏电阻的电阻可近似表示为

$$R = R_0 \exp(E_a/kT) \tag{9.4.8}$$

式中,R 为温度为 T 时的电阻值;R_0 表示了 $T\to\infty$ 时的电阻值;对于陶瓷材料,E_a 为激活能,往往随材料的成分、配比、烧结温度、烧结气氛等的变化而不同。利用式(9.4.8),可求得

$$\ln R_T = \ln R_0 + B/T \tag{9.4.9}$$

式中,B 为热敏常数。定义电阻温度系数

$$\alpha_T = \frac{1}{R_T}\frac{dR_T}{dT} = \frac{d\ln R_T}{dT} \tag{9.4.10}$$

将式(9.4.10)代入式(9.4.9)得

$$\alpha_T = -B/T^2 \tag{9.4.11}$$

显然,电阻温度系数并非常数,它随着温度的升高而迅速减小。

NTC 热敏电阻的静态伏安特性是指在 298K(25℃)静止空气中,热敏电阻两端施加电压达到平衡后与稳态电流之间的关系。典型的 NTC 热敏电阻的静态伏安特性如图 9.13 所示。纵轴为热敏电阻两端施加的电压 U(V),横轴为通过热敏电阻的电流 I(mA)。在曲线开始的 Oa 段,U 与 I 基本保持线性关系,故称线性区。在 ab 段,曲线表现出非线性。bcd 段,则称为负阻区。

NTC 热敏电阻有三种不同类型的阻温特性。一种是缓变型的热敏电阻,如图 9.7 中的 b 曲线所示。另一种是负温度突变型,又称临界温度系数热敏电阻(CTR),如图 9.7 中的 c 曲线所示,在特定温度内,其阻值急剧下降。还有一种是阻温特性为直线的陶瓷热敏元件。下面就 NTC 热敏陶瓷的电阻-温度系数、电流-电压特性做一简单说明,并介绍一般非线性 NTC、临界温

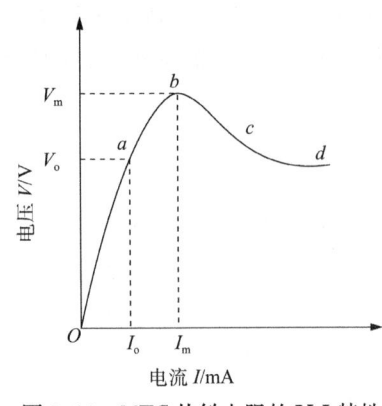

图 9.13 NTC 热敏电阻的 U-I 特性

度系数陶瓷热敏电阻(CRT)以及线性 NTC 的特性和应用。

常温 NTC 热敏陶瓷材料是指应用在 300℃ 以下的,大多数是 AB_2O_4 尖晶石型氧化物半导体陶瓷,其中包括二元系材料及多元系材料。二元系陶瓷材料主要有 MnO-CuO-O_2 系、MnO-CoO-O_2 系、MnO-NiO-O_2 系等金属氧化物陶瓷。三元系热敏陶瓷材料主要有 MnO-Co-Ni 系、Mn-Cu-Ni 系、Mn-Cu-Co 系等含 Mn 的金属氧化物。也有不含 Mn 的 NTC 热敏陶瓷材料,如 Cu-Ni、Cu-Co-Ni 系等。这些氧化物按一定配比混合,经烧结后,性能稳定,可在空气中直接使用,现在所使用的负温度系数热敏电阻器,绝大部分是用这类陶瓷制成的。它们的电阻温度系数约为 $(-6\%\sim -1\%℃^{-1})$,工作温度在 $-60\sim 300℃$,广泛用于测温、控温、补偿、稳压、遥控、流量流速测量及时间延迟等技术领域。

中温型 NTC 热敏陶瓷是采用尖晶石结构的 $MgCr_2O_4$ 和钙钛矿结构的 $LaCrO_3$ 组成的二元系材料,通过改变两者比例可调节其电阻值和 B 值,以满足使用要求,一般用于 $400\sim 600℃$ 温区。高温型 NTC 温敏器件的材料种类颇多,其中有以 ZrO 为基的萤石结构固溶体材料,加入 Y^{3+} 和 Ca^{2+} 等离子进行改性,利用氧离子空位移动和温度的依赖关系制成高温检测敏感器件。如果用摩尔百分数为 $6\%\sim 15\%$ 的 Y_2O_3 置换 ZrO_2,埋入 Ir-Rh 合金线,在 $1400\sim 1700℃$ 温度下烧结,可制成用于 $700\sim 2000℃$ 温度范围的测温器件,$R_{750℃}=10k\Omega$、$R_{1000℃}=400K\Omega$,$B_{750℃}=12500K$、$B_{1000℃}=16500K$。$Mg(CrFeAl)_2O_4$ 尖晶石结构的固溶体材料是一种使用比较广泛的高温温敏材料。改变 Cr、Fe、Al 三者的比例可调节其电阻值,按摩尔百分数为 1% 添加 SiO_2,并在 $1650℃$ 左右温度下烧结,可制得 B 值大于 $10000K$、阻值为 $400\sim 1000\Omega$ 的用于 $600\sim 1000℃$ 的温敏器件。

普通的热敏材料在较低的温度(低于室温)下电阻值比室温电阻增高 6 个数量级以上而无法使用。因此,低温热敏材料要求热敏常数 B 值和电阻值低。低温 NTC 热敏电阻大都是用两种以上过渡金属,如 Mn、Ni、Cu、Fe 等的氧化物在低于 1300℃ 的温度下烧结而成。为了降低 B 值,可掺入 La、Ni 等稀土元素。由于氧化物受磁场影响小,因此在低温物理、低温工程中有其实用价值,主要用于液氢、液氮等液化气体的测温、液面控制及低温阀门直流磁铁线圈的补偿等。常用工作区分为 $4\sim 20K$、$2\sim 80K$、$77\sim 300K$ 三档。

以上介绍的 NTC 热敏电阻材料其电阻率随温度的变化呈非线性关系,在需要运用到其线性特性的场合,常需用其他元件补偿,这就使得电路复杂化,工作温度受到限制。而 CdO-Sb_3O_3-WO_3 和 CdO-SnO_2-WO_3 系陶瓷材料,在相当宽的温度范围内($-100\sim 300℃$)其电阻串与温度呈线性关系,CdO-Sb_3O_3-WO_3 阻温特性如图 9.14 所示。由于阻温特性的线性化,使得测量方便,容易做到数字化。

3. CRT 热敏陶瓷

临界温度系数陶瓷热敏电阻(CRT)是一种具有开关特性的负温度系数热敏电阻。含有 V 的氧化物在一定的温度下会发生相变,从而导致电阻值出现急剧变化。由于这些材料的转变温度较低,例如 V_2O_3 的转变温度为 $-100℃$,因此必须在低温情况下使用。VO_2 的转变温度为 $65℃$,如果需要转变温度较高的 CRT 热敏电阻,就必须掺杂一些氧化物(如 CaO、SrO、BaO、

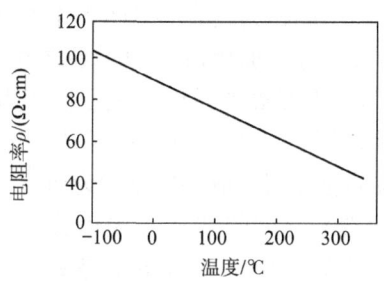

图 9.14　Cd-Sb-W 系线性热敏电阻的电阻率与温度的关系

SiO_2、TiO_2 等)。利用这种热敏电阻可以制成固态无触点开关,具有广泛的应用前景。VO_2 系临界温度热敏陶瓷已应用于恒温箱温度控制、火灾报警和电路的过热保护等。

9.4.2　压敏陶瓷

压敏半导体陶瓷是指电阻值与外加电压成显著的非线性关系的半导体陶瓷,其电阻值在一定电压范围内可变,加上电极,便为压敏电阻器(Variable Resistor)。通过压敏电阻器的电流随外加电压的变化也呈非线性。压敏电阻器的应用范围很广,所有的应用主要取决于电流-电压特性(I-V 特性)曲线的形状及其稳定性。

压敏陶瓷主要用于制作压敏电阻,这是一种对电压变化敏感的非线性电阻。典型的压敏陶瓷的 I-V 特性如图 9.15 所示。图中曲线 1 为 ZnO 压敏陶瓷电阻的 I-V 特性,曲线 2 为 SiC 的压敏陶瓷电阻器的 I-V 特性,曲线 3 为一般线性电阻器的 I-V 特性。压敏电阻的电流-电压特性可用下面的经验公式表示

$$I = \left(\frac{V}{c}\right)^a \quad (9.4.12)$$

式中,c、a 为常数,反映压敏电阻的特性。

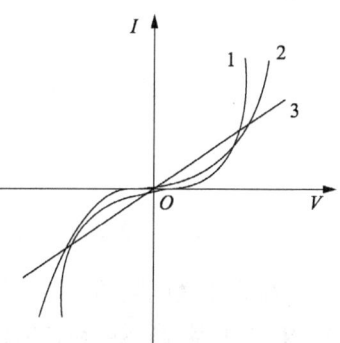

图 9.15　压敏电阻器的 I-V 特性

压敏电阻的特性主要由非线性系数、压敏电压、漏电流、通流容量和电压温度系数等来表征。下面对非线性系数 a 进行简要分析。

式(9.4.12)中的 a 为非线性系数,当 $a=1$ 时,是线性电阻器(欧姆电阻)。a 越大,则电压增量所引起的电流相对变化越大,即压敏性越好。对式(9.4.12)取对数并微分得

$$a = \frac{\mathrm{d}\ln I}{\mathrm{d}\ln V} \quad (9.4.13)$$

式中,a 称为压敏电阻的非线性系数。必须指出,在较宽的电流范围内,a 的值不是常数,在击穿区 a 值最大。

式(9.4.13)中的 c 称材料常数,其值在一定电流范围内为一常数。c 值大的压敏电阻,在一定电流下对应的电压也高,有时称 c 值为非线性电阻值。可以通过改变成分和制造工艺来调整 c 值大小,以适应不同工作电压的需要。a 和 c 值是确定击穿区 I-V 特性的参数。

压敏电阻器的种类较多,有碳化硅压敏电阻、硅压敏电阻、锗压敏电阻以及氧化锌压敏电阻等,其中以氧化锌压敏电阻性能最优。下面简要介绍氧化锌压敏材料及其压敏原理。

氧化锌压敏电阻由于其 a 值大($a \geqslant 60$,比 SiC 压敏电阻器大 10 倍以上)、a 值可调整、较高的通流容量,因此得到了广泛的应用。其生产方法是在 ZnO 中加入 Bi、Mn、Co、Ba、Pb、Sb、Cr

等氧化物。其配方中常含 Bi 元素,主晶相为具有 N 型半导特性的 ZnO。此外,瓷相中除有少量添加物与 ZnO 形成的固溶体外,大部分添加物在 ZnO 晶粒之间形成连续晶界相,构成如图 9.16 所示的显微结构。因此,外加电压几乎都集中加在晶界层上,其晶界的性质和瓷体的显微结构对 ZnO 电阻的压敏特性起着决定性作用。一般 ZnO 的粒径 d 为几微米至几十微米,而晶界层厚度 t 为 $0.02\sim0.2\mu m$。在 ZnO 晶粒接触面间形成一层厚度为 20Å 左右的富 Bi 层,其性质对非线性特性起重要作用。一般认为 ZnO 晶粒之间的富 Bi 层是由分凝进入晶界的 Bi 的吸附层,带有负电荷,它使 ZnO 晶粒表面处的能带发生上弯,形成电子势垒,如图 9.17 所示。图中晶粒边界势垒由带有负电荷的富 Bi 层所分隔,由于它极薄,可近似地将这层中的体电荷看成面电荷,是耗尽层 b 厚度。当外加电压达到击穿电压时,高的场强使界面中的电子穿透势垒层(富 Bi 层),引起电流急剧上升,其通流容量由 ZnO 的晶粒电阻率所决定。

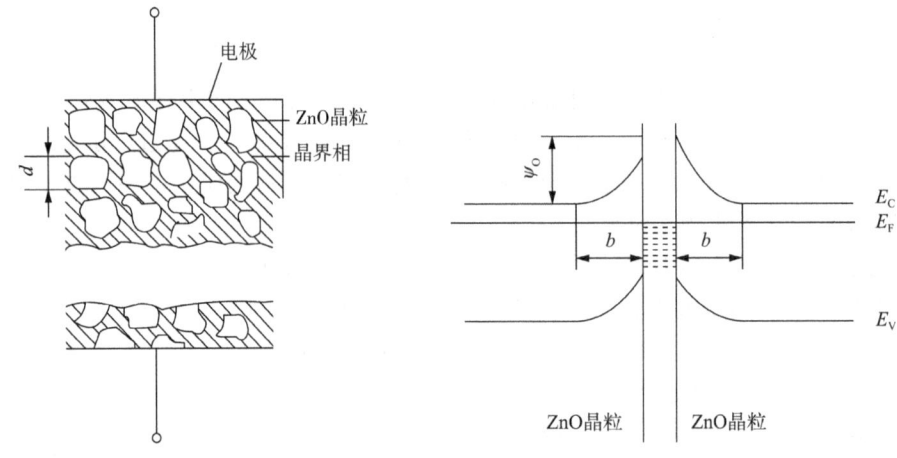

图 9.16 ZnO 压敏陶瓷晶界相的相分布　　图 9.17 ZnO 晶粒表面的能带图

陶瓷压敏电阻的应用非常广泛,主要在电力系统、电子线路和一般家用电气设备中作为过压保护(避雷器、高压电动机的保护等)、高能浪涌的吸收以及高压稳压等的关键元件。

9.4.3 气敏陶瓷

气敏陶瓷是一类氧化物半导体陶瓷,其电阻特性主要由其晶粒之间内边界层与晶粒之间势垒特性所决定。陶瓷体吸附气体后,势垒高度发生变化,因而电阻发生变化。故可以通过改变陶瓷体的组成及制备工艺来获得具有选择性的气敏陶瓷材料。同时,可以通过陶瓷体电导率随吸附气体的变化来检测某种气体的存在及其浓度的大小。气体吸附分为物理吸附和化学吸附两种形式。对于物理吸附,无论气体或固体的种类如何,吸附作用一般不伴随电子的转移;而化学吸附则不同,需要在高于物理吸附的温度下进行,且反应速率与温度有关。化学吸附一般在半导体表面进行,由于半导体和被吸附气体分子间的电子能量差使半导体表面和被吸附气体分子间产生电荷重新分布,因此化学吸附必然伴随着电子的转移,使半导体的电阻率受到影响,其电阻值发生变化,其电阻值变化的大小与气体的种类及浓度有关。

目前一般认为气敏半导体陶瓷的导电机理如下。对于 ZnO、SnO_2 和 Fe_2O_3 等还原类型 N 型半导体陶瓷,若被吸附的气体为氧、氯等吸引电子的氧化性气体时,则电子从陶瓷体转移到被吸附的气体,使半导体空间电荷层的电子密度减小,因而半导体陶瓷的电阻率增大,电阻值增大。如果被吸附的是能提供电子的还原性气体,如 H_2、CO、烷和烃等,电子将由被吸附的气体分子向陶瓷体转移,使 N 型半导体空间电荷层的电子密度增加,陶瓷体的电阻值减小。并且,这种反应是可逆的。

气敏陶瓷元件是利用其表面吸附气体前后电阻值的变化来检测气体的。在工业生产、科研工作及日常生活中,可能存在各种可燃、有毒气体,如液化石油气、天然气、氢气、一氧化碳等。这些气体易燃、易爆、有毒,需要及时进行检测、监控。由于检测的气体种类、组成、浓度以及环境等不同,检测的方法也不同,如电化学法、光学法、色谱分离法等。这些方法的缺点是设备复杂、成本高。而利用半导体陶瓷气敏元件进行检测,则有结构简单、灵敏度高、使用方便、价格便宜、对待检测气体以外其他气体不敏感等优点,成为气体检测的主要方法。

由于被测气体的吸附是物理吸附或化学吸附,自然这种吸附的进行与温度有关,并且陶瓷体同样可以吸附水汽,因此气敏陶瓷电阻器的特性不仅受到待测气体的影响,而且还受温度、湿度和杂散气体的影响。

半导体陶瓷气敏元件的种类很多,但都是电阻式元件,其电阻值随环境气氛的成分、浓度不同而变。人们相继发现 ZnO、Fe_2O_3、MgO、SnO_2、NiO、Cr_2O_3、TiO_2、$BaTiO_3$、Nb_2O_5 等都有气敏效应。按制造方法和结构形式分类,可分为烧结型、厚膜型和薄膜型。下面分别应用最广泛的 ZnO 系、SnO_2 系和 Fe_2O_3 系进行简述。

1. ZnO 系气敏陶瓷

最初的气敏元件就是由 ZnO 制成的,但 ZnO 气敏元件的工作温度较高,灵敏度和选择性也不高,用 Sb_2O_3、Cr_2O_3 等掺杂并添加活性催化剂可提高对气体的选择性。为了提高 ZnO 陶瓷气敏元件的灵敏度,也得加入适量的催化剂,在 ZnO 中加 Pt 化合物对异丁烷、丙烷、乙烷等有较高的灵敏度,碳氢化合物中的碳元素数目越大,对这些化合物检测灵敏度就越高,而对 H_2 和 CO 的灵敏度则很低,如图 9.18 所示。添加 Pd 化合物则对 H_2 和 CO 比较敏感,而对烷烃的灵敏度则较差,如图 9.19 所示。ZnO 系陶瓷气敏传感器不仅对可燃气体有敏感效应,而且对非可燃气体也有检测能力,可对氟利昂等气体进行检测。

ZnO 陶瓷气敏元件对各种气体的灵敏度和选择性与催化剂的种类有关,可以通过掺杂不同的催化剂,来获得对不同气体的选择性检测。

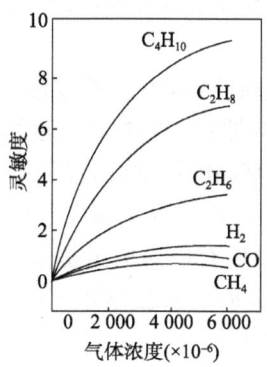
图 9.18 掺 Pt 的 ZnO 气体元件的灵敏度

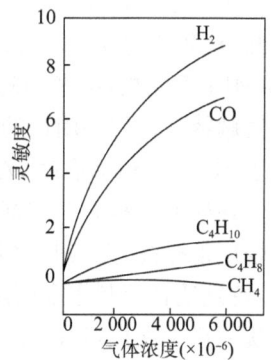
图 9.19 掺 Pd 的 ZnO 气体元件的灵敏度

2. SnO_2 系气敏陶瓷

与 ZnO 系气敏陶瓷相比,SnO_2 系对还原性气体的灵敏度相差不大,但 SnO_2 气敏陶瓷材料可在较低温度下使用,其最高灵敏温度为300℃。通过添加催化剂可降低SnO_2的工作温度,添加以Mg、Pb、Ca等二价金属氮化物可加速解吸速度,添加Sb_2O_3可降低初始电阻,添加CdO、PbO、CaO可改善老化性能。

SnO_2气敏陶瓷对各种可燃性气体都具有气敏特性,其缺点是选择性差,掺杂贵金属Pt、Pd和Th及其他氧化物后,对气体的灵敏度和选择性都有明显提高。在SnO_2中加Pt可使其对丁烷和丙烷的灵敏度大为提高,而对H_2和CO的检测灵敏度则较低;掺Pd的情况恰恰相反,提高了对H_2和CO的灵敏度,而降低了对丁烷和丙烷的灵敏度;添加ThO_2可提高其对CO的灵敏度而降低其对H_2的灵敏度。

SnO_2气敏陶瓷具有以下一些特点。

① 元件阻值变化与气体浓度成指数关系。在低浓度范围内这种变化十分明显,因此,对低浓度气体检测非常适宜。

② SnO_2材料的物理化学稳定性好,耐腐蚀,寿命长。

③ SnO_2气敏元件对气体的检测是可逆的,而且吸附、脱附时间短。

④ 元件结构简单,成本低,可靠性好,耐震动和抗冲击性能好。

⑤ 气体检测不需要复杂设施,待测气体可通过气敏元件电阻值的变化直接转化成电信号,且阻值变化大,用简单电路就可实现检测。

由于这些特点,SnO_2气敏陶瓷元件主要用在检测甲烷、丙烷、一氧化碳、氢、酒精、硫化氢、液化石油气、家用煤气等可燃性气体中,成为生产量最大、应用最广的气敏元件。

3. Fe_2O_3系气敏陶瓷

氧化铁系气敏陶瓷是20世纪80年代发展起来的,加上氧化锡系和氧化锌系成为已经商品化的三大类气敏陶瓷。与后两类相比,氧化铁系气敏陶瓷不需要添加贵金属催化剂就可以制成灵敏度高、稳定性好的气敏陶瓷元件。

γ-Fe_2O_3属尖晶石结构,电阻率大于$10^8 \Omega \cdot cm$,具有气敏特性。通过掺杂和细化晶粒等途径可提高其灵敏度、选择性和稳定性,如添加摩尔比为1‰的La_2O_3可提高其稳定性。γ-Fe_2O_3气敏元件对液化石油气的主要成分丙烷(C_3H_8)具有较高的灵敏度和较好的选择性,响应时间在5s之内,恢复时间不大于30s,受温度影响不大,环境湿度对其几乎没有影响,是作为量大面广的液化石油气检漏、检测的主要气敏元件。

α-Fe_2O_3属刚玉型结构,纯净的陶瓷烧结体几乎没有气敏特性,但是通过掺杂、晶粒细化等措施可激发其气敏特性。如果用铁的硫酸盐或亚硫酸盐作为原料,通过共沉淀法制得粉体烧结而成电阻率大于$10^8 \Omega \cdot cm$多孔体,对甲烷和异丁烷具有足够高的灵敏度,宜于作为煤气检漏报警的气敏元件。在硫酸铁盐原料的基础上,再添加Sn^{4+}、Ti^{4+}、Zr^{4+}等金属离子杂质后还可以使其气敏特性大幅度地提高,尤其是添加Sn^{4+}后,对CH_4和H_2有极高的灵敏度。这种α-Fe_2O_3多孔气敏陶瓷,特别适宜于制作家用煤气检漏传感器,它对水蒸气和乙醇等不灵敏,不会因水蒸气或酒精的干扰而产生误报,其最佳工作温度约为300~350℃。

9.4.4 湿敏陶瓷

陶瓷湿敏材料大部分是利用微孔吸附水分与晶粒表面作用使电导发生变化制成湿敏传感器。利用电容量变化制成的湿敏陶瓷传感器,其湿敏特性曲线呈现非线性变化现象。用于测量湿度的湿敏陶瓷元件主要有电阻型和电容型两类。湿度传感器一般工作在交流电路或双向脉冲

电路中,湿敏电阻的阻值通常都是指交流阻值。按照所处环境湿度的不同,湿敏电阻一般分为如下四种类型:

高湿型——适用于相对湿度大于70%RH的场合;
中湿型——适用于相当湿度在30%~80%RH之间的场合;
低湿型——适用于相对湿度小于30%RH的场合;
全湿型——适用于相对湿度在0~100%RH的范围内。

灵敏度是湿敏元件的一个重要指标。通常以相对湿度变化1%时阻值变化的百分数表示,其单位为1(1%RH)。在所测的湿度范围内,要求湿敏元件具有一定的灵敏度,但也不必过高,以免误测偶然现象或要求检测仪器量程过大。在正常条件下,湿敏电阻的阻值通常取为几千欧至几兆欧,过高或过低都难于为一般仪器所测量;而阻值的湿敏变化范围,最好也应在3~4个数量级之内;此外,还要求其电阻随湿度的变化应具有良好的线性特性或指数特性。

湿敏电阻的响应速度也是一个重要的参数,对湿度的响应速度常用吸湿和脱湿时间表示,总称响应时间。当湿度由0%RH(或近于0)增加到50%RH或由30%RH增加到90%RH时,达到平衡所需要的时间为吸湿时间;当湿度由100%RH(或近于100%RH)下降到50%RH或由90%RH下降到30%RH时达到平衡所需要的时间为脱湿时间。一般吸湿响应快,脱湿响应慢。湿敏陶瓷元件的响应时间大多小于30s,有些可小于1s,响应非常迅速。

湿敏电阻的温度特性,通常以湿度温度系数表示,它定义为温度每变化1℃,其电阻值的变化所对应的湿度变化,单位为%RH/t。由于湿敏陶瓷大多是半导体陶瓷,半导体特性又强烈地依赖于温度,所以,湿度温度系数也是湿敏陶瓷的一个重要的指标。

湿敏陶瓷元件在受到污染后可以利用热清洗的方法恢复原有的性能,这是其他湿敏元件所不及的。所谓热清洗,就是把湿敏陶瓷加热到400℃以上,使吸附在陶瓷体表面上的污染物烧掉,恢复到湿敏陶瓷原来的吸附能力。湿敏陶瓷可反复经受热清洗,其耐受热清洗的次数就决定了它的使用寿命。

图9.20为几种典型的半导体湿敏陶瓷材料的湿敏特性。由于它们的电阻率随相对湿度的增加而下降,故称为负湿敏特性半导体陶瓷。还有一类湿敏陶瓷的电阻串随相对湿度的增加而增加,如图9.21所示,故称其为正湿敏特性半导体陶瓷。

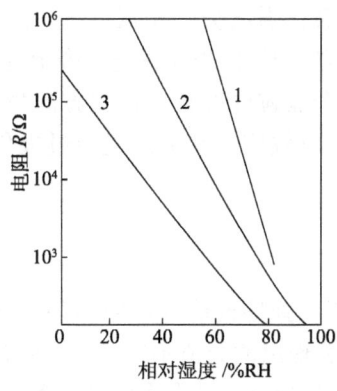

图9.20 半导体湿敏陶瓷材料的湿敏特性

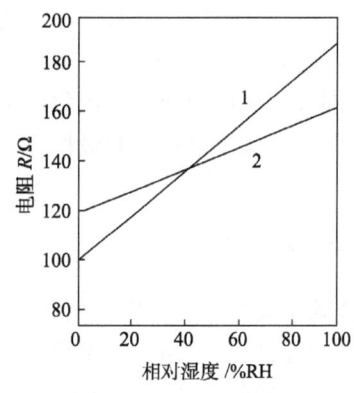

图9.21 正湿敏特性半导体陶瓷

湿敏材料种类很多,仅就氧化物湿敏材料而论,过渡金属氧化物几乎都有湿敏效应。若干复合化合物也具有非常高的湿敏效应。烧结薄膜及材料近年研究较多,它是湿敏传感器的主体材料。

9.5 介 电 陶 瓷

电介质陶瓷主要是指可用来制造电容器的陶瓷介质材料。根据用途的不同,主要有压电电介质陶瓷、高频介质陶瓷、半导体介质陶瓷、反铁电介质陶瓷、微波介质陶瓷等。根据国家标准,电介质陶瓷又可分为Ⅰ类介电陶瓷、Ⅱ类介电陶瓷和Ⅲ类介电陶瓷。Ⅰ类介电陶瓷主要用于制造高频电路中使用的陶瓷电容器;Ⅱ类介电陶瓷主要用于制造低频电路中使用的陶瓷电容器;Ⅲ类介电陶瓷也称为半导体陶瓷介质,主要用于制造电子计算机等系统的电路中对体积要求非常小的陶瓷电容器,其特点是介电常量约为7000至几十万以上。

用于制造电容器的介电陶瓷,在性能上一般应达到如下要求:

① 介电常量应尽可能高,介电常量越高,陶瓷电容器的体积就可以做得越小;
② 在高频、高温、高压及其他恶劣环境下,性能稳定可靠;
③ 介质损耗要小,这样可以在高频下工作,对于高功率陶瓷电容器,能提高无功功率;
④ 比体积电阻很高,可保证在高温下工作;
⑤ 具有较高的介电强度,也就是说击穿电压高,陶瓷电容器可在高压和高功率条件下工作。

下面就代表性的介电陶瓷,即压电陶瓷进行介绍。

9.5.1 压电陶瓷

压电陶瓷是一种能够将机械能和电能互相转换的介电陶瓷,当受到机械压力的作用或感应到振动信号时,在压电陶瓷两极面间将会有电压信号输出;反之,给压电陶瓷施加电信号时,它也可以将电信号转换成振动信号。利用这两种特性(正逆压电效应)可以设计出许多具有特殊功能的元器件,如压电频率器件、发射与接收超声波器件、计测和控制器件、信号发生器(电信号和声信号)、高压电源发生器。

陶瓷材料的压电效应来源于材料本身的铁电性。将具有铁电性的陶瓷进行人工极化后所获得的陶瓷就是压电陶瓷,因此,所有的压电陶瓷也都应是铁电陶瓷。如上文所述,铁电陶瓷具有自发极化,且自发极化会因外电场的作用而转动。由于陶瓷体内部的晶粒随机取向,因而陶瓷体内部的自发极化也是随机取向的,各晶粒所出现的自发极化强度会互相抵消,这样从整体上看,陶瓷体不会表现出自发极化现象,也就不会呈现压电效应。但是,当在铁电陶瓷上施加强直流电场进行极化(即人工极化处理)时,极化后陶瓷体内的各个晶粒内的自发极化方向将平均地取向于电场方向,具有近似于单晶体的极性,呈现出明显的压电效应。铁电陶瓷经过极化,成为压电陶瓷。

1. 压电陶瓷的性质

压电陶瓷除了具有一般介质材料所具有的介电性能和弹性性能外,还具有压电性能。由于压电材料的各向异性,每一项性能参数在不同的方向所表现出的数值不同,这就使得压电陶瓷材料的性能参数比一般各向同性的介质材料多得多。压电陶瓷材料的众多的性能参数是它的广泛应用的重要基础。

在没有对称中心的晶体上施加压力、张力或切向力时,则发生与应力成比例的介质极化,同时在晶体两端面将出现正负电荷,这一现象称为正压电效应。反之,在晶体上施加电场而引起极化时,则将产生与电场强度成比例的变形或机械应力,这一现象称为逆压电效应。这两种正、逆压电效应统称为压电效应。晶体是否出现压电效应由构成晶体的原子和离子的排列方式,即晶体的对称性所决定。

从居里兄弟发现压电性到1940年的60多年中,被人们所知的压电材料只有水晶、酒石酸钾钠、磷酸二氢钾等少数几种单晶体。在二次世界大战中人们发现铁酸钡($BaTiO_3$)具有异常高的介电常量,并发现$BaTiO_3$具有压电性。$BaTiO_3$陶瓷压电性的发现是压电材料的一个飞跃,在这之前压电材料只是压电单晶材料。从此以后,压电材料有了两大类:压电单晶和压电陶瓷。由于单晶材料受产量低、难于加工、适用范围有限等限制,从而影响了压电材料的应用和发展。而压电陶瓷具有制备容易,可制成任意形状和任意极化方向,可通过掺杂改性而达到使用要求等优点,使得压电材料的应用范围得到发展扩大。

属于固体无机材料的陶瓷,一般是把必要成分的原料进行混合并经成型和高温烧结,由粉粒之间的固相反应和烧结过程获得的微细晶粒不规则集合而成的多晶体。晶体微粒中由于正负电荷中心不重合而产生沿c轴的自发极化,自发极化取向一致的微小区域称为铁电畴。由于铁电畴的随机混乱取向,多晶铁电畴总的宏观极化强度为零,所以烧结状态的铁电陶瓷不呈现压电效应,如图9.22(a)所示。只有在足够的高压直流电场作用下,陶瓷多晶铁电畴的自发极化方向将平均地取向于电场方向,如图9.22(b)。经极化处理后的陶瓷,即使外加电场去掉之后,仍保持剩余极化,如图9.22(c)所示。

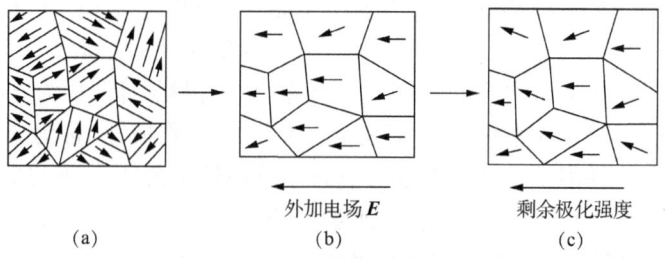

图9.22 压电陶瓷的极化

极化后的压电陶瓷表面出现束缚电荷,并在相应的电极面上吸附等量的自由电荷。当施加一个与极化方向平行(或反向)的压力后,陶瓷体产生机械形变,导致电偶极矩发生变化,极化强度也就是电荷密度发生变化,而使电极面上的自由电荷发生变化,即发生充放电现象,产生压电效应。当在极化后的压电陶瓷上施加与极化方向平行(或反向)的电场时,使得电偶极矩发生变化,则导致压电陶瓷产生形变,即产生逆压电效应。压电体的压电效应与其极化强度的变化有关,因此,只有在某些方向上的力(或电场)作用下,沿某些特定的方向才会产生压电效应。所以表征压电陶瓷性能的各项参数在不同的方向上表现出不同的数值,需要用如下的性能参数来描述其特性。

(1) 介电常量。

介电常量反映材料的介电性质或极化性质。不同用途的压电元件对压电材料的介电常量要求不同。例如,压电扬声器等音频器件要求材料的介电常量要大,而高频压电元件则要求材料的介电常量要小。

压电陶瓷在极化处理前是各向同性的多晶体,这时沿方向1、2、3的介电系数是相同的,即只有一个介电常量。经过极化处理以后,由于沿极化方向产生剩余极化成为各向异性的多晶体,此时沿极化方向的介电性质就与其他两个方向的介电性质不同。设压电陶瓷的极化方向为3,则有$\xi_{11}=\xi_{22}\neq\xi_{33}$,即经过极化后的压电陶瓷具有两个介电系数$\xi_{11}$和$\xi_{33}$。

由于压电陶瓷存在压电效应,因此样品所处的机械条件不同,所测得的介电常量也不同。在机械自由的条件下,测得的介电常量称为自由介电系数,用 ξ^T 表示,上角标 T 表示机械自由条件。在机械夹持的条件下测得的介电常量称为夹持介电常量,以 ξ^s 表示,上角标 s 表示机械夹持条件。由于在自由条件下存在由形变而产生的附加电场,而在机械夹持的条件下则没有这种效应,因而在两种条件下测得的介电常量是不同的。

(2) 介质损耗。

电介质晶体在外电场作用下的极化包括电子极化、离子极化(均属于位移极化)和取向极化,存在空间电荷时,还有空间电荷极化。当电介质受到静电场作用时,往往要经过一段时间(即弛豫时间),极化强度才能达到其最终值,这种现象称为极化弛豫。一般而言,位移极化可在瞬间完成,极化弛豫主要是由于取向极化和空间电荷极化所造成的。如果受到交变电场的作用,而交变电场的改变相当迅速时,极化就会跟不上电场的变化而滞后,从而产生介质损耗。介质损耗的原因还包含畴壁振动所消耗的能量,介质漏电等。另外,介质漏电也是通过发热把部分的电能消耗掉。

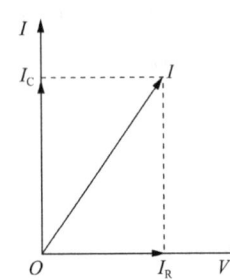

图 9.23 介质损耗角正切

在交变电场下,电介质所积累的电荷有两种分量:一种为有功部分(同相),由电导过程所引起;另一种为无功部分(异相),是由介质弛豫过程所引起的。介质损耗是异相分量与同相分量的比值,如图 9.23 所示,I_c 为同相分量,I_R 为异相分量,I_c 与总电流 I 的夹角为 δ,其正切值为

$$\tan\delta = I_R/I_c = 1/\omega CR \tag{9.5.1}$$

式中,ω 为交变电场的角频率,R 为损耗电阻,C 为介质电容。

通常用 $\tan\delta$ 来表示电介质的介质损耗,称为介质损耗角正切或损耗因子。处于静电场中的介质损耗来源于介质的电导过程。处于交变电场中的介质损耗,来源于电导过程的极化弛豫过程。对于压电体来说,常温下的电导损耗都很小,主要是极化弛豫所引起的介质损耗。此外,铁电和压电陶瓷的介质损耗还与畴壁的运动过程有关。

(3) 机械品质因数。

机械品质因数是描述压电陶瓷在机械振动时,材料内部能量消耗程度的一个参数,它也是衡量压电陶瓷材料性能的一个重要参数。机械品质因数越大,能量的损耗越小。产生损耗的原因在于材料的内摩擦。机械品质因数 Q_m 的定义为

$$Q_m = 2\pi \frac{振子储存的机械能}{振子损失的机械能} \tag{9.5.2}$$

机械品质因数可得

$$Q_m = \frac{1}{4\pi(C_0+C_1)R_1\Delta f} \tag{9.5.3}$$

式中,C_0 为振子的静电容,R_1 为振子谐振时的等效电阻,C_1 为振子的谐振等效电容,Δf 是振子的谐振频率与反谐振频率之差。不同的压电器件对压电陶瓷材料的 Q_m 值有不同的要求,多数陶瓷滤波器要求压电陶瓷的 Q_m 值要高,而音响器件及接收型换能器则要求 Q_m 值要低。在利用压电材料制作滤波器、谐振换能器和标准频率振子等器件时,主要就是利用了压电陶瓷材料的谐振效应。

(4) 压电性与压电常数。

一般而言,应力 σ 会引起成比例的应变 S,用弹性模量 Y 联系起来,即

$$\sigma = Y \cdot S \tag{9.5.4}$$

压电陶瓷具有压电性,即施加应力时,能产生额外的电荷。其产生的电荷与施加的应力成比例,对于压力和张力来说,其符号是相反的,电位移 D(单位面积的电荷)和应力 σ 的关系表达式为

$$D = Q/A = d \cdot \sigma \tag{9.5.5}$$

式中,Q 为产生的电荷(C),A 为电极的面积(m^2),d 为压电应变常数(C/N)。

在逆压电效应中,施加电场量时将成比例地产生应变 S,所产生的应变 S 是膨胀还是收缩,取决于样品的极化方向

$$S = dE \tag{9.5.6}$$

式(9.5.5)及式(9.5.6)中的压电应变常数 d 在数值上是相同的,即

$$d = D/\sigma = S/E \tag{9.5.7}$$

对于用来产生运动或振动的材料来说,如声呐或声挟能器等,总是希望有较大的压电应变常数 d。

另一个常用的压电常数是压电电压常数 g,它表示应力与所产生的电场的关系,或应变与所引起的电位移的关系。常数 g 与常数 d 之间有如下关系

$$g = d/\xi \tag{9.5.8}$$

对于由机械应力而产生电压的压电陶瓷材料来说,压电电压常数 g 较高。

(5) 机电耦合系数 k。

机电耦合系数 k 是指在压电材料中与压电效应相联系的弹性和介电性相互的作用能密度与弹性能密度和介电能密度的几何平均值之比

$$k = \frac{U_{12}}{\sqrt{U_1 U_2}} \tag{9.5.9}$$

式中,U_1、U_2 分别表示弹性能密度和介电能密度,U_{12} 表示由于压电效应弹性和介电性相互的作用能密度。

机电耦合系数实际上表示在施加电场或施加外力把能量传递给压电材料的时候,每个循环中转换成弹性能的介电能,或转换成介电能的弹性能与输入能量的百分比数的平方根,即

$$k^2 = \frac{\text{转变成机械能的电能}}{\text{输入电能}} \tag{9.5.10}$$

机电耦合系数不但与材料参数有关,还与具体压电材料的工作方式(不为零的应力方向和电场方向)有关。机电耦合系数只是反映机械能和电能这两种能量通过压电效应交换的强弱,并不代表两类能量之间的转换效率。压电材料的机电耦合系数在不同的场合有不同的要求。当制造换能器时,希望机电耦合系数越大越好。在制作谐振器时,机电耦合系数必须很小,才能获得最大的频率稳定度。因为只有机电耦合系数小,电路参数的变化对压电振子的机械特性的影响才能达到最小,才能获得最大的频率稳定度。

2. 压电陶瓷及应用

钙钛矿型晶体结构的陶瓷(钛酸钡、钛酸铅、锆钛酸铅等)是典型的压电陶瓷。从晶体结构上看,属于钙钛矿型、钨青铜型、焦绿石型、含铋层结构的陶瓷材料具有压电性。目前应用最多的还是钛酸钡和PZT两大系列。钛酸钡陶瓷的居里点只有120℃,这严重制约了其应用,但在钛酸钡陶瓷中加入钛酸钙和钛酸铅加以改性后,钛酸钡陶瓷的居里点可以显著提高,这种陶瓷已在超

声波清洗机、超声波加工机等大功率超声波发生器以及声呐、水听器等水声换能器等方面得到广泛应用。而PZT陶瓷的压电性比一般钛酸钡陶瓷大2倍。

由于压电陶瓷具有优良的机电性能,高的化学稳定性,并且能被加工成各种尺寸和形状及价格低廉,使压电陶瓷的应用日益广泛。利用压电陶瓷正、逆压电效应引起的机械能与电能相互转换功能,制作各种电声器件,如拾音器、扬声器、送受话器、蜂鸣器、声级校准器、电子校表仪等。水声换能器是压电陶瓷的一项重要应用,压电陶瓷水声换能器是利用压电陶瓷的正、逆压电效应发射声波或接收声波来完成水下观察、通信和探测工作。

压电陶瓷在超声技术中的应用也十分广泛,其中利用压电陶瓷的逆压电效应,在高驱动电场下产生高强度超声波,可制成超声换能器,用于超声清洗、超声乳化、超声焊接、超声打孔、超声粉碎等装置。超声医疗诊断技术是压电陶瓷超声换能器另一成功应用,用压电陶瓷制成的超声波发生探头发出的超声波在人体内传输,遇到病灶能反射回来被压电陶瓷传感器接收,并在荧光屏上显示出来,计算声波传输时间,就能确定病灶的方位及大小。

利用压电陶瓷的正压电效应,可以简单地将机械能转换为电能,产生高电压,例如压电点火器、引爆引燃器、煤气灶点火器和打火机、压电开关和小型电源等。另外,其作为压电变压器,多用于小功率仪表上产生高电压小电流。压电陶瓷滤波器利用压电陶瓷的谐振效应,在线路中分割频率,只允许某一频段通过,其余频段受阻。

9.5.2 铁电陶瓷

1. 铁电陶瓷的性质

铁电陶瓷是指具有自发极化,且晶粒都具有压电特性,被外电场所转向的一类陶瓷。其中,透明铁电陶瓷具有电控双折射、电控光散射、电控表面形变和记忆等效应。

透明陶瓷虽然和一般陶瓷一样为多晶结构,但一般不是多相的,晶界也比较特殊,有相当高的透明度,故称为透明陶瓷。普通陶瓷之所以不具透明性,主要由于在其显微结构中含有相当多的气相,这种分散在陶瓷体内的微小气泡,形成了极其有效的光散射中心。其次,不同取向晶粒之间的明显晶界,某些杂质、裂纹等,具有不同的反射面,亦将无规则地多次改变光的传播方向,这样陶瓷便失去了透光性。如果在陶瓷中采用特别纯净的原料,采用特殊的烧结工艺,将陶瓷体中气体排除比较干净,使陶瓷体密度接近或达到理论值,再经过表面研磨与抛光,陶瓷就具有相当好的透明度。通过上述方法获得透明性的铁电陶瓷,可以通过外加电场作用改变其光学性能,这就是透明电光陶瓷。

光线在介质中传播速度是与介电常量的平方根成反比的,所以介电常量的微小变化相当于折射率的变化。我们知道,铁电体中介电常量的大小是可以通过外加电场作适量控制的,这样就可以通过改变外加电场强度,来达到控制介质折射率的目的。在7.6.2节中,我们知道,介质的折射率与外加电场的关系可以展成级数形式$n(E)$,其中的一次项aE_0称为线性电光效应,或是普克尔(Pockels)效应。由二次项bE_0^2所造成的折射率变化称为二次电光效应,或是克尔(Kerr)效应。

对于透明铁电陶瓷说来,这些特性和它的电畴状态是密切相关的。而透明陶瓷的电畴状态,是可以通过外加电场来控制的,甚至小到$25\mu m^2$的小区域,也可以单独地改变其极化状态,而不影响周围区域。除去电场后此微小区域将保持一定的剩余极化,若再加以足够大的反向电场,则又可以使其极化反转。可见,光学性质决定于电畴状态,电畴状态受控于电场,所以光学性质是电控的。具体说来,主要有三种效应,电控双折射;电控光散射和电控表面形变。下面进行简要介绍。

(1) 电控双折射。铁电陶瓷的电光特性是和其晶粒大小密切相关的。当其平均粒径小于 $2\mu m$ 时,称为细粒陶瓷,具有突出的电控双折射效应。当平均粒径大于 $2\sim 3\mu m$ 时,称为粗粒陶瓷,具有突出的电控光散射效应。至于电控表面形变,则与陶瓷的晶粒大小无关。

(2) 电控光散射。在粗粒电光陶瓷中,电畴可以得到比较大范围的发展,这些畴壁对于横向(和畴壁切线相交的方向,不一定是畴壁法线方向)入射光,将产生明显的散射作用,因而使透过光消偏振,故掩盖了双折射效应,所以通过改变外电场,调整电畴的取向,即可控制光散射的变化,故称为电控光散射。

(3) 电控表面形变。在铁电晶体中,电畴的取向与一定的晶粒取向相联系。在铁电陶瓷中,由于电畴的局部反转,将带来结晶轴向的局部改变,由于铁电晶体的晶轴比 $c/d\neq 1$,因而将在其相应的表面处出现凹凸形变。这种局部应变所产生的凹凸程度,是和剩余极化强度 P_r 的大小和方向联系着的,而 P_r 是可通过外电场来控制的,因此,这种利用改变外电场,通过 P_r 的变化而控制的表面形变,就称为电控表面形变。

2. 铁电陶瓷的应用

铁电陶瓷的介电系数很高,抗电场强度,适合于制作小体积、大容量(几千至几万 PF)的低频电容器,用于滤波、旁路、隔直等电子线路之中。目前,这类材料已经得到广泛使用。铁电陶瓷的介电常量与外加电场强度之间存在着非线性的关系。随着电场的增加,它将出现一峰值。为了使这类陶瓷电容器的电容不至于随电场有过大的变化,一般在使用铁电陶瓷电容时,都应力求降低这种非线性。不过,在另外一些场合却需要一种非线性特别强的铁电陶瓷,用以制造压敏电容器,使其能测量外加电压极其敏感的变化。

所有铁电陶瓷都具有一定的压电特性。这种晶格结构随着外加电场而产生几何形变,不仅在交变电场下产生大量的功率消耗,而且其定向极化也受到阻碍,使得极化弛豫时间增加。这类具有明显压电性能的陶瓷,可以用来制造压电滤波器、变压器、延时线、音叉、超声换能器,以及其他电声元件等。

利用透明铁电陶瓷功电控双折射效应。电光陶瓷片的双折射 Δn 的变化,可直接使寻常光与非寻常光之间产生一定的相位差,因而产生干涉现象。所以通过控制电场的变化,可以使单色光产生从透过量最大到完全截止(消光)的变化。对于白光,则可以起到滤色或改变颜色的作用。根据上述效应。可以利用透明电光陶瓷制成电控光阀、电控光谱滤色器等多种装置。

利用电控光散射效应已经制成电控光阀、图像储存和显示器件等各种器件。据文献报道,这类器件的最大透过率与最小透过率之比(即所谓消光比)可达 10^3 数量级。利用电控表面形变和记忆效应,可以制成图像储存、记忆等器件。由于电畴局部反转可在表面形成起伏的花纹,如果在陶瓷表面事先附上一层反射膜的话,则可以利用反射膜对入射光的衍射和散射作用,使这种花纹(即图像)能很好地重现出来。

9.5.3 热释电陶瓷

1. 热释电陶瓷的性质

除因机械应力的作用而引起电极化(压电效应)外,某些晶体中还可以由于温度变化而产生电极化。这种介质因温度变化而引起表面电荷变化的现象称为**热释电效应**。

热释电效应是由于晶体中存在着自发极化所引起的。自发极化是由于晶体本身的结构在某方向上正、负电中心不重合而固有的,自发极化矢量方向由负电中心指向正电中心。当温度变化时,引起晶体结构上的正、负电荷中心相对位移,从而使晶体的自发极化发生改变。通常,自发极化所产生的表面束缚电荷来自空气中,附集在晶体外表面上的自由电荷和晶体内部的自由电荷被屏蔽,电矩不能显现出来。只有在晶体受热或冷却,即温度变化,并且,所引起的电矩改变不能补偿的情况下,晶体两端产生的电荷才能表现出来。

具有热释电效应的必要条件是自发极化,因此,具有对称中心的晶体不可能具有热释电性,这一点与压电晶体一样。然而,具有压电性的晶体不一定就具有热释电性。这是因为在压电效应发生时,机械力可以沿一定的方向作用,由此而引起的正、负电中心的相对位移,在不同方向上一般是不等的,而晶体在均匀受热时的膨胀却是在各个方向上同时发生的,并且,在相互对称的方向上必定具有相等的线膨胀系数。也就是说,在这些方向上所引起的正、负电中心的相对位移也都是相等的。

由此可见,仅当晶体中存在有与其他极轴都不同的唯一极轴时,才可能由热膨胀引起晶体总电矩的改变,从而表现出热释电效应。或者说,该极轴与结晶学的单向重合才有热释电效应。

热释电陶瓷与单晶相比有不少优点。一是易于制备大面积的材料,成本低,力学性能和化学性能稳定,便于加工;二是居里温度高,在通常条件下基本上不会退极化;三是有多种离子的掺杂和取代,可在相当大的范围内对这种陶瓷材料的性能进行调整,如热释电系数、介电常量和介电损耗等。

2. 热释电陶瓷的应用

热释电陶瓷主要用于探测红外辐射,遥测表面温度及热再生、热释电热机等方面。红外辐射探测已广泛地应用于各类光谱仪、辐射计以及红外激光探测和热成像管等领域。随着各种电子信息系统、控制系统的广泛应用,热释电陶瓷作为医疗、民用和安全防护等方面的传感器。这种传感器可以在室温下,作为无触点温度传感器向控制系统提供信号。

热释电陶瓷传感器的主要用途如下:

① 温度补偿器;
② 火灾报警器;
③ 大气环境监测器;
④ 人体温度分布的成像元件;
⑤ 红外线辐射计数和温度变化测定。

热释电陶瓷主要包括钛酸钡、钛酸铅、$Pb(Zr,Ti)O_3$(PZT)等多晶铁电氧化物陶瓷。下面分别进行叙述:

(1) PZT 陶瓷。

PZT 陶瓷 $PbZrO_3$ 的一侧的铁电-铁电相变材料既有大的热释电系数,又有较小介电常量。该材料由低温铁电相转变为高温铁电相,自发极化发生突变。经过改性的 PZT 陶瓷,通过添加含 Pb 的第三组元如 $Pb(Nb,Fe)O_3$、$Pb(Ta,Sc)O_3$ 等,使相变温度降到室温附近,并掺入高价离子化合物(如 Nb_2O_5 等)以减少热滞,使之具有更好的热释电性能。目前此材料已用于单体探测器制作,在红外探测和红外热成像中得到应用。

(2) 钛酸铅($PbTiO_3$)。

钛酸铅陶瓷的介电常量比其他铁电陶瓷小,并且热释电系数大,密度比较低。此外,它还有一个很大的特点,就是它的居里温度高(约 490℃)、抗辐射性能好。作为探测器,它不需要保持恒温,工作简单方便。工艺上,可采用热压烧结的陶瓷工艺,切成薄片之后经人工极化,再切割研磨也不会影响极化状态。

用改性的钛酸铅陶瓷制成的热释电探测器,由于元件阻抗很高,需要使用高输入阻抗(场效应晶体管)的前置放大器以提高探测器的灵敏度。这种探测器已经用来制造人造卫星上的红外地平仪,具有耐辐射、工作温度高、稳定性好等特点。此外,还做成了钛酸铅热释电红外辐射温度计,这种温度计不用偏压电源,不用附加制冷器,可在接近室温的情况下使用,效率比热敏电阻高十倍,主要用于精密温度测量、远距离湿度测量以及公害气体的测量等方面。

9.6 铁氧体材料

铁氧体是用作高频用磁性材料的、由金属氧化烧结而成磁性体,它分为软磁铁氧体和硬磁铁氧体两种。软磁铁氧体是利用它的高电阻,高频时涡流损耗小的特点,作为磁路来使用的。硬磁铁氧体是具有单磁畴结,矫顽力大的永磁材料。

铁氧体是铁和其他金属的复合氧化物,分子式为 $MO·Fe_2O_3$,M 代表一价、二价金属或是三价稀土金属等。其晶体结构有尖晶石型、磁铅石型和石榴石型三类。铁氧体具有电阻率高(电阻率达 $1\sim10^{10}\Omega·m$)、涡流损失小、介质损耗低等特点,广泛应用于高频和微波领域。其缺点是饱和磁化强度低,居里温度不高,不适于高温或低频大功率条件下工作。20 世纪 50 年代发现了含有稀土元素的铁系氧化物($R_2Fe_2O_{12}$)构成的石榴石型磁性材料。同时还发现了在特高频和甚高频带具有高磁导率的材料,该材料具有六方晶系晶体结构,是含有 Ba、Sr、Pb 的铁系氧化物,它具有特殊的磁晶各向异性。另外,还有称为硬磁铁氧体的磁铁材料,主要成分为 $CoFe_2O_4$,对于磁铅石型晶体结构的 Ba 系铁氧体,由于具有矫顽力高,制造容易,抗老化和性能稳定等优点而被广泛采用。

铁氧体粉料的制备有氧化物法、盐类热分解法、共沉淀法、喷雾干燥法等。成型可采用干压成型、磁场成型、压热铸成型、冲压成型、浇铸成型等静压和挤压成型方法。烧结可在空气中、气氛或热压中烧结。性能良好的多晶取向铁氧体采用磁场取向成型和热压法制造。

按铁氧体的性质和用途可分软磁、硬磁、旋磁、矩磁和压磁等。硬磁陶瓷的矫顽力和剩余磁感应强度都较大,磁滞回线所包围的面积大;软磁的矫顽力和剩余磁感应强度都较小,磁滞回线所包围的面积小;矩磁陶瓷的磁滞回线呈矩形。以下分别对软磁、硬磁、旋磁、矩磁和压磁进行简要介绍。

9.6.1 软磁铁氧体

软磁铁氧体主要用于无线电领域中的各种电感线圈的磁芯、天线磁芯、变压器磁芯、滤波器磁芯及录音、录像磁头等。软磁铁氧体要求起始磁导率高,这样对于相同电感量的线圈,其体积就可缩小。磁导率的温度系数要小,以适应温度的变化。矫顽力要小,以便磁化和退磁。损耗因数也要小。

磁性材料的磁导率 μ 一般可用下式表示

$$\mu \propto I_s^2/(aK+b\lambda\sigma) \tag{9.6.1}$$

式中,I_s 为饱和磁化强度;K 为磁晶各向异性能;λ 为磁致伸缩常数;σ 为畸变应力;a、b 为常数。

由上式可知，I_s 增大，K 或 $\lambda\sigma$ 值减小时，磁导率增加。在接近居里点时，分母项比分子项减小的更为迅速，因此磁导率在居里点附近出现峰值，这种现象称为霍普金森效应。因此，选择合适的 Zn-铁氧体固溶体组成，可得到磁导率和磁通密度都很大的陶瓷材料。常用的软磁铁氧体有尖晶石型的 Mn-Zn 铁氧体、Ni-Zn 铁氧体、Mg-Zn 铁氧体、Li-Zn 铁氧体等。

9.6.2 硬磁铁氧体

硬磁铁氧体要求具有最大矫顽力，较高的剩余磁化强度和高的最大磁能积，磁化后不易退磁而能长期保留磁性，是一种永磁陶瓷，其性能同软磁铁氧体相反。

粉末粒度对硬磁性能影响很大，当粉末颗粒直径小于形成单畴颗粒的临界值时（$<1\mu m$），才能得到大的矫顽力。因而在制备各向异性铁氧体时，需将微细粉末在磁场下成型，粉末颗粒的易磁化方向旋转到与磁场一致，使每个颗粒的易磁化轴平行于磁场方向。在陶瓷中形成一种与单晶的磁状态近乎相同的组织。当除去磁场后，各微粒的磁矩仍保留在这个方向上。各向异性硬磁铁氧体的磁能积要比各向同性铁氧体大 4 倍。

硬磁铁氧体主要用作各种扬声器、助听器、录音磁头等电声器件和各种电子仪表控制器件，以及微型电机的磁芯等。

9.6.3 旋磁铁氧体

旋磁铁氧体也称为微波铁氧体，是指在高频磁场下，平面偏振的电磁波在介质中按一定方向传播过程中，偏振面不断绕传播方向旋转的一类铁氧体。旋转铁氧体主要用作各种微波器件。铁氧体的电阻率高，可在几万兆赫兹下应用，高频损耗少，在微波范围内几乎都用铁氧体。

两个互相垂直的直流磁场和电磁波磁场作用在铁氧体磁性材料上，电磁波的偏振面发生转动。其中由于电磁波透射而引起的旋转称为法拉第效应，电磁波的偏振面因材料表面的反射而发生旋转的称为克尔效应。具有这种旋磁性的铁氧体称为旋磁铁氧体材料。在这种材料中，当外加磁场强度和电磁波的频率达到一定关系时，还将发生铁磁共振吸收现象。

金属磁性材料也有旋磁性质，但由于其电阻率较小，涡流损耗太大，电磁波不能深入材料内部，只能进入深度不到 $1\mu m$ 的表面层，所以不能够使用。因此旋磁铁氧体独自占据这数万到数十万兆赫兹或米波到毫米波的电磁波段。铁氧体材料可做成多种多样的微波元器件，安装在传输微波的波导管内。例如，微波隔离器可使微波的传输限于某一个方向，而在反方向上传输的电磁波被吸收掉。利用这一原理还可以制作出波导环行器和吸收器。这一类应用成为线性微波器件。另一类旋磁铁氧体微波器件能产生变频、延迟、检波或放大信号的作用，这种微波器件称为非线性器件或有源器件。这些元器件是雷达、微波通信、导航、遥测、遥感等电子技术所不可缺少的。具体用各种微波铁氧体可以制成共振式隔离器、法拉第旋转器、环行器、相移器、倍频器、振荡器、参量放大器、混频器等微波元器件。

利用这种材料的磁光克尔效应，还可做成大型电子计算机的外存储器，其存储密度可高达 $10MB/cm^2$。

旋磁铁氧体的种类很多，目前微波领域广泛运用的主要是尖晶石型和石榴石型铁氧体。

(1) 最常用的尖晶石型铁氧体是镁系和镍系，如 Mg-Mn、Mg-Mn-Zn、Mg-Mn-Al、Mg-Al、Mg-Cr、Ni、Ni-Mg、Ni-Zn、Ni-Al 和 Ki-Cr 铁氧体，还有锂系如 Li、Li-Al、Li-Mg 等铁氧体。

(2) 石榴石型是 50 年代后期发展起来的铁氧体，其中最重要的是钇铁石榴石铁氧体，简称 YIG。在更高频段如 6 万兆赫兹时，所采用磁铅石型旋磁铁氧体，是在钡、锶和铅铁氧体的基础上发展起来的;当以铝代替一部分铁时,铁氧体的内场提高,适用于更高频率。

当铁氧体工作在微波频段时,必须考虑铁氧体材料磁损耗问题,这种磁损耗包括铁磁共振吸收(ΔH)和外加磁场小时的低磁场损耗。多晶铁氧体的 ΔH 一般比单晶铁氧体大,这是因为多晶中的气孔、晶界、组成的变动,使磁各向异性能等的分布以及多晶铁氧体内的畸变发生改变所致。所以,使用磁晶各向异性常数和磁致伸缩系数小的材料和无气孔的均匀陶瓷受到重视。

9.6.4 矩磁铁氧体

铁氧体形成矩形磁滞回线的条件是结晶各向异性和应力各向异性。一般密度高、晶粒均匀、结晶各向异性较大的尖晶石型铁氧体都可制成磁性能较好的矩磁陶瓷。在常温使用矩磁铁氧体有 Mn-Mg、Mn-Cu 和 Mn-Cd 等;在 -65℃~125℃ 宽温度范围内使用的铁氧体有 Li-Mn、Li-Ni、Mn-Ni 和 Li-Cu、Li-Ni-Zn、Li-Mn-Zn 等。

矩磁铁氧体可制成各式各样的存储元件、逻辑元件、开关元件、磁光存储、磁声存储等,用于电子信息的存储和处理。尽管在目前的条件下,信息的存储是以半导体存储器为主,但铁氧体记忆元件有切掉电源后仍保持记忆的特点,可用于自动控制与远程控制。

9.6.5 压磁铁氧体

压磁铁氧体材料是指在外磁场作用时,在磁场方向作机械伸长或缩短的铁氧体,这种现象又称为磁致伸缩效应。压磁铁氧体又称磁致伸缩铁氧体,当其在交变磁场作用下,会产生机械振动。因此,选用适当的压磁材料产生振动可以用来产生超声波。表征压磁铁氧体性能的主要物理参数为磁滞伸缩系数、压磁耦合系数 k 和灵敏度常数 d。磁致伸缩系数定义为

$$\lambda_s = \Delta l / l \tag{9.6.2}$$

式中,l 为材料的长度;Δl 为在磁场作用下,长度的变化量。

压磁耦合系数 k 定义为

$$k^2 = \frac{转换为机械能的磁能}{材料中的总磁能} \tag{9.6.3}$$

灵敏度常数 d 定义为

$$d = \left(\frac{\partial \lambda}{\partial H}\right)_T = \left(\frac{\partial B}{\partial H}\right)_H \tag{9.6.4}$$

该式表示在恒定场强 T 下,单位磁场 H 所产生的磁致伸缩量或在恒定磁场 H 作用下,单位场强 T 所产生的磁感应强度 B 的变化量。用压磁材料做成的超声接收器,d 是接收灵敏度的量度。除此之外,还要求压磁铁氧体材料要有良好的温度、振动的稳定性和力学强度。

压磁铁氧体可利用其磁致伸缩特性将电能转换为机械能,或是将机械能转换为电能。这类铁氧体以含 Ni 的铁氧体为主,如 Ni-Zn、Ni-Cu、Ni-Mg、Ni-Co 等系统,其中 Ni-Zn 铁氧体的应用最为广泛。由于它的电阻大,能用于高频作为高效率元件使用,且其重量轻,多晶材料还具有能制成各种形状的优点。主要应用于几千赫到 100 千赫频带的超声清洗和大功率声呐等高能领域,还可制成水声器件、机械滤波器、换能器件和对一些物理量(形变、距离、压力、速度、转矩等)进行测量的器件。

9.7 超导陶瓷

超导材料有纯金属、合金、化合物和氧化物陶瓷等。这些材料在超导状态下具有零电阻和完

全抗磁等优异性能。与其他材料相比,氧化物陶瓷超导材料又称为超导陶瓷,其超导临界温度(T_c)高,是最有应用前景的超导材料。在电力电子、交通、能源、航空航天、医疗等领域有着广泛的应用。

9.7.1 超导现象

超导现象是荷兰物理学家卡麦林·翁纳斯(H. Kamerlingh Onnes)等在1911年首次发现的。他们在测量低温下水银的电阻时,发现水银在4.2K以下电阻完全消失,如图9.24所示。这种奇异的现象引起科学工作者极大的兴趣,他们认为纯水银在4.2K附近时进入了一种新的状态,这种以零电阻为特征的、具有特殊的电性质的物质状态称为超导态,而处于超导态的导体称为超导体。

超导体从具有一定电阻的正常态转变为电阻为零的超导态时所处的温度称为临界温度 T_c,即 T_c 是超导现象开始出现的温度。所谓正常态就是温度高于 T_c 时导体的状态。这种状态下的导体具有一定大小的电阻。一般的金属导体在电场的作用下,流经导体的电流与导体的电阻遵从欧姆定律,随着温度的下降,这类导体的电阻也下降,但即使将它们冷却到接近绝对零度,也仍然残留有它们的固有电阻。图9.25所示为正常态导体和超导体的电阻随温度的变化情况。

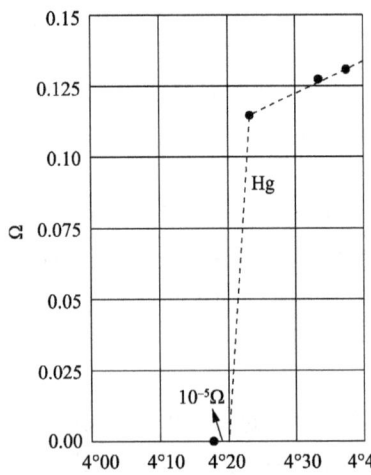

图9.24 水银的电阻与温度的关系

人们很快发现,处于临界温度以下的超导体,当外磁场比较低时,它是超导态的,即具有零电阻和迈斯纳效应。但是当外磁场高于某一值时,它就从超导态转变成正常态,电阻恢复,和正常导体具有相同的性质。这种使超导体从超导态转变为正常态的磁场称为临界磁场 H_c,即进入超导态的标志是在临界温度 T_c 和临界磁场 H_c 以下。

然而,人们又发现,超导体能承载的电流是有限的,当通过超导体的电流密度超过一定的数值时,超导电性也被破坏了,这一电流密度称为临界电流密度 J_c,J_c 随温度的不同而不同。临界温度 T_c、临界磁场 H_c 和临界电流密度 J_c,是约束超导现象的临界条件,这三个参数之间的关系很复杂,如图9.26所示的三个参量关系的示意图,只有在上述三个条件都满足时,才能发生超导现象。

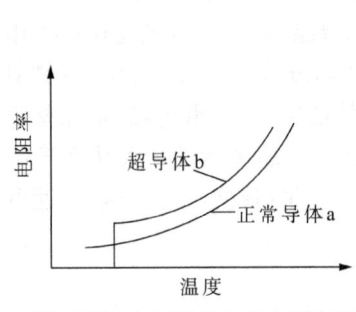

图9.25 正常金属a与超导体b的电阻与温度的关系

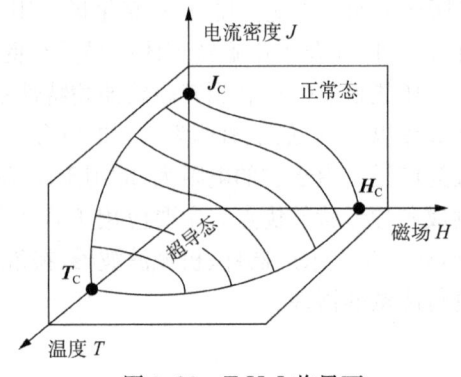

图9.26 T-H-J 临界面

9.7.2 超导体的基本性质

1. 完全导电性与永久电流

超导的一个宏观特征就是直流电阻为零。通过实验来验证电阻为零实际上是做不到的。超导现象刚被发现不久,曾有人认为超导电流是欧姆电流的一种极限,即认为超导体中不发生电子的散射。这种解释不仅在理论上是站不住脚,而且与超导体的电磁性质之一,即对于杂质的种类及浓度敏感这一事实相矛盾。翁纳斯在实验中发现,水银在临界温度 T_c 以下,其电阻值下降到原来的百分之一左右,于是他又采用更精确的方法进行实验。该方法是将超导线圈置于磁场中,然后将其冷却至 T_c 以下转变为超导态,在这种状态下将磁场撤掉,由电磁感应原理可知,线圈内磁通量变化时,在超导线圈各要产生感应电流,该电流沿反抗磁通变化的方向流动。如果这个圆环的电阻确实为零,那么这个电流就应没有任何损失地长期流下去。实际上,经过几天也未观察到电流强度发生什么变化,由此他得出超导体的电阻率小于 $10^{-17}\,\Omega\cdot m$ 的结论。美国麻省理工学院的科林斯(Collins)也得到了与翁纳斯同样的结果。这种在超导体上感生的持续流动的电流称为持续电流,也叫做永久电流。

可以认为超导体的直流电阻为零,或者说它具有完全导电性。超导体的这种完全导电性是对直流电场而言的,在交流电场的情况下,超导体不再具有完全导电性,而出现了交流损耗。一般超导体在某一频率值以上,其高频损耗开始变得显著,频率增加,损耗也增大,频率增大到一定程度时,超导体与正常导体就没什么区别了。

2. 迈斯纳效应

1933 年德国的迈斯纳(Meissner)通过实验发现,只要超导体处于超导态,它就始终保持其内部磁场为零,外部磁场的磁力线统统被排斥到超导体外,无法穿透其内部。这种现象称为迈斯纳效应,或完全抗磁性。如果将超导材料做成一个球,并对超导球施加磁场,如图 9.27(a)所示,由于电磁感应,球中产生沿球面流动的感生电流,如图 9.27(b)中的虚线,按照愣次定律,感生电流的磁力线应与外加磁场相反,这样外加磁场与感生电流产生的磁场叠加的结果,使得球内的两种磁场正好抵消,如图 9.27(c)所示,这就是通常所说的超导的完全抗磁性,也称超导的迈斯纳效应。

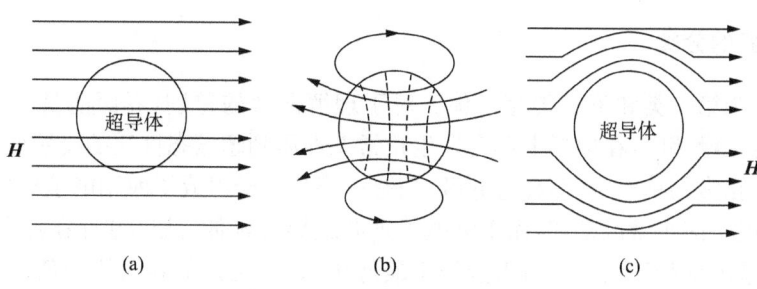

图 9.27 超导体的完全抗磁性

超导体的迈斯纳效应不能仅用超导体具有的完全导电性来解释,电阻为零的导体内部,其各处的电场也为零,它必须满足麦克斯韦方程

$$-\frac{\partial \boldsymbol{B}}{\partial t}=\nabla\times\boldsymbol{E}$$

这意味着理想导体内的磁通不随时间变化而变化。但是对于超导体则有所不同,如果将其冷却到临界温度以下转变为超导态,则已穿进超导体内部的磁通,将全部被排斥出来,其内部的磁感应强度永远为零($B=0$),如图 9.27(c)所示。可见,完全抗磁性并非是由完全导电性派生出来的,而是超导体的另一基本属性。

零电阻现象是超导体处于超导态时的电学性质,完全抗磁性是超导体处于超导态时的磁学性质,这是超导体相互独立的两个特性。迈斯纳效应展示了超导体与理想导体完全不同的磁性质,使人们对超导体有了全新的认识。

3. 约瑟夫孙效应

在量子力学中,由于电子等微观粒子具有波粒二象性,当两块金属被一层厚度为几十纳米的绝缘介质隔开时,电子等都可穿越势垒而运动。加电压后,可形成隧道电流,这种现象称为隧道效应。若把上述装置中的两块金属中的一块或两块换成超导体后,就构成了金属-绝缘层-超导体(NIS)结构或超导体-绝缘层-超导体(SIS)结构,且其介质层厚度减少到几个纳米,当超导体处于超导态时,只要电流不超过某个临界值(临界电流),结的电阻也为零。若通过隧道结的电流超过某个临界值,将在结上产生电压降,即隧道结的电阻不再是零。这种在隧道结中有隧道电流通过而不产生电压降的现象,称为直流约瑟夫孙效应(Josephson effect),该隧道电流称为约瑟夫孙电流;当结的两端存在直流电位差时,可以通过一个交流电流,这称为交流约瑟夫孙效应。直流约瑟夫孙效应和交流约瑟夫孙效应通常为约瑟夫孙效应。

约瑟夫孙效应是超导体的最基本的现象之一,它是一种宏观量子效应,可以用宏观量子波函数很好地解释。当把超导结当作弱连接的超导体时,由于两块超导体中的波函数不一样,这两块超导体中的超导电子的波函数之间存在一个确定的相位差而相互关联着。因而超导电子对可在一个方向上发生优先位移,从而形成直流约瑟夫孙电流。当在结平面上加一个磁场时,相位差产生一个空间梯度,迫使最大超导电流随磁场产生振荡。若在结上加一个电压,就会使相位差随时间变化,从而引起交流约瑟夫孙效应。由此看来,在这种宏观量子效应中,波函数的相位差起了重要的作用。约瑟夫孙的这一重要发现为超导体中电子对运动提供了证据,使人们对超导现象本质的认识更加深入。约瑟夫孙效应成为微弱电磁信号探测和其他电子学应用的基础,人们利用这些性质已制成了直流超导量子干涉器、磁强计、灵敏电流计、伏特计、电磁波发生器、探测器和混频器等。

9.7.3 超导陶瓷的分类

超导体可分为第一类和第二类超导体。对于理解两者的差别,界面能是一个重要的概念。当超导区和正常区毗邻时,在边界上不会发生正常态性质到超导态性质的突然变化。在正常区,所有的电子都是正常的单电子;而在超导区,则有一部分电子组成了库柏电子对(Cooper pairs)。在边界区,超导电子向正常区延伸,而正常电子则向超导区延伸,此区域存在界面能。由热力学理论可知,任何系统都趋于使其总自由能处于最低状态,因此如果界面能为负,则界面的出现有利于系统总自由能的降低,从而在这样的超导体中,将出现许多微小的正常区。在正常区出现的情况下,磁场可从正常区穿过去,这种超导体不再显示完全抗磁性。如果界面能是正的,则界面的出现使自由能升高,从而超导的样品中只有单一的超导区,不会出现正常区,这种超导样品显示完全抗磁性。根据超导体在磁场中的磁化行为不同可将其分为两类。

1. 第一类超导体

在将样品放入磁场中时,保持一定的温度,逐渐增加外磁场,磁矩将随外加磁场而线性增加。很多金属及组成确定的化合物均呈现这种等温磁化曲线。具有这种特征曲线的超导材料称为第一类超导材料。非过渡金属元素和大部分过渡金属元素以及按化学计算比组成的化合物超导体均属于第一类。

2. 第二类超导体

如图9.28所示的是第二类超导体的磁化曲线。当外磁场小于第一临界磁场 H_{c1} 时,超导体内的磁感应强度 $B=0$,超导体是完全超导态;当外磁场超过第一临界磁场 H_{c1} 时,则有部分磁通穿入超导体内,超导体内的磁感应强度从零开始迅速增强;当外磁场大于 H_c 时,这类超导体并没完全转变成正常导体,仍然还能把一部分磁通排斥于体外,直到外磁场为第二临界磁场性 H_{c2} 时超导电性才消失,超导体内的磁感应强度

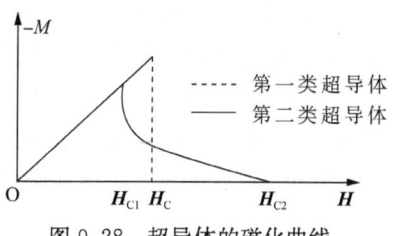

图9.28 超导体的磁化曲线

和正常态金属完全一样,即由超导态转变为正常态。H_{c2} 值可以是超导热力学计算值 H_c 的100倍或更高。当外磁场处于 H_{c1} 与 H_{c2} 之间时,超导体的状态并不是迈斯纳态,但也不是正常态,即处于超导态小区与正常态小区共存的嵌镶式结构,这种状态称为混合态。这类超导体在混合态时仍保持一定的超导电性,只有当外磁场超过第二临界磁场 H_{c2} 时,零电阻现象才消失,具有这一特性的超导体称为第二类超导体,很多合金以及Nb、V等金属居于此类超导体。

3. 超导陶瓷

超导体从材料来分类,可分为三大类,即元素超导体、合金或化合物超导体、氧化物超导体(超导陶瓷),其中超导陶瓷为最新发展起来的超导材料,根据磁化测量的结果,超导陶瓷属于第二类超导体。

9.7.4 超导陶瓷的应用

由于超导陶瓷具有如上所述的许多优良特性,特别是高温超导材料的研制和实用,使得超导陶瓷在诸如磁悬浮列车、无电阻损耗的输电线路、超导电机、超导探测器、超导天线、悬浮轴承、超导陀螺以及超导计算机等强电和弱电方面有广泛应用前景。

1. 在电子信息方面的应用

利用超导体的性质,如约瑟夫孙效应,可以制成超导开关器件和超导存储器,再利用这些器件制成超导计算机。研究表明,应用约瑟夫孙效应的超导开关的理论需要时间为千亿分之一秒,电力消耗只是大规模集成电路的百分之一。这将大大提高计算机的运算速度,并减少体积。美国IBM公司研制的一台运算速度为8000万次/秒的超导计算机,体积只有一部电话机大小,其元件不发热,可长时间高效率运行。

同时,超导材料可制作各种超导器件,如超导二极管、超导量子干涉器、超导结型晶体管等。日本北海道大学研究小组在光纤通信采用的 $1.6\mu m$ 波长的LED上增加超导电极,将超导和光通信技术结合起来,对比发现,新型超导技术LED的发光强度是目前最亮LED的20倍。

还有,利用超导陶瓷的高频特性,可制作高温超导滤波器,由于其边界陡、带宽窄、带外抑制高等特点,用在微波通信和雷达领域有很大的优越性。

2. 在医疗领域的应用

在生物医学领域中,目前已开始用于核磁共振成像仪(MRI)、量子干涉仪、粒子线治疗装置和介子医疗器。核磁共振成像仪可给出人体任意断面的清晰图像,其特点是磁场大而且稳定,有助于正确诊断。缺点是价格昂贵,影响推广应用。量子干涉仪是一种利用约瑟夫孙效应的高灵敏度磁性传感仪,可计测微弱的磁场,有可能用作心磁图仪、脑磁图仪等新型医疗测试仪器,可用于心血管疾病、大脑疾病、心脏病变以及职业病的早期诊断。超导粒子线治疗由于能量可以控制,能够避免目前放射性治疗无法解决的健康细胞的辐射损伤,有利于恶性肿瘤的治疗。超导核磁共振用于诊断肿瘤、心血管等方面的疾病,其分辨率可达 1.5mm,可给出人体任意端面的清晰图像。利用超导材料制成无损耗磁铁来代替现有磁铁,建造高能加速器,具有磁场强度高、体积小、节约能源等优点。可以制造高分辨率电子显微镜、超导核磁共振仪等高性能的仪器设备。

3. 在电力和能源中的应用

在电力和能源领域中,超导材料可用于超导碰体发电、超导输电、超导储能。利用一般导体输电,大约有 10% 的电力损耗在电阻上,采用超导线输电,由于零电阻性,电流不会损耗,输电损失可降到最低限度。用超导材料制成的超导电感储能线圈,与一般铜导体相比,可使单位体积的储电能力提高 100~100000 倍。利用超导材料制成的发电机,能产生比普通发电机大 2~3 倍的高磁通密度,并具有体积小、重量轻、能耗小、电抗小、功率大、单机容量大、稳定性能好等特点。超导发电机的单机输出功率比常规电机提高 10~100 倍。

习　题

9.1　陶瓷的概念?陶瓷的结构及相应的特点是什么?
9.2　电子陶瓷的制备分为哪几个步骤?
9.3　什么是敏感陶瓷?分为哪几种主要类型?其导电机理是什么?
9.4　什么是介电陶瓷?热释电陶瓷有哪些具体的应用?
9.5　什么是磁性陶瓷?软磁陶瓷和硬磁陶瓷有哪些物理参数上的不同?矩磁铁氧体作为存储单元的工作原理是什么?
9.6　什么是超导陶瓷?超导体有哪些主要性质?两类超导体的性质上有何差异?

第10章 纳米技术与纳米电子学

10.1 概　述

纳米技术的诞生,使人类改造自然,创建新社会的能力可直接利用分子和原子制造出人类所期望的特定功能产品。纳米电子学的发展,标志着电子科学技术将从微米时代进入到纳米新时代。纳米技术将突破微米技术的传统极限,使单位体积物质的储存和处理信息的能力提高100万倍以上,实现信息采集和处理能力革命性的突破。

纳米电子技术,特别是以扫描隧道显微镜、原子力显微镜等为代表的扫描探针显微镜的出现,为纳米技术的发展提供了非常有力的工具。这种显微镜具有原子级的极高分辨率,在平行和垂直于表面方向,具有 0.01～0.1nm 的分辨率,即可分辨出单个原子。使用这种显微镜,可以得到表面的实时三维图像,对物质表面的动态过程进行实时观测。使用扫描隧道显微镜可实现对单个原子和分子的操纵,可对表面进行纳米尺度的微细加工,例如刻蚀、阳极氧化等。另外,分子束外延(MBE)和原子层沉积(ALD)的先后出现,使得原子级层状半导体薄膜的制备成为可能,加上先进的超微细光刻技术的发展,制作量子阱、量子线和量子点成为可能。

纳米电子学是研究 0.1～100nm 尺度的纳米结构内单个量子或量子波的运动规律,或是对其进行控制、识别和原子、分子组装技术的一门科学。当电子器件的尺度进入纳米量级之后,器件中运动的载流子数量急剧减小,器件的量子效应对器件的电学特性有显著的影响。其中,单量子电子学重点是研究器件中载流子的量子力学行为中的粒子性,其代表性器件是单电子晶体管;量子波电子学,重点是研究器件载流子量子行为中的波动性。

本章主要介绍纳米技术的概念和分类,纳米材料的基本效应、纳米材料的制备技术,几种主要的纳米电子器件的器件结构和工作原理。

10.1.1　纳米技术

所谓纳米技术(Nanotechnology),指的是在 0.1～100.0nm 空间尺度内操纵原子和分子,对材料进行加工、制造,使之具有特定功能的器件,或是对某种物质进行研究,掌握其原子和分子的运动规律和特性的技术手段和相关理论。

纳米技术的提出要追溯到 1959 年,著名的物理学家、诺贝尔奖获得者理查德·费曼(Richard Feynman)首先提出纳米技术的概念。费曼指出:"我认为,物理学原理并不排斥通过操纵单个原子来制造物质。这样做并不违反任何定理,而且原则上是可以实现的。毫无疑问,当我们得以对细微尺度的事物加以操纵的话,将大大扩充我们可能获得物性的范围"。这就是关于纳米技术最早的梦想。

随后于 1962 年,久保(Kubo)及其合作者针对金属超微粒子的研究,提出了著名的久保理论,也就是超微颗粒的量子限制理论或量子限域理论,从而推动了实验物理学家开展对纳米尺度微粒的探索。1984 年,德国萨尔大学的 Gteiter 教授等人首次采用惰性气体凝聚法制备了具有清洁表面的纳米粒子,然后在真空室中原位加压成纳米固体,并提出了纳米材料界面结构模型。

随后发现 CaF_2 纳米离子晶体和 TiO_2 纳米陶瓷在室温下出现良好韧性,使人们看到了陶瓷增韧的新的有效途径。

1970 年,江崎与朱兆祥就量子相干区域的尺度,首先提出了半导体超晶格的概念。随后人们利用分子束外延(MBE)技术,制备出了能隙大小不同的半导体多层膜,得到了量子阱和超晶格结构,并观察到了极其丰富的物理效应,量子阱和超晶格的研究成为半导体物理学最热门的领域。

1985 年,Kroto 等采用激光加热石墨蒸发并在甲苯中形成碳的团簇。质谱分析发现 C60 和 C70 的新的谱线,C60 具有高稳定性的新奇结构。这种结构与常规的碳的同素异构体金刚石结构和石墨层状结构完全不同,而且物理性质也很奇特,用碱金属掺杂之后就成为具有金属性的导体,适当的掺杂成分可以使 C60 固体成为超导体。

纳米技术主要可以概括为:纳米级测量及检测技术、纳米材料的制备技术、纳米加于技术、纳米组装技术等,下面分别加以介绍。

1. 纳米级测量技术

纳米级测量技术包括:纳米级精度的尺寸和位移的测量,纳米级表面形貌的测量。纳米级测量技术主要有两个发展方向。一是光干涉测量技术,它是利用光的干涉条纹来提高测量的分辨率,其测量方法有:双频激光干涉测量法、光外差干涉测量法、X 射线干涉测量法、F-P 标准工具测量法等,可用于长度和位移的精确测量,也可用于表面显微形貌的测量。二是扫描探针显微测量技术(STM),其基本原理是基于量子力学的隧道效应,它的原理是用极尖的探针(或类似的方法)对被测表面进行扫描(探针和被测表面实际并不接触),借助纳米级的三维位移定位控制系统测出该表面的三维微观立体形貌。主要用于测量表面的微观形貌和尺寸。用这原理的测量方法有:扫描隧道显微镜(STM)、原子显微镜(AFM)等。

纳米级表层物理力学性能的检测方法主要是表层微力学探针检测法,它是用纳米压痕的原理检测其力学性能的。其基本原理是利用金刚石针尖用极小的力在试件表面压出纳米级或微米级压痕,根据压痕的大小测出试件表层的显微力学性能,即连续记录探针针尖加载逐步压入和卸载逐步退出试件表层的全过程中的压痕深度变化。因其中包含试件表层的弹性交形,塑性变形、蠕变、变形速率等多种信息,通过这些信息测出表层材料的多项力学性能。

2. 纳米材料的制备技术

纳米材料的制备方法很多,可分为物理方法和化学方法。
其中,物理方法有真空冷凝法、物理粉碎法、机械球磨法等。
而化学方法则有气相沉积法、沉淀法、水热合成法、溶胶凝胶法、微乳液法等。

3. 纳米级加工技术

纳米级加工技术是指达到纳米级精度的加工技术。由于原子间的距离为 0.1～0.3nm,纳米加工的实质就是要切断原子间的结合,实现原子或分子的去除,切断原子间结合所需要的能量,必然要求加工时所需的能量要超过该物质的原子间结合能,所需的能量密度是很大的。用传统的加工方法进行纳米级加工就相当困难了。近年来纳米加工有了很大的突破,如电子束光刻(LIGA 技术)加工超大规模集成电路时,可实现 $0.1\mu m$ 线宽的加工,高密度等离子刻蚀可实现微米级和纳米级表层材料的去除,扫描隧道显微技术可实现单个原子的去除、搬迁、增添和原子的重组。

4. 纳米组装技术

由于在纳米尺度下刻蚀技术已达到极限,组装技术将成为纳米科技的重要手段,受到人们很大的重视。纳米组装技术就是通过机械、物理、化学或生物的方法,把原子、分子或者分子聚集体进行组装,形成有功能的结构单元。组装技术包括分子有序组装技术,扫描探针原子、分子搬迁技术及生物组装技术。分子有序组装是通过分子之间的物理或化学相互作用,形成有序的二维或三维分子体系。近年来,分子有序组装技术及其应用研究方面取得的最新进展主要是 LB 膜研究及有关特性的发现。生物大分子走向识别组装。蛋白质、核酸等生物活性大分子的组装要求高密度定取向,这对于制备高性能生物敏感膜、发展生物分子器件,以及研究生物大分子之间相互作用是十分重要的。

10.1.2 纳米材料

人们将对客观世界的认识通常分为两个领域:一是宏观领域;二是微观领域。所谓宏观领域指的是肉眼可辨的一切物质,大至宇宙天体,小至大分子;而微观领域则是以大分子为起点,到基本粒子。介于宏观领域和微观领域之间的物质,三维尺寸还都很细小,由此形成了许多奇异的物理性能和化学性能。这个领域包括了从微米、亚微米、纳米到团簇尺寸的客观世界(团簇尺寸的范围从几个原子到几百或上千个原子)。据此该领域被称为介观领域。

纳米材料是指在某个维度上的尺寸处于纳米量级的材料。如超微颗粒材料是由纳米粒子组成。纳米粒子也叫超微颗粒,一般是指尺寸在 1~100nm 间的粒子,是一种典型的介观系统。作为纳米材料,它们还可能具有以下几个特点:①原子畴(晶粒或相)尺寸小于 100nm;②大部分原子处于晶界环境;③畴之间存在相互作用。

实际上,纳米相是材料存在的一种状态。纳米相金属、纳米相陶瓷和其他纳米相固体材料跟普通的金属、陶瓷和其他固体材料都是由同样的原子组成的,只不过组成这些原子排列成了纳米级的原子团,成为组成新材料的结构粒子或结构单元。常规材料基本颗粒的直径小到几微米,大到几毫米,包含几十亿个原子,而纳米相材料中的基本颗粒的直径不到 100nm,包含的原子不到几万个。

材料的某一维、二维或三维方向上的尺寸达到纳米范围(1~100nm)尺寸时,可将此类材料称为低维材料,纳米材料可以将广义地理解为在三维空间中至少有一堆处于纳米尺度范围或由它们作为基本单元构成的材料,纳米材料的基本单元按维数的概念,可以分为以下四类。

① 零维纳米材料:材料尺寸在三维空间均为纳米尺度,如纳米尺度颗粒和原子团簇等。
② 一维纳米材料:材料在空间有两维纳米尺度。如纳米丝、纳米棒和纳米管等。
③ 二维纳米材料:材料在空间中有一维为纳米尺度,如超薄膜、多层膜、超晶格等。
④ 三维纳米材料:在三维空间中含有上述纳米材料的块体,如纳米陶瓷和复合体等。

由于这些单元往往具有量子性质,所以对零维、一维和二级的基本单元分别又有量子点、量子线和量子阱之称。

按照组成相的数目可以分为纳米相材料和纳米复合材料。纳米相材料是指单相纳米颗粒组成的固体,纳米复合材料是指两相或多相构成,其中至少有一相为纳米级的固体材料。比如把纳米陶瓷粒子放入常规的金属、高分子及陶瓷中,即形成零维-三维复合纳米材料。

目前,典型的纳米材料如图 10.1 所示。

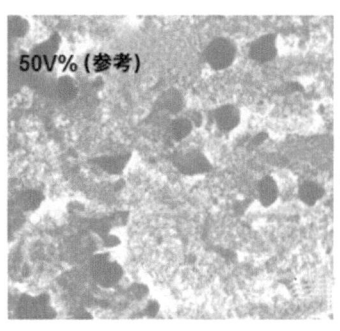
(a) 纳米陶瓷浆料

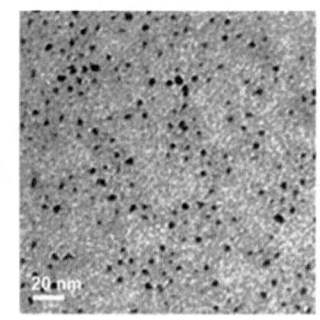
(b) 纳米磁性颗粒

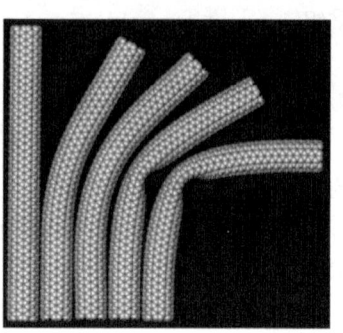
(c) 碳纳米管

图 10.1　典型的几种纳米材料

10.2　纳米材料的基本效应

纳米材料的特殊性能是由于纳米材料的特殊结构,使之产生不同于体材料的特殊性质,主要包括小尺寸效应、量子效应、表面效应、宏观量子隧道效应的等,从而具有传统材料所不具备的物理、化学性能。由于纳米材料在磁、热、光、电、催化、生物等方面具有奇异的特性,使其在诸多领域有着非常广泛的应用前景,并已经成为当今世界科技前沿的热点之一。

10.2.1　表面效应

表面效应是指纳米晶粒表面原子数与总原子数之比随粒径变小而急剧增大后所引起的性质上的变化。随着纳米晶粒的减小、表面原子所占百分数迅速增加。

表面原子所处环境与内部原子不同,存在大量悬挂键,具有不饱和性,易与其他原子相结合而稳定下来,因此,纳米晶粒尺寸减小的结果,是导致其表面积、表面能及表面结合能都迅速增大,进而表现出很高的化学活性、催化活性、吸附活性;并且表面原子的活性也会引起表面电子自旋构象相电子能谱的变化,从而给予纳米粒子低密度、低流动速率、高混合性等特点。

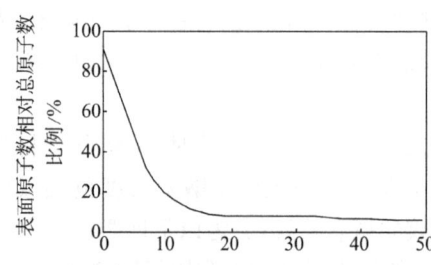

图 10.2　表面原子相对总原子数比例关系

纳米微粒尺寸小,表面能高,位于表面的原子占相当大的比例。其纳米结构单元表面与内部原子的数量比、表面积比、表面能比都随着基元尺寸的下降而迅速提高。表面原子数占全部原子数的比例和粒径之间的关系如图 10.2 所示。

10.2.2　小尺寸效应

小尺寸效应是指随着颗粒尺寸减小到与光波波长(100nm 以下)、德布罗意波长、玻尔半径(0.1nm)、相干长度(几 nm 以下)、穿透深度(100nm)等物理量相当,甚至更小时,其内部晶体周期性边界条件将被破坏,导致特征光谱移动、磁序改变、超导相破坏、非热力学结构相变等,从而引起宏观电、磁、声、光、热等物理性质的变化。纳米材料的小尺寸效应主要表现在以下几个方面。

1. 磁性

磁性对颗粒尺寸的依赖性是小尺寸效应最直观的实例。随着颗粒的变小,强磁性颗粒的磁畴将会由多畴状态变为单畴状态,使反转磁化的模式从畴壁位移转变为磁畴转动,从而使矫顽力显著地增长。这一规律已成为制备永磁微粉的通则。单畴临界尺寸随材料而异。例如钡铁氧体中,单畴约为 $1\mu m$,而铁微颗粒中的畴仅为 17nm 左右。对于 16nm 的超微铁颗粒,矫顽力可高达 80000A/m,可作为金属型磁带、信用卡或磁卡所用的记录介质。当进一步减小颗粒尺寸,磁各向异性 K_V 热能 kT 相当或更小时,由于热扰动,使超微颗粒的矫顽力明显下降。而进入顺磁性状态,矫顽力 H_C 低于 80A/m,可作为良好的软磁材料;当铁的超微颗粒尺寸低于 4.5nm 时却呈现超顺磁性,可以制成具有广泛应用的磁性液体。

2. 热力学性质

颗粒尺寸的变化导致比表面积的改变,因而改变颗粒的化学势,导致一系列热力学性质的改变,例如在化学反应中的物理、化学平衡条件的变化,熔点随颗粒尺寸的减小而降低等。

对于半径为 r、表面张力为 σ、密度为 ρ 的液滴,其化学势 μ 可表述为

$$\mu = \mu_\infty + 2\sigma/\rho r \tag{10.2.1}$$

上式是对不可压缩与膨胀液体的一级近似表达式,μ 随着颗粒尺寸减小而增大。

当颗粒小于一定临界尺寸时,单晶体并非是能量最低状态,而由几个孪晶组成的颗粒却可能是自由能为最低的状态。热力学理论指出:当颗粒原子数目小于某个临界值时。与无序的原子簇相比,多孪晶结构在能量上将处于不利地位,因为此时原子族内部原子结构可以连续起伏于不同的结构之中,所以它的能量可能比孪晶结构小。

另外,超微颗粒的熔点随颗粒尺寸减小而降低。图 10.3 即为金熔化温度与颗粒尺寸的关系。唯象的热力学理论曾预言,当颗粒小于某临界尺寸时,将会在明显低于块材的熔点温度下熔化。对尺寸较大的颗粒,热力学理论能较好地进行描述,但对甚小的微颗粒,实验与理论有较大的差别。利用超微颗粒熔点下降的性质,可以制成低熔点导电银浆,还可以在较低温度下烧结高熔点的金属、合金或复合材料,这在粉末冶金和电子工业中是有现实意义的。

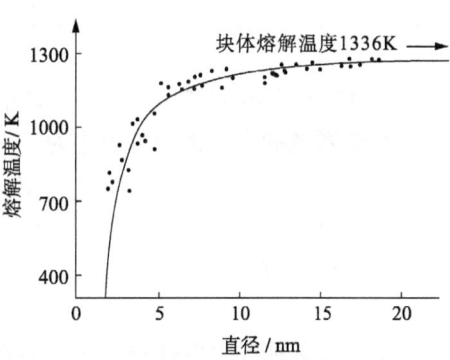

图 10.3 金熔化温度与颗粒尺寸的关系

3. 光学性质

金属超微颗粒对光的反射率很低,通常可低于 1%,对太阳光谱几乎完全吸收,大约在几微米的厚度就能完全消光。因此通常称它们为太阳黑体。

考虑置于交变电场小的单个球状颗粒,外场将导致颗粒极化,在表面产生电估,而表面电荷产生的同时,又有一恢复力促使它恢复至原来状态。显然,在一定额定的外场下将会引起共振,导致表面等离子振荡。静电的库仑力正比于 $1/r$,是长程作用力,因此在金属中电子将是在强耦合的作用下做集体运动,这就是表面等离子振荡。

设系统单位体积内含有 N 个电子,电子相对于正电荷位移为 X,则电极化强度 $P=NqX$,出于极化所引起的反向电场为 $-P/\varepsilon$,故电子运动方程为

$$\frac{m^* \mathrm{d}^2 X}{\mathrm{d}t^2} = \frac{-Nq^2 X}{\varepsilon} \tag{10.2.2}$$

由此可得等离子共振频率 $\omega_p = (Nq^2/\varepsilon m^*)^{1/2}$。通常等离子共振频率位于可见光或近紫外光频段，电偶极子等离子共振相应于 Mie 理论中光散射的最低阶的贡献。超微粒子中的电子能级间距随尺寸减小而增加。通常导致光吸收峰向短波方向位移，称之为蓝移。研究超微粒的光学性质对研制高效率的光电、热电转换材料、吸波材料及光敏材料等有重要意义。

4. 超导电性

低维系统的超导电性从超导电性能随颗粒尺寸的变化，一直是理论界和实验界颇感兴趣的问题。从实用观点来看，人们认为这是提高超导转变温度 T_c 的有效途径。从机制研究来，人们企图从此侧面进一步了解影响超导性能的一些因素。

从物理学上考虑，当颗粒尺寸减小时，低频的晶振动将受到颗粒尺寸的限制而被截止，从而增加 T_c 值。但理论计算表明，由于低频截止导致超导以分裂几率的减少而增加的 T_c 值仅百分之几而已；另外，随着颗粒尺寸减小，表面原子分数将显著增长，表面原子由于近邻配位数的减少而使表面声子谱频率降低，软声子模特会导致电子-声子耦合强度增加，从而增加 T_c 值。

因此，随着颗粒尺寸变小，表面声子谱的软化，电子-声子耦合强度增加。T_c 应有所增加。低温超导实验结束表明，对于 Al、In 等材料，随着颗粒尺寸变小，T_c 的确有所增加。

5. 介电性能

电子在超微颗粒中的平均自由路径受到颗粒尺寸的限制，对于球状的颗粒可认为平均自由路程相当于球的半径 $(d/2)$，由于表面散射所引起的弛豫时间为 $(d/2) \cdot v_F$，v_F 为费米速度。设样品的散射时间为 τ_0，对于微颗粒则近似地可用 Drude 公式来表述

$$1/\tau = 1/\tau_0 + 2v_F/d \tag{10.2.3}$$

式中，τ 随颗粒直径 d 减小而减小，当 d 小到一定值时，第二项成为主要项，上式可简化为 $1/\tau = 2v_F/d$。

超微颗粒的介电常量可表述为

$$\varepsilon(\omega) = \varepsilon_p(\omega) - \omega^2/[\omega(\omega + i/\tau)] = \varepsilon_1 + i\varepsilon_2 \tag{10.2.4}$$

式中，ε_p 为体材料的等离子共振频率。

当 $\omega\tau \gg 1$ 时，

$$\varepsilon_2 = \omega_p^2/\omega^3\tau = 2\omega_p^2 v_F/\omega^3 d \tag{10.2.5}$$

等离子共振频率的线宽与颗粒的直径成反比，等离子共振频率将随颗粒尺寸变小而移向低频，颗粒的损耗 (ε_2) 随尺寸的减小而增大。对于甚小的金属颗粒，必须考虑量子效应的修正，这时的结果与经验公式不同，等离子共振将随颗粒尺寸减小而移向高频，这一结论已被实验证实。

10.2.3 量子尺寸效应

当纳米结构单元某一维度上的尺寸降低到纳米量级时，其费米面附近的电子能谱由准连续变为离散。表面结构和电子态急剧变化，纳米微粒存在不连续的最高被占据的分子轨道能级和最低未被占据的分子轨道能级，使得能隙变宽的现象，被称为纳米材料的量子尺寸效应。

从能带理论出发，块状金属中传导电子的能谱是准连续的。然而，当颗粒尺寸减小时，连续的能带将分裂成不连续的能级。当分立能级之间的间距大于热能 (kT)、磁能 (μH)、静电能 ($qd\varepsilon$)、光子能量 ($\hbar\nu$) 或超导态的凝聚能时，会产生异于宏观物体的效应。根据 Kubo 理论，分立

能级的平均间距 δ 与颗粒中电子数 N 成反比例为

$$\delta = 4E_F/3N \tag{10.2.6}$$

式中 E_F 为费米能。显然，当块状金属中电子浓度 N 很大时，则金属能谱是连续的；当金属颗粒尺寸减小时，N 值减小，能级间距 δ 随之增大，甚至可与热能(kT)、磁能(μH)、电场能($qd\varepsilon$)、光子能量($\hbar v$)等特征能量相当或更大，这些分立的能级不能按连续的能带论处理。这时费米函数不再是单电子态占据几率的表达式，而呈现出宏观物体存在的一系列新效应，称之为量子尺寸效应。例如，直径为 14nm 的银颗粒，当 $N=6\times10^{23}/cm$ 时，能级间距 $\delta/k\approx 1$，故当温度低于 1K 时，有可能出现量子尺寸效应。通常量子尺寸效应只有在低温、小尺寸条件下才可能呈现出来。

图 10.4 给出了不同维度情况下的电子态密度。从图 10.4 中可以看出，随着维度的降低，准连续能带消失，在量子点中表现出完全分立的能级状态。对于零维纳米材料，由于在三个维度上都处于纳米量级，电子在三维空间上的运动都被限制了。因此，没有离域化电子存在(即没有可自由移动的电子)。对于一维纳米材料，电子被限制在二维空间中，因而电子的离域化发生在纳米线/纳米棒/纳米管的长轴方向。在二维纳米材料中，导带电子仅被限制在厚度方向，在平面内是离域化的。

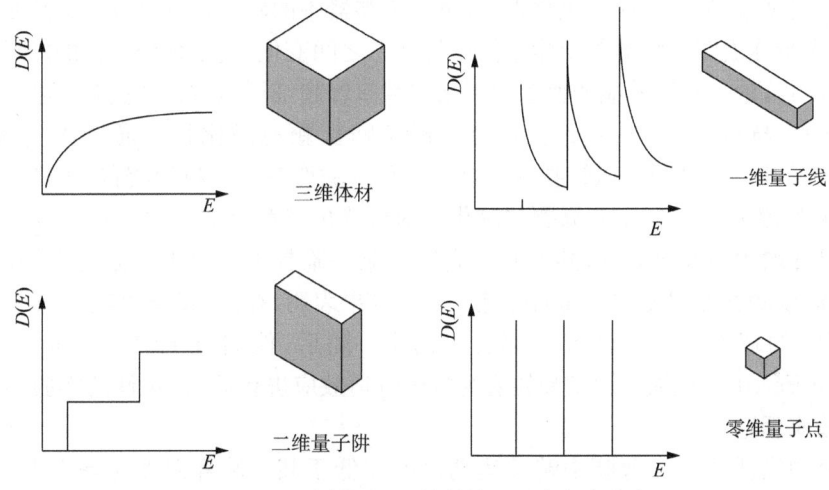

图 10.4 不同维度下，材料的电子态密度分布

因此，对于零维纳米材料，电子是完全定域化的；而对于三维纳米材料，电子是完全离域化的；一维及二维纳米材料，则是离域化和定域化的电子共存的。采用这些限制条件，采用量子力学理论，可计算出在这些纳米结构的无限深势阱中的能量分布。对于零维、一维、二维纳米材料，能量状态的分布可表示如下

$$E_n = \frac{\pi^2 \hbar^2}{2mL^2}(n_x^2 + n_y^2 + n_z^2), (零维) \tag{10.2.7a}$$

$$E_n = \frac{\pi^2 \hbar^2}{2mL^2}(n_x^2 + n_y^2), (一维) \tag{10.2.7b}$$

$$E_n = \frac{\pi^2 \hbar^2}{2mL^2}(n_x^2), (二维) \tag{10.2.7c}$$

能态 E_n 的另一个重要特征是位于某一特定能态的导带电子数，$N(E_n)$。与能态 E_n 依赖于系统的维度相类似，导带电子也依赖于系统的维度。这就意味着在一个非常小的能量范围 dE 内，电子的数量 dN 可用态密度 $D(E)$ 来表示

$$D(E) = dN/dE \tag{10.2.8}$$

因此,态密度 $D(E)$ 的分布与系统的维度有关,如图 4.10 所示。由于能级的量子化,相对于块状材料的禁带宽度 E_g 来说,纳米材料的 E_g 增大,波长减小,即其吸收带发生蓝移。

超微颗粒的磁化率 χ 与 N 的奇偶数有关,当温度趋近于绝对零度时,如果 N 为偶数,χ'' 趋近于零;N 为奇数,$\chi' = \mu_B^2/kT$。服从居里定律;当颗粒足够大,或温度足够高,以致量子尺寸效应可以忽略时,$\chi' = \chi'' = \chi_{Pauli}$,磁化率取决于块状金属的泡利(Pauli)自旋顺磁性。

除上述以外,处于分离的量子化能级中的电子的波动性还如场致发光、载流子的量子约束和量子输运、导体变成绝缘体等一系列反常,目前已被磁测量、核磁共振、电子自旋共振、谱线位移等实验所证实。

10.2.4 宏观量子隧道效应

微观粒子具有贯穿势垒的能力称为隧道效应。一些宏观量,例如微粒的磁化强度、量子相干器件中的磁能量也有隧道效应,它们可以穿越宏观系统的势阱而产生变化,称为宏观量子隧道效应(Macroscopic Quantum Tunneling,MQT)。宏观隧道效应指的是波的隧穿而不是微观粒子的隧穿。一些宏观量,如微颗粒的磁化强度、量子干涉器中的磁通量等可以贯穿纳米材料。这也是说,宏观的参量在宏观系统的两个能量较小的状态之间变化,使系统处于低的能量状态。

早在 1959 年,量子隧道效应的概念曾用来定性解释超细镍微粒在低温时会继续保持超顺磁性。Chudnorsky 与 Gunther 从理论上计算了磁单畴微颗粒磁化强度通过势垒的隧道几率。Awsckalom 等采用扫描隧道显微镜技术控制纳米尺度磁性超微颗粒的淀积,用量子相干磁强计(SQUID)研究低温下(约 20mK),微颗粒磁化率对频率的依赖性。观察到窄的 $\chi(\omega)$ 共振曲线,共振频率随尺寸增大而移向低频,共振峰的高度在某一临界温度以下与温度无关,保持为一恒量;高于临界温度随共振温度的升高而降低。实验结果表明,在低温时确实存在磁的宏观量子隧道效应,但现在的理论尚难以解释全部实验结果。随后,他们对于纳米尺度的马脾铁蛋白(Horse-splccn Ferritin)反铁磁超微颗粒宏观量子隧道效应进行研究,定性的实验结果符合反铁磁量子隧道效应理论。

近年研究中发现,Fe-Ni 薄膜中畴壁运动速度在低于某一临界温度时基本上与温度无关。于是有人提出量子力学的零点振动可以在低温附近起着类似热起伏的效应,从而使零温度附近微颗粒磁化量的重取向保持有限的弛豫时间,即在 OK 仍然存在非零的磁化反转率。

宏观量子隧道效应的研究对基础研究及实用技术都有着重要的意义。它限定了磁带、磁盘进行信息储存的时间极限。量子尺寸效应、隧道效应将会是未来微电子器件的基础,它还确立了现存的微电子器件进一步微型化的极限。如电路尺寸接近电子波长时,电子就通过隧道效应而溢出器件,使器件无法工作。

10.2.5 库仑堵塞效应

当器件的结构尺寸处于纳米级时,器件将工作在量子状态,电子在器件内的流动不再是连续的。此时,欧姆定律不再适用。

所谓库仑堵塞,指的是在纳米体系中,由于能级分立和势垒的存在,当有电流通过时,在一定条件下出现电流中断的现象。换句话说,就是该体系的充电和放电过程是不连续的,是量子化的。此时,充入一个电子所需的能量为库仑堵塞能,它是电子在进入或离开体系中时前一个电子对后一个电子的库仑排斥能。所以说,对一个纳米体系的充放电过程,电子不能连续地集体传输,而是一个一个单电子的传输。由于库仑堵塞效应的存在,电流随电压的上升不再是直线关系,而是在 I-V 曲线上呈现锯齿形状的台阶。

如果两个纳米金属粒子通过一个隧道结(极小的间隙或极薄的绝缘层)连接起来,单个电子从一个纳米金属粒子穿过隧道的势垒(隧道结)到另一个纳米金属粒子的过程称为量子隧穿。为了使单个电子从一个纳米金属粒子隧穿到另一个纳米金属粒子,这个电子的能量必须克服电子的库仑堵塞能。这种过程就是单电子隧道效应,如图 10.5 所示。

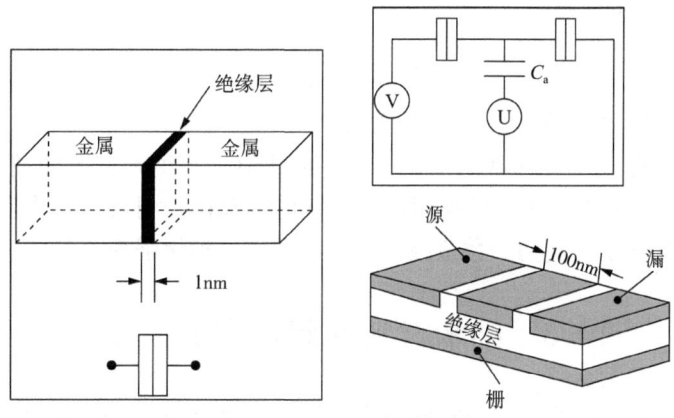

图 10.5 单电子器件原理图

基于该效应,当器件的开关特性由增减单个电子或电子只能逐个通过时,这就是所谓的单电子器件。通常,晶体管工作时需要 10 万个电子的流过,而单电子晶体管只需要一个电子就够了,因此,它的体积可以缩小至 1%,所需电力可以减少到十万分之一,功耗大大降低了。2001 年日本的科学家松本和彦就率先在实验室里研制成功了单电子晶体管,该晶体管中使用的硅和二氧化钛材料的结构尺寸都达到了 10nm 左右的尺度,如图 10.6 所示。

近年来,基于库仑堵塞效应和单电子隧道效应的纳米单电子晶体管和纳米单电子存储器等器件的开发已经取得了很大的进展,它们在未来的纳米电子学领域将占有举足轻重的地位。

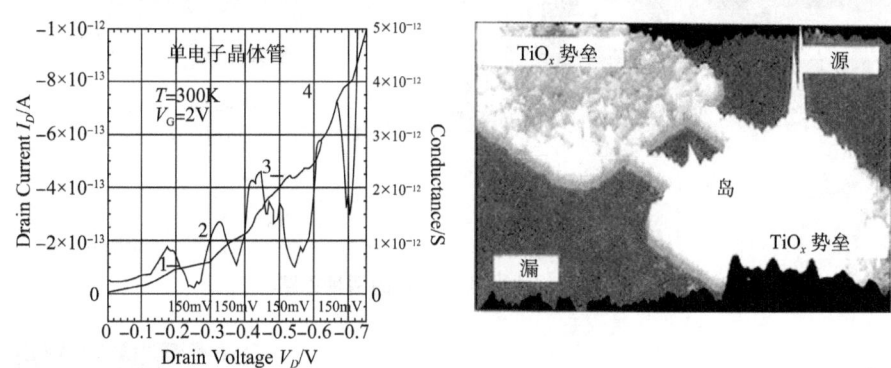

图 10.6 单电子晶体管结构和性能

10.2.6 介电限域效应

介电限域现象指的是纳米微粒分散在异质介质中由于界面引起的体系介电增强的现象。当介质的折射率与微粒的折射率相差很大时,产生了折射率边界,这就导致微粒表面和内部的场强比入射场强明显增加,这种局域场的增强称为介电限域。一般来说,过渡族金属氧化物和半导体微粒都可能产生介电限域效应。纳米微粒的介电限域对光吸收、光化学、光学非线性等都有重要的影响。因此,在分析这一材料光学现象的时候,既要考虑量子尺寸效应,又要考虑介电限域效应。下面从布拉斯(Brus)公式分析介电限域对光吸收带边移动(蓝移、红移)的影响。

$$E(r)=E_g(r=\infty)+h^2\pi^2/2\mu r^2-1.786e^2/\varepsilon r-0.248E_{Ry} \tag{10.2.9}$$

式中,$E(r)$为纳米微粒的吸收带隙;第一项$E_g(r=\infty)$为相体的带隙,r为粒子半径;第二项为量子限域能(蓝移),第三项表明,介电限域效应导致介电常量 ε 增加,同样引起红移;第四项为有效里德伯能。μ 为粒子的折合质量,且有

$$\mu=\left[\frac{1}{m_e^{-1}}+\frac{1}{m_h^+}\right]^{-1} \tag{10.2.10}$$

式中,m_e^{-1} 和 m_h^+ 分别为电子和空穴的有效质量。

过渡族金属氧化物,如 Fe_2O_3,Co_2O_3,Cr_2O_3 和 Mn_2O_3 等纳米粒子分散在十二烷基苯磺酸钠(DBS)中出现了光学三阶非线性增强响应。Fe_2O_3 纳米粒子测量结果表明,三阶非线性系数 $\chi^{(3)}$ 达到 $90m^2/V^2$,比在水中高两个数量级。这种三阶非线性增强现象归结于介电限域效应。

10.3 纳米材料的制备和加工技术

纳米材料乃至纳米器件的加工和制备的研究虽然较多,但还未能够形成体系。目前主要有两种可能的方式,如图10.7所示。一种是将现有的电子器件、集成电路进一步向微型化延伸,研究开发更小线宽的加工技术来加工尺寸更小的电子器件,即所谓的"由上到下"的方式。另一种方式是利用先进的纳米技术与纳米结构的量子效应直接构成全新的量子器件和量子结构体系,即所谓的"由下到上"的方式,如图10.8所示。

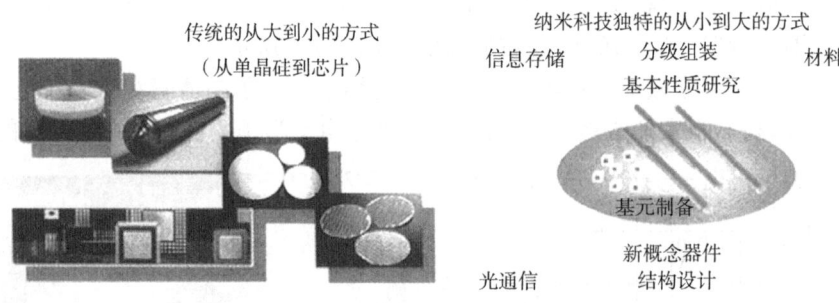

图 10.7 纳米结构制备的两种思路

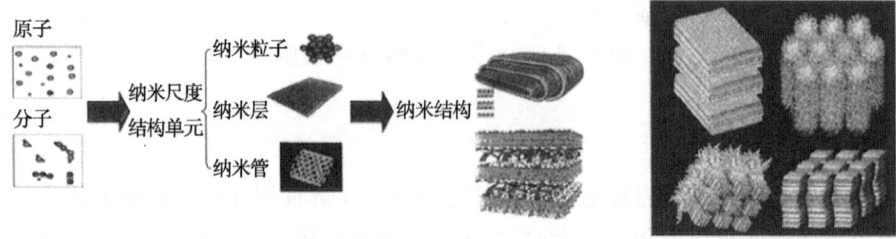

图 10.8 从原子、分子组装成纳米结构

纳米电子器件"由上到下"的制备方式主要是指光学光刻、电子束光刻和离子束光刻等技术。而"由下到上"的制备方法则包括金属有机化学汽相沉积(MOCVD)、分子束外延(MBE)、原子层外延(AEE)、化学束外延(BE)等外延技术、扫描探针显微镜(SPM)技术、分子自组装合成技术以及特种超微细加工技术等。下文就主要的几种方法进行描述。

10.3.1 分子束外延(MBE)

分子束外延(MBE),是在真空蒸发的基础上于20世纪60年代发展起来的一种超薄层精细控制的薄膜外延技术。

MBE的基本原理如图10.9所示,在超高真空系统中相对地放置衬底和几个分子束源炉(喷射炉)。将组成化合物的各种元素(如Ga、As)和掺杂剂元素(如Si、Be)等分别放入不同的源炉内,加热源炉使它们以一定的速度和按一定的束流强度比例喷射到加热的衬底表面上,最终与表面相互作用进行单晶薄膜的外延生长。各喷射炉前的挡板用来改变外延膜的组分和掺杂。根据设定的程序开关挡板、改变炉温和控制生长时间,则可生长出不同厚度的化合物或不同组分比的三元、四元固溶体以及它们的异质结,从而制备出各种超薄微结构材料。

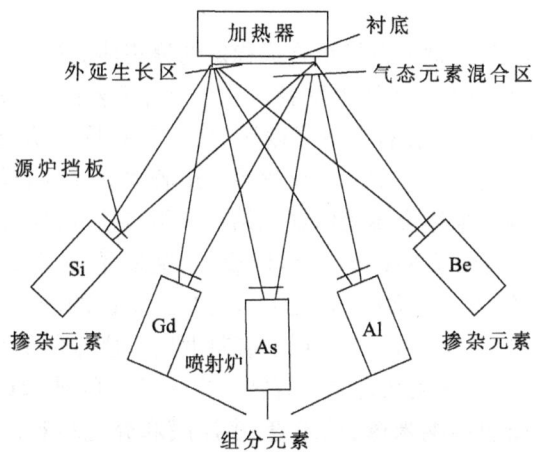

图10.9 MEB生长示意图(以AlGaAs材料为例)

由于生长是在超高真空条件下进行的,所以该方法具有生长速率慢($0.1\sim 1\mu m/h$)、生长温度低(GaAs为$500\sim 600°C$)和扩散效应小等特点,可以精确控制外延层的厚度、组分和掺杂分布,在合适的生长条件下MBE外延的表面和界面可达原子级的平整度。结合适当的掩模、激光诱导等技术,还可实现二维和三维图形结构的外延生长。此外,还可利用高能电子衍射仪(RHEED)等分析手段在生长过程中研究外延表面的结构和生长机理。

目前,采用外延生长最常见的纳米集成电路用硅基半导体材料有绝缘体上硅(SOI)材料和锗硅(SiGe)异质材料。

10.3.2 化学气相淀积(CVD)

另一种常用的外延生长技术是化学气相淀积(CVD)法,其原理如图10.10所示。含有被镀物质的蒸气被载气(如Ar,H_2)携带,进入反应室。基片处于高温,蒸气在高温下被分解,还原出被镀的物质,淀积在基片上,形成薄膜。

它是一种在相对低的温度下,完整性好和(或)高纯晶态的薄膜外延方法,特别是利用该法较

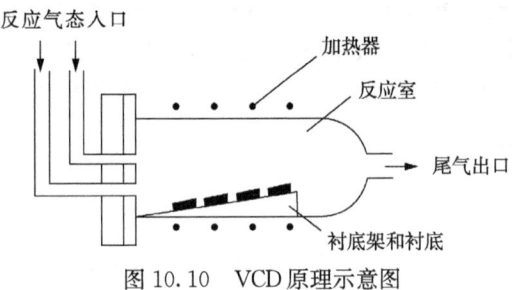

图 10.10 VCD 原理示意图

易做到在较广范围内准确控制薄膜的化学成分和结构。使化学反应激活的方法很多,包括加热、高频电压、激光、X 射线、等离子体、电子碰撞和催化等。近年利用等离子体裂解反应物前驱体的 CVD 工艺(PECVD)可以大大降低衬底温度,也成功应用于金刚石膜、光学 Al_2O_3 膜等的制备中。

由于分子平均自由程很短,在容器中不是做直线运动的,因此 CVD 法可在形状复杂的物体表面镀膜。此外,CVD 法镀膜时淀积速率很高,可在薄带上连续镀膜。CVD 在半导体薄膜工艺中已得到广泛的应用。

除上述两种方法以外,金属有机化学气相沉积(MOCVD)、原子层外延(AEE)、化学束外延(BE)等外延技术也能够满足设计精度要求,如外延层组分、厚度、掺杂浓度和电学均匀性等,故可用于生长高质量的超晶格量子阱材料。

10.3.3 自组装合成技术

自组装是依赖分子间非共价键力自发结合成稳定的聚集体的过程。自从 20 世纪 80 年代提出分子器件的概念至今,人们已从 LB 技术发展到了分子自组装技术,从双液态隔膜(BLM)技术发展到了 SBLM 技术,已在分子组装有序分子薄膜、加工具有特定功能的分子聚集体方面取得了丰硕的成果。如美国马塞诸塞州技术大学化学系采用胶体晶体的自组装技术合成 CdSe 纳米晶三维量子点;Alivisatos 等人采用金属胶体纳米结构自组装技术,通过 Watson-Crick 的碱基配对作用把 Au 纳米粒子自组装到 DNA 分子上,形成了"纳米晶分子";Yang 等人采用多孔纳米结构自组装技术将正硅酸乙酯(TEOS)与氯代十六烷基三甲镀的酸性水溶液混合,然后让其在新鲜解理云母表面上于 80℃下成核生长,得到了取向生长连续的介孔 SiO_2 薄膜等。

近年来,分子自组装技术还被用来合成具有特定电子特性的纳米结构材料。这些采用分子自组装合成的纳米结构主要包括纳米棒、纳米管、多层膜和介孔材料。如用 β-和 γ-环糊精通过二苯基己三烯连接成功地合成了长 20～35nm,直径为 2nm 的纳米管;美国伊利诺伊大学成功地合成了蘑菇形状的高分子聚集体,并以此为结构单元,自组装了具有纳米结构的超分子多层膜等。

10.3.4 SPM 加工技术

自从 1982 年第一台扫描隧道显微镜(STM)诞生,以及后来各种扫描探针显微镜发明以来,人类对微/纳观世界的认识翻开了新的一页。SPM 不仅可以进行高分辨率的三维成像和测量,还可对材料的不同性质进行研究。因此,它已不仅是一种微观测量分析的工具,而且是一种重要的微观加工与操纵工具。

利用 SPM 探针直接在样品表面刻画形成纳米图案或拨动颗粒至指定地方,构造特定的纳米电子器件/结构。此技术一般需要选择特殊的 SPM 探针,探针针尖一般是坚硬的金刚石颗粒,探针悬臂梁需要具有高弹性模量的材料,通常达到 20N/m。目前,利用 STM 技术,不仅可以在电场蒸发作用下从硅表面上移走单个 Si 原子,将它放置在表面的任何位置。也可将这个 Si 原子放入表面的单原子缺陷中去,从而实现原子修饰等功能。图 10.11 为 1990 年美国国际商用机器公司在镍表面用 36 个氙原子排出"IBM"图形。

另一种方式则是使用扫描探针技术与其他技术相结合,可操纵控制分子和原子、加工出纳米级尺度的微型机构,甚至可以用来设计、制造、组装新型的量子器件和设备。近年来,科学家在这方面取得不少重要成果,已设计出单电子开关、单电子晶体管、单电子逻辑器、碳纳米管整流器、分子开关、化学分子马达及用 AFM 加工出纳米锁和纳米钥匙等。

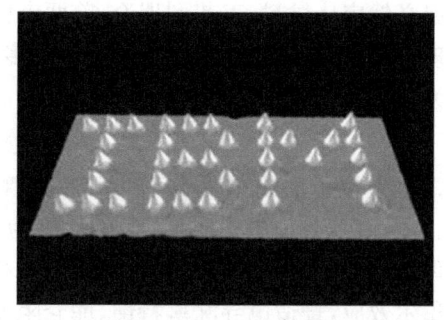

图 10.11 在镍表面用 36 个氙原子排出"IBM"图形

还有一些特殊的超微细加工技术,可用于加工、制备纳米电子器件。它们包括机械控制裂隙连接电极技术制备 Au 原子线;纳米碳管构建 FET;以 DNA 分子、纳米碳管、介孔材料为模板,制备量子线以及超精密复合加工、电解射流加工、电火花加工,电化学加工技术等。

10.3.5 光刻技术

通过掩模、曝光等工艺将设计的器件图形结构转移到半导体基片上的 IC 加工技术即称为光刻,一般分为光学光刻、电子束光刻与离子束光刻技三种。随着光刻技术线宽的不断减小,光刻技术已在纳米 CMOS 器件、纳米集成电路等加工领域表现出了很好的应用前景。

其中,电子束光刻(EBL)是采用高能电子束对光刻胶进行曝光而获得结构图形的光刻技术。鉴于电子束的德布罗意波长为 0.004nm 左右,远小于光刻技术的波长,因此,电子束光刻几乎不受衍射极限的影响,便可获得接近原子尺度的分辨率。现在,EBL 不但成为 VLSI 制作中不可缺少的掩模制作工具,同时,也成为加工纳米器件和纳米结构的主要方法。

离子束光刻是采用液态原子或气态原子电离后形成的离子通过电磁场加速及电磁透镜的聚焦或准直后对光刻胶进行曝光的光刻技术。其原理与电子束光刻类似,但德布罗意波长更短,且具有无邻近效应小、曝光场大等优点。

除上述的方法外,还有所谓"自下而上"的制备技术来生长纳米半导体材料,主要有:在图形化衬底和不同取向晶面上选择外延生长技术。如利用不同晶面生长速度不同的 V 型槽生长技术,解理面再生长技术。高指数面生长技术;在纳米碳管中,通过物理或化学方法制备量子点(线)技术等。

10.4 纳米电子学

10.4.1 从微电子到纳电子

随着集成电路集成度的不断提高,特征尺寸的不断下降,微电子遇到了越来越多的瓶颈。比如按比例缩小需要面临短沟道效应引起亚阈特性的变坏,热载流子效应不可忽略,源漏寄生串联电阻必须考虑等问题。同时,MOS 晶体管的栅氧化层厚度和沟道长度一起按比例缩小,除了工艺技术的限制,还存在氧化层的击穿和可靠性、薄氧化层的隧穿电流对器件和电路性能的影响、多晶硅栅的耗尽和反型层电容引起的器件性能退化等问题。特别是器件尺寸不断下降后,必须考虑量子效应的影响。这就不得不将我们从微电子领域带入纳米电子领域。

回顾微电子器件的发展,从材料到工艺,再到理论,是一个完整的体系。所以,纳米电子器件的发展必然应从材料、工艺到理论,前两者已经在10.1—10.3中进行了介绍,本节就主要从量子统计理论出发,来认识纳米电子器件中的多种物理特性。材料中自由粒子的德布罗意波波长可表示为

$$\lambda = 2\pi(h^2/2m^*E)^{\frac{1}{2}} \quad (10.4.1)$$

式中,m^*为粒子的有效质量,E为能量,对于半导体接近导带底的电子,$E<100\text{meV}$,$m^*<0.1m_0$(m_0表示自由电子质量),λ的量级为$10\sim100\text{nm}$,这正是纳米功能器件的物理长度,在纳米物理长度内,出现的主要新效应有:量子相干效应,A-B效应,即弹性散射不破坏电子相干性,量子霍尔效应,普适电导涨落特性,库仑阻塞效应,海森堡不确定效应等。

10.4.2 量子电导

按经典电磁场理论的德鲁特理论,电流密度决定于局域速度分布,所以金属的电导率可表示为

$$\sigma = ne^2\tau/m^* \quad (10.4.2)$$

式中,n为电子密度,在二维条件下可表示为$n=k_F^2/\pi$,τ为平均弛豫时间,在满足量子效应的条件下可表示为$\tau=m^*l/k_F h$,m^*为有效质量,代入式(10.4.2),得

$$\sigma = (e^2/h) \cdot 2k_F l \quad (10.4.3)$$

即满足量子条件的电导率是(e^2/h)因子的函数,在单电子输运情况中,此因子为量子化的台阶值。1957年在IBM公司工作的R.Landauer给出一种更进一步的说法:电导是在保持不同费米能级的电子库间的电子跃迁。对于一维体系,考虑电子的自洽屏蔽作用之后,导出电导率与跃迁几率之间关系的公式为

$$\sigma = (e^2/h) \cdot CT/(1-T) \quad (10.4.4)$$

式中,C为与系统结构和特征有关的常数,T为电子的穿透几率。从这个理论给出的公式中可以得到无限大的电导,即$T=1$,电阻为0。这是没有杂质散射,跃迁几率为1的情况。该公式比较严格地给出了纳米电子器件中,电导率量子化的特征,它是量子点接触和单电子器件的理论基础。

10.4.3 电子的弹道输运

当电子的平均自由程比体系的尺度小很多时,主要受到杂质散射,此时电子的输运以扩散方式为主。但是,当电子的弹性散射的平均自由程和体系的尺度相当时,杂质散射一般可以忽略,则电子以弹道输运为主。

根据Landauer理论,可知

$$\sigma = Te^2/h \quad (10.4.5)$$

式中,T为透射几率。

弹道输运最初研究用于半导体异质结的二维电子气中,该部分在化合物半导体中已有描述。对于纳米电子器件来说,在二维的方向上,其宽度与电子波长可比拟,使得单个二维亚能带进一步分裂为一系列的一维子能带,从而电子被限制在一维方向运动。这类器件就称为电子波导,器件中电荷输运属于一维弹道。目前,对碳纳米管这种准一维体系的弹道输运特性已有研究。

10.4.4 量子相干效应

当系统的物理尺度小于相干长度时,电子输运过程可能经历很多次弹性散射,其量子相干特

性显著,主要有 A-B 效应、AAS 效应、普适电导涨落等。图 10.12 示出了金属圆环中存在散射时电子被量子相干效应的三种典型路径。其中路径 a(实线)对应 AAS 效应,路径 b(实箭头短划线)对应 A-B 效应,路径 c'、c''(空箭头点画线)之间的相干对应普适电导涨落。

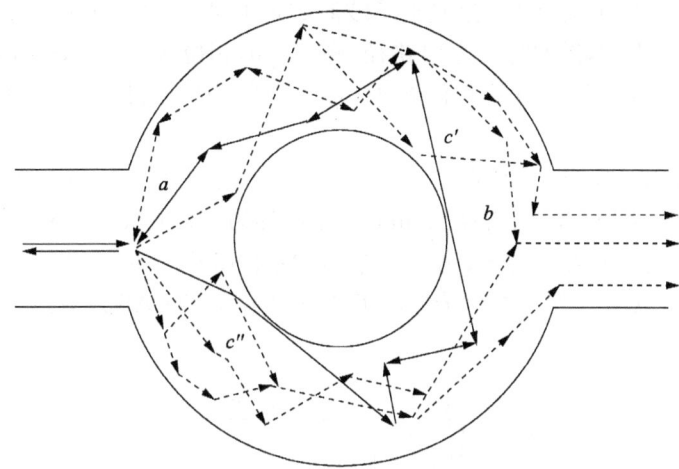

图 10.12　金属环中存在散射时电子渡量子相干效应的三种典型路径

1. A-B 效应

Dingle 首先观测到了小环自由电子系统的磁场相关的振荡行为,穿过系统的磁通量子 $\Phi_0 = h/e$。之后 Aharonov 和 Bohm 研究了电磁场矢势 A 的物理意义。电子在磁场中沿路径 L 运动时获得附加相位

$$\varphi = (e/\hbar)\int_L \boldsymbol{A} \cdot \mathrm{d}\boldsymbol{L} \tag{10.4.6}$$

当电子围绕一个磁通的路径 $a_\pm$ 运动(即图 10.12 路径 b,加、减号角标分别代表环绕磁通的方向为顺时针和逆时针),获得相位附加为

$$\varphi = \oint_{a_\pm} (e/\hbar)\boldsymbol{A} \cdot \mathrm{d}\boldsymbol{L} = \pm\frac{e}{\hbar}\Phi = \pm 2\pi\Phi(e/\hbar) \tag{10.4.7}$$

式中,Φ 为环路所包围的磁通。如果一束相干电子被分开为两束,包围一定磁通,再重新组合成一束时,无论在路径上有无磁场存在,其叠加后将出现振幅随磁通量变化的振荡,振荡周期为磁通量子 $\Phi_0 = h/e$(即 Φ/Φ_0 为整数)。Aharonov 和 Bohm 的研究结果后来被实验所证实,称为 A-B 效应。这些实验的电子路径不仅是在真空中的,也包括在存在一定程度的无序固体中的。在实际固体系统中,总存在杂质、缺陷和表面粗糙,经研究发现弹性散射过程保留了相位记忆,只有非弹性散射才破坏相干效应。所以 A-B 效应反映了在非弹性散射自由程内电子的量子干涉行为。更有意义的是它证明了磁矢势 A 是个实在的物理量,以磁通量子 $\Phi_0 = h/e$ 为单位,磁矢势 A 的电子运动路径积分为相位改变,而不只是数学上因计算方便所引入的量。

2. AAS 效应

在观测 A-B 效应的实验中,人们发现其傅里叶谱上除 h/e 峰外,还有 $h/2e$ 峰。这个以 $h/2e$ 峰所表明的特征,称为 AAS 效应。

对于非理想的薄壁小圆柱样品,其电导随穿过中空区的磁通 Φ 作周期振荡,其周期的理论计算结果为 $h/2e$。这种周期振荡与相干背散射有关。其物理图像是这样的,当电子波被初始散

射体散射后,两个分波分别沿顺时针和逆时针路径传播,也就是沿着互为反演的路径传播,见图10.12 中的路径 a。尽管每次散射,振幅可能有所削弱,但对于散射体 n,弹性散射过程"→n→"和逆过程"←n←"的振幅和相位的变化应该是相同的。结果,两个分波在回到初始散射体时振幅和相位相同,因而发生相位干涉。这是电子波局域化倾向的表现,导致了样品电导的降低。当磁通 Φ 由环形路径包围时,沿顺时针方向路径,磁矢势的相位改变为 $-\varphi$,而逆时针方向相位改变为 φ。两个波在初始点相遇时的相位差为 2φ 于是所产生干涉的相应周期为 $h/2e$,而不是 h/e。

后来 AAS 效应被实验进一步证实。图 10.13 给出了韦伯(Webb)等人测试的结果,以 10mK 温度,线宽 40nm、厚 38nm、直径 820nm 的金圆环为例。曲线 a 为磁致电阻随磁场变化呈现明显的周期振荡,曲线 b 为傅里叶变换谱,其中出现在 $130T^{-1}$ 和 $260T^{-1}$ 的峰分别对应 h/e 和 $h/2e$ 的周期。证实了无序结构存在时传导电子的 A-B 效应和 AAS 效应。

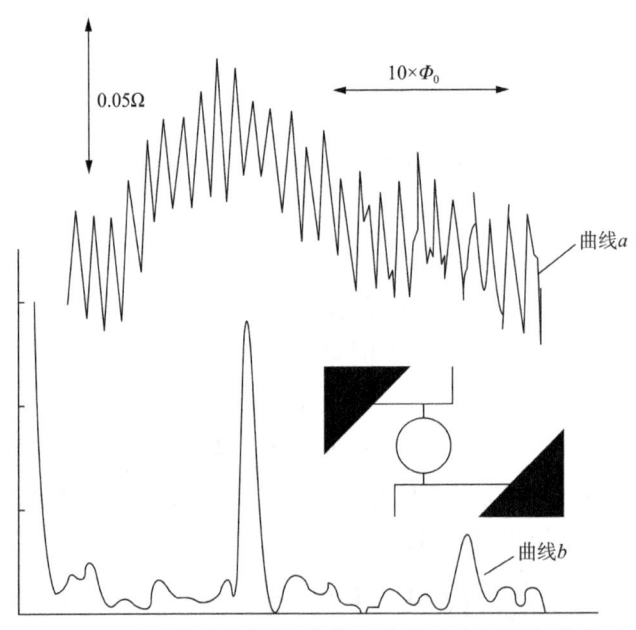

图 10.13　金环的磁致电阻(曲线 a)及傅里叶变换谱(曲线 b)

3. 普适电导涨落

在低温下,材料的导电(或其他输运)过程主要是费米表面的载流子参与。材料中的杂质为散射势场的中心,载流子围绕它运动。

由于栅极的电势,或者由于所加磁场变化都会引起费米能的变化,载流子可能经过不同的路径绕道杂质。在这些路径上费米能略有差异。在一个固定的费米能表面载流子运动的轨迹标为 A,另一个费米能有所不同路径标为 B。通过两个轨迹载流子相位的变化等价于通过 A-B 环的两个臂的情况,在这样的过程中可以产生数量级为 e^2/h 的电导变化。Stone 证明这种量子涨落是介观系统中相当普通的现象。而且这些涨落是与时间无关的。也就是说,涨落的产生与费米能级的变化相关,在时间上是相当稳定的。涨落与散射中心在样品中精确位置分布有关。所以不同的样品有不同的涨落。因而这种涨落可以作为介观导体样品的"指纹"。只要样品保持进低温,测量就可以进行,且测量的结果是完全可以重复的,加热样品,杂质将弛豫而重新分布。与加热前相比,杂质构型有所改变。再冷却以后,测量的涨落谱就会有所变化。

介观样品中的这种电导涨落具有以下三个特征。

① 这种涨落是与时间无关的非周期涨落。由于热噪声与时间有关,因此这种涨落不是热噪声。

② 涨落特性是样品所独有的,对于给定的样品,在宏观条件不变的情况下,涨落图样是可重现的。因此这种涨落被称为介观样品的"指纹"。

③ 电导涨落幅值的数量级是 e^2/h,是一个普适量,与样品特性(材料、尺度、无序程度、电导平均值等)无关。只要样品是介观的,并处于正常导电区域,就会产生电导涨落。理论研究还表明,电导涨落的幅值与样品的形状及空间维数只有微弱的依赖关系。由于电导涨落的幅值具有这一普适特性,故称为普适电导涨落。

10.4.5 量子霍尔效应

前面在 3.1.4 节提到了半导体材料在磁场中的霍尔效应。可以看到,无论是改变磁感应强度 B 或是改变载流子密度,霍尔电阻率 ρ_{xy} 都是连续变化的。1980 年,德国物理学家柯林鑫(K. V. Klitzing)等在低温及强磁场的条件下,测量 MOS 反型层中的二维电子气的霍尔电导率时,发现在恒定磁场下,随电子密度 n 的变化并非是连续的,而是按照量子化形式变化的

$$\sigma_{xy} = \frac{e^2 i}{h} (i=1,2,3,\cdots) \tag{10.4.8}$$

后来,崔琦等在对 GaAs/AlGaAs 异质结量子阱中的二维电子气进行测量时,同样也观察到了该现象。图 10.14 给出了实验的结果。如果二维电子气的密度 n 保持不变,观察电阻率随磁场的变化情况。图 10.14(a)为霍尔电阻 R_{xy} 随 B 的变化情况,可以看出磁阻 R_{xy} 是按照上式作阶梯式变化;图 10.14(b)为霍尔电阻 R_{xy} 出现平台时,磁阻 R_{xx} 相应的趋近于零。

下面进行简要的理论分析。在磁场中时,由 2-DEG 中电子运动的 Langevin 方程,可求得霍尔电导率

$$\sigma_H = \sigma_{xy} = -\frac{n_s e}{B} \tag{10.4.9}$$

在恒定磁场 B 的作用下,自由运动的哈密顿算符为

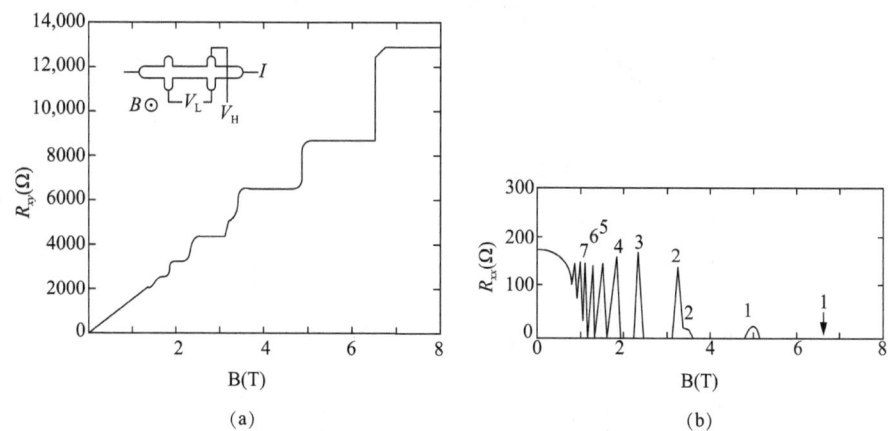

图 10.14 GaAs/AlGaAs 量子阱中 2-DEG 的整数量子霍尔效应

$$H_0 = \frac{1}{2m}\left(p + \frac{e}{c}A\right)^2 \tag{10.4.10}$$

式中，A为磁矢势，如果磁场方向与z轴平行，求解该方程可得到电子能量的本征值为

$$E = \varepsilon_n + \frac{\hbar^2 k_z^2}{2m} = \left(n + \frac{1}{2}\right)\hbar\omega_0 + \frac{\hbar^2 k_z^2}{2m}, n = 0, 1, 2, \cdots \quad (10.4.11)$$

式中，$\omega_0 = eB/mc$。这表明，电子在垂直磁场平面内的圆周运动对应一种简谐运动，以ω_0为圆频率，能量是量子化的，这些量子化的能级称为朗道能级。

对于2-DEG系统，没有磁场时，在x-y平面具有连续能量$E=(k_x^2+k_y^2)/2m$，在垂直磁场作用下，这以能带分裂成一系列间隔为$\hbar\omega_0$的朗道分立能级。每一个朗道能级包含的量子态的数目等于原来间隔的连续态能级的总数。朗道能级可容纳电子的面密度可表示为

$$n_l = \frac{1}{2\pi}\frac{eB}{\hbar} \quad (10.4.12)$$

若2-DEG的面密度为n_s，定义

$$\nu = n_s/n_l = \frac{2\pi\hbar n_s}{eB} \quad (10.4.13)$$

式中，v称为朗道能级的填充因子。

由上述式(10.4.8)，式(10.4.12)~式(10.4.13)等式可以得出，2-DEG系统的电子密度$n_s = ieB/h$，相当于填充因子v为整数，表明整数量子霍尔效应是朗道能级被填满的情况。出现电导平台，即B或n_s变化时，在一定的范围内，电导保持不变。可以认为是与界面存在无序有关。无序使得每个朗道能级展宽为窄能带，窄能带的上下边形成局域态，中间为扩展态。当电子填满朗道能级i-1后，多出的电子会首先填充i能带的局域态，由于局域态电子对输运没有贡献，因此电导仍不变。当电子填满i能带的局域态之后，会继续填充扩展态，使电导再增加，当填充到高边局域态时，电导又保持不变。这样就出现了一系列电导平台。因此量子霍耳效应是与因无序而存在的局域态相关，而与材料无关。

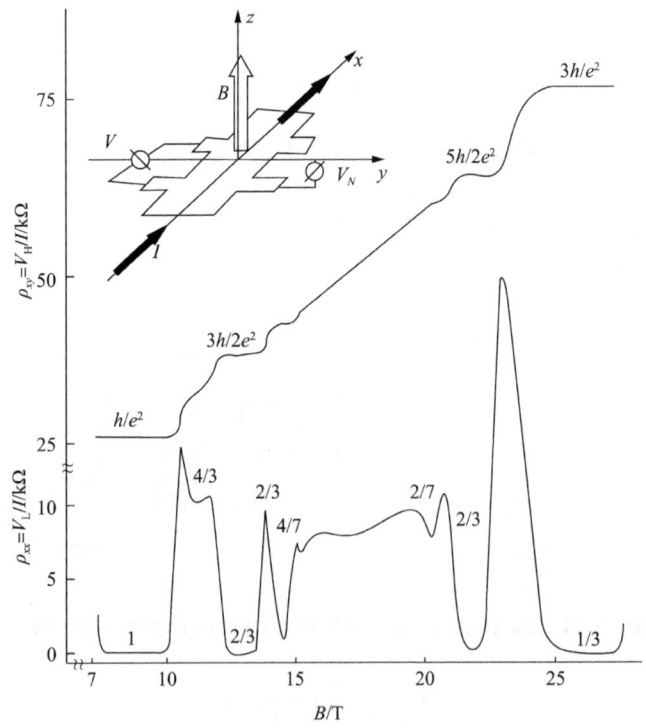

图10.15　GaAs/AlGaAs量子阱中2-DEG的分数量子霍尔效应

在发现整数型量子霍尔效应之后不久,崔琦等又发现了分数型量子霍尔效应,即在更强的磁场条件下,式(10.4.8)中的 i 不仅可以是一系列整数,也可以是一些分数,如 1/3,2/3,2/7,5/9,8/3…,这些分数的一个特点是它们的分母都是奇数。图 10.15 为其测量结果。从图中可看出,在 R_{xy} 的平台处,R_{xx} 也降为零。

对于整数型量子霍尔效应和分数型量子霍尔效应,从现象上看,似乎十分近似。但引起这两种现象的物理原因却截然不同。前者可以用单粒子理论进行解释。后者则须采用多体理论进行解释。

10.5 纳米电子器件

纳米电子器件主要有两类:一是固态纳电子器件,主要包括量子点(QD)器件、谐振隧穿器件(RTD)、单电子晶体管(SET)和单电子存储器(SEM)等;二是分子器件,主要包括量子效应分子器件和电机械分子电子器件。也可以简单划分为电子波器件和单电子器件。本节主要对共振隧穿器件、单电子器件以及纳米 CMOS 器件进行介绍和讨论。

10.5.1 共振隧穿器件

共振隧穿器件是一类利用量子力学量子隧道效应来工作的器件,包括谐振隧穿二极管(RTD)和谐振隧穿晶体管(RTT)。

1. 谐振隧穿二极管(RTD)

谐振隧穿二极管(RTD)就是在半导体二极管结构中加入双势垒谐振结构而形成的一种半导体器件,是半导体纳米结构中基于量子效应的最简单的一种器件。其能带结构如图 10.16 所示,除了两个隧穿势垒区为禁带宽度较大,与邻近层的半导体相比,其导带的偏移量较大的材料,如 AlGaAs;其余的接触层均为禁带宽度较小的半导体,如 GaAs。被限制在两个势垒区之间的量子阱层为禁带宽度较小的半导体材料。RTD 在高速电路中具有很大的应用潜力。

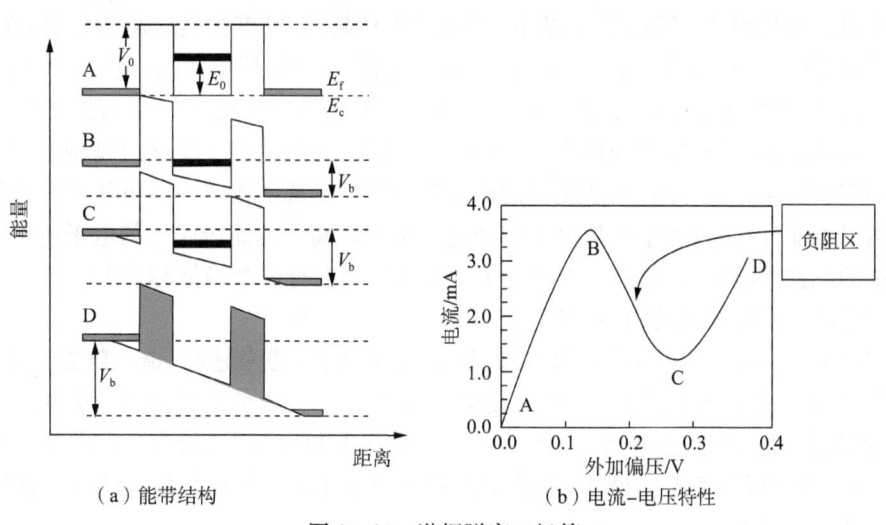

（a）能带结构　　（b）电流-电压特性

图 10.16 谐振隧穿二极管

其工作原理如下:当施加一个小电压时,(情形 A,图 10.16(a)),能量接近费米能级的电子的穿透几率非常小,因此,流过器件的电流也就非常小。当处于 B 点时,当费米能级与电子的准束缚态能级持平时,流过器件的电流最大,这是因为此时隧穿几率达到了 1,继续增加外加偏压,导致能带结构如 C 所示,此时,随着外加偏压的增加,电流不断减小。施加一个很大的偏压会导致一个很强的热电子发射电流,因此电流又继续增加,如图中 D 点所示。典型的电流电压特性曲线见图 10.16(b)所示。器件的负阻区特性引人注意,这一区域可用做高速低功耗数字器件,同样也可用作微波器件。

RTD 的基本结构是双势垒-量子阱(如图 10.16(a))。这种结构可以由不同的方法来形成;如可在 2-DEG 衬底材料上覆以栅极并加上负电压来形成。该栅电压可控制势垒的高度,这也就是该结构的优点(能灵活控制势垒高度);也可由多个异质结来形成,但这时的势垒高度完全由材料决定,工作时不能变化。对于 $GaAs/Al_xGa_{1-x}As$ 异质结构,其势垒高度为 100meV 数量级。

RTD 的工作是基于双势垒-量子阱结构的量子力学性质:

① 势阱中存在电子的分离的束缚态能级 E_i(对于半导体材料,应当是分离的子能带)。

② 若势垒外侧的电子能量与某个 E_i 相一致,则在势阱中有较高的出现几率;出现在势阱中的电子将以速度 $v=\hbar k/m^*$ 来回振荡,振荡周期 $=2L/v$。

③ 虽然电子穿过单个势垒的几率很小,但是对双势垒而言,只要从一边入射的电子能量与某个准束缚态能级 E_i 一致,则穿透整个双势垒-量子阱结构的几率几乎可以达到 100%。即可实现谐振隧穿现象。

根据量子力学,可求出这种双势垒-量子阱结构的谐振隧穿几率。对于势阱宽度为 d、势垒高度为 V 的简单方势阱,能量为 E 的电子隧穿几率为

$$T=\{1+(1/4)([(E-V)/E]^{1/2}-[E/(E-V)]^{1/2})^2\sin(E^{1/2}d)\}^{-1} \tag{10.5.1}$$

则最大和最小的隧穿几率分别为

$$T_{max}=\{1+(1/4)([(E-V)/E]^{1/2}-[E/(E-V)]^{1/2})^2\cdot 0\}^{-1}=1 \tag{10.5.2}$$

$$T_{min}=\{1+(1/4)([(E-V)/E]^{1/2}-[E/(E-V)]^{1/2})^2\cdot 1\}^{-1}$$
$$=\{1+(1/4)([(E-V)/E]^{1/2}-[E/(E-V)]^{1/2})^2\}^{-1} \tag{10.5.3}$$

可见,若方势阱-势垒是 $GaAs/Al_xGa_{1-x}As$ 异质结构,则随着 x 的增大,势垒高度 V 增大,隧穿几率的峰谷比也将增大;相反,若 x 越小,势垒高度 V 越低,则谐振效应越不显著;在极端情况下,$V=0$ 时,则隧穿几率总是等于 1,即无隧穿效应而言。当然,势垒越高,隧穿几率也越小。

RTD 的 I-V 特性存在有负阻(如图 10.16(b))。因为当电压使得发生谐振隧穿时,通过的电流很大,而逃离谐振时电流即变得很小,从而产生负阻;谷值电流主要来自过剩电路(包括经由势垒材料高能的隧穿过程和声子、杂质协助的隧穿过程所形成的电流);在电压高于谷值电压时,电流时热离子电流(由越过势垒的热电子和经过量子阱较高分离能级注入的电子所形成,类似隧道而激光中的热扩散电流)。此外,TRD 的 I-V 特性还存在有过个峰值和多个谷值的现象,这正好是对应于势阱中不同能级的谐振情况。

对于 $GaAs/Al_xGa_{1-x}As$ 异质结构的 RTD,组分 x 越大,势垒越高,谐振隧穿几率的峰谷比也越大,则 I-V 曲线的峰谷比亦越大,但是隧穿几率减小了,使电流有所降低。因此,在工艺设计中,为了获得较大的负阻效应,应该 x 越大越好;但是从 RTD 的驱动能力(电流)来考虑,x 应该越小越好,这二者要折中考虑。另外,再从工艺实践效果来看,若 x 太大,异质结的界面缺陷将大大增加。所以一般取 $x=0.3\sim 0.5$。

在微波电路中,IMPATT 二极管与耿氏二极管重要的器件。在输出功率为 0.2W 时,IMPATT 二极管的最高振荡频率可达 400GHz。而耿氏二极管在输出功率为 34mW 时,最高振

荡频率为193GHz。尽管耿氏二极管在最高频率方面比IMPATT二极管相差100GHz左右，但由于其具有很好的噪声特性，是IMPATT二极管的重要替代器件。与上述2种器件相比，RTD器件的工作频率更高。在输出功率为$0.3\mu W$时，InAs/AlSb RTD器件的最高频率可达712GHz。RTD器件最大输出功率的极限受器件的相对较高的阻抗制约。RTD器件的另一个特点是，易于与其他器件进行集成，如HEMT和HBT。因而对MMIC集成电路的设计非常具有吸引力。RTD器件的另一个应用是在数字电路中，它能构成非常紧凑的逻辑电路，减小电路中器件的数目。在表中，可以看到采用RTD实现的逻辑函数与其他方式，如TTL、CMOS及ECL技术的对比。

表10.1 用不同器件技术实现数字逻辑功能时，所需的有源器件的数目

逻辑功能	TTL	CMOS	ECL	RTD
双稳态XOR	33	16	11	4
9态存储器	24	24	24	5
NOR2+触发器	14	12	33	4
NAND2+触发器	14	12	33	4

由3个HBT器件和单个RTD器件构成的计数电路如图10.17(a)所示。由于采用多峰的RTD作为其负载，HBT晶体管Q1的输出特性如图10.17(b)所示。

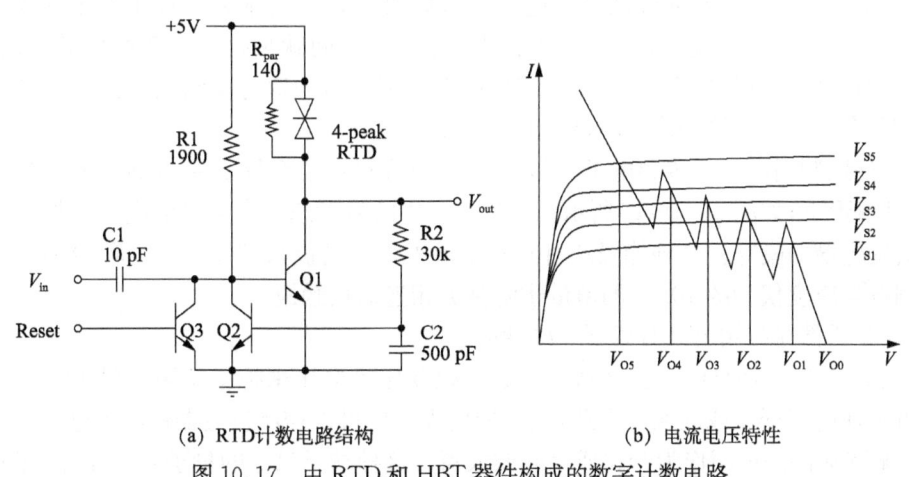

(a) RTD计数电路结构　　(b) 电流电压特性

图10.17　由RTD和HBT器件构成的数字计数电路

2. 谐振隧穿晶体管(RTT)

RTT就是将RTD作为一个基本的器件结构单元，用来替代双极型晶体管的结区或是FET晶体管中的电荷传输区。这些新的混合结构器件中包含一个RTD和一个晶体管，这些新器件具有一些新的特性，可用来搭建新的电路结构，从而达到极大降低电路复杂度。

在BJT晶体管中，注入基极的由少数载流子形成的集电极电流，是由基极电流来控制。而在MOSFET器件中，源漏电导是由栅极电压控制的。将谐振隧穿效应应用到晶体管可以用RTD原理的延伸来理解。考虑将RTD结构引入到BJT晶体管的发射极，并将该BJT晶体管连接成共发射极电路。集电极电流会随着V_{EC}的增大而增加，当足够大的时候，集电极电流会达到饱和。由于基极-发射极偏压V_{BE}控制谐振隧穿电流。如果发射极-集电极电压足够大，则集电极

电流 I_C 主要是注入双势垒结构的载流子浓度决定,因而 I_C 与 V_{BE} 之间的关系就表现出典型的 RTD 特征,如图 10.18(a)所示。图 10.18(b)给出了期望的 I_C-V_{CE} 特性,该特性与传统的 BJT 晶体管的特征曲线相似。但单调增加的基极-发射极电压导致了一个非单调增加的发射极电流,因而,就会出现正跨导区和负跨导区。谐振发射极电流与发射极-基极电压之间的这种尖锐的变化关系,为集电极电流的有效控制提供了基础。

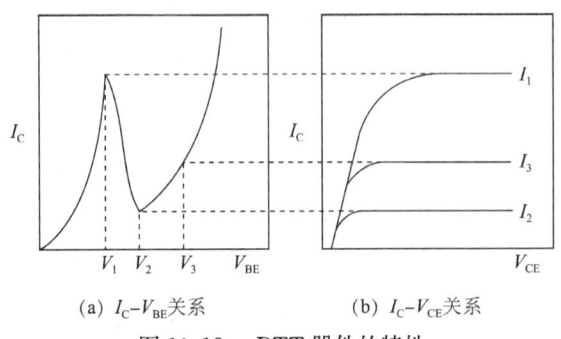

图 10.18　RTT 器件的特性

我们现在来考虑单极谐振隧穿晶体管。在这种器件中,量子阱基极应当处于导通状态,即在平衡时,至少在量子阱的最低能级上应当是被电子占据的。众所周知,电子会隧穿量子阱中最低的准束缚态。因而很容易理解,在这种情形下,无法区分哪种是导电电子,哪种是控制用电子,尽管在晶体管工作的时候需要进行区分。这一情形见图 10.19(a)所示。如果假定基极接触点 B 下面的区域与量子阱 QW 是导通的,在量子阱和集电极之间就只存在一个势垒了,这成为下部的能量示意图。位于发射极下面的区域,我们可以得到典型的双势垒结构,见上部的能量图,在这种情形下,有效的晶体管动作是不可能的。

为了区分控制用电子与传导电子,可以让电子隧穿过第二个量子阱,也即处在激发态的量子阱。在这种情形下,如图 10.19(b)所示。当量子阱中的激发态与发射极的电子占据态的能级持平时,便会发生谐振隧穿。这种能级的对齐是由量子阱的栅极来控制的。这种器件的主要问题是,很难制备与厚度仅为约 10nm 的薄量子阱基极相连的接触极。

谐振隧穿器件在应用上具有以下一些性能:

① 谐振隧穿器件都是电压控制器件。通过改变栅极电压来把量子阱相对于源的能级进行调整,使得实现电流开关或放大。因此,用小的栅极电压可以控制流过器件的大电流。

② 谐振隧穿器件可用作为开关或(和)放大器。这种纳米尺寸的量子效应器件,在开关性能上比 MOSFET 更为优越。

③ 谐振隧穿器件可实现多态逻辑功能。如果势阱中的能级被分离得足够宽,则当偏压(或栅极电压)增加时,势阱内的不同能级将会依次连续地与源导带发生谐振和非谐振,将出现电流的多次开和关,即出现多个状态;对 RTT,这种多态特征可通过改变栅极电压而获得。相对于 2 态的 MOSFET,若采用这种多态量子效应器件来实现某个逻辑功能的话,而要的器件数目要少,则同样功能的热耗散就少。利用多态量子效应器件的这种特点,可做成混合微电子-纳米电子器件。

混合微电子-纳米电子器件是利用了谐振隧穿器件的多态逻辑性能。在芯片的特征尺寸却没有明显地降低的条件下,混合微电子-纳米电子器件的电路系统的逻辑密度很高。因此,制作这种混合型三端 RTT 的电路,要比制作超小型复杂结构的单纯纳米 RTT 的电路更加容易些。故近年混合微电子-纳米电子器件受到了人们很大的关注。

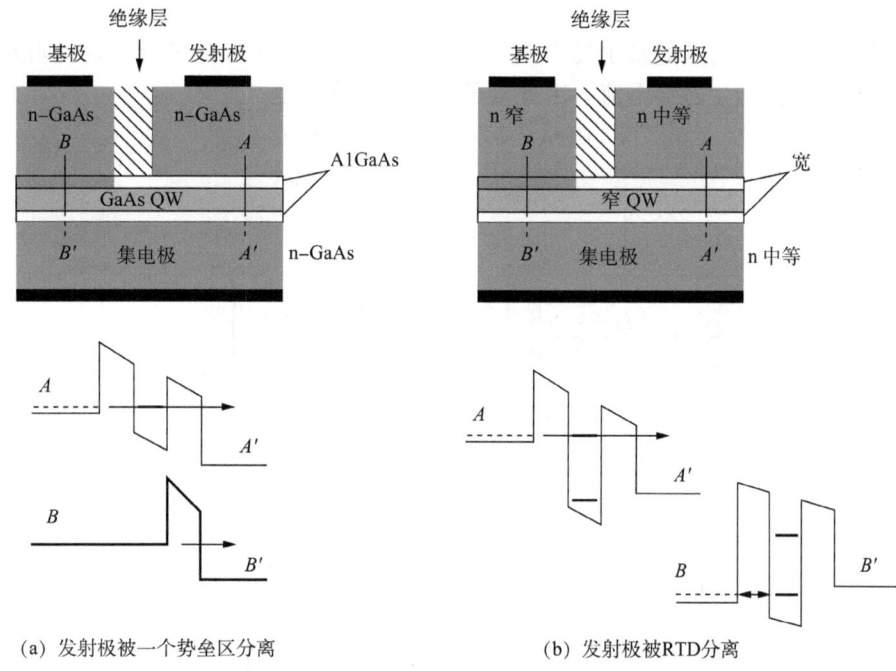

图 10.19 共集电极连接的单极 RTT 的工作原理

10.5.2 单电子器件

单电子器件(SED)由具有隧道结的量子点组成,能够对单个电子的运动进行有效的控制。它的工作原理主要建立在电子间库仑排斥的基础上,工作过程中所需的电子数目极少,因此与传统的 MOSFET 相比,能够制作原子量级的器件,并且具有极高的速度和极低的功耗等优良特性,有利于制作极大规模集成电路。

单电子晶体管(SET)首先由 Likharev K. K. 提出,被认为是 SED 中最有希望的成员之一。1994 年日本学者首先研制出低温下工作的 SET,不久又研制出可在 150K 下工作的 SET,现在已经研制出了可在室温下工作的 SET 及其存储器,存储器的容量已经达到 160Gbit。

单电子晶体管主要基于纳米隧道结的库仑阻塞效应来工作。它是一个栅控串联双隧穿结三端开关器件,电子将一个接一个地从源端转移到漏端。SET 的结构与 MOSFET 的结构几乎相同,它采用隧穿结代替 MOSFET 的 PN 结,采用岛代替 M0SFET 的沟道区域。

SET 工作必须满足的基本条件,也是要实现库仑堵塞需要满足的基本条件,主要有:(1)源-漏之间的电阻>量子电阻 $h/q^2 \approx 26\mathrm{k}\Omega$;(2)量子岛的电容要足够小(使得 $q^2/2C \gg kT$)。

1. SET 的库仑阻塞状态

(1) SET 的工作。SET 的基本结构如图 10.20 所示,这种结构可以看成是由两个隧道结夹有一个量子岛而构成的。若隧道结中存在有杂质电荷 Q_p,而 n_1 和 n_2 分别是进入量子岛和从量子出来的电子数,则岛中的过剩电子数 $N=n_1-n_2$,于是岛中的电荷是 $Q=N_q+Q_P$。从而量子岛的库仑能为 $Q^2/2C'$,其中 $C'=C_1+C_2+C_0$。

隧道结的能量(电压)如图 10.21 所示。在无栅极和 $C_1 \gg C_2$,$R_1 \gg R_2$ 时,有 $V_1 \ll V_2$,$N=(C_1V+Nq)/C'$,即量子岛的状态可用其中的过剩电子数 N 来确定(Γ^+ 是电子从左到右的隧穿几率)。

电子的隧穿过程是:若开始量子岛中 $N=0$,则随着电压的上升,首先结 2 脱离阻塞而隧穿,然后结 1 脱离而隧穿,产生隧穿电流。因此量子岛的状态变化是

$$N=0 \to (-1) \to 0 \to (-1) \to \cdots$$

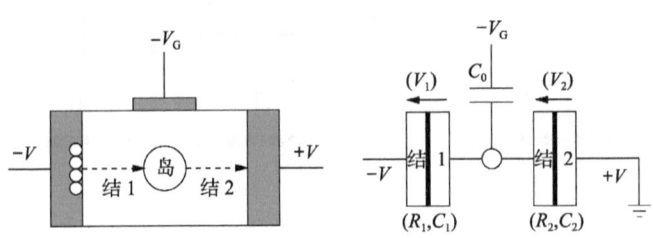

图 10.20　SET 的基本结构

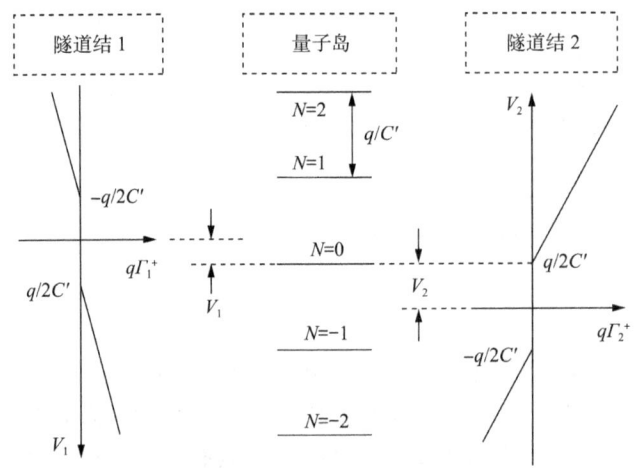

图 10.21　SET 的库仑阻塞

(2) 库仑台阶,在 V_G 不变时,I_D 随着 V_D 将做台阶式变化,这就出现所谓的库仑台阶。总隧道电流 I_D 决定于隧穿速度较慢的隧道结 1 的隧穿几率 Γ_1^+。在阻塞时,Γ_1^+ 基本上不随电压而变化,则 I_D 不变化;只有在脱离阻塞时,Γ_1^+ 才增大,I_D 才上升。因此,I-V 特性呈现为台阶状,即是库仑控制状态(见图 10.22)。

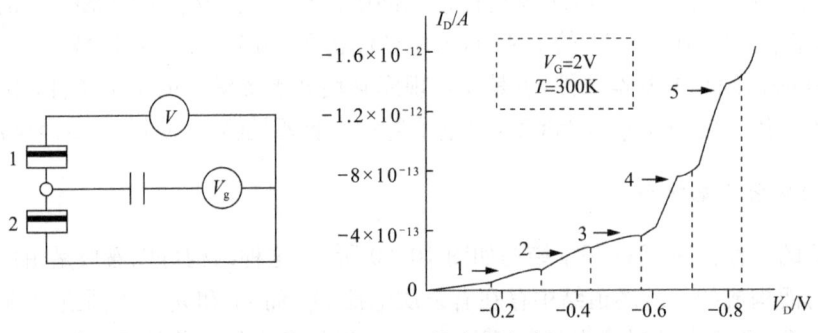

图 10.22　SET 的库仑台阶

台阶的宽度也就是库仑间隙($\approx 137\mathrm{mV}$);库仑间隙对电荷 Q_p 很敏感(即使有 $0.1q$ 的变化,也能够清楚的反映出来),从而 I-V 特性相对于 $V=0$ 轴不对称,而且这种不对称情况可用来检

测微量的电荷。从而,SET 能用作超高灵敏度静电计;同时也为 SET 的集成化带来了困难,因为这种电荷敏感性使得难以把许多 SET 做得特性完全一致来适应集成电路的要求。

测试库仑台阶的系统是由 Al-Al_2O_3,隧穿膜-In 量子岛-空气-针尖构成的二重隧道结(In 量子岛的直径约为 100Å),如图 10.23 所示。在低温(4.2K)下观测库仑控制状态下的 I-V 特性;可以得到,库仑间隙为 $\Delta V = q/C \approx 137\text{mV}$。

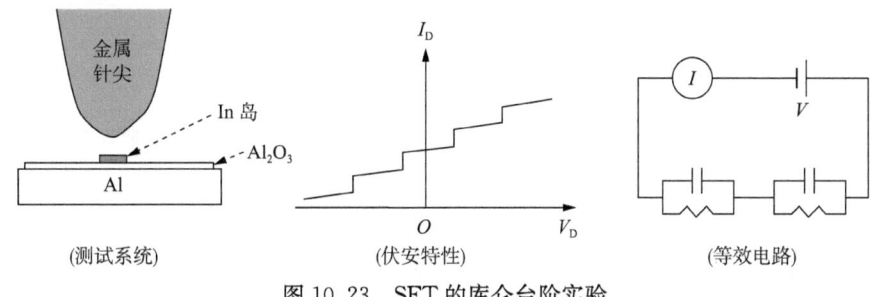

图 10.23　SET 的库仑台阶实验

2. SET I_D 随 V_G 的库仑振荡

我们知道在 $V_G=0$ 时,量子岛的静电势能(E_c)与岛中的电子数(n)之间有抛物线关系(见图 10.24(a));但在 $V_G \neq 0$ 时(见图 10.24(b));抛物线将向右平移,这表明 V_G 改变了量子岛中的电子数目 n,即有电子进入量子岛,也就是产生了隧穿电流 I_D。

V_G 改变时,E_c 改变,将发生电子隧穿,当 E_c 极小点处在 $n=0\sim1$ 之间时,则有隧穿电流 I_D;当处在 $n=1$ 时,则出现库仑阻塞,$I_D=0$。于是,这就出现电导的库仑振荡。实际观察到的各个振荡幅度大小不一,这反映了量子点内的电子能谱或状态密度的变化情况。

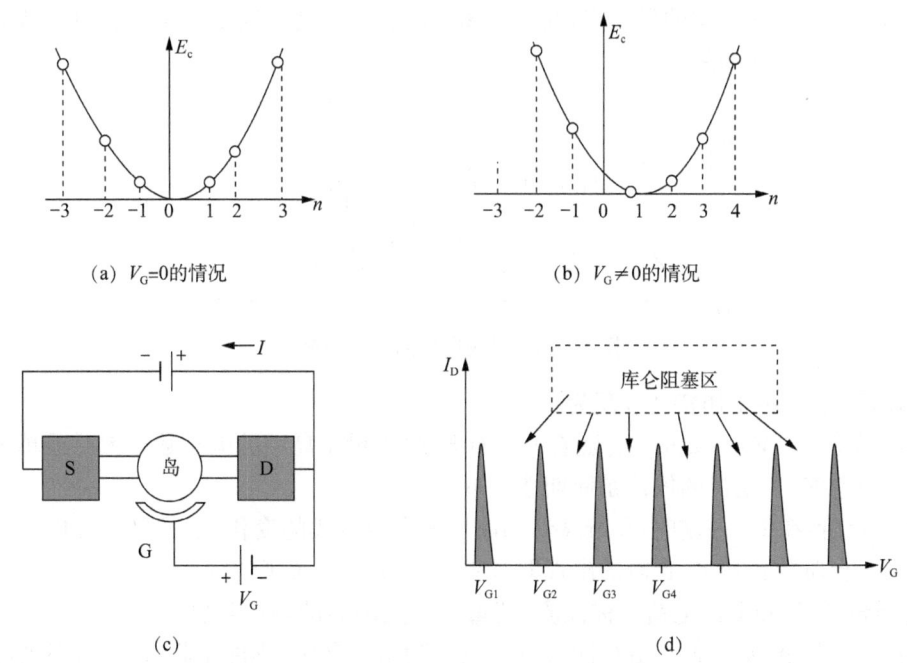

图 10.24　库仑振荡现象

对于电导库仑振荡机理,可用量子阱—双势垒结构的谐振隧穿效应来加以说明(见图

10.25),但这里是单个电子的隧穿。因为量子岛的尺寸很小,则对应的量子阱中的能级 E_N、E_{N-1}、E_{N-2}…分离得很开(N 是电子数目)。V_{DS} 可改变阱中各能级的与 E_F 的相对位置,使得产生隧穿;或通过 V_G 来改变阱底的高度,使阱中的能级与 E_F 相一致而产生隧穿。不过每一隧穿只有一个电子进入量子点,从而得到等面积的振荡电导图形。

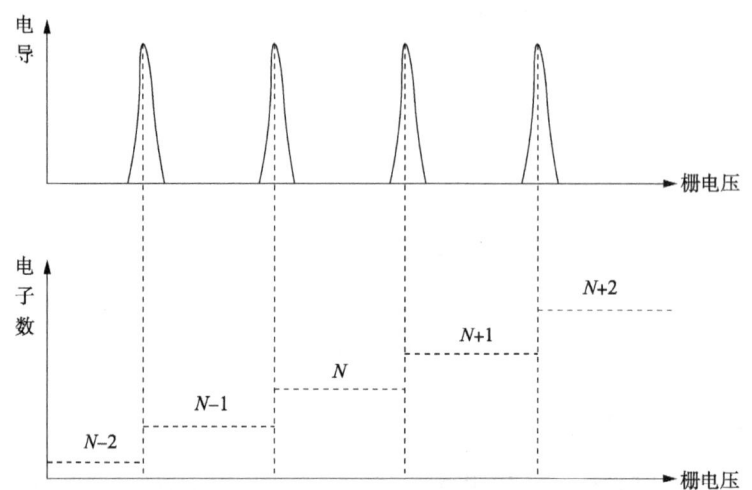

图 10.25　量子点中的电子数与库仑振荡的关系

磁场也可以产生库仑振荡(如图 10.26)。因为栅极电压引起 I_D 的库仑振荡,实质上是栅极电压改变量子岛电子数目的一种效应。而量子岛中的电子数目的变化,即意味着整个系统的自由能有所变化。因此,只要是能够改变系统自由能的任何作用,都可以产生量子隧穿电流的振荡,即库仑振荡。从而,磁场的变化也可引起量子点电导的变化,即磁场的库仑振荡。采用 2-DEG 材料做成的裂栅结构的量子点,在强磁场中已经观察到了这中由于库仑阻塞效应所致的磁阻随着磁场的周期性振荡。

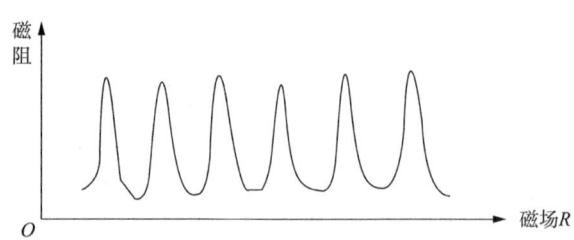

图 10.26　磁场所致的库仑振荡

总之,SET 的基本工作特性表现为:

① 库仑振荡:在 V_{DS} 一定时,I_{DS} 随着 V_G 而振荡(当量子岛中的电子数较大时或单电子岛中的能级效应可忽略时,电流的振荡是周期性的);

② 库仑台阶:在 V_G 一定时,I_{DS} 随着 V_{DS} 而呈现为台阶式的变化(量子岛与源极和漏极之间的势垒越高。台阶数目越多、台阶的出现即对应于 SET 的开关现象);

③ 超导量子岛 SET 的电荷宇称性质:若量子岛是超导的,则当其中的电子数力偶数(都是库柏对)时,能量最低;如果通过隧穿注入一个电子到量子岛中,则能量将升高 Δ;但若超导量子岛中的电子数为奇数,则通过隧穿注入一个电子到量子岛中,正好可构成库柏电子对,反而使能量降低 Δ。

3. 单电子晶体管的典型结构

SET 有 3 种不同材料体系的结构：①金属 SET；②有机或生物 SET；③半导体 SET。其中半导体调制掺杂异质结高迁移 2-DEG 结构的 SET（通过加有负电压的栅压来耗尽下面的2-DEG而实现），是性能最稳定的 SET。关于半导体 2-DEG 的 SET，其结构可以有几种不同的形式。

(1) 传统的表面栅极 SET。

这是由 2-DEG 层、盖帽表面层和大面积表面栅构成的，如图 10.27 所示。这种 SET 结构简单，但是存在一些不足：①表面栅极上的大的负栅压导致大的耗尽区，使得量子点（岛）的尺寸难以做到纳米数量级，因而该 SET 只能工作在低温下；②量子点的势能轮廓不陡峭和大面积表面栅引起的势垒下总体杂质数量的增加，将使得 SET 的工作状态不稳定；③量子点完全由表面栅来实现，这就限制了其应用，并使得其集成困难。

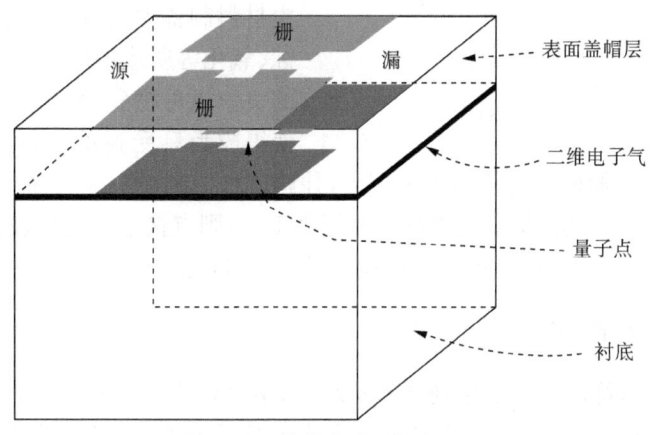

图 10.27 传统的表面栅极 SET

(2) 波导型 SET。

这是利用一维波导和线条栅组合而形成量子岛的技术来制作的，如图 10.28 所示。源极和漏极是通过合金来与 2-DEG 层形成欧姆接触的；一维波导是利用挖槽技术在源极和漏极之间形成的，一维波导通过槽而与其他台面部分隔离开来；再在一维波导上淀积两个栅极（两条势垒线条栅和两条边线条栅），并在两条势垒线条栅上加负偏压，耗尽他们下面的电子气，使得在它们之间的波导形成电子岛；而两条边线条栅上的偏压可以改变量子岛的电子数。

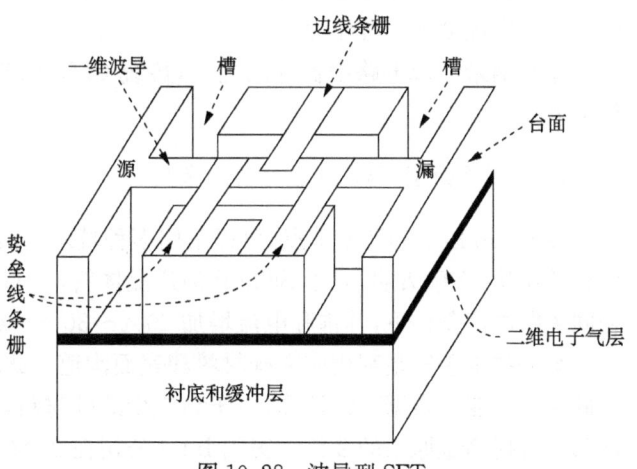

图 10.28 波导型 SET

波导型 SET 的优点是：电子被限制在一维的波导中运动，如同在光学法布里-珀罗腔中，容易呈现出相位相干性等量子效应；减少了表面栅的面积，使栅下势垒区的杂质数目也减少，从而提高了 SET 的稳定性；利用倒三角形的腐蚀截面和悬挂栅技术避免了栅极和通道层的接触，使漏电减小，器件成品率提高；与用大面积表面栅相比，用线条栅来形成量子岛，既减少了金属栅对电子的屏蔽作用,又减少了量子岛的电容,使器件的工作温度提高;用小的栅偏压即可在线条栅下面形成隧穿(势垒)结合纳米大小的量子岛,而且量子岛势能轮廓很陡峭,从而器件性能稳定,并有较高的工作温度。

(3) 点接触平面栅极 SET。

这是一种高温工作的 SET,如图 10.29 所示。在衬底上面制作一层 2-DEG 或者生长一层导电层,然后在这一层的两端做上源和漏极,在源和漏极之间设置一对点接触平面栅极,使栅极之间形成一条含有量子岛的狭窄通道,最后在上面淀积绝缘层盖帽层,并覆盖表面栅极。这里狭窄通道中的量子岛是由材料制备中的自组装方法或工艺过程中腐蚀、氧化等所形成的;利用点接触平面栅极上的负偏压可把狭窄通道的宽度进一步挤压,使得成为只受到单一量子岛控制的窄通道。

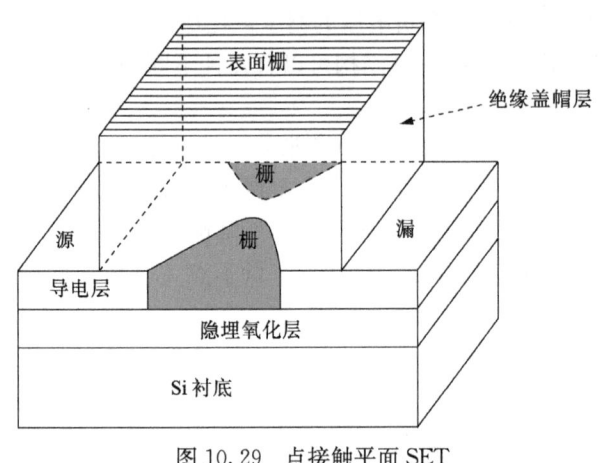

图 10.29 点接触平面 SET

2-DEG 层可以通过表面栅极上的正偏压来产生,并调节和控制单一量子岛中的电子数与 S-D 之间的电流。若不用 2-DEG 层,而采用掺杂导电层来工作,则点接触平面栅极需要用绝缘栅;这时表面栅主要是用来调节和控制单一量子岛中电子数与 S-D 之间的电流。

10.5.3 纳米 CMOS 器件与电路

对于 MOSFET,当特征尺寸缩小到纳米量级时,不单要考虑沟道电子的横向量子化,而且还要考虑沟道电子纵向量子化。不过,通过量子力学的分析表明,即使沟道缩短到 10nm,所给出的伏安特性也基本上与常规的 MOSFET 的类似。因此,传统的 MOSFET 结构在纳米集成电路中仍在一定程度上大有作为。

作为纳米集成电路中器件的之一,传统 CMOS 结构的纳米器件,可以分为常规和非常规两种类型。

1. 常规平面型 CMOS 器件的纳米化

在 50nm 以下的技术节点,可以采用多种技术手段来改善 MOS 器件的性能,如采用应变锗硅异质结构,实验表明,对于 SiGe P 沟道晶体管,当 Ge 的含量为 0.5,栅极长度为 300nm 时,在相同关断电流条件下,其饱和电流增加 20%~30%。或者是采用应变硅技术,一个与 CMOS 工艺兼容的技术手段是利用应变硅材料和表面沟道。此时,空穴与电子的迁移率都会提高,这取决于硅层的应变。根据理论计算,对于高应变的硅材料,空穴迁移率可提高至原来的 2.5 倍;电子迁移率可提高至原来的 2 倍。美国 Intel 公司在 2002 年已经研制成功具有良好特性的 30nm 的常规的平面型 CMOS 器件,该器件的制作技术是利用边栅法基于 248nm 光刻结合 RIE 氮化硅边墙形成极小的多晶硅栅长(栅长由淀积的氮化硅层厚度决定),采用倒掺杂工艺,栅氧化层厚度达到小于 1nm,多晶硅栅厚度小于 100nm;该器件在电压 $V_{CC}=0.85V$ 时,$I_{on}=570\mu A/\mu m$(对 n-MOS),$I_{on}=2850\mu A/\mu m$(对 p-MOS),$I_{off}<100\mu A/\mu m$(进一步减小栅长会导致 I_{off} 增加和 DIBL 加剧);为了降低本体漏电流,可采取全耗尽 SOI 结构进一步改善器件的特性。也有研究人员研制出了 20nm 和 15nm 的 CMOS 器件,不过其特性有待于改进。在未来的 10~15 年这种器件仍

将可能成为集成电路发展的主流。人们最近研制出了栅极长度为 5nm 的 CMOS 器件,如图 10.30 所示,栅极为多晶硅,被 SiN 侧壁包围着。同时,该器件的源极和漏极的接触电极采用的 $CoSi_2$ 金属硅化物,采用浅源漏极延展(SDE)与非常短的沟道连接。

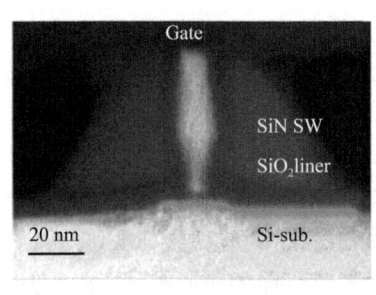 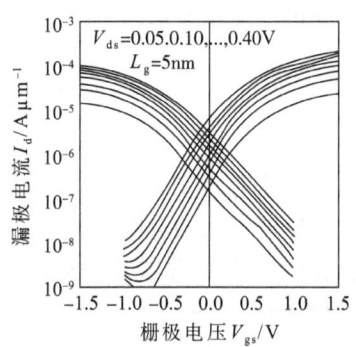

(a) 器件的TEM照片　　　　　　　(b) 器件的电流电压特性

图 10.30　栅极长度为 5nm 的 CMOS 器件

2. 非常规 CMOS 器件

这种器件是基于 MOS 器件的原理,但把结构进行了重大改变、以获得极的小尺寸和良好特性的一种 CMOS 器件。下面对几种非常规双栅极的 CMOS 结构介绍如下:

(1) 平面双栅晶体管。如图 10.31(a)所示,利用选择外延技术,首先形成一个下电极(多晶硅)和栅氧化层,然后再生长一层单晶硅膜,并形成源、漏和栅电极,从而构成上下并联的两个 FET,导电沟道处在硅单晶层的中部(上下表面附近都形成耗尽层)。为了补偿上下两个 FET 的栅氧化层厚度(t_{ox1} 和 t_{ox2})的差别,以获得相同的表面势,栅电压应当满足关系:$V_{G2}=V_{G1}(t_{ox1}/t_{ox2})$。对于很薄的单晶硅膜,由于导电受到上下栅极的控制,同时表面散射作用小(因为导电沟道离栅氧化层比较远),因此双栅 FET 的跨导比较大(为单栅 FET 的 2～3 倍);并且 FET 得亚阈值特性也得到了改善。该器件的工艺比较复杂(需要选择外延等)。

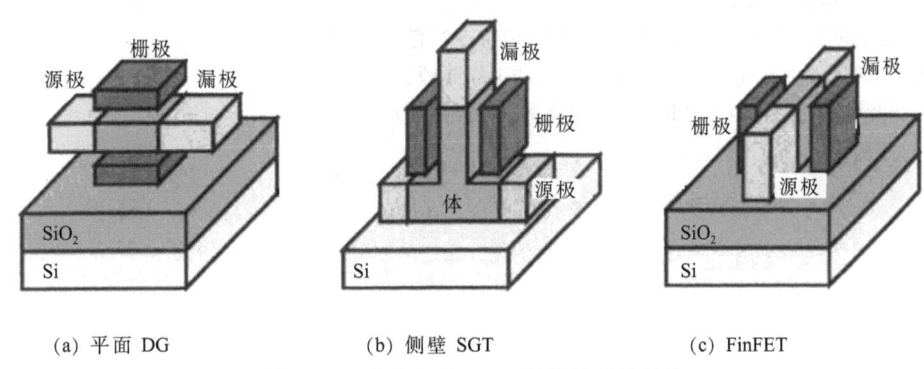

(a) 平面 DG　　　　(b) 侧壁 SGT　　　　(c) FinFET

图 10.31　非常规的 MOS 晶体管器件结构

(2) 三维垂直晶体管。如图 10.31(b)所示,在多层外延薄膜上垂直地形成源极-栅极-漏极层结构,构成晶体管,然后再将此晶体管叠加起来组成三维结构。沟道中电流是沿垂直方向流动的,沟道长度由源和漏的垂直间距(即外延层厚度)决定的,可达到 25nm。这种器件的集成度高,预计每个芯片可大于 10^{10} 个晶体管;但这种器件工艺复杂,难度大。

(3) FinFET 晶体管。如图 10.31(c)所示。在垂直的薄层硅(Si Fin)的两个相对的表面上，形成表面导电沟道来构成晶体管；为双栅结构，电流沿水平方向，沟道长度由源和漏的水平间距决定(利用侧墙技术可把栅长减小到 18nm)；沟道宽度等于硅层高度加上硅层厚度的 2 倍。这种器件的尺寸还有可能减小 2 倍。

10.6 纳米技术的发展

纳米技术被公认为是 21 世纪初的一项关键技术，其核心纳米电子技术更是成为关系到国家未来科技地位和经济实力的重要技术，因此各国政府都十分重视。一些国家纷纷制定相关战略或者计划，投入巨资开展纳米技术领域的研究。日本和德国等国家专门建立纳米技术研究的专门学术机构，而美国将则更是将纳米技术视为下一次工业革命的核心技术，积极推动纳米电子技术的研究。总的来说，对纳米技术的研究主要体现在以下两方面。

(1) 纳米硅薄膜器件。硅是当前最重要，产量最大，发展最快，用途最广泛的半导体材料，目前世界上 95% 以上的半导体器件是用硅做成的。新兴起的纳米硅薄膜具有与硅器件和集成电路完全相容的工艺程序，是进一步用来研制量子功能器件的物理基础，它将在纳米电子技术领域中占有重要位置。

(2) MEMS 系统和物联网。微电子机械系统(MEMS)，是以批量化的微电子技术为基础，制造出包括机械、光学、流体输运机构以及其他功能组件的各种微光机电器件，并使之与集成电路集成在一起，组成一个可以完成信息获取、处理及执行功能的微系统。MEMS 技术的最终目标是将电路和运转的微机械组装在一个芯片上完成特定功能。应用于互联网中的纳米传感器是 MEMS 技术研究中的一个热点。

习 题

10.1 什么是纳米材料？什么是纳米技术？
10.2 纳米材料的基本效应？
10.3 简述单电子器件的工作原理？
10.4 RTD 器件的工作原理是什么？RTD 器件有何特点？有何应用？
10.5 什么是 RTT 器件？简述单极型 RTT 器件的工作原理。
10.6 查阅相关资料，试着分析 CMOS 集成电路的未来技术发展趋势。

参考文献

陈鸣. 2006. 电子材料. 北京:北京邮电大学出版社
陈秀峰,杨冬晓. 2002. 信息电子学物理基础. 杭州:浙江大学出版社
顾秉林,王喜坤. 1989. 固体物理学. 北京:清华大学出版社
黄昆. 1988. 固体物理学. 北京:高等教育出版社
江月松. 2005. 光电信息技术基础. 北京:北京航空航天大学出版社
李翰如. 1990. 电介质物理导论. 成都:成都科技大学出版社
刘梅冬. 1990. 压电铁电材料与器材. 武汉:华中理工大学出版社
曲远方. 2008. 现代陶瓷材料及技术. 上海:华东理工大学出版社
施敏. 1987. 半导体器件物理. 北京:电子工业出版社
孙目珍. 2000. 电介质物理基础. 广州:华南理工大学出版社
宛德福. 1994. 磁性物理学. 北京:电子工业出版社
谢孟贤,刘诺. 2002. 化合物半导体材料与器件. 北京:电子科大出版社
薛增泉,刘惟敏. 2003. 纳米电子学. 北京:电子工业出版社
杨小丽. 2005. 光电子技术基础. 北京:北京邮电大学出版社
Hofmann P. 2008. Solid state physics: an introduction. Wiley-VCH
Kasap S O. 2006. Springer handbook of electronic and photonic materials, Springer
Singh J. 2003. Electronic and optoelectronic properties of semiconductor structures. Cambridge University Press
Valenzuela R. 1994. Magnetic ceramics. Cambridge University Press